Delhi Sanskrit Series ; No. 1

देहली संस्कृत ग्रन्थमाला; १

General Editor
ANJANA SARMA BHARADWAJ

The Svacchandatantra
with
Uddyota of Kṣemarāja

श्रीस्वच्छन्दतन्त्रम् ।

श्रीमहामाहेश्वराचार्यवर्य-श्रीक्षेमराजकृतोद्द्योताख्यटीकोपेतम् ।

The Svacchandatantra with Uddyota of Ksemar

श्रीस्वच्छन्दतन्त्रम्

श्रीमहामाहेश्वराचार्यवर्य-श्रीक्षेमराजकृतोद्द्योताख्यटीकं

MADHUSUDAN KAUL SASTRI

VOLUME II,

GIAN

GIAN PUBLISHING HOUSE

New Delhi-110002

The Svacchandatantra
with
Uddyota of Ksemar

ISBN: 9788121204088 (Set)

MADHUSUDAN KAUL SASTRI

Reprinted 2016 in India by
Gyan Publishing House
5, Main Ansari Road, Daryaganj,
New Delhi - 110002
Phones : 9811692060

E-mail : books@gyanbooks.com
gyanbook@vsnl.com
Website: gyanbooks.com

Printed at: G. Print Process, Delhi

अथ

श्रीस्वच्छन्दतन्त्रम् ।

श्रीमन्महामाहेश्वराचार्यश्रीक्षेमराजकृतोद्द्योताख्य-
विवरणोपेतम् ।

(पञ्चमः पटलः)

दीक्षादीक्षणनिर्माणनानोपायप्रदर्शनः
जयत्यनुग्रहैकान्तविश्रान्तः परमेश्व

अथ पटलसंगतिं कुर्वती उक्तक
नुवादपूर्वं तत्त्वदीक्षां प्रस्तावयितुं श्र.
वाच

कलादीक्षा सुरेशान
कथिता परमेश्वर ।
तत्त्वदीक्षां समासेन
कथय स्व! प्रसादतः ॥ १ ॥

सुरेशानो ब्रह्मादीनां स्वामी । परमेश्वरस्तु

परभैरवसत्त्वानुप्रवेशात् । समासेनेति संक्षेपेण विधिविस्तारस्य कलादीक्षायामुक्तत्वात् ॥ १ ॥

एवमभ्यर्थितः श्रीभैरव उवाच

समासात्कथयिष्यामि
त्वत्प्रियार्थं वरानने ।

पूर्वं प्रश्नेन प्रकृतां तत्त्वदीक्षां नानाभेदभिन्नाम् ॥

तत्र

षट्त्रिंशत्तत्त्वमुख्यानि
यथा शोध्यानि पार्वति ॥ २ ॥
पृथिव्यादिशिवान्तानि
स्वव्याप्त्यानुगुणैः सह ।
यथा शुध्यन्ति देवेशि
तथा ते कथयाम्यहम् ॥ ३ ॥

तत्त्वदीक्षायां तत्त्वानामन्तर्भाविताध्वान्तरापेक्षं प्राधान्यमेव व्याप्तिरध्वान्तराणां तु गुणीभावः । एवमन्यत्र । येन प्रकारेण शोध्यानि शोधनीयानि, यथा च शुद्ध्यन्ति

अदत्तानुष्ठानस्यापि प्राग्जन्मवासनापरिपाकवशात् तत्तन्नियतदेवतानुस्मरणं यत्सहजं, स भावांशः ॥ २ ॥

द्वितीयमाह

स्वभावश्च भवेच्चेष्टा

प्रोक्तभावानुगुण एवमेव लिङ्गार्चनाद्यात्मा व्यापारः ॥

तं च

कथयाम्यनुपूर्वशः ।
ब्रह्मांशो वेदभक्तस्तु
रुद्रांशं च निबोध मे ॥ ३ ॥
रुद्रभक्तः सुशीलश्च
शिवशास्त्ररतः सदा ।
विष्ण्वंशो विष्णुभक्तश्च
चन्द्रांशः प्रियदर्शनः ॥ ४ ॥
सर्वदेवरतः शान्तो
यक्षांशो धनसंग्रही ।

लुब्धो गर्वितमृष्टाशी
वातांशश्चपलः स्मृतः ॥ ५ ॥
सर्पविस्रम्भगामी स्या-
न्नागांशो दीर्घशाय्यथ ।
दीर्घरोषः पूतिवक्त्रो
गुरुक्षीररुचिः सदा ॥ ६ ॥
गान्धर्वो गायनो नित्यं
शिवभक्तो वरानने ।
विद्याधरांशकः प्राणी
दैत्यांशो द्वेषणः स्मृतः ॥ ७ ॥
कामांशो रूपवांश्चैव
सुभगो गणिकाप्रियः ।
रक्षोंशः क्रूरनिस्त्रिंशो
देवद्वेषी द्विजेषु च ॥ ८ ॥
पिशाचांशश्छलान्वेषी
वासरे भीरुकातरः ।

प्रणवेन तथा शक्ति-
न्र्यसितव्या वरानने ।

प्रणवेन बिन्दुना । शक्तिरिति शक्तितत्त्वं[1] परमशिवरूपमेव ॥ ७ ॥

अत एव

व्यापिनीं समनां चोर्ध्वे
तत्रैव तु विशोधयेत् ॥ ८ ॥

तत्रैवेति शिवतत्त्वे प्रणवेनैव ॥ ८ ॥

एतच्च सर्वं पूर्वोक्तेन सर्वेण विधिना

शोधयित्वा क्रमेणैव
मूलमन्त्रेण सुव्रते ।
योज्य आत्मा परे तत्त्वे
उन्मनातीतसर्वगे ॥ ९ ॥
निराभासे परे शान्ते
ईशाने चाव्यये त्वजे ।

शिष्यदेहे पादान्तात् गुल्फान्तं पृथ्वी,

१ ख० पु० तत्त्वं परमशिवरूपमिति पाठः ।

गुल्फान्नाभ्यन्तं जलादिप्रधानान्तानि त्रयोविंशतिः, ततस्ताल्वन्तं पुमादिमायान्तानि सप्त, ततो ब्रह्मबिलोपान्तं विद्यादिसदाशिवान्तं त्रयं, तदुपरि समनान्तं शक्तितत्त्वसहितं शिवतत्त्वम्,—इति तत्त्वानि विन्यस्य, दीक्ष्यस्य तानि सर्वाणि क्रमेण पूर्वोक्तविधिना प्रोक्तनवात्मावयवैः शोधयित्वा, आत्मा 'परे तत्त्वे' परमशिवे मूलमन्त्रेणेति अवयवापेक्षया समग्रेण नवात्मना योज्यः । कीदृशे उन्मनामतीते तदनुप्रवेशानन्तरलभ्ये शक्तिमदात्मनि 'सर्वगे' व्यापके । ईषन्द्भासनान् निष्क्रान्ते सर्वाभासोत्थापके च, निःशेषभेदोपशमात्परे शान्ते, ईशाने विश्वेश्वरे, अव्यये अजे चेति नित्ये ॥ ९ ॥

तदित्थमेकैकं शोधनीयत्वेन

षट्त्रिंशत्तत्त्वमाख्यातं

पात्रादित्वात् समाहारे स्त्रीप्रत्ययाभावः ॥

अथ

नवतत्त्वं प्रचक्ष्महे ॥ १० ॥

तत्र

प्रकृतिः पुरुषश्चैव
नियतिः काल एव च ।
माया विद्या तथेशश्च
सदाशिवशिवौ तथा ॥ ११ ॥

एतानि मुख्यानि नवतत्त्वानि नवभिर्नवात्मकैः प्रातिलोम्येन पूर्वोक्तविधिना

शोधयित्वा तु विधिव-
द्व्याप्यात्मान नियोजयेत् ।

शिष्यस्य प्राधान्येन तु

पञ्चतत्त्वी यदा शोध्या

तदा

वक्रमन्त्रास्तु वाचकाः ॥ १२ ॥

तैश्च सद्योजातादिक्रमेण

धरित्र्यादि खपर्यन्तं
शोधयेत्तत्क्रमेण तु ।

---

१ क० व्याप्यात्मानमिति पाठः ।

तत्त्वपञ्चकस्याशेषाध्वशुद्ध्यनुगुणां निवृत्त्यादिकलाव्याप्तिमाह

कलानां यावती व्याप्ति-
स्तत्त्वानां तावदेव हि ॥ १३ ॥

एवं च वदन् कलादीक्षोक्तोऽत्र सर्वो विधिः, केवलं कलोपस्थापनाद्यवसरे सद्योजातादिमन्त्रैर्धरादितत्त्वोपस्थापनादि कार्यम् । अतश्च तत्त्वपञ्चकमेतत् भगवद्वक्त्रमन्त्रस्फारसारतया परभैरवमयमेवेति तद्भेदव्याप्तिरेव परं शुद्धिसाधनमिति शिक्षयति ॥ १३ ॥

अथ

त्रितत्त्वमधुना वक्ष्ये
यथा शोध्यं वरानने ।

आत्मविद्याशिवाख्यं मेयमानमातृरूपम् ॥
अस्य वाचकव्याप्तिमाह

अकार आत्मतत्त्वस्य
वाचकः परिकीर्तितः ॥ १४ ॥

मायान्तं तद्विजानीयात्

अकार इति प्रणवस्तत्कः । मायान्तमेकत्रिंशता तत्त्वैरपरिवर्जित आत्मा शिवशक्तेर्मेय इति तावत्येवास्य व्याप्तिः ॥

विद्याख्यस्याप्युकारकः ।
सकलावधि तज्ज्ञेयं

विद्या ज्ञानक्रियात्मा शक्तिः शुद्धविद्येश्वरसदाशिवव्याप्तिका । सकलः सदाशिवः ॥

तदुपरि शक्तिव्यापिनीसमनाशक्तिव्यापकस्य

शिवस्य तु मकारकः ॥ १५ ॥

यस्तु तदूर्ध्वगो बिन्दुरुन्मनाव्याप्तिसतत्त्वः

खस्वरः

खं पराकाशं स्वरयति शब्दयति सः पराकाशात्मा ॥

अत एव

खस्वरूपस्य
शिवतत्त्वस्य वाचकः ।

तदित्थमेतदनुसंधाय प्राग्वदध्वोपस्थापन-पूर्वम्

शोधयित्वा क्रमेणैव

शिष्यात्मानम्

परे तत्त्वे नियोजयेत् ॥ १६ ॥

स्वस्वरोक्तव्याप्तिसारेण प्रणवेन ॥ १६ ॥

तदित्थमत्र

तत्त्वदीक्षा समाख्याता

चतुर्भेदव्यवस्थिता ।

पूर्वं तु योजनिकाग्रन्थान्ते एकतत्त्वदीक्षापि उक्तेति दर्शितमेव ॥

एवं प्रश्नितां तत्त्वदीक्षामुक्त्वा, अनुजिघृक्षोर्भगवत्या आशयपरितोषायाप्रश्निताम् अपि पदादिदीक्षां निरूपयिष्यन् भगवानाह

पददीक्षां प्रवक्ष्यामि

यथावदनुपूर्वशः ॥ १७ ॥

वर्णमन्त्रदीक्षाभ्यां तुल्येतिकर्तव्यतां भुवनदीक्षां तदवसर एव संक्षेपेण प्रतिपादयि-

ष्यति, विस्तरेण तु दशमपटले । ततः पद-
दीक्षामेव तावदाह ॥ १७ ॥

तत्र

विद्याराजे तु ये वर्णा
नवसंख्योपलक्षिताः ।
पृथग्भेदेन तेषां तु
विन्यासं कथयामि ते ॥ १८ ॥

तत्र

नवनाभं पुरं कृत्वा
नवपद्मोपलक्षितम् ।

कथं

नवहस्तं लिखेद्वेश्म
अष्टपर्वाधिकं बुधः ॥ १९ ॥

वेश्म मण्डलक्षेत्रम् । अष्टभिः पर्वभिरङ्गु-
लैराधिक्ये सर्वमेतत् क्षेत्रमङ्गुलशतद्वयं चतु-
र्विंशत्यधिकं भुवनाध्वप्रतिबिम्बरूपं भवति ।
तस्मिन्सर्वतः सप्तभागकल्पनयैकैकस्य भागस्य

द्वात्रिंशदङ्गुलत्वं जायते,—इति तदर्थमङ्गुलाष्टकाधिक्यदानम् ॥ १९ ॥

अथ

सप्तभागीकृतं तत्तु

कुर्यात् ॥

किं कृत्वा

दक्षिणोत्तरभाजितम् ।
चतुरश्रं विभज्यादौ
मत्स्यैश्चैवात्र चिह्नितम् ॥ २० ॥

भाविनीत्या ब्रह्मस्थानात्पूर्वापरदिशौ अङ्कयित्वा, किंचिदूनेन चतुर्भागेन क्षेत्रमानेन सूत्रेण पूर्वापराङ्कयोर्वामहस्तप्रतिबद्धेन दक्षकरगताग्रभागेन पार्श्वयोर्मत्स्यबन्धाकारं रेखाद्वयमुत्पाद्य, तन्मध्ये सूत्रमास्फाल्य दक्षिणोत्तरभाजितं क्षेत्रं कृत्वा, क्षेत्रार्धमानेन सूत्रेण पार्श्वगतमध्याङ्कप्रतिबद्धेन कोणेषु मत्स्यबन्धचतुष्कमुत्पाद्य, तत्र सूत्रास्फालनेन चतुरश्रं विभज्येत्यत्र पिण्डार्थः ॥ २० ॥

एवं चतुरश्रे क्षेत्रे पूर्वापरायतैः सूत्रैः सप्तधा विभक्ते

कोष्ठकैकोनपञ्चाश-
त्सूत्रेण तु समालिखेत् ।

दक्षिणोत्तरायतैर्मध्यगतैः षड्भिः सूत्रैरेकोनपञ्चाशतं कोष्ठकानुत्थापयेत् ॥

एवं कृत्वा

मध्यमे कोष्ठके सूत्रं
द्वात्रिंशाङ्गुलसंमितम् ॥ २१ ॥

समालिख्य महादेवि
चतुर्भागविभाजिते ।

ब्रह्मस्थानाच्चतुर्भिः समभागैर्भ्रमैः पर्यन्तभाविव्योमरेखावकाशं परिकल्प्य विभक्त इत्यर्थः ॥

तत्र भागचतुष्टयमध्यात्

प्रथमे कर्णिकां कुर्या-
त्केसराणि द्वितीयके ॥ २२ ॥

तृतीये दलसंधींश्च
दलाग्राणि चतुर्थके ।

यत्र दलानि तदग्रैः संधीयन्ते ते दलसंधयः ॥

पूर्वोक्तेषु चतुर्षु भागेषु वृत्तवर्तनविधिमाह

दिक्षु रेखाष्टकं दत्त्वा
प्रतिदिक्षु तथैव च ॥ २३ ॥
भ्रामयेच्चतुरो वृत्तां-
श्चतुरङ्गुलसंमितान् ।

दिक्षु अष्टस्वष्टौ, तन्मध्ये चाष्टौ सूत्राणि दत्त्वा, ब्रह्मस्थानात् पूर्वविभागाङ्केषु चतुरो भ्रमान् कुर्यात् ॥ २३ ॥

अथ

द्वाभ्यां प्रतिदिग्रेखाभ्यां
मध्ये सूत्रं निधाप्य तत् ॥२४॥
सूत्राग्रं तु ततो भ्राम्य-
मर्धचन्द्रविधानतः ।

---

१ क० ख० ग० पु० सूत्राअमिति पाठः ।

प्रतिदलसंधि अर्धचन्द्रद्वयविधानाय पूर्वदिग्रेखायाः पार्श्वरेखाभ्यामुपलक्षिते मध्ये मध्यद्वये वामेन करेण सूत्रं रुद्ध्वा, दक्षिणेन सूत्राग्रं[1] पार्श्वरेखाभ्यां मध्यरेखान्तं भ्रामयेत् । अत्र चैकैकपार्श्वरेखा आयामतो मध्यात् विभक्तव्यायामेन संसक्तदला[2] भवति ॥ २४ ॥

अर्धचन्द्रयोरुत्पत्तिहेतुप्रतिदिग्रेखयोर्मध्यद्वये मध्यग्रहणाय केसरसिद्ध्यर्थम्

मध्यसूत्रं च दातव्यं
किञ्जल्कस्थं विपश्चिता ॥ २५ ॥

किंजल्के केसरे तन्निमित्तं तिष्ठति । तेनैकैकार्धचन्द्रमध्यानुसारदलमध्यसूत्रोत्पन्नकिंजल्कस्य पार्श्वयोः किंजल्कद्वयोत्पादनाय अर्धचन्द्रद्वयोत्पत्त्यर्थं मध्यलाभे चादावेव सूत्रद्वयं देयम् । एवं साकल्येन द्वात्रिंशत्सूत्राण्येतानि भवन्ति ॥ २५ ॥

---

१ क० ग० घ० सूत्राभ्रमिति पाठः । २ क० पु० दलतेति पाठः ।

एतदुपसंहरन्नन्यत्रापि अतिदिशति

पूर्वपत्रं प्रसाध्यैव-
मितराण्येवमेव हि ।

प्रसाधयेत् ॥

तत्र च

केसराणि च संलिख्य
चतुर्विंशतिसंख्यया ॥ २६ ॥

पत्राग्रतो न्यसेल्लेखां
वर्तुलां तु सुशोभनाम् ।

प्रतिदलं त्रीणि केसराणि । पत्राग्रत इति दलान्युत्पाद्य तद्बहिः सुशोभनां संपूर्णाम् ॥२६॥

किंच

तस्यान्तं चतुरश्रं तु
कर्तव्यं तत्प्रमाणतः ॥ २७ ॥

तस्येति वृत्तरेखान्तस्य पद्मस्य । तत्प्रमाणत इति वर्तुलरेखाप्रमाणरेखम् ॥ २७ ॥

सर्वस्यास्य विधेर्भित्तिभूतमाद्यं विधिं वक्तु-
माह

पूर्वं ब्रह्म प्रसाध्यं तु
विषुवत्स्थेन हेलिना ।

ब्रह्म मध्यस्थानम् । हेलिः सूर्यः ॥

तत्रादौ

पूर्वपश्चात्ततं[1] सूत्रं
शङ्कुना साधयेत्प्रिये ॥ २८ ॥

द्वादशाङ्गुलमानेन

शङ्कुः कीलकम् ॥ २८ ॥

कथम्

मध्ये शङ्कुं प्ररोप्य तम् ।
पार्श्वेषु भ्रामयेद्रेखां
षोडशाङ्गुलसंमिताम् ॥ २९ ॥

शङ्कुक्षेत्रात् षोडशाङ्गुलं भ्रमं द्वात्रिंशदङ्गुल-
पद्मार्थं दद्यात् । एतच्च जिघृक्षितक्षेत्रोपलक्षण-
परम् ॥ २९ ॥

---

१ क० ग० पु० पश्चात्तु तमिति पाठः ।

तत्र च

पूर्वाह्णे ग्राहयेच्छाया-
मपरस्थां सुचिह्निताम् ।
अपरस्थेन सूर्येण
प्राक्छायां लाञ्छयेत्प्रिये ॥३०॥

एवं भ्रमरेखाच्छायापृष्ठे पूर्वापरदिगङ्कनां कृत्वा

ध्रुवेणोत्तरदक्षस्थां
लाञ्छयेत्तु वरानने ।

ध्रुवेण शङ्कुना हेतुभूतेन पूर्वनिर्णीतदिशोः[1] स्थापितमत्स्यद्वयमध्यसूत्रेण उत्तरदक्षस्थां भ्रमरेखां लाञ्छयेत् । यद्वा क्वचिद्रात्रावेव विधातव्ये यागे ध्रुवेणेति चतुर्दशतारकारब्धशरीरेण ध्रुवनाम्ना निश्चलेन तारकेणादौ उत्तरदक्षिणदिक्सिद्धिं कुर्यात् । तत्र चैवमामनन्ति—सुषिरनाडिकामुखेन ध्रौवीं[2] मुखतारामुत्तरदिक्संस्थां लक्ष्यीकृत्य तन्नाडिकानुसारेणोत्तरां

१ क० ग० घ० दिशोत्थापितेति पाठः । २ क० ख० ग० पौर्वी मुखतारेति पाठः ।

दिशामङ्कयित्वा ध्रुवनाडितारानुसारेण मध्यं, तत्पुच्छतारानुसारेण च दक्षिणामङ्कयेत् । ततो मध्यरन्ध्रानुसारं[1] पूर्वापरेऽप्यङ्कयेत्[2] । अत एवान्यत्र

'ध्रुववेधेन वोदीचीम्..................... ।'

इत्युक्तम् । यत्तु तत्र

'प्राचीं वा ध्रुवतारया.................... ।

इत्युक्तं, तत्र ध्रुवतारासाम्येन मध्यं कल्पयित्वा तदनुसारं प्राचीं गृहीत्वा तदनुसारमितरां व्यवस्थापयेदिति योज्यम् । ध्रुवं ध्रुवस्थानग्रहणचतुरश्रीकरणपूर्वमेकोनपञ्चाशद्भागानां मध्यभागे पूर्वोक्तक्रमेण पद्मं कुर्यादिति ।

उपसंहरति

ततः समालिखेत्पद्म-
मष्टपत्रं सकर्णिकम् ॥ ३१ ॥

अथ

दिक्कोष्ठकांश्च संगृह्य
अष्टसंख्योपलक्षितान् ।

---

१ क०ख०ग० मत्स्यरन्ध्रेति पाठः । २ क०ख० पूर्वामारोप्याङ्केति पाठः ।

शेषा लोप्या वरारोहे
एकान्तरितयोगतः ॥ ३२ ॥

चतुर्दिक्कद्वारार्थं बहिःकोष्ठकपङ्क्तिं त्यक्त्वा मध्यपद्मानुसारं दिक्षु प्रतिदिक्षु चैकैककोष्ठकलोपान्तरितकोष्ठकाष्टकं पद्माष्टकार्थं गृह्णीयात्। एवं च मध्यवीथ्या पद्माष्टकक्षेत्रस्य द्वारवीथ्याश्चैकेनैव ग्रन्थेन स्वीकार उक्तः ॥३२॥

एवं चाष्टसु कोष्ठेषु
पद्माष्टकं ततो दिक्षु
कुर्यात् ॥

अथ

बाह्ये द्वाराणि चालिखेत्।

कथं

वीथ्यर्धसंमितां देवि
शोभां चैव प्रकल्पयेत् ॥ ३३ ॥
उपशोभां च तन्मानां
कपोलान्तं समालिखेत्।

तथा कण्ठं च तन्मानं
द्वारमेतत्प्रकीर्तितम् ॥ ३४ ॥

बाह्यवीथ्या मध्ये दैर्घ्ये सूत्रं दत्त्वा, आद्येऽर्धे वीथीं कृत्वा, परार्धं कल्पितवीथिक्षेत्रादूर्ध्वतोऽर्धमानां शोभां द्वारीयकण्ठपार्श्वोत्पद्यमानं विपुलमवयवमुपशोभां च तदधोगतं सूक्ष्मं भागं कल्पयेत् । कपोलो द्वारस्याग्रे विपुलो भागः। कण्ठस्तु कपोलपुरःसरो भागः तं च, तन्मानमिति निरूपितवीथ्यर्धमानं दैर्घ्याच्चैव वैपुल्याच्च कल्पयेत् । कपोलस्यात्र मानं यद्यपि अर्थसिद्धत्वान्नोक्तं तथापि तद्दैर्घ्यात् वीथिमानं वैपुल्यात्तदर्धमानमिति संहितान्तरादवसितम्,–इत्येतद्भागनिष्पत्त्या द्वारं निष्पद्यत इत्यर्थः ॥ ३४ ॥

तदित्थं

द्वाराष्टकत्रिभागेन
नवनाभं पुरं स्मृतम् ।

विदिशि द्वारस्याम्नातत्वात् प्रतिदिशं पद्मत्रयान्तरालद्वारद्वयं कुर्यात् । एवं च द्वाराष्टक-

विभक्तं नवनाभं [1]नवनाभिस्थानस्थनवपद्म-मेतत्पुरमण्डलम् । अत्र च देवसंमुखं द्वार-द्वयमपिहितं कार्यम् । यथोक्तं लक्ष्मीकौलार्णवे

'द्वारत्रयं पिधातव्यं पश्चिमं न पिधापयेत् ।
तच्च पूर्वं विजानीयाद्देव्या देवस्य संमुखम् ॥
पूर्वं तु पश्चिमं ज्ञेयं पश्चिमं पूर्वसंज्ञितम् ।
उत्तरं दक्षिणं ज्ञेयं दक्षिणं चोत्तरं तथा ॥
सामान्यः सर्वमन्त्राणां क्रमोऽयं शिवभाषितः ।
गोपनीयः प्रयत्नेन शिष्याणां दुष्टचेतसाम् ॥'

इति । एतत्तु गुरुपारम्पर्येणायातम् । तद्यथा—

'मूलाद्यक्षिपरप्रतीततनुगद्वाराष्टकोर्ध्वोन्मम[2]-
घोरादित्रितयत्रयात्मविकचज्योतिर्नवाब्जद्युतिम् ।
मूलादिग्रहतत्त्वपर्वभुवनाभेदप्रथं भैरवं
स्वं वन्दे नवनाभमण्डलर[3]हःसारं नवात्मेश्वरम् ॥'

इति । अस्यायमर्थन्यासोऽत्र

'धाम्ना तु रजसां पातस्सिताद्यश्चागमोदितः ।' (४।३४)

इति पूर्वमुक्तत्वादागमान्तरोक्तविभागोऽ[4]नुस-र्तव्यः । स च

---

१ क० ख० ग० घ० पु० नवं नाभिस्थानस्थेति पाठः । २ ख० पु० र्धोन्मने घोरेति पाठः । ३ ख० पु० वहःसारमिति पाठः । ४ ख० अनुमन्तव्य इति पाठः ।

'लेख्या चात्र सिता रेखा शालिपिष्टकृता पुरः ।
हरिद्रावर्णसंमिश्रा कर्णिका पीतपिञ्जरा ॥
सितपीतारुणानां स्यात्केसराणां त्रयं दले ।'
'तानि शुक्लानि वा कुर्याद्धरितान्यन्तराणि वा ।
कोणा रक्ताः सितं पीठं प्रतिरेखा सिताङ्गुलात् ॥'

इति । तथा

'अङ्गुष्ठः शक्तिमान्बिन्दुश्चतस्रोऽङ्गुलयः कलाः ।
तदाधारं रजः कृत्वा शक्तिस्पर्शा च बिन्दुना ॥
पातयेच्छक्तिगर्भं तत्तेन तच्छक्तिमण्डलम् ।'

इति श्रीपरायामस्ति । अथवा

'सितं पद्मं विजानीयात्केसरांस्तु विचिन्तयेत् ।
सितान्पीतांस्तथा रक्तान् मूलमध्याग्रतः क्रमात् ॥
कर्णिका हेमसंकाशा पुष्करा हरिताः स्मृताः ।'

इति । इहान्तर्यागोक्तध्यानानुसारं रजःपातः कार्यः ॥

अथ

स्नात्वा तु विधिवद्देवि
प्रविशेद्भवनं.........

द्वारार्चां कृत्वा

..................गुरुः ॥ ३५ ॥

---

१ ख० पु० सितास्तथेति पाठः ।

ततः

पूर्वोक्तेन विधानेन
सकलीकरणादिकम् ।

कुर्यात् ॥

ततः संपूजयेद्देवं
भैरवं परमेश्वरम् ॥ ३६ ॥

केन

प्रणवेन

नवात्मसत्कबिन्दूपलक्षितसमग्रोर्ध्वव्याप्तिसतत्त्वेनेत्यर्थः ॥

किं कृत्वा इत्याह

आसनं दत्त्वा
शिवान्तं वरवर्णिनि ।

प्रणवेनेति काकाक्षिवदिहापि योज्यं, तेन पूर्वोक्तानन्ताद्यनन्तमध्यानन्तान्तव्याप्तिना प्रणवेनासनं तेनैवोन्मनान्तव्याप्तिना तून्मनाभिन्नपरमशिववादिना भैरवं पूजयेदित्यत्रार्थः। वरमुत्कृष्टं परं तत्त्वं वर्णयति परामृशति तच्छीला वरवर्णिनी ॥

क्व किं कथं पूजयेदित्याह

मध्ये संपूजयेद्देवं
स्वच्छन्दं परमेश्वरम् ॥ ३७ ॥
पूर्वोक्तेन विधानेन
अङ्गषट्कसमन्वितम् ।

मध्य इति पद्मकर्णिकायाम्। विधानमावाहनादिसुरार्घपर्यन्तं सर्वम्। अङ्गान्यपि अत्र प्रणवेनैव स्वनामजात्यन्तेन नवात्मनावयवभेदेन मन्त्रान्तरावकाशयोगात् एवं पद्मान्तरेष्वपि वक्ष्यमाणकपालीशादिभैरवतदङ्गपूजा मन्तव्या ॥ ३७ ॥

तदेवं मध्यपद्मे कर्णिकायां वर्णतद्वाच्यदेवतान्यासावुक्तौ, तत्पत्रेष्वप्याह

पत्राष्टके न्यसेद्वर्णान्
पूर्वादीशांस्ततः क्रमात् ॥ ३८ ॥

तत्र

सदाशिवं हकारेणे-
त्येवमादि वरानने ।

प्रकृत्यन्तं विजानीया-
न्मध्ये पीठेशकल्पना ॥ ३९ ॥

पीठेशं स्वच्छन्दनाथं मध्यकर्णिकायां शिवतत्त्वाधिष्ठायकं विन्यस्य, सृष्टिक्रमेण नवात्मसंबन्धिहरक्षमलवयऊकारैः पूर्वादीशान्तदलाष्टके कपालीश शिखिवाहन-क्रोधराज-विकराल-मन्मथ-मेघनाद-सोमराज-विद्याराजान् सदाशिवेश्वरविद्यामायाकलानियतिपुरुषप्रकृतितत्त्वाधिष्ठायिनो विन्यस्यार्चयेदित्यर्थः ॥३९॥

मध्यपद्मे विधिमुक्त्वा पूर्वादिपद्मेषु संक्षेपेण निरूपयति

दिक्पद्मकर्णिकासंस्था-
नष्टौ देवान्प्रपूजयेत् ।

मध्यपद्मे पूर्वादिदलेषु यैरेव हकारादिभिर्वर्णैर्ये कपालीशादयो भैरवास्तानेव तैरेव वर्णैः पूर्वादिदिक्पद्मकर्णिकासु पूजयेत् ॥ ३९ ॥

पूर्वादिपद्मेषु स्वच्छन्दनाथस्य स्थानमाह

तत्स्थाने भैरवः पूज्यः

प्रणवेनैव पूर्वोक्तेन। पूर्वपद्मस्य मध्ये हकारेण कपालीशः, प्रणवेन तु पूर्वदले स्वच्छन्दः। आग्नेयपद्मस्य मध्ये रेफेण शिखिवाहनः, शिखिवाहनस्थाने आग्नेयपत्रे प्रणवेन स्वच्छन्दनाथः। एवमन्यत्। एवं चैकैकभैरवस्थाने पर्यायेण स्वच्छन्दनाथस्य विन्यस्तत्वात् तदभेदव्याप्तिसारता सर्वभैरवाणां तदधिष्ठेयानां च सर्वतत्त्वानां शिवतत्त्वव्याप्तिमयतैव दर्शिता,—इति परमाद्वयमयतया महारहस्यसारता अस्यानुष्ठानस्य प्रकटिता, अतश्च 'सर्वतः [2]सर्वेभ्य' इति रूपविशेषेण मन्त्रपदार्थः स्फुटीभूतो जात इत्यलम् ॥

पूर्वादिदलानां कपालीशादिस्वपीठेश्वरदलव्यतिरिक्तेषु दलेषु मध्यपद्मदलोक्त एव न्यासादिविधिरित्याह

शेषा वर्णैर्यथाक्रमम् ॥ ४० ॥

एष च वर्णन्यासः पूर्वमेवास्माभिः प्रस्तारेण दर्शितः। अत्र च पृथक्पृथक् पद्मस्थित्या

---

१ ख० ग० घ० भैरवेनैवेति पाठः। २ ग० पु० सर्वतः शर्वेभ्य इति पाठः।

नव, सामस्त्येन चैक इति दश देवगृहा जाताः, भगवतो विद्याराजस्य बिन्दुसतत्त्वत्वात् तदवयवानामपि पूजाकाले बिन्दुयोगोऽवश्यंभावी, एकैकोऽपि च वर्णः प्रदर्शितक्रमव्याप्त्या संपूर्णविद्याराजस्फार एव । यद्वक्ष्यति

'यतः सर्वगतो देवः सर्वेष्वन्तर्गतः स्मृतः ।
तत्सिद्धिमुक्तिदातासौ न वर्णाः परमार्थतः ॥'(८।२५)

इति ॥

एवं सृष्टिक्रमेण न्यासमुक्त्वा संहारक्रमेण दीक्षामाह

शोधयेच्च प्रकृत्यादि-
शिवान्तं सुरसुन्दरि ।

प्रकृतिर्वाच्यरूपा आदिः शिवश्चान्ते यस्य पदजातस्य तच्छोधयेत् ॥

कथम्

ईशानदिश आरभ्य
मध्यपीठं विशोधयेत् ॥ ४१ ॥

ईशानदिक्पद्मगतेशानदिक्पत्रात् पूर्वोक्तरादिक्रमेण प्रणवाद्यूकारान्तं पदनवकं प्रण-

वविद्याराजोच्चारपूर्वकमुच्चार्य, प्रकृतितत्त्वस्य अन्तर्णीतक्षित्यादिगुणतत्त्वान्ततत्त्वजातस्य पूर्ववदन्तर्भूतेतराध्वप्रपञ्चस्य चात्रैवान्तर्भावं भावयित्वा, 'पदनवकाय नमः' इत्यन्तेन मन्त्रेणोपस्थानादि पूर्वोक्तं सर्वं विधिं कुर्यात् । एवमनेन क्रमेण पदानि तावद्विशोधयेत् यावच्छिवतत्त्वव्यापकं मध्यपद्मगतमूकारादिप्रणवान्तं पदनवकम् । यस्तु 'प्रकृतितत्त्वरूपादिपदनवकाय नमः' इति केनचित्क्रमो दर्शितः, स न युक्तः कलादीक्षोक्तपदक्रमस्य नवात्मवर्णगतप्रातिलोम्यक्रमोच्चारस्य च प्रसिद्धस्यावृत्त्यामापत्तेः पूर्वस्य संहारक्रमस्य चोपेक्षणात् । अत्र पददीक्षायां नवतत्त्वदीक्षावन्नाभ्यन्ताद्यनाश्रितान्ते स्थाननवके पद्मनवकगतवर्णैकाशीतेर्न्यासः कार्यः ॥ ४१ ॥

एवं पदाध्वानं शोधयित्वा

योजयेत्तु परे तत्त्वे
शिवे परमकारणे ।

---

१ ख० पु० मातृन्यासेति पाठः ।

वर्णादिदीक्षामपि अतिदेशेनातिदिशति

एवं वर्णांस्तथा मन्त्रा-
न्भुवनानि विशोधयेत् ॥ ४२ ॥

किमवधीत्याह

कालाग्न्यादि शिवान्तं तु

कथं वर्णमन्त्रभुवनदीक्षाः कुर्यादित्याह

कलावधि समाश्रयेत् ।

कलादीक्षोक्तप्रघट्टकपञ्चकानुसारेण वर्णादीन् प्रत्येकं विभज्येत्यर्थः । अत्र कलादीक्षावन्मन्त्रा अधिक्रियन्ते । इह च वर्णानां

'शब्दराशिसमुत्थस्य................ ।' (स्पन्द ४।१५)

इति नीत्या बन्धकत्वं, पदमन्त्राणां तु तत्तद्भिन्नाभिन्नतत्त्ववाचकत्वेन । यथा च मन्त्राणां शोध्यत्वेऽपि शोधकत्वं तन्निर्णीतमेवेति तदेवेह स्मर्तव्यम् । तदेवमिह त्रिपञ्चनवषट्त्रिंशद्भेदेन चतुष्प्रकारा तत्त्वदीक्षा पदमन्त्रवर्णभुवनदीक्षाश्चोक्ताः । तत्र पञ्चदीक्षायां 'कलानां

यावती व्याप्तिः' इत्यतिदेशात् वर्णमन्त्रभुवनदीक्षासु च 'कलाविधिसमाश्रयात्' इत्युक्तत्वात् कलावदध्वपञ्चकान्तर्भावश्चिन्त्यः ।

पददीक्षायां तु नवधा विभक्तायाः प्रथमे प्राकृते प्रणवाद्यूकारान्ते पदानां नवके निवृत्तिप्रतिष्ठे कले, पृथिव्यादीनि प्रधानान्तानि पञ्चविंशतितत्त्वानि, भुवनानां कालाग्न्यादियोगाष्टकान्तं शतं चतुष्षष्ट्यधिकं, क्षादिटान्ताश्चतुर्विंशतिर्वर्णाः, सद्योजातवामदेवहृदयशिरःशिखाः पञ्च मन्त्राश्चान्तर्भूताः ॥ १ ॥

पौरुषे ऊकारादियकारान्ते नवके विद्या कला, पुरुषरागौ तत्त्वे, तुष्टिसिद्धी भुवने, अणिमादिगुरुशिष्यपङ्क्तित्रयनाडीविग्रहाष्टकदेहपाशागन्तुगणेशविद्येशपाशभुवनानि दश सुहृष्टादिरुद्रदशकस्य कल्याण्यादेर्गुरुशिष्यदशकस्य भुवनमिति चतुर्दश भुवनानि, ञझौ वर्णौ, मन्त्रावघोरकवचौ ॥ २ ॥

ऊकारादिवकारान्ते नैयते नवके कलामन्त्रौ

१ ख० ग० पु० गुरुशिष्यदशकस्य भुवनमित्येवंविधः पाठः

प्राग्वत् । एवमुत्तरत्रापि नियतिविद्ये तत्त्वे, वामदेवाद्यष्टकभुवनं वामादिनवकभुवनं च, जछौ वर्णौ ॥ ३ ॥

ऊकारादिलकारान्ते कालीये नवके काल-कले तत्त्वे, शुद्धादिदशकभुवनं महादेवादि-भुवनत्रयं च, चङौ[1] वर्णौ ॥ ४ ॥

ऊकारादिमकारान्ते मायीये नवके माया तत्त्वं, गोपत्याद्यनन्तान्तानि सप्त भुवनानि, घ-वर्णः ॥ ५ ॥

ऊकारादिक्षकारान्ते विद्यापदनवके विद्या-तत्त्वं, त्रिगुणादि[2]विद्याराज्ञीभुवनमेकं, शान्ता कला, तत्पुरुषास्त्रे मन्त्रौ, ग-वर्णः ॥ ६ ॥

ऊकारादिरेफान्ते ऐश्वरे नवके कलामन्त्रौ प्राग्वत्, ऐश्वरं तत्त्वं, ईश्वरभुवनादिज्ञान-क्रियाभुवनान्तं भुवनपञ्चदशकं, ख-वर्णः ॥७॥

ऊकारादिहकारान्ते सादाशिवे नवके सादा-शिवं तत्त्वं, सादाशिवमेव सुशिवा[3]द्यनन्तभुवन-व्यापकमेकं भुवनं, क-वर्णः ॥ ८ ॥

---

१ ख० ग० पु० चङाविति पाठः। २ ख० ग० पु० त्रिगुण्यादीति पाठः। ३ क० ख० ग० पु० सशिवाद्येति पाठः।

ऊकारादिप्रणवान्ते शैवे नवके शान्त्यतीता कला, शक्तितत्त्वाभिन्नं शिवतत्त्वं, शान्त्यतीताभुवनादिकानि शिवभुवनान्तानि षोडश भुवनानि, नेत्राभिन्नमूर्तिः ईशानमन्त्रः, विसर्गाद्या हकारान्ताः षोडश वर्णाः ॥ ९ ॥

पदृदीक्षावत् नवतत्त्वदीक्षा । तत्र पदस्थाने प्रकृत्यादितत्त्वानि उपस्थाप्यानि, तत्त्वस्थाने तु पदान्यन्तर्भाव्यानि इति विशेषः ।

त्रितत्त्वदीक्षायां तु आत्मतत्त्वे क्षित्यादिमायान्तानि एकत्रिंशत्तत्त्वानि, निवृत्तिः प्रतिष्ठा विद्या कलाः, कालाग्न्याद्यनन्तान्तं भुवनानां शतमेकनवत्यधिकं, प्रकृतिकोष्ठकेशादिग्गतप्रणवात्प्रभृति पूर्वपद्मगतयाम्यक्षकारान्तं पदान्येकोनसप्ततिः, सद्योजातवामदेवाघोरहृदयशिरःशिखाकवचाः सप्त मन्त्राः, क्षादिघान्ता एकत्रिंशद्वर्णाः ॥ १ ॥

विद्यातत्त्वे शान्ता कला, विद्येश्वरसदाशिवास्तत्त्वानि, विद्याराज्यादिसदाशिवभुवनान्तानि सप्तदश भुवनानि, पदानि पूर्वपद्मात्

र-ओं-ह इति त्रीणि, मध्यपद्मादूकाराद्या हकारान्ता अष्टौ इत्येकादश, तत्पुरुषास्त्रे मन्त्रौ, ग-ख-क-वर्णाः ॥ २ ॥

शिवतत्त्वे शक्तिशिवौ तत्त्वे, पदं प्रणवः, भुवनादि प्राग्वत् ॥ ३ ॥

षट्त्रिंशत्तत्त्वदीक्षायां तु पृथिव्यां निवृत्तिः कला, अष्टोत्तरशतं भुवनानां, प्रकृतिपद्मान्नव पद्मानि प्रकृत्यन्तं तेषामेव नियुक्तत्वात्, सद्योहृदये मन्त्रौ, क्ष-वर्णः ॥ १ ॥

जले प्रतिष्ठा कला, वामदेवशिरःशिखात्रयो मन्त्राः, पदानि पूर्वोक्तानि नव । एतानि मन्त्रकलापदानि प्रकृत्यन्तं यावत् । एवमेव ह-वर्णः, भुवनानि लकुलीशादीन्यमरान्तान्यष्टौ ॥ २ ॥

३ तेजसि स-वर्णः, भैरवादीनि हरिश्चन्द्रान्तान्यष्टौ भुवनानि ।

४ वायौ ष-वर्णः, भीमादिगयान्तानि अष्टौ भुवनानि ।

५ खे श-वर्णः, स्थाणवादिवस्त्रापदान्तानि भुवनान्यष्टौ ।

६ गन्धे व-वर्णः, शार्वं भुवनम् ।

७ रसे ल-वर्णः, भुवनं भवस्य ।

८ रूपे र-वर्णः, भुवनं पशुपतेः ।

९ स्पर्शे य-वर्णः, ईशानभुवनम् ।

१० शब्दे म-वर्णः, भीमभुवनम् ।

११ उपस्थे भ-वर्णः, कश्यपभुवनम् ।

१२ पायौ ब-वर्णः, मित्रस्य भुवनम् ।

१३ पादे फ-वर्णः, विष्णोर्भुवनम् ।

१४ पाणौ प-वर्णः, इन्द्रस्य भुवनम् ।

१५ वाचि न-वर्णः, अग्नेर्भुवनम् ।

१६ घ्राणे ध-वर्णः, पृथ्व्या भुवनम् ।

१७ जिह्वायां द-वर्णः, वरुणस्य भुवनम् ।

१८ चक्षुषि थ-वर्णः, रवेर्भुवनम् ।

१९ त्वचि त-वर्णः, वायोर्भुवनम् ।

२० श्रोत्रे ण-वर्णः, दिशां भुवनम् ।

२१ मनसि ढ-वर्णः, चन्द्रस्य भुवनम् ।

२२ अहंकृतौ ड-वर्णः, स्थलेश्वरादिछगलाण्डान्तानि भुवनान्यष्टौ ।

२३ बुद्धौ ठ-वर्णः, देवयोनिक्रोधतेजोयोगाष्टकानि चत्वारि भुवनानि ।

२४ अन्तर्भूतगुणतत्त्वे प्रधाने ट-वर्णः, गुरुपङ्क्तित्रयादाद्यानां शिवशक्तियोक्तृणां त्रीणि भुवनानि क्रोधेश्वराष्टकभुवनं प्रकृतिभुवनं चेति पञ्च भुवनानि। एतावत्पर्यन्तं कलामन्त्रपदानि प्राग्वत् ।

२५ पुंसि विद्या कला, अघोरकवचौ मन्त्रौ, मायान्ते षट्के कलामन्त्रौ एवमेव, ऊकारादियकारान्तमुत्तरदिक्पद्मगतं पदनवकं, ञ-वर्णः, तुष्टिसिद्धिगुरुशिष्यपङ्क्तित्रयनाडीविग्रहाष्टकदेहपाशागन्तुगाणेशवैद्येशपाशभुवनानि द्वादश।

२६ नियतौ वायव्यपद्मगतमूकारादिवकारान्तं पदनवकं, झ-वर्णः, वामदेवाद्यष्टकभुवनम् ।

२७ कालतत्त्वे ऊकारादिलान्तं वारुणपद्मगतं पदनवकं, ज-वर्णः, शुद्धादिशंभुराडन्तशिवदशकभुवनानि ।

२८ रागे पौरुषमेव पदनवकं, छ-वर्णः, सुहृष्टादिरुद्रदशकस्य भुवनं, कल्याणादेश्च गुरुशिष्यदशकस्य भुवनम् ।

२९ अशुद्धविद्यायां नैयतमेव पदनवकं, च-वर्णः, वामादिमनोन्मनान्तं भुवननवकम् ।

३० कलायां पदनवकं कालीयमेव, ङवर्णः, महादेवमहातेजोमहाज्योतिषां भुवनत्रयम् ।

३१ मायायां निवृत्तिपद्माद्दूकारादिमान्तं पदनवकं, घ-वर्णः, गोपत्याद्यनन्तान्तानि सप्त भुवनानि ।

३२ शुद्धविद्यायां याम्यपद्माद्दूकारादिक्षान्तं पदनवकं, शिष्टं पददीक्षावत् ।

३३ ईश्वरतत्त्वे आग्नेयपद्माद्दूकारादिरेफान्तं पदनवकं, शिष्टं पददीक्षावत् ।

३४ सदाशिवतत्त्वे प्राक्पद्माद्दूकारादिहान्तं पदनवकं, शिष्टं पददीक्षावत् ।

३५ शक्त्यभिन्ने शिवतत्त्वे मध्यपद्माद्दूकारादिप्रणवान्तं पदनवकं, शिष्टं पददीक्षावत् ।

अध्वव्याप्तिरियंग्रन्थे सूचिता[1] न स्फुटीकृता ।
सम्यग्दीक्षाविधिष्वत्र धीः सुधीभिर्निधीयताम् ॥

---

१ ग० पु० सूचिताप्यस्फुटीकृतेति पाठः ।

एवमीदृगेकतमप्रकारकृतदीक्षं निर्बीजदीक्षादीक्षितवर्जं शिष्यम्

समयाञ्छ्रावयेत्पश्चा-
त्तन्त्राम्नायोत्थितान् प्रिये ॥४३॥

तन्त्ररूपादित आम्नायादुत्थितानित्यनेन स्रोतोभेदेन समयानां भिन्नाभिन्नरूपतैव इति सूचयति ॥ ४३ ॥

तानाह

न निन्देद्भैरवं देवं
शास्त्रं वान्यसमुद्भवम् ।

लौकिकीं भेददर्शनवासनां च हित्वा तत्समुद्भवानि अन्यान्यपि तत्तदाचाराण्यपि भैरवशास्त्राणि तदुक्तं तत्तदुपास्योपास्यं च तं तं देवविशेषं परभैरववद्वन्द्यतयैव पश्येदित्यर्थः ॥

किंच

सांख्यं योगं पाञ्चरात्रं
वेदांश्चैव न निन्दयेत् ॥ ४४ ॥

तद्दर्शनस्थांस्तदनुपपत्तिदर्शनेन प्रयोजकव्यापारेण न तन्निन्दायां प्रयुञ्जीतेत्यर्थः ॥४४॥

अत्र हेतुः

यतः शिवोद्भवाः सर्वे
ह्यपवर्गफलप्रदाः ।

तत्तत्स्वोचितमुक्तिकारिणः तावन्मात्रविश्रान्तानां वाक्यैकवाक्यतया परिपूर्णव्याप्तिविदां सद्योमुक्तिदा अपि

'अदृष्टविग्रहाच्छान्तात्········ ।'(८।२७)

इति भाविनीत्या नानारूपाच्छिवात् सर्वशास्त्राणां उत्पन्नत्वेन तदभिन्नव्याप्तिकत्वात् । अनेनैवाशयेन

यतः शिवोद्भवं सर्वं शिवधामफलप्रदम् ।

इति पाठं पुराणपुस्तकदृष्टमिह केचित् पठन्ति । पूर्णव्याप्त्यवेद्याभिप्रायेण तु

'सर्वान्भ्रमयते माया ह्यमोक्षे मोक्षलिप्सया ।' (१०।११३९)

इत्यादि वक्ष्यति ॥ ४४ ॥

किंच

स्मार्त्तं धर्मं न निन्देत्तु
आचारपथदर्शकम् ॥ ४५ ॥

तदाचाररतानां न बुद्धिभेदं कुर्यादित्यर्थः ॥

ब्रह्मादिदेवता याश्च
मातरश्चुम्बको गिरिः ।
वीराश्चैव भगिन्यश्च
गावो भूतगणास्तथा ॥ ४६ ॥

ब्रह्मादीन्युल्लङ्घनीयान्यपि कारणानि, मातरो लौकिकाचारतो ब्राह्म्याद्याः, चुम्बति वक्त्रपारम्पर्येण शिष्यं प्रबोधयति रहस्यार्थे यः स गुरुः, गिरिरिव गिरिः मन्त्राराधनादावविचलः साधकः, वीरा रहस्यचर्यानिष्ठाः, भगिन्यो मातृभक्ता योगिन्यो, गावः पशुशास्त्रप्रतिपादितपवित्रभावाः, भूतानि पिशाचापस्मारादीनि, गणाः प्रमथाः। एतान्सर्वान्न निन्देदिति संबन्धः ॥ ४६ ॥

किंच

देवद्रव्यं न हिंस्यात्तु
सिद्धान्ते यद्व्यवस्थितम् ।

सिद्धान्ते निश्चये यद्व्यवस्थितं तद्देवार्थमेवेदं द्रव्यमिति तन्न हिंस्यात् ॥

किंच

गुरोरन्नं न भुञ्जीत

अदत्तं परमेश्वरि ॥ ४७ ॥

गुरुणा यन्न प्रसादीकृतं तत्तदीयमन्नमपि नाश्नीयात् ॥ ४७ ॥

मद्यं मांसं तथा मत्स्या-

नन्यानि च वरानने ।

साचारांश्च निराचाराँ-

ल्लिङ्गिनो न जुगुप्सयेत् ॥४८॥

अन्यानीति वीरद्रव्याणि, निराचारानिति तद्रूपेण निह्नुततत्स्वरूपाणां सिद्धानामपि भावात् न जुगुप्सीत ॥ ४८ ॥

चरुकं प्राशयेन्नित्यं

स्वेष्टदेवतायै दत्तम् ॥

गुरून्संपूजयेत् सदा ।

अन्यथा नित्यार्चाधिकाराभावात् ॥

उपस्करान्महादेवि
पादेन तु न संस्पृशेत् ॥ ४९॥

उपस्करान् दृषदुलूखलमुसलादीनि गृहोपकरणादीनि, तेषां मतङ्गशास्त्रेषु नवयागविधौ देवतासंकेतस्थानत्वेनाम्नातत्वात् ॥४९॥

संहितां चिन्तयेन्नित्यं

संहितां शैवं शास्त्रम् ॥

भक्तानां श्रावयेत्सदा ।

गुरुस्तदनुज्ञातोऽन्योऽपिवा, अतः प्राधान्येनायं गुरोरेव समयः ॥

आह्निकं न विलुम्पेत्तु
संध्याकर्म वरानने ॥ ५० ॥

आह्निकं पूजादिनित्यकर्म, संध्यां संध्याकालसंपाद्यां मन्त्रोपासाम् ॥ ५० ॥

अदीक्षितानां पुरतो
नोच्चरेच्छास्त्रपद्धतिम् ।

शास्त्रपद्धतिं पारमेशशास्त्रप्रक्रियाम् ॥५०॥

---

१ ख० पु० भक्त्या तामाश्रयेदिति पाठः ।

साधकविषयमाह

त्रिकालं पूजयेद्देवं
जपध्यानरतः सदा ॥ ५१ ॥

प्रातर्मध्याह्ने सायं च ॥ ५१ ॥

तदेतान्यथायोगं पुत्रकादिः

समयान्पालयेन्नित्य-
मुभयार्थफलेप्सया ।

उभयार्थमैहिकमामुष्मिकं च फलं भोगो मोक्षश्च ॥ ५१ ॥

तदित्थं समयश्रवणान्तां क्रियादीक्षामुक्त्वा, ज्ञानदीक्षां निरूपयितुमाह

अतो विज्ञानदीक्षां तु
प्रवक्ष्याम्यनुपूर्वशः ॥ ५२ ॥

अध्यात्मगतिचारेण
केवलेन विशोधिकाम् ।

अनुपूर्वशो वक्ष्यमाणोद्घातक्रमेण । अध्यात्ममात्मनि गत्या ज्ञानेन यश्चारः सौषुम्नमार्गारोहः तेन । केवलेन होत्रादिहीनेन ॥

तत्र

शिष्यात्मानं गृहीत्वा त-
मात्मप्राणे नियोजयेत् ॥ ५३ ॥
अभिमानं तथोच्चार्य
कुर्याद्वै पूर्ववत्तदा ।

अभिमानम्

'अहमेव परो हंसः .... ।'(४।३९५)

इत्युक्तरूपम् ॥ ५३ ॥

एतत्सर्वं पूर्वोक्तमनूद्य, विशेषमाह

उद्घातैश्च ततोऽध्वानं
शिष्यस्य तु विशोधयेत् ॥५४॥
ततः समुच्चरंस्तत्त्वं
पृथिव्याद्यं तु सुव्रते ।

तत्त्वं निष्कलस्वरूपं पूर्वोक्तमुद्राबन्धयुक्त्या सम्यगुच्चरन् पृथिव्याद्यमध्वानं भावनया विन्यस्तं विशोधयेत् ॥ ५४ ॥

कथमित्याह

भिन्नाभिन्नस्वरूपेण
एकैकं तु यथाक्रमम् ॥ ५५ ॥
सस्वरं ह्यक्षरोच्चारं
देवताभिः समन्वितम् ।

मन्त्रकलाव्याप्त्या भिन्नेनाविकल्पविमर्शैक्याच्च अभिन्नेन स्वरूपेणोपलक्षितं, तत एव देवताभिर्ब्राह्म्याद्याभिः सम्यगभेदव्याप्त्यान्वितम्, एकैकमकारोकारमकारादिरूपमक्षरं, सस्वरमित्यान्तरोच्चारवत्पश्यन्तीविमर्शप्रधानम्, अत एव चाक्षरोच्चारमविचलितमन्त्रध्वनिरूपं कुर्वन्निति शेषः ॥ ५५ ॥

तदत्र

'आब्रह्मरन्ध्रं भ्रूमध्यात्सन्ति पञ्च धराद्यः ।
ग्रन्थयः कारणैः सार्धं तान्भित्त्वा प्राप्यते शिवः ॥'

इत्याम्नायान्तरोक्तस्थित्या भ्रूमध्यादिपदावस्थितसुसूक्ष्मपृथिव्यादिग्रन्थिपञ्चकभेदमुद्घातयुक्त्या आदिशति देवः

बिन्दुना शक्तिसंयोगा-
दुद्धातः प्रथमः स्मृतः ॥ ५६ ॥
देवतात्रयनिर्मुक्तः

पूर्ववच्छिष्यचैतन्यं स्वप्राणे लीनं कृत्वा, पूर्वोक्तकरणबन्धपुरःसरं हृदयान्मध्यशक्ति-प्रसरयुक्त्याकृतकविमर्शसारं मन्त्रमुच्चरन्, मात्राविमर्शप्रधानायास्तस्याः शक्तेर्बिन्दुना संयोगादिति भ्रूमध्ये वज्रलाञ्छितपीतवर्ण-चतुरश्रपार्थिवमण्डलमध्यध्यातबिन्दुतेजसा सम्यगिति ऊर्ध्वोच्चारक्रमेण योगात् तदनुभवात् प्रथमोऽयमुद्धातो ब्रह्मविष्णुरुद्राख्य-देवतात्रयेण निर्मुक्तः ईश्वराख्यमन्त्रदेवता-समापत्त्यात्मा पञ्चगुणपृथ्वीतत्त्वगतगन्धाख्य-मुख्यगुणसंशोधनरूप इत्यर्थः ॥

रसाख्यगुणशुद्ध्यर्थं द्वितीयमाह

चतुर्थान्तसमन्वितः ।
उद्धातः स तु देवेशि
द्वितीयः परिकीर्तितः ॥ ५७ ॥

चतुर्थस्य बिन्दुस्थानस्यान्तोऽर्धचन्द्रः तेन प्राग्वत्सम्यगन्वितः तदनुभवावेशरूप इत्यर्थः ॥

रूपगुणशुद्ध्यर्थं तृतीयमाह

हंसाक्षरसमुच्चारः
सुदीर्घो बिन्दुसंयुतः ।
अर्धचन्द्रान्निरोधिन्या-
मुद्घातस्तु तृतीयकः ॥ ५८ ॥

हंसपथस्य हंसरूपस्य चाक्षरस्य निष्कल-मन्त्रस्य सम्यगिति पूर्वोक्तयुक्त्या उच्चारः, सुदीर्घो

'ह्रस्वं दीर्घं प्लुतं सूक्ष्मम् .... ।'(६।४)

इति भाविनीत्या मकारान्ते प्लुतः, ततोऽपि प्रथमोद्घातावधिना बिन्दुना सूक्ष्मरूपेण स-म्यग्युतस्तद्विश्रान्तः, तथार्धचन्द्रात् द्वितीयो-द्घातविश्रान्त्यवधेर्निरोधिकास्थानान्तं प्रसरं-स्तृतीय इति पार्थिवरूपगुणशुद्धिकृदि-त्यर्थः ॥ ५८ ॥

स्पर्शगुणशुद्ध्यर्थमाह

भिन्नोद्घातो यदा देवि
नादान्तस्तु तदा भवेत् ।
उद्घातः स तु देवेशि
चतुर्थः परिकीर्तितः ॥ ५९ ॥

भिन्ना उद्घाता इति प्रोक्तानि त्रीण्युद्घातस्थानानि येन मन्त्रोच्चारेण स पुनर्यदा नादान्तो नादानुभवविश्रान्तो भवति, तदा स चतुर्थगुणशुद्ध्यर्थ उद्घात उक्तः । तदाशब्दो भवेच्छब्दानन्तरं योज्यते ॥ ५९ ॥

शब्दगुणशुद्ध्यर्थं पञ्चममाह

स एव चाक्षरोच्चारो
व्यापिन्यन्ते व्यवस्थितः ।
उद्घातः स तु देवेशि
पञ्चमः परिकीर्तितः ॥ ६० ॥

स चैवेति नैष्कलः । व्यापिन्यन्ते इति तद्विश्रान्तिरूढः । पञ्चम इति पञ्चमस्य शब्दगुणस्य शुद्ध्यर्थम् ॥ ६० ॥

तदित्थम्

पञ्चोद्घातांस्ततो दत्त्वा
पृथिवीं शोधयेद्बुधः ।

तत इति यतः पञ्चगुणा पृथ्वी, बुध इति ज्ञानी, अत्र पञ्चस्वपि उद्घातेषु बिन्दुस्थाने पार्थिवीं धारणां प्रत्येकं धृत्वा, उद्घातानुसारं बिन्द्वर्धचन्द्रनिरोधिनादव्यापिन्यन्तेषु विश्रान्तीः कुर्वन्, शिष्यात्मनो गन्धादिशब्दान्ते गुणपञ्चके भोग्यभोक्तृभावं शोधयेत् ॥

इत्थं च व्यापिन्यन्ताश्रयणेऽपि सूक्ष्मव्याप्त्या पार्थिवतत्त्वभोगस्थानं बिन्दुधामैव[1] शुद्धं भवतीत्याह

अकारोकारमकारान्त-
मेवं शुध्यति नान्यथा ॥ ६१ ॥

अकारोकारमकाराणामन्तं बिन्दुस्थानम्, एवमिति व्यापिन्यन्तानुप्रवेशात्मकोद्घातपञ्चकात् शब्दान्तगुणपञ्चकसंशुद्धियुक्त्या पृथ्वी-

१ ख० पु० बिन्दुनामैवेति पाठः ।

तत्त्वशोधनादित्यर्थः । नान्यथेति हुतिदीक्षायामेव तत्त्वशुद्धिर्भवतीति भेदवादिवन्नास्यां ज्ञानदीक्षायां संशयितव्यं हुतिदीक्षायामपि ज्ञानस्यैव प्राधान्यादिति निर्णीतत्वात् । उक्तं च श्रीमतङ्गपारमेश्वरेऽपि

'यस्य ज्ञानान्न संप्राप्तिः क्रिया तस्य विधीयते ।'

इति ॥ ६१ ॥

तदित्थम्

शुद्धेऽथ पार्थिवे तत्त्वे
चिन्तितव्यं तु योगिभिः ।
जलीभूतं तदेवैत-
दात्मना सह योगतः ॥ ६२ ॥

अथशब्दः क्रमं सूचयति,–स च शुद्धतत्त्वाच्छिष्यचैतन्यस्योद्धरणं, ततस्तत्स्थीकरणं, तत आत्मप्राणे योजनं मन्त्रप्राणशिष्यात्मस्वात्मनां सामरस्यभावनमित्यादिरूपः । तदेवेति पार्थिवं तत्त्वं, जलीभूतमित्युक्त्या शुद्धाशुद्धतत्त्वानुसंधानमुक्तम्, योगिभिर्योगत इत्यनेनायोगिनोऽत्र नाधिकारो जातुचिदिति

दर्शितम्। एतदात्मना सहेति शिष्यात्मानमपि जलतत्त्वभोगाय तदेकात्मतामिव प्राप्तं चिन्तयेत्। अत्र चावसरे अर्धचन्द्रस्थाने पद्मलाञ्छितसितवर्णार्धचन्द्रमण्डलमध्यगतजलबिन्दुरूपां जलतत्त्वधारणां बध्नीयादित्याम्नायः॥

अथ पार्थिवे तत्त्वे शिष्यात्मनि च यथोक्तभावनया

जलीभूते पुनर्मन्त्री
तदेव चतुरुच्चरेत्।
बिन्द्वन्तं धारणायुक्तं

तदेवेति निष्कलस्वरूपं, मन्त्रीति लब्धसामरस्यः, बिन्द्वन्तमर्धचन्द्रस्थानं, धारणा व्याख्याता। चतुरिति पूर्वोक्तयुक्त्यार्धचन्द्रनिरोधिनादव्यापिनीपदेषु क्रमेण विश्रान्तिरूपांश्चतुरुद्घातान् दद्यादित्यर्थः। पुनरुच्चरेदिति पाठे चतुष्टयसंख्यार्थाद्योज्या ॥ ६३ ॥

तदित्थं जलतत्त्वं संशोध्य, पूर्वोक्तं सामरस्यान्तं क्रमं श्रित्वा, तज्जलतत्त्वात्

शिष्यादात्मनि चिन्तयेत् ॥६३॥

अतश्च

शोधिते तोयसंघाते
तेजोभूतं विचिन्तयेत् ।

अर्थात्तदेव तोयं शिष्यात्मना सहेत्यादि प्राग्वत् ॥

अत्र च निरोधिकास्थाने शक्तिलाञ्छितरक्तवर्णत्रिकोणमण्डलादिरूपं तेजस्तत्त्वधारणां बद्ध्वा निरोधिनादव्यापिनीस्थानेषु मात्रविश्रान्तिरूपाः

तजोद्धातास्त्रयस्तेषु
निरोध्यन्तमवस्थिताः ॥ ६४ ॥

तेजोद्धाता इत्यैशः पाठः । निरोध्यन्तं कृत्वा तत्र तेजोधारणां बद्ध्वा इत्यर्थः ॥ ६४ ॥

तदेवं त्रिभिरुद्धातैः त्रिगुणे तेजसि पूर्ववदन्तर्भूतेतराध्वपञ्चके शुद्धे

नास्ति तेजस्ततो वायु-
रुद्धातद्वयशोधितः ।

पूर्ववत्तत्स्थात्मस्थत्वादि कृत्वा, तेजः शान्तं विभाव्य, नादस्थाने षट्कोणबिन्दुलाञ्छितनीलवर्णमण्डलादिरूपां वायुधारणां बद्ध्वा, नादव्यापिनीस्थानयोर्मात्रविश्रान्त्यात्मनोद्घातद्वयेन वायुतत्त्वं शिष्यात्मनो भोगस्थानं शोधयेत् ॥

अथ

आकाशे लीयमानं त-
मुद्घातेन तु चिन्तयेत् ॥ ६५॥

तं वायुम् ॥ ६५ ॥

एतद्व्यनक्ति

नष्टे वायौ ततः शून्य-
मुद्घातैकेन योजयेत ।

नष्ट इति आकाशशेषीभूतत्वात् शिष्यात्मनो बन्धकत्वाच्चलिते, तत इति सुसूक्ष्मतममाकाशतत्त्वमन्तर्भूतेतराध्वपञ्चकमुद्घातैकेनेति आकाशस्यैकगुणत्वात् ॥

यच्चैतत्सुसूक्ष्मतमं शून्यम्
व्यापिनी सा तु विज्ञेया
पञ्चमान्ते व्यवस्थिता ॥ ६६ ॥

पञ्चमे व्योमतत्त्वात्मन्यन्ते व्यवस्थिता, तेनात्रान्तःशून्यसुसूक्ष्मशब्द[1]शक्तिलाञ्छितपरिवर्तुलमण्डलाकारां व्योमधारणां बद्ध्वा, मन्त्रोच्चारणाभिज्ञो गुरुः शिष्यात्मना सहात्रैव विश्राम्यन् परतेजोमयतामनुसंदध्यात् ॥ ६६ ॥

एवं चात्र ज्ञानदीक्षामाहात्म्येन चरितार्थतया पुनर्भोगप्रदत्वाभावेन अबन्धकत्वात्सर्वैव भोग्यभूः शिष्यस्य शोधिता भवति, यतः चिदानन्देच्छाज्ञानक्रियाख्यशक्तिपञ्चकसामरस्यसतत्त्वः श्रीस्वच्छन्दभट्टारकः चिदादिशक्तिप्रधानशिवशक्तिसदाशिवेश्वरविद्याख्यतत्त्वपञ्चकात्मतामुट्टङ्कितामपि व्यापिन्यादिबिन्द्वन्तग्रन्थिपञ्चकस्वरूपगोपनात्मकमहामायाशक्त्याच्छादयन्, मायादिक्षित्यन्तां क्रमात्क्रममधिकाधिकसंकोचां तत्त्वत्रिंशतं षड्भिः पञ्चकप्रघट्टकै-

1 क० पु० शब्दलाञ्छितेति पाठः ।

रन्योन्यं शक्तिव्यक्त्यात्मकव्याप्यव्यापकभावभाग्भिरासूत्रितवान् संकुचितप्रमातृभूमिकायामिति। तदनुग्रहप्राप्ततत्स्वरूपेण योगिना गुरुणा शिष्यात्मनैकीभूय यथोक्तोद्धातव्याप्तियुक्त्या शिष्यचैतन्यस्य समग्रां भोगभूमिं विलाप्य, ज्ञानदीक्षया चिदादिशक्तिपञ्चात्मकत्वमेवापादयितव्यम्। अत एव पञ्चत्रिंशत्तत्त्वव्याप्तिसारसुसूक्ष्मपृथिव्यादीनि इत्थं संशोध्यापि तत्संस्कारमयं समनापदमपि शोधयितुमाह

समनायां ततो ह्यात्मा

सुसूक्ष्मतमतत्त्वप्रपञ्चमननमात्ररूपायां समनाशक्तौ गुरुणा शिष्यात्मा तावन्मात्रभेदसंस्कारनिवृत्त्यर्थं योज्य इत्यर्थः ॥

एवं च

तत्त्वव्यापी स उच्यते।

अशेषतत्त्वप्रथमासूत्रणरूपं यत्समनाख्यं तत्त्वं तद्व्यापक इत्यर्थः ॥

इयति च संस्कारपर्यन्ते तत्त्वजाते संशुद्धे शुद्धात्मतामाप्नोतीत्याह

आत्मव्यापी ततश्चोर्ध्वं

भवतीति शेषः ॥

एवमासादितपरशुद्धात्मस्वरूपोऽपि शिष्यात्मा ततोऽपि परां चिदादिशक्त्यभेदसारां परभैरवरूपतां समनन्तरवक्ष्यमाणयोजनिकाक्रमेणैतीत्याह

सर्वव्यापी ततः पुनः ॥ ६७ ॥

भवतीति शेषः ॥ ६७ ॥

अत्र योजनिकामासूत्रयितुमेकोद्घातरूपां युक्तिमाह

तत्त्वान्तसंस्थितो ह्यात्मा[1]
उद्घातैकेन योगवित् ।
योजयेत्परमे तत्त्वे
उन्मनातीतसर्वगे ॥ ६८ ॥

तत्त्वानामन्तः समनाया ऊर्ध्वं पदम् । उन्म-

१ ख० ग० पु० संस्थिते ह्यात्मेति पाठः ।

नातीत इति तदनुभवानुप्रवेशेन शक्तिमत्त्व-रूपासादनम् ॥ ६८ ॥

योजयेदित्युक्तिं स्फुटयति

योजनां तु परे तत्त्वे
शृणु देवि वदाम्यहम् ।

अनयोक्त्यास्यार्थस्यावधानगम्यत्वं[1] दर्शयति

मन्त्रमुच्चारयेद्देवि
ह्रस्वं दीर्घं प्लुतं परम् ॥ ६९ ॥
परापरविभागेन
यावत्तत्त्वं परं गतम् ।

ह्रस्वं दीर्घं प्लुतं सूक्ष्ममतिसूक्ष्ममिति सम-नन्तरमेव पञ्चप्रणवाधिकारे अकारोकारम-कारबिन्दुनाद[2]मात्राणां प्रत्येकं प्रणवैकदेश-भूतानामपि

'प्रदेशोऽपि ब्रह्मणः सार्वरूप्यमनतिक्रान्तः ।'

इति स्थित्या प्रणवत्वमिति वक्ष्यति, ततो ह्रस्वं मन्त्रमुच्चारयेदित्यादि सामानाधिकरण्यं

---

१ क० पु० धाने गम्यत्वमिति व्यस्तः पाठः । २ क० पु० नादमन्त्रा-णामिति पाठः ।

युक्तमेव । परापरविभागेनेति सूक्ष्मातिसूक्ष्मभेदेनेत्यर्थः। परमुन्मनातीतं गतं प्राप्तम्॥

तदत्र

त्रिदेवं बिन्दुसंयुक्त-
मर्धचन्द्रं निरोधिकाम् ॥ ७० ॥
नादं च शक्तिसंयुक्तं
व्यापिनीसमनोन्मनाः ।

जानीयादिति शेषः । त्रयाणां ब्रह्मादीनां देवानां समाहारो यत्र अकारोकारमकारात्मनि कलात्रये तत्तथा ॥ ७० ॥

किंच

उन्मना च परश्चैव
सर्वव्यापी शिवोऽव्ययः ॥७१॥

ज्ञातव्य इति शेषः । यथा चात्र ज्ञानं यादृशं च तत्सर्वं पूर्वमेव वितत्य निर्णीतम् ॥

तदित्थम्

ज्ञात्वा सर्वमशेषेण
विधिमेषां यथाक्रमम् ।

तदा तु योजयेन्मन्त्री
अन्यथा नैव योजयेत् ॥ ७२॥

सर्वमिति पूर्वोक्तचारप्रमाणादिपरिष्कृतमेषां मात्रप्रमेयानां विधिं सम्यगुच्चारणमशेषेण निश्चयनिरूढ्यनुभवैः अत एव मन्त्री सम्यङ्मन्त्रसतत्त्ववित् ॥ ७२ ॥

तमेव विधिं स्फुटयति

बिन्दुस्थं त्रितयं शब्दे

मन्त्रप्रमेयानां यन्मकारान्तं त्रितयं तद्बिन्दुस्थं विद्वदनुभवात्मतामापादितं सत् शब्दे नादात्मनि कुर्यात् तन्मयत्वमापादयेत् ॥

यस्मात्

चतुर्थो बिन्दुरेव हि।

तस्मात् तद्विश्रान्तिपुरःसरमेव नादविश्रान्तं मकारान्तं त्रयं कुर्यात् ॥

तदेतत्त्रयम्

ब्रह्मा विष्णुस्तथा रुद्रः

वाच्यभेदात् ॥

एतच्च

त्रिमात्रं वर्ण उच्यते ॥ ७३ ॥

मात्रात्रयमेतदुच्चारणक्रियात्मकतया, वर्ण इत्यक्षररूपतया स्थूलमित्यर्थः ॥ ७३ ॥

चतुर्थस्तु

ईश्वरो बिन्दुदेवस्तु

तत्परामर्शमय इत्यर्थः ॥

तदित्थं मन्त्रोच्चारं यः करोति

कण्ठे शब्दः प्रवर्तते ।

तस्य हृदयादुच्चरन्नादकलात्मकमन्त्रसतत्त्वरूपः शब्दः कण्ठे प्रकर्षेण वर्तते ततः प्रभृति पञ्चप्रणवाधिकारवक्ष्यमाणनीत्या उच्चार्यतामासादयतीत्यर्थः ॥

स च

तत्र शब्दः क्रियान्तस्थः

उच्चारणक्रियान्तर्गतः पश्यन्त्यात्मकशब्दरूपो नतु मध्यावैखरीव्यञ्जय इत्यर्थः ॥

अत एवासौ

क्रियाशक्तिरिति स्मृता ॥७४॥

तदित्थमुच्चारणप्रयत्नगतः

स शब्दस्तालुके देवि

ईरितः संप्रवर्तते ।

तस्य

ततोऽपि

किंचिद्गतः शब्दो

नासिकान्ते प्रवर्तते ॥ ७५ ॥

नासिकान्तो भ्रूमध्यम् । तदेतावत्पर्यन्ता मान्त्री क्रियाशक्तिव्याप्तिः ॥ ७५ ॥

अथ

ज्ञानशक्तिस्तु विज्ञेया

यत्नतः परमेश्वरि ।

मूर्धस्थानगतः शब्दो

ललाटान्तमवस्थितः ॥ ७६ ॥

यदा स एव शब्दो योगिनः पूर्वोक्तात्

नासापुटादिप्रयोगरूपाद्यत्नान्मूर्धस्थानतोऽर्ध-चन्द्रादिस्थानान्युक्तोद्घातयुक्त्यारोहँल्ललाटान्तमवस्थितो भवति, तदा सूक्ष्मरूपतोपसंहारादनुभवप्रकर्षमापन्नो ज्ञानरूपतामेतीत्यर्थः ॥

तदित्थं बिन्द्वादिरूपतामासाद्याकारोकारमकारात्मा

वर्णः शब्दगतः

शब्दं नादात्मतां गतः तद्रूपतामाप्तः ॥

तथाभूतश्च

तेषा-

मुद्धातः स तु कीर्तितः ।

तेषामिति बिन्द्वन्तानां, स एव नादकलानुभवात्मा शब्दः पञ्चादिभेदेन भिन्न उद्धातः पूर्वमुक्तो नत्वन्यः कश्चित् ॥

एवमियतीं भूमिं मात्रीमाश्रित्यापि

तत्रस्था विनिवर्तन्ते

ये ऊर्ध्वां शक्त्यादिसोपानमालिकामनारुह्य तत्रैव संतुष्यन्ति, ते

शिवज्ञानविवर्जिताः ॥ ७७ ॥

नादतुष्टाः परमानन्दमयशिवज्ञप्तिसाधकतमां मान्त्रीमिच्छाशक्तिमेव नाविशन्ति कुतस्तु शिवम्,—अत उत्तरोत्तरपदारोहे यत्नः कार्य इत्यर्थः ॥ ७७ ॥

अथात्रैव बिन्द्वादिपदेषु सूक्ष्मतमानुभवगम्यं भाविनमेवान्तरं प्रविभागं दर्शयितुमाह

पञ्चधावस्थितो बिन्दु-
रर्धचन्द्रो निरोधिका ।

भुवनाध्वनि बिन्द्वावरणस्य निरूपणावसरे वक्ष्यति

'निवृत्तिश्च प्रतिष्ठा च विद्या शान्तिस्तथैव च ।
परिवारः स्मृतस्तस्य शान्त्यतीतस्य सुव्रते ॥
तस्य वामदिशो भागे शान्त्यतीता व्यवस्थिता।'(१०।१२१६)

इति । तथा

'ज्योत्स्ना ज्योत्स्नावती कान्तिः सुप्रभा विमला शिवा ।
अर्धचन्द्रे स्मृता ह्येता निरोध्यंशे तु सुव्रते ॥
रुन्धनी रोधनी रौद्री ज्ञानबोधा तमोपहा।'(१०।१२१९)

इति । एवमेषां पञ्चधावस्थितत्वम् ॥

अथ

तस्यातीतो भवेन्नादः

तस्येति निरोध्यनुभवपर्यन्तव्याप्तिकबिन्दुदेवस्य, तं बिन्दुदेवमतीतः सन् स वर्णो नादो भवति नादामर्शरूपतामेति, तमिति वक्तव्ये तस्येत्युक्तिः बिन्दोरेवेयं नादरूपतापत्तिरेवमुत्तरत्रापि पूर्वपूर्वावस्थैव उत्तरोत्तरं प्रकर्षमेतीत्याशयेन षष्ठी योज्या ॥

एतदनुभवे युक्तिमाह

अवच्छिन्नस्त्वसौ भवेत् ॥७८॥

ईषत्प्रसारिते वक्त्रे

पूर्वोक्तदिव्यकरणबन्धेनावच्छिन्नतामेतीत्यर्थः ॥

एष च

देवदेवः सदाशिवः ।

देवस्य द्योतनसतत्त्वस्य बिन्दोरपि, देवः सातिशयदीप्तः प्रभुश्च ॥

एष च नादरूपः

चतुर्विधो भवेच्छब्दो

यः सुवेगवहः स्मृतः ॥ ७९ ॥

नादावरणे वक्ष्यति

'इन्दिका दीपिका चैव रोधिका मोचिका तथा ।'(१०।१२२३)

इति । एताभिः शक्तिभिरस्य चतुर्विधत्वम् ॥

ननु च

'ऊर्ध्वगा तु समाख्याता कला त्वासां तु पञ्चमी ।'
(१०।१२२४)

इति भविष्यति, तत्कथमस्य चातुर्विध्यं; सत्यं तस्यास्तु न शब्दव्याप्तिरित्याह

पञ्चमो न वहेच्छब्दः

यः पञ्चमः प्रकारो नासौ शब्दरूपतया वहतीत्यर्थः ॥

कथं तर्हि भवतीत्याह

ऊर्ध्वगामिन्यसौ स्मृता ।

नादोर्ध्वगतेच्छाव्याप्त्यवस्थितो[1] यः शक्तेः संस्पर्शस्तदभिन्नत एव नादान्तोऽव्यक्तध्वनिरिति चोच्यते इत्यर्थः ॥

---

१ ख० ग० पु० व्याप्त्यवस्थितायाः शक्तेः संस्पर्शात्तदभिन्नत इति पाठः ।

अथ

तस्यातीता भवेच्छक्तिः

तमपि नादयतीत्यर्थः ॥

सा च

पञ्चधा तु व्यवस्थिता ॥ ८० ॥

तद्वक्ष्यति

'ऊर्ध्वे तु संस्थिता शक्तिः सुषुप्तभुजगाकृतिः ।'

इत्युपक्रम्य

'सूक्ष्मा चैव सुसूक्ष्मा च तथा चैवामृतामिता ।
व्यापिनी........................ ॥' (१०।१२३९)

इति ॥ ८० ॥

अत्र शब्दव्याप्तेः क्षीणत्वात् कीदृगनुभव इत्याह

स्पर्शस्तत्र भवेद्देवि

ह्लादात्मेति शेषः ॥

किंच

आत्मवित्तत्र पूर्ववत् ।

तत्र शक्तिपदे य आत्मवित् शक्त्यनुभवतुष्टः स पूर्ववदिति शिवपदं प्राप्नोतीति यावत् । एवमुत्तरत्रापि योज्यम् ॥

अथातः

व्यापिनी परतश्चैव
पञ्चधा तु व्यवस्थिता ॥ ८१ ॥

सोऽपि स्पृशन्नूर्ध्वपदमारुरुक्षुर्योगिनो व्याप्तिमयान् व्यापिनीरूपो भवति । तत्र च

'व्यापिनी व्योमरूपा चानन्तानाथाप्यनाश्रिता ।'
(१०।१२५०)

इति वक्ष्यमाणसूक्ष्मतमशक्तिपञ्चकानुभवोऽस्ति ॥ ८१ ॥

अत्र च

बालाग्रमाश्रितं स्पर्शं
कदाचिद्वेत्ति वा नवा ।

कदाचिदिति तत्पदारोहावसरे त्वशेषस्पर्शं वेत्ति, नवेति तदारोहप्रकर्षे व्याप्तिमात्रमेवानुभवति नतु पृथक्स्पर्शमित्यर्थः ॥

तदित्थम्

व्यापिनी सा समुद्दिष्टा
न ज्ञानं परमेश्वरि ॥ ८२ ॥

यदेतत्स्पर्शं वेत्ति नवेत्युक्तं सा व्यापिनीत्युपसंहृतं न ज्ञानमिति, नैषा ज्ञानशक्तिरपि तु इच्छाशक्तिरित्यर्थः ॥ ८२ ॥

अथ

तस्यापि समनातीता

तदपि व्यापिनीज्ञानमतिक्रम्य स्थितेत्यर्थः ॥

'समनं क्रमविज्ञानमुन्मनं युगपत्……… ।'

इत्युक्तत्वादुन्मनानुभवं प्रविविक्षुः

मनस्तत्र न कारयेत् ।

न तत्रैव तुष्येदित्यर्थः। तदियतीयमिच्छाशक्तिव्याप्तिर्मात्रीत्यवसेयम् ॥

समनायां भावाभावात्मनो विश्वस्य भेदस्यासूत्रणात् हेयत्वमस्ति इति तामतिक्रम्य

उन्मनापदमारोहन्

मध्ये केवलात्मतामनुभवतीत्याह

शुद्धात्मा तु ततो भवेत् ॥८३॥

तदित्थं शुद्धचैतन्यस्वरूपसामरस्यापन्नं

शिष्यात्मानं गुरुवर
उन्मन्यन्ते नियोजयेत् ।

उन्मन्यामन्ते चेति समासः, स्वातन्त्र्यशक्तिसामरस्यात्मनि स्वतन्त्रभट्टारकसंवेदने विश्रमयेत् तत्समावेशाभिज्ञ इत्यर्थः ॥

एवं च

तत्र युक्तः परे शान्ते
महाशान्तिमवाप्नुयात् ॥ ८४ ॥

युक्त एकत्वं प्राप्तः । समस्तस्य भेदकलङ्कस्य गलनात् परं शान्तत्वम् ॥

तदित्थम्

गुरुपारम्परायातः
संप्रदायः प्रकाशितः ।

परम्परैव पारम्परं, गुरूणां शक्तिसदाशिवश्रीकण्ठादीनां पारम्परेणायातो रहस्यानुभव-

संचारक्रमेण मया विदितः, सम्यक् दीक्षणादिपूर्वं शक्तिपातभाजां प्रदीयते इति संप्रदायः, प्रकाशितः तवापि संक्रमणयुक्तिपूर्वं मया कथित इत्यर्थः। तदेवं गुरुतो लब्धोऽपि संप्रदायो यथारूढिमापन्नो गुर्वन्तरैः शिष्याणां संपाद्यते॥

तत्र

योजने तु परे तत्त्वे
उपायः कथितस्तव॥ ८५॥

'ज्ञात्वा चारप्रमाणं तु प्राणसंचारमेव तु।' (२३१)
इत्यादिना चतुर्थपटल एवेत्यर्थः॥ ८५॥

तदित्थं सर्वोत्तममिमं संप्रदायम्

एवं ज्ञात्वा वरारोहे
सर्वकर्माणि कारयेत्।

सर्वासु व्यवहारदशासु परिभाणमाहात्म्य[1] एव तिष्ठेदिति यावत्। आचार्यसाधकादींश्च स्वोचितेषु कर्मसु एतज्ज्ञानपूर्वकमेव प्रयुञ्जीतेत्यर्थः। वरारोह इति प्राग्वत्॥

---

१ ख० ग० पु० परिणाममाहात्म्य एवेति पाठः।

एवं तत्त्वदीक्षाप्रसङ्गोक्तेयं ज्ञानदीक्षा अन्याध्वदीक्षास्वपि कर्तव्या इति भङ्ग्या शिक्षां ददाति

तत्त्वाध्वानं कलाध्वानं
भुवनाध्वानमेव च ॥ ८६ ॥
वर्णमन्त्रपदाध्वानं
कृत्वैवं शुध्यति प्रिये ।

यथान्तर्भावितापराध्वपञ्चकं तत्त्वाध्वानमेवं कृत्वा इत्युद्घातपूर्वं परे तत्त्वे योजयित्वा शुद्ध्यति परभैरवतामाप्नोति गुरुः शिष्यात्मना सह तथान्यमपि अध्वानमेवमेव कृत्वा शुद्ध्यतीत्यर्थः ॥

उपसंहरति

एषा वै धारणादीक्षा

विज्ञानदीक्षामित्युपक्रम्यापि प्रोक्तधारणाक्रमेण क्रियमाणत्वात् धारणादीक्षा—इत्युपसंहारेऽपि न दोषः ॥

नैषा सर्वेण गुरुणा कार्येत्यभिदधद्भावि-

पटलमपि अवतितारयिषुः पाटलिकीं संगतिं करोति

कर्तव्या योगिनात्र तु ॥ ८७ ॥
मन्त्रसिद्धेन वा देवि

योगिना परसमावेशाभिज्ञेन, यदि वा अत्र तन्त्रे समनन्तरपटलवक्ष्यमाणसाधनक्रमेण यो मन्त्रसिद्धस्तेन कर्तव्या द्वयोरपि अत्र सामर्थ्याविशेषात् तदन्यस्य त्वनधिकारात् ॥

इत्थमियम्

कृता वै सुकृता भवेत् ।
सम्यङ्निवृत्तिमासादयत्येव ॥

तदेवं चतुर्थपटले कलादीक्षोक्ता अस्मद्दर्शितयुक्त्या एकतत्त्वदीक्षा च, इह तु त्रिपञ्चनवषट्त्रिंशद्भेदाश्चतस्रस्तत्त्वदीक्षाः, पददीक्षा च नवतत्त्वदीक्षावत्, वर्णमन्त्रभुवनदीक्षाश्च तिस्रः कलादीक्षावत्, दशमे च वितता भुवनदीक्षा भविष्यतीत्येता एकादश अध्ववैचित्र्येण दीक्षाः । ज्ञानदीक्षा चोद्धातयुक्त्या द्वादशी इति । एताः सबीजनिर्बीजसद्योनिर्वाण-

भेदात् पुत्रकविषये षट्त्रिंशद्भवन्ति । आचार्ये तु सबीजैव द्वादशभेदा । साधके शिवधर्मिलोकधर्मिभेदात् द्विविधे पूर्ववच्चतुर्विंशतिभेदा । समयिनि तु अध्वन्यासस्यानुक्तत्वात् ज्ञानक्रियाभ्यां हृदादिग्रन्थिभेदनतो द्विविधा,—इति चतुःसप्ततिरिह संक्षेपतो दीक्षाभेदाः । तत्रापि सकलनिष्कलाघोरेश्वर्याद्यनुष्ठानभेदात् लोकधर्मिसाधकस्य चावान्तरवैचित्र्यात् भौतिकनैष्ठिकाचार्यभेदाच्च बहुप्रकारा भवन्ति । तदत्र दीक्षायामेव प्रत्यवतिष्ठन्ते सौगताः—इह दीक्षया किमात्मनः संस्कारः क्रियते बुद्धेर्वा ? किमात्मग्रहादीनां मलानां, किंवा कर्मणाम् ? आत्मनः आयातशक्तिपातस्य तदितरस्य वा ? शक्तिपातोऽक्षीणमलस्य अन्यस्य वा ? कश्चात्मनः संस्कारः कर्मनिवृत्तिः सुखदुःखसंविन्निवृत्तिः प्रकृत्यादिविवेकदर्शनं स्वस्वरूपज्ञानमद्वैतदृष्टिर्वा ? बुद्धेरपि कः संस्कारः किमिन्द्रियप्रेरणासामर्थ्यं, रागादिहान्याधानम्, उन्मूलनं वा? मलानामपि किं तदेव कार्यप्रसवासामर्थ्यं, मरणापेक्षं वा

संस्कारः ? एवं च कर्मणाम् ? स च किमाग-मैकप्रमाणको युक्तिसिद्धोऽपिवा ? । तत्र शक्तिपातादात्मग्रहादिमलक्षयः, मलक्षयाच्च शक्तिपात इत्यन्योन्याश्रयः । अक्षीणमलस्य शक्तिपाते सर्वस्यासौ स्यात्, मलक्षयोऽन्यतः कुतश्चित् यदि तत एव तर्ह्यात्मनः संस्कारो भविष्यतीति किं शक्तिपातहेतुकेन दीक्षा-विधानेन ? आत्मनश्च नित्यैकस्वभावस्य कर्म-तद्भोगनिवृत्त्यनिवृत्त्योरविशिष्टस्य कः सं-स्कारः ? वैशिष्ट्ये नित्यताहानिः । कर्मभोगयोः व्यतिरिक्तयोर्नाशे तस्य किं वृत्तम् ? तत्सम-वायोऽस्य निवृत्त इति चेत् सोऽपि कर्मादिवत् स्वात्मन्येव–इति आत्मनो न भोक्तृत्वकर्तृत्वे नापि तदुपशमात्मा मुक्तिः स्यात् । प्रकृत्यादि-विवेकस्वरूपदर्शनपक्षौ प्रागतत्स्वभावतयास्य भेदमानयतः । आत्मदर्शनमात्मीयादिदर्शनस्य तन्मूलानां रागादीनां च हेतुरिति ततोऽस्य बन्ध एव । अद्वैतदृष्टौ अपरस्य कस्यापि अभा-वात् क्रियाभोगा[बोधा]नुपपत्तौ कर्तृत्वज्ञातृत्व-तत्त्वैश्वर्यप्रविलोपो मुक्तात्मनां स्यात् । बुद्धेरक्ष-

प्रेरणासामर्थ्याधाने दीक्षितस्य करणवैकल्यं स्यात् । रागादिदोषाश्च सवासनाका दीक्षितस्य न निवर्तन्ते । बुद्धेरुन्मूलने दीक्षानन्तरं देहपातप्राप्तिः । मलानां तदैवासामर्थ्यसाधने प्रवृत्तिस्त्रुट्येत् । मरणापेक्षमसामर्थ्याधानमिति पलायनमार्गः । मृत्यवसरे च दीक्षितस्यात्मादिग्रहः प्राग्वदेवोपलभ्यते । एवं कर्मस्वपि वाच्यम्, आरब्धकार्यकर्मसंशोधने दीक्षाया न सामर्थ्यमिति चेत् अन्यत्रापि क आश्वासः । आगमप्रमाणकमेतदिति चेत् आगमस्य तदर्थं कः प्रतिबन्धः? मन्त्रप्रतिबन्धात् यथा बीजमङ्कुरं न सूते, तद्वत् कर्मबीजान्यपि न संसारं सुवते इति । बीजादिसंसिद्ध्युक्त्या बीजादिवत् दीक्षितस्य तैलाभ्यङ्गदाहादयोऽपि असामर्थ्याधानहेतवः क्रियन्ताम् । अमूर्तत्वात् कर्मणामभ्यङ्गादयो न सन्तीति तानि दीक्षैव क्षपयति, तथाच धटदीक्षादीक्षितस्य लाघवमपि [1]उपलभ्यते इति चेत् नामूर्तस्य पापा-

---

१ क० ग० पु० उपलक्ष्यते इति पाठः ।

देर्गुरुत्वाभावात् । तस्मात् क्षणिकत्वादिभावनापूर्विका नैरात्म्यदृष्टिरेव मोक्ष इति ।

अत्रोच्यते—इहात्मसंस्कार एव दीक्षा । तथाहि अयमात्मा संकोचाभासतत्त्वापूर्णम्मन्यतात्मनेहाभिलाषशब्दोक्तेनाणवेन मलेन, शुभाशुभवासनात्मना विविधजन्मायुर्भोगदेन कार्मेण, तत्प्रभवेन च कञ्चुकपुर्यष्टकस्थूलभूतात्मनानाजातिकत्रिविधदेहतदाश्रयविचित्रभुवनभोक्तव्यार्थसार्थप्रतीतिभाजा मायाख्येन मलेन च वलितः । यतः सर्वस्यैव संकुचितोऽभिष्वङ्गादिमयोऽन्तरुल्लेखशताकीर्णः कृशगौरादिरूपोऽमुत्रेदं जानामीत्यादिप्रतीतिसिद्ध एवायमर्थः । तदीदृशस्यास्यानन्तजन्मसहस्राभ्यस्तेदृगवसानस्यापि आकस्मिकगुरुयियासाभक्त्यादिवशोन्नीतशक्तिपातानुसारनिर्वर्त्यमानया दीक्षया

'दीयते ज्ञानसद्भावः क्षीयते पशुवासना ।
दानक्षपणसंयुक्ता दीक्षा तेनेह कीर्तिता ॥'

इत्याम्नायनिरूपितस्थित्या आणवादिपाशपश-

मनशिवत्वाभिव्यक्तियोग्यतात्मा[1] संस्कारः क्रियते। पाशानां च प्रशमनमचिन्त्यमन्त्रशक्तिवशात् बीजानामिव पुनःप्ररोहाधानासामर्थ्यम्।

यत्तु

'नालं बीजादिसंसिद्धौ विधिः पुंसामजन्मने।
तैलाभ्यङ्गाग्निदाहादावपि मुक्तिप्रसङ्गतः॥'

इत्युक्तं तैः, तत्तेषामेव उपहास्यतामाविष्करोति—यतः स्थावरजङ्गमकृत्रिमाद्यात्मनो विषस्य स्वकार्यकरणशक्तिप्रशमनं बीजवद्यन्मन्त्रैः क्रियते तत्रापि एतद्वक्तुं प्राप्तम्। अथ तैलाभ्यङ्गादेः बीज एव शक्तिनिरोधकृत्त्वं न तु विशेषकृत्त्वं, मन्त्राणां तु तत्रापीत्युच्यते, तर्हि अचिन्त्यप्रभावत्वात् तेषां पाशप्रशमनेऽपि सामर्थ्यं किं न सह्यते।

अथ दोषाः सबीजसंताना दीक्षितेऽपि अनिवारिता दृश्यन्ते इति किमस्य मन्त्रैः कृतमित्युच्यते। तदत्रापि उच्यते प्रोक्तपाशशक्तिप्रतिबन्धनं मन्त्रैः क्रियते अस्य न तु

१ क० पु० योग्यतात्मनः संस्कार इति पाठः।

रागद्वेषादिप्रशमनम् । यथाहि विरूपस्य वैरूप्यमनिवर्त्यापि लोकोत्तररमणीवशीकरणं मन्त्रैः क्रियते, तद्वद्देहारम्भिकर्मांशोधनात् वर्तमानदेहे रागाद्यनिवृत्तावपि भाविप्ररोहप्रतिरोधनं पाशानां कुर्वतां मन्त्राणां किमायातम् । तीव्रतमशक्तिपातपूतानां च दीक्षानन्तरं रागद्वेषादिप्रशमः शतशोऽपि दृश्यते । सद्योनिर्वाणदीक्षायां च त्रैकालिकपाशशोधनात् तदैव देहादिविगलनं शिवत्वाभिव्यक्तिश्च भवत्येव । शिवत्वाभिव्यक्तावत्र किं प्रमाणमिति चेत्, मन्त्रप्रभावसंपादिततात्कालिकदेहदर्शनप्रशमनोद्भूतमनुमानं यथा च शान्त्याप्यायवशी[1]कारदाहोच्चाटनशोषणमारणादि मन्त्रसामर्थ्याद्भवत्येव तथा दीक्षाफलमपि भवत्येव इति चेतसि निवेश्यताम् । तत्कालमेव दीक्षातः शिवत्वाभिव्यक्तिः किं न भवतीति चेत्, प्रकृष्टज्ञानशालिभिः क्रियमाणायां सहस्रशो भवन्ती[2] असावपि दृश्यते एव ।

---

१ ख० पु० मन्त्राध्यायेति, ग० पु० शान्त्याध्यायेति पाठः । २ क० पु० भवत्यसाविति पाठः ।

अथोच्यते नित्यस्यात्मनो दीक्षातः संस्कारोत्पत्तौ संस्कृतत्वासंस्कृतत्वभेदात् भेदः स्यादिति चेत्, न। तत्तत्प्रतिभासभेदेऽपि अस्याकृतकाहंविमर्शैक्येन एकत्वसिद्धिः दूरासन्नादौ देवकुलादेरिव तद्विमर्शैक्यात्। विमर्शनवशादेव च सर्वव्यवस्था इति प्रत्यभिज्ञायां निर्णीतम्। एतेन भोक्तृत्वकर्तृत्वाद्यपि अस्य समर्थितमेव तत्तद्विषयभेदेऽपि आत्माव्यतिरेकेणास्य स्फुरणात्।

यत्तु उक्तमात्मदर्शनं न मुक्तिरपितु बन्ध इति तच्छरीरप्राणपुर्यष्टकशून्येष्वनात्मस्वेवमेव। यत्तु सत्यरूपे चिदात्मन्यहंविमर्शपरमार्थतया स्वीकृताशेषज्ञानक्रियापरमार्थे तत्रा१त्मदर्शनं सैव सत्यतो मुक्तिः। न च केवलमनात्मन्यात्मदर्शनं मिथ्याज्ञानरूपो बन्धो, यावदात्मनि अपि पूर्णप्रकाशाहंविमर्शपरमार्थाशेषविश्वमये विश्वत्रापि च चिदात्मैक्यपरमार्थे यदनात्मतया ज्ञानं तदपि बन्ध एवेति

१ ख० ग० पु० तत्र तथेति पाठः।

सर्वथा विगलितसंकोचचिदेकघनविश्वैकात्म्यमयशिवत्वाभिव्यक्तिरेव मुक्तिः । तत्र चाभेदसारं सर्वं ज्ञात्वा समाप्तमेवेति तत्प्राप्त्यर्थमेव दीक्षाप्रवृत्तिः । तदेवमुक्तनीत्या मलानां भेदेन प्रतिपादितत्वात् पृथक् न तत्संस्कारपक्षः कश्चित्—इत्यात्मन एवोक्तरूपः संस्कारो दीक्षया क्रियते । अद्वयमेवास्य स्वरूपमिति स्वरूपदर्शनाद्वयदर्शनपक्षयोर्नास्ति भेदः । सद्योनिर्वाणदीक्षायां तु अस्य कर्मसुखादिसंविन्निवृत्तिरपि क्रियते इति प्रतिपादितम् । असद्योनिर्वाणदीक्षासु देहारम्भिकर्मशुद्धिर्भगवदाज्ञातो न क्रियते नतु असामर्थ्यात् । अतोऽत्रापि यदुक्तं

> 'गतिप्रतीत्योः कारणान्याश्रयस्तान्यदृष्टतोऽ-
> दृष्टनाशान्न गतिर्दीक्षितस्य ॥'

इति तदपि अदूषणमेव । प्रकृत्यादिविवेकदृष्टिबुद्धिसंस्कारपक्षौ अनभ्युपगमपराहतौ । ततो यदुक्तं

> 'धारणप्रेरणक्षोभनिरोधाश्च तेनावशाः ?।
> न स्युस्तेषामसामर्थ्ये तस्या दीक्षाद्यनन्तरम् ॥'

इति तददूषणमेव ।

यदुक्तं पापस्य गुरुत्वाभावात् प्रत्ययवती [1]तुलादीक्षा नोपपद्यते इति; तदविदिताभिप्रायतया न सम्यक्, यतस्तमोमयपापावृतिहेतुकं देहे गुरुत्वं तुलादीक्षया धटशुद्धिवत् कारणनिवृत्तिद्वारेण निवर्त्यते । तथाच स्मृतिकारः

'अधर्मात्तमसो देहे गुरुत्वं यत्क्षयोऽस्य तु ।
धर्मतो लघुतोत्पादाद्धटतः सं[2]प्रतीयते ॥'

इति । तथैवैतत् । यत्पुनरुक्तमनायातशक्तिपातस्य दीक्ष्यत्वाभावात् शक्तिपातवत एव दीक्षा, शक्तिपातो मलक्षयात् स च शक्तिपातादितीतरेतराश्रयः, अक्षीणमलस्य शक्तिपाते सर्वस्यासौ स्यात्, अथ मलक्षयस्य शक्तिपातादन्यो हेतुः कश्चित् स एव तर्हि शक्तिपाते हेतुरस्तु किं मलक्षयेणेति । सत्यमेतत् किंतु निरर्गलपारमेशविचित्रशक्तिपातवतो दीक्ष्यत्वमस्माभिरिष्यते नतु मलपरिपाकादियुक्तस्येति न कश्चिदुक्तचोद्यावस्करसंस्पर्श इत्युपपन्नमेव दीक्षयात्मसंस्करणम् । अपिच सकलव्यवहार-

१ क० पु० तु कलादीक्षेति पाठः । २ क० पु० संप्रजायते इति पाठः ।

प्राणितभूतसर्वाभ्युपगमाविगीतप्रसिद्धिसिद्ध-सर्वज्ञमहेश्वरप्रणीतत्वप्रतीतप्रामाण्ये प्रेक्षा-पूर्वकार्याचार्यपरम्परानुष्ठीयमानानुष्ठानप्रकटि-ततत्तत्सर्वनिर्वाणाद्याप्यायनादिनानाफललब्ध-संवादे पारमेश्वरे शास्त्रे यद्यथाभिधीयते तत्तथैव । ततश्च यदुक्तम्

'आगमस्य तथाभावनिबन्धनमपश्यताम् ।
मुक्तिरागममार्गेण वदनपरितोषकृत् ॥'

इति, तदसदेव । यत्पुनः

'तस्मादनादिसंतानतुल्यजातीयबीजिकाम् ।
उत्खातमूलां कुरुत सत्त्वदृष्टिं मुमुक्षवः ॥'

इत्युक्त्या आत्मदृष्टेरहन्ताविकल्पवासनामूल-त्वमुक्तं; तत्प्रतारणमात्रमेव, यतः शिरोनिर्देशप्र-ख्याकृतकाहंविमर्शमयत्वमात्मन्यङ्गुलिनिर्देश-प्रख्यासांकेतिकेदंविमृश्यत्वमिव विषयेषु स्वसं-वेदनेन प्रतीयते एव, अन्यथा प्रथमसंकेतग्रह-णमेव न कस्यापि घटेत ।

नन्वहंप्रतीतेर्विकल्पवासनामूलत्वमुक्तं तत् कथं, यतो यो विकल्पो ज्ञानसंतानमहन्तया

भिमन्यते स किं स्वात्मनो भेदेन तं तथाध्यवस्यति स्वात्माभेदेन वा । भेदपक्षे इदमिति ज्ञानसंतानस्याध्यवसायः स्यान्नतु अहमिति । अभेदपक्षे तु विकल्पस्य स्वात्मापि विकल्पः प्रोक्तो, नच तद्युक्तं स्वात्मन्यविकल्पकत्वाद्विकल्पानाम् । अथ विकल्पः स्वात्मनो ज्ञानान्तरैः सह भेदं नाध्यवस्यति नत्वभेदमध्यवस्यतीत्युच्यते, तर्हि अध्यवसाये प्रतिषेधः पतित इत्यनध्यवसायव्यापार एष स्यात् । अथात्मनो ज्ञानान्तरैः सह भेदमनध्यवस्यन्नवान्तराणि अभेदेनाध्यवस्यति; तर्हि येनात्मना सह येषां ज्ञानानां भेदो नाध्यवसितः, तेषामभेदाध्यवसाये तस्यात्मनोऽपि अभेदाध्यवसायः प्राप्तः आत्मवद्वा तेषामपि अप्राप्तः, अन्यथात्मना सह कस्तेषां भेदः । न अध्यवसायो, भेदाध्यवसाय एव हि अयमित्थं स्यात् । किंच अनुभवसंस्कारोत्थमात्मनो रूपवैचित्र्यमनुभवतापि विकल्पेन निवृत्तपूर्वाणि अनुभवान्तराणि

१ ख० पु० संस्कारोद्गमादिति पाठः ।

अवसातुं शक्यन्ते तत्रास्य नारिकेलद्वीपनिवासितुल्यत्वात् । नचास्य प्रकाशातिरिक्तोऽध्यवसायसमारोपाभिमाननिश्चयादिपदवाच्याभिप्रायेणाभेदवाच्यः कश्चिदन्यो व्यापारो व्यवस्थापकः परदर्शने संगच्छत इत्यास्तामतिगहनमेतत्प्रत्यभिज्ञायां विततमस्तीह तु प्रतन्यमानं सुकुमारहृदयानायासयेत् । तत्स्थितमेतत् तत्तदाभासभेदेऽपि अकृतकाहंविमर्शसिद्धैक्यपरमार्थोऽयमात्मा इति ।

ननु च श्रीमत्खेटपालाचार्येण मलपरिपाकहेतुकः शक्तिपातोऽभ्युपगतः स्वतन्त्रशक्तिपातपक्षश्च दूषितः, तत्कथं स्वतन्त्रशक्तिपातपक्षाश्रयणेनैतत्प्रतिसमाहितम् ।

अत्रोच्यते अत्रार्थे यदि विविदिषास्ति तदेतदपि निर्णीयते । श्रूयताम्

'अथानादिर्मलः पुंसां पशुत्वं परिकीर्तितम् ।
तुषकम्बुकवज्ज्ञेयं मायाजमङ्कुरस्य तु ॥'

इति श्रीस्वायंभुवसूत्रे मल इति पुंसामिति चोक्तिपर्यालोचनया एकोऽप्यसौ बहुशक्तिकः,

१ ख० ग० तत्तदसदाभासभेदेति पाठः ।

अन्यथा बह्वावारकत्वमस्य न घटते, एकमुक्तौ च सर्वे मुच्येरन्, कर्मभिश्च सह परिणमति अमिश्रस्य परिणामायोगात् । परिणमंश्च कालविशेषात् कंचित्प्रति कथंचित् तीव्रमध्यादिभेदात् यदा परिपच्यते तदा पुंसां कर्मपरिपाकमिवापेक्ष्य शक्तिपातं करोति महेश्वरः, यावच्च मलस्य परिपाको न जातः तावत् तत्पुंबन्धकत्वेनैव तं परिणमयति, यदा तु कृतकार्यत्वादात्मनि पक्वं पश्यति स्वशक्तिपातान्मलशक्तिं निरुणद्धि असौ । यथा च स्वतन्त्रशक्तिपातवादिपक्षे प्रतिपुरुषं किंचिदेव कर्म कदाचिदेव देवः परिपाच्य भोगयोग्यं करोति न तु सर्वान्प्रति सर्वं युगपत्, तत्त्वानि च नियतकार्यकारणभावभाञ्जि दर्शयति, मायाप्रकृत्यादि च स्वापप्रबोधयोरौचित्येन परिणमयतीति नास्य सर्वत्राविशेषेण कर्तृत्वं, तथा मलपरिपाकपक्षेऽपीति कर्मणो मलस्य च विचित्रं परिपाकमपेक्ष्य निग्रहानुग्रहौ पुंसां करोति परमेश्वरः नत्वेवमेव तस्याप्रेक्षापूर्वका-

रित्वप्रसङ्गादिति तावच्छ्रीमत्खेटपालाचार्यमतम् । यदाह भोगकारिकासु

'अनाद्यनादिसंबद्धो मलः साधारणोऽक्षयः ।
प्रतिपुंनियतस्वस्वकालव्यापृतशक्तिकः ॥'

इति । तथा

'मुक्त्वा निरोधिकाः शक्तीर्नान्यो धर्मोऽस्य विद्यते ।
कर्माशयसमेतस्य हेतुत्वं च भवार्णवे ॥'

इति । तदत्र यदि स्वातन्त्र्यान्मलो बन्धकः शिवमुक्ताणून् प्रत्यपि स्यात् । अथ शिवेच्छा (तः) तच्छिवस्य वीतरागद्वेषत्वात् मुक्ताणून् प्रत्यपि मलशक्तिप्रेरकत्वं स्यात् । तेषां स्वस्वरूपाभिव्यक्तेर्न तथा इति चेत्, नेतरेषामपि स्वस्वरूपस्य तथात्वात् । अनादिमलनिरोधान्न तथात्वमित्ययुक्तं तन्निरोधस्यैव विचारयितुं प्रक्रान्तत्वात् । यदि चानादिर्निरोधः, कृतं शिवशक्त्यधिष्ठानेन । तदपि अनादि चेत् किमुभाभ्यां, मलशक्तिकृतनिरोधस्यानादित्वमात्रेणैव सुलभेनोत्तरेण नियतपुंविषयत्वमुच्यताम् । एवमस्तु इति चेन्न शिवस्य सर्वत्राधिष्ठातृत्वं स्यात्, ततश्च

१ क० पु० संबन्ध इति पाठः । २ क० पु० शक्त्यनिरोधस्याधिष्ठानेति पाठः ।

'मलसंसर्गात्तद्वचेषामकृतो हि शिववशीकारः ।
पत्युस्त्वेते रोध्या.............................. ॥'

(त० त्र० नि० का० ९)

इति किमर्थमुक्तम् । अत एव शिवस्य मलशक्त्यधिष्ठातृत्वमपीष्यते इति चेत्सत्यं, इष्यते नतु सिद्ध्यति द्वयोरनादित्वेनान्वयव्यतिरेकाभावात् प्रयोजनमात्रवशेन च भावव्यवस्थानुपपत्तेः । अस्तु, नैवं तथापि यान् प्रति निरोधाय शिवो मलं प्रयुङ्क्ते ते शिवतुल्यत्वात् बहुत्वाच्च प्रत्युत शिवमेव प्रति तं प्रयुञ्जीरन् भूयसामेकापेक्षया सामर्थ्यातिशयात् । किंच मलशक्तिर्यदि संनिधिमात्रेण निरोधिका तच्छिवमुक्ताणून् प्रत्यपि स्यात् । अथ ज्ञातृत्वकर्तृत्वात्मकस्वरूपावारकत्वेन, तर्हि आत्मनां विकारिता प्राप्ता स्वरूपनाशो वा तेषां तदतिरिक्तस्य धर्मिरूपस्य वैशेषिक इव शैवेऽनभ्युपगमात् । नच मूर्तेन मलेनात्मनाममूर्तचित्स्वरूपाणामावरणं घटते । चक्षुःसूर्यादिरश्मीनां तु भौतिकत्वात् पटलादिभिस्तद्युज्यते एव । यदपि मद्यविषादेर्जीवं प्रत्यावारकत्वं तत्सिद्धसंकोचं प्राणादिमयं

प्रति न शुद्धचिदात्मानम् । मलसंकोच एव तु अयं प्राथमिको विचार्यो वर्तते इति स कथं शुद्धचिदात्मन आवारकः स्यात् । प्रत्युत वरा-(रणा)यायातो मलोऽस्य वेद्यः स्यादिति सर्वः सर्वज्ञो भवेत् । मलश्च यद्यव्यापकस्तदस्य व्यापकात्मावारकता न स्यात् । व्यापकत्वे तु शिवमुक्ताणूनपि आवृणुयात्तेषां जीवानां च सर्वदेशाक्रान्त्यात्मनो व्यापकत्वस्याविशेषा-त्तस्य च प्रत्यंशं व्यापकेन मलेनाच्छादनात् । आत्ममलयोश्च न संयोगः संबन्धस्तस्य व्याप्यवृत्तित्वात् तयोश्च व्यापकत्वात्, न समवायो नित्यद्रव्ययोस्तद[1]योगात् । अत एव न कार्यकारणभावः । नापि तादात्म्यं भिन्न-त्वात् । आवार्यावारकतापि घटपटादौ न संयोगात् व्यतिरिक्ता भवितुमर्हति । किंच मलस्य नित्यत्वं व्यापकत्वमेकत्वमनेकशक्तित्वं शिवस्वभावात्मदृक्क्रियानिरोधनेनैतन्निरोधपरि-पचने च स्वातन्त्र्यं, शिवस्य च मुक्तशिवेभ्योऽ-णुभ्यश्च भिन्नत्वमत एवातद्व्यापकत्वमाविश्व-

---

१ क० पु० तथायोगादिति पाठः ।

शक्तित्वं च कर्ममलपरिपाकादिमुखप्रेक्षितया च पारतन्त्र्यमित्यादि भेदवदिकृतं शिवमलयोः विपर्यस्तस्वरूपप्रतिपादनमतिसुभाषितम् । यच्च मलस्य परिणामित्वमुच्यते तैस्तदमिश्रस्यास्य कथं स्यात् । कर्मभिः सहितस्य भविष्यतीति चेन्न तानि मलस्यान्तर्विशन्तीति कास्य तैः सह मिश्रता । यद्यपि

'मायाविकारयोगे कर्मयुतः कारणं मलो भविनाम् ।'

(त० त्र० नि० का० ११)

इत्युक्तं भवद्भिः, तथापि विज्ञानकेवलिनां मलस्य कर्मसाहित्याभावात् परिणामायोगे मुक्त्यभावः स्यात् । मन्त्रमन्त्रेश्वरादीनां च योऽयमधिकारबन्धो, नासौ सहजमलकृतस्तस्य मायोर्ध्वेऽभावादिति तदर्थं[1] मलान्तरमभ्युपगन्तव्यम् । तेषां माहेश्या महामायाशक्त्यैव तावतांशेन बन्धत्वं नतु व्यतिरिक्तेनान्येन मलेनेति चेत्, अणूनामपि मायाशक्त्या संकुचितत्वाभासनं बन्धनमस्तु, किमनुपपन्नव्यतिरिक्त-

---

१ क० पु० तदित्थमिति पाठः ।

मलाभ्युपगमेन । अननुबन्धे मन्त्रादीनामपि तादृशो व्यतिरिक्तो मलोऽभ्युपगम्यताम् ।

किंच अयं मलोऽध्वनि न क्वापि अनुप्रविष्ट इति कथमस्य षडध्वदीक्षायामन्तर्भाव्य शुद्धिः क्रियते । कर्मवत्पुंस्तत्त्वान्तर्भावोऽस्येति चेत्—न, कर्त्रात्मनः पुंसः कर्माणि संस्कारात्मतयान्तर्भवन्तीति युक्तं कर्तृनिष्ठत्वात् क्रियाणां, मलस्य तु व्यतिरिक्तस्य कथं तदन्तर्भावः।

किंच नावारकेण पटादिना घटादेः स्वरूपं विशिष्यते अपितु तद्विषये ज्ञातुर्ज्ञानं विहन्यते, तथा शिवमुक्ताणूनामेव स मलः स्यात् तेषां मलेन पुंविषयज्ञानावरणादिति मलस्यावारकत्वं तावदयुक्तम् । [1]यश्च मलस्य परिपाकोऽभिधीयते स किं [2]तस्य तच्छक्तेर्वा विनाशः उत निरोधप्रतिबन्धः । आद्ये पक्षे एकत्र तत्परिपाके सर्वे शुद्धाः स्युः, तच्छक्तेरनेकत्वाभ्युपगमेऽपि सदृशत्वाच्छक्तिमदव्य-

१ क० पु० यस्य मलस्येति पाठः । २ क० पु० तस्य शक्तेर्येतीति पाठः ।

तिरेकाच्चैष एव प्रसंगः । फलभेदादारोपितभेदो हि पदार्थात्मैव शक्तिरिति सूरयः । न च अनादेर्वस्तुभूतस्य मलशक्तिनिरोधस्य नाशो युक्तः, प्रागभावस्य त्ववस्तुत्वात् स भवतु नाम । शक्तिनिरोधप्रतिबन्धोऽपि विषवह्निशक्तिप्रतिबन्धवत् सर्वानेव प्रति स्यात् । तद्वदेव च प्रतिबन्धकनिवृत्तौ तन्निरोधः पुनरुन्मज्जेत् । परिपाकश्चास्य यद्यहेतुकः, प्रथममेव स्यात्, यदि कालहेतुकः तत्कस्तदवधिः सर्वेषां च मलानादित्वस्य तुल्यत्वात् । वृक्षफलानामिवर्तौ मलशक्तीनां सममेव वा सामनन्तर्येण वा परिपाकः स्यात् नात्यन्तदूरकालव्यवधानेन । अथ

'पुंमलरोधं कुर्वन्पश्यति हि[1] स शक्तिसाफल्यम् ।
दृष्ट्वा च तन्निवृत्त्यै योग्यं युङ्क्ते नृमुक्तये[2] करणम् ॥'
(त० त्र० नि० का० २१)

इत्युक्तनीत्या मलः स्वकार्यं कृत्वा पच्यते, तत् पुन्निरोधानन्तरमेव पच्येत । अथ यदर्थं पुन्निरोधः तस्मिन् कलादिक्षित्यन्ततत्त्वोदये

१ ख० पु० हिमशक्तीति पाठः । २ ख० ग० पु० न्यमुक्तये इति पाठः ।

भोगे भुक्ते सति पच्यते, तदत्र भोगो यदि सामान्येन, तदेकत्र शरीरे कलादिक्षित्यन्तमये तत्कार्यस्य भोगस्य संपन्नत्वात् तदनन्तरमेव मलपरिपाकः स्यात् । अथ विशेषेण, तन्न कदाचिदपि, भाविकलात्मनो विशेषस्य कर्मजभोगवैचित्र्यस्य तदुत्थत्वात् ।अथेश्वरेच्छातो मलस्य परिपाकः, तदीयेच्छा यद्यनियन्त्रिता अत्र हेतुः सर्वाणूनां स्यादित्युक्तमेव । अथ भोगपर्यायतः कदाचिद्विरुद्धे समबले कर्मणी परिपक्के अपि विरोधादुदासाते, कर्मान्तराणि चापरिपक्कत्वाद्भोगाय नोन्मुखीभवन्ति,—इति तं कालमपेक्ष्य भगवान्मलं रुणद्धि, स च कालो दुःखसुखरहितः स्वयमुपलभ्येतापि कैश्चिदिति पक्षः । तदत्रापि ब्रूमहे—कर्मणां क्रमानुष्ठितानां क्रमिकफलानां कथं तावद्युगपत्फलदानौन्मुख्यम्, कथं वा तन्निरोधावसरे ततोऽन्यत् कर्म फलं न दद्यात् । तस्य स्वकाल एव फलदानोन्मुखत्वं नतु तत्काल इति चेत्, तयोरपि तर्हि न तदेककालं युक्तम् ।

ईश्वरेच्छात एवेति चेत्, सा यदि स्वतन्त्रा, तद्युगपत्सर्वस्य सर्वकर्मपरिपाकात् तद्भोगं दत्त्वा मुक्तिं वितरतु, कर्मानपेक्षया वा सर्वस्य मलं रुणद्धु । अथास्वतन्त्रा, तदत्रापि तस्य हेत्वन्तरं वक्तव्यम् । यस्य च तुल्यबले कर्मणी भोगोन्मुखे रुद्धे तस्य तत्कालं देहपातः स्यात् । अथ न जात्यायुष्प्रदयोः कर्मणोर्निरोधोऽपितु भोगप्रदयोरेव । ननु जात्यायुष्प्रदकर्मानिरोधेऽपि यदीशो मलं रुन्धे, तद्भोगप्रदात् किमिति बिभेति यत्तन्निरोधमवश्यमपेक्षते । यदि च रुद्धशक्तिकर्मदशायामेव मलं रुन्ध्यात् तत्स प्रलयावस्थायां सर्वेषां तथा कुर्यात् । तत्रापि च तेषां तादृग्भोगप्रदकर्मसद्भावोऽस्तीति चेत्, विरुद्धकर्मद्वयसद्भे तादृग्भोगदं कर्मास्तीति किं वक्तुं न शक्यते । किंच विज्ञानाकलानां कार्ममलशून्यानामीश्वरो युगपन्मलं रुन्ध्यादिति अष्टौ बोधितवानिति शास्त्रेषु संख्यानियमानुपपत्तिः । अथ सत्यपि

१ क० ग० रुद्रशक्तीति पाठः ।

कर्मसाम्ये परिपक्वमेव मलमीशेच्छा रुणद्धीति कैरणव्याख्यातृमतमाश्रीयते, तर्हि उक्तदूषणावृत्तिरनुपपन्नव्यर्थकर्मसाम्याभ्युपगमदोषश्चापतति । एतेन तदपि प्रत्युक्तं यदाहुः केचित्

'वैराग्यं भोगवैरस्यं धर्मः कोऽपि विवेकिता ।
सत्सङ्गः परमेशानपूजाद्यभ्यासनित्यता ॥
आपत्प्राप्तिस्तन्निरीक्षा देहे किंचिच्च लक्षणम् ।
शास्त्रसेवा भोगसङ्गपूर्णता ज्ञानमैश्वरम् ॥
इत्यादिहेतुके चेच्छा मलं रुन्धे हठादिति ।'

यत एतदुदयेऽपि यदीशेच्छैव कारणं तदन्योन्याश्रयः । कारणान्तरं च वक्तुमशक्यं तस्यापि नियमायोगात् । न चैते सर्वे हेतवः ईशेच्छाया आयातशक्तिपातानां तथारूपत्वादृष्टेः, नापि एकैकस्येशेच्छाहेतुत्वं वैराग्यादेः शतशो व्यभिचारदर्शनात्, परमेशपूजाज्ञानादेश्च मलपरिपाकपूर्वकत्वात् नत्वीशेच्छाप्रचोदकत्वं युक्तम् । यत्पुनरन्यदुक्तं पुंसां मुक्तेः क्रमिकत्वं दृष्ट्वा ईशेच्छाया अपि मलपरिपाकहेतुत्वं क्रमिकमनुमीयते—यथा भोगस्य क-

मात्तद्धेतुकर्मपरिपाकहेतुत्वं क्रमिकमिति, तदसन्मुक्तेः क्रमो मलपरिपाकक्रमात्, सोऽपि ईशशक्तिकृतपरिपचनक्रमादिति । सत्यं ईशशक्तेस्तु मलपरिपाचनक्रमे हेतुर्न लभ्यते, स्वातन्त्र्ये तु अलं मलपरिपाकापेक्षया । तस्मान्न कथंचिदपि भेदवादिभिर्मलपृथक्त्वं तच्छक्तिनिरोधतत्परिणामतत्परिपाकशक्तिपातादयः प्रतिपादयितुं शक्यन्ते,—इति यथोक्तमेव साधु । यद्यपि चतुर्थपटले

'..........अभिलाषो मलोऽत्र तु ।' (स्व० ४।१०५)

इत्यत्र मलस्वरूपविचारस्यावसरोऽभूत्, तथापीह एकप्रघट्टकेन पश्चात्तद्विचारितं, माभूत्तत्र दीक्षातत्त्वनिभालनोद्यतानां सुकुमारहृदयानां व्यामोह इति । किंच भेदवादे जीवानामानन्त्येऽपि पुनरन्येषामुदयाभावत ईश्वरेणेयत्तया परिच्छेद्यमानत्वाच्च नैयत्यं संसारस्य चानादित्वमतो यदि प्रतियुगमेकैकोऽणुर्मुच्यते, तदुच्छेद एव संसारस्य प्रसक्तः । अथ जीवानां तादृगानन्त्यमस्ति

यदीशेनापि न परिच्छिद्यते, तर्हि ईशस्यासर्वज्ञता स्यात्। तदुक्तं शारीरके मुनिना

'अन्तवत्त्वमसर्वज्ञता वा।' (२।२।४१)

इति। आस्तामेतत्। यत्तु तैः स्वतन्त्रशक्तिपातवादिपक्षे चोदितमीश्वरस्य निर्निमित्ते निग्रहादिकारित्वे अप्रेक्षापूर्वकारित्वं युगपत्सर्वतत्त्वस्रष्टृता सर्वं प्रति च युगपत्सर्वकर्मफलप्रदता जीवानां च मुक्तौ स्वरूपनाशः पुनर्भवाविर्भावश्च स्यादागमेषु च मलस्य वस्तुत्वाभिधानानुपपत्तिरिति, तदेषामपर्यालोचिततन्मतसतत्त्वमभिधानं—यतः तन्मते पारमेशचित्प्रकाशव्यतिरेकेण न किंचिदपि उपपन्नमिति स एव स्वातन्त्र्यात् शिवादिक्षित्यन्तानन्तविश्वात्मना स्वरूपमवबिभासयिषुस्तथा तथा भातीति न कश्चिदनुग्रहनिग्रहादिभाजनं जनोऽशुद्धिपरीतो वा अस्ति। अथच निगृहीतानुगृहीततत्तत्प्रमातृंस्तत्तत्प्रमेयजातं च स्वभित्तौ दर्पणनगरवत् स एवोट्टङ्कयन् पञ्चकृत्यकारितां निर्भासयन्नपि न मनागपि अतिरिच्यते, अति-

रिच्यते वा दर्पणवदेवेति स एव परं प्रेक्षापूर्वकारी यश्चित्रचमत्कारमयत्वात् यथा च विश्वमाभासयति तथा तन्मध्ये नियतपौर्वापर्यक्रममपि यत्र यत्र प्रथयति तत्र तत्र कार्यकारणभावनैयत्यात्मना कर्मफलादिवैचित्र्येण निमीलितरूपतया तदुपसंहारेण चोन्मीलितरूपतयेति तावत्यंशे बद्धमुक्तरूपतया वस्तुतस्तु स एव तावद्विश्वात्मना स्फुरतीति न कश्चिदन्यो बद्धो मुक्तो वास्ति । न चैवं स्वरूपापत्त्यात्मनि मोक्षे स्वरूपनाशोऽस्ति । संकोचनाशस्त्विष्ट एव । न च प्राप्तशिवाभेदस्य सर्वसर्वात्मतया सर्वत्र सर्वदा[1] स्फुरतः पुनर्भवोऽस्ति । परमशिवस्यैव सतत्त्वस्य शिवादिसकलान्तेनापि महता स्वस्वरूपेण संरतस्तावतांशेन तत्तद्रूपतोच्यताम् । तत्त्वतस्तु परिपूर्णविश्वस्फारः परमेश्वर एवासौ । अतश्च पुनर्भवप्रसङ्गः स्यादिति यदुक्तं तदयुक्तमेवेति

'अनाद्यशुद्धिशून्यत्वात् प्राप्नोति न भवान्तरम् ।'

इत्यादौ आगमोक्तौ न काचिद्विमतिः ।

---

१ क० पु० सर्वेत इति पाठः ।

नचास्येयद्विमर्शात्मतासौ परिणतिब्रह्मवादिपक्षोक्तदूषणावकाशः कश्चिद्विश्वात्मकस्वस्वरूपविजृम्भामयत्वेन विवर्तपरिणामपक्षयोरनभ्युपगमात् । तदित्थम्

संकोचविकासवता तदुभययुक्तेन तद्विमुक्तेन ।
सर्वात्मना च सततं स्वच्छन्दश्चिद्घनः स्फुरति ॥ १ ॥
यद्यत्स्फुरति च तत्तद्वस्तु धरण्यादि तद्वदेवं च ।
पौर्वापर्यनियत्या तत्त्वानां क्रमिकतापि युक्तैव ॥ २ ॥
संकुचितजीवरूपं तत्तत्कर्माभिमानतत्फलभुक् ।
भासयति क्रमशोऽसौ दीक्षादावक्रमेणापि ॥ ३ ॥
इत्थं संकोचात्माप्यभिलाषो लौलिकेति गदितो यः ।
सोऽपि तथात्वस्फुरणाद्वस्त्वेव मलोऽस्तु शास्त्रेषु ॥ ४ ॥
दीक्षायोगज्ञानैर्ध्वंसेऽपि मलस्य नात्मनाशोऽस्ति ।
स्वच्छस्वच्छन्दात्मकचिद्घनताव्यक्तिरेव यन्मोक्षः ॥५॥
जलमिव जले विनिहितं पयसि पयो यद्वदर्पितं तद्वत् ।
यान्त्येकत्वं दीक्ष्या दीक्षाक्रमेण दीक्षिता इति हि ॥६॥
रौरवशास्त्रेऽप्युक्तं प्रायस्तं वृथैव वृत्तिकृता ।
येनार्थव्याख्याभिस्तस्मिन्देवस्तथा तथा प्रथितः ॥ ७ ॥
तदलं भेदविकल्पैरनर्गलेशानशक्तिपातोत्था ।
स्वच्छन्दशिवैक्यमयी मुक्तिर्दीक्षादितो घटते ॥ ८ ॥

१ घ० पु० दीक्षामन्त्रेणेति पाठः ।

इत्थं दीक्षोपायो यो यो यैर्यैर्यथा यथा विहितः ।
सोऽपीत्थमेव सर्वः समर्थ्यतां शक्तिपातेद्धैः ॥ ९ ॥
युक्त्यस्त्रैर्धार्मकीर्तं दलितमिह मतं दूषणोद्गारि सम्यग्
विध्वस्तं खेटपालैः कथितमपि मलं भेदसंधानदक्षम् ।
प्रोक्तं दीक्षासतत्त्वं प्रविगलितमलप्रोन्मिषच्चिन्मयैक्य-
स्वच्छस्वच्छन्दधामप्रथनवशभवत्सर्वसर्वात्मरूपम् ॥ १० ॥

इति भद्रम् ॥

इति श्रीमत्स्वच्छन्दोद्योते

श्रीक्षेमराजविरचिते तत्त्वादिदीक्षाप्रकाशनं नाम

पञ्चमः पटलः ॥ ५ ॥

श्रीमत्प्रतापभूभर्तुराज्ञया प्रीतये सताम् ।
मधुसूदनकौलेन सम्पाद्यायं प्रकाशितः ॥

अथ

श्रीस्वच्छन्दतन्त्रम् ।

श्रीमन्महामाहेश्वराचार्यश्रीक्षेमराजकृतोद्द्योताख्य-
विवरणोपेतम् ।

(षष्ठः पटलः)

ह्रस्वाकारविरिञ्चिजागरधरित्र्याद्या हि ये पञ्चकाः
शक्त्याद्याश्च तथैव शङ्करनुतेः पूर्णावमर्शात्मनः ।
ये प्राप्तप्रणवाभिधाः कुशलवल्लेशेऽपि विश्वप्रथा-
स्तं पञ्चप्रणवं स्मरामि सततं स्वच्छन्दधामाप्तये ॥

प्रश्नग्रन्थे कालस्य साधनानां च स्वरूपं निर्णेतुमवशिष्टम् । तत्र समनन्तरपटलेन कालो निर्णेष्यते, स च बाहुल्येन सिद्ध्यङ्गं, सिद्धयो मन्त्रसाधनपूर्विकाः,–इति साधनानां स्वरूपनिर्णयाय पञ्चमपटलान्ते 'मन्त्रसिद्धेन वा' इति यदासूत्रितं तद्विभक्तुमाह

समयाचारयुक्तस्य
साधकस्य वरानने ।

जायते विविधा सिद्धिः

समयाः पूर्वोक्ताः । आचारो वक्ष्यमाणो मन्त्राराधनप्रकारः । वरमुत्कृष्टं शाक्तस्फारमयमाननं भोगापवर्गप्रदपरपदप्रवेशो यस्याः ॥

आचारं क्रमेण स्फुटयति

गिरिगह्वरमाश्रिते ॥ १ ॥

सुशुद्धे भूप्रदेशे तु
सर्वशल्यविवर्जिते ।
प्रच्छन्ने विजने रम्ये
भैरवं तत्र पूजयेत् ॥ २ ॥

सर्वशल्यविवर्जितत्वमहिकण्टकपरुषवातोपद्रवप्रस्रवादिहीनत्वम् । प्रच्छन्नेऽदृश्ये । पूजयेदिति कामनोचितेन संभारेण ॥ १ ॥

अथ

जपित्वाक्षरलक्षं तु
बहुरूपस्य सुव्रते ।

पञ्चप्रणवसंयोगा-
जपतः सिद्ध्यति ध्रुवम् ॥ ३ ॥

बहुरूपस्य पूर्वनिर्णीतपरमार्थस्य अक्षराणां द्वात्रिंशतः परिमाणेन, लक्षमिति द्वात्रिंशल्लक्षाणि, पूर्वसेवार्थं जपित्वा, ध्रुवं निश्चितं, सिद्ध्यति यथेष्टां सिद्धिमेति साधकः । कथं जपित्वेत्याह पञ्चप्रणवसंयोगाज्जपतः । प्रकर्षेण नूयते स्तूयते अभेदपरमार्थतया विमृश्यते अशेषविश्वनिर्भरं पारमेश्वरं स्वरूपं येन स प्रणवो निष्कलनाथः, तदभिन्नव्यापिकः ओंकारोऽपि । तस्य च मृगमदकुलकैकदेशलेशवद्विश्लेष्यमाणाकारादिकलाः, तद्वाच्या ब्रह्मादिदेवताः, तदधिष्ठातॄणि धराप्रकृतिमायादितत्त्वानि, वर्णोच्चारकला ह्रस्वादिरूपाः, तदुच्चारयित्रवस्थाश्च जाग्रदाद्याः प्रत्येकं पञ्चसंख्याः, स्थूलाः शक्तिव्यापिन्यादिकलास्तद्वाच्यतदुच्चारणकलादिरूपाश्च सूक्ष्मदशाः,

'प्रदेशोऽपि ब्रह्मणः सार्वरूप्यमनतिक्रान्तश्चाविकल्प्यश्च'

इति स्थित्या परिपूर्णचमत्कारपूर्णत्वात्प्रणव-

शब्दवाच्याः । अत एवैतन्मन्त्रशरीरनिविष्टत्वादेतेऽकारादयो ब्रह्मविष्णुरुद्रशक्तिशिवप्रणवाभिधेयपिण्डबीजविशेषा भिन्नस्फारा इति कृत्वा, एते पूर्वोक्ताः सर्व एव पञ्च प्रणवा विद्यन्ते यत्र स पञ्चप्रणवो निष्कलस्तदभिन्नव्याप्तिरोङ्कारश्च । तस्मिन् पञ्चप्रणवे सम्यग्योगार्दुच्चारोन्मीलितहंसपदानुलग्नतात्मकत्वात् पूर्वनिर्णीतनिष्कलव्याप्त्यभिन्नसतत्त्वसकलमन्त्ररहस्यार्थभावनारूपश्च यो जपस्तस्माज्जपतो न त्वक्षरपाठमात्रादित्यर्थः ॥ ३ ॥

न केवलमित्थंजपात्सिद्ध्यति यावत्

मुच्यते नतु संदेहो
भेदनात्प्रणवस्य तु ।

पञ्चप्रणवसंयोगाज्जपत इति यदुक्तं तद्वक्ष्यमाणवर्णकलादिविश्लेषेण व्याप्तिरूपं भेदनं विना न भवति । भेदनं परतत्त्वावेशप्रदमिति मुक्तेर्निःसंशयत्वमुक्तम् ॥

---

१ ख० ग० घ० पु० तदुच्चारेति पाठः ।

तत्र मन्त्रोच्चाराङ्गभूतकालकलाज्ञानपूर्वकालातीतपदप्रवेशार्थं तावद्भेदनमादिशति देवः

हृस्वं दीर्घं प्लुतं सूक्ष्म-
मतिसूक्ष्मं परं शिवम् ॥ ४ ॥

प्रणवं पञ्चधा ज्ञात्वा
भित्त्वा मोक्षो न संशयः ।

प्रणवमकारोकारमकारबिन्दुनादकलोच्चारेषु क्रमेण हृस्वाद्यतिसूक्ष्मान्तोच्चारणकालकलाप्रपञ्चरूपं भित्त्वा तत्तद्दशानुभवानुप्रवेशक्रमेणाध्यास्य परं भावमुन्मनापदासादनेन ज्ञात्वा मोक्षमाप्नोत्येवेत्यर्थः । अत्रच हृस्वादिनादान्ताः परस्परानुषक्ततयोच्चार्याः सूक्ष्मातिसूक्ष्मयोर्बिन्दुनादयोरुपरि अर्धचन्द्रादिनादनादान्तादिदशास्तारतम्यभाजोऽप्यनुसर्तव्याः । यथोक्तं प्राक्

सूक्ष्मसूक्ष्मतरैर्भावैरेवमेवं त्यजेत्प्रिये । (४।२६७)

इति । हृस्वादीनां यथा प्रणवत्वं तथा निर्णी-

१ ख० घ० पु० प्रवेशनार्थं

तम्,—इति सामानाधिकरण्यं युक्तमेव। न संशय इत्युक्त्या स्वानुभवसिद्धतामस्य दर्शयति ॥४॥

तदित्थं ह्रस्वादिकालकलाक्रमेण वक्ष्यमाणवाचकादिक्रमेण चैकोऽप्ययं महामन्त्रात्मा

प्रणवः पञ्चधावस्थः

पूर्वं

'प्रदेशोपि ब्रह्मणः सार्वरूप्यमनतिक्रान्तः'

इति स्थित्या ह्रस्वादयः पञ्च प्रणवा इत्यभिहितमधुना त्वेक एव महाविमर्शात्मा मन्त्र इत्थं पञ्चधावतिष्ठत इत्येवमभिहितम्,—इत्युक्तिभेदमात्रमेतत् निर्णीतदृशा वस्तुतत्त्वैक्यात् ॥

किमित्थं पञ्चधावस्थितिमात्रात्मैवायम् ? नेत्याह

हंसेन सह संयुतः ॥ ५ ॥

पूर्वं

'..................हंसोच्चारस्त्वथोच्यते ।

---

१ ख० ग० घ० तत्तत्त्वैक्यात् ।

हकारस्तु स्मृतः प्राणः सुप्रवृत्तो हलाकृतिः' ॥ (४।२५७)
इति ग्रन्थेन हंसोऽनाहतध्वनिरिति निर्णीतम् । अतस्तेन स्वप्रवृत्तत्वादेवाकृतकमध्यमप्राणस्फुरत्तारूपेण समनन्तरवक्ष्यमाणनीत्याशेषविश्ववाङ्मयस्फारमयेन सह संयुतः तद्विमर्शविश्रान्तिपरमार्थोऽयमत्रत्यो महामन्त्ररूपः प्रणवः ॥ ५ ॥

तथाच

यत्किञ्चिद्वाङ्मयं लोके
शिवज्ञाने प्रतिष्ठितम् ।
शिवज्ञानं च तत्रस्थं

यत्किञ्चित् षडध्वनो मध्याल्लोकेऽस्ति तत्सर्वं शिवज्ञानं च शिवो ज्ञायतेऽनेनेति शिवज्ञानं शिवज्ञाने ज्ञानस्फारमये पारमेशोक्त्व्याप्तिसारे प्रणवे, प्रोक्तवक्ष्यमाणदृशा प्रतिष्ठितमभेदेनान्तःस्थितं यतस्तद्वाङ्मयं परावाक्प्रसररूपम् । यथोक्तं श्रीसारस्वते स्तोत्रे

'त्रयीं तिस्रो वृत्तीस्त्रिभुवनमथो त्रीनपि स्वरा-
नकाराद्यैर्वर्णैस्त्रिभिरभिदधत्तीर्णविकृति ।
तुरीयं ते धाम ध्वनिभिरनुरुन्धानमणुभिः
समस्तव्यस्तं त्वां शरणद गृणात्योमिति पदम् ॥'(म०स्तो०२७)

इति । प्रणव इति वक्तव्ये शिवज्ञान इत्युक्तेरयं भावः—यत् वेदगारुडवैष्णवादिषु रूपसाम्येऽपि प्रणवस्य पारमेश्वरे प्रोक्तवक्ष्यमाणज्ञानव्याप्तिसारताकृत उत्कर्षः । अत एव एतद्व्याप्तिज्ञानानुसारेण सर्वत्राप्यसौ पूर्णस्फारमयत्वेन परसिद्धिप्रदः । यथोक्तं

'यतः शिवोद्भवं सर्वं शिवधामफलप्रदम् ।' (स्व०५।४५)

इति । तत्तत्परिमितव्याप्त्यनुसारेण तु स एव मितसिद्धिप्रदः । यदभिप्रायेण वक्ष्यति

'भ्रमयत्येव तान्माया ह्यमोक्षे मोक्षलिप्सया ।' (१०।११३९)

इति । आस्तां तावदेतदिह । यच्चैतदेवंविधप्रणवात्मकं शिवज्ञानं तदपि । तत्रेति निरूपितसतत्त्वे हंसे, तिष्ठति ॥

तदित्थमस्मिन्निष्कलनाथे पञ्चप्रणवे नित्योच्चरन्नादावमर्शरूपः

हंसः प्रणवसंयुतः ॥ ६ ॥

प्रणवे प्रोक्तसतत्त्वे सम्यग्युतः प्राणरूपतया स्थितः, अत एवाशेषविश्वक्रोडीकारिहंससम्बन्धादेव शास्त्रान्तरोक्तब्रह्मविष्णुरुद्रशक्तिशिवप्रणवाभेदव्याप्तिरयं महामन्त्र इत्युक्तमेव । अतश्च यदुक्तं

'पञ्चप्रणवसंयोगाज्जपतः सिध्यति ध्रुवम्'

इति । तत्रानाहतविश्रान्तिसतत्त्वो निष्कलोच्चारप्रगुणीकृतमध्यधामसंलीनतया जपः कार्यः,—इति परमार्थः पर्यवसितः ॥ ६ ॥

अथ प्रणवसंयोगं विना कीदृगयम् ? इत्याशङ्क्याह

विना प्रणवसंयोगा-
ज्जीव एको व्यवस्थितः ।

जीवो विश्वस्य प्राणभूतो हलाकृतिरेव यथोक्तं

'हकारस्तु स्मृतः प्राणः सुप्रवृत्तो हलाकृतिः' (४।२५७)

इति । अत्र प्राण इत्यकारादिकलात्मकप्रणवसंयोगं विना । एक इति अद्वितीयः । सर्वमन्त्रवीर्यान्तर्व्यवस्थित इत्यविचलद्रूपतयानुच्चार्यः,

अथचाव्यवस्थितो न केनचित्प्रतिनियतेन रूपेण स्थितोऽनियन्त्रितस्फार इत्यर्थः । जीवशब्देन व्यवहरन्नयमेव महास्फुरत्तारूप आत्मा मन्तव्य इति ध्वनति । कश्चित्तु मन्त्रस्वरूपनिरूपणपरे ग्रन्थेऽस्मिन्मुख्यं च शब्दार्थमुत्सृज्य हंसशब्देन हंसपथः प्राणशब्देन च स एव, यदि वा प्रणवप्राणयोरैक्यात्प्राणयोगं विना जीवः पुरुषः, एक इत्यनभिव्यक्तज्ञानक्रियास्वभावः, इति व्याचष्टे। तद्युक्तमयुक्तं वेति सचेतसो जानन्ति ॥

यतोऽयं प्रणवसंयोगं विना स्वरूपमात्रावस्थितो जीवस्ततः

यथाप्रकृति संयुक्तो
न च तिष्ठति चैकतः ॥ ७ ॥
तथा षष्ठेन संभिन्नो
देहे जीवः प्रवर्तते ।

जीवो हंसः प्रकृत्यनतिक्रमेण स्वभावानुल्लङ्घनेन संयुक्तः स्वभावानुल्लङ्घनेन चास्य

'विभक्तिर्नानयोरस्ति' ( )

इति उक्तनीत्या अकारसंगत एव भवतीत्य-कारेण संयुक्तोऽसौ । एकत इत्येकस्मिन्नद्वितीये सामान्यस्पन्दात्मनि रूपे न तिष्ठति अपितु किञ्चित्स्पन्दाधिक्यमिव भजते यथा, तथा षष्ठेन ऊकारेण संभिन्नो मिश्रितो देहे प्रवर्तते सर्वेण स्वाभाविकेन प्राणवाहेन वहँल्लक्ष्यते एव । तथाशब्दापेक्षया यथाशब्दोऽप्यत्रा-ध्याहार्यः ॥

पूर्वोक्तकरणबन्धानुसारिणा

चोदितस्तु यदा तेन
तदाचोर्ध्वं प्रवर्तते ॥ ८ ॥

तेनेति षष्ठेन ऊकारेणार्थाद्बिन्द्वादियुक्तेन । तदाचेति तदैवेत्यर्थः । ऊर्ध्वमिति ताल्वादि-स्थानम् । एतच्चोदनां विना त्वस्याकारयुक्त-स्यापि नोर्ध्वप्रवृत्तिर्भवतीत्यर्थः ॥ ८ ॥

तदित्थं

प्रत्यक्षमपि तत्तत्त्वं
महामायाविमोहिताः ।

कथितं नाभिजानन्ति
विना शास्त्रेण चोदनाम् ॥ ९ ॥

तदेतन्नादावमर्शसारं मन्त्रतत्त्वं, सर्वस्य प्रमातृरूपं सदोच्चरद्रूपत्वात्स्वप्रकाशमपि, तथा शास्त्रेणेत्यागमवाक्यैः कथितमपि, महामायया सदाशिवेशादीनपि मोहयन्त्या अपूर्णताख्यातिपरमार्थया विशेषेण चिद्रूपत्वादात्मस्वरूपे विश्वप्रानन्त्यात्मतावभासनपुरःसरमनात्मनि देहादावात्मतामवभासयन्त्या मोहिताः सङ्कुचत्तां ग्राहिताः । चोदनामिति महामायातिरस्कारिपरमेशानुग्रहकारिशक्त्युद्बोधनं विना न अभीति आभिमुख्येनाश्वासरूढ्या जानन्ति । अतः सर्वथैतत्तत्त्वपरिज्ञानमेव परमोपादेयमिति तात्पर्यम् । उक्तं च ज्ञानगर्भे

'तवाम्ब परमाक्षरी भवति रूपमेतद्बहि-
विंशत्प्रणवरूपतां समुपयाति हृत्कोटरे ।
अवेद्यमकृतात्मभिर्जननि बिन्दुनादात्म य
च्छिदन्ति तदहेलया त्वदनुसंस्मृतेर्योगिनः ॥'

इति ॥ ९ ॥

तज्ज्ञप्त्यर्थमाह

षष्ठश्चोर्ध्ववहो ज्ञेयः
स्वभावमुखसंस्थितः ।

षष्ठ ऊकारः, 'चोदितस्तु यदा तेन' इत्यत्र य ऊर्ध्ववह ऊर्ध्वप्रवर्तक उक्तः, स्वभावो विश्वानुप्राणको मध्यमार्गः स एव मुखं शिवपदप्राप्त्युपायस्तत्र सम्यक्पूर्वोक्तकरणबन्धक्रमेणोच्चरन् ज्ञातव्यः ॥

अतश्च

अप्रकाशः स्वदेहस्थो
गुणभूतः प्रवर्तते ॥ १० ॥

योऽयं स्वप्रवृत्तत्वात्प्रकाशयितुमशक्यो रहस्यरूपश्चानाहतनाथः, स्वे आत्मीये उपचितरूपे मध्यधामात्मनि देहे तिष्ठति नित्यावस्थितः स, गुणप्रकारं भूतः प्राप्तस्तेन युक्तः सन् प्रवर्तते ऊर्ध्वमारोहतीत्यर्थः ॥ १० ॥

अन्यथा

निर्गुणस्तु यदा देव
एकाकी कालवर्जितः ।

विज्ञातव्यं न किञ्चित्स्या-
त्केवलो निष्कलस्तु सः ॥११॥

स्वतन्त्रचित्स्फारमयत्वाद्देवः, तदतिरिक्तस्याभावादेकाकी, नित्यत्वात्कालवर्जितः, ईदृग्योऽनाहतनाथो नच तद्विज्ञातव्यं किंचित् नासौ केनापि प्रकारेण ज्ञेयो भवति ज्ञात्रेकरूपत्वादत एव केवल इत्यद्वितीयः । कलाभ्योऽकारादिवर्णेभ्यो ह्रस्वादिकालकलाभ्यो मेयत्वरूपपरिच्छेदेभ्यश्च निष्क्रान्तः, ताश्च कला यस्मान्निष्क्रान्ताः स एव चिद्घनपरमार्थ इति यावत् । एतत्सारत्वादेव च चतुष्कलनाथोऽपि निष्कल इत्युच्यते ॥ ११ ॥

अतश्च

तस्य रूपं शरीरं च
नास्ति वर्णः क्रिया तथा ।

रूपं शुद्धस्फटिकाभत्वादि । शरीरं पञ्चवक्त्रादि वाच्यगतम् । वर्णः अकारादिर्वाचकरूपः । क्रिया उच्चारादिरूपा । कश्चित्तु वर्णो ब्राह्मणादिः, क्रिया तदुचिता चेष्टेति ॥

तदित्थं ज्ञेयपक्षादुत्तीर्णः

स कथं गृह्यते सूक्ष्म
अग्राह्यो नित्यमव्ययः ॥ १२॥

सूक्ष्मो विश्वकारणम्। अग्राह्य इन्द्रियागोचरः। अव्ययोऽपरिणतिधर्मा ॥ १२ ॥

यतोऽयमीदृक्

एतस्मात्कारणाद्देवि
षष्ठं बीजं नियोजितम्।

अस्य परमेशेन मन्त्रराजरूपताप्राप्त्या। पुंसामनुग्रहायेति शेषः ॥

तन्नियोजनाच्च

पञ्चपञ्चकसंयुक्तो
देहे सकलनिष्कलः ॥ १३ ॥

ह्रस्वादिरूपमुच्चारणकालकलानां पञ्चकमेकम्, अकारोकारमकारबिन्दुनादाख्यवाचककलानां द्वितीयम्, तद्वाच्यब्रह्मविष्णुरुद्रेशसदाशिवानां तृतीयम्, तदधिष्ठेयधराप्रकृतिमायेश्वरसदाशिवतत्त्वादीनां चतुर्थम्, वर्णो-

च्चारयिन्नवस्थानां जागरस्वप्नसुषुप्ततुर्यतुर्यातीतानां पञ्चममिति पञ्चभिरुक्तवक्ष्यमाणैः पञ्चकैः परापररूपतया स्थितैर्यदा देहे हृत्कण्ठादिक्षेत्रे संयुक्तस्तदानाहतभट्टारको निष्कलोऽपि विचित्रेदृक्कलायोगात्सकलनिष्कल उच्यते इत्यर्थः ॥ १३ ॥

तेनैतदुच्चारणेऽपि निष्कलतत्त्वविश्रान्तावेवावधातव्यमित्याह

ग्रहणं तु यदा तस्य
योगी योगविचिन्तकः ।
योगेनावाहितस्यापि
भावमात्रं तु भावयेत् ॥ १४ ॥

अत्र श्लोक इच्छतीत्यध्याहार्यम् । तेनोक्तरूपपञ्चपञ्चकव्याप्तिरूपं योगं यो विकल्पपूर्वकाविकल्पविमर्शात्मकं चिन्तयति स योगी यदा तस्य ग्रहणमुच्चारणमिच्छति तदा, योगेन पूर्वोक्तदिव्यकरणबन्धाद्यात्मना, आ समन्ताद्वाहितस्य मध्यधाम्नाभीष्टं

पदं प्रापितस्यापि, भावमात्रमिति

'सत्तामात्रं परं शान्तम्' (४।२९३)

इति योजनिकाग्रन्थनिर्णीतमनाहतध्वनिपरमार्थपूर्णस्फुरत्तां भावयेदुक्तव्यास्तिकमन्त्रोच्चिचारयिषाविमर्शपुरःसरं तद्ग्रहणेनैव मन्त्रभूमिमारुह्य, तदपरकोटौ विश्राम्यन्मन्त्रवीर्यमनुशीलयेदित्यर्थः । तदुक्तं शिवसूत्रेषु

'विद्याशरीरसत्ता मन्त्ररहस्यम् ।' (२।३)

इति, तथा

'महाह्रदानुसन्धानान्मन्त्रवीर्यानुप्रवेशः' (१।२२)

इति । महाह्रदस्य विद्याशरीरस्य परसंवित्स्फारस्य सत्ता स्फुरत्ता मन्त्राणां रहस्यं वीर्यं, तत्र चानुप्रवेशो महाह्रदस्य मध्यमार्गस्यानुगततया मन्त्रव्यास्त्यनुसरणपूर्वकतदुच्चिचारयिषाविमर्शानुप्रवेशात्मनः सन्धानान्मन्त्रविश्रान्त्यारोहादित्यर्थः ॥ १४ ॥

एवं मन्त्रवीर्यानुप्रवेशयुक्तिमुक्त्वा साधकोचितं तदनुप्रवेशक्रममाह

यदा करोति सृष्टिं च
ऊर्ध्वे बिन्दुः प्रवर्तते ।

आराधको यदा सिद्धिकामो भवति, तदास्योक्तयुक्त्यैव कृतोर्ध्वपदविश्रान्तेराराधकसंविदनुसारेणोन्मिषितशाक्तबलो मन्त्रः ऊर्ध्वे सर्वाध्वमूर्धनि समस्तभावाभावरूपशिवादिकालाग्न्यन्तजगदासूत्रणात्मकाविभागप्रकाशरूपः प्रवर्तते, ततः प्रभृति सृष्टिक्रमेण हृदन्तमस्यापूरयति अभिलषितपदापूरणेनेत्यर्थः ॥

मुमुक्षोस्तु न प्रोक्तसतत्त्वबिन्द्ववष्टम्भप्राधान्येन मन्त्रोच्चारणम्, अपितु

बिन्दूपरि च यच्छान्तः
शिवः परमकारणम् ॥ १५ ॥
तत्र बिन्दुर्लयं याति

परमकारणत्वेन परमशिवाद्वैशिष्ट्यमुक्तं स्यादिति ॥ १५ ॥

यस्मादेवं, तस्मात्

तत्स्थानं दुर्लभं सुरैः ।

सुरैर्देवैः सर्वेन्द्रियैश्च, मननमात्रप्रधानसूक्ष्ममनोव्यापारं विषयसामरस्यपदातिक्रा-

न्तत्वात्। स्थानमिति तिष्ठत्यस्मिन्नभेदेन विश्वमिति व्युत्पत्त्या॥

एवंविधमप्येतत्

षष्ठस्वरसमायोगा-
दभ्यासादचिराल्लभेत्॥ १६॥

समवधानोद्यत इत्यनुषङ्गः। षष्ठः स्वरो बिन्द्वाद्युपलक्षणपर इत्युक्तमेव॥ १६॥

अत एव

षष्ठश्च पञ्चमश्चैव
तस्य देवि गुणाः स्मृताः।

तस्येति महाविमर्शात्मनः परतत्त्वस्य, षष्ठ ऊकारः, पञ्चमस्तु तदन्तर्भूत एव उकारः, तावेवाध ऊर्ध्वं बहिःशक्त्यात्मकावस्येति पूर्वोक्तमेयार्थं चशब्दादेवकाराच्च प्रोक्तरूपा नियता मकारबिन्द्वादिप्रमेयपरिपाटी गुणा ऊर्ध्वाधः-प्रसरणहेतवो धर्माः शक्तिरूपा इत्यर्थः। स्मृता इति अविच्छिन्नेन शिवादिश्रीकण्ठा-न्तेन गुरुपारम्पर्येणेत्यर्थः। कश्चित्तु चकारमेव-

शब्दं च अचेतित्वा गुणा इति बहुवचनं जपावृत्त्यपेक्षयेति व्याख्यातवान् ॥

यस्मादेवं ततः

सगुणः सकलो ज्ञेयो
निर्गुणो निष्कलः शिवः ॥१७॥

इत्थमुक्तनीत्या निष्कलनाथोऽपि सकलः सम्पन्नः । यस्तु पूर्वं

'हकारस्तु स्मृतः प्राणः सुप्रवृत्तः' (४।२५७)

इत्यनाहतनाथो निर्दिष्टः, स एव निर्गुणत्वात्तत्त्वतो निष्कलः ॥ १७ ॥

अत एव

सकलो ग्रहसंयुक्तो
निष्कलो भावमाश्रितः ।

ग्रह उच्चारः । भावः सुप्रवृत्ता महास्फुरत्तात्मा स्फुरत्ता ॥

यतश्च पूर्वोक्तदृशा तात्त्विकनिष्कलामर्शसार एवायं सकलनिष्कलशब्देन पूर्वं व्यवहृतश्चतुष्कलनाथः, ततोऽस्मिन्

सकले जप्यमाने तु
जप्तो भवति निष्कलः ॥ १८ ॥

यद्येवम्, अयमेव चतुष्कलभट्टारकरूपः सूक्ष्मः सकलपारमार्थिकनिष्कलतत्त्वविश्रान्त्यर्थं जपाद्युपासाभिराश्रीयतां, किमिति द्वात्रिंशदक्षरात्मा स्थूलः सकलः

'जपित्वाक्षरलक्षं तु बहुरूपस्य' (६।३)

इत्याद्युक्त्योपास्य उक्त इत्याशङ्क्याह

सुरासुराणां देवेन
यजनोपायहेतुना।
रूपं तु सकलं तस्य
द्विधावस्थं प्रकाशितम् ॥ १९ ॥

आदिवाक्यनिर्णीतस्वरूपेण देवेन चिदानन्दपरमार्थेन स्वच्छन्दभट्टारकेण। सुराणामिति ज्ञानमार्गाश्वस्तहृदयानां, असुराणां च ज्ञानायोग्यत्वेनाज्ञानमार्गाश्वस्तानां मोक्षाद्यर्थं यागोपायत्वेन। तस्येति स्वस्वरूपस्यानाहतात्मनो रूपं द्विधावस्थम्। सकलमिति चतुष्कलबहु-

रूपात्मकं तत्तदनुग्राह्यानुग्रहोचितं प्रकाशितम्। एतदुक्तं भवति—एकमेवेदं पारमेश्वरं तत्त्वं स्थितमनुग्राह्यानुग्रहानुसारं स्फुरितं, न त्वत्र वास्तवः कोऽपि भेद इति। यथोक्तं

'पुंसामनुग्रहार्थाय परोऽप्यपरतां गतः'

इति। अत एव योग्यजनाभिप्रायेण केवलचतुष्कलनाथभट्टारकाश्रयः साधनविधिरग्रे भविष्यति। यस्तु तात्त्विको निष्कलनाथो नासौ जातुचिद्ध्येयजप्यादिरूपो भवति तस्याशेषविश्वात्मपरमातृस्फुरत्तैकघनत्वादित्युक्तम्। यत्तु द्विधावस्थं सकलमिति सकलनिष्कलं देवानां दैत्यानां च प्रकाशितमिति व्याख्याय दैत्यानां तामसत्वादनुचितमेतत्प्रकाशनम्, आयातशक्तित्वेनासुराणामिति पूर्वजात्युदीरणं विरुद्धमिति केनचिच्छङ्कित्वा पूर्वावस्थामात्रकथनमेतदिति परिहृतं, तद्युक्तमयुक्तं वेति सचेतसः प्रमाणमित्यलं पूर्वैः सह पदे पदे निर्बन्धनेन॥ १९॥

---

१ ग० पु० तत्तत्पदानुग्राह्यानुग्रहोचितमिति पाठः।

तदेतस्य मूलमन्त्रस्य

प्रथमं प्राकृतं रूपं
विकृतं च द्वितीयकम्।

प्रथममिति विश्वोच्चारभित्तिभूतत्वात्प्रधानं प्रकृतेः स्वभावादायातं स्वयमुच्चरद्रूपम्। विकृतं तु तत्प्रथमप्रसररूपमकारात्मकं नतु विपर्ययेण व्याख्येयम्

'स्वयमुच्चरते हंसः' (७।५८)

इति

'............तस्माद्वर्णास्तु प्राणतः।
उत्पद्यन्ते लयं यान्ति............॥' (४।२४८)

इति

'शास्त्रं शब्दात्मकं सर्वं शब्दो हंसः प्रकीर्तितः' (४।३४१)

इत्यादिवाक्यव्याघातापत्तेः॥

तदित्थमेकत्रापि मन्त्रे युगपत्

प्रकृतिर्विकृतिश्चैव
उभे षष्ठेन संयुते॥ २०॥

दर्शितमेवैतद्यथा मन्त्रे हलाकृतेः प्रकृतिभूतस्य शिरोरेखारूपा विकृतिशब्दवाच्या

अकारकलास्तीति युगपदेव प्रकृतिविकृती षष्ठकलायुक्ते ॥ २० ॥

अत एव

ये पदार्थाः पुरा प्रोक्ता-
स्तत्रासावुच्छ्वसन्मुहुः ।
प्रवर्तते च एतेन
पुनस्तेन निवर्तते ॥ २१ ॥

यः समनन्तरमेव

'निर्गुणस्तु यदा देवः' (६।११)

इत्युक्त्या निष्कलनाथ उक्तोऽसौ, उच्छ्वसन्नित्याकारोकारकलासम्भेदेनोर्ध्वं प्रसरन्, तत्रेति पूर्वोक्तेषून्मनान्तेषु पदार्थेषु, तेनैव पूर्वोक्तेन क्रमेण प्रवर्तते द्वादशान्तमारोहति । पुनश्च तेनेति प्रातिलोम्येन निवर्तते हृदयान्ते वर्णव्यक्तिमेति अनाहतध्वनिमेवाविशति । मुहुरिति जपावसरे भूयो भूय इत्यर्थः ॥ २१ ॥

तदित्थमयं पदार्थेष्वारोहावरोहौ कुर्वन्

प्रणवः पञ्चधावस्थः

पञ्चधात्वमस्य वाचककलाक्रमेण वाच्यक्रमेण च प्रथयति

त्रिवर्णश्च त्रिदैवतः ।
बिन्दुनादसमायुक्तः
प्रणवः परिपठ्यते ॥ २२ ॥

बिन्दुनादसंभेदं विना वर्णसङ्घट्टनामात्ररूपता भवति, नतु प्रकर्षेण नूयतेऽनेन परं तत्त्वमित्येवंरूपप्रणवत्वमित्यर्थः । एवं चाकारोकारमकारबिन्दुनादभेदात्प्राग्वद्वाचकरूपाः पञ्च प्रणवाः, ब्रह्मविष्णुरुद्राः वक्ष्यमाणेश्वरसदाशिवसहिता वाच्यरूपाः पञ्च च ॥ २२ ॥

तदाह

अकारश्च उकारश्च
मकारश्च तृतीयकः ।
वर्णत्रयमिदं प्रोक्तं
ब्रह्माद्या देवतास्त्रयः ॥ २३ ॥
बिन्दुनादसमायोगा-
दीश्वरश्च सदाशिवः ।

एते वै प्रणवाः पञ्च

ब्रह्माद्या ये त्रयो देवता इति सम्बन्धः। वाच्यवाचकरूपा इत्यर्थात् ॥

ते चैते

हंसः प्राणयुतः सदा ॥ २४ ॥

'हकारस्तु स्मृतः प्राणः' (४।२५७)

इति यः पूर्वं हंसप्राणोऽनाहतध्वनिरुक्तस्तेन सदा युतस्तदनुलग्नस्तां महाविमर्शभित्तिं विना कस्याप्यस्फुरणादित्यर्थः ॥ २४ ॥

अत एवात्र

परमात्मा शिवो हंस-
स्त्वपरेण समन्वितः ।

यो हंसः स्वयमुच्चरद्रूपो वाचकवृत्त्या, वाच्यवृत्त्या तु परमात्मा सर्वेषां ब्रह्मादीनामनुप्राणकः, परनिर्वाणात्मकश्रेयःप्रदत्वाच्छिवो वाच्यवाचकयोरत्राविभागेन प्रकाशानन्दघनत्वेन स्फुरणात्, सोऽयमीदृशो हंसः अपरेणेति प्रोक्तरूपवाच्यवाचकरूपेण प्रणवपञ्चकेन समन्वितः

संबद्धः। अत्र चाकारादिरूपेषु प्रणवेषु ह्रस्वाद्युच्चारकलाः जाग्रदादयोऽवस्थाभेदाः, पृथिवी-प्रकृतिमायेश्वरसदाशिवान्तानि च ब्रह्माद्यधिष्ठितानि तत्त्वानि इति पञ्चकान्तराण्येतानि अन्तर्भूतानि निर्णीतदृशा प्रणवरूपाण्यनुसर्तव्यानि ॥

न केवलमित्थमपररूपाः पञ्च प्रणवा मन्त्रेऽस्मिन्स्थिता इति, यावत्

परतः प्रणवान् पञ्च
पुनरेव वदाम्यहम् ॥ २५ ॥

अन्यतन्त्रसिद्धान्तवैलक्षण्येनेत्यर्थः ॥ २५ ॥

तानाह

शक्तिश्च व्यापिनी चैव
समनात्मा च निष्कलः।
उन्मना च तथा देवि
प्रणवाः पञ्च कीर्तिताः ॥ २६ ॥

अत्रापि वाचककलानां, वाच्यानां तद्गर्भीकृतसुसूक्ष्मतमोच्चारकलोच्चारयित्रवस्थाशक्ति-

तत्त्वाद्यावरणानां च पूर्वोक्तयुक्त्या प्रणवत्वम् ॥ २६ ॥

तदेतावतो विश्वस्य भित्तिभूतः

परतः परमो हंसः
सर्वं व्याप्य व्यवस्थितः।

यो निर्णीतचरः परमो हंसः, स परतः प्रकृष्टतया परापरभेदभिन्नं प्रणवपञ्चकं, तद्द्वारेण च विश्वं व्याप्य स्थित इति स एव परमोपादेयः। तदभेदविमर्शमयत्वेन निष्कलभट्टारकोऽपि ॥

तदत्र

एते वै प्रणवाः पञ्च
परापरविभागशः ॥ २७ ॥
परापरेण हंसेन
नित्यमेव प्रणामिताः।

हंसो हलाकृतिः स्वशक्त्याद्यकारादिपरापरप्रणवयोगाच्चतुष्कलतां प्राप्तः परापर उच्यते। तेनोभयरूपेण प्रणामिताः प्रह्वीभावमापादिताः

स्वप्रत्यवमर्शप्रवणाः कृताः । प्रणामिता इत्यैशः पाठः । अत एव प्रकर्षेण नूयते परं तत्त्वं यैस्ते प्रणवा इति प्रारम्भ एवोक्तमस्माभिः ॥ २७ ॥

अतश्चैते

प्रवर्तन्ते हि सर्वत्र
भुक्तिमुक्तिफलप्रदाः ॥ २८ ॥

सर्वत्रेति साधकपुत्रकादिविषये ॥ २८ ॥

तस्मादयं मूलमन्त्रः

पञ्चभिस्तु युतस्त्वेभिः
स पञ्चप्रणवात्मकः ।

यो निःस्वभावः परापरप्रणवभेदप्रथनद्वारेणैव विश्वत्र कारणं चतुष्कलनाथ इति निर्णीतमेवैतत् ॥

किंच

तत्रस्थ एकरूपस्तु
निष्कलस्तत्त्वतः स्मृतः ॥२९॥

तत्रेति पूर्वोक्तप्रणवविश्रान्तिधाम्नि चतुष्कलनाथे यस्तिष्ठति । एकरूप इति प्रोक्त-

प्रकृतिरूपः अनाहतभट्टारकः । स एव तत्त्वतो निष्कल इत्यर्थः ॥ २९ ॥

न केवलमसौ, यावत्

तद्योगादपि तद्बीजं

प्रोक्तनिष्कलसंबन्धाद्बीजमपीति चतुष्कलनाथोऽपि निष्कल उच्यते इत्यर्थः ॥

किंच

सर्वबीजप्ररोहकम् ।

सर्वेषां बीजानां ब्रह्मादिकारणानामङ्गब्रह्मादिमन्त्राणां च प्ररोहकं सामर्थ्यप्रदं तद्योगादेव ॥

अत्र हेतुः

प्रवर्ततेऽयतो यस्मा-

द्देवासुरनिकेतनम् ॥ ३० ॥

अयते गच्छति स्वयमुच्चरति चित्प्रकाशाभेदेन स्फुरतीत्ययो हलाकृतिस्ततो, यस्माद्देवासुराणां प्राङ्निरूपितनीत्या निकेतनं उपासास्थानं चतुष्कलबहुरूपात्म मन्त्रद्वयं प्रवर्ततेऽनुग्रहादौ प्रसरति, ततो युक्तमुक्तं

'तद्योगादपि तद्बीजं सर्वबीजप्ररोहकम् ।' (६।३०)

इति । देवासुरा इन्द्रियाणि तन्निकेतनं प्राण इति केचित् ॥ ३० ॥

अतश्च प्रथमपटलनिर्णीतव्याप्त्यनुसारं चतुष्कलबहुरूपाभ्यां विश्वस्य स्वीकारात्तयोश्च परस्फुरत्तासारानाहतध्वनिविश्रान्तत्वात्

तत्र मन्त्राश्च वर्णाश्च
प्रतिष्ठां यान्ति नान्यथा ।

मन्त्राः पिण्डबीजानि । वर्णा मालामन्त्रसम्बन्धिनो मातृकावर्तिनश्च सर्वेऽनाहत एव प्रतिष्ठिताः । नहि परां स्फुरत्तां विना कस्यापि स्फुरणं घटते । उक्तं च श्रीस्पन्दे

'तदाक्रम्य बलं मन्त्राः ।' (२।१०)

इत्यादि ॥

अतश्च

तस्य बोधाद्विमुच्यन्ते
अहिकञ्चुकवत्प्रिये ॥ ३१ ॥

दीक्षिता इति शेषः ॥ ३१ ॥

एतत्स्फुटयति

तावद्भ्रमति संसारे
यावत्तत्त्वं न विन्दति ।
विदिते तु परे तत्त्वे
न भूयो जायते क्वचित् ॥३२॥

यथाहिस्त्यक्तेन कञ्चुकेन न पुनः श्लिष्यति, तथा समनान्तेन बन्धेन त्यक्तेन तत्त्वज्ञो न भूयः स्पृश्यते ॥ ३२ ॥

तत्त्वं हंसरूपमेवेति दर्शयन्नेतदेव भूयः स्फुटयति

अकृतार्थो नरस्ताव-
द्यावद्धंसं न विन्दति ।

विन्दति लभते स्वत्वेन प्रत्यभिजानाति ॥

एतत्सोपायं वैधर्म्यदर्शनेन प्रकृते योजयति

प्रणवेन समायुक्तं
कृतार्थ इति निर्दिशेत् ॥ ३३ ॥

प्रणवेन चतुष्कलेन सम्यगायुक्तमिति निर्णीतवक्ष्यमाणतदुच्चारज्ञानतदुच्चारणौपयिक-

मेव परनिष्कलस्वरूपविश्रान्तत्वान्नरः कृतार्थो भवतीत्यर्थः ॥ ३३ ॥

अतश्च

उच्चारं च ततो ज्ञात्वा
उच्चरेत्तं वरानने ।

उच्चरेदुच्चारयेत् । तमिति परविश्रान्त्युपाय-भूतं चतुष्कलम् ॥

तत्र

उच्चारस्त्रिविधो देवि
हंसस्य समुदाहृतः ॥ ३४ ॥

उक्तरूपपरापरप्रणवाधिष्ठानाद्धंसस्यापि परापरः स्वरूपनिष्ठत्वेन तु परात्पर इति त्रिविधो य उच्चारः स, उदाहृतः

'एते वै प्रणवाः पञ्च परापरविभागशः
परापरेण हंसेन........................' (६।२७)

इति, तथा

'परतः परमो हंसः सर्वं व्याप्य व्यवस्थितः' (६।२७)

इत्याद्युक्त्या समनन्तरमेवोक्तः ॥ ३४ ॥

तमेवोच्चारं स्फुटयति

हकारोकारसंयुक्त-
बिन्द्वन्ते तु तृतीयकः ।
सृष्टिन्यासेन तूच्चारः
संहारयोग उच्यते ॥ ३५ ॥

ह् इति लुप्तविभक्तिकोऽनाहतस्वरूपदर्शनाय । तेन ह् इति यः स्वयमुच्चरद्रूपो हंसः स अकारेण उकारेण च वर्णेन संयुक्तस्तदुपरि च बिन्दोरन्ते समीपे तृतीयक इत्यनुस्वाररूपो मकारोऽस्य सम्बद्ध एवमेतदन्तो य उच्चारः । सृष्टेरिति जागराद्यवस्थात्रयाधिष्ठातृसृष्टिस्थितिसंहारकारिभेदमयब्रह्मविष्णुरुद्रसर्गस्य यो न्यासः पृथक्पृथग्वाचकत्वेन विमर्शस्तेन न त्वभेदेनेत्यर्थः । एतेषां तु त्रयाणामपि भेदमयानां संहारयोग इति तुर्यदशाप्रथमकोटिसंस्पर्शात्मकबिन्दुपदैक्ययोजनारूप उच्यते न त्वत्र वर्णोच्चारव्याप्तिरस्ति ॥ ३५ ॥

यथा विभक्तः प्राक् तेन

एवमादिक्रमेणैव
मन्त्रमुच्चारयेद्बुधः ।

बुधो ज्ञानी, एवमित्युक्तरूपेण, आदीत्य-कारादिक्रमेण, मन्त्रमित्येतत्सम्बन्धादेव मन्त्र-रूपतां प्राप्तं हंसमुच्चारयेत् ॥

एतदनुवदन्नत ऊर्ध्वं मन्त्रोच्चारे इतिकर्त-व्यतान्तरमाह

बिन्दुस्थं त्रितयं कृत्वा
वक्रमुद्धाटयेत्ततः ॥ ३६ ॥

त्रितयं मकारान्तं, बिन्दुस्थं कृत्वेति तद-भेदव्याप्तिसारं संपाद्य, नादोच्चारणार्थं वक्र-मास्यमुद्धाटयेदित्येतदुच्चारावसरे दिव्यं करणं बध्नीयादित्यर्थः ॥ ३६ ॥

ततश्च

ईषदुद्धाटिते वक्रे
तदा नादं विजानत ।

अनयेतिकर्तव्यतया मन्त्रोच्चारावहितस्य नादनादान्ताभिव्यक्तिर्भवतीत्यर्थः ॥

किंच

नादस्थं पञ्चधा चैव
शक्तिस्थं पञ्चधा पुनः ॥ ३७ ॥

व्यापिन्यां पञ्चधा चैव

मन्त्ररूपं विजानतेति सम्बन्धः । पञ्चधात्वं च

'ब्रह्मादिपञ्चकं यच्च…………।' (६।४१)

इत्युपक्रम्य

'परापरविभागेन ते सर्वत्र व्यवस्थिताः'(६।४१)

इति समनन्तरवक्ष्यमाणस्थित्या मन्तव्यम् । तेन योजनिकाग्रन्थे नादस्य यदष्टकलत्वमुक्तं तद्वाचकस्वरूपविमर्शयुक्त्या । इदं तु पञ्चधात्वं तत्पदाधिरूढवाच्यरूपकारणविमर्शयुक्त्येति न पूर्वापरवैषम्यं किञ्चित् ॥ ३७ ॥

किंच

समनानिष्कलात्मनोः ।

ऊर्ध्वोर्ध्वमवस्थितयोः । पूर्वनिर्णीतं रूपं विजानतेत्यनुषङ्गः ॥

अथैतदुपरि

उन्मना च परं तत्त्वं
सर्वं व्याप्य व्यवस्थितम् ॥३८

पूर्वनिर्णीतं रूपं जानीतेत्यर्थः ॥ ३८ ॥

उपसंहरति

एवं ज्ञात्वा विमुच्यन्ते
शिवतत्त्वविदो जनाः ।

एवमुक्तक्रमेण, ज्ञात्वा उन्मनान्तानि पदान्यनुभूय, ये शिवतत्त्वमिति परमशिवमात्मानं, विदन्ति प्रतिजानन्ति, ते विशेषेण सिद्धान्तवैलक्षण्येन मुच्यन्ते । तत्र हि

'अवर्णोवर्णमकारबिन्दुनादाश्च तस्य सन्मन्त्राः' ।

इत्येवं मन्त्रव्याप्तिस्तद्गुरुभिर्दर्शिता ॥

अत्र वैधर्म्यमाह

अन्यथा नैव मुच्यन्ते
बिन्द्वन्ते ये व्यवस्थिताः ॥३९

बिन्दौ तदन्ते च नादादिपदे ये व्यवस्थिता विश्रान्तास्ते नैव मुच्यन्तेऽपितु तत्तत्पदोचितविभूतिमेव भजन्ते ॥ ३९ ॥

यतः

ज्योतीरूपं तु बिन्दुस्थं
नादस्थं शब्दरूपकम् ।
शक्तिस्थं स्पर्शगं चैव
तदूर्ध्वं शून्यरूपकम् ॥ ४० ॥

यदेतद्विन्दुस्थं त्रितयमिति नादस्थं पञ्चकमित्याद्युक्तं तद्विन्दुस्थं ज्योतीरूपमिति वेद्याविभागप्रकाशरूपम् । नादस्थं तु शक्तिरूपमिति विसर्गशक्तिमयम् । शक्तिपदावस्थितं तु स्पर्शगमानन्दस्पर्शसतत्त्वम्, तदूर्ध्वं व्यापिन्यां तु शून्यताभासरूपम् ॥ ४० ॥

यतो व्यापिनीधाम

ब्रह्मादिपञ्चकं यच्च

तेषां शून्यं च तत्पदम् ।

चकाराद्ब्रह्माद्यधिष्ठेयानां तत्त्वानामपि । तैः शून्यमिति वक्तव्ये तेषां शून्यमिति षष्ठ्या ते सर्वे तत्र तदुचितप्रकृष्टसंविद्रूपतया स्थिताः, नतु क्वापि गताः—इति दर्शयति । अत एव पूर्वमशून्यं शून्यमित्याद्युक्तम् ॥

ननु ब्रह्मादयो हृदयादिललाटान्तपदावस्थितास्ते कथमियतीं भूमिमायाता इत्याह

परापरविभागेन

ते सर्वत्र व्यवस्थिताः ॥ ४१ ॥

परमेश्वरस्य हि चिदानन्देच्छाज्ञानक्रियाख्याः शक्तयस्तत्पदोचितप्रपञ्चव्याप्तिभाजो ब्र-

ह्मादिपर्यन्तमाभासितवत्य इति तद्व्याप्तिसारा ब्रह्माद्याः स्थूलसूक्ष्मादिव्याप्त्या सर्वत्र स्थिताः। एतच्च एकादशे व्यक्तीभविष्यति। अथैवैते तत्तत्पदौचित्येन तास्ताः सिद्धीर्ददति॥ ४१॥

अथ

शून्यातीता तु समना
शुद्धात्मा तून्मना तथा।

क्रमेण स्वोचितसंविद्रूपेत्यर्थः॥

अथ

सर्वातीतं परं तत्त्वं
सर्वं व्याप्य व्यवस्थितम्॥४२

सर्वातीतत्वेऽपि सर्वव्यापकत्वमस्य स्वच्छ-स्वच्छन्दचिदानन्दसुन्दरत्वात्॥ ४२॥

यतश्च परं तत्त्वं सर्वं व्याप्य व्यवस्थितमत एवाकारोकारमकारवाच्या अतिस्थूला अपि

मन्त्ररूपाश्च विज्ञेया
बिन्दुधर्मात्तु देवताः।

चकार एवार्थः। मन्त्ररूपा एव तदभेद-व्याप्तिसारेणाविश्लेषेण ज्ञातव्याः॥

एवं हि

तत्रस्थाः सर्वकर्माणि
साधयन्ति न संशयः ॥ ४३ ॥

तत्रेति व्याख्यातव्याप्तिसतत्त्वे मन्त्रे स्थिता उपारूढाः ॥ ४३ ॥

एवमुल्लासक्रमेण हृदयाद्द्वादशान्तं मुक्त्यङ्ग-मन्त्रोच्चारमुक्त्वा सिद्ध्यङ्गं तं प्रातिलोम्येनादिशति

तत्त्वं च उन्मनात्मा तु
समना शून्यमेव च ।
स्पर्शश्चैव तथा शब्दो
रूपं च तदनन्तरम् ॥ ४४ ॥
मन्त्रात्मनि स्थिताः सर्वे
ज्ञातव्या दैशिकेन तु ।

रूपमिति बिन्दुतेजः । तदनन्तरमिति मकारोकारात्मवर्णस्वरूपम् । त एते सर्व एव प्रमेया मन्त्रात्मनिष्कलस्वरूपेऽवस्थिता उल्लास-प्रवेशक्रममविमृश्य मन्त्रावसर एव मुक्ति-

सिद्ध्यङ्गरूपेणोपलभ्यन्ते इत्यर्थः । दैशिकेनेति प्राधान्यात्, तदुपदेशात्त्वन्येनापि ॥ ४४ ॥

न केवलमेते मन्त्रस्थाः सर्वकर्माणि साधयन्ति, यावत्

तन्त्रस्था ज्ञानयोगं च
प्रयच्छन्ति वरानने ॥ ४५ ॥

ज्ञानं तत्तज्ज्ञेयतत्त्वानुभवं, योगं तदैकात्म्यप्राप्तिम् ॥ ४५ ॥

सर्वकर्माणि साधयन्तीति यदुक्तं, तत्र कर्मानुरूपं मन्त्रदेवतानां ध्यानमाह

कर्मकाले तु सकला-
ञ्छिरःपाण्यादिभिर्युतान् ।

कर्म अर्चाहोमादि ॥

क्रमेण

जपेत्तु सकलान्देवि
निष्कलेन समन्वितान् ॥४६॥

ध्यायेदित्यनन्तरस्थमनुषज्यते । निष्कलेन चिद्घनतापरमार्थेन, सम्यगन्वितांस्तद्विश्रान्तिसारान् ॥ ४६ ॥

यदा तु सर्वज्ञत्वादिरूपां सिद्धिमिच्छति, तदा बिन्दुविश्रान्तिसतत्त्वान्

ध्यायेज्ज्योतिर्मयान्सर्वान्

उक्तं हि

'ज्योतीरूपं तु बिन्दुस्थं' (६।४०)

इति । इह तु एतत्फलनिरूपणपरत्वेनोक्तमिति प्रकरणतो ज्ञायते इति न पुनरुक्तम् ॥

अथ बिन्दुविश्रान्त्यूर्ध्वनादपदे

शब्दसिद्धिप्रदायकान् ।

नादविश्रान्तिमयत्वेन ध्यातास्तत्सिद्धिमेव वितरन्तीत्यर्थः । एवमुत्तरत्रापि तदुचितरूपध्यानात्तत्तत्सिद्धिप्रदत्वमेषाम् ॥

यदाह

शक्तिस्थाः शक्तिदाः प्रोक्ताः

शून्यस्था व्यापकाः स्मृताः ४७

क्रमाज्ज्ञानप्रदास्ते वै

समनास्था वरानने ।

कैवल्यदास्ततश्चोर्ध्वे

सर्वज्ञाश्चोन्मने पदे ॥ ४८ ॥

शक्तिः सर्वकरणसामर्थ्यम् । शून्यं व्यापिनी । व्यापका इत्याराधकस्य व्याप्तिप्रदाः । क्रमाज्ज्ञानं शिवादिक्षित्यन्ताशेषविषयम् । कैवल्यं शुद्धविज्ञानकेवलित्वं, यद्भेदवादिशैवानां परं प्राप्यम् । ऊर्ध्वं इति शुद्धात्मपदे । सर्वज्ञा इत्यक्रमाशेषविश्वाभेदप्रथाप्रदाः । यथोक्तं प्राक्

'समना क्रमविज्ञानमुन्मना त्वक्रममिति ।'

इति ॥

एते च मन्त्रावयवानु[1]भवाः

तत्त्वेन वेधिताः सर्वे
ये मया परिकीर्तिताः ।

तत्त्वेन पर[2]शिवेन वेधि[3]ताः सर्वात्मना व्याप्ताः । वेधि[4]ता इत्यैशः पाठः, विध विधान इत्यस्यैवायं प्रयोगः ॥

अत एव

तज्ज्ञात्वा सिद्धिदाः सर्वे
मुक्तिदाश्च न संशयः ॥ ४९ ॥

---

१ ख० घ० पु० नुभावा इति पाठः । २ घ० पु० परमशिवेनेति पाठः । ३ ख० पु० बोधिता इति पाठः । ४ ख० पु० बोधितव्या इति पाठः ।

तदिति तत्त्वं, साधकानामपि ह्येतन्मन्त्रक्रमेण सिद्धिमुक्तिपर्यवसानेनैवेति योजनिकाग्रन्थे निर्णीतम् । भिन्नकर्तृत्वेऽपि क्त्वेश्वरप्रामाण्यात् ॥ ४९ ॥

उपसंहरति

पञ्चप्रणवसंयुक्तं
तत्त्वं ते कथितं मया ।

पञ्चप्रणवोच्चारोपायप्राप्तं तत्त्वं परमशिवात्मकपरमहंसस्वरूपं, ते तवैव योग्यायाः शक्तेर्मया कथितं, नान्यस्य कस्यचित् ॥

तदेतज्ज्ञात्वा

पञ्चप्रणवपूर्वेण
ओंकाराद्ययुतेन तु ॥ ५० ॥
नमस्कारावसानेन
बहुरूपेण सुव्रते ।
जपतः सिद्धिमाप्नोति
लक्षेणाक्षरसंख्यया ॥ ५१ ॥

साधक इति शेषः । पञ्चप्रणवः चतुष्कलः

पूर्वो यस्य तेन। व्याख्यातभिन्नतद्व्यास्यतद्व्यास्य-नुसन्धानपूर्वं तदुच्चारोद्घटितमध्यमार्गाश्रय-त्वात्तल्लीनेन बहुरूपेण यो जपस्ततः सिद्धिमा-प्नोतीति सम्बन्धः । ओंकाराद्ययुतेनेत्यादिने-दमाह—यद्यपि प्रणवसमनाव्याप्तिश्चतुष्कल-नाथो बहुरूपस्याघोरशब्दादेः 'रूपेभ्यः' इत्यन्त-स्यादौ प्रयुक्तस्तथापि सर्वमन्त्राणां पूजाजपवि-षये प्रणवनमस्काराभ्यामाद्यन्तसम्बन्धो दी-पकः कार्य इति शास्त्रसमयः । तेन द्वात्रिंशद-क्षरस्य पूर्वं यौ नमस्कारप्रणवौ उक्तौ, तावेव चतुष्कलपूर्वस्य देयौ । यतः

'तत्रस्थाः सर्वकर्माणि साधयन्ति' (६।४३)

इत्युक्तम् । अक्षरसंख्यया लक्षेणेति द्वात्रिंशता लक्षैरित्यर्थः ॥ ५१ ॥

एतदेवाधिकात्रापेन पूरयति

प्रणवाद्येन संयुक्तं
मन्त्रमेवं जपेत्सदा ।

प्रणव आद्यो यस्य चतुष्कलनाथस्य तेन सम्यग्युक्तं मन्त्रं जपेत्सदा इति यावत् । पूर्व-

१ ख० पु० तद्व्यास्येति पाठः ।

मेव तावदस्यैकाग्रताया अविच्छेदेन जपः कार्य इत्यर्थः । सदेति अत्राधिकावापः ॥

अथ

जपान्ते तु पुनर्होमं
दशमांशेन कारयेत् ॥ ५२ ॥

'जपित्वाक्षरलक्षं तु बहुरूपस्य……… ।' (६।३)

इत्याद्युपक्रम्य पञ्चप्रणवस्वरूपं निर्णीय,

'प्रणवाद्येन संयुक्तं मन्त्रमेवं जपेत्सदा ।'

इत्युपसंहृत्य

'जपान्ते तु पुनर्होमं ।'

इत्युक्तम् । अतो जपोपक्रमेणाङ्गहोमस्तावत्कृतः। जपे तु मन्त्रदेवतासंमुखीकरणात्मनि निष्पन्ने, तत्तर्पणाय स्वाहान्तेन मन्त्रेण जपसंख्यातो दशांशेनेति लक्षत्रयेण सहस्रविंशत्या च होमः कार्य इति पुनःशब्दस्यार्थः ॥ ५२ ॥

अत्र होमे समुचितं द्रव्यमाह

नृमांसं पुरसंयुक्तं
घृतेन च परिप्लुतम् ।
ततः सिद्धिमवाप्नोति
अधमां मध्यमोत्तमाम् ॥५३॥

पुरं गुग्गुलुः । एतत्त्रयं युगपद्धुत्वा तत्त्वेश्वरत्वाकाशोत्पतनपातालसिद्धीरुत्तमादिरूपाः सर्वाः प्राप्नोति, नतु यथासंख्यमशब्दार्थत्वादागमान्तरविरोधाच्च[1] ॥ ५३ ॥

यदा तु

त्रिगुणेन तु जप्येन
स्वच्छन्दसदृशो भवेत् ।
ब्रह्मविष्ण्विन्द्रदेवानां
सिद्धदैत्योरगेशिनाम् ॥ ५४ ॥
भयदाता च हर्ता च
शापानुग्रहकृद्भवेत् ।
दर्पं हरति कालस्य
पातयेद्भूधरानपि ॥ ५५ ॥
स्फोटयेद्दिव्ययन्त्राणि
दिग्गजानपि चालयेत् ।
ब्रह्मराक्षसवेतालान्
क्रूरग्रहविनायकान् ॥ ५६ ॥

१ ख० घ० पु० आगमेति पाठः ।

स्मरणान्नाशयेद्देवि
अवध्यस्त्रिदशैरपि ।

शापानुग्रहकृत्त्वाद्भयस्य दाता हर्ता च, स्मरणादिति स्मृतमात्रः सन्नाशयत्येवेत्यर्थः ५६

अस्य च मन्त्रस्य

प्राकृतान्यपि कर्माणि
सिद्ध्यन्ति जपलक्षतः ॥ ५७ ॥

प्रकृतिसंभूतद्रव्ययोगसंपाद्यानि वश्यादीनि प्राकृतानि । जपलक्षत इति पूर्वसेवार्थं दशांशहोमसहितान्निर्वर्तितात् । प्रयोगकाले कर्मोचितोहजात्यन्तमन्त्राभिमन्त्रणं वक्ष्यमाणप्रयोगनिर्दिष्टानां द्रव्याणां तत्तदन्यकल्पप्रयोगविषयाणां च स्थितमेव । यदुपसंहरिष्यति

'एवं शतसहस्राणि अन्यकल्पोत्थितानि च ।
प्रयोगानां करोत्येष मन्त्रराजेश्वरेश्वरः ॥' (६।५४)

इति ॥ ५७ ॥

एवं पूर्वाराधितमन्त्रस्य यानि मुख्यसिद्ध्यङ्गभावेन कदाचिदवसरे प्रयोज्यानि

तानि सम्यक्प्रवक्ष्यामि
यथावदनुपूर्वशः ।

सम्यगिति यथा विसंवादीनि न भविष्यन्ति। यथावदिति ययेतिकर्तव्यतया युक्तानि। अत्रामुको मे वशो भवत्वित्यूहान्तो मन्त्रस्य लक्षजपः कार्य इति व्याख्यानमसत्

'..ओंकाराद्यपुतेन तु।
नमस्कारावसानेन..........................॥' (६।५१)

इति पूर्वमेवासाधारण्येन मन्त्रस्वरूपस्य प्रतिपादितत्वात्। एतावता यथाप्रतिपादनमस्य सामान्येन क्षुद्रसिद्ध्यभिसन्धिमता पूर्वसेवार्थं जपहोमौ कृत्वा विनियोगकाले कर्मोचितोहजात्यन्तस्य प्रयोगः कार्यः॥

तत्र वश्यप्रयोगांस्तावदाह

मोहना सहदेवा च
भूधात्री चक्रलाञ्छना॥ ५८॥
रामवल्ल्या सहैकत्र
आत्मबीजेन पेषयेत्।
भक्ष्ये पाने च दातव्यं
वशीकरणमुत्तमम्॥ ५९॥

---

१ ख. घ. पु. भवन्तीति पाठः।

मोहना बलामोटा। भूधात्री भूम्यामलकी। चक्रलाञ्छना चक्राङ्का। रामवल्ली रामतरणिरिति प्रसिद्धौषधिः। आत्मबीजं स्वशुक्रम्। प्रदातव्यमिति मन्त्राभिमन्त्रितम्। एवं ह्यविसंवादि भवति ॥ ५९ ॥

उत्तवारणिमूलं तु
पुष्यर्क्षेण तु ग्राहयेत्।
आत्मेन्द्रियेण संयुक्तं
वशीकरणमुत्तमम् ॥ ६० ॥

उत्तवारणी विशाला। पुष्यर्क्षेण त्विति पुष्यनक्षत्रेण सौम्यग्रहयुक्तेन। शुक्लपक्षे रात्रौ ओषधिग्रहणं कार्यमित्योषधिकल्पेष्वस्ति। आत्मेन्द्रियं स्वशुक्रम्। यथोक्तं

'नृबीजमिन्द्रदैवत्यं तस्मादिन्द्रियमुच्यते'

इति। उत्तमत्वमस्यैकौषधियोगात्। भक्ष्ये पाने चेति स्थितमेव ॥ ६० ॥

श्रवणाक्षिमलं लाला
रुधिरेन्द्रियसंयुतम्।
भूकदम्बसमोपेतं
दातव्यं पयसा निशि ॥ ६१ ॥

श्रवणाभ्यामक्षिभ्यां मले लाला चेति पञ्च, रुधिरं वामानामिकासंबन्धि, इन्द्रियं शुक्रमित्यात्मीयं सप्तकं, भूकदम्बं भूतीकमष्टमम्। एतदेकीकृत्य रात्रौ मन्त्राभिमन्त्रितजलपानमध्ये देयं वशीकाराय ॥ ६१ ॥

एतच्च

अप्रवासे प्रदातव्यं

दत्त्वा न प्रोषितव्यम् ॥

अन्यथा

म्रियते विरहेण सा।

इयानस्य प्रयोगस्य महिमेत्यर्थः ॥

षष्टिं कनकबीजानि
षोडश मणिचन्द्रिकाः ॥ ६२ ॥
नरगोदन्तसंयुक्ताः
प्रदद्याद्यस्य भामिनी।
एष कापालिको योगो
गच्छन्तमनुगच्छति ॥ ६३ ॥

सा तमिति शेषः। कनकं धत्तूरकम्। मणि-

चन्द्रिका रक्तिका। नरगोदन्तयोर्नात्र संख्यानियमः। एतच्चूर्णं भक्ष्ये पाने वा देयमिति प्राग्वत्। कपालैरस्थिभिर्निर्वृत्तः कापालिकः ६३

श्वेतार्कमूलं मञ्जिष्ठा
चटकस्य शिरस्तथा।
गृहोद्भवस्य कुष्ठं च
स्वरक्तेन्द्रियसंयुतम् ॥ ६४ ॥
भक्ष्ये पाने प्रदातव्यं
वशीकरणमुत्तमम्।

अर्कतरोः श्वेतत्वं श्वेतपुष्पत्वात्। गृहोद्भवश्चटको मूषकः। स्वरक्तेन्द्रियं प्राग्वत् ६४

मोहना चैव कान्तारी
मयूरशिखया युता ॥ ६५ ॥
आत्मलालेन्द्रियैर्युक्तं
वशीकरणमुत्तमम्।

कान्तारी प्रियङ्गुः। मयूरशिखा तदाकारैवौषधिः। आत्मलालेन्द्रियैरिति बहुवचनादिन्द्रियद्रव्ये उभयोर्ग्रहते। उत्तममविसंवादि ६५

लज्जालुका च गोरम्भा
चण्डालीकर्मकं तथा ॥ ६६ ॥
नागेन्द्रपदमिश्रं त-
दात्मबीजसमन्वितम्।
एष योगवरो दिव्यो
दीयते यस्य सुव्रते ॥ ६७ ॥
मधुरेण समायुक्तो
यावदायुर्वशी स तु।

लज्जालुका लक्कुडा। गोरम्भा छत्रा। चण्डाल्याख्याया ओषधेः कर्मकं प्रधानमूलम्। मधुरेण विषेण, तस्य च द्रव्यान्तरसंयोगान्मारणशक्तिनिरोधः ॥ ६७ ॥

चणका माषमुद्गाश्च
अपानेन विनिर्गताः ॥ ६८ ॥
वान्तं घृतं तथा रेतः
स्त्रीरजो हृन्मलं तथा।
मूत्रं रक्तं तथा केशो
लाला चैव वरानने ॥ ६९ ॥

पुत्रजानिः कृताह्वा च
नागेन्द्रपदसंयुता ।
मोहना विष्णुक्रान्ता च
धात्री चैवैकतः स्थिता ॥ ७० ॥
पुष्यर्क्षेण नियुञ्जीत
गर्विंतानां वरानने ।
भक्ष्ये पाने प्रदातव्यो
योगस्त्रिदशपूजितः ॥ ७१ ॥

अपानेन निर्गताः शकृद्भावमागताः । वान्तं घृतादि । आत्मीयं हृन्मलं नाभिमलम् । पुत्रजानिरोषधिविशेषः । कृताह्वा कृताञ्जलिः । विष्णुक्रान्ता प्रसिद्धा । धात्री आमलकम् । त्रिदशपूजित इत्यविसंवादी । एवमष्टौ वशीकारे प्रयोगा उक्ताः ॥ ७१ ॥

अथ

उच्चाटनं प्रवक्ष्यामि
शत्रूणां गर्विंतात्मनाम् ।

---

१ पुत्रंदरिरिति पाठः ।

तत्र

काकोलूकस्य पक्षांश्च

खरोष्ट्रमूत्रमृत्तिका ॥ ७२ ॥

एभिर्द्रव्यैः

कृत्वा प्रतिकृतिं प्राज्ञः

काकरक्तेन लेपयेत् ।

अथान्यत्[1]

काकोलूकस्य पक्षांश्च

गुदे तस्या विनिक्षिपेत् ॥ ७३ ॥

अथ

तां चतुष्पथे निखनेत्

तत्र खनित्वा स्थगितस्थापितायास्तस्याः

श्मशानाग्निमथोपरि ।

प्रज्वाल्य होमयेत्तत्र

काकपक्षांश्च सुव्रते ॥ ७४ ॥

उद्भ्रान्तपत्रसहितान्

खरमूत्रेण भावितान् ।

१ ख. घ. पु. अथान्यानिति पाठः ।

यस्य नाम समुद्दिश्य
यकाराद्यन्तरोधितम् ॥ ७५ ॥
मन्त्रावसाने विन्यस्तं
विसर्गान्तं प्रचाटयेत् ।

तमिति शेषः । उद्भ्रान्तपत्राणि अर्जुनवातधूलिदण्डमध्यगतानि पत्राणि । मन्त्रावसान इति आराधितबहुरूपान्ते । विसर्गान्तं यकारेणाद्यन्तप्रयुक्तेन रोधितं सम्पुटितं यस्य शत्रोर्नामेति यः देवदत्तो य उच्चाटितो भवत्विति सक्रोधं[1]मुच्चार्य यः क्रोधसमाविष्ट एव वक्ष्यमाणनीत्या शतमष्टोत्तरं काकपक्षाञ्जुहुयात्साधकः स तमुच्चाटयेदिति संबन्धः ॥७५॥

स इत्थमुच्चाटितः

[2]भ्रमते काकवत्पृथ्वीं
शत्रुर्व्याधिनिपीडितः ॥ ७६ ॥

विद्वेषे प्रयोगमाह

पिण्याकं निम्बपत्राणि
मृत्किण्वं तु तुषाणि च ।

---

१ ख. घ. पु. क्रोधमत्यन्तमित्यधिकः पाठः । २ ख. घ. पु. क्रमत इति पाठः ।

शत्रोः प्रतिकृतिं कृत्वा
अक्षपुष्पैस्तु वेष्टिताम् ॥७७॥
श्मशाने निखनेत्तां तु
वह्निं प्रज्वाल्य चोपरि ।
पुष्पैर्विभीततरुजै-
र्यस्य नाम्ना तु होमयेत् ॥ ७८ ॥
विद्विष्टो वै भवेच्छत्रुः
कामदेवसमोऽपि यः ।

पिण्याको गुग्गुलुबीजकल्कः । किण्वं सुरासंधानद्रव्यम् । अक्षपुष्पैर्विभीतपुष्पैः । वेष्टितामिति तन्मालावलिताम् । नाम्नेति विद्विष्टो भवतु इत्यन्तेन विद्वेषणजातियुक्तेन बहुरूपेणेत्यर्थात् । होमोऽष्टोत्तरशतसङ्ख्यः ॥ ७८ ॥

अथास्य विद्विष्टस्यान्यस्य वा सुभगीकरणमाह

प्रियङ्गुलतिकामिश्रं
गुग्गुलुं घृतवेधितम् ॥ ७९ ॥
हुत्वा त्वष्टशतं देवि
सुभगः संप्रजायते ।

प्रियङ्गुलतिका गन्धप्रियङ्गुः । अत्राप्याराधितं बहुरूपमेवोच्चार्यामुकः सुभगो भवत्वित्यन्ते सौम्यजातिः प्रयोज्येति ॥ ७९ ॥

जातिकुट्मलकैर्मिश्रै-
स्त्रिमध्वक्तैस्तिलैर्हुतैः ॥ ८० ॥
सुभगत्वमवाप्नोति
रूपहीनोऽपि यो नरः ।

त्रिमधु क्षीरशर्कराघृतम् । अत्रापि पूर्ववन्मन्त्रोऽष्टोत्तरशतसङ्ख्यश्च होमः । एवमुत्तरत्रापि कर्मोचितोहजात्यन्तो होमोऽष्टोत्तरशतसङ्ख्य एव ॥ ८० ॥

तिलैर्लवणसंमिश्रै-
स्त्रिमध्वक्तैर्हुतैः प्रियैः ॥ ८१ ॥
सप्ताहाद्वशमायाति
या स्त्री रूपेण गर्विता ।

आकर्षणमाह

राजिका लवणं चैव
मधुक्षीरघृतप्लुतम् ॥ ८२ ॥

होमयेन्नामसंमिश्रं
यस्याकर्षेत्तु तं द्रुतम् ।
राजिका आसुरिका ॥ ८२ ॥

पूर्वं भक्ष्यपानक्रमेणाष्टौ वशीकारा उक्ताः, होमेन त्वेकः, अधुना स्नानादिप्रयोज्यद्रव्यक्रमेणाप्याह[1]

नरस्य रोचनां गृह्य
द्विरदस्य मदेन तु ॥ ८३ ॥
भावयित्वाभिमन्त्र्यैत-
न्मन्त्रेणाष्टशतं जपेत् ।
स्नाने विलेपने मद्ये
गन्धे वा यस्य दीयते ॥ ८४ ॥
स वश्यो भवति क्षिप्रं
धनदः प्राणदस्तथा ।

नररोचनां गोरोचनावद्गृहीत्वा, हस्तिमदेन लिस्वा, मन्त्रेणेति बहुरूपेण प्राग्वदूहप्रयोगजात्यन्तेनैतद्द्रव्यमष्टोत्तरशतजपादभिमन्त्र्य यस्य स्नानादौ दीयते स वश्यो भवतीति संबन्धः ॥ ८४ ॥

---

१ ख. घ. पु. णाहेति पाठः ।

मारणमाह

अथवा मारयेत्क्षिप्रं
शत्रुं निश्चितमात्मनः ॥ ८५ ॥
अपकारशतैर्युक्तं
कृतघ्नं दुष्टचेतसम् ।

नतु स्वल्पापराधम् ॥ ८५ ॥

तत्र

कपालद्वयमादाय
नाम शत्रोः समालिखेत् ॥ ८६
कपालसंपुटस्थं त-
द्विषाङ्गारेण भावितम् ।
रुधिरेण समायुक्तं
हुंफट्कारविदर्भितम् ॥ ८७ ॥
महाप्रेतवनं गत्वा

विषाङ्गारेण [१]श्मशानाङ्गारेण रुधिरविमिश्रेण मर्षीं कृत्वा श्मशान एव कपालयोः शत्रोर्नाम द्वितीयान्तं, विदर्भितमिति

---

१ ख. घ पु. श्मशानिकाङ्गारेति पाठः ।

'अभिधेयं भवेत्पूर्वं ततो मन्त्रः सकृद्भवेत् ।
विदर्भितो भवत्येष..................॥'

इत्याम्नातत्वादन्तन्यस्तहुंफट्कारं मारयामि हुंफडित्यन्तं सम्यक्संरुद्धभैरवरूपस्वात्माभिमानानुसन्धानेन लिखेत् ॥ ८७ ॥

अथ

स्वच्छन्दं पूजयेत्ततः ।
कृष्णमाल्योपहारैश्च

श्मशान एव, कृष्णरात्रौ, श्मशानावरणयुक्तमित्यर्थात् ॥

ततः कर्म समारभेत् ॥ ८८ ॥
विज्ञाप्य भैरवं देवं
शत्रुं मे विनिपातय ।

अथ

अनुज्ञातस्तु देवेन
गृहीत्वा तच्छिरोद्वयम् ॥ ८९ ॥
तत्र गत्वा महादेवि
कपालासनसंस्थितः ।

तत्रस्थो रोषसंपूर्णो
दक्षिणाभिमुखः स्थितः ॥९०॥
आत्मनो भैरवं रूपं
ज्ञात्वा घोरं सुभीषणम् ।
क्रुद्धः समुच्चरेन्मन्त्री
द्वात्रिंशाक्षरसंमितम् ॥ ९१ ॥
विलोमेन महाभागे
शत्रुनाम ततोऽन्तगम् ।
हुंफट्द्वयं समुच्चार्य
काद्ये चास्फालयेद्दृशम् ॥९२॥
खण्डशश्चूर्णिते याव-
त्तावच्छत्रुर्विनश्यति ।
सप्तरात्रेण देवेशि
प्रयोगस्त्वनिवर्तकः ॥ ९३ ॥

अनुज्ञात इति भावनया । शिरोद्वयं कपालयुग्मम् । कपालासनं मुण्डासनम् । रोषस्तीव्रापकारस्मरणात् । तत इति विलोममन्त्रोच्चारानन्तरम् । अनिवर्तको न निवर्तते, नान्यथा भवतीत्यर्थः ॥ ९३ ॥

उपसंहरति

एवं शतसहस्राणि
अन्यकल्पोत्थितानि च ।
प्रयोगानां करोत्येष
मन्त्रराजेश्वरेश्वरः ॥ ९४ ॥

एवं करोत्यविसंवादीनि सम्पादयति ॥९४॥

एवमीदृक्प्रयोगक्रममुद्रितस्य यद्यस्यानुकम्पया स एवान्योऽपि वान्यस्य वा शान्तिमिच्छेत्, तदा

अनुलोमगतं देवं
वौषट्कारान्तसंस्थितम् ।
अमुकस्येति ऊहयुक्तमुच्चार्य ॥
क्षीरं तु होमयेद्देवि
शान्त्यर्थे हितकारकम् ॥ ९५ ॥

अथोक्तानुक्तकर्मसु उचितजातिप्रयोगानाह

वषडाप्यायने शस्तं
स्वाहान्तं वशकर्मणि ।
मन्त्राणां तर्पणार्थं च

अन्त इत्युभयत्र सम्बध्यते ॥

किं च मात्रं स्वरूपं

नत्यन्तं चार्चने स्मृतम् ॥९६॥

नतिर्नमःशब्दः। चकाराज्जपेऽपि ॥९६॥

एतदुपसंहरन्भाविपटलस्य सङ्गतिं करोति

एतद्धि कथितं देवि
साधकस्य सुमेधसः।
क्रियाकालांशयुक्तस्य
अक्लेशात्तु सुखावहम् ॥९७॥

सुमेधसो यमनियमादिवशीकृतधिषणस्य, अत एव यथाकथञ्चित्क्षुद्रकर्माण्यनारभमाणस्य अपितु मुख्यसिद्ध्यङ्गतया स्वीकारयोग्यस्य वशीकरणादिसिद्धिसाधनपरिपन्थिनश्चोच्चाटनादि अवसरे कुर्वतः, क्रियया स्नानार्चनसमयपालनात्मतया, भाविपटलनिर्णेष्यमाणकालेन, अंशकेन चाष्टमपटलनिर्णेष्यमाणेन युक्तस्य, तज्ज्ञात्वा प्रयोगमनुरुन्धानस्याक्लेशादित्याराधितैतन्मन्त्राभिमन्त्रणपूर्वकमनुष्ठीयमानं, सुखावहमिति अभीष्टफलप्रदं भवत्येवेति शिवम् ॥

सारं सारं गुरुवरपदद्वन्द्वविस्फूर्जितानां
मान्त्रं वीर्यं किमपि परमं दर्शितं यन्मयात्र ।
तस्मिन्नन्तर्नमत गुरवो मन्त्रचक्रैकसारे
संसाराब्धिं तरत तरसा भैरवीभावमेत ॥

इति श्रीस्वच्छन्दोद्योते

पञ्चप्रणवाधिकारः षष्ठः

पटलः ॥ ६ ॥

श्रीमत्प्रतापभूभर्तुराज्ञया प्रीतये सताम् ।
मधुसूदनकौलेन सम्पाद्यायं प्रकाशितः ॥

अथ

श्रीस्वच्छन्दतन्त्रम् ।

श्रीमन्महामाहेश्वराचार्यश्रीक्षेमराजकृतोद्द्योताख्य-
विवरणोपेतम् ।

(सप्तमः पटलः)

संकुचच्चित्स्फुरत्तात्मप्राणान्तर्येन भासते ।
कालाध्वा विश्वभृद्भुक्तिमुक्त्यर्थं स जयत्यजः ॥

'क्रियाकालांशयुक्तस्य' इति यदुपसंहृतं ततो विदितं क्रियास्वरूपमनूद्य, कालांशकं ज्ञातुं श्रीदेव्युवाच

क्रिया ज्ञाता मया देव
त्वत्प्रसादान्महेश्वर ।
कालांशकं च देवेश
कथयस्व प्रसारतः ॥ १ ॥

'क्रिया' पूजनादिसाधनान्ता । 'कालं' च तत्तत्सिद्धिसाधनोचितमवसरम्, 'अंशकं' च

ब्रह्मांशकविष्णवंशकादिरूपं 'प्रसारतः' इति सबाह्याभ्यन्तरव्याप्त्या अभिधत्स्व। अत एव पूर्वं

'..................कालं चैव समासतः'। (१।९)

इत्युक्त्योद्दिष्टमपि कालस्वरूपं तत्त्वतोऽज्ञात्वा पुनः प्रश्नितम् ॥ १ ॥

श्रीभैरव उवाच

कालो द्विधाऽत्र विज्ञेयः
सौरश्चाध्यात्मिकः प्रिये ।

कलयति जन्मस्थित्यादिविकारषट्केन परिच्छिनत्ति जगद्यः पारमेशक्रियाशक्तिस्पन्दात्मा 'कालो' 'द्विधा' इत्येकरूपोऽपि बाह्याभ्यन्तरतया संस्थितः, 'अत्र' इति नित्यनैमित्तिककाम्येषु सर्वेषु कर्मसु अङ्गतयाराधकैर्ज्ञातव्यः । सूरे भवः 'सौरः' स्थूलोऽहोरात्राद्यात्मा, स एव स्वात्मनीति तदधिष्ठिते प्राणे, अध्यात्मे भव आध्यात्मिकः सूक्ष्मरूपः । तत्र शुभं कर्म सुवारसुदिनादौ कर्तव्यम्। तत्र चैहिकामुत्रिकफलसिद्ध्यर्थं दक्षिणायनोत्तरायणादिस्वरूपमवश्यं ज्ञातव्यम् ॥

तदेतत्सर्वं बाह्यकालत एव ज्ञायत इत्याह

सुवारकरणे लग्ने
सुयोगे सुदिने प्रिये ॥ २ ॥
तेजोऽपचयराशौ तु

शोभनो वारश्चन्द्रतिथ्यादिग्रहनक्षत्रयोगः, 'करणं' च बव-बालव-कौलव-तैतिलादिकं विष्टिवर्जितं यत्र, 'सुदिने' अरिक्ततिथौ, 'सुयोगे' इत्यानन्दादियोगवति यो 'लग्नः' स्वर्क्षादेरनुकूलः सूर्यसंचारापेक्षः प्रतिदिनं घटिकानियमेन मीनादिराश्युदयस्तत्र, तेजसोऽपचयराशौ मकरसंक्रान्तौ तदुपलक्षिते च तदुपचयराशौ कर्कटे आमुत्रिकैहिककर्मारम्भविषयेऽवश्यज्ञातव्यो यः कालः स एष सौर इति दूरेण संबन्धः । सुवारकरणमित्यादिप्रथमापाठस्तु स्पष्टः ॥ २ ॥

किंच

दक्षिणायनमुत्तरम् ।
ग्रहणं चन्द्रसूर्याभ्यां
कालश्च ऋतवस्तथा ॥ ३ ॥

पक्षो मासश्च वेला वि-
षुवद्राश्यन्तरं तथा ।
पुण्यापुण्योदयो देवि

चन्द्रसूर्याभ्यामुपलक्षितं 'ग्रहणम्' दक्षिणायनोत्तरायणवदैहिकपारलौकिकफलकर्मविषयम्। 'कालः' चातुर्मास्यसंज्ञः । 'ऋतवो' वसन्ताद्याः । 'पक्षः' शुक्लः कृष्णश्च । 'मासः' चैत्रादिः । 'वेला' तत्तद्ग्रहादिसंचाराश्रयः प्रविभक्तोऽहोरात्रविभागः । 'विषुवत्' दिनमहर्निशासाम्यात्म मेषतुलयोः सूर्यसंक्रान्तिकालः । 'राश्यन्तरम्' इतराः संक्रान्तयः । 'पुण्यकालो' वैशाखशुक्लतृतीयादिः । 'अपुण्यकालो' मलमासादिः ॥ ३ ॥

तदेवमादिकं सर्वं तत्तत्कर्माङ्गतया उपयुज्यमानं यत्, स कालः

सौर एष प्रकीर्तितः ॥ ४ ॥

बाह्य इति शेषः ॥ ४ ॥

आध्यात्मिकं पुनर्देवि
कथयामि निबोध मे ।

'पुनः' इति विशेषेण । 'निबोध मे' इत्युक्त्या परमोपादेयत्वं ध्वनति ॥

तत्र

षाट्कौशिकस्तु यो देहो
भूततन्मात्रसंयुतः ॥ ५ ॥
स मनोबुद्ध्यहङ्कार-
बुद्धिकर्मेन्द्रियैर्गुणैः ।
सर्वतत्त्वैस्तथा देवैः
समधिष्ठितविग्रहः ॥ ६ ॥
तत्रात्मा प्रभुशक्तिश्च
वायुर्वै नाडिभिश्चरन् ।

स्थित इति शेषः । षट्कोशानि त्वङ्मांसरक्त-मज्जास्थिशुक्राणि यो देहः, स कार्यकरण-त्रयोविंशत्या सत्त्वादिभिः 'गुणैः' 'सर्वतत्त्वैः' च तदुपरिस्थितैर्नियत्यादिभिः शिवतत्त्वान्तैः, तथा 'देवैः' ब्रह्मादिभिः कारणैः सम्यक्

व्याप्यव्यापकभावेन 'अधिष्ठितः' कृताव-स्थितिः 'विग्रहः' स्वरूपं यस्य । 'आत्मा' संकुचि-तसंविद्रूपस्तत्तत्कर्मानुष्ठाता तत्फलभोक्ता च, 'प्रभोः' स्वच्छन्दभैरवस्य 'शक्तिः' स्वात-न्त्र्यात्मा मनःप्रसादाद्यवसरेषु भान्ती, 'वायुः' च नासिकापथवाही प्राणो 'नाडिभिः' वक्ष्य-माणाभिः 'चरन्' स्थितः । अयमत्राशयः–इह विश्वोत्तीर्णविश्वमयचिदानन्दसुन्दरः स्वतन्त्र-भट्टारकः स्वस्वातन्त्र्यशक्त्या

'स्थूलसूक्ष्मस्वरूपेण स एकः संव्यवस्थितः' ।

(स्व० ४।२९५)

इत्युक्तन्यायेन सदाशिवादिक्षित्यन्तं विश्व-मुन्मीलयेत्प्रथमं तदुल्लासनभित्तिं शून्या-तिशून्यभूमिं स्वात्मदर्पणे । तत्र च चित्प्रका-शप्राधान्येन शून्यस्य गुणीभावात् शून्याति-शून्यभूः सदाशिवादिमन्त्रान्तशुद्धप्रमातृ-संकोचप्रपञ्चोत्थापिका महामायाशब्दवाच्या उच्यते । यदा तु चित्प्रकाशगुणीभावात् शून्यमेव प्राधान्येन दर्शयति, तदैषा माया-शक्तिरशेषविज्ञानाकलप्रलयाकलसकलतत्प्रमे-

यसंकोचप्रपञ्चप्रदर्शिका अभिधीयते । यश्च संकोचस्तया प्रदर्श्यते, स एव शून्यप्रमाता निमग्नविमर्शशक्तिः । यदा चासौ व्यतिरिक्तमेयग्रहणायोन्मुखीभवति, तदा प्राणरूपतया स्फुरति; तथा स्फुरन्नपि कस्तूरिकाकणवत् तत्रापि तावत्यंशे संकुचिताशेषविश्वात्मतया भाति । तदभिप्रायेणैव च विततविततमूर्तिवैचित्र्यात्मा पूर्वं षड्विधाध्वविभागः प्राणस्थित इत्युक्तम् । इह चैकत्रैव प्राणोच्चारे नालिकातः प्रभृति षष्ट्यब्दोदयान्तम्, एकादशपटले च मानुषायुष्कालात्प्रभृति अनाश्रितान्तस्य विश्वस्य च आयुष्परिमाणमतिविततविततक्रियाशक्तिवैचित्र्यात्मकमस्ति,—इति प्रतिपादयिष्यते । यद्यपि च प्राणभूमिकायामिवात्यन्तसंकुचितशरीराद्यात्मतायामपि परमेश्वरः पूर्णषट्त्रिंशत्तत्त्वस्फाररूप एव यथाप्रतिपादितं, तथापि 'प्राक् संवित्प्राणे परिणता' इति नीत्या प्राणरूपः परस्याः शक्तेरन्तरङ्गमधिष्ठानं, तदवरोहक्रमेण भूतभावशरीरावतरणादिति समग्रप्राणप्रसरभित्तिभूतमध्यम-

प्राणभूमिकाध्यारोहक्रमेणैव परशक्तिपदानुप्रवेशावष्टम्भपूर्वमेव स्वच्छन्दभैरवता अवाप्यते महायोगिभिः । मितयोगिभिश्च तत्तदान्तरकालांशविश्रान्तिपूर्वं विधिमनुतिष्ठद्भिः सा सिद्धिरविघ्नेनासाद्यते । अत एव प्रतिपादितप्रतिपादयिष्यमाणैतच्छास्त्रनिर्दिष्टः संहितान्तरनिर्दिष्टोऽपि वा सर्व एवोपासादिक्रमो मध्यप्राणपथो[1]च्चरत्मन्त्रप्रमुखमेव फलदो भवति,—इत्याशयेनात्र पटले परमेश्वरस्याध्यात्मिककालस्वरूपप्रतिपादने महान् संरम्भः,—इत्यलं तावदिहैवाधिकेन ॥ ६ ॥

यद्यप्यात्मप्रभुशक्तिवायवः सर्वत्र देहस्थिताः, तथापि प्राधान्याभिप्रायेण यथाक्रमं

नाभ्यधोमेढ्रकन्दे च

स्थिता वै

नाभ्यन्तं प्रकृतितत्त्वस्य व्याप्तिरिति नाभावशेषनाडीचक्रभूतायां प्राधान्येनात्मा स्थितः, अधोमेढ्रे तु मध्यशक्तिः । एषां चात्र स्वरूपमवधानधनैरेव सम्यगुपलभ्यते नतु पशुभिः ॥

---

१ ख० पु० प्रथोच्चरन्निति पाठः ।

एवं स्थिते सति आत्मविश्रान्तिपदात्

नाभिमध्यतः ॥ ७ ॥

तस्माद्विनिर्गता नाड्य-

स्तिर्यगूर्ध्वमधः प्रिये ।

अत एवोक्तमन्यत्र

'नाभिचक्रे कायव्यूहज्ञानम् ।' (पा० यो० ३।२९)

इति । केचित्तु नाभिचक्रत इति पाठं पूर्वत्रैव योजयित्वा, तस्मादित्यनेन कन्दपदं प्रत्यवमृष्टवन्तः ॥ ७ ॥

तासां मध्यात्

चक्रवत्संस्थितास्तत्र

प्रधाना दश नाडयः ॥ ८ ॥

'तत्र' इति नाभौ पद्मे । दश नाडीर्नामतो वक्ष्यति ॥ ८ ॥

दशभ्यस्तु

द्वासप्ततिसहस्राणि

नाड्यस्ताभ्यो विनिर्गताः ।

पुनर्विनिर्गताश्चान्या
आभ्योऽप्यन्याः पुनः पुनः ॥९॥

'विनिर्गता' इत्यूर्ध्वमधस्तिर्यक् च प्रसृताः ॥ ९ ॥

किमवधि निर्याताः,—इत्याह

यावत्यो रोमकोट्यस्तु
तावत्यो नाड्यः स्मृताः ।

अर्धचतस्रः कोटयः ॥

अतश्च

यथा पर्णं पलाशस्य
व्याप्तं सर्वत्र तन्तुभिः ॥१०॥
शरीरं सर्वजन्तूनां
तद्वद्व्याप्तं तु नाडिभिः ।

इह 'प्राक्संवित्प्राणे परिणता' इति स्थित्या निर्णीतनीत्या संवित्तिः शून्यभूमिकामाभास्य प्राणभूमिमाश्रितवती, तत्रापि पलाशपत्रमध्यशाखान्यायेन मध्यनाड्याश्रयमध्यमप्राणरूपतां श्रित्वादिक्रमावस्थिते, तत्रापि प्रधानना-

डीदशकाश्रयप्राणादिप्रधानवायुरूपतामासाद्य पुरुषायुषमध्यसंभव्यहःसंख्याकानि षट्त्रिंशत्सहस्राणि बहिर्वाहानां प्राणनाडीनां, तावन्त्येव चान्तर्वाहानामपाननाडीनाम्,--इत्युभयं द्वासप्ततिसहस्राणि प्रधानभूतानि भासितवती। तथा हि सति यावज्जीवं कर्तव्यत्वेन दीक्षितानां यन्नित्यकर्म भगवत्स्वरूपानुसंधानादि आम्नातं, तदुक्तव्याप्तितत्त्वविदा एकवारमनुष्ठीयमानमपि सर्वमेवानुष्ठितं भवति। यदुक्तं कक्ष्यास्तोत्रे

'या अग्निहोत्राहुतयः सहस्र-
द्वासप्ततिः स्युः पुरुषायुषेण ।
नाड्यंशयुक्त्या सकृदेव जुह्वत्
संपादयेत्तास्तव मार्गविद्यः ॥'

इति । किंच

'मध्यप्राणनिविष्टहंसविसृता[1] ये रोमकूपाश्रयाः
प्राणाः सूक्ष्मविमर्शशालिवपुषः सार्धत्रिकोट्यात्मकाः ।
तान्मन्त्रात्मतया विलोमयति यो निःशेषतत्त्वाश्रये
देहेऽसाविह नादभैरवतनुः स्वच्छन्दनाथः परः ॥'

इति ॥ १० ॥

---

१ क० पु० हंसपरमा इति पाठः ।

एताश्च नाड्यः

मारुतापूरिताः सर्वा

आत्मशक्तिचराः सदा ॥ ११ ॥

'आत्मा' संकुचितसंविद्रूपो ग्राहकः 'शक्तिः' प्राभवी विश्वाशेषपरस्फुरत्तात्मा,[1] ताभ्यां हेतुभ्यां चरन्ति वैचित्र्येण प्रसरन्ति ॥ ११ ॥

ताश्च

पृथग्वृत्तिप्रभेदेन

भिन्नाश्चारप्रभेदतः ।

वृत्तयो व्यापाराः सूक्ष्मप्राणवाहात्मकचारप्रभेदहेतुकाः ॥

अत एव

चारवृत्तिप्रभेदेन

संज्ञाभेदो वरानने ॥ १२ ॥

भवति ॥ १२ ॥

अतश्च संज्ञाभेदात्

नाडीनां चैव वायूनां

भेदो ज्ञेयः सहस्रशः ।

सार्धत्रिकोटिपर्यन्त इत्यर्थः ॥

---

१ क० पु० परिस्फुरत्तेति पाठः ।

तत्र

प्रधाना दश याः प्रोक्ता
नाडयश्च वरानने ॥ १३ ॥
तासां मध्ये तु देवेशि
वायवो ये व्यवस्थिताः ।

'मध्ये' इत्यन्तः ॥ १३ ॥

तेषां

नाडीनां चैव वायूनां
संज्ञावृत्तीर्निबोध मे ॥ १४ ॥

वृत्तीर्व्यापारान् ॥ १४ ॥

तत्र तावत्संज्ञा आह

इडा च पिङ्गला चैव
सुषुम्ना च तृतीयका ।
गान्धारी हस्तिजिह्वा च
पूषा चैव यशस्विनी ॥१५॥
अलम्बुसा कुहूश्चैव
शंखिनी दशमी स्मृता ।

---

१ ख० पु० यशा तयेति पाठः ।

आसां व्यापारमाह

एताः प्राणवहाः प्रोक्ताः
प्रधाना दश नाडयः ॥१६॥

प्राणं प्राणनारूपं सामान्यं वक्ष्यमाण-प्राणापानादिसंज्ञाभेदाद्दशविधं यथाक्रमं वहन्ति ॥ १६ ॥

वायूनां संज्ञाभेदमाह

प्राणोऽपानः समानश्च
उदानो व्यान एव च ।
नागः कूर्मोऽथ कृकरो
देवदत्तो धनञ्जयः ॥ १७ ॥

एषां वृत्तिभेदं

'जल्पितं हसितं गीतं नृत्तं युद्धगतिः कला ।
शिल्पं च सर्वकर्माणि प्राणस्येदं विचेष्टितम् ॥'(७।१०४)

इत्यादिना पटलान्ते वितत्य वक्ष्यति ॥१७॥

एते च

वायवो नाडयश्चैव
चक्रवत्संस्थिताः प्रिये ।

नाभिमध्यं परिवृत्त्येत्यर्थः ॥

तासु संचरतः सिद्धिं
योगं चैव वरानने ॥ १८ ॥

संचरतीति संचरन् तं वायुमधिष्ठाय, तत्तदुचितां सिद्धिं चित्तैकाग्र्येण योगं च प्राप्नुयात् ॥

जपतश्च वरारोहे
जपसिद्धिमवाप्नुयात् ।

'तासु संचरतः' इत्यनुवर्तते । जपाज्जपतः ॥

आसामपि

दशानां तु परं देवि
नाडीत्रयमुदाहृतम् ॥ १९ ॥
बिन्दुनादात्मके द्वे वै
मध्ये शक्त्यात्मिका स्मृता ।

'बिन्दुः' ज्ञानशक्तिप्रधानः प्राणस्तदात्मिका पिङ्गला दक्षनाडी । 'नादः' क्रियाशक्तिप्रधानोऽपानस्तदात्मिका इडा वामनाडी । तयोर्मध्ये सुषुम्नाख्या परेच्छाशक्तिस्फुरत्तारूपा ॥१९॥

तिस्र एताः

हृच्चक्रे तु समाख्याताः
साधकानां हितावहाः ॥२०॥

हृत्पद्ममध्यकर्णिकायां सम्यगनुप्रवेशेन आ समन्तात् ख्याताः सत्यः साधकानां त्रिविध-सिद्धिप्रदाः ॥ २० ॥

एवं स्थिते

प्राणो वै चरते तासु
अहोरात्रविभागतः ।

'प्राणः' प्राणनात्मा सामान्यरूपः । अहोरात्रशब्दः पक्षमासाब्दोपलक्षकः ॥

यथा

तथा ते कथयिष्यामि
प्रविभज्य यथास्फुटम् ॥२१॥

अत्र पीठिकाबन्धं तावत्करोति

प्रभुशक्तिसमाकृष्टा
मरुत्प्राणात्मसंस्थिताः ।
त्रय एतेऽविभागेन
संचरन्ते समन्ततः ॥ २२ ॥

'मरुत्' प्राणनात्मा सामान्यः, प्राणस्तु दक्षवाममध्यादिवाही प्राणापानोदानाद्याख्या-विशिष्टः, आत्मा संकुचितचिदात्मा। तद्रूपतया

संस्थितास्त्रय एते पदार्थाः 'प्रभोः' शिवस्य 'शक्त्या समाकृष्टाः' इति शून्यपदावभासपुरःसरं प्राणनाभूमिमुल्लास्य, प्राणापानादिविशेषपदवीमुट्टङ्क्य भोगसांमुख्येन प्रवर्तिताः 'अविभागेन संचरन्ते' नानादेहभूमीः श्रयन्ति ॥२२॥

त्रिष्वेषु मध्ये यो मरुदुक्तः, सः

अध ऊर्ध्वं वहेद्यस्मा-
त्सर्वनाडीः प्रवाहयन्।

ततोऽस्य

वृत्तिसंज्ञाप्रभेदेन
वर्णरूपाण्यनेकधा ॥ २३ ॥

'वृत्तिः' बहिर्वहनान्तर्वहनादिव्यापारस्ततो यः प्राणापानसमानादिसंज्ञाभेदस्तेन, द्वादशषोडशादिस्वरभेदभिन्नास्तद्गर्भीकृतव्यञ्जनात्मानश्च 'वर्णाः' तत्तदनुभवात्मकानि च 'रूपाणि अनेकधा' भवन्ति। अत्र चागमान्तरोक्त्या गर्भीकृतव्यञ्जनः स्वरोदयरूपः पञ्चाशद्वर्णोदयात्मा अष्टवर्गोदयस्वरूपो वा वर्णोदयोऽस्ति। स त्विह नोक्तः केवलं वर्णशब्देन सूचितः ॥२३॥

तदत्र

द्वासप्ततिसहस्रेभ्यो
जायन्ते दश वै प्रिये ।

ये 'दश' प्राणादयस्ते 'द्वासप्ततिसहस्रेभ्यो' द्वासप्ततिसहस्रनिमित्तं 'जायन्ते' तत्प्रपञ्चव्याप्तिं श्रयन्तीत्यर्थः ॥

ततोऽपि प्रागुक्ताध्युष्टकोट्यात्मतां प्राणः श्रयतीत्याह

कोटिधातो वरारोहे
स एकः संव्यवस्थितः ॥२४॥

सच

प्राणापानमयः प्राणो
विसर्गापूरणं प्रति ।

'हकारस्तु स्मृतः प्राणः..................।' (स्व० ४।२५५)
इति यः पूर्वमेवाशेषवाच्यवाचकाविभागविमर्शमयो हलाकृतिः प्राण उक्तः, स एव स्वातन्त्र्यावभासितसंकोचावभासपुरःसरं निर्णीतावरोहक्रमेण प्रकृतं रूपं यस्य प्राणनरूपस्य सामान्यप्राणस्य, स 'विसर्गापूरणं प्रति'

इति सर्वैरेव सुषिरमार्गाद्बहिस्तत्तद्भावावभास-
सृष्टिरूपविसर्गार्थं तदवभासपुरःसरं प्रवेशयु-
क्त्या तदाहरणेनान्तरापूरणार्थं प्रकर्षेण अन-
नाद्धननादर्थजिघृक्षाग्रहणविश्रान्तिदशोचि-
ताद्विमर्शात् प्राण इत्यर्थः॥

एतदेव स्फुटयति

नित्यमापूरयन्नेव
प्राणिनामुरसि स्थितः ॥२५॥
प्राणनं कुरुते यस्मा-
त्तस्मात्प्राणः प्रकीर्तितः।

सर्वदेहगतोऽप्ययं प्राणिनामुरसि स्फुटमुप-
लभ्यमानत्वेन अवस्थितो 'नित्यमापूरयन्' अ-
र्थात् प्राणिनोऽर्थांश्च प्रवेशनिर्गमाभ्यां 'प्राणनं'
विमर्शमयं जीवनं कुरुते। तस्मादयं प्राण
उक्तः॥ २५॥

यदर्थमियान् पीठिकाबन्धः कृतस्तदेवानु-
बध्नन्नाह

अहोरात्रगतिं प्राणे
अधुना कथयामि ते ॥२६॥

'गतिं' ज्ञप्तिं प्रसरणं च ॥

तत्र

तुटयः षोडश प्राणे
पूर्वं हि कथिता मया ।
बाह्येनैव तु कालेन
ते लवाः परिकीर्तिताः ॥२७॥

याः पूर्वं चतुर्थपटले सपादद्व्यङ्गुलोदयपरिमाणाः षोडश तुटय उक्ताः, ताः

'मानुषाक्षिनिमेषस्य अष्टमांशः क्षणः स्मृतः ।
क्षणद्वयं तुटिर्ज्ञेया तद्द्वयं तु लवः स्मृतः ॥'
(स्व० ११।१९९)

इत्येकादशपटलवक्ष्यमाणेन 'बाह्येन कालेन ते लवा' लवशब्दाख्याः कालावयवाः । एवं च प्राणीया तुटिर्बाह्यतुटिश्चान्यैव, नतु शब्दसाम्यादत्र भ्रमितव्यम् । प्राणीया तुटिर्बाह्यो लवः, बाह्या तुटिः प्राणीयं तुट्यर्धं पर्यवस्यति । इत्थं च बाह्यः क्षणः प्राणीयतुटेस्तुर्योऽशः,— इति मन्तव्यम् । अनेनैव च क्रमेण आन्तरप्राणापानोदयरूपो यः सन्ध्याकालं विना त्रिंशत्तुटिकोऽहोरात्रः, स एव

लवद्वयं निमेषस्तु ज्ञातव्यो गणितक्रमात् ।
दश पञ्च निमेषास्तु काष्ठा चैव प्रकीर्तिता ॥' (स्व० ११।२००)

इत्येकादशपटलव्यवस्थयैव काष्ठाभिधानः कालावयवः । यदिहैव अग्रे वक्ष्यति

'आध्यात्मिकाहोरात्रेण बाह्ये काष्ठा विधीयते ।' (स्व० ७।४९)

इति ॥ २७ ॥

इह तु

ताभिश्चतसृभिर्देवि
प्राणे यामो विधीयते ।

'ताभिः' इति तुटिभिः बहिर्वदन्तरपि दिनचतुर्भागो 'यामः' प्रहरः ॥

तैरेव प्रहरैर्देवि
चतुर्भिस्तु दिनं भवेत् ॥२८॥

एवं निर्गमक्रमवत् प्रवेशक्रमेणापि तथैव

रात्रिश्चतुर्भिर्विज्ञेया

तदित्थं संकलय्य

अहोरात्रस्त्वतोऽष्टभिः ।

पारमेशशक्तिनियमितसूर्योदयादिस्थित्या यथा बहिर्दिननिशाविभागः, तथान्तरपि प्राण-

सूर्योदयादिस्थित्या योगिनः प्रतिदिनादिसाध्यकार्यविवक्षया,–इत्युक्तप्रायम् ॥

यथास्य प्राणस्य बहिरन्तर्वाहितानैयत्यं, तथोपपादयति

> शिवो धर्मेण हंसस्तु
>
> सूर्यो हंसः प्रभान्वितः ॥२९॥
>
> आत्मा वै हंस इत्युक्तः
>
> प्राणो हंससमन्वितः ।

यः पूर्वं चिदानन्दघनः 'शिवः' उक्तः, स 'धर्मेण' स्वातन्त्र्यात्मना स्वभावेन 'हंसः' इति हानसमादानधर्मा विश्वसर्गसंहारकारी, शिवत्वादेव पञ्चविधं कृत्यं हानसमादानसतत्त्वं करोति । यथा चासौ, तथा तदीयज्ञानशक्तिमयः 'सूर्यो'ऽपि 'प्रभया' प्रकाशेन 'अन्वितः' सन् रसविसर्गादानक्रमेण हानसमादानधर्मा 'हंसः' । यतश्च निर्णीतनीत्या शिव एव स्वातन्त्र्यावभासितसंकुचितचिद्रूप 'आत्मा' ततः सोऽपि करणोन्मीलननिमीलनादिक्रमेण हानसमादानधर्मा 'हंस इत्युक्तः' इति ।

'अनेनैव तु योगेन हंसः पुरुष........।' (४।२६०)

इत्यत्र योजनिकाग्रन्थे इत्थं स एव प्राणः प्राणभूमिकामाश्रितोऽपि बहिरन्तश्च हानसमादाने कुर्वन् हंस एव । यतः स एवायं सूर्य आत्मा प्राणश्च हंसेन अनाहतात्मकनिष्कलभट्टारकेण शिवरूपेण सम्यगन्वितः । स एव ह्यवरोहक्रमेण प्राणान्तं पदमाश्रित्य बहिरन्तर्गमागमौ कुर्वन् सर्गसंहारकृत् । अत एवैतत्पदपरिशीलनाभ्यासेनैव झगिति परमशिवतामाविशन्ति महायोगिनः । प्रसङ्गादत्र रहस्यार्थः कटाक्षितः ॥ २९ ॥

प्रकृतं तु

तस्योदयात्कलेत्कालः

'तस्य' प्राणस्य 'उदयात्' प्रभृति जन्मादिविकारषट्कक्रमेण 'कालो' भूतवर्तमानादिभेदेन वहन्विश्वं जगत्कलयति । 'कलेत्' इत्यैशः पाठः ॥

अत्र चोक्ताहोरात्ररूपे प्राणचारे

ग्रहाणामुदयो भवेत् ॥ ३० ॥

स चादूर एव व्यक्तीभविष्यति ॥

किंच

ऋक्षाणि राशयश्चैव
तारास्त्वंशास्तथैव च ।
प्राणे वै उदयन्त्येते
अहोरात्रेण सुव्रते ॥ ३१ ॥

बाह्यदिनगतनक्षत्रानुसारं प्राथम्यं परिकल्प्य, प्राणापानवाहे सप्तविंशतिधा विभक्ते प्रमाणे, अश्विन्यादिनक्षत्राणां तदधिष्ठातॄणां मेषादिराशीनामनुकूलाननुकूलजन्मादिताराणां त्रिभागनवभागादिकलनया च राश्यंशानां बाह्य इव प्राणीयेऽपि अहोरात्रोदयोऽस्ति ॥३१॥

अथ

अहोरात्रोदयस्यैव
विभागं कथयामि ते ।
हृदयोर्ध्वे तु कण्ठाधो
यावद्वै प्रवहेत्प्रिये ॥ ३२ ॥
अङ्गुलेन विहीने तु
प्रथमः प्रहरः स्मृतः ।

'तुटिभिश्चतसृभिर्यामः' इति यत् प्रागुक्तं, तत्तुटिचतुष्टयवाहिकालापेक्षम् । इदं तु देशापेक्षमिति न पौनरुक्त्यम् । हृदयात्कण्ठान्तं पूर्वं दशाङ्गुलमेकाङ्गुलहान्या नवाङ्गुलं भवति ॥ ३२ ॥

ततोऽपि

द्वितीय ऊर्ध्वे विज्ञेयो
मध्याह्नस्तालुमध्यतः ॥ ३३ ॥

अत्रापि नवाङ्गुलतैव यो द्वितीयः, स एव तालुमध्ये मध्याह्नः ॥ ३३ ॥

अत्र विश्रान्तस्यानुष्ठानफलमाह

अत्र होमो जपो ध्यानं
कृतं वै मोक्षदं भवेत् ।

अथ

नासाग्र्यत्र्यङ्गुलोर्ध्वे तु
यावत्प्राप्तस्तु सुव्रते ॥ ३४ ॥
प्रहरस्तु तृतीयोऽसौ
भवेद्वै वरवर्णिनि ।

'नासाग्र्यस्य' भ्रूमध्यस्य त्र्यङ्गुलमूर्ध्वं ल-

लाटम्, आकण्ठं चतुरङ्गुलात्तालुनो भ्रूमध्यं त्र्यङ्गुलमिति तदूर्ध्वं त्र्यङ्गुलमुक्तम् ॥ ३४ ॥

तदुपरि

शक्त्यन्ते च चतुर्थस्तु
प्रहरः

'शक्त्यन्ते' द्वादशान्ते ॥

एतावदन्तम्

अहः प्रकीर्तितम् ॥ ३५ ॥

आन्तरम् ॥ ३५ ॥

तत्र च

चतुर्थान्ते तु देवेशि
प्राणसूर्यः सदाऽस्तगः ।

'सदा' इति यदा यदा चतुर्थप्रहरस्यान्तो भवति, तदा प्राण एव अहोरात्रविभागहेतुत्वात् सूर्योऽस्तमेति ॥

किंच

ततोऽस्तमयसन्ध्यात्र
तुट्यर्धं तु भवेत्प्रिये ॥ ३६ ॥

'ततः' इति तं चतुर्थान्तमवलम्ब्य, प्राण-

निविवृत्सापानोल्लिलसिषासामरस्यात्मतया गुणीभूतवाहत्वेनोन्मज्जच्छक्तितद्वत्प्रकाशावेशविश्रान्तिरूपार्धतुटिकला अस्तमयसंध्या॥३६॥

अत्र च सन्ध्यायां प्राणसूर्यः

तत्कालं तु विलम्ब्यैवं
पुनश्चाधः प्रवर्तते ।

'तत्कालं' तुट्यर्धं, संघट्टपदे विश्रम्य, 'एवम्' इत्यारोहक्रमेणैव 'पुनश्च' इति पुनः पुनः 'अधः प्रवर्तते' अपानचन्द्रीभूय हृदन्तमवरोहति ॥

तदाह

स च चन्द्रोदयो देवि
रजनी च विधीयते ॥ ३७ ॥

सूर्य एव प्रभासंक्रमणयुक्त्या चन्द्रः,—इति कालज्ञाः ॥ ३७ ॥

रात्रावपि प्रहरक्रमः प्राग्वन्नवाङ्गुलस्थित्या अपानचन्द्रसंचारक्रमेणेत्यतिदिशति

पूर्वोक्तक्रमयोगेन
यामेष्वेवं चरत्यसौ ।

अत्र सन्ध्याविश्रान्त्यनन्तरं दिनचतुर्थ-प्रहरोदयस्थानान्तमाद्यः प्रहरः ॥

ततः

तालुके चार्धरात्रस्तु
पुनरेवं विधीयते ॥ ३८ ॥

'पुनरेवम्' इत्यवरोहक्रमेण नवाङ्गुलस्थित्यैवेत्यर्थः । अत्र होमादि सिद्धिदमित्यर्थलब्धमेतत् । किंच 'पुनरेवं विधीयते' इति पुनरपि नवाङ्गुलस्थित्या कण्ठाधोऽङ्गुलान्ते तृतीयो रात्रियाम इत्यर्थः ॥ ३८ ॥

ततोऽपि

हृत्पद्मं तु यदा प्राप्तः
प्रभातसमयस्तदा ।

तत्रापि

तुट्यर्धे तु वरारोहे
पूर्वसंध्या भवेत्ततः ॥ ३९ ॥

एतत्पूर्ववद्व्याख्येयम् । पूर्वत्वमत्र संध्यायास्तदनन्तरं प्राणसूर्योदयात्मकदिनप्रारम्भात् ॥

यदाह

तस्मात्समुदयश्चैव
सूर्यस्य स भवेत्पुनः ।

'सूर्यः' प्राणः ॥

उदेत्य च

पूर्ववत्क्रमयोगेन
स चरेद्धि सदा शुभे ॥ ४० ॥

'शुभे' इत्यामन्त्रणम् ॥ ४० ॥

अत्रैव

वासरे तु चरेत्सूर्यो
धारायां संचरेच्छशी ।

प्राण एव सूर्यः, अपानस्तु चन्द्रः । अथ च सूर्य इन्द्रियवर्गो 'वासरे' प्राणोदये 'चरति' समुल्लस्य बाह्यं प्रकाशयति । 'धारायां' निशायामपानोदये 'शशी' मेयग्रामरूपः 'चरेत्' प्रमाणप्रकाशमाविश्य प्रमात्रैकात्म्यमेति ॥

तदित्थमहोरात्रमध्ये

चन्द्रसूर्योदयो ह्येष
मया ते परिकीर्तितः ॥ ४१ ॥

साधकानां सौम्येतरसिद्ध्यर्थमत्रैव मध्ये सूरोदयोक्तवद्ग्रहपञ्चकोदयक्रमं दर्शयति

भौमाद्याश्च ग्रहा ह्येवं
चरन्ति प्रविभागशः ।

यथा सदा बहिरन्तश्च दिननिशयोः सूर्यसोमौ चरतः, तथा सदैव पञ्चधा पञ्चधा विभक्तयोस्तयोः भौमाद्याः सौरान्ताः पञ्च विभागक्रमेण चरन्ति, तेन च क्रूरसौम्यसिद्धयः भवन्ति ॥

अथ बाह्यवेलावारानुसारमहनि निशायां चान्तरपि ग्रहसप्तकोदयं गारुडादिशास्त्रदृष्टन्यायेन दर्शयति

प्राणे चाप्युदयन्त्येते
प्रहरे प्रहरे प्रिये ॥ ४२ ॥
वेला वारो भवेद्यस्य
स चरेत्प्रहरद्वयम् ।

यस्य ग्रहस्य बहिर्वारः, स प्रथमे प्रहरे बहिरिव अन्तरप्युदेति । ततो दिने षट्परिवर्तनक्रमेण अर्धेऽर्धे प्रहरे तदन्ये, यावदन्त्ये

तद्दिनार्धप्रहरे स एव । तदुत्तरेष्ववसरेषु क्रमेण पञ्चपरिवृत्तिक्रमेणान्ये, यावदन्त्ये तन्निशार्धप्रहरे स एव । एवमेकैकस्य ग्रहस्य दिनेऽर्धप्रहरं रात्रावर्धप्रहरं चोदयः । वारभागिनस्तु द्विगुणमिति स्थितेऽहोरात्रमेलनया वारभागिनः प्रहरद्वयं, तदन्येषां तु प्रहरमुदयो भवति । तदुक्तं श्रीतोतुले

'प्रहरार्धभुजः सर्वेऽहोरात्रं च चरन्ति ते ।'

इति । संहितासारेऽपि

'[1]णिसिवासर दुपहरेणा आभुञ्जन्ति गहपराहणा ।
जस्स दिनं सेवारो विणिवत्तइ रअणिव अणा ते ।
कमपरिवेत्तण दिणरत्तिं भुञ्जन्ति बाणपरिवत्ते' ॥

इति ॥ ४२ ॥

अत्रैव मध्ये

राहुश्चरति सोमेन
केतुश्चरति भास्वता ॥ ४३ ॥

सहेत्यर्थः । तेन तच्चार एव तयोश्चारो, नतु ग्रहान्तरवद्व्यतिरिक्तः ॥ ४३ ॥

---

१ 'णिमावासरद्वयफरेण आ भुञ्जन्ति गहपराहणाजः स दिनं सेवारोविणि वत्तर हर अणिव अणाते कम्परि वेत्तुणदिनं रत्तिं भुञ्जन्ति बाणपरिवत्तते' ।

किंच

ये ग्रहास्ते च वै नागा
लोकपालाष्टकं च ते ।
मूर्तयश्चैव ते चाष्टा-
वष्टौ ते च गणेश्वराः ॥ ४४ ॥
ते च पञ्चाष्टका रुद्रा-
स्तथा योगाष्टकाः परे ।
अनन्तादिशिखण्ड्यन्ता-
स्ते च विद्येश्वराष्टकाः ॥ ४५ ॥
सकलाद्यानि तत्त्वानि
स्थितानि परतस्त्विह ।
पूर्वोक्ता भैरवाश्चाष्टौ
सर्वे ते च व्यवस्थिताः ॥ ४६ ॥

'ग्रहाः' आदित्यादयः सौरान्ता यथाक्रममनन्तवासुकितक्षककार्कोटपद्ममहापद्मशंखपालनागाः, राहुस्तु कुलिकः । तदुक्तम्

'इनस्त्वनन्त इत्युक्तः सोमो वासुकिरुच्यते ।
तक्षकः कुज इत्युक्तः कार्कोटः सोमजो भवेत् ॥

सरोजो गुरुराख्यातो महाब्जः शुक्र उच्यते।
शंखो मन्दगतिर्ज्ञेयः सप्त नागा ग्रहाः क्रमात्॥
अष्टमः कुलिको नाम राहुः क्रूरग्रहो भवेत्।'

इति। यच्च श्रीतोतुले

'रवेः षोडश मध्यात्तु चतुरोऽन्ताच्च भार्गवात्।
चषकौ द्वौ बुधस्यादौ सोमस्याष्टौ तु मध्यतः॥
सौरस्यान्ताच्चतुःषष्टिं मध्यतश्चषकं गुरोः।
द्वात्रिंशतं कुजस्यान्ताद्भुङ्क्ते षट्परिवर्ततः॥'

इति चषकसंख्यया कुलिककाल उक्तः, सोऽत्रात्यन्तसूक्ष्मे प्राणचारे दुर्लक्ष्य एवेत्यविचार्य एव। एवं पुंभोगाय दिनार्धप्रहरानधितिष्ठतां ग्रहाणां नागैरधिष्ठितत्वं, नागानां तूक्तक्रमस्थितिभिर्लोकपालैरिन्द्रादिभिः। इन्द्राद्या मूर्तिभिरिति क्षित्यादिमूर्त्यधिष्ठातृशर्वरुद्रभवादिभिर्मूर्तीश्वरैः, ते च चण्डनन्द्यादिभिः प्रागुक्तैर्गणेशैः, तेऽपि गुह्यातिगुह्यपवित्रस्थाणवाद्यैः पञ्चभिरष्टकैः, क्रमात्क्रममधिष्ठिताः। तेऽप्यकृतादिना योगाष्टकेन व्याप्ताः, योगाष्टकादपि परे ये प्रकृतिस्थाः क्रोधाद्याः, मायास्था मण्डलिप्रभृतयस्तैर्व्याप्ताः, तेऽपि विद्यातत्त्वगतैरन-

न्तादिभिः, विद्येश्वरा अपि सकलाद्यैरिति सदाशिवपरिवारभूतैः

'सकलो निष्कलः शून्यः कलाढ्य......।'(१०।११८९)

इति वक्ष्यमाणैरष्टभिः, यद्वा सकलः सदाशिव आद्यो येषामूर्द्ध्ववर्तिबिन्द्वीशब्रह्मव्यापिव्योमानन्तानाथानाश्रितानां तैस्तत्त्वैरिति अभेदभूमिस्पर्शात्पारमार्थिकैर्देवैः । तेऽपि औन्मनसपदव्याप्त्यवस्थितश्रीस्वच्छन्दनाथपरिवारत्वात् तदधिष्ठितैः कपालीशादिभिर्भैरवैरधिष्ठिताः,। तदाह सर्व एवैते तेषु प्राणीयाहोरात्रार्धप्रहरेषु व्यवस्थिताः । अत्र चाद्यार्धप्रहरक्रमेणैव इन्द्रादीनां दिने रात्रौ च द्वितुटिक उदयः, नतु षट्परिवृत्त्याद्यवस्थितग्रहस्थित्या, ग्रहाणां सप्तानामष्टकैः सह संगत्ययोगात्। व्यवस्थितिश्चैषामभेदव्याप्तिः, अत एवात्र सामानाधिकरण्येनोक्तिः कृता । एवं च परभैरवस्फारमयत्वमेव प्राणे पर्यवसितम्, अतो यदस्माभिः प्राणभूमिकायामहोरात्रक्रमेण व्याप्तिप्रदर्शनं पूर्वं कृतं, तदुत्सूत्रं न मन्तव्यम् । इत्थं च सर्वमिदं परमेश्वराद्वयमेवेत्यत्र

ज्ञानादेव ज्ञानिनां जीवन्मुक्तिः करतलगतेव, साधकानां तु तत्तद्भुवनेश्वरादिव्याप्ततत्पदानुसारेणापि महाव्याप्त्यनुसंधानादविघ्नेनैव तत्तत्सिद्ध्युदयो भवति,—इति प्रतिपादितं भवति ॥ ४६ ॥

तदुक्तमेवार्थमनुबध्नाति

ग्रहादीन्समधिष्ठाय
सर्वेषूदयकारकाः ।

सर्वे एवैते लोकपालाद्या भैरवान्ताः 'सर्वेषु' दिनरात्रिप्रहरेषु उदयं कुर्वन्ति । कथम् । ग्रहादीनिति तत्तदर्धप्रहरेषु पर्यायेण प्राप्तवारान् सूर्यादिग्रहान् आदिशब्दादनन्तादिनागांश्च सम्यगभेदेनाधिष्ठाय ॥

किंच

राशिभिः सह नक्षत्रै-
स्त उद्यन्ति अहर्निशम् ॥४७॥

हृदयात्प्रभृति द्वादशान्तं यावत्प्रत्यङ्गुलषट्कं राशिः—इति स्थित्या मकरादयो मिथुनान्ताः षड्राशयः, तदधिष्ठितानि च नक्षत्राणि तदनु-

सारेणैव प्रत्यंशमपि तत्र उद्यन्ति, तथैव च द्वादशान्ताद्धृदयं यावत्कर्कटाद्या धन्व्यन्ताः ॥ ४७ ॥

अत्रैवाभिजिदुदयमाह

मध्याह्ने चार्धरात्रे च
उदयोऽभिजितो भवेत् ।

तालुनीत्यर्थः । अभिजयति सर्वान् विघ्नान् इति 'अभिजित्' नक्षत्रविशेषः ॥

अतश्च

अभीप्सितं फलं तत्र
साधकानां भवेदिह ॥ ४८ ॥

'इह' इति पारमेश्वरेषु शास्त्रेषु उक्तं यत् भोगमोक्षाख्यं फलं साधकानामिष्टं, तत्तु माध्याह्ने आर्धरात्रिकेऽभिजिन्नक्षत्रे भवत्येव ॥४८॥

एतदुपसंहरन्नन्यदवतारयति

अहोरात्रविभागोऽय-
मेवं ते कथितो मया ।
अधुना पक्षमासांश्च
वर्षाणि कथयामि ते ॥ ४९ ॥

तत्र निर्णीताभ्यन्तराहोरात्रं बाह्ये काले नियोजयति

आध्यात्मिकाहोरात्रेण
बाह्ये काष्ठा विधीयते ।

अत्र काष्ठा न घटिका, अपितु दशपञ्चनिमेषात्मा कालावयवविशेष इति दर्शितमेव ॥

किंच

मासेनाध्यात्मिकेनैव
बाह्ये चैव कला भवेत् ॥ ५० ॥
तत्र त्रिंशदहोरात्रा
मासस्तु वरवर्णिनि ।

आध्यात्मिको मासः ते प्राणचारात्मानस्त्रिंशदहोरात्रा बाह्यास्त्रिंशत्काष्ठाः, तेन ईदृशेनान्तरेण मासेन बाह्यकलाख्य एव कालो भवति । वक्ष्यति चैकादशे

'त्रिंशत्काष्ठाः कला ज्ञेया.................. ।' (११।२०१)

इति । एवशब्दः कलाशब्दानन्तरं योज्यः । वरं वर्णयति सर्वोत्कृष्टं परं तत्त्वं परामृशतीति वरवर्णिनी ॥

किंचाध्यात्मिकैः

मासैर्द्वादशभिश्चैव
बाह्येऽथ घटिका भवेत् ॥५१॥

तदेव स्फुटयति

शतानि त्रीण्यहोरात्राः
षष्टिरेव तथाधिका ।
वर्षमेतत्समाख्यातं
बाह्ये वै घटिका च सा ॥५२॥

सषष्टित्रिशतप्राणापानचारा बाह्या घटिका । यतोऽसौ षष्टिश्चषकाणि, चषकं च षट् प्राणापानचाराः ॥ ५२ ॥

एवमुक्तरूपाध्यात्मिकवर्षकलिताः

घटिकाः षष्टिस्त्वहोरात्रे
बाह्ये तु प्रवहन्ति वै ।
ता एवान्तरचारेण
षष्टिः संवत्सराः स्मृताः ॥५३॥

बाह्यघटिका आन्तरं वर्षमिति विभक्तमेव । अतस्ताः षष्टिस्तावन्त्येवान्तराणि वर्षाणि सूक्ष्मकालगत्या । अत एवैकत्र प्राणचारे

षष्ट्यब्दोदय,—इति परा कालस्थितिरग्रे स्फुटी-भविष्यति ॥ ५३ ॥

अथ षष्टिघटिकात्मसु वर्षेषु

प्राणसंख्यां पुनस्तेषु
कथयाम्यधुना तव ।
षट् शतानि वरारोहे
सहस्राण्येकविंशतिः ॥ ५४ ॥
अहोरात्रेण बाह्येन
अध्यात्मं तु सुराधिपे ।

घटिकायां सषष्टित्रिशती प्राणचाराणाम्, इति गणनया षष्टिघटिकासंख्ये बाह्येऽहोरात्रेऽध्यात्मे आत्मनि तदाश्रयेण प्राणचाराणामेषैव संख्या भवति ॥

एवमीदृशी

प्राणसंख्या समाख्याता
ज्ञातव्या साधकेन तु ॥ ५५ ॥

एवं प्रोक्तवक्ष्यमाणव्याप्तिसतत्त्वेन

प्राणहंसे सदा लीनः
साधकः

लीनो निभालनया विश्रान्तः ॥

तथा प्राणभूमिन्यग्भावेन शाक्तपदसमावेशादेवासौ

परतत्त्ववित्।

भवति ॥

तदा च

तस्यायं जप उद्दिष्टः

सिद्धिमुक्तिफलप्रदः ॥ ५६ ॥

इह प्राणो निर्णीतविश्वमन्त्रवीर्यभूतहंसाश्रयत्वाद्धंस इति। तत्र यो लीनः, स प्राणसंख्ययैव सदैतावज्जपयुक्तो भवति। यथोक्तं श्रीविज्ञानभैरवे

'षट् शतानि दिवारात्रं सहस्राण्येकविंशतिः।
जपो देव्याः समुद्दिष्टः सुलभो दुर्लभो जडैः ॥' (१५६)

इति ॥ ५६ ॥

'सिद्धिमुक्तिदः' इति यदुक्तं, तद्विभजति

अधःप्रवहणे सिद्धि-

र्हृत्पद्मं यावदागतः।

मुक्तिश्चैव भवेदूर्ध्वे

परतत्त्वे तु सुव्रते ॥ ५७ ॥

एतच्च

'यदा करोति सृष्टिं च .... ।'

इत्यादौ वितत्य निर्णीतम् ॥ ५७ ॥

तदेवमुक्तव्याप्तिज्ञानपूर्वं प्राणहंसे लीनतया परतत्त्वविदो योगिनः सर्व एव कालस्तत्परोहप्रकर्षात्तादृगनुभवमय एव भवतीत्याह

मनोऽप्यन्यत्र निक्षिप्तं
चक्षुरन्यत्र पातितम् ।
यथा प्रवर्तते प्राण-
स्त्वयत्नादेव सर्वदा ॥ ५८ ॥

तथेति मध्येऽध्याहार्यम् । तेन यद्यप्यन्तःकृतयो बहिष्कृतयः स्वधिये प्रसृताः, तथापि परतत्त्वविश्रान्तिपरत्वेन प्राणव्याप्तिज्ञस्य तथा तेनैव परविश्रान्तिप्रदेन प्रकारेण 'प्राणो' हंसात्मा मध्यमः 'अयत्नादेव' स्वरसत एव सर्वदा 'प्रवर्तते' वहति ॥ ५८ ॥

एतदेवोपोद्बलयति

नास्योच्चारयिता कश्चि-
त्प्रतिहन्ता न विद्यते ।

स्वयमुच्चरते हंसः
प्राणिनामुरसि स्थितः ॥ ५९ ॥

'हंसः' प्राग्व्यावर्णितसतत्त्वपरनिष्कलभट्टारकः, तदधिष्ठितत्वान्मध्यमः प्राणोऽपि निर्णीतव्याप्तिसारः 'स्वयमुच्चरते' अशेषं वाच्यवाचकक्रममुल्लङ्घ्य परमाभेदसारमहामन्त्रवीर्यात्मना स्फुरति । यतोऽस्य न कश्चिदुच्चारयिता प्रतिहन्ता वा अस्ति, अस्यैव सर्वकर्तृत्वेन परमातृरूपत्वात् । अत एव चायम् 'अनाहतः' इत्युद्घोष्यते इतरवर्णवत् स्थानकरणाभिघातानभिव्यक्तत्वादनस्तमितत्वाच्च । स चायं 'प्राणिनामुरसि' हृदये जीवितस्यापि जीवितभूतः स्थितः । केचिदेव त्ववधानधना एतत्सत्तामाविशन्ति ॥

तदित्थं परतत्त्वावहितसाधकजपनिष्पत्त्यभिप्रायेण

मासवत्सरसंख्या तु
एषा ते कथिता मया ।

आध्यात्मिकीति शेषः । त्रिंशत्प्राणचारा आध्यात्मिको मासः, षष्ट्यधिका तु त्रिशती वत्सरः,—इति हि निर्णीतमेव ॥

इदानीमत्रैव प्राणचारे

चन्द्रसूर्योपरागं तु
कथयामि ततः परम् ॥ ६० ॥

साधकस्य भुक्तिमुक्तिफलप्रदमिति स्थितमेव ॥ ६० ॥

तत्रादौ

अहोरात्रस्तु यः प्रोक्तः
प्राणेऽस्मिन्सुरसुन्दरि ।
स एव पक्षद्वितयं
मासं च कथयामि ते ॥ ६१ ॥

अविभागेनेति शेषः । त्रिंशत्प्राणचाराः॥६१॥

तत्र कृष्णपक्षं तावत्पक्षसंधिप्रदर्शनपूर्वं निरूपयति

तुट्यर्धं चाप्यधश्चोर्ध्वं
विश्रमः परिकीर्तितः ।
मध्ये पञ्चदशोक्ता या-
स्तिथयस्ताः प्रकीर्तिताः ॥६२॥

अथ ऊर्ध्वं च यत्तुट्यर्धं पूर्वमहोरात्रोदये पूर्वापरसंध्यात्वेनोक्तं, स एवेह त्रिश्रमः पक्षसंधित्वेन कीर्तितः। यास्तु मध्ये पञ्चदश तुटयः, ता एव प्रतिपदाद्यास्तिथयः ॥ ६२ ॥

अत्र च पक्षसंधितुट्यर्धमुत्सृज्य, प्रतितुट्यहोरात्रविभागमाह

प्रथमोदये तु हृत्पद्मा-
त्तुट्यर्धं तु दिनं भवेत्।
द्वितीये चैव तुट्यर्धे
यदा चरति शर्वरी ॥ ६३ ॥

हृत्पद्मादित्युपलक्षणम्। तेनैकैकस्यास्तुटेः सार्धपादाङ्गुलपरिमाणमाद्यमर्धं दिनं प्रकाशरूपं, परं तु विश्रान्त्यात्मा रात्रिः। यत इयं भगवती संवित्प्रकाशानन्दमयी, ततो यत्र यावन्तावनया वेद्यवेदकविश्रान्तिरूपौ प्रकाशानन्दावाभास्येते, तत्र तावद्रूपे एव दिननिशे। तथा च मशकादौ सदाशिवादौ चात्यल्पातिविततकालत्वं तयोर्युक्तमेव। एवं च प्रतितुट्यर्धं वक्ष्यमाणक्रमेण तदंशांशेष्वपि वा ता-

वाभासमानौ दिननिशाभेदं समुचितं प्रमातारं प्रति भासयत एव । कदाचिच्च प्रकाशस्याधिक्यं, कदाचिच्च विश्रान्तेः, कदाचित्तयोः साम्यमिति कृत्वा दिननिशयोर्वैषम्यं च भवत्यन्तर्बहिश्च । 'यदा चरति' इति सूत्रांशादनन्तरं तदेत्यध्याहार्यम् ॥ ६३ ॥

अत्र च दिनरात्रिभेदे

राशयो ग्रहनक्षत्रा-
ण्युदयन्ति यथाक्रमम् ।

पारमेश्वर्या हि संविदा या यादृशी दिनादिव्यवस्था क्रियते, तां सर्वे ग्रहादयोऽनुवर्तन्ते ॥

तदित्थम्

अस्मिन्नेवमहोरात्रे
पूर्ववच्च वरानने ॥ ६४ ॥
त्रुटिभिः पञ्चदशभिः
पक्षः स तु विधीयते ।

'अस्मिन्' इत्यान्तरे । 'एवम्' इति त्रुट्यर्धार्धकलनया । 'पूर्ववत्' इति सुसूक्ष्मया दृष्ट्या । 'पक्षः' इति कृष्ण इत्यर्थात् ॥

अथात्रैव पक्षे आमावस्यप्रातिपदतिथ्यंश-मेलनप्रकटनेन सूर्यग्रहं निर्णिनीषुस्तिथिच्छेद-वृद्धी दर्शयति

तिथिच्छेदे ऋणं ज्ञेयं
वृद्धौ चैव धनं भवेत् ॥ ६५ ॥
ऋण चैव भवेत्कासो
निःश्वासो धन उच्यते ।

'ऋणं' प्राणवाहस्य किंचिदल्पकालता कासवशाद्भवति । तथा सति झगिति धावनादा-मावस्योंऽशः प्रतिपत्स्थानं प्रसरति । एतच्च दर्श-यिष्यमाणसूर्यग्रहणोपयोगि । निःश्वासवशात्तु किंचिच्चिरकालता अपानचन्द्रस्य धनं, तथा सति पूर्णमास्युदयश्चन्द्रग्रहोपयोगी भवति ॥

प्रकृतं तु

कृष्णपक्षोर्ध्वचारेण
संहारः संक्षयो भवेत् ॥ ६६ ॥

कृष्णपक्षरूपेणोर्ध्वचारेण प्रकृतस्य प्राणस्य यः संहारः, स एव प्रवेशितपूर्वप्राणावस्थितमे-यचन्द्रस्य प्रतितुट्येकैककलाक्रमेण अमाव-

स्यान्तं पञ्चदशकलानां संक्षय इत्यर्थः । तदुक्तं श्रीकामिकायाम्

'अमृतं चन्द्ररूपेण द्विधा षोडशधा पुनः ।
पिबन्ति च सुराः सर्वे दश पञ्च पराः कलाः ॥
अमाशेषगुहान्तस्थामावस्या विश्वतर्पिणी ॥'

इति । द्विधेति कलापञ्चदशकभित्तिभूतातिस्वच्छरूपतया दृश्यमानसितपक्षपञ्चदशकलात्मना चेत्यर्थः ॥ ६६ ॥

यत ईदृक् कृष्णपक्षः, ततः

क्रूरकर्माणि वै तत्र
कुर्वन्सिद्धिमवाप्नुयात् ।
शुभकर्माणि कृष्णे च
न च सिध्यन्ति सुव्रते ॥ ६७ ॥

चकारौ तुशब्दैवशब्दयोरर्थे । इह 'यदन्तस्तद्बहिः' इति स्थित्या यद्यदान्तरे दिनरात्रितत्संध्यापक्षमासादिके फलमुक्तं, तत्तद्बाह्येऽपि तत्र तथैवेति मन्तव्यम् ॥ ६७ ॥

अथान्तरीममावस्यां दर्शयति

शक्तिं वै विशति प्राणे
या तुटिस्तु विधीयते ।

अमावस्या तु सा ज्ञेया
कृष्णपक्षे वरानने ॥ ६८ ॥

'शक्तिः' ब्रह्मरन्ध्रस्थानं 'तुटिः' इति प्रक्षीणचन्द्रा पञ्चदशी । अत एवामाख्यायां षोडश्यां तुटौ वसनात् तद्भित्त्यवलम्बनादमावस्या सा ज्ञेया ॥ ६८ ॥

अथ पूर्वमासूत्रितं पक्षसंधिं स्फुटयति

शक्तेर्मध्योर्ध्वभागे तु
तुट्यर्धं यत्प्रकीर्तितम् ।
पक्षसंधिस्त्वसौ ज्ञेयः

ब्रह्मरन्ध्रादुत्थितायाः शक्तेर्मध्यं त्वक्स्थानं त्वक्शेषस्तु केशस्थानमूर्ध्वमेकमेव तुट्यर्धं यत्, स पक्षयोः कृष्णशुक्लयोः संधिः । यदेव हि प्राणस्यान्त्यं तुट्यर्धं, तदेवापानस्याद्यं भवतीत्येतदुभयोस्तुट्यर्धात्मकं देशत एकमेव तत्तुट्यर्धद्वयवाहकालं संधिपदम् ॥

अथात्र सूर्यग्रहणं दर्शयति

अमावस्यार्धप्रतिपदा ॥ ६९ ॥

तिथिच्छेदेन वै तत्र
सूर्यस्य ग्रहणं भवेत् ।

प्रागुक्तात्कासात् तिथिच्छेदेन यदा अमावस्येति तत्संबद्धः पक्षसंध्यार्धकालः स्वस्मिन् सध्यातुटिभागे प्रतिपत्कालेन सह भवति, तदा सूर्यग्रहणं भवति ॥

यतः

रविबिम्बान्तरे देवि
चन्द्रबिम्बं तदा भवेत् ॥ ७० ॥
तदन्तरे भवेद्राहु-
रमृतार्थी वरानने ।
अमृतं स्रवते चन्द्रो
राहुश्च ग्रसते तु तम् ॥ ७१ ॥
पीत्वा त्यजति तद्बिम्बं
तदा मुक्तः स उच्यते ।

तदेति प्रतिपदोऽमावस्याभागसंघट्टे 'रविबिम्बान्तरे' प्राणमध्ये 'चन्द्रबिम्बम्' अपानः प्रविशेत् । पूर्वोक्तनीत्या च चन्द्रसहचारी राहुः

सूर्यसंस्पर्शविलीनं चान्द्रममृतं 'पीत्वा' कंचित्कालमास्वाद्य अपानरूपं चन्द्रबिम्बं स्वसंबन्धात् मुञ्चति । इदमत्र सतत्त्वम्

प्राणार्कमानहठघट्टितमेयचन्द्र-
विद्रावितामृतरसोत्सुकितः खमाता ।
स्वर्भानुराघृणुत एव रविं रसं तु
पुण्ये ग्रहेऽत्र रसयेत्त्रयघट्टनज्ञः ॥

एवमन्तरिव बहिरपि अनयैव युक्त्या भवेत् ॥

आदित्यग्रहणं चैव
लोके तदुपदिश्यते ॥ ७२ ॥

ततो ज्योतिःशास्त्रोक्तप्रक्रियया

राहुरादित्यचन्द्रौ च
त्रय एते ग्रहा यदा ।
दृश्यन्ते समवायेन
तन्महाग्रहणं भवेत् ॥ ७३ ॥

महत्त्वमेव व्यनक्ति

स कालः सर्वलोकानां
महापुण्यतमो भवेत् ।

तथा च

तत्र स्नानं तथा दानं
पूजाहोमजपादिकम् ॥ ७४ ॥
यत्कृतं साधकैर्देवि
तदनन्तफलं भवेत् ।

'अनन्तम्' अपरिच्छिन्नं मोक्षाख्यं फलं यस्य । यद्वक्ष्यति

'मोक्षश्चैव पुनर्भद्रे...........।' (७।८४)

इत्यादि ॥

एवं कृष्णपक्षं सूर्यग्रहणं च प्रदर्श्य, शुक्लपक्षं चन्द्रग्रहणं च क्रमादादिशति देवः

तां चैवार्धतुटिं त्यक्त्वा
शुक्लपक्षोदयो भवेत् ॥ ७५ ॥

'ताम्' इति यत्र सूर्यग्रहणं दर्शितम्, 'शुक्लपक्षः' अपानचन्द्रोदयरूपः ॥ ७५ ॥

तदाह

शक्तिगर्भादधः सृष्टि-
स्तस्माद्वृद्धिः प्रजायते ।

'शक्तेर्गर्भः' कुण्डलाकारता, सा हि शिम्बिकारूपतया स्वान्तरशेषं विश्वमासूत्र्य 'अध' इति हृदयपर्यन्तं तदेव सृजति। अत एव वृद्धिः क्रमात्क्रममपानचन्द्रपरिपुष्टिरूपा तथा वृद्धिर्निःश्वासात्मकधनरूपा जायते अत्र कासक्रमेण तिथिच्छेदस्याभावात् ॥

यत एवम्, अतः

तदारभ्य च कर्माणि
शुभान्यभ्युदयानि च ॥ ७६ ॥
ध्यानमन्त्रादियुक्तस्य
सिद्ध्यन्ते नात्र संशयः ।

'तदारभ्य' इति शक्तिगर्भस्वरूपमवष्टभ्य, 'शुभानि' आप्यायनादीनि कर्माणि 'अभ्युदयानि च' तत्फलानि च ॥

अत्र शुक्लपक्षे दिननिशाविभागं प्रदर्शयति

प्राणहंसो यदा प्राप्त-
स्त्वधस्तां प्रथमां तुटिम् ॥७७॥
पूर्वमर्धं त्वहः प्रोक्तं
तुट्यर्धमपरं निशा ।

'प्राणहंसः' इति प्राग्वत् । 'अध' इति संधितुव्यर्धात् 'प्रथमां तुटिं' शुक्लपक्षप्रातिपद्रूपाम् । यदाशब्दश्रवणात् तदेत्यध्याहार्यम् । अहर्निशाप्रविभागः प्राग्वदेव । एवं द्वितीयादितिथिष्वपि मन्तव्यम् ॥

किंचात्र

राशयो ग्रह ऋक्षाणि
योगाश्च करणानि च ॥ ७८ ॥
पूर्ववत्क्रमयोगेन
तान्युद्यन्ति त्वहर्निशम् ।

गतार्थमेतत् ॥

या चेयं प्रथमा तुटिः

प्रतिपत्सा तु विज्ञेया

अत्र

चन्द्रश्चैककलो भवेत् ॥ ७९ ॥

किंच

द्वितीयायां द्वितीया तु
वृद्धिमेति क्रमेण तु ।

'द्वितीयायाम्' इति तुटौ । 'द्वितीया' इति कला ॥

एता एव तुटयः

तिथयश्चैवमारभ्य
यावत्पञ्चदशी तुटिः ॥ ८० ॥

भवति ॥ ८० ॥

सा च पञ्चदशी

पौर्णमासी तु विज्ञेया
तिथिर्वै साधकेन तु ।

'माः' चन्द्रः पूर्णोऽस्यामिति कृत्वा, अत एवैहिकसिद्धिं साधयति । तेनैषा साधकैरुक्त-वक्ष्यमाणव्याप्तिसारतया ज्ञातव्या ॥

अतश्च

तत्र पूजा जपो ध्यानं
संपूर्णं सफलं भवेत् ॥ ८१ ॥

ऐहिकफलमित्यर्थात् ॥ ८१ ॥

यतः

संपूर्णश्च भवेत्तस्यां
चन्द्रो वै चारुलोचने ।

चो ह्यर्थे । 'चन्द्रः' अपानः ॥

अथ

तस्याश्चार्धतुटिर्या तु
पक्षसंध्या तु सा स्मृता ॥ ८२ ॥

प्राग्वदेव । 'तस्याः' इत्यवधौ पञ्चमी ॥

कृष्णपक्षसंध्याशब्दवाच्यस्य पक्षसन्धेः पूर्ववदेव

तस्यार्धे पौर्णमासी तु
प्रतिपदर्धेन संस्थिता ।

प्रतिपदः संबन्धिना 'अर्धेने'ति तृतीया सहार्थे ॥

इत्थं च प्रागुक्तव्याप्त्यैव

हृत्पद्मसंधिमध्ये तु
सोमस्य ग्रहणं भवेत् ॥ ८३ ॥

संधिमध्यं—प्राणापानसंधिस्थानम् । इदमत्र तत्त्वम्—

'शक्तिसंप्लुतसुधारसक्रमा-
त्पूर्णमिन्दुमणुराहुराहरन् ।

छादयेदिह शुभे महाग्रहे
द्रावितं पिबति तं महामुनिः ॥'

इति । तदेतत् अन्तरिव बहिरपि ॥ ८३ ॥

आदित्येन विना लोके
सोमग्रहणमुच्यते ।

प्रतिपत्सङ्गात् दूरस्थार्कस्पृष्टेऽपीन्दौ रात्रावर्काभावात् , सूर्यग्रहणे तु पार्वणेन्दुकलयार्कः संस्पृश्यत एव ॥

किंच

तत्रैव च महत्पुण्यं
ध्यानहोमजपादिभिः ॥८४॥

यथोर्ध्वपदे आदित्यग्रहणं मोक्षप्रदतया महापुण्यं, तथा 'तत्रैव' इति मध्यमधामप्रवेशक्रमलब्धे हृदये चन्द्रग्रहणमैहिकोत्तमसिद्धिप्रदतया महापुण्यम् ॥ ८४ ॥

नच केवलं मध्यधामनि चन्द्रसूर्ययोर्ग्रहणं, यावत्

पक्षद्वयेऽपि देवेशि
ग्रहणं चन्द्रसूर्ययोः ।
नानासिद्धिप्रदं ह्येत-
त्साधकस्याभियोगिनः ॥ ८५ ॥

'पक्षद्वये' दक्षे वामे च मध्यवदेव ग्रहणद्वयम् । 'नाना' इति क्रूरसौम्यसिद्धिप्रदम् । 'अभियोगिनः' उद्युक्तस्य ॥ ८५ ॥

मुमुक्षोस्तु

मोक्षश्चैव पुनर्भद्रे
पक्षद्वयसमुज्झितः ।

चशब्द एवशब्देन सह नियतविषयतया तत्त्वेश्वरपदव्याप्त्यादिरूपमुत्तमं भोगं समुच्चिनोति । तेन पक्षद्वयोज्झितो मध्यमार्गश्च यो मोक्षः, तदूर्ध्वे सूर्यग्रहणे मोक्ष एव, हृदि तु चन्द्रग्रहणे भोगो मोक्षश्च ॥

अतश्च यो मोक्षार्थी

पक्षद्वयं परित्यज्य
पूर्वोक्तकरणेन तु ॥ ८६ ॥

उन्मन्यन्ते स्थितो नित्यं
परवृत्त्यवलम्बकः ।
परित्यज्य त्वधः सर्वं
ध्यानमास्थाय योजयेत् ॥८७॥
तस्य मुक्तिर्न संदेह-
स्त्वन्यथा सिद्धिभाग्भवेत् ।

पूर्वोक्तं करणं दिव्यम्। परा वृत्तिरुक्ता लक्ष्यते च। अधस्तनं सर्वमुन्मनान्तं 'परित्यज्य' तत्समरसीकृत्य। 'ध्यानं' परतत्त्वविमर्शः। 'अन्यथा' इति—दक्षवामपथोर्ध्वस्थितः ॥८६-८७॥

मध्यपथग्रहणं चैतद्दुर्लभम्, इतरत्तु सुलभमेव,—इत्याह

पक्षद्वयेऽपि ग्रहणं
भवेद्वै सर्वदेहिनाम् ॥ ८८ ॥

'देहिनाम्' इत्यनेन मितयोगिनामत्यन्तं देहप्रमात्रभिमानत्वमिति दर्शयति ॥ ८८ ॥

उपसंहरति

एवमेतत्समाख्यातं
यावदायुर्वरानने ।

'एतत्' इति सावधानसंचेत्यं ग्रहणम् ॥

अत्रैवाध्यात्माहोरात्रे
त्वथाब्दोदय उच्यते ॥ ८९ ॥

तमाह

हृत्पद्मादूर्ध्वपर्यन्तं
राशयः षड् व्यवस्थिताः ।

'राशयो' मकराद्याः ॥

षट्त्रिंशदङ्गुले चारेऽत्र
अङ्गुलैः षड्भिरेकैको
हृत्पद्माद्याव शक्तितः ॥ ९० ॥

'एकैकः' इति राशिः ॥

इत्थमस्मिन्षट्त्रिंशदङ्गुले षण्मासोदये

अङ्गुले अङ्गुले ह्यत्र
तिथयः पञ्च संस्थिताः ।
तस्याप्यर्धं दिनं पूर्व-
मपरार्धं निशा भवेत् ॥ ९१ ॥

तस्य अङ्गुलपञ्चभागावधेस्तिथेः ॥

अत एव

षट्पञ्चकास्तिथीनां ये
तेऽहोरात्रास्तु मासिकाः ।
त्रिंशता तैरहोरात्रै-
र्द्विपक्षो मास उच्यते ॥ ९२ ॥

षडङ्गुले राश्युदयस्थाने त्रिंशदहोरात्रस्य मासस्य निष्पत्तिर्भवतीत्यर्थः । 'द्विपक्षः' इत्यनेनेदमाह—यथातोऽपि तत्तन्माससाध्यक्रूरसौम्यसिद्ध्यर्थकृष्णशुक्लपक्षाश्रयणं सुसूक्ष्मदृशा योगिनानुसर्तव्यमिति। अत एव वर्षसाध्ये विधौ तत्तन्मासकार्यं कर्म बाह्यान्तरमासैकीकारानुसरणपूर्वं योगिनानुष्ठातव्यमिति वर्षोदयेऽभिप्रायः ॥ ९२ ॥

तदित्थम्

मासि राश्युदये ह्येष
अधोर्ध्वप्राणसंचरे ।

ऊर्ध्ववदधःप्राणसंचारेऽपि एष एवमादिः क्रमो ज्ञेय इत्यर्थः ॥

१ क० ग० पु० अनुमन्तव्यमिति पाठः ।

अथ राश्युदयं विभागेनादिशति मासप्रभेददर्शनाशयेन

हृदयादुदयस्थाना-
त्संक्रान्तिर्मकरे स्थिता ॥ ९३ ॥
षडङ्गुलान्यधस्त्यक्त्वा
कुम्भे संक्रमते पुनः ।
कण्ठोर्ध्वे द्व्यङ्गुलं त्यक्त्वा
मीने संक्रमते पुनः ॥ ९४ ॥
गलोर्ध्वाद्यावत्ताल्वन्तं
त्यक्त्वा मेषेऽथ संक्रमेत् ।
नासान्तं यावत्संक्रान्ति-
रङ्गुलानि षडेव हि ॥ ९५ ॥
एषा वै विषुसंक्रान्ति-
रुत्तरे संव्यवस्थिता ।

'उदयस्थानात्' इति मन्त्रोच्चारणभूमेः । 'संक्रान्तिः' इति प्राणार्कस्येत्यर्थात्, अत एव माघादिमासक्रमोऽत्र स्थितः । 'षडङ्गुलानि' इति काकाक्षिवत् । 'विषुसंक्रान्तिः' विषुवत्सं-

क्रान्तिः । 'उत्तरे' इति उत्तरायणे ॥

एतच्च प्राग्वत्पारलौकिकादिसिद्ध्यङ्गतयेति ज्ञेयम् । तदाह

जपहोमार्चनध्याना-
न्महाभ्युदयकारिका ॥ ९६ ॥

एषा विषुवत्संक्रान्तिरित्यर्थः । अत्रापि प्राग्वदन्तरिव बाह्यसंक्रान्तिष्वपि तत्तत्फलप्रदत्वं स्मर्तव्यम् ॥ ९६ ॥

अथ

नासाग्रं तु परित्यज्य
प्राणहंसो वृषे चरेत् ।
षडङ्गुलानि संत्यज्य
संक्रमेन्मिथुने पुनः ॥ ९७ ॥
शक्त्यन्तं यावदध्वानं
संक्रान्तिर्मिथुने स्मृता ।

'षडङ्गुलानि' इति काकाक्षिवत् । 'शक्त्यन्तं' द्वादशान्तम् ॥

एतदनुवदन् फलं पर्यवसायि दर्शयति

मकराच्च समारभ्य
मिथुनान्तं च सुव्रते ॥ ९८ ॥
उत्तरायणमत्रैत-
दैहिकीसिद्धिवर्जितम् ।

उत्तीर्यतेऽनेनेति व्युत्पत्त्या उत्तरमयनम् ॥

ततश्च

स्नानं ध्यानं तथा दानं
पूजाहोमजपादिकम् ॥ ९९ ॥
साधकाद्यैः कृतं यच्च
सहस्रानेकधा भवेत् ।
इह जन्मनि नाप्नोति
परत्रैवोपतिष्ठते ॥ १०० ॥

साधकादीनां पुत्रकादीनां चात्र स्नानादिकरणात्तद्देहान्ते भोगो मोक्षश्चाभीष्टो भवति ॥

'इह जन्मनि नाप्नोति' इत्यत्र हेतुमाह

दिनानि तत्र वर्धन्ते
मकरान्मिथुनान्तिकम् ।

तत्काले संहरेद्वीर्यं
जगत्यस्मिंश्चराचरे ॥ १०१ ॥
हंसो रश्मिभिराकृष्य
गर्भस्थं कारयेत्तु तम् ।

'तत्र' इत्युत्तरायणे । दिनवृद्धिर्मैयग्रहणाभ्यासेन विश्रान्तिभागानादरात् । 'वीर्यं' विश्वस्याप्यायनकरं रसम् । 'हंसः' अनाहतनादोऽन्तः, बहिस्तु सूर्यः । 'रश्मिभिः' अन्तर्मुखीभूताभिर्विमर्शमयीभिरिन्द्रियदेवीभिरन्तः, बहिस्तु प्रभाभिः । 'संहरेत्' इति व्याचष्टे—'गर्भस्थं' शक्त्यन्तर्गतं 'कारयेत्' कुर्वतो रश्मीन्नियुनक्ति ॥

तत्कृत्वा

गर्भस्थानेकधारूपं
यद्गृहीतं पुरातनम् ॥ १०२ ॥
कर्कटादेः समारभ्य
सर्वं वर्षति तत्पुनः ।

'कर्कटादेः' इत्यपानोदयस्थानात् । 'तत्' इति वीर्यम् ॥

यत एवं प्राणोदयो वीर्यसंहारकृत्

तस्मादारभ्य मकरा-
द्ध्यानहोमजपादिकम् ॥१०३॥
परलोकनिमित्ताय
तदनन्तफलं भवेत्।

पूर्वोक्तानुवादोऽयम् ॥

अत्रैवोत्तरायणे साधकस्य मन्त्र[1]सेवार्थं जपादावान्तरस्थानविशेषात्मकालविशेषाश्रयेणोच्चारमादिशति

पुरश्चर्यानिमित्ताय
मन्त्रग्रहव्रतं च यत् ॥ १०४ ॥
मीनादावारभेत्सर्वं
मन्त्रसिद्ध्यर्थमात्मनः।

पुरश्चर्या प्रथममेव, मन्त्रग्रहपूर्वं व्रतं नियतजपादिकरणम्। अष्टाङ्गुलात्कण्ठदेशादङ्गुलद्वयं त्यक्त्वा ऊर्ध्वं तात्वन्तं षडङ्गुलं मीनस्थानम्, एतदादौ शक्त्यवधिमिथुनस्थानान्ते। अतः प्रभृति ह्रूकारमकारयोगात् परस्य निष्कलस्य मन्त्रत्वमिति पूर्वमुक्तम्।

---

1 क० ख० पु० मन्त्रपूर्वसेवार्थमिति पाठः।

'मत्स्यवलनसंयोगात्तालुरन्ध्रे व्यवस्थिता ।'

इति च श्रीत्रिकसारे निरूपितत्वादत्र शक्तेर्मीनवन्मुखपुच्छाच्छोटनेन तालुबिलाक्रमणात्तद्गतरसास्वादनतः साधकसंविदः सरसत्वापादनेन[1] भाविफलं प्रति अङ्कुरीभावापादनादेवमुक्तम् ॥

युक्तं चैतत्, यतोऽत्र

बाह्येऽपि तरवो लोके
ऋतुषट्कसमीरितम् ॥ १०५ ॥
कुसुमानन्दमायान्ति
कुसुमायुधदीपकम् ।

'तरवः' कुरवकाद्या अपि मीनसंचारात्मकवसन्तात्प्रभृति कुसुमविकासमयमानन्दं प्राप्नुवन्ति । तं च ऋतुषट्के समीरितम्, वसन्ते प्रथममुद्भिद्य अन्यत्रापि ऋतौ कुसुमानां प्रसरात् । 'कुसुमायुधदीपकम्' इत्यनेन कामोद्दीपनहेतुतामभिदधत्साहचर्येणान्तरस्यापि वसन्तस्य कामानां प्रति साधकत्वं ध्वनति । अत एव बहिर्यथा कुसुममेव फलोपादानं, तथा-

१ ख० पु० समरसत्वेति पाठः ।

न्तरपि मीनादौ कर्मारम्भः कुसुमप्रतिमः साधकानामवश्यमीप्सितं फलमभिमुखं करोति,— इति कुसुमशब्दाभिप्रायः ॥

अत एव

मन्त्राः कालानुरूपेण
व्रतचर्यादिनेरिताः ॥ १०६ ॥
ज्ञेयबोधप्रदीप्ताश्च
सिद्धिमुक्तिप्रसाधकाः ।

'कालो' मीनाद्युदयः । 'व्रतम्' आराधननियमः । 'चर्या' साधकोचितसमयाचारः । आदिशब्दात्करणबन्धादिरुच्चारणोपायः । 'ईरिताः' उत्तेजिताः । 'ज्ञेयबोधो' मन्त्रवाच्यदेवताव्याप्तिज्ञानं, तेन 'प्रदीप्ताः' तत्प्रकाशाविभेदिविमर्शसाराः ॥

यत एवं सर्वमन्त्राणां स्थितिरतोऽयमन्त्यो मन्त्रः पूर्वसेवार्थम्

अध्यात्मशब्दरूपात्मा
षड्रसास्वादनेरितः ॥ १०७ ॥

हंसबोधप्रदीप्तस्तु
गलके मीनमाश्रितः ।

'अध्यात्मशब्दः' अनाहतध्वनिस्तत्परमार्थः ।
'शिवो धर्मेण हंसस्तु·········।' (७।२९)
इत्यत्र निर्णीतेन हंसस्य बोधेन व्याप्तिज्ञानेनेद्धः । व्याख्यातमत्स्यवलनव्याप्त्या गले मीनराशिसंचारं प्राप्तः, अथच षष्ठबीजमेवोर्ध्वाधःकलात्मकमुखपुच्छाच्छोटनया प्रोच्छलन्मीनरूपत्वम् 'आश्रितः' आरूढः । तत एव च सर्वेन्द्रियाश्रयप्राणाधिरूढेनात्मना ईरितो लम्बिकारसास्वादाय प्रेरितः, ततः प्रभृति मन्त्रतां प्राप्तः सन्नुच्चार्य इति यावत् ॥

एतदेवोपसंहारभङ्ग्या आदिशति

शब्दसंवेदनं तस्य
स्फुटं तत्र भवेद्यतः ॥ १०८ ॥
तदारभ्य जपात्तस्य
सर्वमेव प्रवर्तते ।
मिथुनान्तं च देवेशि
ततः सिद्धिः प्रजायते ॥१०९॥

'तस्य' अध्यात्मशब्दस्य । स्फुटं 'शब्दसंवेदनं' मन्त्रतत्त्वानुभवनम् । 'तत्र' इति मीनस्थाने । 'तस्य' इति साधकस्य । सर्वं पूर्वसेवार्थं जपपूजाध्यानादि । मिथुनान्तं शक्त्यवस्थाने विश्रान्तिं कृत्वेत्यर्थः । 'सिद्धिः प्रजायते' मन्त्राराधनं निष्पद्यते । तदत्रोत्तरायणचारे प्राणस्यैव मकरादिरूपत्वमुक्तं, तदनुकाराद्बहिः,-इति वर्णयन्ति । तथाहि—हृदयादुद्घाटितवक्रप्राणस्य प्रसरणान्मकरत्वं, कण्ठे कुम्भवदवस्थानात्कुम्भत्वं, ततः पूर्वापराच्छोटनेनोच्छलनान्मीनत्वं, ततोऽपि हुडयुद्धवद्भ्रमध्यभेदनान्मेषत्वं, तदनु द्व्यरसवर्षणाद्वृषत्वं, अनन्तरं शिवशक्त्युभयात्मकत्वान्मिथुनत्वमिति ॥ १०९ ॥

एवं प्राणे मिथुनान्तमुत्तरायणं निर्णीय, अपाने कर्कटादिधन्वन्तं दक्षिणायनं निर्णेतुमाह

सहंसो बिन्दुशक्तिस्थः
सिद्धिद्वारैरधोमुखः ।
कर्कटादौ स वर्षेत्तु
तुलान्तं तालुकान्तरे ॥ ११० ॥

सह हंसेन वर्तते यः प्राणः स 'बिन्दुशक्तिस्थः' इति

'यदा करोति सृष्टिं तु ऊर्ध्वे बिन्दुः प्रवर्तते ।'

इत्युक्तदृशा समनापदस्थः, सिद्धिप्रदत्वात्तद्द्वारैः षडङ्गुलैश्चतुर्भिश्चारैः 'अधोमुखो' ब्रह्मरन्ध्रक्रमेणान्तःप्रविष्टः, 'तालुकान्तरे' तालुमध्ये 'तुलान्तम्' इति कण्ठं षडङ्गुलं वर्षेत् ॥

तद्यावत्

कण्ठादधस्ततो देही
हृत्पद्मात्सर्वतो व्रजेत् ।

'सर्वतः' सर्वत्र देहे । हृदयस्यापानपूरणेन विकासितत्वात्पद्मत्वम् । 'हृत्पद्मात्' इति तदाश्रित्य ॥

यस्मादेवं

तस्मादिहात्मसिद्ध्यर्थं
पुष्ट्यर्थं चैव साधयेत् ॥१११॥

इहात्मनः सिद्धिरस्मिन्नेव देहेऽणिमाद्याविर्भावनं, 'पुष्टिः' वलीपलिताद्यभावः ॥१११॥

किंच प्राग्वद्बहिरपि

दक्षिणायनजे काले
यस्मात्सृष्टिः प्रजायते ।

'दक्षिणम्' अनुकूलं देहभुवनाप्यायकरम् । ग्रीष्मोष्मशोषितानां तृणलतागुल्मादीनां वर्षासु पुनरङ्कुरोद्भेदो यतो भवति, तस्माद्बाह्याभ्यन्तरैतत्कालैकीकारेण पूर्वोक्ताः सिद्धीर्जपादिना साधयेदिति संबन्धः । ननु जपप्रकरणे

'जपः प्राणसमः कार्यो दिनस्थो मुक्तिकाङ्क्षिभिः ।
संहारः स तु विज्ञेयः शिवधामफलप्रदः ॥
व्योम्नि प्राप्तो यदा नादः पुनरेव निवर्तते ।
शर्वरी सा तु विज्ञेया हृदब्जं यावदागतः ।
सृष्टिरेषा समाख्याता सर्वसिद्धिफलोदया ॥' (२।१४२)

इति पूर्वं प्रविभाग उक्तः, इह तु दिनोदयात्मकमीनोदयतः साधकस्य मन्त्रसिद्ध्यर्थं जपाद्युक्तं, तथा कर्कटादौ 'आत्मसिद्ध्यर्थं साधयेत्' इति प्रतिपादितं; तत्कथमेतत् । उच्यते। द्वितीयपटलप्रतिपादिते जपप्रविभागे स्थित एवमत्र विशेष उक्तः—साधकैर्मीनादिमि-

थुनान्तविश्रान्त्या कल्पोक्तजपादिक्रमेण पूर्व-सेवया मन्त्राः साधनीयास्तथा साधितास्तु प्रयोगकाले सिद्ध्यर्थं कर्कटादितुलान्तविश्रा-न्तिप्राधान्येन प्रयोज्या इति न काचिदत्र विचिकित्सा ॥

अथ कर्कटादिषडङ्गुलविभागेन निरूपयति

शक्त्यधो हृदये हंसः
संक्रमेत्कर्कटे प्रिये ॥ ११२ ॥
षडङ्गुलानि संत्यज्य
सिंहे वै संक्रमेत्पुनः ।
षडङ्गुलैः पुनस्त्यक्तैः
कन्यां संक्रमते पुनः ॥११३॥
नासिकाग्रात्तु तात्वन्तं
त्यक्त्वैवं विषुवद्भवेत् ।
तुलासंक्रान्तिरेषोक्ता
दक्षिणं विषुवद्भवेत् ॥ ११४ ॥

'शक्तेः' साधनरूपाया अधो व्यापिनीशक्तिः। ब्रह्मरन्ध्रादिपदे कर्कट इव अधोवक्रो हंसः,

ततः सदाशिवपदे नदनप्रधानत्वाशेषविश्वाक्रमणकारित्वाभ्यां सिंहः, ततो भ्रूमध्यादौ बैन्दवप्रकाशप्राधान्याद्दीप्तिकान्तियोगात्सर्वसाधारणप्रसरणरूपगतितश्च कन्याशब्दवाच्यः, ततोऽपि तालुमध्ये समत्वेनावस्थितत्वात् तुलारूपः, साम्यादेव च विषुं व्याप्तिमर्हतीति कृत्वा विषुवच्छब्दाभिधेयः । पुनर्विषुवदिति पूर्वोक्तोत्तरविषुवतोऽन्योऽयं विषुवत्काल इत्यर्थः ॥ ११४ ॥

अन्यत्वादेव च

साधनं यत् कृतं तत्र
इह जन्मनि कामदम् ।

तदित्यर्थात् ॥

अतश्च

मृत्योर्जयं तथा शान्तिं
पुष्टिं तस्मात्समारभेत् ॥११५॥
तस्मात्स षड्साहारो
गलाधः प्रीणयेत्तनुम् ।

एषोत्तमादिरूपा त्रिविधात्र सिद्धिः । स

इति दक्षिणविषुवत्कालस्थस्तुल्यः । अत एवात्रैहिकं क्रूरकर्म न फलति इति तत् सर्वरससंहारिपौषमासाधिष्ठातृधन्विचारविश्रान्त्या कार्यमित्यर्थलभ्यमत्र ॥

अथ

षडङ्गुलानि त्यक्त्वा तु
वृश्चिके क्रमते पुनः ॥ ११६ ॥
कण्ठोर्ध्वं द्व्यङ्गुलं त्यक्त्वा
कण्ठाधश्चतुरङ्गुलम् ।

तालुतलादष्टाङ्गुलात्कण्ठात्षडङ्गुलानि त्यक्त्वा यत् प्रवेशापेक्षया ऊर्ध्वं प्राणोल्लासापेक्षया त्वधस्तनमङ्गुलद्वयं त्यक्त्वा कण्ठाधः षडङ्गुले क्षेत्रे प्रथममङ्गुलचतुष्टयं, तत्र पूर्वाङ्गुलद्वयेन सह षडङ्गुले वृश्चिकवन्निश्चलमवस्थाय शनैः शनैः प्रसर्पणाद्वृश्चिकः ॥

अथ

वृश्चिकं तु परित्यज्य
धन्विसंक्रान्तिरुच्यते ॥११७॥

षडङ्गुलादधस्तात्तु
धन्विस्थश्चरते हृदि ।

'अधस्तात्' इत्यधःस्थं षडङ्गुलमाश्रित्य, हृदि 'चरति' विश्राम्यति । तत्र चायं हंसो बद्धलक्ष्यत्वाद्धन्वीत्युच्यते ॥

तदित्थं

हृत्पद्मान्तं तु वै हंस-
श्चरित्वा ऊर्ध्वगोदयः ॥ ११८ ॥

पुनः प्राणवृत्तिं श्रयतीत्यर्थः ॥ ११८ ॥

उपसंहरति

मकरादिषु संक्रान्तौ
द्वादशैवं चरेत्सदा ।
अमुनोक्तक्रमेणैव
आयुर्वै सर्वदेहिनाम् ॥ ११९ ॥

'संक्रान्तौ' इति जातावेकवचनात् मकरादिषु याः संक्रान्तयः, तासु 'एवं' उक्तक्रमेण 'द्वादश' इति माघादीन्मासान् 'सदा' प्रति-

---

१ ख० पु० धन्विभूः इति पाठः ।

प्राणचारं हंसश्चरेत् । किमवधीत्याह 'आयुर्वै सर्वदेहिनाम्' यावज्जीवमित्यर्थः ॥ ११९ ॥

अथ प्रबुद्धस्य नित्यमेव संक्रान्तिदक्षिणायनोत्तरायणादिपुण्यकाललाभात्तत्सिद्धिसमासादनमनायासेन जायते । तदेतदाह

ऐहिकामुष्मिकी सिद्धि-
रधमा मध्यमोत्तमा ।

साधकानामत्रस्थानां भवति ॥

उपसंहरति

अयनद्वयमाख्यातं

अत्र च मकरादिषु द्वादशसु कार्यस्य गर्भत्वं, प्रोद्बुभूषिष्यत्त्वं, प्रोद्बुभूषत्त्वम्, उद्भविष्यत्त्वम्, उद्भवप्रारम्भः, उद्भवत्त्वं, जन्म, सत्ता, परिणतिः, वृद्धिः, ह्रासः, क्षयश्च क्रमाद्भवति । अतोऽत्र जपादिक्रियैतादृगेव फलं सूते,—इति गुरवोऽभ्यधुः ॥

यदा तु प्राणापानयातायातपरिहारेण हृदि द्वादशान्ते च विश्रान्तिः क्रियते, तदा

---

१ ख० पु० यावज्जीवितमिति पाठः ।

मोक्षसिद्धिर्द्वयोज्झिता ॥१२०॥

'द्वयेन' भेदेन 'उज्झिता' अद्वयमयी महासाधकस्य भवतीत्यर्थः ॥ १२० ॥

यतोऽसौ महासाधकः

अयनद्वयपर्यन्त

उन्मन्यन्ते सदा स्थितः ।

यदा यदा अयनद्वयमाश्रयति, तदा तदा 'उन्मन्यन्ते' इति प्राणापानप्रशमपदे द्वादशान्ते हृदि च परतत्त्वानुभवे विश्राम्यति । यद्यपि पूर्वमुन्मन्यन्तता द्वादशान्त एवोक्ता, तथापीहायनद्वयपर्यन्त उन्मन्यन्ते,—इत्यभिदधद्द्वादशान्ताविभिन्ना हृदि व्याप्तिरस्तीति दर्शयति । अत एव

'द्वादशान्ते च हृदये··········।'

इत्याद्यन्यत्रोक्तम् ॥

अतश्च

तत्रस्थो वै जपध्याना-

न्मोक्षसिद्धिमवाप्नुयात् ॥१२१॥

जपध्यानप्रमुखं यस्तत्र परतत्त्व एव तिष्ठति विश्राम्यति, स मुच्यत इत्यर्थः ॥ १२१ ॥

अत एवेत्थंस्वभावेनैव

मोक्षं गत्वा तु नागच्छे-

त्प्रतिज्ञा भैरवस्य तु ।

प्रतिज्ञा भैरवस्य, नतु श्रीकण्ठोमापत्यादे-रित्यनेन सर्वथा द्वादशान्तहृदययोर्विश्रान्तिः कर्तव्या,—इत्यादिष्टम् ॥

तथा द्वादशवर्षसाध्यमपि कार्यं सुसूक्ष्मतम-स्थित्या प्राण एव द्वादशवत्सरव्याप्तिमवगत्या-प्रयासेनैव साधकः साधयेदिति शिक्षयन्द्वाद-शाब्दोदयमादिशति देवः

अस्मिन्नब्दोदये भूयो

द्वादशाब्दोदयं शृणु ॥१२२॥

तत्र द्वादश चैत्रादयोऽब्दमाससमानस-माख्याः ॥ १२२ ॥

चैत्रसंवत्सरे यस्मा-

न्मासानां[2]मुदयो भवेत् ।

तदादि साधकैस्तस्मा-

त्कर्तव्यं मन्त्रसाधनम् ॥१२३॥

---

१ ख० पु० स्वानुभावेनैवेति पाठः ।

२ ख० पु० मन्त्राणामुदय इति पाठः ।

'तदादि' इति चैत्रनामानं संवत्सरमादिभूतं कृत्वा ॥ १२३ ॥

प्रागुक्तचैत्रादिमासोदयकाल एवात्र चैत्रादिसंवत्सरोदयकालः,—इत्याह

द्वादशाब्दः स विज्ञेय-
श्चैत्रमासाद्वरानने ।

अष्टाङ्गुलात्कण्ठादङ्गुलद्वयं त्यक्त्वा षडङ्गुलं यत्प्राक् चैत्रमासस्योक्तं स्थानं, तदेव चैत्रसंवत्सरस्य ॥

अथ

लक्षणं तस्य वक्ष्यामि
प्राणेऽस्मिन्प्रविभागशः॥१२४॥
तत्र संवत्सरेणैव
अमुनोक्तेन सुव्रते ।
अहोरात्रस्तु यः प्रोक्तो
द्वादशांशं भजेत्प्रिये ॥१२५॥
द्वादश ते अहोरात्रा
द्वादशाब्दे भवन्ति वै ।

आन्तरेण प्राणसंवत्सरेण य आन्तरोऽहोरात्रोऽङ्गुलपञ्चमभागपरीमाणस्तस्य द्वादशमंशं द्वादशाब्दोदयेऽहोरात्रो भजते । एवं चाङ्गुलस्य षष्टितमोऽसौ भागो भवति । इत्थमहोरात्रं द्वादशाहोरात्रा भवन्ति । तथाच सत्यङ्गुले षष्टिरहोरात्राणां जातेति ॥

पञ्चभिस्तांस्तु संगुण्य
द्वादशाब्द ऋतुर्भवेत् ॥१२६॥

मासद्वयमित्यर्थः ॥ १२६ ॥

तमेव द्विगुणं कृत्वा
कालस्तु स विधीयते ।

चतुर्मासाख्यः ॥

त्रिगुणेनैतदयने

अङ्गुलत्रयेण त्रिगुणेनर्तुनाद्यमुत्तरायणं, ततोऽन्यत्र त्रये दक्षिणायनम् ॥

तदेवं

वत्सरः षड्गुणेन तु ॥ १२७ ॥

तदित्थं

संक्रान्तयो द्वादशात्र
यद्वदब्दे प्रकीर्तिताः ।
द्वादशाब्दोदये प्राणे
वत्सरास्ते प्रकीर्तिताः ॥१२८॥

यद्वदिति षडङ्गुलकलनया ॥ १२८ ॥

अथ ये

द्वादशाब्दे त्वहोरात्राः

सम्भवन्ति ॥

तेषां सङ्ख्यां निबोध मे ।
सहस्राणि तु चत्वारि
त्रिशती विंशतिस्तथा ॥१२९॥
द्वादशाब्दोदये देवि
प्राणेऽस्मिन्कथिता मया ।

'प्राणे द्वादशाब्दोदये' इति सामानाधिकरण्ये सप्तम्यौ ॥

अथातिसूक्ष्मया व्यवस्थया

षष्ट्यब्दोदयमत्रैव
पुनश्च कथयामि ते ॥ १३० ॥
आनन्दाद्यास्तु ते ज्ञेयाः
षष्ट्यब्दास्तु वरानने ।

'अत्रैव' इत्येकत्र प्राणचारे ॥

तदाह

ते चाध ऊर्ध्वगे प्राणे
एकस्मिन्सुरसुन्दरि ॥ १३१ ॥
चरन्ति प्रविभागेन
तथा ते कथयाम्यहम् ।

अतश्च षष्ट्यब्दसाध्यां सिद्धिं यो वाञ्छति, असावान्तरादानन्दाख्याद्वर्षात्प्रभृति मन्त्रारा-धनमुपक्रमेत,—इत्याह

आनन्दप्रभृतेर्देवि
मन्त्रमाराधयेत्तु यः ॥ १३२ ॥
तस्यानन्दस्तु देवेशि
मन्त्रेण सह जायते ।

मन्त्रस्य परनिष्कलस्वभावतया अशेषविश्व-निर्भरत्वेन परमानन्दरूपत्वात्तदभेदविमर्शमयप्राणोच्चारज्ञस्य आनन्दमयतैव भवति । ततश्चेहाभिहितषष्ट्यब्दोदयस्थित्या सर्वमेव पुरुषायुषं यन्नित्यकर्मावश्यकर्तव्यं, तदेकत्रैव प्राणचारे व्याप्तिज्ञस्य सकृदेव कृतं सर्वदैव कृतं भवति ज्ञानिनः । सिद्धिकामस्य तु षष्टिवर्षसाध्यं, तदीयवत्सरे तत्तत्साध्यं वा कर्म प्राणीयव्याप्तिज्ञानपूर्वकं कुर्वतो न विसंवदतीत्याशयेनेह साधकाधिकारे षष्ट्यब्दोदयादधिकं नोक्तम् । श्रीनन्दिशिखायां तु ज्ञानव्याप्त्यभिप्रायेण विंशत्यधिकशतोदयोऽप्यभिहितः । एवं च ज्ञानयोगिनामेवं प्राणे व्याप्तिज्ञानात्सर्वमयत्नेन सिद्ध्यत्येव । यदुक्तं श्रीमदुत्पलदेवपादैः

"साक्षाद्भवन्मये नाथ सर्वस्मिन्भुवनान्तरे ।
किं न भक्तिमतां क्षेत्रं मन्त्रः क्वैषां न सिद्ध्यति ॥"

(स्तोत्राव० १।४)

इति ॥

किंच

द्वादशाब्दे त्वहोरात्रं
पञ्चधा भेदयेच्च तम् ॥ १३३ ॥
षष्ट्यब्दे ते त्वहोरात्राः
पञ्चैव परिकीर्तिताः ।

द्वादशाब्दोदयेऽङ्गुलस्य षष्टितमो भागोऽहोरात्रः,—इत्युक्तम् । इदानीं तु तमपि पञ्चधा भेदयेत् । एवं षष्ट्यब्दोदये प्राणाङ्गुलस्य त्रिशततमो भागोऽहोरात्रो भवति ॥

तदनया सुसूक्ष्मया स्थित्या

ते वै षड्गुणितास्तत्र
मास एकः प्रकीर्तितः ॥१३४॥
तैश्च द्वादशभिर्देवि
वर्षमेकं विधीयते ।

'ते' इति द्वादशाब्दोदयेऽहोरात्राः । 'तैः' इति तथाभूतैर्मासैः ॥

एवं च

अङ्गुले तु सपञ्चांशे
मानमेतत्प्रकीर्तितम् ॥ १३५ ॥

अहोरात्रशतत्रयात्मन्यङ्गुले मासदशकम्, अहोरात्रषष्ट्यात्मनि चाङ्गुलपञ्चमांशे मासद्वयम्,–इति कृत्वा सपञ्चांशेऽङ्गुले 'एतत्' इति षष्ट्यब्दोदये वर्षमानमुक्तम् ॥ १३५ ॥

तदित्थं

षडङ्गुलैस्तु पञ्चाब्दाः
षष्ट्यब्द उदयन्ति ते ।

द्वादशाब्दोदयस्थित्या वर्षोदयाश्रयैः षड्भिरङ्गुलैरिह पञ्च वर्षाणि भवन्ति । मासदशकोदयात्मकोऽङ्गुलः,–इति तैः षड्भिः षष्टिमासानां वर्षपञ्चकारम्भिणां निष्पत्तिः ॥

अनया च कलनया

हृत्पद्माद्याव शक्त्यूर्ध्वं
त्रिंशदब्दोदयो भवेत् ॥१३६॥

पुनरपि

शक्त्यधो यावद्धृत्पद्मं
त्रिंशदब्दोदयो भवेत् ।

किंच

षष्ट्यब्दे ये त्वहोरात्राः
सङ्ख्यां तेषु वदाम्यहम् ॥१३७॥
विंशतिस्तु सहस्राणि
सहस्रं षट्शताधिकम् ।
अहोरात्रास्तु षष्ट्यब्दे
सङ्ख्यातास्तु वरानने ॥१३८॥

बाह्याहोरात्रगतप्राणचारसङ्ख्याः ॥ १३८ ॥

उपसंहरति

षष्ट्यब्दोदय आख्यातः
प्राण एकत्र ते मया ।

अत्र षष्ट्यब्दोदयान्ते प्रयोजनमाह

चन्द्रसूर्योपरागे च
पक्षमासायनेषु च ॥ १३९ ॥
युगादिषु युगान्तेषु
यच्च संवत्सरेऽप्यथ ।

वर्षद्वादशके चैव
षष्ट्यब्देऽथ वरानने ॥ १४० ॥
स्नानदानेन यज्ञैश्च
पूजाहोमजपेन च ।
ज्ञानयोगादिभिश्चैव[1]
बाह्ये काले तु यत्कृतम् ॥१४१॥
अमुनोक्ते वरारोहे
तत्फलं लभते महत् ।

'बाह्ये' चन्द्रोपरागादौ षष्ट्यब्दान्ते 'अमुना आन्तरेण प्रकारेण उक्ते तस्मिन्नेव काले स्नान-दानादिक्रमेण कृतं 'तत्फलं महत्' अनन्तं साधको लभते ॥ [एवं युगोदयस्थित्या चैत्रा-षाढाश्वयुजपौषाणां सि····शादीनि चत्वारि साधयति]

प्राणहंसगतिं चारे
ज्ञात्वैकस्मिंस्तु तद्व्रजेत् ॥१४२॥

---

१ ख० पु० योगतपोभिश्च तथा ग० पु० ध्यानयोगेति पाठः ।

प्राणस्य हंसत्वं प्राग्वत् । 'चारे प्राणापानवाहे षष्ट्यब्दान्तव्याप्तिके । 'तत्' इति चन्द्रग्रहादिकम् ॥ १४२ ॥

नन्वेवं वस्तुवृत्तेन तद्व्याप्तिवत्त्वं प्राणस्य कथं प्रतिभागोचरतामेतीत्याशङ्क्याह

स्वसंवेद्यो भवेच्चारो
नाडीचारजयात्स्फुटम् ।

नाडिषु 'चारस्य' वाहस्य 'जयात्' अभ्यासेन संचरणस्वातन्त्र्यलाभात् सर्वा प्राणीया व्याप्तिर्मध्यमार्गे व्यक्तीभवति; अतो योगाभ्यासे यत्नः कार्य इति तात्पर्यम् ॥

योगाभ्यासप्रावीण्ये सति

अथवा स जपादेव-
मत्यर्थमुपबृंहितः ॥ १४३ ॥

मन्त्री योगं विजानाति
ज्ञात्वा सर्वज्ञतां व्रजेत् ।

'जपात्' इति पञ्चप्रणवाधिकारोक्तसङ्ख्याकात् 'उपबृंहितो' लब्धोत्कर्षः 'मन्त्री' इति

यथोक्तमन्त्रव्याप्तिज्ञो 'योगं' यथारुचि प्राणसंचारस्वातन्त्र्यं 'सर्वज्ञतां' यथोक्तप्राणीयसर्वव्याप्तिसाक्षात्कर्तृत्वं परभैवरतां च। उक्तं हि

'त्रिगुणेन तु जप्येन स्वच्छन्दसदृशो भवेत्।' (६।५४)

इति ॥

एतदुपसंहृत्यान्यदवतारयति

पुनरेव प्रवक्ष्यामि
नाडित्रयविभागतः ॥ १४४ ॥
दक्षिणोत्तरसंक्रान्तौ
विषुवच्चारतस्तथा।
यथा चरत्यसौ हंसो
जगत्यस्मिंश्चराचरे ॥ १४५ ॥
अन्तःस्थः कालरूपेण
कलाभिः कलयञ्जगत्।

मध्यमार्गाश्रयेण चारस्थितिरुक्ता। इदानीं दक्षे वामे तदुभयात्मनि च विषुवति यथा हंसो जङ्गमस्थावरात्मनि जगति चरति, जङ्गमेषु चरन्स्थावराण्यपीन्द्रियप्रसरणयुक्त्या

स्पृशति, अत एव 'अन्तःस्थः' इति प्रमातृषु, भूतवर्तमानादिकालरूपेण पदं बध्नञ्जगत्सर्वं क्षणतुटिलवादिरूपाभिः 'कलाभिः कलयन्' जन्मादिविकारषट्करूपतया सृजन्संहरंश्च यथा चरति, तथा प्रवक्ष्यामीति संगतिः । अचरस्यापि च अन्तःसंज्ञस्य दक्षवाममध्यनाडिषु रसयोजनया पुष्पफलपोषान् हंसः करोति,—इति वृक्षायुर्वेदज्ञाः ॥

कीदृगसौ चरतीत्याह

नाडित्रयकृताधारो
मार्गत्रयव्यवस्थितः ॥ १४६ ॥
गुणत्रयसमाविष्ट-
स्त्रिधावस्थाव्यवस्थितः ।
कारणैः षड्भिराक्रान्तः
शक्तित्रितयसंयुतः ॥ १४७ ॥
इच्छाज्ञानक्रियाविद्धः
सोमसूर्याग्निमध्यगः ।

एतत् नाडीत्रयादिक्रमेण व्याचष्टे

दक्षनासापुटे चैव
नाडी वै पिङ्गला स्मृता ॥१४८॥
इडा चैव तु वामेन
सुषुम्ना मध्यतः स्थिता ।

एतन्नाडीत्रयमेव मार्गत्रयमित्याह

दक्षिणे देवमार्गस्तु
पितृमार्गस्तथोत्तरे ॥ १४९ ॥
मध्यमः शिवमार्गस्तु

का तस्य शिवतेत्याह

तत्र गत्वा न जायते ।

'गत्वा' इत्युपलम्भेन विश्रम्य ॥

अत्रैव गुणत्रयमवस्थात्रयं च दर्शयति

दक्षिणे सत्त्वजाग्रत्स्थः
स्वप्नस्थो वामतो रजः ॥१५०॥
मध्ये तमस्तु विज्ञेयं
सुषुप्तावस्थ एव च ।

सत्त्वरूपत्वं ज्ञानप्राधान्यात्, क्रियाशक्तिमयत्वाद्वामे रजः, मध्ये त्विच्छाशक्तिमये भेदोपसंहारमार्गरूपत्वात्तमः, अत एव मध्यम् । अत्रोभयनाडीसमवाहित्वं समानव्याप्त्या, नतु मध्योर्ध्ववाहित्वं तस्य तुर्यप्रकाशरूपत्वेन सौषुप्ततमोयोगाभावात् ॥

अत्रैव कारणान्याह

ब्रह्मेश्वरश्च दक्षस्थौ
वामे विष्णुसदाशिवौ ॥१५१॥
मध्ये रुद्रशिवौ प्रोक्तौ
सर्वातीतः परः शिवः ।

ब्रह्मविष्णुरुद्राणां परव्याप्त्येश्वरसदाशिवशिवा दक्षवाममध्याधिष्ठातृत्वेन स्थिताः । अत एव जागरादित्रयमयेऽपीश्वराद्यधिष्ठानात्तुर्यव्याप्तिरप्यस्ति,–इति मन्तव्यम् । 'सर्वातीतः' इत्यनेन तु परकारणस्वरूपमुक्तम् ॥

कारणवत्परापरभेदेन शक्तित्रयस्थितिमाह

ज्येष्ठाज्ञाने च दक्षे च
क्रिया वामा तथोत्तरे ॥१५२॥

रौद्री चेच्छा च मध्यस्था

ज्ञानाद्या अपराः, ज्येष्ठाद्यास्तु पराः ॥

कारणानुसारेण परकारणस्वरूपवत्परशक्तिस्वरूपमप्याह

परा शक्तिः परापरा ।

सर्वमेव परमपरं च व्याप्य स्थितेत्यर्थः ॥

अत्रैव सोमसूर्याग्नीनाह

दक्षिणे तु स्थितः सूर्यो
वामे सोमो विराजते ॥१५३॥
पाके प्रकाशकत्वे च
मध्यस्थश्चैव पावकः ।

'पाके प्रकाशकत्वे च' इति तन्निमित्तं 'पावको'ऽग्निः । सोमसूर्ययोस्तु

'वायति तपति सूर्यः सोमो वर्षति चामृतम्' । (७।१५७)

इति कार्यं वक्ष्यति ॥

पाकप्रकाशौ विषयद्वारेण व्याचष्टे

पाचयेत्सर्वपाकं हि
सोमादि[1]गुणसम्भवम् ॥१५४॥

---

१ क० पु० सोनादिगुणेति पाठः ।

प्रकाशयेत्स्वसामर्थ्या-
त्परतत्त्वमनामयम् ।

स्वसामर्थ्यादिति गुणीकृतप्राणादिवृत्तिव-
शोन्मग्नसंवित्स्वभावतया ॥

पूर्वं मध्यमार्गाश्रयदिनोदयानुसारं ग्रहा-
दीनां स्थितिरुक्ता, इदानीं तु दक्षवामतदु-
भयाश्रयेणाप्याह

राशयश्च ग्रहाः सर्वे
ऋक्षयोगादयश्च ये ॥ १५५ ॥
चन्द्रसूर्यपथेनैव
ते चरन्त्यनुपूर्वशः ।
सूर्यसोमौ च ते सर्वे
भुञ्जते क्रमशः प्रिये ॥ १५६ ॥

'ते सर्वे' इति भैरवाष्टकपर्यन्ताः, 'सोम-
सूर्यौ' इति पृथग्वाहे पृथक्, समवाहे तु युगप-
द्भुञ्जतेऽधितिष्ठन्ति ॥ १५६ ॥

इत्थं च

सोमसूर्यात्मकास्ते वै
पथित्रयव्यवस्थिताः ।

दक्षे प्राणसूर्यात्मानो, वामेऽपानसोमात्मकाः, मध्ये तूभयात्मकाः । एतच्च द्वितीयपटले आज्यत्रिपथविभागावसर एव विभक्तम् ॥

सोमसूर्यात्मकत्वे च सति तेऽपि तत्फलप्रदाः,-इत्याह

वायति तपति सूर्यः
सोमो वर्षति चामृतम् ॥ १५७ ॥
सोमसूर्यात्मकं यस्मा-
ज्जगत्स्थावरजङ्गमम् ।

यतः प्रोक्तव्याप्त्या सूर्यसोमवाहसम्बद्धत्वात्सर्वं जगत्सूर्यसोमात्मकं 'हिममपि दहति, वह्निरपि चाप्याययति स्पर्शनेन' इत्यनेन न्यायेन तत्तत्प्रमातृदेशकालन्यायेन विश्वस्य ह्लादतापकारित्वेनोपलम्भनात्, ततः 'सूर्य' इति दक्षवाहो 'वायति' शोषयति संतापयति च, 'सोम' इति वामवाहस्त्वमृतं वर्षत्याप्याययति । अतः क्रूरसौम्यसिद्धिसाधनपरेण तदौचित्येनैव प्रवर्तनीयमिति परमार्थः ॥

किंच

सौरो दक्षिणमार्गस्तु
उत्तरायणसंज्ञितः ॥ १५८ ॥
वामः सौम्यस्तु यः प्रोक्त-
स्तत्र वै दक्षिणायनम् ।
सोमसूर्यात्म विषुव-
त्पुटद्वयविनिःसृतम् ॥१५९॥

ऊर्ध्वाधोवाहवदत्राप्युत्तरायणादिविभागोऽस्तीत्यर्थः ॥ १५९ ॥

अत्र संक्रान्तिभेदं दर्शयति

उदक्संक्रान्तयः पञ्च
पञ्च वै दक्षिणायने ।
दक्षिणोत्तरयोर्मध्ये
संक्रान्त्या विषुवद्धयम् ॥१६०॥

'अहनि द्वादश प्रोक्ता················।' (७।१६८) इति वक्ष्यमाणस्थित्या बाह्येऽह्नि द्वादश वामदक्षमध्यसंक्रान्तयो नवशतप्राणापानवाहात्मानो भवन्ति ॥ १६० ॥

अत्र फलं दर्शयति

सौरश्च दक्षिणो मार्ग-
स्त्वभिचारप्रसिद्धिदः ।
आप्यायने तथा पुष्टौ
शान्तिके सौम्य उत्तरः ॥१६१॥

अथ संक्रान्तिदशके क्रममादिशति

दक्षिणादुत्तरं याति
उत्तराद्दक्षिणं यदा ।
दक्षिणोत्तरसंक्रान्तिः
सा चैवं संविधीयते ॥ १६२॥

बाह्ये दक्षिणविषुवद्दिने वक्ष्यमाणानुसारं प्रातरान्तरं दक्षिणविषुवत्कालं समवाहेन स्थित्वा दक्षिणमार्गादुदेत्य उत्तरमार्गं याति, पुनरुत्तराद्दक्षिणं यदा याति तदा सा दक्षिणसंक्रान्तिरुत्तरसंक्रान्तिश्चोच्यते । एवं संविधीयते अनेनैव क्रमेण पुनरुत्तराद्दक्षिणं यातीति संविधीयते निश्चीयते, तेन दक्षिणोत्तरदक्षोत्तरदक्षेषु पञ्च संक्रान्तीर्वहतीत्यर्थः ॥

अथ षष्ठीमुत्तरविषुवत्संक्रान्तिमाह

दक्षिणस्यां यदा नाड्यां
संक्रामेत्तु यदोत्तरम् ।
यावदर्धं तु तत्रस्थं
मध्येनोत्तरतो वहेत् ॥ १६३ ॥
तावत्तद्विषुवत्प्रोक्त-
मुत्तरं तूत्तरायणे ।

दक्षिणनाड्यां पञ्चसंक्रान्त्यात्मिकायां स्थित्वा यदा यदोत्तरं मार्गं संक्रामेत्तदा मध्येनेत्युभाभ्यामुत्तरं विषुवद्भवतीति । उत्तरायण इति दक्षिणवाहात्मकोत्तरायणाश्रयत्वात् । कथमित्याह तत्रेति दक्षिणस्थमर्धं प्राणीयं कृत्वोभाभ्यां पुटाभ्यां वहतीत्यर्थः । यावदुत्तरत इति च यद्व्याख्यातुमवशिष्टं, तस्यायमर्थः—ततोऽनन्तरमुत्तरत उत्तरात्प्रभृति वहेद्यावदुत्तरां पञ्चमीं संक्रान्तिं यावत् । तेनोत्तरदक्षोत्तरदक्षोत्तराः पञ्च संक्रान्तीर्वहेदिति तात्पर्यार्थः । उत्तरेति सौत्रं द्विरावर्तनीयम् । टीकाकारैस्तु दक्षिणोत्तरमि-

त्याद्युत्तरायण इत्यन्तमुत्तरविषुवद्विषयमेव व्याचक्षाणैः संक्रान्तीनां विभागो न दर्शितो, ग्रन्थपौनरुक्त्यं चाश्रितमत्र ॥

अथ दक्षिणविषुवमाह

उत्तराद्दक्षिणायां तु
संक्रामन्स वरानने ॥ १६४ ॥
यावदर्धं वहेत्तत्र
अर्धं दक्षिणतो वहेत् ।
विषुवद्दक्षिणं ताव-
द्दक्षिणायनजं प्रिये ॥ १६५ ॥

पञ्चसंक्रान्तिरूपादुत्तरान्मार्गाद्दक्षिणस्यां नाड्यां संक्रामन्नर्धं प्राणीयं तत्रेत्युत्तरे, अर्धं च दक्षिणे यावद्वहत्युभाभ्यां पुटाभ्यां समं वाहाद्दक्षिणविषुवदेतद्दक्षिणायनकालजातं भवतीत्यर्थः ॥ १६५ ॥

अत्र विषुवद्द्वये फलमाह

तत्र पूजा जपो होमो
यत्कृतं मुक्तिदं भवेत् ।

तत् ॥

किंच

ध्यानयोगेन दीक्षायां
तत्स्थो वै मोचयेद्गुरुः ॥१६६॥

ध्यानमत्र परतत्त्वविषयम् ॥

तदित्थं

बाह्ये चैव त्वहोरात्रे
अध्यात्मं तु वरानने ।
चतुर्विंशतिसंक्रान्तीः
प्राणहंसस्तु संक्रमेत् ॥ १६७॥

हृदब्जदलाष्टकस्य प्रधाननाडीत्रयस्पर्शादेवमिति व्याप्तिज्ञाः । प्राणहंस इति प्राग्वत् ॥

अत्रायं विभागः

अहनि द्वादश प्रोक्ता
रात्रौ वै द्वादश स्मृताः ।

अत्रापि विषुवत्संक्रान्तीनां विभागमाह

पूर्वाह्णे विषुवत्त्वेकं
मध्याह्ने तु द्वितीयकम् ॥१६८॥

---

१ ख० पु० स व्रजेदिति पाठः ।

तृतीयं चापराह्णे वै
अर्धरात्रे चतुर्थकम् ।
चतुर्धा विषुवत्प्रोक्त-
महोरात्रेण मुक्तिदम् ॥ १६९ ॥

तेन बाह्ये विषुवद्दिने पश्चिमरात्रिशेषघटिका सपादा दिनोदयात् घटिका सपादा,—इत्येकं विषुवत् । ततः पञ्च क्रमेण संक्रान्तयः प्रत्येकमर्धतृतीया घटिका एवेति दिनारम्भात्प्रभृति पादोना एताश्चतुर्दश घटिका भवन्ति । ततो द्वितीयं विषुवदर्धतृतीयघटिकाः, ततोऽपि पञ्च संक्रान्तयस्तथैवेत्येवमियदन्तं पादोना एकान्नत्रिंशन्नालिका भवन्ति । ततोऽपि दिनादवशिष्टात्सपादा घटिका, सपादा च रात्रिप्रारम्भघटिकेति तृतीयं विषुवदित्यनेन क्रमेणार्धरात्रे विषुवच्चतुर्थम् । यथा यथा दिननिशयोर्यो ह्रासो वृद्धिर्वा भवति, तथा संक्रान्तीनामपि स मन्तव्य इति

समुदायार्थः । यदुक्तमस्मद्गुरुभिरशेषागमोपनिषदालोके तन्त्रालोके

"विषुवद्वासरे प्रातः सांशां नालीं स मध्यगः ।
वामेतरोदक्सव्यान्यैर्यावत्संक्रान्तिपञ्चकम् ॥
एवं क्षीणासु पादोनचतुर्दशसु नालिषु ।
मध्याह्ने दक्षविषुवन्नव प्राणशतीर्वहेत् ॥
दक्षोदगन्योदग्दक्षैः पुनः संक्रान्तिपञ्चकम् ।
नवासुशतमेकैकं ततो विषुवदुत्तरम् ॥
पञ्चके पञ्चकेऽतीते संक्रान्तेर्विषुवद्बहिः ।
यद्वत्तथान्तः संक्रान्तिर्नव प्राणशतानि सा ॥
एवं रात्रावपीत्येवं विषुवद्दिवसात्समात् ।
आरभ्याहर्निशावृद्धिह्रासंक्रान्तिगोऽप्यसौ ॥"
(२०४)

इत्यादि कालतत्त्वप्रकाशने षष्ठ आह्निके । यत्तु तत्र मध्याह्ने दक्षविषुवदित्युक्तं, तद्बाह्योत्तरायणविषुवद्दिने प्रातरुत्तरविषुवद्भवतीत्याशयात् । इह तु बाह्यदक्षिणायनविषुवद्दिने प्रातर्दक्षिणविषुवद्भवतीत्याशयादन्यथोक्तम् ॥ १६९ ॥

अथाध्यात्मसंक्रान्तीनां बाह्यकालस्थितिमादिशति

चतुर्विंशतिसंक्रान्त्यः
समधातोः स्वभावतः ।

शतानि नव वै हंस
एकामेकां वहेत्सदा ॥ १७० ॥

समधातोः श्लेष्माद्यनुपहतस्य । अत्र च शुक्लप्रतिपदः प्रभृति दिनत्रयमादौ वामे मार्गे प्रथममर्धतृतीया घटिका हंसो वहति, ततोऽन्यद्दिनत्रयं दक्षिणे, ततोऽप्यन्यद्वामे,—इत्यादिः क्रमः श्रीकालोत्तरादिशास्त्रोक्त उदयज्ञस्यर्थं स्मर्तव्यः । यदुक्तं कालावल्यां

"तत्र तावदयं प्राप्य दर्शप्रतिपदं मरुत् ।
समुदेति विधौ तावदादौ चंद्रादिनत्रयम् ॥
ततः संक्रमते सूर्ये तत्राप्युदयते त्र्यहम् ।
संक्रम्य त्रयमेतस्मात्पुनरेति हिमद्युतौ ॥"

इत्यादि ॥ १७० ॥

उपसंहरति

एतन्मानं समाख्यातं

संक्रान्तीनामिति शेषः ॥

अन्यथाप्रवहनमिष्टेतरसूचकमित्याह

अन्यथा प्रवहेद्यदा ।

इष्टं चैवाप्यनिष्टं च
तदा संसूचयेत्तु सः ॥ १७१ ॥

समधातोरित्येव ॥

यत एवम्

आत्मार्थं वा परार्थं वा
तस्माद्योगी निरूपयेत् ।

'आत्मार्थं निरूपयेत्' आत्मना परीक्षीत । 'परार्थं निरूपयेत् इति परं निरूपणायां परीक्षायां नियुञ्जीत । अत्र निरूपयेदिति द्वौ णिचौ ॥

अथात्र परीक्षाकालमाह

पूर्वोदये तु संप्राप्ते
भास्करस्य वरानने ॥ १७२ ॥
जीवितं मरणं चैव
तदारभ्य विचारयेत् ।

जीवितसंलग्नत्वात्सुखदुःखादिभोगस्य प्रथमं तत्परीक्षैव प्राधान्यादिहोपक्रान्ता । 'भास्करस्य' दक्षिणप्राणस्य 'पूर्वोदये' इति प्रा-

क्तोभयवाहात्मकप्रातस्तनविषुवत्कालानन्तरं यदोदयो भवति, तदा प्रभृति विचारयेत् । अत्र च बाह्योत्तरायणे विषुवद्वासरप्रातस्तनकालात्प्रभृति परीक्षेत,—इति कालावलीकारः । सर्वदैव प्राभातिकप्रोक्तान्तर्विषुवत्कालोत्तरभाविदक्षवाहात्प्रभृति,—इति गुरवः ॥

तत्र

सुसंयतमना योगी
वीरो योगासनस्थितः ॥१७३॥
संस्मरन्नात्मजं प्राणं
सुषुम्नान्तर्गतं प्रिये ।

सुसंयतत्वं मनसो विषयाकलुषितत्वं, 'वीरः' प्राणवाहनिभालनैकाग्रः । 'योगासनं' पद्मासनादि । 'आत्मजं प्राणम्' इति व्याख्यातावरोहक्रमेण चित्स्वरूपादेवोत्थितं सम्यक् स्मरन् दिव्यकरणबन्धक्रमेण पूर्वोक्तानुप्रवेशयुक्त्या परामृशन् ॥

अतश्च

सुप्रशान्तस्तदा तिष्ठे-
त्प्राणैकगतमानसः ॥ १७४ ॥

मध्यप्राणवाहावधानेन प्रत्ययान्तरप्रशमा-त्सुप्रशान्तः ॥ १७४ ॥

एवं सर्वप्रसरभित्तिभूतनिभालितसुषुम्ना-मार्गस्य योगिनो यदा

प्राणसंक्रान्तिकालो वै
पिङ्गलैकस्थितो वहेत् ।
प्रवाहे विषुवद्देवि
ज्ञात्वा कालं समादिशेत्॥१७५॥

ज्ञात्वेत्यतोऽनन्तरं तदेत्यध्याहार्यं, तेनाय-मर्थः—मध्यपथनिभालनपुरःसरं प्रभातकाल-मुभयवाहात्मकं निभाल्य, तदनन्तरं पिङ्गले दक्षिणमार्गे एवैकस्मिन् यथोक्तदक्षिणवाम-क्रमवाहोल्लङ्घनात्स्थितं चिरकालं समवस्थान-मुपलक्ष्य तादृशि प्रवाहे 'कालम्' इति स्वस्य परस्य वा मृत्युमादिशेत् ॥ १७५ ॥

एतद्विभजति

एकाब्दं जीवितं ज्ञेय-
महोरात्रेण सुव्रते ।

---

१ ख० पु० सर्वत्रेति पाठः ।

अब्दद्वयं स जीवेत्तु
अहोरात्रद्वयेन तु ॥ १७६ ॥
त्र्यब्दं तु त्रिभिरेवात्र
चतुर्भिश्चतुरब्दकम् ।
पञ्चाब्दं पञ्चदिवसैः
षड्भिः षड्वर्षमेव च ॥ १७७ ॥
सप्तभिः सप्त वर्षाणि
जीवेदष्टाष्टभिर्दिनैः ।
नवभिर्नववर्षाणि
दशभिर्दश एव च ॥ १७८ ॥
दिनैकादशकेनैव
वर्षैकादशकं प्रिये ।
दिनैर्द्वादशभिर्योगी
जीवेद्वर्षाणि द्वादश ॥ १७९ ॥
सप्तयामप्रवाहेण
षण्मासानथ जीवति ।

प्रहरान्षड्वहेद्यस्य
मासांस्त्रीन्वै स जीवति ॥१८०॥
पञ्चप्रहरवाहेन
द्व्यर्धमासायुरेव सः ।
चतुर्भिः प्रहरैर्देवि
मासमेकं स जीवति ॥ १८१ ॥
प्रहरत्रयवाहेन
मासार्धं चैव जीवति ।
प्रहरद्वयं वहेद्यस्य
दिनान्यष्टौ स जीवति ॥१८२॥
चतुरः प्रहराञ्जीवे-
त्प्रहरं तु वहेद्यदा ।
प्रहरार्धं वहेद्यस्य
स जीवेत्प्रहरद्वयम् ॥ १८३ ॥

अत्र प्रोक्तनवशतप्राणवाहातिरेकेण यदि द्वादशदिवसाद्येकान्तानि दिनानि समधातोः प्राणः पिङ्गलायामेव एकस्यां स्थितो वाममार्गा-

संस्पर्शो वहेत् तत्तावत्संख्यान्येव वर्षाणि जीवितं भवति। सप्तप्रहराद्यर्धप्रहरान्ते तु स्ववाहाभ्यधिके वाहे षड्द्व्यर्धैकमासतदर्धदिनाष्टकचतुर्दिनैकदिनदिनार्धमायुर्भवति। कश्चित्तु नवशतिकाद्वाहादनन्तरं प्राणापानवाहात्मकान्तरदिनस्थित्या दिनविभागं स्वपरपरीक्षार्थं तुटिचतुष्टयात्मकान्तरप्रवहणस्थित्या च प्रहरविभागं स्वपरीक्षार्थमेव व्याकृतवान्, अनुभवबाधं च बाह्यदिनादिवाहे प्रोक्तवान्। सप्तप्रहरादिवाहं तु बाह्यमभ्युपेत्योपेक्ष्यमेतद्यतो यदि बाह्यानि द्वादशापि दिनान्यायातमृत्योः प्राणो वहति, तत्कोऽत्रानुभवबाधः। न तथोपलम्भोऽस्तीत्यनायातमृत्युना अनवधानेन चैतद्वक्तुं शक्यम्। इतरस्य तु तथाचोपलम्भो भवत्येव। तुटिचतुष्टयात्मकप्रहरस्थित्या च सप्तादिप्रहरवाहोऽत्यन्तासंबद्ध एव, नहि कस्यचिदपि जातुचित्प्राणापानवाहः स्वाभाविकीं द्वासप्तत्यङ्गुलतामुत्सृज्य वहति, चतुष्प्रहरवाहे च षट्त्रिंशदङ्गुलान्ते अपानस्याप्र-

वेशे तदैव मरणप्रसङ्गः । किंच तथाविधांशांशिकावाहो योगिना महता प्रयत्नेन साधितस्तत्तत्सिद्धिप्रदः,-इत्यमावस्याप्रयत्नेन घटितः सिद्धिप्रद एव भवेन्नतु जीवितावसानसूचकः। 'पिङ्गलैकस्थितः' इति चात्राश्लिष्टम्। यदि तु योगिभिरत्र पक्षे वाग्भरो दीयते तन्नेयार्थमप्येतत्साध्वेव नास्माकं ग्रहः कश्चित्, तदपि तु दिनवाहः स्वपरीक्षार्थः, यामवाहस्तु स्वपरपरीक्षार्थः,-इत्यत्र न वचनं किंचिदस्ति; प्रहरादिवाहव्यवस्था च बाह्याप्यभ्युपगम्यते,-इति स्फुटमिदं स्वमनीषामात्रकल्पितम्--इत्यलं पूर्वैः सह निर्बन्धेन। विपर्यस्तस्त्वागमार्थावबोधोऽनुष्ठानविपर्यासहेतुर्माभूदित्याशयेनैतदुक्तम् ॥ १८३ ॥

किंच

सद्यो मृत्युर्भवेत्तस्य
यस्य हंसस्त्रिमार्गगः ।

'सद्यः' इति तस्मिन्नेवार्धप्रहरे। त्रयो मार्गाः नासारन्ध्रे मुखं च ॥

अब्दादिजीवितं च तत्परीक्षाकालात्प्रभृति गणयेदित्याह

यदारभ्य निरूप्येत
प्राणे वै कालमीश्वरम् ॥१८४॥
मासः पक्षो दिनं वर्षं
तदहः प्रभृति प्रिये ।
संलक्ष्यैवं प्रयत्नेन
तत्काले निश्चयो भवेत् ॥१८५॥

यतो बाह्यात्कालादारभ्य सकलकालव्यवस्थोत्थापकत्वात्कालं, प्रभविष्णुतया विश्वस्याक्रमणाच्चेश्वरं, प्राणे प्रकृष्टेन निभालनात्मना यत्नेनैवमुक्तयुक्त्या निरूपयेत् परीक्षेत, ततः प्रभृति मासपक्षदिनवर्षादि सम्यग्लक्षयित्वा तत्काले निश्चयो भवेदर्थाज्जीवितस्येति संबन्धः॥

उपसंहरति

उत्तरायणजे काले
एवं ते कथितं मया ।

उत्तरायणमत्र दक्षिणनासापुटवाहः, तस्य संहारप्रधानत्वात् ॥

प्रसङ्गात्प्रकारान्तरं मृत्युज्ञानार्थं प्रतिजानीते

अयुक्तस्यापि च प्राणे
मृत्युज्ञानं निबोध मे ॥ १८६ ॥

तदाह

कर्णरन्ध्रकृताङ्गुष्ठो
घोषं न शृणुते यदा ।
मरणं तस्य देवेशि
षण्मासेन विनिर्दिशेत् ॥१८७॥

घोषं द्रुतसरिच्छब्दानुकारं न शृणोति । तदन्तःस्थं चीरवागाख्यप्राणिकार्यचिञ्चिनीतुल्यं शब्दं शृणोत्येव ॥ १८७ ॥

यदा तु तमपि

घोषमध्ये परं शब्दं
चीरवाक्चिञ्चिनीरवम् ।
माससेकं स जीवेत्तु
न शृणोति यदा प्रिये ॥१८८॥

कर्णरन्ध्रकृताङ्गुष्ठ इत्यनुवर्तते ॥ १८८ ॥

प्रसङ्गादन्यदप्याह

उत्पाटं चैव काणं च
मृत्युयोगं च मे शृणु ।

तत्र

संक्रान्तिपञ्चकं प्राणो
मुखरन्ध्रे वहेद्यदा ॥१८९॥
तमुत्पाटं वदेद्योगं

प्राणस्य स्वस्थानान्नासापथादुत्पाटनादयमुत्पाटः ॥ १८९ ॥

यदाह

स्थानात्स्थानान्तरं व्रजेत् ।

अतश्चेदृगरिष्टलक्षणयुक्तोऽपि स्थानात्स्थानान्तरमुद्भ्रान्तपत्रि¹वद्भ्रमति,—इत्यप्यत्रार्थः ॥

किंच ईदृशोत्पाटवतः

वित्तनाशस्तथोद्वेगो
रोगवृद्धिश्च जायते ॥ १९० ॥

---

१ क० ख० पु० पत्रवदिति पाठः ।

सुहृद्गृहविनाशश्च
तेजोहानिश्च जायते ।

काणमाह

दक्षिणे पुट एकस्मि-
न्दक्षिणायनवर्जिते ॥ १९१ ॥
संक्रान्त्यष्टकवाहेन
काणयोगो भवेद्धि सः ।

दक्षिणायनेन वामपुटवाहेन वर्जिते मध्ये तद्रहिते । एवं चाभिदधत् यत्

'.........त्रिंशत्प्राणक्षयोदया ।' (२०२)

इति मृत्युयोगे संक्रान्तिस्वरूपं वक्ष्यति, तदिहापि संबन्ध्यमिति सूचयति, दक्षिणायने प्राप्त्यभावाद्वर्जनानुपपत्तेः । अतश्च वामवाहनिमीलनेन दक्षिणैकवाहात्काण इव काणः ॥

अतश्च

भगन्धरोऽनुग्रन्थश्च
नेत्ररोगश्च कामला ॥ १९२ ॥

शूलं विस्फोटिका दुःख-
मुरोदोषा भवन्ति च ।

'भगन्धरः' पायुरोगः । 'अनुग्रन्थः' सशूलोऽतीसारः । 'नेत्ररोगः' तिमिरामयः । 'विस्फोटिका' पिटिका । 'उरोदोषाः' उरःक्षताद्याः ॥

वामकाणमुक्त्वा दक्षिणकाणमाह

वामनासापुटेनैव
संक्रान्तीश्च त्रयोदश ॥१९३॥

यदि प्राणो वहेत् तदा दक्षिणवाहनिमीलनादयमपि काणः ॥ १९३ ॥

तस्मात्

ज्वरः शिरोऽर्तिः शूलं च
अर्शांसि स्तम्भ एव च ।
मूत्रकृच्छ्रं प्रमेहश्च
पाण्डुरोगश्च जायते ॥ १९४ ॥

'प्रमेहः' शुक्रादिप्रस्रावः ॥ १९४ ॥

तदित्थं प्राणः

इडास्थः श्लेष्मणा व्याधिं
प्रकोपयति सुव्रते ।

व्याधिमिति ज्वरादिपाण्डुरोगान्तम् ॥

अस्य व्याधेर्जातस्योदयकालं निरूपयति

यस्मिंश्चारे निरूप्येत
तत्कालदिवसे परे ॥ १९५ ॥
व्याधिभिः पीड्यते सर्वै-
र्वामवामेतरेतरे ।

वामे तदितरस्मिन्दक्षिणे च काणयोगः, इतरत्र च मुखे उत्पाटो यत्र वाहकाले दृश्यते, ततः परत्र दिवसे तत्काल एव प्रोक्तव्याधिभिः पीड्यत इत्यर्थः ॥ १९५ ॥

एवमुत्पाटकाणौ द्वौ निर्णीय, मृत्युयोगमव्याकृत्य प्रसङ्गान्नासापुटभागस्पर्शं शुभादिसूचकं निरूपयति

अथान्यत्स्पर्शविज्ञानं
नासाधस्तात्तथोपरि ॥ १९६ ॥

वक्ष्यामीति शेषः ॥ १९६ ॥

तत्र

ऊर्ध्वेन स्पृशतश्चोर्ध्वं
रुग्दोषाः प्राक्प्रचोदिताः ।

स्युरिति शेषः । 'ऊर्ध्वेन' इति ऊर्ध्ववाहिना प्राणेन । 'ऊर्ध्वम्' इति नासायाः । अत्र च दक्षिणेनोत्तरस्थं संबध्यते ॥

ऊर्ध्वेनोक्त्वा अध आह

वाचाक्रोशाभिभवनं
दक्षिणेन वहेद्यदा ॥ १९७ ॥

दक्षिणेन स्पृशेदिति पाठे पूर्वेण सह एकवाक्यतया व्याख्येयम् ॥ १९७ ॥

किंच

मध्ये मध्यपुटस्पर्शी
पराभिभवतां व्रजेत् ।

'मध्ये' इति सर्वपार्श्वस्पर्शवर्जं 'मध्यपुटो' मध्यवंशस्तत्स्पर्शी च ॥

किंच

इतश्चेतश्च बहुधा
संक्रान्त्येका वहेद्यदा ॥१९८॥
पूजनं बहुसंमानं
लाभस्तस्य भवेत्तदा ।

संक्रान्तिगतानि नव प्राणशतानि 'इतश्चेतश्च' इति वामदक्षिणवाहयोर्यदि पर्यायेण बहुशो वहेत् प्राणस्तदा पूजादिकं भवति । यत्तु कश्चिद्यदा इत्यत्र तदेति पठित्वा पूर्वेण पराभिभवेन फलेन श्लोकार्धं योजितवान्, पूजनं बह्वित्यर्धं चोत्तरश्लोकेन, तदसारत्वादुपेक्ष्यम् ॥ १९८ ॥

किंच

मन्दचारे सुषुम्नायां
प्राणहंसो वहेद्यदा ॥ १९९ ॥
भूलाभो धर्म ऐश्वर्यं
भवेच्चात्र प्रियागमः ।

'सुषुम्नायाम्' इति मध्यमार्गे स्वरसत एव यदा वहेदिति व्याकर्तव्यम्, नतु यथा बृहट्टीकाकारेण व्याकृतं नासा[1]पुटमध्य इति ॥

एवं प्रासङ्गिकमुक्त्वावशिष्टं मृत्युयोगं निर्णेतुमाह

द्वादशैव तु संक्रान्ती-
वहेद्विषुवतैकतः ॥ २०० ॥
तदैकवत्सरेणैव
मरणं तु समादिशेत् ।
ह्रसेत्संक्रान्तिरेकैका
मास एको ह्रसेत्तदा ॥ २०१ ॥

विषुवतेति 'उद्वतो निवतः' इति प्रयोगदर्शनादर्होर्थवत्यन्तस्यानव्ययत्वात्तृतीया । तेन वामदक्षिणयोर्युगपदवस्थित्या यदि द्वादश संक्रान्तीः समनन्तरवक्ष्यमाणत्रिंशत्प्राणचारात्मकैकसंक्रान्तिकलनया षष्ठ्यधिकत्रिशतिकवाहात्मिका नवशतिकं स्वाभाविकं वाहमपास्य 'ए-

१ ख० पु० नासपुटेति पाठः ।

कतः' इत्येकप्रघट्टकेन वहेत्, तदा मासेन मरणं सूचयति। एकैका तु संक्रान्तिर्यदि 'ह्रसेत्' इत्येकादशदशादिसंक्रान्तीर्यदा वहेत् तदा तावद्भिर्मासैर्मरणं, यावत्स्वाभाविकनवशतिकविषुवद्वाहोल्लङ्घने यद्येकां त्रिंशत्प्राणचारात्मिकां संक्रान्तिं वहेत् तदा मासेन मरणं निश्चेयम् । पूर्वं 'शतानि नव वै हंस एकामेकां वहेत् सदा ।' (७।१७०) इति यत् संक्रान्तेर्मानमुक्तं, तदेवोत्पाट–काण–योगसंक्रान्तीनां 'दक्षिणायनवर्जिते' इत्यभिधानादिति निर्णीतम् ॥ २०१ ॥

मृत्युयोगे त्वन्यथेत्याह

संक्रान्त्येका वरारोहे
त्रिंशत्प्राणक्षयोदया ।

प्राणापानवाहस्य अहोरात्रत्वेन उक्तत्वात् तत्त्रिंशता इह संक्रान्तिर्मन्तव्या,—इत्यर्थः ॥

इत्थमीदृश्यैकैव संक्रान्तिर्यदि स्वाभाविकं विषुवद्वाहमपास्य, तत्स्थाने

दिने दिने वहेद्वाह्ये
यावत्त्रिंशद्दिनानि तु ॥ २०२ ॥

तदा

मासान्ते तु भवेन्मृत्युः
सद्य एव वरानने।

तदित्थं

मृत्युयोगः समाख्यातो
मया ते वरवर्णिनि ॥२०३॥

अत्रापि पूर्ववत्परीक्षाकालात्प्रभृति प्रोक्ताशुभसूचककालगणना कार्येत्याह

अब्दं मासं तथा पक्षं
तिथिं वेलां यदाभ्यसेत्।
यत्कालात्तु समारभ्य
तत्कालं तु समादिशेत् ॥२०४॥

यत्कालादभ्यसेद्यदा परीक्षितुमुपक्रमेत, ततः कालादारभ्य वर्षमासादि मरणादिसूचकं क्रमेण स्वात्मनः परस्य वा कथयेदित्यर्थः ॥२०४॥

तदीदृशमेवंविधशुभाशुभसूचकं

इडासुषुम्नामार्गेण
प्राणचारं विदुर्बुधाः।

सावधाना एव योगिनो जानीयुः, न त्वन्य इत्यर्थः । इडासुषुम्ने पिङ्गलां विषुवं चोपलक्षयतः ॥

उपसंहरति

दक्षिणायनजे काले
एवं ते कथितं शुभम् ॥२०५॥

'दक्षिणायनजः कालो' वामपुटवाहः । एतदपि पूर्ववदुपलक्षणपरमेव ॥ २०५ ॥

यदर्थमियदुक्तं, तत्प्रस्तावयति

एवं शरीरजे काले
मृत्युं चाशुभमेव च ।
ज्ञात्वा योगी जयेन्मृत्यु-
मशुभान्यप्यशेषतः ॥ २०६ ॥

स्वस्य परस्य वा ॥ २०६ ॥

कथमित्याह

ध्यात्वा कालेशस्वच्छन्दं
हंसं वा सकलेश्वरम् ।

कालस्य स्थूलसूक्ष्मादिभेदवतो बाह्यान्तरादिरूपस्य सर्वस्येशं यथारुचि निर्भासकं, हंसं व्याख्यातपरनिष्कलस्वरूपं श्रीस्वच्छन्दं सकलस्य जगतः ईश्वरं ध्यात्वा अनुप्रवेशयुक्त्या स्फुटीकृत्य योगी मृत्युं जयेदिति पूर्वेण संगतिः॥

कुत्रस्थोऽसौ कीदृग्ध्येय इत्याह

नासिकारन्ध्रमार्गस्थः
स सृजेत्संहरेज्जगत् ॥ २०७ ॥
तत्रस्थः कलयेत्सर्वं
सर्वभूतेष्ववस्थितः ।

यः सर्वभूतेषु स्थावरजङ्गमरूपेषु

'नादाख्यं यत्परं बीजं सर्वभूतेष्ववस्थितम् ।'

इति तन्त्रान्तरोक्तस्थित्या अवस्थितः, नसते कौटिल्येन गच्छतीति 'नासिका' मध्यशक्तिः, तद्रन्ध्रमार्गे सौषुम्ने धाम्नि स्थितो यथोक्तावरोहक्रमेण प्राणरूपतां श्रित्वा नासायां रन्ध्रमार्गेषु च चक्षुरादिसुषिरभूमिषु स्थितः, स उन्मेषनिमेषयुक्त्या बाह्यान्तररूपं जगत्

सृजेत् संहरेच्च । यतस्तत्रस्थः सन् सर्वं 'कलयेत्' अन्तरवस्थितं बहिः क्षिपेत्, बहिराभासितं चान्तः क्षिपेत्, अथच 'कलयेत्' गणयेत् वैचित्र्येण स्थापयेत् जानीयात् परामृशेच्च; कलतेः क्षेपसंख्यानगतिशब्दार्थत्वात् ॥

तेनेदृशं स्वच्छन्दनाथं कालेश्वरं

तत्स्थं ध्यात्वा जयेन्मृत्युं

मध्यधाम्नः प्रभृति अशेषरन्ध्रव्याप्त्यावस्थितं परचैतन्यविमर्शसारमकालकलितं 'ध्यात्वा' इति स्वात्मरूपत्वेन प्रत्यभिज्ञाय तदवष्टम्भेनावस्थितो मृत्युं जयत्येव ॥

यतः

नाकालस्थं कलेत्प्रभुः ॥२०८॥

अकाले कालातीतपरमेश्वरात्मनि यस्तिष्ठति तदभेदेन स्फुरति तं, 'प्रभुः' परमेश्वरो न कलयेत्, स्वात्मनि क्रियावरोधात् ॥ २०८ ॥

यदि चात्रैव पदे योगीन्द्रः सततावहितो भवति, तदास्य

ध्यानयुक्तस्य षण्मासा-
त्सर्वज्ञत्वं प्रवर्तते ।
कालत्रयं विजानाति
कालयुक्तस्तु योगवित् ॥२०९॥

परस्वच्छन्दस्वरूपसमावेशरसेन धीसन्तानोत्तेजनात् षाण्मासिकात् सर्वं कालाग्न्यादिशिवान्तं जानाति, यदा तु तत्समावेशरसाच्छुरित एव काले प्राणचारे युक्तोऽवहितो भवति, तदातीतवर्तमानानागतं सर्वं जानाति योगिवरः ॥ २०९ ॥

किंच

कालहंसं स तु जप-
न्ध्यायन्वापि महेश्वरि ।
स भवेत्कालरूपी वै
स्वच्छन्दः कालवच्चरेत् ॥२१०॥
हतमृत्युर्जरां त्यक्त्वा
रोगैः सर्वभयोज्झितः ।

पूर्वनिर्णीतो यः परनिष्कलभट्टारकात्मा

हंसः, स एव निर्णीतहानसमादानधर्मतया विश्वं कलयन् कालहंस इतीह उक्तः । तं जपन्ध्यायन्वेति पञ्चप्रणवाधिकारयोजनिकाग्रन्थोक्तव्याप्तिचिन्तनया भूयोभूयस्तद्विश्रान्तिपरत्वेन चतुष्कलभट्टारकमन्त्रोच्चारावर्तनेन जपन् कालरूपीत्यशेषविश्वकलनात्मकं कालरूपं प्रशस्तं विद्यते यस्य श्रीस्वच्छन्दभट्टारक एवासौ स्यात् । तद्वदेव च 'विचरेत्' सर्वदैव पञ्चविधकृत्यकारितया प्रसरेत् । रोगैर्हेतुभिः कृतं यद्भयं, तेनोज्झितः ॥

किंचास्य

विज्ञानं श्रवणं दूरा-
न्मननं चावलोकनम् ॥ २११ ॥
सर्वैश्वर्यगुणावाप्ति-
र्भवेत्कालजयात्सदा ।

दूरादिति सर्वत्र योज्यम् । विज्ञानं बुद्धेर्मननं मनसो व्यापारः, अवलोकनं चक्षुषः । एतच्च सर्वान्तर्बहिष्करणव्यापारोपलक्षणपरम् ।

तदेवं सर्वरन्ध्रव्यापकदेशकालातीतस्वच्छन्द-भैरवात्मकहंसस्वरूपात्मताव्याप्तौ शरीरेन्द्रिया-दिभूम्युत्तरणात् पुनश्च परतत्त्वरसेन तदास्फु-रणाज्जरामृत्युरोगमितविषयज्ञानानैश्वर्याद्यभा-वोऽर्थसिद्ध एव इत्युक्तम् ॥

इदानीं दक्षिणवाममध्यवाहेषु क्रमेण हंस-ध्याने तदुचितं मृत्युजयमादिशति

दक्षनासापुटे ध्यात्वा
ब्राह्मैश्वर्यमवाप्नुयात् ॥ २१२ ॥
तदायुस्तत्समं वीर्यं
भूतकालं च वेत्त्यतः ।
भविष्यज्ज्ञो भवेद्वामे
विष्णुतुल्यबलश्च सः ॥२१३॥
तत्समं चैतदैश्वर्यं
तदायुर्योगिराड्भवेत् ।
भूतं भव्यं भविष्यच्च
सर्वं जानाति मध्यतः ॥२१४॥

नित्यं वै ध्यान[1]योगेन
रुद्रस्य समतां व्रजेत् ।
आयुषा बलवीर्येण
रूपैश्वर्येण तत्समः ॥ २१५ ॥
ब्रह्मणः परभावेन
ऐश्वरं पदमाप्नुयात् ।
विष्णोः सदाशिवैश्वर्यं
परभावादवाप्नुयात् ॥ २१६ ॥
रुद्रस्य यः परो भावो
ध्यात्वा तं तु शिवो भवेत् ।

इह

'ब्रह्मेश्वरौ च दक्षस्थौ वामे विष्णुसदाशिवौ ।
मध्ये रुद्रशिवौ प्रोक्तौ··············॥'(७।१५१)

इति नाडित्रय एव षट्कारणावस्थितिः परापरभेदेन पूर्वमुक्ता । तेन दक्षवामनाडिषु यदि हंसं ब्रह्मविष्णुरुद्ररूपमपरया व्याप्त्या ध्यायन् विमृशति, तदा तद्बलवीर्यैश्वर्ययोगी

1 क० पु० ज्ञानयोगेति पाठः ।

भवति, अतीतभाविवर्तमानरूपत्रैकालिकं विश्वं जानाति । अत्र च ब्रह्मादीननया व्याप्त्या ईश्वरसदाशिवशिवरूपान् ध्यात्वा, तद्रूपतां लभते ॥

उपसंहरति

एवं मृत्युजयः ख्यातः

अथ

अमृतं ध्यायतो जयः ॥२१७॥

मृत्योरेवेति शेषः ॥ २१७ ॥

कथमित्याह

नाडिभिन्नालरन्ध्रस्थं
हृत्पद्मं षोडशच्छदम् ।
ध्यात्वा सितं सुविकचं
कलाषोडशकान्वितम् ॥२१८॥
संपूर्णावयवं चन्द्रं
कर्णिकाकारविग्रहम् ।
तन्मध्ये चिन्त्यमात्मानं
शुद्धस्फटिकनिर्मलम् ॥२१९॥

क्षीरामृतार्णवावस्थ-
कल्लोलामृतपूरितम् ।
उपरिष्टाद्द्वितीयाब्जं
शाक्तामृतमहोदधौ ॥ २२० ॥
तच्चाधो मुखपद्मं तु
परिपूर्णेन्दुकर्णिकम् ।
तन्मध्ये चिन्तयेद्धंस-
मधो बिन्दुशिखान्वितम् ॥२२१
वर्षन्तममृतं दिव्यं
समन्तात्संविचिन्तयेत् ।
आत्मोर्ध्वरन्ध्रमार्गेण
प्रविष्टं तच्च चिन्तयेत् ॥२२२॥
सितं सुबहुलं सान्द्र-
ममृतं मृत्युनाशनम् ।
तेनाप्लावितमात्मानं
पूर्यमाणं विचिन्तयेत् ॥२२३॥

पद्मनालनिबद्धैश्च
नाडीरन्ध्रमुखैः सदा ।
अमृतापूरितं देहं
सर्वमेव विचिन्तयेत् ॥ २२४ ॥

एवं वै नित्ययुक्तात्मा
अमृतेशसमो भवेत् ।
व्याधीन्मृत्युं जरां त्यक्त्वा
क्रीडते त्वणिमादिभिः ॥२२५॥

एवं तस्यामृतध्याना-
त्कालमृत्युजयो भवेत् ।

हृद्द्वादशान्तोर्ध्वाधःस्थितं श्रीपूर्वाद्युक्तामृतादिदेवतावाच्यकारादिवर्णषोडशककलितताव-त्पत्रविकसितासितकमलमध्यस्थमधःकमलकर्णिकापूर्णेन्दुबिम्बनिष्ठमूर्ध्वाब्जकर्णिकापूर्णेन्दुमध्यस्थाधोमुखसितचतुष्कलबिन्दुप्रकाशप्रसरत्सुधासारपूरितब्रह्मरन्ध्रविसृतकल्लोलप्लावितामृतराशिमध्यगमात्मानं स्फटिकप्रभं त्रि-

चिन्त्य, तदमृतं तदधःस्थसिताब्जनालरन्ध्रनानानाडीमुखैरुच्छलत्समस्तदेहव्यापकं यः षण्मासान् सततं चिन्तयति, स गतव्याधिरजरामरणोऽणिमादिसिद्धिभागमृतेशभैरवतुल्यो भवतीति पिण्डार्थः । नाडिरूपतया भिद्यन्ते नानारूपत्वेन स्फुरन्ति यानि नालरन्ध्राणि अर्थादधोऽब्जगतानि तत्स्थमिति, तैर्ग्रन्थिस्थानगतैः संबद्धं, नालमत्र मध्यनाडीरूपं, क्षीरं क्षीरोदाद्यदुद्धूनममृतं तद्रूपोऽर्णव इति संगतिः । अमृतं चात्र परशक्त्यानन्दसारम् ॥

एवं सर्वनाडीमार्गत्रयाश्रयहंसध्यानादमृतध्यानाच्च मृत्युजयमभिधाय, तात्त्विकमनुत्तरसाररूपमादेष्टुमुपक्रमते

अथवा परतत्त्वस्थः

सर्वकालैर्न बाध्यते ॥ २२६ ॥

अथवेत्यनेनेदं ध्वनति—कतिपयकालशरीरस्थैर्यादिमृत्युजयप्रकारेभ्योऽयमन्य एवातिविरस[ल]महायोगीन्द्रहृदयङ्गमस्तत्प्रकारो, यत्र

देहावस्थित एव श्रीस्वच्छन्दभैरवतां सर्वदैव समाविशति कोऽपि पश्चिमजन्मा जन इति २२६

तत्र यादृक्परं तत्त्वं, यथा च तन्मयीभावस्तदादेष्टुमाह

चिन्तयेत्परमं तत्त्वं
कालचारविवर्जितम् ।
कलाकलङ्कनिर्मुक्तं
निष्कलं परमं पदम् ॥ २२७ ॥

चिन्तयेत्स्वाभेदेन विमृशेत् परं तत्त्वं द्वादशान्तस्फुरितं चिदानन्दघनात्मकं, 'कालचारेण' बाह्येनान्तरेण च वर्जितं, 'कलाकलङ्केन' कल्पनामलेन शून्यम्, अत एव चतुष्कलबदकारादिकलायोगाभावात् निष्कलं, परमं पदमनुत्तरं धाम ॥ २२७ ॥

न केवलं परमं धामेदृग्यावत्

निष्कलं चात्मतत्त्वं तु

'आत्मतत्त्वं' समनोपरि शुद्धात्म 'निष्कलं' त्यक्तसमनान्तभेदकलनम् ॥

यतः

कलङ्को देह उच्यते ।
संयुक्तः कारणैः षड्भिः
सर्वतत्त्वसमन्वितः ॥ २२८ ॥
वर्णो बिन्दुस्तथा नादो
व्यापिनीशक्तिसंयुतः ।
समनावधिपर्यन्तः
कलङ्काधार उच्यते ॥ २२९ ॥

एतदुक्तं भवति—यथायं स्थूलस्तत्त्वादिरूपो देहः कलङ्कः, तथा करणाश्रयः प्राणात्मा सूक्ष्मः, समनान्तमातृप्रमेयरूपः परोऽपि देहः कलङ्क एव । परभैरवरूपो हि परव्याप्त्याय-मात्मनि । यथा स्थूलदृष्ट्या देहप्राणादिरस्य कलङ्कस्तथा परदृष्ट्या समनान्ता प्रमेयमाला कलङ्क एव । वर्णः अकार उकारो मकारश्च । कलङ्करूपश्चासावाधार इति समासः । कलङ्कत्वं चास्य सर्वस्य परशिवाभेदाप्रथनात् ॥ २२९ ॥

यस्य चायमाधारः, सः

आधेयः परमो ह्यात्मा

यः पूर्वं शुद्धविज्ञानकेवलो भेदवादिनां मोक्षभूरित्युक्तः ॥

अथ

तत्पराप्युन्मना स्मृता ।
तस्याश्चान्ते परं तत्त्वं
सकलाकलवर्जितम् ॥ २३० ॥
व्यापकं सर्वतोभद्रं
सर्वान्तः सर्वतोमुखम् ।
पञ्चपञ्चकतत्त्वस्थ-
मष्टादशगुणान्वितम् ॥२३१॥

'सकलः' समनान्तः स्फारः 'अकलः' शुद्धात्मा, ताभ्यां वर्जितं तयोः परस्परावच्छेदेन संकुचितत्वात्; न तु व्यापकं दिक्कालासंकुचितं, सर्वतश्च भद्रं चिदानन्दघनं, सर्वस्य चान्तः जीवितभूतत्वेन स्थितं, पूर्वापरमध्य-

कोटिमध्यगतं च, सर्वतः सर्वेण मुखमिव मुखं स्वात्मप्रत्यभिज्ञोपायरूपम् । पञ्चपञ्चकानि तत्त्वानि तथाष्टादश गुणांश्च स्वयमेव व्याख्यास्यति । पञ्चपञ्चकेषु च तत्त्वेषु च स्थितं तदभिन्नमूर्तिं गुणेषु चान्वितं अनुगततया स्थितम् ॥ २३१ ॥

तदित्थंभूतमेतत्

यद्यस्मिंस्तु परं वेत्ति
तदा मुच्येत बन्धनात् ।

'कलङ्को देह उच्यते' (७।२२८) इत्युपक्रान्तत्वादस्मिन्देहप्राणादावेव अवस्थितो यद्युक्तरूपं परं तत्त्वं वेत्ति, तदा बन्धनान्मुच्यत एव; जीवन्नेव स्वानुभवेन परभैरवतामाविशतीत्यर्थः ॥

अथ पञ्चपञ्चकं दर्शयति

कारणानि च मन्त्राश्च
निवृत्त्याद्याः कलास्तथा ॥२३२
बिन्दुश्चैवार्धचन्द्रश्च
निरोधी नाद ऊर्ध्वगः ।

शक्तिश्च व्यापिनी चैव
समनात्मा तथोन्मना ॥ २३३ ॥
पञ्चपञ्चकमेतद्धि
कथितं ते वरानने ।

'कारणानि' ब्रह्मादीनि षट् । 'मन्त्राः' इति अकारोकारमकारा ब्रह्मविष्णुरुद्रवाचकास्त्रयः । बिन्दुनादशक्तीनामीशसदाशिवशिववाचिकानां सर्वमन्त्रसाधारणबिन्द्वाद्युन्मनान्तप्रमेयदशकमध्ये कथनात्, अतो मन्त्रशब्देन साधारणप्रमेयदशकावशिष्टा असाधारणास्त्रय एव उक्ताः । तथा वक्त्राङ्गमन्त्रैकादशिकावर्गश्चतुर्थ इत्येते दश, ब्रह्मादिकारणाधिष्ठिताश्च निवृत्याद्याः कलाः पञ्च प्राग्व्याकृताः, तत्त्वं च बिन्द्वादिप्रमेयदशकमित्येतत्पञ्चपञ्चकम् ॥

तत्त्वान्याह

तत्त्वान्येव तु षट्त्रिंशत्

पृथिव्यादीनि षट्त्रिंशत्पूर्वमेवोक्तानि ।

अत्र सर्वत्र परतत्त्वमभेदेन स्थितमिति पूर्वेण संबन्धः ॥

अथ

गुणांश्चैव निबोध मे ॥ २३४॥

'गुणाः' परभैरवस्य गृहीतमायाप्रमातृभूमिकस्य परापरदशौचित्येनावस्थिता धर्माः शक्तयः ॥ २३४ ॥

तानाह

अहंकारो धीर्मनश्च
इन्द्रियार्थास्तथैव च ।
ग्रहणं स्पर्श आधारः
शक्तिश्चैवाष्टमी स्मृता ॥२३५॥

एते चाष्टौ गुणाः

अन्तःकरणत्रयमिन्द्रियार्थसहितोऽर्थवर्गश्चतुर्थः, ग्रहणं च तद्विषयज्ञानं, स्पर्श आन्तरसुखाद्युपलम्भः, आधारः शरीरं, शक्तिर्ज्ञानक्रियात्मा प्रयत्नश्चेत्यष्टावपररूपस्यात्मनो धर्माः शक्तयः । यतो यत्किंचित्प्रकाशते विषयशरी-

रादि, तत्प्रकाशरूपाच्चेतनादभिन्नम्, अन्यथास्य प्रकाशनायोगादित्यस्य धर्मरूपमेव सर्वम् ॥

अस्यैव परां व्याप्तिमाविष्टस्य

अष्टौ

भैरवा भैरवाष्टकम् ।

ये पूर्वं कपालीशादयोऽष्टौ भैरवा उक्तास्तदात्मानः परव्याप्त्या भैरवस्य सतोऽष्टकं गुणानामित्यर्थः ॥

किंचास्य

प्राणहंसस्तथा शक्तिः

अपरपरावस्थायाः क्रमेण धर्मौ । यथा हि परमेश्वरः स्वस्वातन्त्र्यात् गृहीतात्मभूमिकस्तथा तदीयस्वातन्त्र्यात्मापि शक्तिः सकुचिततया भान्ती प्राणः,—इत्युक्तप्रायम् ॥

तदित्थं

गुणा अष्टादश त्विमे ॥२३६॥

अतश्च

एतेषु तत्परं तत्त्व-

मुच्चारालम्बनादृते ।

'उच्चारः' करणबन्धादिपूर्वं मन्त्रोदीरणम्, 'आलम्बनं' ध्यानाद्याश्रयणं, तद्विना एतेषु सर्वेषु भेदेष्वभेदेन स्थितमिति शेषः । उपायाभिमतानामपि स्वप्रकाशचिद्भिरयैक्येन प्रकाशनात् । तदुक्तमस्मत्प्रभुपादैः

'उपायजालं न शिवं प्रकाशये-
द्घटेन किं भाति सहस्रदीधितिः ।
विवेचयन्नित्थमुदारदर्शनः
स्वयंप्रकाशं शिवमाविशेत्क्षणात् ॥' (तं० सा० २आ०)

इति ॥

तदेव विशिनष्टि

अक्षराक्षरनिर्मुक्तं
परं तत्त्वमनक्षरम् ॥ २३७ ॥

अक्षरेणाविमलेन जीवात्मना रूपेण आ समन्तात् क्षरैः सर्वभूतैश्च निर्मुक्तं परचिन्मात्रमित्यर्थः, अथवाऽक्षरैर्वाचकैरक्षरैश्च तत्संबन्धिभिर्वाच्यैराकारैर्निर्मुक्तमकारोकारादिवाचकमन्त्रकलातद्वाच्यरूपं न भवतीत्यर्थः ॥

युक्तं चैतत् यतः

अक्षरेषु कुतो मोक्ष
आकाशे कुसुमं कुतः ।

अत्यन्तासंभाव्यमेतत्—यत्स्थानप्रयत्नादुच्चार्यत्वात् सोपाधिषु मन्त्रावयवरूपेषु 'अक्षरेषु' उच्चरत्सु निरुपाधिचिद्घनतत्त्वसमावेशात्मा 'मोक्षो' भवतीति परतत्त्वस्य वर्णतद्वाच्यरूपत्वाभावात् । उक्तं चैतत्प्राक्

'तस्य रूपं शरीरं च नास्ति वर्णः क्रिया तथा ।' (६।१२)

इति । किंच अक्षरेषु भिन्नेषु बहुषु मुक्तात्मसु इष्यमाणेषु कुतो मोक्षः

'त आत्मोपासकाः............. ।' (४।३९२)

इत्यभिहितत्वात् ॥

अत एव

यावदुच्चार्यते वाचा
यावल्लेख्येऽपि तिष्ठति ॥२३८॥
तावत्स सकलो ज्ञेयो
निष्कलो भेदवर्जितः ।

पश्यन्तीपर्यन्ताभिर्वाग्भिरुच्चार्यमाणस्तत्तद्-कारादिकलाबन्धान्मन्त्रः सकल एव भवति, लिपिध्यानक्रमेऽपि आप्यायादि कुर्वन्नपि अम्बा–ज्येष्ठा–रौद्री–वामाख्यलिपिकलायोगा-दपि सकल एव । यस्तु सर्वभेदप्रत्यस्तमयात् स्वप्रकाशानाहतपरामर्शमयः, स निष्कलः । एतच्च वितत्य पञ्चप्रणवाधिकारादौ निर्णीतम् । उक्तं च श्रीविज्ञानभट्टारके

'नहि वर्णविभेदेन देहभेदेन वा भवेत् ।
परत्वं निष्कलत्वेन सकलत्वे न तद्भवेत् ॥' (६ श्लो०)

इति ॥

अतश्चायं

सृष्टिसंहारनिर्मुक्तः
क्रियाकालविवर्जितः ॥ २३९ ॥

नायं मन्त्रान्तरवत् सृज्यते संह्रियते वा, नाप्यस्योच्चारध्यानादिक्रियाकालोऽस्ति।यथोक्तं

'नास्योच्चारयिता कश्चित्········ ।' (७ । ५९)

इत्यादि ॥ २३९ ॥

एतद्व्यनक्ति

अधश्चारे भवेत्सृष्टि-
रूर्ध्वे संहार उच्यते।
अधश्चारेण जातोऽसौ
ऊर्ध्वे चैव मृतो भवेत् ॥ २४० ॥
सूतकं मृतकं त्यक्त्वा
तिष्ठेद्वै तत्त्ववृत्तितः।

अधश्चारोऽपानः, ऊर्ध्वचारस्तु प्राणः, सृष्टिसंहार इति त्रिविधस्य देहप्रमातुः, असाविति देहप्रमाता इत्थं मुहुः सूतकमृतकाशौचमयः। यदा तु देहप्रमातृताभिमानं प्रशमय्य सत्यां चित्प्रमातृतामवलम्बत, तदा दलकल्पदेहप्राणादिपदवर्त्यप्ययं चिदामोदसुन्दरस्तत्त्ववृत्तिस्थित एव,—इति का मृतकसूतकसंभावनापीति इत्थमेतद्व्याकार्यम्, न तु प्राणापानप्रशमपदे सततमवस्थेयमिति योगिनां व्युत्थानदशासंभवेन तत्र सततावस्थानाघटनात्

'एतेषु तत्परं तत्त्वमुच्चारालम्बनादृते।' (७।२३७)

इत्युक्तेन वक्ष्यमाणेन च ग्रन्थेन विरोधापत्तेः। यदि चामुखे प्राणापानप्रशमपदनिभालनं तत्त्ववृत्त्यनुभवे भवति उपायः, तथापि तदुपायपूर्वं सर्वदा सर्वावस्थासु सर्वत्र चिदानन्दघनपरमशिवतामयत्वज्ञानमेव तत्त्ववृत्त्यवस्थितत्वम् । यद्वक्ष्यति

'सर्वं शिवमयं स्मरेत् ।' (७।२४४)

इत्यादि ॥

तदित्थमियं

तत्त्ववृत्तिश्च व्याख्याता
सर्वाध्वोपाधिवर्जिता ॥ २४१ ॥

षड्विधस्याप्यध्वनः पारमार्थिकसत्तया चिन्मय्या परिज्ञातत्वात् नास्त्युपाधित्वं व्यतिरेकाभावात् विशेषेणाख्याता तत्र तत्र शास्त्रे निराचारावधूतनिर्मर्यादस्फुरत्तामहासत्तासमाप्तिसमावेशादिशब्दव्यवहृतत्वात् ॥ २४१ ॥

अतश्च

तत्त्वाध्वधर्मनिर्मुक्तः
कारणैश्च विवर्जितः ।

१ ख० पु० कर्मनिर्मुक्त इति पाठः ।

तत्त्ववृत्तौ स्थितो योगी
सर्वारम्भविवर्जितः ॥ २४२ ॥
रागद्वेषविनिर्मुक्तो
विषादानन्दवर्जितः ।
नाकाङ्क्षेन्नच निन्देत्तु
विषयांश्च कदाचन ॥ २४३ ॥
समः शत्रौ च मित्रे च
ब्राह्मणे श्वपचे समः ।
तुल्यदर्शी भवेन्नित्यं
सर्वं शिवमयं स्मरेत् ॥ २४४ ॥

तत्त्वादिभिः शरीरावस्थितैर्नास्याहन्ताव-च्छिद्यते इत्यर्थः । अत एव चायं चित्समापन्नत्वात् सर्वैरारम्भैर्हेयोपादेयविषयाभिः प्रवृत्तिभिर्विशेषेणाभिनिवेशात्मना वर्जितः; यतस्तत्प्रवृत्तिहेतुभ्यां रागद्वेषदोषाभ्यां रहितः । तद्रहितत्वमपि अस्य विषयसङ्गसंपाद्यविषादानन्दविरहात्; अत एवास्य आकाङ्क्षाद्यभावो यथोपनतमात्रभोगातिवाहकत्वात् नास्य शत्रु-

मित्रब्राह्मणश्वपचेषु अपकार्युपकारिशुश्रूषापविप्रलादिधीः तुल्यत्वेनासौ सर्वं पश्यति केवल, नतु लोकमध्यस्थो लोकस्य स्थितिभङ्गमुत्पादयेत् । इदं त्वस्य मुख्यं रूप—यत्सर्वं शिवत्वेन चिन्तयेत् । यदुक्तं श्रीविज्ञानभैरवे

'यत्र यत्र मनो याति बाह्ये वाभ्यन्तरे प्रिये ।
तत्र तत्र शिवावस्था व्यापकत्वात्क यास्यति ॥'(११६)

इति । तथा

'सर्वं देहं चिन्मयं हि जगद्वा परिभावयेत् ।' (६३)

इति ॥ २४४ ॥

सर्वं शिवमयं स्मरेदित्युक्तं, तत्र सर्वमध्ये यद्यप्यात्मा प्रविष्टस्तथाप्यसौ अनादिशिवाभिन्न इति भेदवादिदृशा भ्रमो मा भूदित्याह

आत्मानं च तथैवैवं
सर्वथैव सदा स्मरेत् ।

तथैवैवमिति विश्वात्मकपरमशिवैक्येन ॥

अतश्च

सर्वतत्त्वानि भूतानि
वर्णा मन्त्राश्च ये स्मृताः ॥२४५॥

नित्यं तस्य वशास्ते वै
शिवभावनयानया।

सर्वस्य शिवाभिन्नस्वात्मैक्येन दर्शनात्, भूतानि चतुर्दश, वर्णाः शब्दराशिशरीरस्थाः॥

ईदृक्तत्त्ववृत्तिनिष्ठत्वादेव

नचासौ कुरुते पुण्यं
नैव पापं च सुव्रते॥ २४६॥

बुद्धिपूर्वं शुभमशुभं वा न किंचित्करोति॥ २४६॥

यतोऽसौ

कृतकृत्यः प्रसन्नात्मा

कृतं निष्पन्नं कृत्यं परमेशात्मस्वात्मसमापत्त्यात्मकं यस्य। प्रसन्नो मलाकलङ्कितः॥

अत एव

कृत्यं चास्य न विद्यते।

च एवार्थो भिन्नक्रमः। यतोऽस्य कृत्यं नैव विद्यते, तेन कथं पुण्यं पापं वा कुर्यात्॥

जीवन्नप्यसौ मुक्त इत्याह

इह लोके परस्मिंश्च
परिपूर्णस्तु सर्वदा ॥ २४७ ॥

इहेति व्युत्थानाभिमतावस्थायामित्यर्थः ॥

यदि बुद्धिपूर्वं धर्मादि नाचरति, तत्प्रमाद-संपन्नं परोपकारादिकमस्यावारकं नेत्याह

धर्माधर्मविनिर्मुक्तः

अभिसन्धिं विना कर्मणो बन्धकत्वाभावात्

प्राक्शरीरार्जितमप्यस्य पुण्यादिकमावारकं नेत्याह

पुण्यपापविवर्जितः ।

प्रोक्तज्ञानाग्निना तयोर्भस्मीकृतत्वादित्यर्थः॥

अत एवेदृशस्य ज्ञानराशेर्योगिनः

नचास्य भक्ष्याभक्ष्यं हि
न पेयापेयमेव च ॥ २४८ ॥
नापवित्रं हि तस्यास्ति
न पवित्रं हि सुव्रते ।
निरपेक्षो ह्यसौ नित्यं
सर्वापेक्षाविवर्जितः ॥ २४९ ॥

सर्वस्य शिवैक्येन प्रतीतत्वात् । तदुक्तं श्रीविज्ञानभैरवे

'किंचिज्ज्ञैर्या स्मृता शुद्धिः साशुद्धिः शंभुदर्शने ।
न शुचिर्ह्यशुचिस्तस्मान्निर्विकल्पो भवेत्सदा ॥' (१२३ श्लो०)

श्रीमदुच्छुष्मभैरवेऽपि

'यावन्न वेदका एते तावद्वेद्याः कथं प्रिये ।
वेदकं वेद्यमेकं तु तत्त्वं नास्त्यशुचि ततः ॥'

इति ॥ २४९ ॥

ईदृशस्य च

नास्य क्षेत्रं नास्य तीर्थं
नियमो यम एव च ।

'नियमो' जटाभस्मादिपरिग्रहः, परभैरवस्फाररूपस्य नास्य कश्चित्संकोच इत्यर्थः। तदुक्तं श्रीपूर्वशास्त्रे रहस्यप्रतिपादिनि अष्टादशे पटले

'नात्र शुद्धिर्न चाशुद्धिः············।' (७४)

इत्यादिना महता ग्रन्थेन ॥

एवंविधस्य योगिनो लोकोत्तरं क्षेत्रादि निरूपयति

क्षेत्रं तस्य परा शक्ति-
र्यतः सर्वं प्रसूयते ॥ २५० ॥

सर्वाध्वानो यतो देवि
तत्रस्थाः प्रचरन्ति वै ।
तीर्थं चैव परं शान्तं
नित्यं चानन्दविश्वगम् ॥२५१॥
येन व्याप्तमिदं विश्व-
मनन्तं विश्वशक्तिभिः ।
नित्यं विरक्तिः संसारा-
द्यमोऽयं परिकीर्तितः ॥ २५२॥
नियमो भावना नित्यं
परतत्त्वैकतानता ।

'क्षेत्रं तदुच्यते यत्र देवताचक्रमध्यगः ।
तत्तदभीष्टं प्राप्नोति····································॥'

इत्यतोऽस्य परयोगिनः पराद्वयमयाध्वचक्रदेवताचक्रमध्यगता परा शक्तिरेव सर्वप्रसवभूमिः क्षेत्रं, तीर्थं सर्वमलध्वंसकृत्, तच्चास्य प्रशान्तभेदकल्लोलमानन्दरसमयं विश्वव्यापि 'परं शान्तम्' अशेषशक्तिकचितं शक्तिमत्पदं, परतत्त्वैकतानता तदभेदविमर्शमयी भावना, सास्य नियमो व्रतम् ॥

एष च योगी

नात्मनो भावयेज्जातिं
न कुलं नच बान्धवान् ॥२५३॥

देहात्मनो हि जात्यादिकलङ्कयोगो, न चिदात्मनः ॥ २५३ ॥

ईदृशोऽपि च

आचरेत्सर्ववर्णत्वं

सर्वेषां ब्राह्मणादिवर्णानां भावमाचरेत्, यस्य यादृक् स्वरूपमाचारो वा, तस्य तदेव श्लाघेत ॥

नचात्मनि वर्णाश्रमनियमं गृह्णीयादित्याह

नच वर्णेषु वर्तयेत् ।

किंतु

परभावनया नित्यं
परधर्मेण वर्तयेत् ॥ २५४ ॥

वर्तेतेत्यर्थः ॥ २५४ ॥

तामेव परधर्मवृत्तिं सामानाधिकरण्येनास्य दर्शयति

सर्वज्ञः परितृप्तश्च
परिपूर्णः स्वभावतः ।

स्वतन्त्रोऽलुप्तसामर्थ्य-
स्त्वनादिनिधनाश्रितः ॥२५५॥
अनादिबोधो ह्यतुलः
कालवेलाविवर्जितः ।
चारोच्चारविनिर्मुक्त-
स्त्वहोरात्रविवर्जितः ॥ २५६ ॥

'परिपूर्णो'ऽनन्तशक्तिः । सर्वज्ञत्वादय एते गुणाः षट् योजनिकाग्रन्थेऽस्माभिर्व्याकृता एव । 'अतुलः' इति शिवैक्येनास्य स्फुरणात् द्वितीयस्याभावात् । 'कालवेलाविवर्जितः' इति मितयोगिवदस्य प्राणीयतुट्यंशांशिकानिभालनानुपयोगात्; अत एव चारस्य प्राणवाहस्य य ऊर्ध्वप्रेरणात्मा उच्चारः, सोऽप्यस्यानुपयुक्तः; अतश्च नित्यमेव शिवैकात्म्यभावनाविष्टत्वात् नास्य मुमुक्षुबुभुक्षुवदहोरात्रोपयोगः कश्चित् ॥ २५६ ॥

नाप्यस्य तत्प्रविभागोऽस्तीत्याह

न दिवा जागरं कुर्या-
न्न च रात्रौ स्वपेत्क्वचित् ।

स्वभावेनैव संतिष्ठे-
द्दिनरात्रिविवर्जितः ॥ २५७ ॥

यथा लौकिको दिवा 'जागर्ति' भेदव्यवहारमेव परिशीलयति, निशायां मायायां स्वपिति न प्रबोधमेति, तथा नायम्, अपितु अभेदनिष्ठ एव तथा मायया नाभिभूयते । जाग्रतः स्वपतोऽपि चास्य न जागरस्वप्नौ स्तः सदा तुरीयप्रकाशावियोगात् । यथोक्तं

'तस्योपलब्धिः सततं त्रिपदाव्यभिचारिणी ।
नित्यं स्यात्सुप्रबुद्धस्य······॥' (२निः० १का०)

इति श्रीस्पन्दे । तस्य परतत्त्वस्य संबन्धिन्युपलब्धिस्तन्मयः प्रकाशः सुप्रबुद्धस्य त्रिषु जाग्रदादिपदेषु 'सततम्' इत्यादौ मध्येऽन्ते च नित्यमित्यविच्छेदेन भवतीति मयैवेत्थं स्पन्दनिर्णये व्याकृतमेतत् ॥ २५७ ॥

यः

एवं वै वर्तते योगी

सः

परेण समतां व्रजेत् ।

नच तं कलयेत्कालः
कल्पकोटिशतैरपि ॥ २५८ ॥

अकालकलितपरमेश्वरैकरूपत्वात् ॥ २५८ ॥

एतदेव स्पष्टयति

जीवन्नेव विमुक्तोऽसौ
यस्यैषा भावना सदा ।
शिवो हि भावितो नित्यं

ततश्च तं

न कालः कलयेच्छिवम् ॥२५९॥

शिवं शिवैकरूपं महायोगिनं कथं कालः कलयेत् ॥ २५९ ॥

अथास्य महाव्याप्तिज्ञानस्य सकलोपनिषदुपदेशसारतमतामेतत्तन्त्रोपास्यदेवतानामोपपदप्रदर्शनपूर्वं निरूपयति

योगी स्वच्छन्दयोगेन
स्वच्छन्दगतिचारिणा ।
स स्वच्छन्दपदे युक्तः
स्वच्छन्दसमतां व्रजेत् ॥२६०॥

प्रोक्ततत्त्ववृत्त्यवस्थित्यात्मना स्वात्मप्रतिष्ठया स्वच्छन्दगत्या चरत्यवश्यं योऽयं परतत्त्वैक्यप्रतीतिमयत्वात् स्वच्छन्दशब्दवाच्यो महायोगः, तेन श्रीस्वच्छन्दभैरवस्य पदे धाम्नि युक्तोऽभिनिविष्टः सन् तत्साम्यमेति ॥२६०॥

योगप्रकर्षात्तु

स्वच्छन्दश्चैव स्वच्छन्दः
स्वच्छन्दो विचरेत्सदा ।

नित्यमादिमध्यान्तकोटिष्वयं श्रीस्वच्छन्दभैरव एव स्फुरन् स्थितः—इति यावत् ॥

'स्वसंवेद्यो भवेच्चारो नाडीचारजयात्स्फुटम् ।
अथवा स जपादेवमत्यर्थमुपबृंहितः ॥
मन्त्री योगं विजानाति ज्ञात्वा सर्वज्ञतां व्रजेत् ।'(७।१४४)

इति यदुपक्रान्तं, तत् मध्ये नाडित्रयवाहनिरूपणतदन्यथावाहाद्युत्थारिष्टज्ञानमृत्युजयादिबहुप्रमेयव्यवहितं जातम् । अत एतदुपसंहरन् प्रागुक्तमेवानुबध्नाति

एवं वै मृत्युलिङ्गानि
रिष्टान्यन्यानि यानि च ॥२६१॥

योगाज्जानाति योगीन्द्रो
नादजान्तर्गतानि च ।
निर्जित्यैतानि योगेन
एवमुक्तक्रमेण तु ॥ २६२ ॥

एवमिति यथोक्तवाहविपर्ययात्मकानि यान्यन्यानि च

'कर्णरन्ध्रकृताङ्गुष्ठो घोषं न शृणुते' (७।१८७)

इत्यादीनि रिष्टानि नादजान्तर्गतान्युक्तानि चशब्दात् काणोत्पाटादीनि च, तानि योगात् प्रोक्तरूपाद्धारावधानादेव योगी जानाति, ज्ञात्वा च हंसध्यानामृतध्यानतत्त्ववृत्त्यवस्थानरूपेण परपरापरापरात्मना मृत्युजिता योगेन निर्जित्य पुनरपि नाडीचारजयाभ्यासाद्योगी विजानाति, ज्ञात्वा च सर्वज्ञतां व्रजेदिति संबन्धः ॥ २६२ ॥

अथेदानीम्

अयोगी यानि जानाति
अयुक्तो वापि सुव्रते ।

बहिर्लिङ्गानि तान्यत्र
अङ्गारिष्टानि मे शृणु ॥२६३॥

अयोगीत्यप्राप्तयोगः । 'अयुक्तः' इति योगायाघटमानो वा लौकिक एवेत्यर्थः ॥ २६३ ॥

तान्याह

शुष्कताल्वोष्ठकण्ठश्चे-
दकस्माद्धूसरच्छविः ।
स्कन्धौ च भङ्गमायातः
षण्मासान्मृत्युमाप्नुयात् ॥२६४॥

अकस्मादिति प्रसिद्धं निमित्तं विना, एतच्च सर्वत्र योज्यम् ॥ २६४ ॥

सुनीलं मण्डलं व्योम्नि
यः पश्यति दिने दिने ।
सितं हरितकृष्णं च
वत्सरार्धान्म्रियेत सः ॥२६५॥

अकस्मादित्येव । मण्डलमिति सूर्यबिम्बस्य बाह्यपरिवेशः ॥ २६५ ॥

विरश्मिं पश्यति रविं
सोमं वै लक्ष्मवर्जितम् ।

तारां ज्योत्स्नां च कृष्णां वै
पश्येत्षण्मासजीवितः ॥२६६॥

रविं मण्डलान्तस्थं बिम्बम् ॥ २६६ ॥

हिरण्यवर्णं पुरुषं
पिङ्गलं कृष्णमेव च ।
स्वप्ने संपश्यते यो वै
षण्मासान्सोऽपि जीवति ॥२६७

अकस्मात् पित्तादिप्रकोपाभावादिति स्थितमेव ॥ २६७ ॥

आत्मनो ह्यशिरश्छायां
पश्येत्षण्मासजीवितः ।

छायापुरुषपरीक्षायामित्यर्थात् ॥

तैलाभ्यङ्गं तथा पानं
रक्तस्रगनुलेपनम् ॥ २६८ ॥
रक्ताम्बराणि कृष्णानि
स्वप्ने पश्यति वै यदा ।
प्रेतैः पिशाचै रक्षोभिः
श्वगोमायुकसूकरैः ॥ २६९ ॥

वृतं यातं गृध्रकाके-
र्महिषैरुष्ट्रगर्दभैः ।
अङ्गभक्षणमुद्वाहं
नग्नं चातीव विह्वलम् ॥ २७०॥
स्वप्ने च पश्यते यो वै
वर्षमेकं स जीवति ।

अत्र यथायोगमात्मन आत्मानमिति च योज्यम् । गृध्रादिभिर्यातमिति वाहनरूपैर्नीयमानम् ॥ २७० ॥

शंखावर्ते भुजामध्ये
गुल्फयोर्मर्मसन्धिषु ॥ २७१ ॥
सोऽवश्यं वधमायाति
यस्यैतत्स्पन्दनं न हि ।

शंखावर्तौ ललाटकपालसंधी नेत्रप्रान्तस्थौ, भुजामध्यं मत्स्यस्थानमिति प्रसिद्धं, मर्मसंधयो धमन्यादयः सिराः ॥ २७१ ॥

किंच

सोमार्कमण्डलं देहे
ध्रुवं चैव त्वरुन्धतीम् ॥२७२॥

न पश्यति महायानं
सोऽवश्यं म्रियते नरः ।

एतानि प्रातिलोम्येन व्याचष्टे

तालुरन्ध्रगतो धूमो
महायानं तदुच्यते ॥ २७३ ॥
जिह्वा त्वरुन्धतीत्युक्ता
नासाग्रं ध्रुव उच्यते ।

'तालुरन्ध्रं' ब्रह्मबिलं, पश्चात्कृतसूर्यस्तदुत्थां धूमलेखां छायायां न पश्यति। नासाग्रं त्रिपुटिकाप्रान्तः ॥ २७३ ॥

किंच

नेत्रान्ते करजाक्रान्ते
मण्डलं सोमसूर्ययोः ॥२७४ ॥

वामदक्षिणनेत्रप्रान्ता यदा नखेन पीड्यन्ते तदा ज्योतिर्यद्दृश्यते, तत्सोमसूर्ययोर्मण्डलम्॥

तदेतत्सर्वं

न पश्येद्गगनेऽप्येत-
त्सोऽवश्यं म्रियते नरः ।

ऋतुकालादनन्तरमेव बहिर्यानमाकाशगङ्गापथः, अरुन्धती सप्तर्षिमध्यस्था, ध्रुवश्चतुर्दशताराराब्धशरीरः, सोमसूर्ययोर्मण्डलं बिम्बबाह्यः परिवेशः ॥

स्थूलोऽकस्माच्च जायेत
अकस्माद्वै भवेत्कृशः ॥२७५॥
अतिक्रुद्धोऽतिभीतश्च
वर्षमेकं स जीवति ।

पुनः स्वप्नविषयमाह

कृष्णाम्बरधरं कृष्णं
लोहदण्डकरोद्यतम् ॥ २७६ ॥
नरं चाभिमुखं स्वप्ने
दृष्ट्वा मासत्रयायुषम् ।

आत्मानं निश्चिनुयात् ॥ २७६ ॥

हृदयं शुष्यते यस्य
स्नातमात्रस्य तत्क्षणात् ॥२७७॥
गात्रं चैवाप्यनुष्णं च
ऋतुमेकं स जीवति ।

धनुर्निशि दिवा चोल्का
व्यभ्रे विद्युत्प्रदर्शनम् ॥२७८॥
दिग्दाहोऽस्पृष्टदेशेऽपि
मासमेकं स जीवति ।

धनुरैन्द्रम्, अस्पृष्टदेशेऽन्यजनापरिदृश्यदिग्दाहेऽपि यस्य दिग्दाहो भाति, स मासं जीवति, धनुर्निशि, दिवा चोल्कादर्शनम् ॥

चक्षुषी स्रवतो यस्य
शब्दं न शृणुयात् स्फुटम् २७९

नाघ्राति गन्धं

आघ्रातीति ऐशः पाठः ॥

यस्य च

वाग्जाड्यं

अकस्मादिति सर्वत्र संबध्यते ॥

तस्य

मासमेकं गतायुषः ॥

जीवितमिति संबन्धः ॥

अकस्मादेव च

रक्तपद्मोपमं वक्त्रं
जिह्वा कृष्णा च यस्य वै ॥२८०॥
गात्रे वर्णान्यनेकानि
हृदयं यस्य रोदिति ।
तालुकम्पोऽथ नाभेश्च
अर्धमासं स जीवति ॥२८१॥

'रोदिति' निर्निमित्तं पुनः पुनः स्विद्यति; रोदनमनुभवतीत्यन्ये ॥ २८१ ॥

यश्च

प्रत्यक्षकाकनासीरो
दीपधूमं न जिघ्रति ।
पूर्वदृष्टं न जानाति
चतुर्मासं स जीवति ॥२८२॥

असंनिहिता अपि काका नासीराः कङ्काश्च येन प्रत्यक्षाः पुरो दृश्यन्ते ॥ २८२ ॥

बिन्दुं यस्तु न पश्येत्तु
नित्यं वक्त्रानुगं हितम् ।

नित्यं वहति हिक्कां तु
वर्षमेकं स जीवति ॥ २८३ ॥

षडङ्गं करणं कृत्वापि यो बिन्दुं न पश्यति वक्रानुगं भ्रूमध्यस्थं, हिक्कां हिध्माम् ॥ २८३ ॥

उपसंहरति

बहिर्लिङ्गानि चैतानि
अङ्गारिष्टानि यानि च ।

उक्तानीति शेषः ॥

अथैतानि

पूजया जपहोमेन
ध्यानधारणया प्रिये ॥२८४॥
कृतरक्षाविधानेन
जीयन्ते नात्र संशयः ।

पूजादिधारणान्तं भगवद्विषयं, रक्षाविधानं वक्ष्यमाणम् ॥ २८४ ॥

तदित्थं रिष्टप्रशमनं कृत्वा प्रकृतो योगाभ्यास एव कार्यः, स च नाडिशुद्धिपूर्वकप्राणजयादेवेति तत्प्रकाशनाशयेन श्रीदेव्युवाच

नाडीनां शोधनं चैव
वायूनां च जयः कथम् ॥२८५॥

तेषां प्राग्विभक्तानां वायूनां

स्थानं रूपं च शब्दं च
कर्म ब्रूहि मम प्रभो ।

एतत्प्रश्नषट्कं निर्णिनीषुः श्रीभैरव उवाच

परमो योगसद्भावो
गुह्याद्गुह्यतरः प्रिये ॥ २८६ ॥

यो न कस्यचिदाख्यात-
स्तं योगं शृणु तत्त्वतः ।

यत्त्वया प्रश्नितं, तद्योगरहस्यं तद्विना योगाभ्यासायोगात् ॥

तत्र तावत्

सुप्रशस्ते भूप्रदेशे
नाग्नितोयसमीपतः ॥ २८७ ॥

वालुकाशर्कराहीने
शुष्कवृक्षविवर्जिते ।

निःशब्दकीटवल्मीके
ईतिभिः परिवर्जिते ॥ २८८ ॥
पुण्ये धर्मिष्ठसंवासे
तत्र योगं समभ्यसेत् ।

'ईतयः' अतिवृष्ट्याद्यः । पुण्ये सत्तीर्थादियुक्ते धर्मिष्ठसंवासे पुण्याश्रये ॥

तदासौ

देवदेवं समभ्यर्च्य
भैरवं सविनायकम् ॥ २८९ ॥
पूर्वाचार्यान्नमस्कृत्य
युक्तो ध्यानपरायणः ।

विघ्नप्रशमनाय गणपतिपूजापूर्वमाज्ञाग्रहणाय गुरून् पूजयित्वा, भैरवमभ्यर्च्य ध्यानपरायणो युक्तः स्यादिति संबन्धः ॥

कथमित्याह

आसनं स्वस्तिकं बद्ध्वा
पद्मकं भद्रमेव वा ॥ २९० ॥

सापाश्रयं सार्धचन्द्रं
योगपट्टं यथासुखम्।
दहनोत्पूयने कृत्वा
प्लावयेदमृतेन च ॥ २९१ ॥

सबाह्याभ्यन्तरेणैव
सकलीकरणं ततः।
अन्तर्यागं यथापूर्व-
मुच्चार्य च परं तथा ॥ २९२ ॥

दशधा योगमार्गेण
हंसस्वच्छन्दमभ्यसेत्।

पद्मकमूरुन्यस्तोत्तानपादतलं पद्मासनाख्यं, पर्यङ्कस्थस्य जंघाव्यत्यासात् स्वस्तिकं, समपादस्थित्या भद्रं, भित्त्याश्रयात्सापाश्रयमेतच्चार्धचन्द्रविशेषणं भूमिष्ठैकचरणोरुपृष्ठन्यस्तोत्तानद्वितीयचरणमर्धचन्द्रं, योगार्थं पट्टं परिकरबन्धाय बद्धा एतदन्यतमासनम्, अन्यदपि वा यद्यत्सुखं शरीरपरिक्लेशकृन्न भवति। यथोक्तं

'स्थिरसुखमासनम्' (पात० सू० २।४६)

इति । ततः पूर्वोक्तं देहनाद्युच्चारान्तं कृत्वा, दशधा योगमार्गेणेति बाह्याभ्यन्तररेचनादिषट्क-प्रशान्तकुम्भक-प्रत्याहार-धारणा-ध्यानात्मना भाविना अथच भाविप्राणादिवायुदशकजयपूर्वं पूर्वोक्तं हंसस्वच्छन्दं परं निष्कलभट्टारकमभ्यसेदनुप्रविशेत् ॥

तदनुप्रवेशं पूर्वोक्तोपायानुसारेण[2] स्फुटयति

मन्त्रं बिन्दुमतीतं तु
नादान्तज्योतिराकृतिम् ॥२९३॥
संकल्प्य कल्पनालक्ष्यं
ध्यायेद्वै तेन सर्वगम् ।

चतुष्कलनाथमकारादिकलोच्चारपूर्वं बिन्दुमतीतमिति तदुल्लङ्घनात् अर्धचन्द्रनिरोधिकापदमुद्धाट्य, नादनादान्तक्रमेण ज्योतिराकृतिमिति शक्त्यादिप्रकाशरूपं, संकल्प्य विकल्पपूर्वमविकल्पेनासाद्य, कल्पनाभिरलक्ष्यं स्वप्रका-

१ ख० ग० पु०बाह्याबीति पाठः ।
२ ख० पु० सारणेनेति पाठः ।

श्चिदानन्दघनं, सर्वगं हंसस्वच्छन्दं ध्यायेदिति समनान्तं विलाप्य अकृतकविमर्शोदयेन समाविशेत् ॥ २९३ ॥

तदेतत् नाडिशुद्धिप्राणजयपूर्वकं सुघटं स्यात्,—इत्याशयेन नाडिजयं तावदाह

अपसव्येन पूर्येत
सव्येनैव विरेचयेत् ॥ २९४ ॥
नाडीसंशोधनं चैत-
न्मोक्षमार्गपथस्य च ।

'सव्येन' दक्षनासापथेन 'रेचयेत्' रेचकं कुर्यात् 'अपसव्येन' वामेन 'पूर्येत' वायुपूरणं कुर्यादित्यर्थः । एवमनवरतं क्रियमाणमेतन्नाडीनां मोक्षमार्गपथस्य वा मध्यधाम्नः शोधनं मारुतप्रशमनं भवति ॥

प्राणजयं व्यंक्तुमुपक्रमते

रेचनात्पूरणाद्रोधा-
त्प्राणायामस्त्रिधा स्मृतः ॥ २९५

प्राणस्यायमनं यथास्थितवाहविजयेन स्वायत्ततानयनम् ॥ २९५ ॥

अथ एते प्राणायामाः सर्वसाधारणेन नासिकापथक्रमेण निर्वर्त्यमानाः साधारणा बाह्याश्चेत्याह

सामान्या बहिरेते तु

एतदभ्यासपूर्वमन्तःप्रयुज्यमानैः

पुनश्चाभ्यन्तरे त्रयः ।

तानाह

आभ्यन्तरेण रेच्येत

पूर्येताभ्यन्तरेण तु ॥ २९६ ॥

निष्कम्पं कुम्भकं कृत्वा

कार्याश्चाभ्यन्तरास्त्रयः ।

'आभ्यन्तरेण' मध्यपथेनात्र रेचनं द्वादशान्ते, पूरणं हृदि, निष्कम्पं कुम्भकमिति निरायासं प्रशान्तकुम्भकमित्यर्थः । 'कार्याः' इति निर्वर्तनीया भवन्ति ॥ २९६ ॥

अथ

नाभ्यां हृदयसंचारा-

न्मनश्चेन्द्रियगोचरात् ॥२९७॥

प्राणायामश्चतुर्थस्तु
सुप्रशान्त इति श्रुतः ।

निष्कम्पकुम्भकानन्तरं 'हृदयसंचारात्' इति शनैः शनैर्हृदयादधःसंचारयुक्त्या प्राणं नाभ्यामेव नियम्येत्यर्थात्, तथा मन इन्द्रियगोचरादिति तत्प्रत्याहारयुक्त्या नाभ्यामेव नियम्य, मनोनियमपूर्वकं प्राणं नाभौ नियच्छतः सुप्रशान्तः प्राणायामो भवति ॥२९७॥

तदित्थं

प्राणरोधे तु संपूर्णे
नाभौ नीत्वा समुच्छ्वसन् ॥२९८॥

अनन्तरं

शनैर्विमोचयेद्वायुं
वामनासापुटेन तु ।

निरुद्धवायुप्रकोपापहाराय ॥

एवं चारजयान्तं प्राणायामप्रत्याहाराविभिधाय, धारणा निरूपयति

---

१ ख० ग० पु० गत्वेति पाठः ।

वायवी धारणाङ्गुष्ठे
आग्नेयी नाभिमध्यतः ॥२९९॥
माहेयी कण्ठदेशे तु
वारुणी घण्टिकाश्रया ।
आकाशधारणा मूर्ध्नि
सर्वसिद्धिकरी स्मृता ॥३००॥

पाददेशे तिर्यग्गतेः, नाभौ जाठराग्नेः, कण्ठे स्थितिपदे धरण्याः, घण्टिकायां रसस्य, ब्रह्मरन्ध्रे च व्योम्नः सद्भावात्तथैव धारणा उक्ताः । अत्र चोद्घाते दीक्षाप्रस्तावनिर्णीतं वर्णमण्डललाञ्छनाक्षरात्मकत्वं धारणाध्येयम् । तत्र प्रथमं कण्ठे पार्थिवीं धारणां बद्ध्वा हृदयादुद्घातपञ्चकेन पञ्चगुणं पार्थिवं तत्त्वं भिन्द्यात्, ततोऽनेनैव क्रमेण हृदयादेव चतुर्भिरुद्घातैश्चतुर्गुणमप्तत्त्वं, ततो हृदयादेव नाभिक्षेत्रे त्रिभिरुद्घातैस्त्रिगुणमग्निम्, अनन्तरं हृदयादेव द्वाभ्यां पादाङ्गुष्ठगतं द्विगुणं वायुं, ततोऽपि अङ्गुष्ठात्संकोचयुक्त्या प्राणशक्तिमूर्ध्वमुद्बोध्य हृदयादेवैकोद्घातयुक्त्या शरवद्ब्र-

ह्मरन्ध्रस्थमेकगुणं व्योमग्रन्थिं भित्त्वा, द्वाद-
शान्तस्थस्य सर्वाः सिद्धयो भवन्तीति वा-
क्यार्थः ॥ ३०० ॥

तदेतदाह

एकद्वित्रिचतुष्पञ्च-
संख्योद्घातैः प्रसिद्ध्यति ।

उद्घातं लक्षयति

संनिरुद्धे तु वै प्राणे
मूर्ध्नि गत्वा निवर्तते ॥३०१॥
स उद्घात इति प्रोक्तो
ज्ञातव्यो योगिभिः सदा ।

'मूर्ध्नि' इत्युपलक्षणपरं कण्ठादिक्षेत्राणाम् । 'ज्ञातव्य' इति तत्तत्स्थानानुसार्यनुभवात्मकोऽयमित्यर्थः । अत एव पूर्वमनुभवप्रधान एवासावुक्तः ॥ ३०१ ॥

अथ प्राणायामादीनां फलमादिशति

रागद्वेषौ प्रहीयेते
प्राणायामैः सुधारितैः ॥३०२॥

धारणाभिर्दहेत्पापं
प्रत्याहारेऽक्षसंयमः ।

पापं दहेदित्यावारकपृथिव्यादिग्रन्थिभेदात् शुभाशुभकर्मबन्धविच्छेदात् ॥

अथ यत्प्राणादिविषयं प्रश्नितं 'स्थानं रूपं च शब्दं च कर्म ब्रूहि' इति, तत्क्रमेण निर्णेतुमाह

हृद्गुदे नाभिकण्ठे च
सर्वसन्धौ तथैव च ॥३०३॥
प्राणाद्याः संस्थिता ह्येते

व्यानान्ताः पञ्चेत्यर्थात् ॥

एषां च

रूपं शब्दं च मे शृणु ।

तत्र

द्रुततारनिभो रक्त
इन्द्रगोपकसंनिभः ॥ ३०४॥
क्षीराभः स्फटिकाभश्च
पञ्चानां रूपलक्षणम् ।

'द्रुततारं' गलितं रुप्यम् ॥ ३०४ ॥

घण्टाकंसाब्दमधुरो
गजनादो महाध्वनिः ॥ ३०५ ॥
प्राणादीनां तु पञ्चाना-
मयं शब्द उदाहृतः ।

'कंसं' कांस्यम्, 'अब्दो' मेघः; 'महाध्वनिः' द्रुतनदीघोषोपमः ॥ ३०५ ॥

एषां कर्मादिशति, तत्र

जल्पितं हसितं गीतं
नृत्तं युद्धगतिः कलाः ॥ ३०६ ॥
शिल्पं च सर्वकर्माणि
प्राणस्यैवं विचेष्टितम् ।

कलाश्चित्राद्याः । सर्वकर्माणीत्येतान्येव ३०६

प्रवेशयेदन्नपानं
तन्मलं स्रावयेदधः ॥ ३०७ ॥
अन्धत्वं श्रोत्ररोगं च
अपानस्तु करिष्यति ।

चशब्दाद्ग्रहणघ्राणादि ॥ ३०७ ॥

अशितं लीढपीतं च

समानः समतां नयेत् ॥३०८॥

नाडीषु संचारयेत् ॥ ३०८ ॥

क्षोभो हिक्का तथा छिक्का

उदानस्य विचेष्टितम् ।

'छिक्का' क्षुतम् ॥

स्वेदश्च रोमहर्षश्च

शूलं दाहोऽङ्गभञ्जनम् ॥३०९॥

व्यानस्यैतानि कर्माणि

स्पर्शं चैव स विन्दति ।

स एव लभते ॥ ३०९ ॥

नागादीनां स्थानान्यादिशति

अङ्गुष्ठजानुहृदये

लोचने मूर्ध्नि संस्थिताः ॥३१०॥

नागाद्याः

क्रमेणेत्यर्थः ॥ ३१० ॥

सर्वेषामेषां शबलरूपता शबलशब्दता च तुल्येत्याह

बहुरूपाश्च

चकाराद्बहुशब्दाः ॥

कर्म त्वेषां निबोध मे।

तत्राविकृतावस्थायां क्रमेण

आह्लादोद्वेगजनकः

शोषणस्त्रासनस्तथा ॥ ३११ ॥

नागः कूर्मश्च कृकरो

देवदत्तश्च पञ्चमः।

अतिनिद्राकरश्चान्यो

योजकश्च धनंजयः ॥ ३१२ ॥

अतिनिद्रा तन्द्रा, योजको देहान्तरसंबन्धकृत् ॥ ३१२ ॥

एषां विकृत्यवस्थायां

श्वाससंकोचनच्छेदा

घुर्घुरोत्क्रमणं तथा।

नागादीनां तु पञ्चानां

मृत्युकाले विचेष्टितम् ॥३१३॥

'उत्क्रमणं' देहविश्लेषः ॥ ३१३ ॥

धनञ्जयकूर्मयोर्विशेषस्त्वयं, यत्

नचैव याति चोत्क्रान्तौ
तनुं त्यक्त्वा धनञ्जयः ।

कंचित्कालं शवशरीरं न मुञ्चति ॥

आकुञ्चयति वै कूर्मः
शोषयेच्च कलेवरम् ॥३१४॥

'आकुञ्चनं' संधिसंकोचः । शोषस्ताल्वादिस्थानेषु ॥

तदेवं दशधा स्थितं

प्राणमेव जयेत्पूर्वं
जिते प्राणे जितं मनः ।
जिते मनसि शान्तस्य
परं तत्त्वं प्रकाशते ॥३१५॥

तत्र

प्राणापानं गुदे ध्याये-
त्प्राणसमानं नाभितः ।
प्राणोदानं तु कण्ठे तु
प्राणव्यानं तु सर्वगम् ॥३१६॥

प्राणशब्दोऽत्र सामान्यप्राणवाची अपानादीनां विशेषरूपाणां सामानाधिकरण्येन प्रयुक्तः। यस्तु बहिःप्रसरणात्मा विशेषरूपः प्राणस्तं पूर्वोक्तदेशे हृदि ध्यायेत्। यथोक्तवर्णशब्दाद्यात्मानश्चैते ध्याता वशीकृता भवन्ति॥

एवमेव च

नागाद्याः प्राणसंयुक्ताः

सामान्यप्राणसंबद्धाः॥

एतान्यथोक्तरूपान्पूर्वोक्तेषु

स्वस्थानेषु निरोधयेत्।

तदेतस्य दशकस्य यावता कालेन निरोधाज्जितता भवति, तत्कालं वक्तुमाह

निरुद्धस्य च यः काल-

स्तं वक्ष्यामि निबोध मे॥३१७॥

तालात्प्रभृति तं ध्याये-

द्यावत्पञ्चशतं गतम्।

जितोऽनिलो भवत्येव

संक्रान्त्युत्क्रान्तिकर्मणि॥३१८॥

अङ्गुल्या जानुभ्रमणावधिकालस्तालः। तेषां

यावत्पञ्चशतं गच्छति, तावद्यदि प्राणादीनामविचलं ध्यानं सिध्यति, तदा ते जिता भवन्ति । ततश्च परशरीरसंक्रान्तौ उत्क्रान्तौ च सामर्थ्यं भवति ॥ ३१८ ॥

इदं च तज्जयेऽभिज्ञानं

दिव्या कान्तिः शुभो गन्धः
प्रज्ञा चास्य विवर्धते ।
दिव्या दृष्टिश्च श्रवणं
दिव्या वाक्च प्रजायते ॥३१९॥
वायुवद्विचरेल्लोका-
न्सिद्धान्देवांश्च पश्यति ।
मनसा चिन्तितावाप्तिः
प्रवर्तेत गुणाष्टकम् ॥ ३२० ॥
सर्वकामसुसंपूर्णः
सर्वद्वन्द्वविवर्जितः ।
संसारबन्धनिर्मुक्तः
शिवतुल्यश्च जायते ॥ ३२१ ॥

गुणाष्टकमणिमादिकम् । तदियता ग्रन्थे

'दशधा योगमार्गेण हंसस्वच्छन्दमभ्यसेत् ।' (७।२९३)
इति यदुपक्रान्तमभूत्तन्निर्वाहितम् ॥ ३२१ ॥

अथेदानीं सगर्भप्राणीयधारणाभिर्योगिनां योगोचितजाग्रदाद्यवस्था दर्शयन् दर्शनान्तरोक्तवेधसमावेशस्वरूपज्ञानं शिक्षयति

प्राणापानौ तु संयोज्य
हृस्वकोटिसमन्वितौ ।
नाभ्याधारे च योगीन्द्रः
यदा तिष्ठेत्तदास्य
स्वेदः कम्पश्च जायते ॥ ३२२ ॥

हृदये प्रशान्ताशेषतरङ्गानाहतविश्रान्त्यनन्तरं यदा मन्त्रवृन्देरुन्मिषत्ता भवति तदा, हृदि सामरस्यावस्थितौ प्राणापानौ ह्रस्वकोट्याकारकलाविमर्शनेन युक्तावधःप्रसरणक्रमेण नाभौ संयोज्य, प्रोक्तकालं तिष्ठतः स्वेदकम्पौ भवतः ॥ ३२२ ॥

अथासौ

पुनरेव तु हृत्स्थौ हि
प्राणापानौ निरोधयेत् ।

---

१ ख० पु० वृन्देरुन्मिमिषिषेति पाठः ।

दीर्घकोटिसमायोगा-
त्तत्क्षणाच्च पतेद्भुवि ॥३२३॥

नाभिपदविश्रान्त्यनन्तरमूर्ध्वमारुह्य हृत्स्थं कृत्वा दीर्घात्मकमात्रद्वितीयकलाविमर्शनपरो निरोधयेत्,—इति तत्कालोच्चारस्थाने कण्ठान्ते प्रोक्तकालं तिष्ठेत्, तदेकाग्रताप्रकर्षात् भुवि पतेत् ॥ ३२३ ॥

ततोऽपि यद्यसौ

कण्ठस्थं च तथैवेह
प्राणमेव निरोधयेत् ।
प्लुतकोटिसमायोगा-
त्स्वप्नवृत्तिस्ततो भवेत् ॥३२४॥

उल्लासे सति अपानप्रशमात्प्राणमितीहोक्तं कालं, प्लुतकोटिः पूर्वोक्तनीत्या तात्वन्तोच्चारी मकारकलाविमर्शः, स्वप्नोऽत्र जिज्ञासितवस्तुप्रथनात्मा योग्युचितः । एवमादिशता कम्प-स्वेद-पाता योगिजागरा,—इति निरूपितं भवति ॥ ३२४ ॥

यदा तु

भ्रूमध्ये बिन्दुयोगेन
प्राणरोधं तु कारयेत् ।
सुषुप्तं जायते तत्र
क्षणाच्चैव प्रबुध्यते ॥ ३२५ ॥

प्लुतेनैव तालुनो भेदितत्वान्मात्राबिन्दुकलाव्याप्तिविमर्शेन भ्रूमध्ये प्रोक्तकालं तिष्ठतः प्रशान्तमनोवृत्तिः सुषुप्तावस्था उदेति, क्षणाच्च प्रबुध्यत इति न लौकिकवत् तमोवरणेन अभिभूयते । तदुक्तं

'......तदन्यत्र तु चिन्मयः ।' (स्प० २।२)

इति ॥ ३२५ ॥

ततोऽपि

मूर्धद्वारं समाश्रित्य
निष्कलं ध्यानमारभेत् ।
एवमभ्यसतस्तस्य
प्रत्ययस्तु तदा भवेत् ॥३२६॥
पिपीलकण्टकावेधो
मूर्ध्वद्वारं विभिन्दतः ।

निष्कलमिति वर्णज्योतिर्ध्वनिव्याप्त्युल्लङ्घनात्स्पर्शनानुभवरूपं, 'पिपीलकण्टकावेध' इति संचरत्पिपीलस्पर्शतुल्यकण्टकस्पर्शतुल्यश्च स्पर्श इत्यर्थः ॥ ३२६ ॥

किंच

भित्त्वा क्रमेण सर्वाणि
उन्मन्यन्तानि यानि तु ॥३२७॥
पूर्वोक्तलक्षणैर्देवि

लक्षणैरिति प्रणवाधिकारोक्तैरनुभवैर्युज्यते इति शेषः । तावदन्तात्र तुर्यदशा ॥

अथैतत्सर्वं

त्यक्त्वा स्वच्छन्दतां व्रजेत् ।

गाढगाढोन्मनापदविश्रान्तिपदप्रकर्षात् तुर्यातीतदशालाभात् चिदानन्दघनपरभैरवसमावेशमनुभवति योगीन्द्र इत्यर्थः ॥

न केवलं देहोत्तीर्ण एव पदेऽस्य परसमावेशो घटते, यावत्

जायते उन्मनस्त्वं हि
देहेनानेन साधके ॥ ३२८ ॥

देहावस्थायां व्युत्थानेऽपि साधकस्य समावेशप्रकर्षात्तदानन्दरससंस्काराद्घूर्णमाणतैव भवतीत्यर्थः ॥ ३२८ ॥

किं चायं स्वातन्त्र्यशक्त्युन्मेषात्

संक्रामेत्परदेहेषु
क्षुत्तृष्णाभ्यां न बाध्यते ।
अतीतानागतं चैव
त्रैलोक्ये यत्प्रवर्तते ॥ ३२९ ॥
प्रत्यक्षं तद्भवेत्तस्य
सर्वज्ञत्वं च जायते ।

'यच्च प्रवर्तते' इति यदपि वर्तमानं किंचिदस्ति, तदस्य सर्वं प्रत्यक्षीभवति । 'सर्वज्ञत्वम्' इति क्रमेणाभ्यासप्रकर्षान्मन्त्रमहेशादितुल्यो भवतीत्यर्थः ॥ ३२९ ॥

पाटलिकं प्रमेयमुपसंहरन् पटलान्तरेण संगतिं दर्शयति

प्रसङ्गेऽध्यात्मकालस्य
ज्ञानं विज्ञानमेव च ॥ ३३० ॥

सर्वमेतत्समाख्यात-
मंशकांश्च निबोध मे ।

अध्यात्मकालकथनप्रसङ्गेन तत्त्ववृत्त्या ज्ञानं मृत्युजययोगिजागरावस्थाद्यात्मकवेधादिरूपं च विज्ञानमेतदुक्तमनुक्तमपि अनुजिघृक्षावेशात्, अतः

'कालांशकं च देवेश कथ यस्व प्रसादतः ।' (७।१)

इति यत्प्रश्नितं, ततः कालस्वरूपं कथितं प्रसङ्गाज्ज्ञानं विज्ञानं चाप्यादिष्टम्, अंशकस्वरूपं तु निर्णेतुमवशिष्टम्; अतोऽशकान् भाविपटलेन निर्णेष्यमाणान्निबोध जानीहीति पाटलिकी संगतिरिति शिवम् ॥ ३३० ॥

संवित्स्फारख्यात्या विश्वं प्राणान्तःस्थं सम्यग्ज्ञात्वा ।
तास्ताः सिद्धीरंशज्ञस्या पूर्णस्थितिं यायात् ॥ १ ॥

इति श्रीस्वच्छन्दोद्योते
कालाधिकारः सप्तमः पटलः समाप्तः ॥ ७ ॥

अथ

श्रीस्वच्छन्दतन्त्रम् ।

श्रीमन्महामाहेश्वराचार्यश्रीक्षेमराजकृतोद्द्योताख्य-
विवरणोपेतम् ।

(अष्टमः पटलः)

यस्य बोधमहाम्भोधेर्ब्रह्माद्या भुवनेश्वराः ।
अंशा मिता बुद्बुदवत्तं स्तुमः परभैरवम् ॥

'......अंशकांश्च निबोध मे ।' (७।३३०)

इति यत्पटलान्ते उपक्षिप्तं, तद्विभक्तुं श्रीभैरव उवाच

अंशकं षड्विधं देवि
कथयाम्यनुपूर्वशः ।

परस्य बोधभैरवस्य शक्तिभिः ब्राह्म्यादि-भिरधिष्ठिता ब्रह्माद्यास्तथावभासिता अंशाः ततस्तदनुग्राह्या अपि तदंशा इत्युच्यन्ते । अतोऽंशानाराध्यत्वेन स्थितान् कथयति अयं ब्रह्मांशोऽयं विष्णवंश इत्यादिक्रमेण यो वक्ष्यमाणो

भावस्वभावादिः, सोऽंशक इत्युच्यते । स च साधकं प्रति सिद्ध्यनुकूलत्वात् अल्पांशोऽंशक इत्यभिधीयते ॥

तमुद्दिशति

भावांशकः स्वभावांशः
पुष्पपातांश एव च ॥ १ ॥
मन्त्रांशकः स्मृतश्चान्य-
स्त्वंशकापादनं द्विधा ।

भावः सहजस्तत्तद्भक्तियुक्त आशयः । स्वभावस्तदनुगुणो व्यापारः । यस्तु पूर्वयुक्त्या बद्धनेत्रस्य पुष्पपातानुसारं निश्चीयते तन्मन्त्रवाच्यदेवतात्मा अनुष्ठातुं, स मन्त्रांशः । अंशकापादनमंशस्यानिरूपितस्यापि मन्त्रस्य वीरद्रव्यादिहोमेन साधकदीक्षाक्रमेण वा आराधकं प्रति क्रियते इति द्विरूपमिति षोडशांशकाः ॥

एषामाद्यस्य लक्षणमाह

देवानुस्मरणं भावः
सहजं तं विजानत ॥ २ ॥

तथा शोधकशोध्यगतं प्रकारं तव अनुग्रहैक-
परायाः कथयामीति प्रतिज्ञा ॥ ३ ॥

तत्र

विद्याराजस्य ये वर्णा
नवसंख्योपलक्षिताः ।
वाचकास्ते च तत्त्वानां
शोध्यत्वेनोपस्थाप्यानाम् ॥
यथा भवन्ति तथा
कथयाम्यनुपूर्वशः ॥ ४ ॥

तत्र

धरित्र्यादिप्रधानान्त-
मूकारो वाचकः स्मृतः ।
पुरुषस्य यकारो वै
रागतत्त्वान्वितस्य च ॥ ५ ॥

स्मृत इति श्रीश्रीकण्ठेन । अतश्च तेनैव वर्णेन प्रणवनवात्मोच्चारपूर्वं तत्तत्त्वं कलोपस्थापनवदुपस्थाप्य अध्वसंधानादिशुद्धाशुद्ध-

तत्त्वानुसंध्यन्तं सर्वं पूर्ववत् कर्तव्यम् । एवं सर्वत्र । पुरुषस्य स्पृहामयत्वात् रागतत्त्वान्वितस्येत्युक्तम् ॥ ५ ॥

नियामिकां वकारेण
विद्यातत्त्वसमन्विताम् ।
कालं कलां लकारेण
कल्पयेत्तु वरानने ॥ ६ ॥

किंचिद्वेदनात्मनोऽशुद्धविद्यायाः किंचिदंशे नियमानुप्रवेशान्नियत्या सह निर्देशः । कलायास्तु किंचित्कर्तृत्वात्मनः क्रियाविशिष्टायाः कालानुवेधस्यावश्यंभावात् कालेन सह निर्देशः । सहनिर्देशश्चायं वाच्यवाचकभावप्रदर्शनाय । शोधनं तु पृथगेव ॥ ६ ॥

किंच

मायातत्त्वं मकारेण
विद्यातत्त्वं क्षकारतः ।
रेफेण चैश्वरं तत्त्वं
हंकारेण सदाशिवः ॥ ७ ॥

अग्न्यंशः परुषस्तीव्र

उष्णादः पिङ्गलस्तथा ॥ ९ ॥

सवित्रंशश्च तेजस्वी

पूर्तधर्मरतः सदा ।

इष्टानि कुरुते नित्यं

दयालुः शिवभावितः ॥ १० ॥

पूतिवक्त्रो दुरामोदलालास्यः । विद्याधरांशस्य शिवभक्तत्वं शिवशास्त्रोक्तविधानेन गुटिकाञ्जनादिसिद्धिरसिकत्वम् । क्रूरो दारुणहृदयः । निस्त्रिंशो निर्घृणव्यापारः । परुषो वाचा । तीव्रः कर्मणा । पूर्तं वापीकूपादिकरणम् । इष्टं यज्ञः । स्पष्टमन्यत् ॥ १० ॥

ये च यदंशास्तेषामेते ब्रह्मादयः

स्वसिद्धेः फलदाः सर्वे

स्वध्यानजपहोमतः ।

यस्य यावदैश्वर्यं, तावदेवासावाराधितः साधकेभ्यः प्रयच्छति । एवं चाभिदधदिदमाह–यत् परिमितांशस्य तत्तत्पदप्रापक

एव मन्त्रोदयः । स च येषां विशेषतः शास्त्रेषु नास्ति, तेषां प्रणव एव तन्नामनमस्कारयुक्तः ॥

यदा तु

'यो यत्राभिलषेद्भोगान्स तत्रैव नियोजितः ।
सिद्धिभाङ्मन्त्रसामर्थ्यात्············॥'

इत्युक्तस्थित्या इहत्यमन्त्रैः कृतदीक्षस्य साधकस्यैतन्मन्त्राराधनेनाराधितास्ते ते देवताविशेषाः, तदा सर्वे भैरवरूपा एवेति सर्वसिद्धिसाधका इत्याह

भैरवाङ्गसमालब्धाः
सर्वे देवा वरानने ॥ ११ ॥
भैरवास्तु स्मृताः सर्वे
सर्वसिद्धिफलप्रदाः ।

भैरवाङ्गसमालब्धा इत्युक्त्येदमाह—कपालीशादिमन्त्राणां वक्राणि नोक्तानि माराधकैर्नैष्कलवक्राङ्गानि प्रयोक्तव्य। श्चिदत्र सर्वशब्दस्य द्विःस्थितस्य वाक्य विषयां योजनामसहमानः सर्वे देवा इत्य सर्वदेवेति सर्वसिद्धिफलप्रदा इत्यत्र च सर्व-

कामसमन्विता इति पठित्वा एतन्मन्त्रदीक्षिताः साधकाः तदाराधनाद्भैरवा एव पूर्णसिद्धिभाजनं भवन्तीति व्याख्यातवान्। पुराणपुस्तकेषु त्वविगानेनाद्य एव पाठो दृश्यते ॥

एवं

स्वभावांशः समाख्यातः
साधकानां हिताय वै ॥ १२ ॥

साधकपदेन मुमुक्षूणां नायं नियम इत्यादिशति ॥ १२ ॥

पुष्पपातांशं लक्षयति

पुष्पपातवशान्नाम
कर्तव्यं सुरसुन्दरि ।

अनिश्चितभावस्वभावांशस्य बुभुक्षोर्बद्धनेत्रस्य पूजितसर्वावरणे भगवन्मण्डले पूर्वोक्तस्थित्या एकं पुष्पं क्षिपतो यत्र तत्पतेत्, तन्मन्त्रवाच्यदेवतानुसारेण नाम कार्यम् ॥

अतश्च ज्ञातांशकेनाचार्येणोपदिष्टतत्तत्त्वस्य

स मन्त्रः सिद्ध्यते तस्य
तमेवाराधयेद्यदि ॥ १३ ॥

शास्त्रोक्तविधानेनेत्यर्थात् ॥ १३ ॥

क्रमप्राप्तं मन्त्रांशकमधिकवक्तव्यत्वात् सं-प्रत्यनुक्त्वा, अंशकापादनं प्रस्तौति

अंशकापादनं देवि
कथयामि समासतः ।

कथमित्याह

वैहायसं ध्वज चैव
होमयेद्यस्तु साधकः ॥ १४ ॥
स मन्त्रः सिद्ध्यते तस्य
अर्यन्तोऽपि हि सुव्रते ।

वक्ष्यमाणस्थित्यार्यन्तोऽपि यो मन्त्रस्तदा-राधनायैव वैहायसमिति उद्बद्धनरमांसं, ध्वजं च शूलारोपितनरमांसमष्टोत्तरशतं सहस्रं वा यथासंभवव्यवसायं यः साधक इत्याराधक आ-चार्यस्तत्प्रयुक्तोऽन्योऽपि वा साधको होमयेत्

जुहुयात्, तस्यासावेवमाराधितः सिद्ध्यति साधनानुगुणो भवति ॥

यस्य तु प्रोक्तक्रमेणाविवेचितांशकोऽपि प्रभावातिशयश्रवणात् कश्चिन्मन्त्रः आरिराधयिषितो भवति, नच वीरद्रव्यक्रमे योग्यतास्ति, तस्यारिराधयिषितं पूजाहोमादिनादौ तर्पयित्वा प्राक्प्रोक्तसाधकदीक्षाभिषेकविधानेनैव तन्मन्त्रांशकत्वापादनं कर्तव्यमित्यभिदधत् द्वितीयमंशकापादनं लक्षयति

अनंशकोऽपि यो मन्त्रो
ज्ञातचिह्नैर्वरानने ॥ १५ ॥
तदा यागं पुरा कृत्वा
अग्नौ होमं तु कारयेत् ।

प्रोक्तप्रकारैर्न परिच्छिन्न अंशक आराधकः शिष्यो यस्यासावनंशकः । यागहोमौ तं शिष्यं प्रति तस्य मन्त्रस्याभिमुखीकरणाय ॥

ततः

शिष्यस्य पूर्ववत्कर्म
कृत्वा तु विधिपूर्वकम् ॥ १६ ॥
पूर्णाहुतिप्रयोगेण
योजयेच्छाश्वते पदे ।

कर्मेति भगवदर्चादिपूर्वं साधकाभिषेकान्तं, योजयेदिति तमेव शिष्यं मन्त्रेण सह शाश्वत इति परमशिवपदे, साधकाभिमते च शाश्वतभोगप्रदे सदाशिवादिधाम्नि शाश्वतपदयोजनादेव चायमासादितवीर्योऽनंशकतामुत्सृज्य, सदंशकत्वमेति ॥

इत्थमासादितांशकोऽसौ
परतत्त्वमभिध्याय-
न्साधयेन्मनसेप्सितम् ॥ १७ ॥

एवमंशकापादनं द्विधोक्त्वा, मन्त्रांशकमाह

मन्त्रांशं गणयित्वा तु
गृह्णीयात्सुविचारितम् ।

मन्त्ररूपमंशमक्षरभेदक्रमेणांशीकृतं मन्त्रम् ॥ साधकस्य चानुरूपांशकरूपत्वादपि अंशेन

हीनमध्यसमुत्कृष्टं
कथयामि समासतः ॥ १८ ॥

तत्र

हीनं शत्रुं विजानीया-
न्मध्यमं साध्यरूपिणम् ।
सिद्धं चैव सुसिद्धं च
उत्तमं परिकीर्तितम् ॥ १९ ॥

कथमित्याह

मन्त्राक्षरं तु विश्लेष्य
मात्राबिन्दुसमन्वितम् ।
आत्मनामाक्षरं तद्व-
दधोभागेऽस्य योजयेत् ॥ २० ॥

'ॐ शिवाय नमः' इत्यादिके मन्त्रे ॐकारादि मन्त्राक्षरं मात्राभिरकारोकारादिभिर्बिन्दुना च समन्वितं विश्लेष्येति अकारोकारादिमात्रा बिन्दुं च मकारमात्राकल्पनया अस्य पृथक्कृत्य, एवं शिकारवाकाराभ्यामिकारमाकारं च विश्लेषयेत् । अकारमात्रा तूच्चारणार्थं, न

कुतश्चिद्विश्लेषयेत्प्रत्युत यतो वर्णान्मन्त्रान्तरं विश्लेषितं, तस्याकारमुच्चारणार्थं कल्पयेदन्यथा उच्चारायोगात् । एवमात्मनः शिष्यसंबन्धि यन्नाम विष्णुमित्रमित्यादिकं, तत एकैकमक्षरं तद्वत्प्रोक्तमात्राभेदेन विश्लेष्य, अस्येति विभक्तमन्त्रस्याधोभागे योजयेत् । तेन अउमशइवआयनम इति दशानामक्षराणामधोविभक्तानि विष्णुमित्रनामाक्षराणि वइषणउमइतरेति दद्यात् । यत्र मन्त्राक्षराणि बहूनि भवन्ति, तत्र नामाक्षराणि पुनः पुनर्योजयेदा मन्त्राक्षरसमाप्तिं योजयेत् ॥ २० ॥

एवं स्थिते सति

आत्मवर्णात्समारभ्य
यावन्मन्त्रार्णमागतम् ।
यस्मिन्स निपतेद्देवि
तमाद्यं परिकल्पयेत् ॥ २१ ॥

शिष्यनामाक्षरमेकैकमवधिं कृत्वा मातृकावर्णपाठक्रमेण गणनया एकैकनामाक्षरो-

र्ध्वस्थ एकैको मन्त्रवर्णो यावदागच्छति तावद्व-
क्ष्यमाणेन सिद्धसाध्यसुसिद्धारिभेदगणनेन य-
त्रैतदन्यतमे स नामवर्णो निपतेत्संयुज्येत,
तमायमिति शुभाशुभसूचकं निश्चिनुयात् ।
यथोक्तं मया संग्रहे

'आयान्तीष्टेतरार्थाय भवन्त्यायास्तत······।'

इति ॥ २१ ॥

अत्र गणनोपायप्रदर्शनपूर्वमायस्वरूपमा-
दिशति

रेखाङ्गुलिगतं तं तु
कथयामि समासतः ।

रेखोपलक्षिताङ्गुलीगतमङ्गुलिरेखासु कथितं
तमायम ॥

स च

पर्वणि प्रथमे सिद्धः
साध्यश्चैव द्वितीयके ॥ २२ ॥
तृतीये तु सुसिद्धः स्या-
दरिर्ज्ञेयश्चतुर्थके ।

अनेन क्रमेण नामाक्षराणि मन्त्राक्षरप्राप्तिं यावद्गणयित्वा आयं परीक्षेत ॥

तत्र

अरिसाध्यौ परित्यज्य
दातव्यश्चुम्बकेन तु ॥ २३ ॥
सिद्धरूपः सुसिद्धश्च
भुक्तिमुक्तिफलप्रदः ।

अरिसाध्ययोराद्यन्तस्थितयोर्बहलयोर्वा परित्यागः, सिद्धसुसिद्धयोस्तु स्वीकारः क्रमेण भुक्तिमुक्तिप्रदत्वात् । यथोक्तम्

'सिद्धान्ते सिध्यतेऽवश्यं साध्यान्ते कृच्छ्रसाधनः ।
सुसिद्धः पूर्वसिद्धस्तु अर्यन्तो न प्रसिध्यति ॥'

इति । तथा

'एवं शुद्धौ कृतायां तु सुसिद्धोऽभ्यधिको यदि ।
सिद्धो न लभ्यते ग्राह्यमूर्तिः साध्येऽपि साधकः ॥'

इति । शुद्धौ कृतायामित्यंशकविषये निश्चितायां साध्येऽपि अधिके त्रिश्चतुर्वा आयाते सति मन्त्रमूर्तिराराध्यत्वेन ग्रहीतव्या इत्यत्रार्थः । इयं चांशकपरीक्षा एकाक्षरमालामन्त्रयोर्न कर्तव्या । यथोक्तम्

'एकाक्षरेषु कूटेषु मालामन्त्रेषु भामिनि ।
अंशकं न परीक्षेत परीक्षेतान्यमन्त्रगम् ॥'

इति, कूटेष्वद्वैततत्त्वेषु । अत एव

'मायां नेत्रे च देवेशि तथा द्वात्रिंशदक्षरे ।
न च तत्रारिशङ्का स्यात्·········॥'

इत्यप्यन्यत्रोक्तम् ॥

तदित्थंविचारात्

यस्त्वंशकविशुद्धः स्या-
द्भैरवोऽत्र वरानने ॥ २४ ॥
तं मध्यमस्थं संपूज्य
तत्स्थाने मध्यमं न्यसेत् ।

य इति कपालीशाद्यन्यतमः । मध्यमस्थमिति आराधनायां प्रधानीभूतत्वात् तत्स्थान इति तस्यावरणकक्ष्यास्थस्य कपालीशादेः पदे मध्यममिति श्रीस्वच्छन्दमयं तुर्यादिरूपतया परीक्ष्येति दर्शितम् ॥

अथ कथं श्रीस्वच्छन्दनाथस्य परिवारं प्रति परिवारतया न्यास इत्याशङ्कां शमयितुमाह

यतः सर्वगतो देवः
सर्वेष्वन्तर्गतः स्मृतः ॥ २५ ॥

तत्सिद्धिमुक्तिदातासौ
न वर्णाः परमार्थतः ।

यः सर्वगतो व्यापको देवः क्रीडादिशीलः चिदानन्दघनः श्रीस्वच्छन्दभट्टारकः सर्वेषु कपालीशादिषु प्रपञ्चव्याप्त्यावस्थितेषु अन्तर्गतः परमार्थरूपो यतः, तत्तस्मात् स एव तत्तत्कपालीशाद्यात्मना स्मृतः साधकस्यांशकशुद्ध्या सिद्धिमभेदव्याप्त्या च मुक्तिं ददाति परमार्थतः, नतु व्याप्तिज्ञानशून्या वर्णाः किंचित्कुर्वन्ति । उक्तं हि प्राक्

'अक्षरेषु कुतो मोक्षः……………………।' (७।२३८)

इति तेन स्वस्यावरणभेदस्यान्यथाकल्पनेऽपि न तत्त्वभूमेः काचिन्म्लानिः ॥

तदिदमंशकविचारान्ते प्रसङ्गायातं वस्तु

कथितं सरहस्यं ते
गुह्याद्गुह्यतरं परम् ॥ २६ ॥

अथ यत् कथितमित्युक्तं, तत्प्रमाणीकर्तुं परमशिवात् प्रभृति गुरुपारम्पर्येणेदं रहस्यं तत्रावतीर्णमिति दर्शयन् परादि दिव्यान्तं संबन्धषट्कं प्रदर्शयति

अतस्तन्त्रावतारार्थं
कथयामि समासतः ।

तत्र

अदृष्टविग्रहायातं
शिवात्परमकारणात् ॥ २७ ॥
ध्वनिरूपं सुसूक्ष्मं तु
सुशुद्धं सुप्रभान्वितम् ।
तदेवापररूपेण
शिवेन परमात्मना ॥ २८ ॥
मन्त्रसिंहासनस्थेन
पञ्चमन्त्रमहात्मना ।
पुरुषार्थं विचार्याशु
साधनानि पृथक् पृथक् ॥२९॥

लौकिकादिशिवान्तानि
परापरविभूतये ।
तदनुग्रहयोग्यानां
स्वे स्वे विषयगोचरे ॥ ३० ॥
अनुष्टुप्छन्दसा बद्धं
कोट्यर्बुदसहस्रधा ।

शिवात् परमाद्वयप्रथात्मकश्रेयोरूपात् परमकारणात् शिवान्तानां कारणानां सर्वेषां स्वभित्तावाभासकात्, अत एवादृष्टः परद्रष्ट्रैकरूपो विग्रहः स्वरूपं यस्य तस्मात्, भिन्नमेतत्पदं छान्दसेन पञ्चम्यात्वादेशेन, अथच तस्मिंस्तद्रूपमेवायातं प्रसरणस्फुरणं यस्य तद्ध्वनिरूपं नादामर्शात्मकं सुसूक्ष्ममप्रमेयं विश्वव्यापकं च, अकारादिकलाकलितस्वाभावात् सुशुद्धं, सुप्रभान्वितं महाज्ञानरूपं यत्तदेवापररूपेणेत्यनाश्रितभट्टारकाख्येन शिवेन दण्डवक्रभङ्ग्यवस्थितसद्योजातपञ्चमहामन्त्रशरीरे पृथक् पृथगनुग्राह्यानुसारं साधनान्यनुष्ठानानि लौकिकादिशिवान्तानि विचार्य तत्तत्सिद्धिसाधनार्थम-

परमपेणैव स्थूलेन वेदादिरहस्यान्ततत्तत्स्रोतोभेदोद्भूतनानाशास्त्ररूपमनन्तग्रन्थसंदर्भात्मकं निबद्धम्। मन्त्रसिंहासनस्थेन सार्धत्रिकोटिमन्त्राधिपतिनेत्यनेनैव शास्त्रानन्त्यस्यावकाशो दत्तः। पञ्चमन्त्रमहात्मनेत्यनेन श्रीकण्ठीयसंहिताद्युक्तनानास्रोतोभेदः सूचितः। तत्र

'अदृष्टविग्रहाच्छान्ताच्छिवात्परमकारणात्।
ज्ञानरूपं विनिष्क्रान्तमनवच्छेदनं महत्॥'

इत्यादिना नादस्वरूपं निरूप्य

'ततो जातमिदं सर्वं चतुर्वर्गफलप्रदम्॥'

इत्युक्त्वा स्रोतोभेदेन नानाशास्त्रप्रपञ्चोदयः प्रदर्शितः। तदेवेत्यादिना आबद्धमित्यन्तेन तत्तदनुग्राह्याशयानुसारेण भिन्नभिन्नफलान्यपि शास्त्राणि वस्तुतो वाक्यैकवाक्यतया परिपूर्णाभिन्नविमर्शस्फाराण्यासूत्रितसमस्तभेदाभेदप्रपञ्चानीति तथाविधव्याप्तिज्ञं तत्त्वज्ञं प्रत्यभिन्नचिदानन्दघनतत्त्वविश्रान्तिपरमार्थान्येवेति ध्वनति। तदुक्तम्

'यतः शिवोद्भवं सर्वं शिवधामफलप्रदम्।'

इति॥

एवं परसंबन्धमूलतां शास्त्रप्रसरस्य प्रदर्श्य, संबन्धान्तरगोचरतामपि प्रदर्शयिष्यामीत्याशयेन परमशिवेनापीत्थमिदमुत्थाप्यत इत्याह

गुरुशिष्यपदे स्थित्वा
स्वयं देवः सदाशिवः ॥ ३१ ॥
पूर्वोत्तरपदैर्वाक्यै-
स्तन्त्रमाधारभेदतः ।
तज्ज्ञानमीश्वरेऽदात्त-
दीश्वरेण शिवेच्छया ॥ ३२ ॥
विद्यायाः कथितं पूर्वं
विद्येशेभ्यस्तथादरात् ।

देवः परवाक्शक्तिमयः शिवभट्टारक एव, सदाशिव इति गृहीततत्तद्भूमिकः, स्वयं गुरुशिष्यपदे स्थित्वेति प्रतिभाभुवि प्रष्टृप्रतिवक्तृभावासूत्रणेन परममहापश्यन्तीवाक्शक्त्यासूत्रितपूर्वोत्तरपदात्मकैर्वाक्यैरुपलक्षितं तन्त्रमशेषशास्त्रसंदर्भमयं तज्ज्ञानं चेश्वरेऽदादिति संक्रमितवान्। आधारभेदत इति ईश्वरात्मकमा-

धारभेदमाश्रित्य स्वयं तदात्मना स्थित्वा इत्यर्थः । तज्ज्ञानमीश्वरे दत्तमिति तु पाठः पूर्वश्लोकान्त आसूत्र्येति योजयित्वा तेन चेत्यनुषङ्गेण व्याख्येयः। इयता महत्संबन्धो दर्शितः । शिवेच्छया सदाशिवेच्छया—इत्यनेनानायातशक्तिपातो नोपदेश्यः इति ध्वनति । विद्याया इति

'अष्टवर्गविभिन्ना तु विद्या सा मातृका परा ।' (११।५५)

इति वक्ष्यमाणमातृकावाच्याया देव्याः तथा वेदनप्रधानत्वात् विद्याशब्दवाच्यस्याशेषस्य मन्त्रग्रामस्य, अनन्तभट्टारकादिभ्यश्च विद्येशेभ्यो मन्त्रचक्रवर्तिभ्य ईश्वरेण तन्त्रं तज्ज्ञानं च कथितं संक्रमणयुक्त्या विमर्शपदं नीतम् । आदरादिति भक्त्युल्लासप्रकर्षात् । यद्यपि भगवतो मातृका तदुत्थाश्च मन्त्राः परमेशवदभेदेनावभासिता विद्यातत्त्वधाम्नि तावदशेषविश्वाभेदव्याप्तिरत्र निमग्नेव स्थितेति तामुन्मज्जयितुमीश्वरेण विश्वानुजिघृक्षया ज्ञानसंक्रान्तिरत्र कर्तुमुपपन्नैव। इतः प्रभृत्यन्तरालसंबन्धः आसूत्रितः

'मयापि तव देवेशि साधिकारं समर्पितम् ।' (३६)

इत्येतावत्पर्यन्तो भविष्यति ॥

एवं पश्यन्तीप्रसरणपर्यन्तां शास्त्रस्थितिमुक्त्वा, मध्यमाप्रसरणेनाह

मायानियतिपर्यन्तै-
स्तस्माद्रुद्रैरवापि तत् ॥ ३३ ॥

तस्मादिति विद्यातत्त्वचक्रवर्तिनोऽनन्तभट्टारकादित्यर्थात्, मायानियतिपर्यन्तैरिति मण्डलिप्रभृतिभिः कञ्चुकवासिभिश्च रुद्रैरवापीति संक्रमणयुक्त्यैव ॥ ३३ ॥

ततोऽनन्तरं तदेव ज्ञानं तथैव

श्रीकण्ठेनेश्वरात्प्राप्तं
ज्ञानं परमदुर्लभम् ।

अहं हि भगवानीश्वरात्मनः शिवस्य शिष्यो, मण्डल्याद्यास्त्वनन्तशिष्याः । अत्र मध्ये पुंस्तत्त्वाधिष्ठातारो रुद्रा बन्धहेतुतया स्थापिता इति तेषामेतज्ज्ञानशक्तिसंक्रान्तिर्न कृता ॥

ततोऽपि तथैव

तेनापि तदधः प्रोक्तं
रुद्राणामीश्वरेच्छया ॥ ३४ ॥
प्रधानाच्छतरुद्रान्तं
दीक्षयित्वा विधानतः ।
ममापि च पुरा दीक्षा
तथा चैवाभिषेचनम् ॥ ३५ ॥
श्रीकण्ठेन पुरा दत्तं
तन्त्रं सर्वार्थसाधकम् ।

यद्यपि गुणतत्त्वे श्रीकण्ठनाथः स्थितः, तथाप्यसौ शिवशिष्यत्वेन प्रभावातिशयवानिति स्वोर्ध्वस्थप्रकृतिवर्तिनः क्रोधाद्यष्टकस्य स्वाधारतत्त्वगतानां च शतरुद्रान्तानां रुद्राणामनुग्रहीता । ममापीति कैलासवासिनस्तन्त्रप्रवक्तुर्भगवत उमापतेरुक्तिः । तदित्थमनन्ताद्याः श्रीकण्ठश्चेश्वरभट्टारकात्मनः शिवस्य शिष्याः, मण्डलिनस्त्वनन्तशिष्याः, क्रोधादयः शतरुद्रान्ताः उमापतिश्च श्रीकण्ठशिष्या इत्यादिष्टं भगवता । तेन यत् खेटकनन्दनेन

'मण्डलिनः श्रीकण्ठः क्रोधाद्याः शतभवाः सवीरेशाः ।
एते कलादियोगात्प्रकटीकृतदद्क्रियाः परेशेन ॥'

(त० सं० ३०)

इत्युक्तं, तद्यथोक्तानुसारं क्वचित्साक्षात् क्वचित्पारम्पर्येणेति व्याख्येयं, नत्वविशेषेण। दीक्षयित्वेति अभिषेचनं कृत्वेति च शाक्तसमावेशसंक्रमणयुक्त्या पूर्वं शांभवसमावेशयुक्त्यैव । एवं च नादीक्षितस्य ज्ञानग्रहणे, नाप्यनभिषिक्तस्य तद्दानेऽधिकार इत्यादिष्टं भवति ॥

अथैतत्तन्त्रं च तज्ज्ञानं च संक्रमणयुक्त्यैव

मयापि तव देवेशि
साधिकारं समर्पितम् ॥ ३६ ॥

इतः प्रभृति वैखर्याः प्रसरः ॥ ३६ ॥

एवमियतान्तरालाख्यं संबन्धं प्रकटीकृत्य, दिव्यान्तमादिशति

त्वमपि स्कन्दरुद्रेभ्यो
ददस्व विधिपूर्वकम् ।
ब्रह्मविष्ण्वन्द्रदेवानां
वसुमातृदिवाकृताम् ॥ ३७ ॥

लोके संगृह्य नागानां
यक्षाणां परमेश्वरि ।

विधिर्दीक्षाभिषेकरूपः ॥

दिव्यादिव्यसंबन्धमाह

कथयस्व ऋषीणां च

एवं च देव्या विश्वानुग्रहाधिकारार्पणेन भगवता महाकारुणिकत्वं परिपोषितम् ॥

अदिव्यं संबन्धमाह

ऋषिभ्यो मनुजेष्वपि ॥ ३८ ॥

कथयस्वेति स्थितम् । देवी एव हि पराशक्तिस्वभावा विश्वाधिष्ठात्री अनुजिघृक्षारससरसहृदया तत्तदाचार्यदेहमाविश्यानुग्रहं करोति । एवं चादिव्यसंबन्धपर्यंतः पर एव संबन्धः सर्वत्र प्रपततीत्यभिहितं भवति । तदुक्तं

'...............सर्वः परकलामयः ।
महानवान्तरो दिव्यो मिश्रोऽदिव्यश्च तत्परः ।'

इति त्रिकहृदये ॥ ३८ ॥

उपसंहरति

एवं तन्त्रवरं दिव्यं
सिद्धरत्नकरण्डकम् ।
त्वया गुप्ततरं कार्यं
न देयं यस्य कस्यचित् ॥३९॥

यद्यपि पूर्वोक्ते सर्वतन्त्रे तवाधिकारो दत्तस्तथापि यदेवं निर्णीतनिर्णेष्यमाणपटलगतरहस्यार्थपूर्णत्वात् वरमुत्कृष्टमिदं दक्षिणस्रोतःसमुद्भूतभैरवतन्त्रजातमध्ये प्रधानभूतं दिव्यं सर्वभोगापवर्गप्रदं तन्त्रं, तत्त्वया गूहनीयं ज्येष्ठाशक्तिपातवतामेव प्रकाश्यं, नेतरेषामिति शिवम् ॥ ३९ ॥

आ देवेभ्यः क्रमान्तं निखिलमिदमियच्छासनत्राणरूपं
विश्वं यत्संप्रसूतं परमशिवपदाल्लोकपर्यन्तमेतत् ।
शास्त्रं वाक्यैकवाक्यस्थितमिव विगलद्भेदविश्रान्तिलब्धस्वच्छस्वच्छन्दधामप्रथनपरमिदं स्तात्समग्रस्य जन्तोः ॥

इति श्रीस्वच्छन्दोद्योते
अंशकाधिकारोऽष्टमः पटलः समाप्तः ॥ ८ ॥

अथ

श्रीस्वच्छन्दतन्त्रम् ।

श्रीमन्महामाहेश्वराचार्यश्रीक्षेमराजकृतोद्द्योताख्य-
विवरणोपेतम् ।

(नवमः पटलः)

श्रीमन्निष्कलसद्विद्यावृद्धवक्त्र सकलस्थितिम् ।
विश्राम्यत्यकले तत्त्वे यस्तं भैरवमाश्रये ॥

साधकोद्देशेनाराध्यपञ्चप्रणवनिरूपणानन्तरं तदुपयोगिबहुप्रमेयगर्भं कालस्वरूपमभिधायां-शकसतत्त्वमुक्तं प्रसङ्गात्तत्रावतारो दर्शितः । अथ विघ्नौघविघातेन झटित्यभीष्टसिद्धिसाधनं श्रीकोटराक्षविधानं रक्षाचक्रप्रपञ्चमप्रश्नितमपि अनुजिघृक्षया प्रतिपिपादयिषुः श्रीभैरव उवाच

अतः परं प्रवक्ष्यामि
रहस्यमिदमुत्तमम् ।

अतःशब्दो व्याख्यातक्रमसूचनाय । प्रक-र्षेण अनुजिघृक्षादरेण वक्ष्यामि । उत्तमं रह-

स्यमिति सर्वविघ्नप्रशमनं झटित्यभीष्टसिद्धिप्रदं च ॥

अत एव

यन्न कस्यचिदाख्यातं
तत्ते वक्ष्यामि सुव्रते ॥ १ ॥

शोभनं व्रतं परतत्त्वावहितत्वं यस्या इत्यामन्त्रणेन योग्यतमविरलशिष्यविषयत्वमस्यानुष्ठानस्येति ध्वनति, अतश्च योग्यदेवीव्यतिरेकेण नैतदन्यस्याप्युक्तम् ॥ १ ॥

एतदुद्घाटयति

महाभैरवदेवस्य
क्रीडमानस्य भामिनि ।
सृष्टिसंहारकर्तारं
हृदयात्तु विनिर्गतः ॥ २ ॥

महाभैरवदेवः प्रथमपटलदर्शितनिर्वचनस्थित्या स्वच्छन्दनाथस्तस्य, निःशेषविघ्नप्रशमनसर्वसिद्धिसंपादनानुजिघृक्षात्मिकां क्रीडां ताच्छील्येन कुर्वतः, स्वस्वातन्त्र्यशक्त्यात्मकात्

हृदयात्, सृष्टिसंहारयोः कर्ता वक्ष्यमाणश्रीकोटराक्षनामा देवः, अरं शीघ्रं, विनिर्गतः समुच्छलित इत्यर्थः। अत एव भगवानघोरहृदय इत्युच्यते ॥ २ ॥

तं भगवन्तं दर्शयितुमाह

कल्पान्तवह्निवपुषं
प्रलयाम्बुदनिःस्वनम्।
तडित्पुञ्जनिभोद्दंष्ट्रं
जटाज्वालासमप्रभम् ॥ ३ ॥

चन्द्रसूर्याग्निनयनं
कोटराक्षं सुभीषणम्।
बृहद्वक्षःस्थलाभोगं
नागयज्ञोपवीतिनम् ॥ ४ ॥

स्फुरन्माणिक्यमुकुटं
सर्पकुण्डलभूषितम्।
सर्पहारकृताटोपं
सर्पकङ्कणनूपुरम् ॥ ५ ॥

सिंहचर्मपरीधानं
सर्पमेखलमण्डितम् ।
गजचर्मावृतपटं
शशाङ्ककृतशेखरम् ॥ ६ ॥
पञ्चवक्त्रं शवारूढं
दशबाहुं त्रिलोचनम् ।
कपालमालाभरणं
खड्गखेटकधारिणम् ॥ ७ ॥
पाशाङ्कुशधरं देवं
शरशार्ङ्गवितानितम् ।
कपालखट्वाङ्गधरं
वरदाभयपाणिकम् ॥ ८ ॥
भिन्नाञ्जनचयप्रख्यं
स्फुरिताधरभास्वरम् ।
ब्रह्मेन्द्रविष्णुनमितं
त्रिदशैरपि दुर्लभम् ॥ ९ ॥

सर्वमेतत् प्रागुक्तव्याख्याभिः व्याख्यातस-

तत्त्वम् । तडित्पुञ्जनिभे उद्धते दंष्ट्रे यस्य, जटानां ज्वालानां चासमा प्रभा दीप्तिर्यस्य, कोटरं कुहरं तदाकृतीन्यक्षीणि यस्य अनेन अन्तर्लक्ष्यतां बहिर्दृष्टित्वं च दर्शयति, सुष्ठु भीषणत्वं नाम्नैवोक्तम् । मेखलशब्दे तु ह्रस्वः ऐश्वरः । त्रिलोचनमिति प्रतिवक्रम् । अवतानितं मण्डलीकृतदोर्दण्डं, स्फुरिताधरत्वं निःशेषविघ्नभक्षणपरत्वेन ॥ ९ ॥

एतद्रूपमनुग्राह्यैरुपास्यमित्याह

एवं तं भैरवं देवं
स्वच्छन्दं परिकीर्तयेत् ।

स्वच्छन्दनाथमेव बहुरूपत्वादनेन सुभीषणेन विघ्नसंत्रासनेन रूपेण चिन्तयेदित्यर्थः ॥

अतश्च

स्मरणान्नाशयेद्देवः
पापसंघातमुल्बणम् ॥ १० ॥

ध्यायिनां व्याध्याद्युद्द्रावकप्राक्तनमहापापप्रशमनायैव तेनैवंविधं रूपं स्वेच्छया गृहीतम् ।

अतः स्मरणादेवोल्वणं दुष्टभोगदानायोन्मुखीभूतं पापसंघातं नाशयत्येव । अत एव चतुर्वक्रात् श्रीव्याधिभक्षभट्टारकादयमन्य एव देवो व्याध्याधिकारणभूतमहापापभक्षण इत्यवगतम् ॥ १० ॥

किंच

अस्य मन्त्रः पुराख्यातो
द्वात्रिंशाक्षरसंमितः ।
यस्तं भीषणरूपानुगुणतया
पञ्चप्रणवपूर्वान्तं
तत्र लीनं जपेन्मनुम् ॥ ११ ॥

प्राग्दर्शितसतत्त्वाः पञ्च प्रणवाः पूर्वान्तयोः यस्य तं, तत्रैव पञ्चप्रणवस्वरूपे लीनं विश्रान्तं, तद्भित्त्यर्थं तदाच्छुरितं चेमं, महामन्त्रं पूजान्ते जपावसरे जपेत् । अतश्चैवं वाच्यवाचकक्रमाभ्यां दीप्तत्वादघोरीश्वर्ययुक्तत्वात् भाविविशिष्टदेवतापरिवृतत्वेतराभ्यामस्य द्वात्रिंशदक्षरादन्यत्वमित्यनुष्ठानान्तरमेवैतत् ॥ ११ ॥

तदीदृशस्य

तस्य कल्पं प्रवक्ष्यामि
समासान्न तु विस्तरात् ।

कल्प्यत आराध्यतेऽनेनेति कल्पः विधानम् ॥

तमाह

पूर्वोक्तभूप्रदेशे च
विशुद्धे शुभलक्षणे ॥ १२ ॥
पुष्पप्रकरसंकीर्णे
गन्धधूपाधिवासिते ।
तत्र मण्डलमालिख्य
पूर्वोक्तैर्वर्णकैः शुभैः ॥ १३ ॥
एकहस्तं द्विहस्तं वा
चतुर्हस्ताष्टहस्तकम् ।
सुसूत्रितं समं कृत्वा
चतुरस्रं समन्ततः ॥ १४ ॥
पूर्ववत्साधयित्वा तु
दिग्भागांस्तु वरानने ।

पूर्वोक्तैरिति

'धाम्ना तु रजसां पातः················।' (४।३५)

इति वाक्येन सूचितैः, वर्णकैः सिन्दूरादिभिः। गतार्थमन्यत् ॥

एतत्प्राक्तनमण्डलाद्विशिष्टं मण्डलमित्याह

चतुर्द्वारसमोपेत-
मष्टपत्रं सकर्णिकम्।
मध्ये पद्मं समालिख्य
केसरैरुपलक्षितम् ॥ १५ ॥
द्वात्रिंशदक्षरं बाह्ये
चक्रमालिख्य शोभनम्।
एवं सुसूत्रितं कृत्वा
बाह्ये चैव तु वर्तुलम् ॥ १६ ॥
चतुरस्रं तदासन्नं
बाह्ये वीथीं प्रकल्पयेत्।
मध्यपद्मप्रमाणेन
द्वारं कल्प्येत पूर्ववत् ॥ १७ ॥

एवमिति चक्रपरीमाणानुसारेण, सुसूत्रितं

वर्तुलं भ्रमं कृत्वा, तस्यासन्नं च चतुरस्रं कृत्वा वीथीं प्रकल्पयेत् । तद्बाह्येऽन्तःपद्मक्षेत्रमानं कण्ठकपोलशोभोपशोभाढ्यं चतसृषु दिक्षु द्वारचतुष्टयं कल्पयेत् ॥ १७ ॥

अथ निष्पन्ने मण्डले साधकः

भस्मोद्धूलितदेहस्तु
मुद्रालंकारभूषितः ।
केशयज्ञोपवीती च
दिग्वासाः संयतेन्द्रियः ॥१८॥
शंखार्घपात्रहस्तस्तु
सकलीकृतविग्रहः ।
परितोऽस्त्रं प्रविन्यस्य
भैरवं पूजयेत्प्रिये ॥ १९ ॥
प्रणवासनसंस्थं तु

भस्मोद्धूलितत्वादिना साधकस्य मन्त्राराधनावसरे महाव्रतित्वमुक्तमत एव परभैरवानुकारित्वेनापि तदभिमानिनो विघ्नाः नश्यन्ति । भाव्यस्यात्र जलस्नानादि नोक्तं, दिग्वासाः तद-

न्यस्य यत्संयमनाशयेनैव कौपीनग्रहणात्? श-ङ्खमत्र प्रकरणसामर्थ्यान्महाशङ्खम्। परितोऽस्त्रं सर्वतोऽस्त्रप्राकारम् । प्रणवासनस्थत्वं प्राग्वत् ॥

कथं पूजयेत् कं च भैरवमित्याह

मूर्तिं हंसाक्षरेण तु ।
तमेव सकलं देवं
स्वच्छन्दं परमेश्वरम् ॥ २० ॥

मूर्तिं हंसाक्षरेणेति पूर्वोक्तेन चिन्मूर्तिमन्त्रेण द्वात्रिंशदक्षरेण च सकलमूर्तिरूपेण । तमेवेति पूर्वोक्तम् ॥ २० ॥

किमविशिष्टं, नेत्याह

यत्तत्परमनिर्भास-
मनामयमरूपकम् ।
तेन चावाहयेद्देवि

परमः सर्वोत्कृष्टो निर्भासो यस्य, अनामयं मायासंबन्धहरम्, अरूपकमनाकृति यत्पूर्वं निष्कलं तत्त्वमुक्तं, तेन प्रोक्तनीत्याद्यन्तस्थितेन सहितमावाहनमुद्रयावाहयेत् पूजनार्थमभिमुखीकुर्यात् ॥

किंच

हृच्छिरश्च शिखां तथा ॥ २१ ॥

वर्म नेत्रे तथास्त्रं च
तेनैव परिकल्पयेत् ।

तेनैवेति नैष्कलेन हृदाद्यङ्गमन्त्रेण, नतु प्राग्वत्सकलेनापि । ब्रह्मपञ्चकमन्त्राणां तु न सकलादिविभागोऽस्तीति प्राग्वत् तन्न्यासानन्तरं भगवदाकृतौ निष्कलाङ्गन्यासः ॥

इत्थं च निष्कलसकलात्मकैकरूपे भगवत्याह्वानसमये एव निष्कलसकलमन्त्रोच्चारात् निष्कलस्थानविहितपरमीकरणे न्यस्ते वक्त्रनैष्कलाङ्गविन्यासे कृते

स्थापनं संनिधानं च
निरोधार्घादिपूजनम् ॥ २२ ॥

सर्वं तेनैव कर्तव्य-
मुक्तानुक्तं वरानने ।

स्थापनादि सर्वं पूर्वप्रदर्शितमुद्राबन्धपूर्वं कर्तव्यम्। तेनैवेति निष्कलसंपुटितेन सकलेन।

उक्तमिति स्थापनादि, अनुक्तं तु स्वागतपाद्या-
चमनस्नानादि आत्मनिवेदनपर्यन्तम् ॥

इत्थं च

मध्यस्थं भैरवं पूज्य-
मङ्गषट्कसमन्वितम् ॥ २३ ॥

मध्यस्थमिति मध्यगतं, भैरवमिति भैरव-
तेजः इत्यर्थः ॥ २३ ॥

किंचात्र पद्मबाह्ये द्वात्रिंशदरके चक्रे

ततः पत्रस्थिता देवी-
र्द्वात्रिंशार्णैर्निवेशयेत् ।
पूर्वारकात्समारभ्य
यावदन्ते व्यवस्थिताः ॥ २४ ॥

पत्रस्थिता इति अष्टपत्रस्य पद्मस्योक्तत्वात्
प्रतिदिक्पत्रानुसारिस्थिताराचतुष्टये चक्रे संनि-
वेशयेदिति द्वात्रिंशार्णैरिति तकारलोप ऐश्वरः,
तेन द्वात्रिंशद्देवीः द्वात्रिंशतैव अर्णैः अर्थात्
द्वात्रिंशद्वर्णसंबन्धिभिर्विभज्य निवेशयेत् ॥२४॥

तासां नामानि वक्ष्यामि
द्वात्रिंशत्परिसंख्यया ।

तानि मन्त्रस्थाक्षरस्फारसारतत्सदृशप्रथमनामाक्षररूपाणि निरूपयति

अरुणा घोषा देवी च
रेवती भोगदायिका ॥ २५ ॥
स्थापनी घोरसंज्ञा च
रक्षा भारभरेति च।
घोररूपा रवा घोणा
रतिस्ताराथ रूपिणी ॥ २६ ॥
भयहानिस्तु चण्डा वै
सर्वदा च तथा वरा।
तक्षकी च तथा शार्वी
बर्बरा सर्वगा तथा ॥ २७ ॥
रौद्री च भ्रामणी चैव
नागिनी च मनोहरा।
स्तम्भनी रोषणी चैव
द्रावा रुद्रा प्रशासिनी ॥ २८ ॥
भयापहारिणी देवी
ज्ञेया द्वात्रिंश तत्क्रमात्।

तत्क्रमादिति मन्त्रगताक्षरक्रमानुसारेणेत्यर्थः । एवं चाभिदधन्न केवलं मन्त्रस्य पूर्वं निर्णीतवाक्यरूपा वीर्यव्याप्तिः यावद्वर्णानुसारेण प्रोक्तदेवताचक्रव्याप्तिमयत्वमपीत्यादिशति देवः ॥

आसां देवीनामावाहनादौ मन्त्रमाह

प्रणवादिस्ततो वर्णो
देवीनाम नतिस्तथा ॥ २९ ॥
सर्वासां तु विधिर्ह्येष
कर्तव्यो विधिवेदिना ।

वर्ण इति द्वात्रिंशदक्षरसंबन्धी क्रमेणैकैक इत्यर्थः । नाम इति चतुर्थ्यन्तमित्यर्थात् । विधिरिति पूजादिविषयो मन्त्रोच्चारणप्रकारः । विधिवेदिनेत्येष आवाहनादावामन्त्रणविभक्त्यन्तं नाम तथा तत्कर्मानुसारेण जातिप्रयोग इत्यनुमन्तव्यमिति ध्वनति ॥

अथासां देवीनां प्रतिदिशं चतसृणां पूर्वोक्तनीत्या भैरवीयप्रपञ्चव्याप्तितत्त्वलोकपालानुसारेण भैरवानुसारेण ध्यानं निर्दिशति

हेमाभं प्राक्चतुष्कं त-
दिन्द्रचापसमप्रभम् ॥ ३० ॥
चतुर्मुखं चतुर्बाहु
वज्रहस्तं सुगर्वितम् ।
कपालमालाभरणं
प्रहसत्तु विचिन्तयेत् ॥ ३१ ॥

प्राक्चतुष्कमिति पद्मप्राग्दलसंश्लिष्टानां चतुष्टयनिविष्टमरुणादिचतुष्कं तद्दिक्पतितुल्यत्वात् हेमप्रभं वज्रहस्तं च, इन्द्रचापसमप्रभमिति अन्तःस्फुरन्नानावर्णभास्वरम्, ऊर्ध्ववक्त्रस्य निष्प्रपञ्चत्वात् सिद्ध्यनुगुणता नास्तीति पञ्चवक्त्रशक्तिमदधिष्ठितमपि देवताचक्रं साधकसिद्ध्यानुगुण्येन गृहीतचतुर्मुखचतुर्भुजादिरूपं दर्शितम् । एकत्र दक्षहस्ते वज्रस्योक्तत्वादनुक्तमपि कपालखट्वाङ्गधारित्वमभयकरत्वमंशेन भैरवरूपानुकारादुक्तम्, अतश्च कपालमालाभरणत्वमपि संगतमेवेति तदनुसारेण प्रतिवक्त्रं त्रिनेत्रत्वमपि मन्तव्यम् । सुगर्वितत्वं प्रहसत्त्वं च निर्विघ्नसिद्धिदानानुगुण्येन

कियदेतद्धस्तु इत्याशयात् । एतच्चतुर्मुखत्वादि प्रहसितत्वान्तं सर्वत्र चतुष्केऽनुमन्तव्यं, तथा कपालखट्वाङ्गहस्तत्वादिकं च ॥ ३१ ॥

आग्नेयं रक्तवर्णाभं
शक्तिहस्तं सदा स्मरेत् ।
दण्डहस्तं स्मरेद्याम्यं
कृष्णवर्णं सुभीषणम् ॥ ३२ ॥
नीलमिन्दीवराभासं
नैर्ऋतं खड्गहस्तकम् ।
श्यामं वारुणदिग्भागे
पाशहस्तं विचिन्तयेत् ॥ ३३ ॥
धूम्रं सामीरदिग्भागे
ध्वजहस्तं सुचञ्चलम् ।
उत्तरं धवलं ज्ञेयं
गदाखेटकधारि च ॥ ३४ ॥
स्फटिकाभं तथैशान्यां
त्रिशूलायुधपाणिकम् ।

उत्तरस्मिन्देवीचतुष्टये खेटकधारित्वस्य स्वच्छन्दोक्तत्वादभयपाणित्वं न ध्यातव्यम् । चतुर्मुखत्वादि सर्वमन्यत्प्राग्वत् ॥

अत्र ध्याने फलमाह

एवं ध्यानपरो यस्तु
चक्रमेतत्सदाभ्यसेत् ॥ ३५ ॥
वत्सरार्धाद्वरारोहे
तस्य सिद्धिस्त्रिधा भवेत् ।

उत्तममध्यमाधमरूपा ॥

एवं ध्यानसिद्धिमुक्त्वा, तस्यैव जपसिद्ध्युचितं क्षेत्रमादिशति

महेन्द्रे मलये सह्ये
पारियात्रेऽर्बुदे तथा ॥ ३६ ॥
विन्ध्ये श्रीपर्वते चैव
तथा कोलगिरौ प्रिये ।

एतान्यष्टौ सिद्ध्यनुगुणानि पर्वतस्थानानि ॥

किंच

गङ्गायमुनासंबाधे

संबाधः संकटं संमिश्रयोस्तयोः यावती प्रवाहभूमिः ॥

कुरुक्षेत्रे वरानने ॥ ३७ ॥

गङ्गाद्वारे प्रयागे च
ब्रह्मावर्ते समास्थितः ।

सरस्वतीचर्मण्वत्योरन्तरस्थो देशो ब्रह्मावर्तः ॥

अन्तर्वेद्यां सुपुण्यायां
नर्मदायां तथैव च ॥ ३८ ॥

गङ्गायमुनाप्रवाहयोर्मध्यमन्तर्वेदी । नर्मदायामपि तत्तटे ॥ ३८ ॥

किंच

सुस्निग्धदेशे भूभागे
पद्मषण्डैर्मनोरमे ।

पद्मषण्डैर्मनोरमो यः सुस्निग्धो देशस्तत्र भूभागे इति योजना ॥

किंच

येषु येषु प्रदेशेषु
स्वयंभूर्भगवाञ्छिवः ॥ ३९ ॥
तेषु स्थानेषु देवेशि
नियमस्थो जितेन्द्रियः ।
वाङ्निरुद्धः प्रसन्नात्मा
लक्षाक्षरजपे रतः ॥ ४० ॥
शाकभक्ष्यः फलाहारी
नीवाराद्यशने रतः ।
त्रिकालपूजानिरतोऽ-
थाग्निकार्यपरायणः ॥ ४१ ॥
भावितात्मा महासत्त्वो
रक्षायाश्च विधानवित् ।

यः

तस्य मन्त्रः प्रसिद्ध्येत्तु

सच

साधयेत्सचराचरम् ॥ ४२ ॥

स्वयंभूनामनुग्रहार्थमेवावतीर्णत्वात् तत्क्षेत्रस्य सातिशयं सिद्धिप्रदत्वम् । नियमस्थ इति शौचसंतोषतपःस्वाध्यायेश्वरप्रणिधाननिष्ठः । वाक् च निःशेषेण रुद्धा जपैकनिष्ठीकृता येन, प्रसन्नः त्यक्तसंगसंस्कार आत्मा मनो यस्य, लक्षाक्षरजपे रत इति प्राग्वत् द्वात्रिंशता लक्षैः सदशांशहोमैः, नतु यथान्ये अक्षरं मन्त्रस्तस्य लक्षेणैकेनेति अक्षरशब्दस्य मन्त्रवाचित्वाभावात्

'.........लक्षेणाक्षरसंख्यया ।' (६।५१)

इति प्राक्तनोक्तयविशेषप्रतिभासनादेतस्या उक्तेः । नच षाण्मासिकस्य प्रोक्तचक्रध्यानस्य काचिदनुपपत्तिः तस्यैतज्जपसंख्याविधिं विना शुद्धस्यैव प्रोक्तफलहेतुत्वात् । नच ध्यानमात्रात्सिद्धिर्न भवतीति वाच्यमागमेषु शतशस्तत्प्रतिपादनात्, जपे तु तथोचितं ध्यानं न प्रत्याचक्ष्महे । यदि प्रोक्तचक्रध्यानं मन्त्रजपेऽङ्गं स्यात्, तच्चक्रदेवीनामपि जपनियममभिदध्यादित्यलम् । भावितात्मा आश्वस्तहृदयः, अत एव महासत्त्वः सावष्टम्भोऽत्यन्तशुद्धचित्तः । रक्षाया दिग्बन्धास्त्रप्राकारादिरूपायाः

चकारात् क्षेत्रपालबल्यादेः विधानविदिति-कर्तव्यताज्ञः ॥ ४२ ॥

यदुक्तं साधयेत्सचराचरमिति, तत्संक्षेपेण दर्शयन् भाविपटलप्रमेयवस्तु कटाक्षयति

कालाग्निर्नरकाश्चैव
पाताला हाटकेश्वरः ।
सप्तलोकं सब्रह्माण्डं
पञ्चाष्टकमतः परम् ॥ ४३ ॥
देवयोन्यष्टकं चैव
प्रधानपुरुषान्तकम् ।
नियतिः कालतत्त्वं च
रागो विद्या कला तथा ॥४४॥
माया विद्येश्वरं तत्त्वं
सादाख्यं शक्तिगोचरम् ।
सर्वं सिध्यत्यनायासा-
न्मन्त्रराजप्रभावतः ॥ ४५ ॥

एतत्समनन्तरपटलनिर्णेष्यमाणं शक्तितत्त्वान्तं सर्वं साधकस्य वशे भवत्यतश्च शिवरूपः साधको जायते इति यावत् ॥ ४५ ॥

यत्र चेयद्विश्वमस्य वर्तते, तत्र दण्डापूपीयन्यायो मितसिद्धीनां स्थित एवेत्याह

पूर्वोक्तं कर्म वै क्षिप्र-
मधमं मध्यमोत्तमम् ।
साधयेन्नात्र संदेहो
भैरवस्य वचो यथा ॥ ४६ ॥

अधमादि प्राग्वत् । मारणोच्चाटनवश्याकर्षणशान्तिकाप्यायनादि च यदधमादि कर्म पूर्वमुक्तं, तदपि यथोक्तद्रव्ययुक्तिसहकृतमयं मन्त्रराजः पूर्वोक्तन्यायेनैव जपलक्षेण सहोमेनाराधितः साधयतीति सिद्ध एवायम् । भैरवस्य यथैव वचस्तथा अत्राश्वस्तव्यम् । आश्वासो हि अकम्पः सिद्धिलिङ्गम् ॥ ४६ ॥

अथ योग्यतमसाधकविषयमेतदेव दर्शनं द्वात्रिंशद्देवताचक्रपरिवारं विना एकवीरं निरूपयितुमाह

अथैकवीरमाश्रित्य
अङ्गषट्कसमन्वितम् ।

जातियोगयुतं कृत्वा
अष्टपत्रे कुशेशये ॥ ४७ ॥
पूजयेत्पूर्वविधिना

एकमेव देवीपरिवाराद्यपरिवृतं वक्राङ्गषट्कमात्रसहितं, वीरं साधकानां मुक्तिपर्यवसिततत्तत्सिद्धिसाधनायोद्यतं, परमेश्वरं पूर्वोक्तविधिनेति 'भस्मोद्धूलितदेहस्तु' (२।१८) इत्यादिनोक्तेन सर्वेण क्रमेण पूर्वोक्त एव क्षेत्रे आराधनार्थं होमान्तेन विधिना पूजयेत् ॥

ततः प्रोक्तसंख्याकं जपं होमं च प्रतिज्ञाय, तत्संपत्त्यै

जपहोमार्चने रतः ।
ध्यायन्नेव महादेवि
स्वच्छन्दं परमेश्वरम् ॥ ४८ ॥
प्राप्नोति चिन्तितान्कामा-
न्देवि नास्त्यत्र संशयः ।

एवं साधकसिद्ध्यानुगुण्येनाराधनप्रकारानु-
क्त्वा रक्षाकल्पं प्रस्तावयितुमाह

अथ रक्षाविधानेषु
अघोरं योजयेद्यथा ॥ ४९ ॥
तथाहं कथयिष्यामि
तदेकाग्रमनाः शृणु ।

तत्र

द्वात्रिंशदरसंयुक्तं
चक्रमालिख्य भामिनि ॥ ५० ॥
नाभिकेसरसंयुक्तं
सुसमं तु वरानने ।
गोरोचनां तु संगृह्य
सिद्धालक्तकसंयुताम् ॥ ५१ ॥
दूर्वाकाण्डेन देवेशि
हरितेन समालिखेत् ।

सिद्धैः सिद्धार्थैरलक्तेन च मिश्रां गोरो-
चनां कृत्वा दूर्वाकाण्डेन नीलेन तत् चक्रम-

र्थात् भूर्जे लिखेत्। सिद्धालक्तकमलक्तकविशेष इत्यन्ये। सिद्धा भगवती चण्डिका, तत्पादाङ्गृहीतेन कुङ्कुमेनेति त्वसत्॥

अथास्य चक्रस्य

विद्याराजं कर्णिकास्थं
बिन्दुनादसमन्वितम्॥ ५२॥
शक्त्यवसानं देवेशि
तस्मिन्साध्यं समालिखेत्।
कषमध्ये वरारोहे
नयनाद्यन्तरोधितम्॥ ५३॥
ईकारवेष्टितं कृत्वा

विद्याराजं नवात्ममन्त्रं, कर्णिकास्थमिति द्वात्रिंशदरचक्रनाभिगतकमलकर्णिकागतमिति यावत्, बिन्दुनादशक्तयोऽत्र लिपिक्रमेण लेखितव्याः। साध्यमिति तन्नाम, एवं चाभिदधद्वाच्यस्य वाचकाभिन्नत्वमीशेच्छाकृतमिति सूचयति। कषमध्य इति नवात्मसंबन्धिनः क्षकारस्य यौ ककारषकारौ तयोर्मध्य इति,

कादुत्तरस्य षस्य प्रथमभागे। नयनेन त्र्यक्षरेण पूर्वोक्तेन नेत्रमन्त्रेण, रोधितमिति संपुटीकृतम्। तत्र च नेत्रमन्त्राक्षराणामादावनुलोमक्रमः पश्चात्प्रतिलोमक्रमः इति संप्रदायः। ईकार-वेष्टितं कृत्वेति मायाबीजमालिख्य तदीकारेण नेत्रमन्त्रसंपुटितं तत्साध्यनाम त्रिवेष्टितं कष-मध्ये लिखेदित्यर्थः ॥

इत्थं कर्णिकायां लिखित्वा

अरकस्था निवेशयेत् ।

पूर्वोक्तदेवता देवि

पूर्वोक्ता अरुणाद्या यथोक्तैकैकमन्त्राक्षर-रूपाः साध्यान्ते भगवत्संमुखत्वेन, नतु तत्प-राङ्मुखतयेत्याम्नायोऽत्र ॥

अथ

तद्गर्भे साध्यमालिखेत् ॥ ५४ ॥

साध्यमिति तन्नाम ॥ ५४ ॥

कथं

भवगर्भे तु तत्कृत्वा

ईकाराख्येन वेष्टयेत् ।

त्रीन्वारांस्तु वरारोहे
ध्यानयोगसमाश्रितः ॥ ५५ ॥

भव इह प्रणवः तत्पूर्वस्य देवीमन्त्रस्योक्तत्वात्, तस्य गर्भे मध्ये, तदिति साध्यनाम कृत्वा पश्चादुपरिवर्तिमायाबीजसत्केनेकारेण प्राग्वद्वेष्टयेत् । तदीदृगितिकर्तव्यताविशेषितं साध्यनाम एकैकारानिविष्टदेवीमन्त्राक्षरमध्ये आलिखेदित्यर्थः । एवं घोशब्दस्य रेशब्दस्य अन्यस्य च प्रथमकुटिलभागात्मनि मध्ये एतत् लेखनीयम् । तथाभूतं चैतदेकैकं देवीमन्त्राक्षरं कर्णिकागतमन्त्रराजसंमुखं पूर्वादिक्रमेणारासु निवेशयेत् । ध्यानयोगसमाश्रित इति भगवतो देवतानां च स्वरूपं सिद्धिसमुचितयथोक्ताकारं ध्यात्वा तद्व्याप्तिं च भावयित्वा लिखेत् ॥५५॥

तदेवं लिखितमेतत्सर्वमेव चक्रम्

ऊर्ध्वे चैव तु संरोध्य
क्रौंकारेण वरानने ।

दिगष्टकेऽस्याष्टौ बहिः क्रौंकारा दातव्या इत्यर्थः ॥

अथैतत्

इन्दुनाच्छुरितं कृत्वा
पुष्पधूपैः प्रपूजयेत् ॥ ५६ ॥

इन्दुः कर्पूरम् । पूजनं मध्यमन्त्रात् प्रभृति सर्वमन्त्रैः यथास्थानं, यथालेखोत्पुंसनं न संपद्यते ॥ ५६ ॥

अथ

वेष्टयेच्चैव तद्भूर्ज-
मरन्ध्रं निर्व्रणं समम् ।
पञ्चरङ्गकसूत्रेण
वेष्टयित्वा वरानने ॥ ५७ ॥
सिक्थेन मुद्रयेत्पश्चात्
क्षौद्रमध्ये निधापयेत् ।

सिक्थं मधूच्छिष्टम् । क्षौद्रं माक्षिकं सर्वौषधिरससारभूतमिति तन्मध्ये स्थापनं साध्यस्याप्यायनाय ॥

अस्य रक्षाविधेः फलमाह

यदा मृत्युवशाघ्रातं
कालेन कलितं प्रिये ॥ ५८ ॥

अरिष्टचिह्नितं ज्ञात्वा
रक्षामेतां समालिखेत् ।
तस्य मृत्युर्न जायेत
इत्येवं भैरवोऽब्रवीत् ॥ ५९ ॥

यदाशब्दो भिन्नक्रमः समालिखेदित्यस्यादौ योज्यः । अस्य च पश्चात् तदेत्यध्याहार्यं, तेन कालाधिकारप्रोक्तैरन्यैर्वारिष्टैः चिह्नितं, तत एव च

'एकोत्तरं मृत्युशतमस्मिन्देहे प्रतिष्ठितम् ।
तत्रैकः कालमृत्युः स्याच्छेषास्त्वागन्तवः स्मृताः ॥'

इति स्थित्यागन्तुशतेनाघ्रातं कालमृत्युना च एकेन कलितं साध्यं ज्ञात्वा गुरुरिमां रक्षां यदा समालिखेत्, तदा तस्य मृत्युः कोऽपि न स्यादिति भगवतैवोक्तमेतदिति नात्र संशयितव्यं लिपिमात्रात् कथमेतद्भवतीति । यतः श्रीसर्ववीरश्रीभर्गशिखानिरूपितनीत्या लिपिरपि पराशक्तिप्रसररूपैव, अतो भगवतैवैवंप्रतिज्ञातत्वात् सत्यमेवैतन्मन्तव्यम् ॥ ५९ ॥

मृत्युरक्षणे प्रकारान्तरमाह

कपालीशस्य गर्भे तु
नाम यस्य समालिखेत् ।
भूर्जपत्रे वरारोहे
रोचनाया रसेन तु ॥ ६० ॥
ओंकारपुटमध्यस्थं
रोधितं नयनाक्षरैः ।
वौषड्जातिप्रयोगेण
तस्य मृत्युर्न जायते ॥ ६१ ॥

कपालीशः पूर्वोक्तः, तस्य गर्भे प्राग्वत्कषमध्ये। कीदृशं नाम । ओंकारपुटमध्यस्थमाद्यन्तयोरोंकारसंपुटीकृतं, तथाकृतं च सत्पूर्वोक्तैर्नयनाक्षरैः वौषड्जातिप्रयोगेण पश्चात्कृतेनोपलक्षितैः, रोधितमिति प्राग्वदनुलोमप्रतिलोमक्रमाभ्यामाद्यन्तयोः संपुटीकृतम् । दिग्विशेषानुपादानादष्टासु दिक्षु इति। अत्र च प्राग्वत् दूर्वाकाण्डलेखनपूजनादिक्षौद्रमध्यनिधापनपर्यन्तं सर्वमनुसर्तव्यम् ॥ ६१ ॥

एवं परिवारस्थभैरवाष्टकाद्यन्तस्थकपालीशविद्याराजाश्रयेण रक्षाविधानेन मृत्युजयमुक्त्वा, प्रसङ्गात् कर्मान्तरसिद्धिमपि यन्त्रक्रमेणादिशति देवः

शिख्याह्वेन तु देवेशि
साध्यनाम विदर्भयेत् ।
अनलार्णमधश्चोर्ध्वे
साध्यार्णेषु नियोजयेत् ॥६२॥

शिख्याह्वेन शिखिवाहनमन्त्रेण पूर्वोक्तेन, विदर्भयेदिति

'अभिधेयं भवेत्पूर्वं ततो मन्त्रः सकृद्भवेत् ।'

इति शास्त्रान्तरोक्तस्थित्यानुविन्यस्तमन्त्रं कुर्यात्, अनलार्णं रेफः तदेकैकत्र साध्यनामाक्षर ऊर्ध्वाधो नियोजयेत् । इत्थंविदर्भितमेतदाग्नेयमण्डलान्तस्थवायुमण्डलसंस्थितं कुर्यात्, आग्नेयमण्डलं त्रिकोणं तद्बहिर्वायुमण्डलं षट्कोणं वर्तुलम् ॥

एतच्च यस्य लिख्यते

तस्य वै जायते दाहः

वाय्वाध्माताग्निदीपितत्वादग्निवर्णमध्यगताक्षरत्वात् शिखिवाहनविदर्भितत्वाच्च ॥

किं शिखिवाहनविदर्भितमात्रमेव नामाग्नेयमण्डलान्तः क्रियते। न तन्मात्रमेव, किंतु

फट्काराद्यन्तरोधितम्।

फट्कारान्तशिखिवाहनबीजविदर्भितमिति व्याख्यानमसत् तथा वाक्यार्थस्याभावात् ॥

एतल्लेखनानन्तरं च मन्त्रनाथं पूजयित्वा, एतच्चक्रमध्यगतमेव

ज्वलन्तं चिन्तयेत्साध्यं
दिनानां सप्तकं यदि ॥ ६३ ॥

ततस्तस्य

तत्क्षणाज्जायते दाहो
भैरवस्य वचो यथा।

क्रोधराजप्रयोगेण मारणमाह

क्रोधराजनिरुद्धं तु
श्मशानपटमध्यगम् ॥ ६४ ॥

श्मशानादलिना लेख्यं
विषरक्तान्वितेन तु ।
यस्य नाम वरारोहे
हुंफट्कारविदर्भितम् ॥ ६५ ॥

मारयेतिसमायोगा-
त्क्रूरजातिसमन्वितम् ।
म्रियते सप्तरात्रेण
यो रक्षाभिः सुरक्षितः ॥ ६६ ॥

सोऽपीति शेषः । श्मशानादलिः श्मशानाङ्गारः, तेन प्रेतरक्तविषमिश्रेण मषीं कृत्वा, प्रेतपटखण्डे यस्य नाम हुंफट्कारविदर्भितमित्यन्ते विन्यस्य हुंफट्कारं कृत्वा, पश्चात्प्रागुक्तेन क्रोधराजेन निरुद्धमित्याद्यन्तरोधितं, ततोऽपि मारयेत्यनेन युक्तं, ततोऽपि क्रूरजात्या हुंफट् इत्यनेन समन्वितं लिख्यते, स रक्षाभी रक्षितोऽपि सप्तरात्रान्म्रियते । अत्र श्रीक्रोधराजरूपं शत्रुसंहारोचितमुग्रं चिन्त्यम् ॥ ६६ ॥

अथ शत्रोस्त्रासनाय विकरालप्रयोगमाह

विकरालो महादेवि
ऊर्ध्वाधःपाशसंस्थितः ।
साध्यनाम्नस्तु देवेशि
हुंफट्कारविदर्भिणः ॥ ६७ ॥
न क्षामयत्ययत्नेन

यस्य साध्यनाम्नः प्रोक्तयुक्त्या हुंफट्कारविदर्भितस्य विकरालाख्यो मन्त्रविशेषः चतुर्दिग्गतः प्रोक्तया मष्या लिख्यते, तस्यासावयत्नेन हेलयैव न क्षमते । क्षामयतीत्यैश: पाठः ॥

किमस्य न क्षमणमित्याह

तस्य शत्रोर्भयं भवेत् ।

अत्र च श्रीविकरालस्वरूपं मध्यस्थितस्य साध्यस्य चतसृषु दिक्षु त्रासकत्वेनोत्थितं चिन्तनीयम् ॥

अथ मन्मथप्रयोगं वशीकारायाह

मन्मथेन युतं कृत्वा
साध्यनाम वरानने ॥ ६८ ॥

ध्रुवाद्यं स्वाहयान्तेन
रक्तध्यानसमन्वितम् ।
अमुकोऽत्र वरारोहे
तद्दिशोऽभिमुखः स्थितः ॥६९॥

अमुकस्य वशं यातु
जपहोमौ समाचरेत् ।
सप्ताहाद्वशमायाति
इति शास्त्रस्य निश्चयः ॥ ७० ॥

पूर्वोक्तेन ह्व्ऊऔकारसमुदायात्मना सबिन्दुकेन पिण्डाक्षरेण मन्मथेन युक्तं यत्साध्यनाम, तदेव विभजति । अमुक इति अमुकस्य वशं यातु इत्येतदन्तं स्वाहया स्वाहाशब्देनान्तेनान्तस्थेन युतं कृत्वा च, ईदृशा प्रणवपूर्वेण मन्त्रेण रक्तध्यानसमन्वितमिति तं साध्यं रक्तं ध्यायन् तदवस्थितिदिगभिमुखः साधको यदि सप्ताहं जपं होमं च वशीकरणोचितैर्द्रव्यैः करोति, तदास्य साध्यो वशमायात्येवेत्यत्रार्थः ।

अत्र च यन्त्रप्रकरणादेतन्निश्चितं—यदेवंविधं मन्त्रं लिखित्वा संपूज्य जपहोमौ कार्यौ ॥ ७० ॥

मेघनादप्रयोगमुच्चाटनायाह

मेघनादावसाने तु
नाम यस्य समालिखेत् ।
यकाराद्यन्तसंरुद्धं
मन्त्रं फड्द्वितयान्वितम् ॥७१॥
प्रेतस्थाने निधाप्यैत-
द्भैरवं तत्र पूजयेत् ।
अक्षपुष्पैर्वरारोहे
तद्दिशोऽभिमुखः स्थितः ॥७२॥
तमुच्चाटयते क्षिप्रं
देवि नास्त्यत्र संशयः ।

मेघनादो ह्र्य्ऊबिन्दुसमुदायात्मा । यकारेति सविसर्गयकारसंपुटितमित्याम्नायः । एतदित्येवं लिखितं भूर्जे । निधाप्येति श्मशानभूम्यन्तर्गतं कृत्वा । तत्र ईदृशे भूर्जे । अक्षा

विभीतकाः । तदिति साध्यदिगभिमुखः । सप्ताहादिति स्थितमेव । स्पष्टमन्यत् ॥

सोमराजप्रयोगं विभवार्थं वशीकृत्यर्थं चाह

सोमराजेन देवेशि
आदिमध्यान्तसंयुतम् ॥ ७३ ॥
नाम यस्य समालिख्य
वषड्जातिसमन्वितम् ।
संनिधाप्य त्रिमधुरे
स्थापयेत्सुरसुन्दरि ॥ ७४ ॥
सप्तरात्रप्रयोगेण
त्रिकालाष्टशतेन च ।
असाध्यं साधयत्याशु
धनं च विपुलं लभेत् ॥ ७५ ॥

सोमराजो हुंकारः तेन, साध्यनाम आदिमध्यान्तसंबद्धं कृत्वेति नाम्न आदौ मध्येऽन्ते च त्रिः सोमराजं लेखित्वा, ततो वषडन्तं कृत्वा, तद्यन्त्रं संनिधाप्य पूजयित्वा सिक्थसंमु-

टितं क्षीरक्षौद्रशर्करापात्रसंपुटगं कृत्वा, सप्तदिनं यस्त्रिसंध्यं तथैव जपेद्साबसाध्यं साधयितुमशक्यमपि साधयति वशीकरोति, श्रियं चाप्नोति ॥ ७५ ॥

पुनः प्रोक्तस्य क्रोधराजस्य जपहोमाभ्यां प्रयोगमुन्मादार्थमाह

पञ्चाङ्गेन पिशाचस्य
क्रोधराजावसानिकाम् ।
संज्ञां समुच्चरेद्देवि
क्रूरजातिसमन्विताम् ॥ ७६ ॥
उन्मत्तो जायते साध्यो
होमेन च जपेन च ।

पिशाचस्य विभीतकस्य मूलकाण्डपत्रकुसुमफलानि पञ्चाङ्गानि, तैर्मिलितं सप्ताहं प्रणवादिक्रोधराजहुंफडन्तं साध्यनामोच्चार्य, त्रिसंध्यमष्टोत्तरशतं यो जुहुयात्, तस्यासौ साध्यः शत्रुरुन्मत्तो भवति ॥

पुनरप्यनुग्रहहेवाकितया मृत्युजिद्विधिमाह

मृत्युञ्जयं प्रवक्ष्यामि
तमेकाग्रमनाः शृणु ॥ ७७ ॥

भूर्जपत्रं समादाय
नीरन्ध्रं निर्व्रणं समम् ।
तस्मिन्समालिखेत्पद्म-
मष्टपत्रं सकर्णिकम् ॥ ७८ ॥

तस्मिन्वै कर्णिकामध्ये
साध्यनाम समालिखेत् ।
संवेष्ट्याष्टौ दिशो देवि
स्वच्छन्देन कृशोदरि ॥ ७९ ॥

प्रणवेन तु संवेष्ट्य

स्वच्छन्देनेति सिद्धिप्रदानेन सकलेन साध्यनामाष्टौ दिशश्चक्रवदावरणक्रमेण संवेष्ट्य ततः प्रणवेन संवेष्ट्य कर्णिकामध्ये लिखेदिति योजना ॥

कर्णिकावत्प्रतिपत्रं लिखेदित्याह

पत्रेष्वेवं समालिखेत् ।

अष्टस्वपि ॥

किंच

पत्राष्टकेऽप्यघोरस्य

नामाधस्तात्समालिखेत् ॥८०॥

पत्रबाह्य आवरणक्रमेण व्योमरेखामित्यर्थः॥

एवं लिखित्वा प्राग्वत् कर्पूरादिना पूरयित्वा संपूज्य विज्ञप्त्यर्थं

वक्तव्यं देव संरक्ष

शरणं त्वामुपागतम् ।

साध्यमित्यर्थात्। तत एषा रक्षा सिक्थकादिना संवेष्ट्य पयसि क्षेप्या। पयसि क्षीरे निक्षिप्तमात्रैव सती साध्यस्य सद्योमृत्युविनाशिनीति कर्णिकायां लिखित्वा तल्लग्नेषु अष्टसु पत्रेषु एवमेव लिखेत् ॥

अथ शान्तिकमाह

आदौ त्र्यक्षरविन्यासं

स्वच्छन्दं तदनन्तरम् ॥ ८१ ॥

जन्मनाम तु साध्यस्य
अक्षरान्तरितं लिखेत्।
पुनस्त्र्यक्षरविन्यासं
वषडन्तं नियोजयेत् ॥ ८२ ॥

नेत्रमन्त्राक्षराणि त्रीणि चतुष्कलं च लिखित्वा जन्मसमयकृतं साध्यनामाक्षरैरिति अर्थाद्घोरसत्कैरन्तरितमेकैकतदक्षरव्यवहितम्, 'अ देवदत्तः घो देवदत्तः' इत्यादिक्रमेण लिखित्वा पुनर्वषडन्तानि प्राग्वल्लिखेत् ॥ ८२ ॥

इमां च रक्षां संपूज्य
मुटित्वा सिक्थकेनैव
क्षीरमध्ये तु प्रक्षिपेत्।
इत्थं च साध्यस्य
जायते परमा शान्तिः
किंच
पुनरन्यन्निबोध मे ॥ ८३ ॥
कथं
जुंसःसंपुटमध्यस्थं
प्रणवोभयसंयुतम्।

नाम कृत्वा वरारोहे
प्रक्षिपेन्मधुरत्रये ॥ ८४ ॥

जुंस इत्यनेन प्राग्वत् प्रागनुलोमं पश्चात्तु प्रतिलोमं विन्यस्तेन संपुटीकृतं नाम पश्चात् प्रणवेन संपुटितं कुर्यादित्यर्थः । मधुरत्रयं प्राग्वत् ॥ ८४ ॥

इत्थं च

परां शान्तिमवाप्नोति
मृत्युरोगैर्न बाध्यते ।

साध्य इत्यर्थात् ॥

पुनर्मृत्युजयप्रकारान्तरमाह

भूर्जपत्रं समादाय
रोचनाया वरानने ॥ ८५ ॥

मातृकान्तरितं नाम
दूर्वाकाण्डेन चालिखेत् ।

तदभ्यन्तरगर्भे तु
स्वरैरन्तरितं कुरु ॥ ८६ ॥

पुनर्गर्भे समालिख्य
साध्यनाम वरानने ।
ध्रुवेण वेष्टयेत्पश्चा-
द्धकारेण ततः प्रिये ॥ ८७ ॥
सकारं च क्षकारं च
लिखेच्च तदनन्तरम् ।
पुनर्वेष्ट्य ठकारेण
मायाबीजेन सुव्रते ॥ ८८ ॥
अङ्कुशेन निरुध्येत
रक्षां मृत्युविनाशिनीम् ।
स्वच्छन्दसहितां देवि
प्रणवेनादियोजिताम् ॥ ८९ ॥
वषड्जातिसमोपेतां
कर्पूरक्षोदचर्चिताम् ।
गन्धपुष्पादिना पूज्य
प्रक्षिपेन्मधुरत्रये ॥ ९० ॥

गर्भे साध्यनाम । प्रणवेनादियोजितामपि

प्रणवान्तर्गर्भीकृतां विधाय स्वच्छन्दसहितां वषड्जातिसमोपेतां रक्षां कृत्वेति गर्भीकृतनाम्नः प्रणवस्य बहिरघोरं वषडन्तं परिवेष्टनया लिखेत् तच्च 'तदभ्यन्तरगर्भे तु स्वरैरन्तरितं कुरु'इति बहिर्विन्यस्तकादिक्षान्तमातृकाया अभ्यन्तरे षोडशभिः स्वरैरन्तःकृतैः परिमण्डलेन लिखितै-र्व्यासं करणीयं यदाह मातृकान्तरितमिति । एतच्च सर्वं पुनर्ध्रुवेण वेष्टितं सत् क्रमेण वकार-सकारक्षकारठकारैर्वेष्टयेत् । तदनु मायाबीजस-त्केकारेण त्रिर्वेष्टयेत् । पश्चादष्टसु दिक्षु क्रोंका-रेण रोधयेदिति व्यवहितवाक्यार्थसंगत्यनुसा-रेण चक्रमेतत्प्रदर्शितम् ॥ ९० ॥

अर्चयित्वा चैतत्सिक्थकेन मुटितं मधुरत्रये यस्य क्षिप्यते, तस्य

जायते परमा शान्ति-
र्नात्र कार्या विचारणा ।

निश्चितमतिनैतत्प्रयुक्तमभीष्टं साधयत्येव ॥

अथवा गुटिकां कृत्वा
कण्ठे बाहौ च धारयेत् ॥९१॥

यः

तस्य व्याधिर्न जायेत
इत्येवं भैरवोऽब्रवीत्।

गुटिकां कृत्वा इति जतुबद्धां कनकादिभूषितां विधाय कण्ठे भुजे वा धारयेत्। चो वार्थे॥

गुटिकां विना विशिष्टमन्त्राभिमन्त्रितभोजनपानक्रमेण सततं क्रियमाणेन मृत्युजिद्विधिमाह

त्र्यक्षरं मूलमन्त्रं च
वषड्जातिसमन्वितम्॥ ९२॥
भोजनोदकपाने तु
मन्त्रयित्वाश्नतः सदा।
न तस्य जायते मृत्यु-
र्भैरवस्य वचो यथा॥ ९३॥

नेत्रमन्त्रचतुष्कलनाथाभ्यां वषडन्ताभ्यां भोजनपाने द्वे सततमभ्यवहरतो न मृत्युर्भवति॥ ९३॥

अथ विषादिहेतुर्यस्यापि मृत्युर्न, तं समादिशति

अथाहिना महादेवि
दूषितः साधको यदा ।

तदा

मूलमन्त्रसमोपेत-
मघोरं तत्र योजयेत् ॥ ९४ ॥

मूलमन्त्रः श्रीचतुष्कलः, तेन समोपेतं संपुटीकृतं, तत्रेति अहिदूषणप्रशान्तिनिमित्तम् । अस्यान्ते 'भगवन्विषं शमय २ हुंफट्' इति क्रूरजात्यन्त ऊहः प्रयोक्तव्य इत्यर्थात् ॥ ९ ॥

प्रयोगावसरे च

आत्मनो भैरवं रूपं
कृत्वा चैव सुदारुणम् ।
दंष्ट्राकरालविकटं
ज्वालामालोपशोभितम् ॥९५॥
सर्पैर्लम्बमानैः
खड्गहस्तं सुभीषणम् ।

पूर्वरूपसमोपेतं
सूर्यकोटिसमप्रभम् ॥ ९६ ॥
तेनाक्रान्तं महादेवि
दष्टकं तु विचिन्तयेत् ।
तज्ज्वालाभिः सुदीप्ताभि-
र्दग्धं संचिन्तयेद्विषम् ॥ ९७ ॥
तत्क्षणाद्देवदेवेशि
निर्विषः स तु जायते ।

कृत्वेति ध्यात्वा, सर्पैरिति हारकटकादिस्थै-रुपलक्षितं, पूर्वरूपं श्रीकोटराक्षसंबन्धि । अ-हिदूषितत्वं विषदूषितत्वोपलक्षणपरम् ॥

किंच

ग्रहेष्वेवंविधं ध्यानं
यः कुर्यात्

सः

मोचयेत्क्षणात् ॥ ९८ ॥

तेभ्योऽपस्मारादिग्रहेभ्यः साध्यमित्यर्थात् ।

अत्र च 'भगवन्नस्य साध्यस्य ग्रहं शमय शमय हुंफट्' इत्यन्तपूर्वोक्तमन्त्राभिमन्त्रितेनाम्भःकुसुमादिना साध्यं ताडयेदित्यर्थात् ॥ ९८ ॥

ध्यानासमर्थं प्रति विषशमनं कारुणिकत्वादोषधिप्रयोगैरप्यादिशति शंभुः

अथ ध्याने ह्यकुशलो
यदा कश्चिन्नरो भवेत् ।
तदागदैर्महादेवि
निर्विषं कुरुते क्षणात् ॥ ९९ ॥

दष्टं भक्षितविषं च ॥ ९९ ॥

अगदमाह

कुमारिद्वितयं गृह्य
नागिन्या तु सहैकतः ।
गोकर्णिकासितं मूलं
सोमाह्वामूलसंयुतम् ॥ १०० ॥

आमगोक्षीरसंपिष्टं
भक्षयेन्निर्विषो भवेत् ।

कुमार्याख्यौषधिः सफला वन्ध्या चेति द्विरूपापि, नागिन्या महागोनासाह्वया सह गोक्षीरपिष्टमित्येकः प्रयोगः। गोकर्णिका गिरिकर्णिका, सोमाह्वा सोमराजी, तयोः सितं मूलं गोक्षीरपिष्टमिति द्वितीयः, क्षीरेण पिष्टमप्येतद्घृतेन सह पाने नस्ये वा प्रयोक्तव्यम् । यद्वक्ष्यति

'अगदान्घृतसंयुक्तान् पिबेत्······।' (१०८)

इत्यादि ॥

किंच

गोनिम्बस्य च मूलेन
निर्विषत्वं प्रजायते ॥ १०१ ॥

गोनिम्बो भूम्यामलकी । क्वचित्तु ऐरण्डस्य मूलेनेति पाठः । अत्रापि आमगोक्षीरपिष्टत्वं स्थितमेव ॥ १०१ ॥

अश्वमारस्य मूलं तु
उदकेन तु पेषयेत् ।
पाने नस्ये प्रदातव्यं
तदा भवति निर्विषः ॥१०२॥

अश्वमारः करवीरकम् ॥ १०२ ॥

आरग्वधस्य मूलं तु
उदकेन च पेषयेत् ।
पाने नस्ये प्रदातव्यं
तदा भवति निर्विषः ॥१०३॥

आरग्वधमारोचकमिति प्रसिद्धम् ॥ १०३ ॥

मधुकस्य तु सारं य-
न्नस्ये पाने प्रयोजयेत् ।
निर्विषस्तु प्रजायेत
भैरवस्य वचो यथा ॥ १०४ ॥

मधुकस्य मधूकस्य सार आन्तरो भागस्तं द्वयोः प्रक्रान्तत्वात् उदकेन क्षीरेण वा पिष्ट्वा,

नस्ये पाने प्रदातव्यम् । मधुकं मधुयष्टि-
रित्यन्ये ॥ १०४ ॥

जम्बुलासिकमूलं तु
पाने नस्ये प्रयोजयेत् ।
निर्विषस्तु भवेद्देवि
नात्र कार्या विचारणा ॥१०५॥

जम्बुलासिकमूलं जम्बुवृक्षमूलम् । अत्रापि गोक्षीरपिष्टमिति स्थितमेव ॥ १०५ ॥

अथ विषानाक्रमणहेतुमगदगुटिकाप्रयोगमाह

षड्बिन्दुपटखर्जूर-
सूक्ष्मचूर्णं तु कारयेत् ।
मयूरपित्तसंयुक्तं
गुटिकां कारयेत्प्रिये ॥ १०६ ॥
त्रिलोहवेष्टितां कृत्वा
करे कण्ठे निधापयेत् ।
न विषं क्रमते तस्य
यश्च दष्टो महोरगैः ॥ १०७ ॥

षड्बिन्दुः प्राणिविशेषः। पटखर्जूरं शतपदी। गुटिकां कारयेदित्यनन्तरं तां चेति, निधापयेदित्यनन्तरं यत इति चाध्याहार्यम्। त्रिलोहं हेमरजतताम्रम् ॥ १०७ ॥

अगदप्रयोगे शेषविधिमाह

अगदान्घृतसंयुक्ता-
न्पिबेद्वै विषदूषितः ।
न विषं क्रमते तस्य
इति शास्त्रस्य निश्चयः ॥१०८॥

एतेष्वगदेषु वान्येषु वा पृथक्पृथक् कुण्डलीयगारुड्येकवीराबलामोटादिमूलविषयेषु निष्कम्पप्रतिपत्तिना प्रयुज्यमानेषु अविसंवादिता भवतीति दर्शयन् पटलमुपसंहरति

एवमन्येऽपि ये योगाः
स्वच्छन्देन विनिर्मिताः ।
कालाग्निर्नरकाश्चैव
पाताला हाटकेश्वरः ॥१०९॥
प्रदद्याद्भावितात्मा च
सिद्ध्यन्ते नात्र संशयः ।

स्वच्छन्देनेति सर्वं हि परमेश्वरेण प्रवर्तितम्। यदुक्तं श्रीश्रीकण्ठ्यां

'प्रवर्तेतेश्वरात्सर्वं निवर्तेत तथेश्वरात् ।
ईश्वराधिष्ठितं सर्वं जगत्स्थावरजङ्गमम् ॥
महादेवात्परं नास्ति सत्यमेतन्न चान्यथा ।'

इति। च एवार्थे, भावितात्मैव प्रयुञ्जीतेत्यर्थः। पाटलिकी संगतिरदूर एव

'कालाग्निर्नरकाश्चैव पाताला हाटकेश्वरः ।'

इत्यादिना पटलान्तं कटाक्षयता ग्रन्थेन कृतेति शिवम् ॥

व्याधीनामगदं दिव्यमाधीनां मूलकर्तनम् ।
उपद्रवाणां दलनं महादेवमुपास्महे ॥

इति श्रीस्वच्छन्दोद्योते
नवमः पटलः समाप्तः ॥ ९ ॥

Delhi Sanskrit Series ; No. 1

देहली संस्कृत ग्रन्थमाला; १

General Editor
ANJANA SARMA BHARADWAJ

The Svacchandatantra

with

Uddyota of Kṣemarāja

श्रीस्वच्छन्दतन्त्रम् ।

श्रीमहामाहेश्वराचार्यवर्य-श्रीक्षेमराजकृतोद्द्योताख्यटीकोपेतम्

The Svacchandatantra

with Uddyota of Kṣemarāja

श्रीस्वच्छन्दतन्त्रम् ।

श्रीमहामाहेश्वराचार्यवर्य-श्रीक्षेमराजकृतोद्द्योताख्यटीकोपेतम् ।

MADHUSUDAN KAUL SASTRI

VOLUME III,

GIAN

GIAN PUBLISHING HOUSE

New Delhi-110002

The Svacchandatantra
with Uddyota of Ksemar

ISBN: 9788121204088 (Set)

MADHUSUDAN KAUL SASTRI

Reprinted 2016 in India by
Gyan Publishing House
5, Main Ansari Road, Daryaganj,
New Delhi - 110002
Phones : 9811692060

E-mail : books@gyanbooks.com
gyanbook@vsnl.com
Website: gyanbooks.com

Printed at: G. Print Process, Delhi

अथ

श्रीस्वच्छन्दतन्त्रम् ।

श्रीमन्महामाहेश्वराचार्यश्रीक्षेमराजकृतोद्द्योताख्य-विवरणोपेतम् ।

(दशमः पटलः)

आ कालाग्नेः शिवपुरपरो योऽयमध्वा स सर्वो
मूर्त्याभासा स्फुरति लहरी यस्य यश्चाखिलं तम् ।
मेयत्वेन प्रथयति परां मातृतां भक्तिभाजां
व्यक्तुं देवो जयति स महाभैरवः श्रीस्वतन्त्रः ॥

नवमपटलोपान्ते कालाग्निरित्यादिना कटाक्षिताध्वस्वरूपावबोधार्थं श्रीदेव्युवाच

अध्वायं तु महादेव
सूचितो नतु वर्णितः ।
कथयस्व प्रसादेन
साधकानां हिताय तम् ॥ १ ॥

पारमेशधामप्राप्त्युपायः प्रबुद्धैरदनीयश्चाध्वा अयमिति नवमपटलोपक्रान्तो भुवनात्मा, सा-

धकानामिति भुक्तिं मुक्तिं च साधयतामाचार्यादीनाम् ॥ १ ॥

एतत्प्रश्ननिर्णयं श्रीभैरव उवाच

अध्वानं संप्रवक्ष्यामि
साधकानां हिताय वै ।

अध्वानमिति भुवनरूपं, सम्यक् तत्तद्भुवनेशाधिष्ठितक्रमेण प्रकर्षेण वैतत्येन वक्ष्यामि ॥

तं प्रस्तौति

अथ कालाग्निरुद्राधः
कटाहः संव्यवस्थितः ॥ २ ॥
कोटियोजनबाहुल्यः

पृथ्व्याः सर्वतत्त्वावृतत्वात् तदीयब्रह्माण्डान्तरवस्थितं कालाग्निरुद्रभुवनमादौ, तस्याधः कटाहो ब्रह्माण्डकर्परः कटाह इव च यत्र निमज्ज्योन्मज्ज्यते कृच्छ्रात् । बाहुल्यं घनता ॥

किंच

तस्योर्ध्वे भुवनानि तु ।
नवनवतिकोट्यश्चा-

ण्यण्डानां तु सहस्रकम् ॥ ३ ॥
कोटीनां सप्ततिर्लक्षा-
ण्ययुतानां सहस्रकम्।
अर्बुदान्यथ वृन्दानि
खर्वाणि च तथैव च ॥ ४ ॥
पद्मानि चाप्यसंख्यानी-
त्येवमादीन्यनेकशः।
तेषां वै नायको ह्यत्र
त्वनन्तः परमेश्वरः ॥ ५ ॥

तस्य कटाहस्योर्ध्वे पृष्ठे कर्परबाह्ये इत्यर्थः। नवनवतिकोट्य इत्यादिना तद्बहिर्वर्तिनां भुवनानां ब्रह्माण्डानां च निःसंख्यत्वमुच्यते। यथोक्तं श्रीमालिनीविजये ब्रह्माण्डं प्रकृत्यण्डं चाधिकृत्य

'पृथग्द्वयमसंख्यातम्············ ।' (२।५०)

इति। श्रीकण्ठसंहितायामपि

'ब्रह्माण्डं कोटिविस्तीर्णम्··············· ।'

इत्युक्तम्। यत्तु टीकाकारैः

'अथ कालाग्निरुद्राधः··············· ।'

इत्यत्र कालाग्निरुद्रभुवनसामीप्यादाद्यं पार्थिवमनन्तभुवनमुक्तम्, अण्डानामित्यत्र चाण्डशब्देन भुवनान्युच्यन्ते, तेषां च कालाग्निब्रह्माण्डकवाटयोर्मध्यवर्तित्वमिति व्याख्यातं, तदनागमिकं स्वयंकल्पितमित्युपेक्ष्यम् । यतोऽनन्तभुवनस्य प्रथमत्वेऽपि शतरुद्रमध्यवर्तित्वेनाण्डबाह्याधोभागगतत्वमेव आगमेषु दृश्यते । यथोक्तं श्रीमालिनीविजये

'तद्बहिः शतरुद्राणां भुवनानि पृथक्पृथक् ।' (५।१२)

इत्युपक्रम्य

'अनन्तः प्रथमस्तेषां............ ।' (५।१३)

इति । इहापि एकादशे भविष्यति

'अनाथोऽनन्तरूपेण स्थितश्चाध्वनि धारकः ।' (२१)

इति । तथा

'संस्थितश्चाम्भसो मूर्ध्नि शक्त्याधारस्तु हूहुकः ।' (२३)

इति । एतच्चानन्तरमेव व्यक्तीभविष्यति । अण्डशब्दस्य च भुवनवाचकत्वमप्रसिद्धम् । एवमपि पृथक् भुवनशब्दोऽनुपादातव्यः स्यात् । वक्ष्यमाणे च ब्रह्माण्डान्तर्वर्तिभुवनमानसंख्यामध्ये अनन्तभुवनमानस्यानुद्देशात् न कर्परि-

काकालाग्निभुवनयोर्मध्ये अनन्तभुवनम्, अपित्वधःकर्परिकाबाह्यपृष्ठभागे अधःस्थशतरुद्रदशकमध्ये इत्यलम् ॥ ५ ॥

तदित्थं प्रपञ्चव्याप्त्या अनन्तब्रह्माण्डाश्रया भूः । तस्यात एव अनन्तशब्दवाच्यस्य भगवतः शुद्ध्या सर्वब्रह्माण्डाधोवर्तिनिःसंख्यभुवनशुद्धिरूहकाख्यैः रुद्रभुवनैः सहास्यां भुवनदीक्षायां संपद्यते इत्याह

तेन शुद्धेन शुद्धानि
त्वण्डान्यत्रोहकैः सह ।

ऊहन्ते तर्कयन्ति परिच्छिन्दन्ति विश्वमित्यूहकाः ॥

कीदृशैरूहकैरित्याह

शक्त्याधाराश्रयैरेव

शक्तिः पारमेश्वर्येव विश्वभित्तिभूतत्वादाधार इवाधारस्तदाश्रयैरेव शक्तिविश्रान्तैरित्यर्थः ॥

ते चोहकाः कियन्तः, कीदृशाः, के इत्याह

द्वात्रिंशत्परिसंख्यया ॥ ६ ॥

कोटिकोटिपरीवारा-
स्त्वनौपम्यगुणान्विताः ।
दिव्याङ्गनौघसंकीर्णा
भ्रूभङ्गललितेक्षणैः ॥ ७ ॥
सूर्यायुतप्रतीकाशा-
स्तोरणाट्टालमण्डिताः ।

किंच

न तत्र दुःखितः कश्चि-
न्मुक्त्वा दुःखमनङ्गजम् ॥ ८ ॥
रमन्ते तत्र वै वीरा
नारीभिः सह लीलया ।
भुवनेषु विचित्रेषु
योन्याकारेषु संस्थिताः ॥ ९ ॥

अनेन स्त्रैणभोगप्राधान्यमेवैषां भुवनानामु-
पोद्वलितम् ॥ ९ ॥

तदित्थं

भुवनान्येवमुक्तानि
भुवनान्तरवासिनाम् ।

'तस्योर्ध्वे भुवनानि' (३) इति यान्युपक्रान्तानि, तानीह अनन्तभुवनमध्यगतेषु भुवनविशेषेषु ये वसन्त्यूहकास्तेषामाश्रयत्वेनोक्तानि ॥

एवं च दीक्षायां

सर्वाणि शुद्धिमायान्ति
तान्यनन्ते विशोधिते ॥ १० ॥

स्वामिनि अनन्तभट्टारके दीक्ष्यं प्रति भोगप्रदत्वान्निवर्तिते तदधिष्ठिता ऊहकास्तद्भुवनानि चानन्तानि शुद्ध्यन्ति न भोगदत्वेन बन्धकानि भवन्तीत्यर्थः । एवमेव चोत्तरत्रापि तत्तद्भुवनेशशुद्धिद्वारेण भुवनशुद्धिर्मन्तव्या । शोधने चोपस्थानादिपूर्वं विधिमग्रे वक्ष्यति । एवं कर्परिकाया बाह्येऽनन्तभुवनम् ॥ १० ॥

ततस्तु

अथोपरिष्टात्कालाग्निः
श्रीकण्ठेन निवेशितः ।
अधिकारं प्रकुरुते
तदाज्ञानुविधायकः ॥ ११ ॥

अनेकरुद्रकोटीभि-
रूपेतास्तिष्ठति प्रिये ।

उपरिष्टादिति कटाहस्य । कालः संहारकृदग्निः । यद्यपि पूर्वोक्तनीत्या स्वतन्त्रभट्टारकमयत्वात् विश्वस्योर्ध्वाधरप्रविभागो नास्ति, तथापि तदिच्छयैवारुरुक्षूणामुपदेश्योपदेशकानामयमित्थमाभासितः क्रमः । कालाग्न्यादिश्च परभैरवमयत्वात् व्यापकोऽपि तदिच्छयैव तथावभासितस्तत्र तत्र तथा तथा संनिविष्टः ॥

एवं कटाहस्याध ऊर्ध्वे च भुवनद्वयमुक्त्वा, पुरप्रमाणं निर्णिनीषुरुपक्रमते

अधुना संप्रवक्ष्यामि
प्रमाणं शिवनिर्मितम् ॥ १२ ॥
योजनानां वरारोहे

तच्चोपक्रमत एव

यथा भवति तच्छृणु ।

तत्र

अव्यक्ताद्दशभिर्भागै-
र्महान्स्थूलो विभाव्यते ॥१३॥

द्विपञ्चभागो महतो
भूतादिः स्थूल उच्यते ।

इह योगिनः प्रति विश्वं मेयमयोगिनस्तु प्रकृतितत्त्वात्प्रभृति मेयव्यवस्था मायायाः पुरुषं प्रत्याच्छादकत्वात् कलादेश्च कञ्चुकरूपत्वेन ग्राहकशक्तिमयत्वात्। प्रकृतितत्त्वं तु वेद्यसामान्यरूपं मुमूर्षावसरे कण्ठगतमिव स्मर्यमाणं प्रतिभात्येव । कण्ठो हि प्रकृत्यधिष्ठातुः विष्णोः स्थितिधाम। तदित्थं वेद्यरूपादव्यक्ताद्दशगुणं स्थूलत्वं महतो बुद्धेः । बुद्धिर्हि अध्यवसायव्यापाररूपा स्वसंवेदनेन संवेद्यते। तस्याश्च प्रोक्तप्राकृतरूपात् वेद्यात् स्थूलत्वं प्रतीतिसाक्षिकमेव । एवंभूतात् महतो द्विपञ्चभाग इति दशगुण एव, भूतानामादिः कारणं तन्मात्रं स्थूलः, नतु भूतादिरहङ्कारो व्याख्येयस्तस्य महतः आधिक्येनासंचेत्यत्वात् । तन्मात्रस्वरूपं तु वासनारूपतयान्तःस्थितं वृद्धस्येवाभिलाषास्पदीभूतं प्रमदामात्ररूपं स्फुरत्येव । तच्चाध्यवसायात्मनो बुद्धेराकारतया स्फुरत्स्थूलतां धत्त एव ॥

तदेतदन्तःकरणैकपरिच्छेद्यमित्याह

भूतादेः परिमाणं च
भावग्राह्यं न चाक्षुषम् ॥ १४ ॥

तदीदृशात्

भूतादेर्यद्दशगुण-
मणीयो दृश्यते रजः ।
जालान्तरगते भानौ
परमाणुः स उच्यते ॥ १५ ॥

अणीयः स्वल्पतरं भूताद्यपेक्षया तु दश-गुणं स्थूलं चाक्षुषत्वात् । अयं च परमाणुः तार्किकोपगतपरमाणुविलक्षणः ॥ १५ ॥

ईदृशश्च

अष्टानां परमाणूनां
समवायस्तु यो भवेत् ।
त्रसरेणुः स विख्यातः
तत्पद्मरज उच्यते ॥ १६ ॥

समवायः संघट्टनम् । तस्य त्रसरेणुः पद्मरजः इति नामद्वयम् ॥ १६ ॥

त्रसरेणवश्च ये त्वष्टौ
वालाग्रं तु विधीयते ।
वालाग्राणि तथा त्वष्टौ
लिक्षेति परिकीर्तिता ॥ १७ ॥
लिक्षाश्चाष्टौ विदुर्यूकां
यूकाश्चाष्टौ यवो भवेत् ।
अष्टौ यवा वरारोहे
पर्वाङ्गुष्ठमथाङ्गुलम् ॥ १८ ॥
द्वादशाङ्गुलमानेन
वितस्तिस्ताल उच्यते ।
तालद्वयं भवेद्धस्त-
श्चतुर्विंशतिकाङ्गुलः ॥ १९ ॥

वालाग्रादीनि प्रमाणविशेषाभिधानानि । पर्वणः अङ्गुष्ठमङ्गुलमिति पर्यायः, वितस्तेस्तु तालः ॥ १९ ॥

चतुर्हस्तो धनुर्दण्डो
नालिका यूप एव च ।

नालिका यूप इति च नाम ॥

धनुःसहस्रे द्वे पूर्णे
क्रोशः समभिधीयते ॥ २० ॥
क्रोशद्वयेन गव्यूति-
र्गव्यूती द्वे तु योजनम् ।

एतत्प्रकृते योजयति

अनेन परिमाणेन
योजनानां यशस्विनि ॥ २१ ॥
सिंहासनं महादीप्तं
सहस्रद्वयविस्तृतम् ।
सहस्रमुच्छ्रितं तस्य

तस्येति कालाग्नेः ॥

महापीठेषु सुव्रते ॥ २२ ॥
तिष्ठते तत्र देवेशः
कालो द्वादशलोचनः ।

तिष्ठते प्रकाशते ॥

स पश्चिमोत्तरप्राग्दक्षतः

सितरक्तपीतकृष्ण-
श्चतुर्वक्त्रो महाबलः ॥ २३ ॥

ऊर्ध्ववक्त्रमस्यानुन्मीलितं भगवता दर्शितं मा भूद्ध्रुवादिलोकदाह इति ॥ २३ ॥

किंच

रक्ताङ्गोऽथ करालश्च
पिङ्गभ्रूश्मश्रुलोचनः ।
वक्त्रज्वाला जटाज्वाला
लोमज्वालाः सुजाज्वलाः ॥२४॥
ज्वलन्त्यस्यायुधज्वालाः
सुतीव्राः करमध्यगाः ।

इत्थं चायं

ज्वलत्पर्वतवद्दीप्तो
ज्वलज्ज्वालाभिराजितः ॥२५॥
दशबाहुर्महात्मा वै
खड्गखेटकधारकः ।
शरशार्ङ्गविहस्तश्च
पाशाङ्कुशधरस्तथा ॥ २६ ॥
कपालखट्वाङ्गधरो
वरदाभयपाणिभृत् ।

विहस्तो विशिष्टहस्तः ॥

अपिच

दश योजनलक्षाणि
शरीरं भाति भास्वरम् ॥ २७॥

एतद्भास्वरायाः कान्तेः प्रमाणं, नतु शरीरस्यान्यथा प्रागुक्तासनमानस्यासंगतत्वापत्तिः । शरीरमानं त्विह नोक्तम् ॥ २७ ॥

कोटियोजनमानेन
भुवनं चास्य जाज्वलम् ।

तच्च

संभृतं रुद्रकन्याभी
रुद्रैर्ज्वलितशूलिभिः ॥ २८ ॥
नानारूपविमानैश्च
प्रज्वलद्भिः समावृतम् ।

किंच

ज्वालास्तस्य विनिष्क्रान्ताः
कोटयो दश चोर्ध्वतः ॥ २९ ॥

तस्येति भुवनस्य ॥ २९ ॥

तस्योपरिष्टाद्देवेशि
पञ्च कोट्यो वरानने ।
न कश्चिन्निवसत्यत्र
धूमोष्मपरिवारितः ॥ ३० ॥

एवं कटाहः कोटिस्तदुपरि कालाग्निभुवनं कोटिः, भुवनज्वाला दश कोटयः, शून्यं पञ्च कोटयः इति सप्तदश । नचात्र मध्ये अनन्तभुवनपरीमाणमुक्तमिति मध्ये तत्परिकल्पनमसदित्युक्तमेव ॥ ३० ॥

अतः परं वरारोहे
नरकाः परिकीर्तिताः ।
पञ्चाशत्कोट्यो देवि
कथिता ह्यनुपूर्वशः ॥ ३१ ॥

अन्तर्भावितण्यर्थत्वात् नरान् काययन्ति साक्रन्दान्संपादयन्ति दुःखानुभवेनेति नरकाः कथिता इति महासंहितासु ॥ ३१ ॥

इह तु

प्रधानं संप्रवक्ष्यामि
शतं तत्र वरानने ।

चत्वारिंशत्समोपेतं
कथितं
यन्महासंहितासु तत्
नामतः शृणु ॥ ३२ ॥

अवीची रौरवश्चैव
महारौरव एव च ।
तामिस्रश्चान्धतामिस्रः
संजीवनसुजीवनौ ॥ ३३ ॥

तदुक्तं

'अवीचिर्वीचिभिश्छन्नः पूयासृक्कर्दमादिभिः ।
रुदन्तः प्राणिनो यत्र निक्षिप्यन्ते स रौरवः ॥
तामिस्रस्तमसा मिश्रः शर्वरीध्वान्तधूसरः ।
तथारूपोऽन्धतामिस्रस्त्वविभावितदिङ्मुखः ॥'

इति श्रीपरायां निरुक्ताः । रौरव एव सातिशयो महारौरवः । यातनाभिर्मृतकल्पानां पुनर्यातनार्थं यत्र सम्यग्जीवनं, सुष्ठु भूयोभूयश्च जीवनं तौ संजीवनसुजीवनौ ॥ ३३ ॥

पद्मश्चैव महापद्मः
कालसूत्रस्तथैवच ।

एते च श्रीपरायां

'पद्मः पद्मसमाकारः सुशीतो हिमकर्दमः ।
महापद्मस्तथारूपः किन्तु शीतहिमोत्तरः ॥
कालसूत्रोऽसितः पाशस्त्रिकण्टदृढवेष्टनः ।'

इति निरुक्ताः ॥

सूचीमुखः

एषोऽपि

'सूचीमुखः सुतीक्ष्णाग्रसूचीवत्प्रविभेदकः ।'

इति तत्रैवोक्तः ॥

महाकायः

महान् दुर्वाहः कायो यत्र ॥

क्षुरधारोऽसिपर्वतः ॥ ३४ ॥

'क्षुरधारो लुनात्यङ्गं क्षुरधारानिरन्तरः ।'

इत्युक्तः। असिः खड्गस्तन्मयश्च पर्वतो गच्छतां दुःखदः ॥ ३४ ॥

असिस्तालो द्रुमश्चैव
द्रुममस्तक एव च ।
द्रुमारामश्च विख्यातः

असिसंज्ञः

'खड्गश्छिनत्ति गात्राणि खड्गधारापरिग्रहः ।'

इति परायां निरुक्तः । तालोऽपि

'तालस्तालवदङ्गस्थैर्विदारयति वल्कलैः ।'

इति निरुक्तः । द्रुमो दारुणवाताभिभवनीय-द्रुमाकारो निश्चलदेहहेतुः । द्रुमो मस्तके यत्र स द्रुममस्तकः । एवं द्रुमाणामारामः समूहो यत्र अङ्गेषु स द्रुमारामः ॥

कुम्भीपाकस्तथैव च ॥ ३५ ॥

'कुम्भीपाको बृहद्धोरः कुम्भवक्त्रोज्ज्वलच्छिखः ।'

इति निरुक्तः ॥ ३५ ॥

अम्बरेषोऽङ्गारराशिः

'अम्बरेषोऽम्बराद्यस्मात्सुतीक्ष्णेषून्प्रवर्षति ।
तस्माङ्गारोऽग्निसंकाशो लोहाङ्गारनिकेतनः ॥'

इति निरुक्तावेतौ ॥

तीक्ष्णतुण्डस्तथैव च ।

वज्रतुण्डश्च शकुनिः

एवंविधशकुनिभिर्जना यत्र ताड्यन्ते ॥

मीनोदरखरोदरौ ॥ ३६ ॥

मीनखरयोरुदरे महासंतापदे यत्र जनाः पीड्यन्ते ॥ ३६ ॥

सन्दंशः

सन्दंशो यत्र संतप्तैः सन्दंशैर्जनाः पीड्यन्ते ॥

वज्रकायश्च

यत्र महायातनानुभववतां वज्रमयः कायः ॥

मेदकश्च वरानने ।

यत्र महासंतापवति मेदोमयशरीरता ॥

उष्ट्रग्रीवो महाकायो
वेतालो वडवामुखः ॥ ३७ ॥

उष्ट्रस्येव अतिदीर्घत्वात् कृच्छ्रेणाशनीयप्रापणी ग्रीवा, कायश्च महान् बह्वन्नभरणीयः, वेताला ज्वालास्या भयानका यत्र । वडवामुखाकारो दारुणोऽनलः संतापनो यत्र ॥३७॥

असृक्पूयह्रदश्चैव

असृग्ह्रदः पूयह्रदश्च ॥

भ्रमरो मषकस्तथा ।

यत्र भ्रमरा मषकाश्च विषमा दंशकारिणः ॥

संग्रहश्च

यत्र तप्तोदकवज्जनाः संगृह्यन्ते क्वाथ्यन्ते ॥

कपालश्च

यत्र कपालेष्विव अपूपाः जनाः पच्यन्ते ॥

तप्तकवच एव च ॥ ३८ ॥

यत्र तप्तकवचान्तर्निविष्टानि अङ्गानि पीड्यन्ते ॥ ३८ ॥

गजपादो महावक्रः
कूर्माख्यो नकुलस्तथा।

यत्र गजपादैः जनाः पीड्यन्ते। यत्र महावक्रैः प्राणिभिः ग्रसनम्। यत्र कूर्मैर्नकुलैश्च जना भक्ष्यन्ते त्रास्यन्ते च ॥

पीडनश्चैव

यत्र महाशिलाभिर्जनाः पीड्यन्ते ॥

कुम्भीरः

एतन्नाममहाजलचरभीषणः ॥

क्रकचः शूलमेव च ॥ ३९ ॥

यत्र क्रकचैरङ्गच्छेदनम्। यत्र च शूलारोपणम् ॥ ३९ ॥

अनङ्गश्चाङ्गारोद्गारः

यत्र तापेन अङ्गानि विलीयन्ते । यत्र च अङ्गारोद्गारैः महोष्मभिः संतापः ॥

प्रदीप्तस्त्रिमुखस्तथा ।

पञ्चवक्त्रः शतास्यश्च

प्रदीप्तोऽन्यत्र

'अन्तःसंतापकृत्तापः शोषितोदरकन्धरः ।'

इत्युक्तः । त्रिपञ्चशतमुखाश्च प्राणिनो यत्र दशन्ति ॥

जलौको बिलधूमकः ॥ ४० ॥

यत्र जलौकःसमाख्यैः प्राणिभिरुपद्रवः । यत्र च धूमबहुलेषु बिलेषु जन्म ॥ ४० ॥

सुतप्तो जतुपङ्कश्च

'सुतप्तस्तापकृत्प्रोक्तः केवलोज्ज्वलितानलः ।
जतुपङ्को ज्वलल्लाक्षाप्रलेपप्लुष्टविग्रहः ॥'

इति श्रीपरायां निरुक्तः ॥

घोररूपोऽतिदारुणः ।

यत्र घोररूपा भीषयन्ते, अत एवातिदारुणोऽयम् ॥

अस्थिभङ्गः पूतिमांसः

यत्र अस्थ्नां भङ्गः। यत्र च पूतिमयमांसदेहता॥

द्रव्यश्चैव त्वमेध्यकः ॥४१॥

यत्र द्रव्ये बहुमूत्रमध्ये अमेध्यमध्ये च निवासः॥ ४१॥

उलूकः परशुर्दण्डः

काकाख्यश्च तथैव च।

यत्रोलूकैर्भक्षणं, परशुना छेदः, दण्डैस्ताडनं, काकैश्च भक्षणं जनानाम्॥

सोच्छ्वासश्च निरुच्छ्वासः

'सोच्छ्वासः श्वसनप्रायो निश्चेष्टकृतकाश्रयः।
निरुच्छ्वासोऽक्षसंरोधान्निरुच्छ्वसनलक्षणः॥'

वृकास्यश्च तथैव च॥४२॥

अश्वास्यो गोपलादश्च

महतां वृकाणां सृगालानामश्वानां च भक्षणार्थमास्ये यत्र जनाः सृज्यन्ते। गावः पशवः पलं मांसमदन्ति यत्र। यदुक्तं

'मांसादः सर्वदेहस्थसर्वमांसापकर्षकः।'

इति॥

अलोको दहनस्तथा ।

यत्राविद्यमानोऽन्यो लोकः । यश्च दहनः

'उष्णोऽत्युष्णज्वरारम्भः सर्वाङ्गपरितापकः ।'

इत्यन्यत्रोष्ण इति प्रोक्तः ॥

श्ववक्त्रोऽथ दवाग्निश्च

श्ववक्त्रः श्ववक्त्रवान् । दवाग्निमध्ये जन्म यत्र ॥

क्षारकूपस्तथा

यत्र क्षारमये कूपे जनाः क्षिप्यन्ते ॥

तमः ॥ ४३ ॥

'तमःसंज्ञो महामोहश्चैतन्यगुणमोहकः ।'

इति निरुक्तः ॥ ४३ ॥

अहीनां निचयश्चैव

भयानककृष्णसर्पमयः ॥

तप्तपाषाण एव च ।

'सुदाहकृज्ज्वलल्लोहपाषाणपरिपूरितः ।'

इति निरुक्तः ॥

विरूपो रूपवांश्चैव

वैरूप्यप्रद एकः । रूपवद्दुर्लभाभिलषणीयजनदर्शनसंभाषणाभ्यां दुःखासिकाप्रदो द्वितीयः ॥

चित्री चित्रधरस्तथा ॥ ४४ ॥

चित्रं श्वित्रिवच्छबलरूपं मुहुर्मुहुरन्यदन्यत् यत्र भूम्ना जुगुप्सापदं जायते । चित्रधरस्तु यत्र जन्तोः चित्रमेकमेव रूपम् ॥ ४४ ॥

कृष्णपिङ्गलरक्तास्यः

कृष्णं पिङ्गलं रक्तमास्यमतीव विभीषणं यत्र ॥

महिषो राक्षसस्तथा ।

यत्र भीमैर्महिषैः राक्षसैश्च वित्रास्यमाना जायन्ते ॥

कुब्जः

कुब्जा एव यत्र जायन्ते ॥

उत्तप्ततैलाख्यः

उत्तप्तं तैलमङ्गेषु निषिच्यते यत्र ॥

अशनी वृष्टिमुद्गरौ ॥ ४५ ॥

वृष्टिमुद्गरावशनिरूपौ यत्रोपरिष्टात्पततः॥४५॥

मुसलः

मुसलवृष्टिः ॥

अनातपश्चैव

अनातपः शीत इत्युक्तः । तथाच श्रीपरायां

'शीतः शीतज्वरारम्भः समस्ततनुतापकृत् ।'

इति ॥

यमलाद्रिस्तथैव च ।

'युग्माद्रिः कर्कशाश्माद्रिः सन्दंशपरिपीडितः ।'

इत्युक्तः ॥

क्रिमिकूटः

'क्रिमीणां निचयः प्रोक्तः केवलक्रिमिसञ्चयः ।'

इत्युक्तः । तन्मध्ये यत्र जन्मेत्यर्थः ॥

बहुशाखः

शल्मलिश्च फडिस्तथा ॥४६॥

निगडो लोहरज्जुश्च

लोहपञ्जर एव च ।

फडिः पादबन्धो, निगडः शृङ्खलैकदण्डादि-बन्धः, लोहरज्जुः सर्वत्र बन्धाय । एवं लोहपञ्जरः सर्वगात्रनिश्चेष्टत्वोत्पादनाय ॥

तनुभेदश्चोरगश्च
वृश्चिकः काल एव च ॥ ४७ ॥

यत्र तनोर्देहस्य भेदः चूर्णनम्। यत्रोरगैर्जना बाध्यन्ते। यत्र वृश्चिकैः दश्यन्ते। कालः संहर्तृ-पुरुषपूर्णः ॥ ४७ ॥

वज्रकणः कटाहश्च

तप्तवज्रकणपतिताः कटाहपतिताश्च यत्र जनाः ॥

पट्टः

यत्र तप्तैर्लोहपट्टैर्नरा निबध्यन्ते। एष च लोहस्तम्भ इत्यन्यत्रोक्तः। यदुक्तं

'लोहस्तम्भो ज्वलल्लोहपट्टकपुष्टविग्रहः।'

इति ॥

संकुल एव च।

यत्र संकुले स्थाने निःस्पन्दतयाङ्गक्लेशः ॥

घोरश्चाजगरश्चैव

यत्र घोरा अजगरा ग्रसन्ते ॥

महावैतरणी तथा ॥ ४८ ॥

'वैतरण्यां वितार्यन्ते जन्तवः पूयपूरिताः ।
तस्मादसौ नदी घोरा दुर्गन्धा तु वहेत्सदा ॥'

इति । वितारणं पिपासातुराणां जलभ्रान्तिजननम् ॥ ४८ ॥

गृध्रश्च कुररश्चैव
कुक्कुटश्च प्रमर्दकः ।

गृध्राद्यभिधहिंस्रपक्षिसंकुला एते चत्वारः ॥

कर्दमः

यत्र कर्दममध्ये मग्ना जायन्ते ॥

दुर्दुरश्चैव
लम्बोष्ठो वज्रनासिकः ॥४९॥
चिपिटः खञ्जरीटश्च

दुर्दुरो मण्डूकबहलः। लम्बोष्ठादय एतद्रूपभयानकप्राणिबहुला नरकाः। खञ्जरीट एतन्नामकोपघातकपक्षिपूर्णः ॥

शवलो नील एव च ।

शवलो विचित्रो नीलो नीडो यत्र ॥

काकः

विषमकाकपूर्णः ॥

कङ्कमुखश्चैव

कङ्कः सन्दंशः, तदाकारमुखपक्षिमयः ॥

शिवारावस्ततः परः ॥ ५० ॥

यत्र शिवाभिरारावैर्जनाः त्रास्यन्ते ॥५०॥

गजनादो महानादः

सिंहनादस्तथैव च ।

स्पष्टार्था एते त्रयः ॥

महाग्राहस्तथा नक्रो

मूषिकाकीटसागरः ॥ ५१ ॥

ग्राहा अतिक्रूरा नक्राख्यजलचरविशेषव्यतिरिक्ताः प्राणिनः, ते महान्तो यत्र स महाग्राहः । तथा नक्र इति महानक्रः । मूषिकामयः सागरः । कीटसागरः सूक्ष्मक्रिमिबहुलामेध्यसागरः यस्तु श्रीपरायां

'विण्मूत्रो विट्ठिलाशीर्णचूर्णास्यकृतपूरणः ।'

इत्युक्तः ॥ ५१ ॥

अवाक्शिराः

अवाक् अधः शिरः, ऊर्ध्वं तु पादौ यत्र ॥

त्रिरावर्तः

त्रिरावर्तन्ते समन्तात् प्रवर्तन्ते यत्र। यदुक्तं श्रीपरायां

'त्रिर्निवासः पिपासार्तिबुभुक्षापीडितोदरः।'

इति॥

चक्रपीडनकस्तथा।

यत्र तिलवज्जनाश्चक्रेण पीड्यन्ते॥

त्रपुलेपस्त्रपुकूपः

गलितत्रपुणा तप्तेन यत्राङ्गानि लिप्यन्ते। यत्र च तादृगेव कूपः॥

इक्षुयन्त्रः

यत्र इक्षुवज्जनाः पीड्यन्ते॥

गिरेर्लता॥ ५२॥

गिरिप्रभवाभिर्विषलताभिर्यत्र जनास्ताड्यन्ते॥

कटङ्कटश्च विख्यातः

एतन्नाममहाकटाहप्रख्योऽतिविषमः कूपः॥

तप्तवालुक एव च।

यत्रातितप्तासु वालुकासु पापीयांसः संचार्यन्ते ॥

तदेते सचत्वारिंशच्छतसंख्याताः

एतेऽतिघोरा नरका-
स्त्रिकोणाः परिकीर्तिताः ॥५३॥

नरकदेशानां संस्थानतस्त्रिकोणत्वमित्यर्थः ॥

एते च

असत्कर्मरतानां च
प्राणिनां पातनाय तु ।

असत् एकादशपटलवक्ष्यमाणात् सामान्यविशेषात्मनः स्वस्मात् शास्त्राद्बहिष्कृतम् ॥

विशेषतस्तु

निस्त्रिंशकर्मकर्तॄणां
शठानां पापिनां तथा ॥ ५४ ॥

निस्त्रिंशकर्म परवधादिकं, शठानां निवारणयापि अनिवर्तमानानाम्, अत एव प्रागर्जितादेव पापसंस्कारात्पुनरपि पापिनामित्याह ॥

इत्थं चैषां

निर्दयाधमजातीनां
परहिंसारतात्मनाम् ।

तथा

परदाररतानां च

विशेषतः

शिवशास्त्रस्य दूषिणाम् ॥५५॥

देवद्रव्यापहर्तॄणां
ब्रह्मघ्नपितृघातिनाम् ।
गोघ्नानां च कृतघ्नानां
मित्रविस्रम्भघातिनाम् ॥ ५६

कृतमुपकारं घ्नन्तीति कृतघ्नाः । मित्रं विस्रम्भेण विश्वासेन घ्नन्तीति तच्छीला मित्रविस्रम्भघातिनः ॥ ५६ ॥

किंच

सुवर्णभूमिहर्तॄणां
शौचाचारनिवर्तिनाम् ।
दयादाक्षिण्यहीनानां
पैशुन्यानृतचेतसाम् ॥ ५७ ॥

नरकास्तु समाख्याता-
स्त्वकर्मपथवर्तिनाम् ।

शौचमाचारश्च निजनिजशास्त्रोक्तौ । अन्यथा

'किंचिज्ज्ञैर्या स्मृता शुद्धिः साशुद्धिः शम्भुदर्शने ।
न शुद्धिर्नाशुचिस्तस्मान्निर्विकल्पो भवेन्नरः ॥'
(वि० भै० १२३)

इत्यादिश्रुतेर्निर्विषयत्वं स्यात्

'जिह्मजेनोपवीतेन.............।' (३।२)

इत्यादि च पूर्वोक्तमवाच्यं स्यात् । अत्र च यथायोगं शरीरमनोवाग्विषयत्वं योज्यम् । एतदेवाकर्मपथवर्तित्वं यत् स्वशास्त्रविरुद्धाचरणम् । प्रकर्षाप्रकर्षयोगाच्चैषां पापानां तदुचितनरकसंबन्धः ॥

ये तु एतद्विपरीतास्ते

शुभकर्मरता लोका
नरके न पतन्ति हि ॥ ५८ ॥

यच्च तेषां संबन्धि सुखं कर्म

तत्समासेन वक्ष्यामि
यथावदनुपूर्वशः ।

अनुपूर्वशः

'वाच्यर्था नियताः सर्वे वाङ्मूला वाङ्निबन्धनाः ।'

इत्युक्तत्वात् वाचिकादिक्रमेण ॥

तच्च

सत्यं क्षान्तिरहिंसा च

एतानि वाङ्मनःकायकर्माणि शुभानि ॥

किंच

शौचं स्नानमकल्कता ॥ ५९ ॥

दयालौल्यं च यस्यासौ

नरकान्नाधिगच्छति ।

शौचं प्राग्वत् । स्नानं भस्मादिनापि । अकल्कता शुभसंकल्पता । अलौल्यमिन्द्रियाचापलम् ॥

शान्तो दान्तः सुहृष्टात्मा

त्वनहंकारवान्समः ॥ ६० ॥

अद्रोही चानसूयश्च

परैश्वर्ये च निःस्पृहः ।

नरकान्नाधिगच्छतीत्येव । शान्तो जितचित्तः । दान्तो जितेन्द्रियः । अतश्च विषयवैवश्याभा-

वात् सुहृष्टात्मा, निरहंकारश्च । समः शत्रुमित्रादि साम्येन पश्यन् । परैश्वर्ये निःस्पृहः संतुष्टः ॥

किंच

अमात्सर्यममानित्वं
शिवभक्तिरचापलम् ॥ ६१ ॥
जपध्यानरतिः स्थैर्यं
कार्पण्यस्य च वर्जनम् ।
व्रतानि नियमाश्चैव
स्वाध्यायश्च त्रिसंध्यता ॥ ६२ ॥
सर्वत्र श्रद्दधानत्व-
मार्जवं ह्रीर्मनस्विता ।
तेजः प्रशान्तिः संतोषो-
ऽप्रियवाक्यविवर्जनम् ॥ ६३ ॥
समीक्ष्यकारिता नित्यं
मनोहंकारनिग्रहः ।
अदम्भित्वममायित्व-
मकल्को ज्ञानशीलता ॥ ६४ ॥

पितृदेवार्चने भक्ति-
गोब्राह्मणशरण्यता ।
अग्नौ होमो गुरोर्दानं
ज्ञानिनां पर्युपासनम् ॥ ६५ ॥
एकान्ते च रतिर्ध्यान-
मात्मन्येव च तुष्टता ।
अव्यापारः परार्थेषु
औदासीन्यमनागसः ॥ ६६ ॥
अक्रोधित्वमनालस्य-
मेते धर्माः प्रकीर्तिताः ।

शिवभक्तिर्मुख्यो धर्मः । अचापलं कर्तव्यविषयारूढिः विशेषात्तु जपध्यानविश्रान्तौ । तेजः परानभिभवनीयत्वम् । प्रशान्तिः सौम्यदर्शनता । मनोहंकारयोः निग्रहो यत्रतत्रवर्तनपरिहारः । दम्भो मिथ्याचारता । माया परवञ्चनम् । अकल्कोऽपापचित्तः । परार्थेषु परवित्तेषु अव्यापारो मनसाप्यचिन्तनम् । औदासीन्यमिति व्यवहारविषयम् । अनागस इत्यनागस्त्वं गुर्वाज्ञादावप्र-

मादित्वम् । अनालस्यमिति उपादेयानुष्ठानोद्योगः । एते धर्माः शुभा आचाराः ॥

अतश्च

यस्त्वेतान्भजते भावा-
न्सोऽमृतत्वाय कल्पते ॥६७॥

शिवे भक्तिरेकैव मोक्षप्रदा किमङ्गैतद्धर्मान्तरसहिता ॥ ६७ ॥

यस्मात्

नश्यन्ति पौरुषाः पाशा
येऽप्यनन्ताः प्रकीर्तिताः ।
शिवाचाररतानां तु
धार्मिकाणां हि देहिनाम् ॥६८॥
तस्मादेवं तु विज्ञाय
मनो धर्मे नियोजयेत् ।

पुरुषतत्त्वभुवनावसरे पौरुषा ये पाशा वक्ष्यन्ते, तेऽपि शिवभक्तिभाजां नश्यन्ति । धर्मे इति प्रोक्तरूपे ॥

किंच

यस्य चित्तमसंभ्रान्तं
निर्विकल्पमकल्मषम् ॥ ६९ ॥
स याति परमांल्लोका-
न्नरकांश्च न पश्यति ।

अकल्मषत्वादपापत्वात् निर्विकल्पं कृत्वा तात्त्विकेऽर्थे समाश्वस्तम् । न पश्यतीति दर्शनमात्रमप्यस्य नास्तीति तदुपभोगे कैव संभावना ॥

यस्य बुद्धिरसंमूढा
सर्वभूतेष्वपातकी ॥ ७० ॥
अकल्कवान्सत्त्ववान्यो
नरकान्स न पश्यति ।

असंमूढा निवृत्ताज्ञाना । अकल्कवान् शुद्धाशयः, अत एव सत्त्ववृत्तिनिष्ठः ॥

जितानि येनेन्द्रियाणि
मनो यस्य वशे स्थितम् ॥७१॥

तज्जयेन जितं सर्वं
त्रैलोक्यं सचराचरम् ।

सर्वा भोगभूरनेन सुप्रापेत्यर्थः ॥

एतदेव श्लाघते

स्वकार्ये परकार्ये वा
यस्य बुद्धिः स्थिरा भवेत् ॥७२॥
एतदेव हि पाण्डित्यं
शेषाः पुस्तकवाचकाः ।

स्वकार्यमात्मज्ञाननिष्ठत्वं, परकार्यं परेषामात्मज्ञाने योजनम् ॥

उपसंहरति

इत्येष तान्त्रिको न्यायः
कथितस्तु समासतः ॥ ७३ ॥
अतान्त्रिकाणामन्येषां
परिसंख्या न विद्यते ।

तान्त्रिकः परमेशसंहिताप्रसिद्धः । अतान्त्रिकाः धर्मसूत्रकारादिप्रसिद्धाः ॥

असामान्यैराचारैः

शिवशास्त्ररता ये तु
गुरुभक्तिपरायणाः ॥ ७४ ॥
परतत्त्वविदो ये तु
न तेषां दुरितं भवेत् ।

दुष्टमितमागमनं जन्मेत्यर्थः ॥

एवं प्रसङ्गादुक्त्वा प्रकृतमाह

एतेषां नरकाणां तु
प्रधानानि निबोध मे ॥ ७५ ॥

पञ्चत्रिंशत्तु नरकाः

यस्मादेत एव

चतुर्भेदाः प्रकीर्तिताः ।

पञ्चत्रिंशत् चतुर्भिर्गुणिताः चत्वारिंशदधिकं शतं भवतीत्यर्थः ॥

तदाह

चत्वारिंशच्छतं ह्येत-
त्समासात्परिकीर्तितम् ॥ ७६ ॥

यस्मात्

तैर्विशुद्धैर्विशुद्ध्यन्ति
पञ्चाशत्कोटयस्तु ताः ।

तैरिति चत्वारिंशदधिकशतसंख्यैः । ता इति पूर्वोपक्रान्ताः ॥

यदि वा

पञ्चत्रिंशद्यदा वैते
द्वात्रिंशद्वा विशोधिताः ॥७७॥
चत्वारिंशच्छतं शुद्धं
तदेतत्स्याद्वरानने ।

अवीचीकुम्भीपाकरौरववर्जं वक्ष्यमाणनामानो द्वात्रिंशत् ॥

यद्वा

त्रिभिः शुद्धैस्तु द्वात्रिंश-
च्छुद्धा एव भवन्ति हि ॥ ७८ ॥

निर्विशेषं न सामान्यमिति स्थित्या सामान्यशुद्ध्या विशेषशुद्धिः, विशेषाणां वा गर्भीकृतसामान्यानां शुद्ध्या सामान्यशुद्धिः । अत्र चायं

गुरूणामाशयः—यस्य दीक्ष्यस्य पापभूयस्त्वं निश्चितं, तस्य विततय नरकशुद्धिः कर्तव्या, अन्यस्य तु संक्षेपेणेति प्रघट्टकचतुष्टयेन शुद्धिरत्रोक्ता, किरणायां तु प्रघट्टकत्रयेण । यदुक्तं

'चत्वारिंशत्समधिकं यदेतेषां प्रकीर्तितम् ।
द्वात्रिंशत्तत्र राजानो राजराजेश्वरास्त्रयः ॥'

इति । श्रीमालिनीविजये कूष्माण्डरुद्रशुद्ध्यैव तच्छुद्धिरुक्तेति प्रक्रियाभेदः ॥ ७८ ॥

अथ

तेषां नामानि वक्ष्यामि
त्रयाणां वरवर्णिनि ।
अवीचिश्चैव विख्यातः
कुम्भीपाकश्च दारुणः ॥ ७९ ॥
महारौरवराजश्च

अथ

स्थानं तेषां निबोध मे ।
अधोमध्योर्ध्वभागेषु
संस्थितास्ते यथाक्रमम् ॥ ८० ॥

किंच

व्याप्तिं तेषां प्रवक्ष्यामि
यथावदनुपूर्वशः।

द्वात्रिंशन्नरकास्त्रिभिर्यथान्तर्गर्भीकारेण व्याप्ताः, तथेत्यर्थः॥

अत्र

नरकैकादशगत-
मवीचिं शोधयेत्प्रिये॥ ८१॥
आत्मना द्वादशं देवि
कुम्भीपाकं विशोधयेत्।
महारौरवसंज्ञं चा-
प्येवमेव न संशयः॥ ८२॥

तानेतान्

पञ्चत्रिंशत्प्रवक्ष्यामि
समासेन वरानने।
अवीचिः क्रिमिनिचयो
नदी वैतरणी तथा॥ ८३॥

लोहश्च शाल्मलिश्चैवा-
　　प्यसिपर्वत एव च ।
सोच्छ्वासश्च निरुच्छ्वासः
　　पूतिमांसः परस्तथा ॥ ८४ ॥

तप्तत्रपुः क्षारकूपो
　　जतुलेपस्तथैव च ।
अन्तर्भूता अवीचौ तु

अवीचिरेव क्रिमिनिचयपदेन विशेषितो न तु पूर्वनिर्दिष्टादसौ व्यतिरिक्तः संख्याधिक्यप्रसङ्गात् ॥

अथ

　　कुम्भीपाकस्य श्रूयताम् ॥ ८५ ॥

अस्थिभङ्गः क्रकचच्छेदः
　　कूपश्चापि कटङ्कटः ।
वसामिश्रो ह्ययस्तुण्ड-
　　स्त्रपुलेपः प्रकीर्तितः ॥ ८६ ॥

कुम्भीपाकश्च विज्ञेय-
स्तीक्ष्णासिश्च तथैव च ।
तप्तलोहश्च विज्ञेयः
क्षुरधारपथस्तथा ॥ ८७ ॥

अशनिश्च सुतप्तश्च
द्वादशैते प्रकीर्तिताः ।
एकादशान्तर्विज्ञेयाः
कुम्भीपाकस्य दारुणाः ॥ ८८ ॥

महारौरवराजे च
अत ऊर्ध्वं निबोध मे ।
कालसूत्रो महापद्मः
कुम्भः संजीवनेक्षुकौ ॥ ८९ ॥

पाशोऽम्बरेषकश्चैव
अयःपट्टस्तथैव च ।
दण्डयन्त्रस्त्वमेध्यश्च
घोररूपस्तथापरः ॥ ९० ॥

महारौरव एतेषा-
मुपरिष्टाद्व्यवस्थितः ।

वसामिश्र इति यः पूर्वं मेदक उक्तः। अयस्तुण्डस्तु तीक्ष्णतुण्ड इति, तीक्ष्णासिरसिरिति, कुम्भस्तु कुम्भीर इति, अशनिरिति अशनी वृष्टिमुद्गराविति, पाशोऽप्युरग इति, दण्डयन्त्रो दण्ड इति पूर्वमुक्तः॥

यदा आदाववीच्यादित्रयमेव शोध्यते, तदा

अवीचौ कृमिनरका-
न्कुम्भीपाके सुदारुणान् ॥९१॥
महारौरवकेऽमेध्या-
नन्तर्भूतान्विचिन्तयेत् ।

अथैतैस्त्रिभिर्व्याप्तानां

द्वात्रिंशन्नरकाणां च
मानं चैव निबोध मे ॥ ९२ ॥

तत्र योजनानां

नवनवतिर्लक्षाणि
एकैकस्योच्छ्रयः स्मृतः ।

एते च

लक्षमात्रान्तरा ज्ञेया

द्वात्रिंशच्चाप्यनुक्रमात् ॥ ९३ ॥

एवमेतन्मानं द्वात्रिंशत्कोटयो नरकभूः॥९३॥

अथ

एतेषामुपरिष्टात्तु

प्रभुत्वेन वरानने ।

योगैश्वर्यगुणोपेतः

कूष्माण्डाधिपतिः स्थितः ॥९४॥

एष च

'क्विति क्षितिः समुद्दिष्टा तस्यामूष्मानुलोमतः ।
सोऽण्डे यद्वद्गुरालोकः कूष्माण्डस्तद्वदुद्भटः ॥'

इति श्रीपरायां निरुक्तः। अस्य च कुकर्मजनानुशासकत्वात् क्रूररूपत्वं क्रूररूपनिर्वृत्तत्वं च श्रीपरायामुक्तमतः समस्तनरकशुद्धिं कृत्वैतच्छ्रावणा कार्या। एवमन्यत्र ॥ ९४ ॥

किंच

नवनवतिर्लक्षाणि

पुरं तस्य प्रकीर्तितम्।

अथ

तस्योपरिष्टात्पाताला-
न्कथयामि समासतः ॥ १५ ॥
आभासं वरतालं च
शर्करं च गभस्तिमत् ।
महातलं च सुतलं
रसातलमतः परम् ॥ १६ ॥
सौवर्णमष्टमं ज्ञेयं
सर्वकामसमन्वितम् ।

विशेषणमेतत्सर्वसाधारणम् । आ समन्तात् सर्वरत्नादिभिर्भासनात्, वरभोगयोगात्, शर्करावत्स्पृहणीयगुणत्वात्, भास्वरत्वात्, महाभोगयुक्तत्वात्, शोभनतलत्वात्, रसास्वादयुक्तत्वात्, सुवर्णमयत्वाच्च एतान्येषां नामानि । यदुक्तं श्रीपरायां

'समन्तात्सर्वरत्नानां भासो यस्माद्विमान्यलम् ।
तद्भर्म्याणां च तत्स्त्रीणामाभासं तेन तत्स्मृतम् ॥'

इत्यादि । शर्कराख्यं तु तत्र नितरां भोगसंपत्त्यादितलमित्युक्तम् ॥

अथ

आभासाद्यावत्सौवर्णं
प्रमाणं कथयामि ते ॥ ९७ ॥
सहस्रनवकोत्सेध-
मेकैकं तु पुरोत्तमम् ।

उत्सेध औन्नत्यम् ॥

तथा

एकैकस्यान्तरं ज्ञेयं
सहस्रपरिसंख्यया ॥ ९८ ॥

एवं पातालानि अशीतिसहस्राणि ॥ ९८ ॥

किंच

छत्राकाराणि सर्वाणि
तेषां वै भुवनानि तु ।
सर्वकामैः समेतानि
गुणैः सर्वैर्युतानि तु ॥ ९९ ॥
हेमप्राकारशिखरै-
श्छत्रध्वजसमाकुलैः ।

किङ्किणीजालमुखरै-
स्तोरणाट्टालमण्डितैः ॥ १०० ॥
निर्गमैः सगवाक्षैश्च
दिव्यवस्त्रविभूषितैः ।
तन्त्रीमुरजवाद्यैश्च
गेयतूर्यरवाकुलैः ॥ १०१ ॥
नानाभुवनपङ्क्त्योघैः
सर्वरत्नसमुज्ज्वलैः ।
प्रासादैस्तुङ्गशिखरै-
श्चन्द्रातपसमप्रभैः ॥ १०२ ॥
रथ्यामार्गवरारामैः
सदापुष्पफलान्वितैः ।
कोकिलारावमधुरैः
शिखिषट्पदसेवितैः ॥ १०३ ॥
हंसकारण्डवाकीर्णै-
श्चक्रवाकोपशोभितैः ।
सारसारावसंघुष्ट-
पद्मिनीषण्डमण्डितैः ॥ १०४ ॥

तडागैः स्वच्छतोयाढ्यै-
दीर्घिकाभिर्युतानि तु ।
पुरुषैश्च महाकायै-
र्महाबलपराक्रमैः ॥ १०५ ॥
सर्वैश्वर्यस्वरूपाढ्यैः
सर्वलक्षणसंयुतैः ।
दिव्यवस्त्रैः सुताम्बूलै-
र्दिव्यगन्धानुलेपनैः ॥ १०६ ॥
दिव्याभरणसंयुक्तै-
र्मुकुटै रत्नमण्डितैः ।

युक्तानीत्येव । मुकुटैरित्युपलक्षितैरित्यर्थः ॥

किंच

शिवाराधनसक्ता ये
तत्प्रसादेन साधकाः ॥१०७॥
ते विशन्ति महादेवि
पातालं सिद्धसेवितम् ।

तत्प्रसादेनेति काकाक्षिवत् योज्यम् ॥

विष्ट्वा तु

रसं रसायनं दिव्यं
सिद्धद्रव्यं लभन्ति ते ॥१०८॥

रसं हेमसाधनम्। रसायनं शरीरस्थैर्यहेतुः। सिद्धद्रव्यं पादुकादि तदुचितसिद्ध्यर्थं लब्ध्वा यथारुचि भुवनानि चरन्तीत्यर्थः ॥ १०८ ॥

ये तु ततो न निर्यान्ति, ते

क्रीडन्ति चान्ये सततं
दिव्यानां योषितां गणैः।
कामिनः कामरूपैस्तु
मत्तमातङ्गगामिभिः ॥ १०९ ॥
सर्वाभरणसंयुक्तैः
कामशास्त्रसुपेशलैः।
दिव्यवस्त्रपरीधानैः
स्तनभारसमानतैः ॥ ११० ॥
मध्यक्षामैः प्रसन्नास्यै-
स्तरलायतलोचनैः।
सकिङ्किणीनितम्बैश्च
हारकेयूरशोभितैः ॥ १११ ॥

सुगन्धिगन्धलिप्ताङ्गैः
काञ्चीमेखलमण्डितैः ।
एवं ते कथिता देवि
पातालान्तरवासिनः ॥ ११२ ॥

किंच

त्रयोऽसुरास्तथा नागा
राक्षसाश्च विभागतः ।
एकैकत्र च पाताले
कथितास्ते वरानने ॥ ११३ ॥

कथिता इत्येतदन्यशास्त्रोक्तं श्रीभैरवः श्री-
देवीं स्मारयति । तथाच श्रीपरायाम्

'आभासे शङ्कुकर्णाख्यः कुटिलो विकलः पतिः ।
वरतालेऽपि प्रह्लादो वासुकिर्लोहिताननः ॥
नितले शिशुपालाख्यः कम्बलो यमदंष्ट्रकः ।
गभस्त्याख्ये सकर्कन्धुः कर्कटो विकटाननः ॥
महातले हिरण्याख्यः कालाङ्गश्च कराङ्कः ।
रसातले बृहद्भोगो दुर्दर्शो भीमनिःस्वनः ॥
षडेतानि त्रिखण्डानि भोग्यान्येभिर्महात्मभिः ।
सुतले संस्थितोऽधस्ताद्बलिस्तक्षकपिङ्गलौ ॥

इत्युक्तम् ॥ ११३ ॥

किंच

पातालसप्तके ज्ञेया-
स्तथान्ये भुवनाधिपाः ।
बलो ह्यतिबलश्चैव
बलवान्बलविक्रमः ॥ ११४ ॥
सुबलो बलभद्रश्च
बलाध्यक्षश्च कीर्तिताः ।

यतः सप्तसु पातालेषु यथाक्रमं स्थिता एते रुद्रास्ततः

एतैः शुद्धैरिमे शुद्धाः
सप्तपातालवासिनः ॥ ११५ ॥

सप्तसु पातालेषु भूम्ना वसनं यैः स्वकर्मार्जितैः भोगविशेषैः त इमे प्रोक्ता भोगविशेषाः शुद्ध्यन्तीत्यर्थः ॥ ११५ ॥

अतस्तु

यदूर्ध्वं चैव सौवर्णं
पातालं परिकीर्तितम् ।

तत्र वसत्यसौ देवो
हाटकः परमेश्वरः ॥ ११६ ॥
पुरकोटिसहस्रैस्तु
समन्तात्परिवारितः ।
सिद्धै रुद्रगणैर्दिव्यै-
र्भगिनीमातृभिर्वृतः ॥ ११७ ॥

सिद्धैः रुद्रैरिति सिद्धविशेषास्तरुद्रमूर्तिभिः, भगिन्यो ब्राह्म्याद्यंशकोद्भूता देव्यः, मातरस्तु ब्राह्म्याद्याः ता हि प्रपञ्चव्याप्त्या परापरभावेन प्रायः सर्वत्र स्थिताः ॥ ११७ ॥

किंच

योगिनीयोगकन्याभी
रुद्रैश्चैव सकन्यकैः ।

योगिन्यो योगेन सिद्धाः, योगकन्यास्तु जातमात्रा एव संस्मारितयोगाः ॥

किंच

सिद्धद्रव्यसमैर्मन्त्रै-
श्चिन्तामणिरसायनैः ॥ ११८ ॥

सिद्धद्रव्यसमत्वं प्राप्तमात्राणामेवाभीष्टप्रदत्वम्। चिन्तामणिभिः रसायनैश्चेत्यर्थः ॥११८॥

तदित्थं

सिद्धविद्यासमृद्धं वै
हाटकेशस्य मन्दिरम् ।

एतच्च उक्तरुद्राद्युपलक्षणपरम् ॥

हाटकपदं निर्वक्ति

हठात्प्रवेशयेल्लोकां-
स्तद्भावगतमानसान् ॥ ११९॥
तेनासौ हाटकः प्रोक्तो
देवदेवो महेश्वरः ।

देवानां बलादीनां देवः, भगवतः श्रीकण्ठस्यैवेत्थं भोगप्रदत्वेनानया मूर्त्या स्थितत्वान्महेश्वरः ॥

एवं चान्तर्भूतपातालसप्तके तत्पुरशुद्धौ हाटकरुद्रोपस्थापनपूर्वं चतुर्थपटलोक्ताध्वसंधानादिसमस्तेतिकर्तव्यतां श्रावणान्तां कुर्यात्। एवं प्रतिभुवनेशमेतदेव स्मर्तव्यम्। तदेवं भूकटाहः कोटिः, कालाग्निरुद्रपुरं कोटिः, तज्ज्वाला

दश कोटयः, धूमः पञ्च कोटयः, नरका द्वात्रिंशत्कोटयः, कूष्माण्डपुरं नवनवतिलक्षाणि, पातालमशीतिसहस्राणि, इत्येवं सहस्रविंशत्यूनाः पञ्चाशत्कोटयः । एतावदन्तोऽध्वा कोटिपञ्चाशतैव, शिष्टानि तु

तस्योर्ध्वे तु सहस्राणि
योजनानां तु विंशतिः ॥१२०॥
भूकटाहः समुद्दिष्टः
समन्तात्तु वरानने ।

भूकटाहो मनुष्याधारभूः । एवमियदन्तं ब्रह्माण्डस्यार्धम् ॥

अतो भगवती पृथ्वी
नानाजनपदाकुला ॥ १२१ ॥
तस्या मध्ये महामेरुः
सौवर्णश्च वरानने ।
तस्याचलस्य विस्तार-
मूर्ध्वाधः कथयामि ते ॥१२२॥

जनपदो लोकानां निवासः ॥ १२२ ॥

तत्र

योजनानां सहस्राणि
चतुरशीतिरुच्छ्रितः ।
षोडशैव सहस्राणि
अधोभागे प्ररोपितः ॥ १२३ ॥

वैपुल्यमस्याह

तान्येव मूलविस्तारः

तानीति षोडशैव ॥

द्विगुणो मूर्धविस्तरः ।

द्वात्रिंशन्मूर्धविस्तारोऽस्येत्यर्थः ।

'भैरवीयं च तल्लिङ्गं धरणी चास्य पीठिका ।'
(तं० ८ आ० श्लो० ४५)

इति गुरवः । एष च श्रीपरायां कर्णिकाकार-
मस्तक इत्युक्तः ॥

अथ

तस्योर्ध्वे तु सभा दिव्या
नाम्ना चैव मनोवती ॥ १२४ ॥
चतुर्दश सहस्राणि
योजनानां प्रमाणतः ।

सर्वरत्नसुशोभाढ्या
स्त्रीसहस्रसमन्विता ॥१२५॥
सर्वभोगगणोपेता
ब्रह्मणस्तु महात्मनः ।

ब्रह्मणः सत्यलोकस्थब्रह्मांशावतारस्यास्थानभूः, अतश्च सर्वत्र मध्यं ब्रह्मस्थानमुच्यते ॥

सा च

सिद्धविद्याधराकीर्णा
ऋषिभिः परिवारिता ॥ १२६ ॥
तस्या ईशानदिग्भागे
ज्योतिष्कं शिखरं स्मृतम् ।

ज्योतिष्कं स्फाटिकम् ॥

तच्च

सूर्यकोटिप्रतीकाशं
गणप्रथमसेवितम् ॥ १२७ ॥
सर्वर्तुकुसुमोपेतं
देवगन्धर्वसेवितम् ।
स्त्रीसहस्रसमाकीर्णं
सर्वैश्वर्यसमन्वितम् ॥ १२८ ॥

गणप्रथमाः प्रधानगणाः ॥ १२८ ॥

तत्रास्ते भगवान्देव-
 स्त्र्यम्बकः परमेश्वरः ।
लोकपालैर्वृतोऽसौ हि
 ब्रह्मविष्ण्वन्द्रनायकः ॥१२९॥
ममांशं तं विजानीया;
 सुरसिद्धनमस्कृतम् ।

कैलासवासिन उमापतेरियमुक्तिः ॥

सच तत्र

अधिकारं प्रकुरुते
 परेच्छासंप्रचोदितः ॥ १३० ॥

एवं चाभिदधत् पर एवाहं श्रीसदाशिवेशानन्तश्रीकण्ठरूपतया विष्णुभुवनोर्ध्वस्थरुद्रत्वेन मेरुशिखरगतत्र्यम्बकत्वेन च प्रपञ्चव्याप्त्यावस्थितो नतु पृथक्त्वमेषामित्यादिशति । अधिकारं ब्रह्मविष्ण्वन्द्रनायकत्वमेव । एतच्च शृङ्गं प्रधानत्वादिहोक्तं, नत्वेतदेवास्ति श्रीचन्द्रगर्भादौ

'भृङ्गत्रयसमोपेता ब्रह्मविष्णुहरालयाः ।'

इति, श्रीकिरणायां तु

'त्रिभिः भृङ्गैः समायुक्तो रुक्मकाञ्चनरत्नजैः ।'

इति प्रतिपादितत्वात् ॥ १३० ॥

अस्य च मेरोः

सभाया ब्रह्मणोऽधस्ता-
त्सहस्राणि चतुर्दश ।
योजनानां परित्यज्य
चक्रवाटः समन्ततः ॥१३१॥

चक्राकारो वाटः पुरीणां समूहः ॥ १३१ ॥

एष एव च

स्वर्गाष्टकं समुद्दिष्टं

यतः

तत्र तिष्ठन्ति लोकपाः ।

इन्द्रादयः ॥

तत्र

पूर्वेणेन्द्रस्य विख्याता
पुरी नाम्नामरावती ॥ १३२ ॥

तेजोवती तथाग्नेय्यां
चित्रभानोः प्रकीर्तिता ।
दक्षिणे यमराजस्य
नाम्ना संयमनी पुरी ॥१३३॥
कृष्णाङ्गारा तु नैर्ऋत्यां
राक्षसेशस्य कीर्तिता ।
पश्चिमेन जलेशस्य
नाम्ना शुद्धवती स्मृता ॥१३४॥
वायव्यां तु पुरी वायो-
र्नाम्ना गन्धवहा प्रिये ।
उत्तरेणापि सोमस्य
पुरी नाम्ना महोदया ॥१३५॥
ऐशान्यामीशराजस्य
पुरी नाम्ना यशोवती ।

तथा

एतासामुत्तरे देवि
शृणु षड्विंशतिं पुरीः ॥१३६॥

दक्षिणेनामरावत्याः
कामवत्यप्सरःपुरी ।
सौवर्णी सिद्धसङ्घानां
तस्या वै दक्षिणेन तु ॥१३७॥
तस्या वै दक्षिणेनान्या
पद्मरागोपशोभिता ।
आदित्यानां पुरी ख्याता
नाम्ना चांशुमती शुभा ॥१३८॥
साध्यानां राजती दिव्या
ख्याता वै कुसुमावती ।

दक्षिणेनेत्येव । कामवती रेवत्याः पुरीत्यसत् कामवती सौवर्णीति हि नामनी ॥

वह्नेः पश्चिमदिग्भागे
विश्वेषां रेवती पुरी ॥१३९॥

रेवत्याख्या, विश्वे देवा यत्र स्थिताः ॥१३९॥

तस्यास्तु पश्चिमे देवि
दिव्या वै विश्वकर्मणः ।

दिव्येति नाम्ना ॥

पश्चिमे धर्मराजस्य
मातृनन्दा पुरी स्मृता ॥१४०॥
क्रीडन्ति मातरस्तत्र
मधुपानविघूर्णिताः ।
रुद्राणां पश्चिमे तस्या
रोहिता नाम काञ्चनी ॥१४१॥
तत्र शूलधरा रुद्रा
यमस्य परिचारकाः ।
तस्याः पश्चिमतो ज्ञेया
नाम्ना गुणवती पुरी ॥१४२॥
एकादशानां रुद्राणां
वज्रप्राकारतोरणा ।
निर्ऋतेः पूर्वभागे तु
पिङ्गला नाम वै पुरी ॥१४३॥
स्वकर्मसंज्ञा देवेशि
पिशाचास्तत्र संस्थिताः ।

स्वेन कर्मणा पिशिताशनेन निमित्तेन संज्ञा येषाम् ॥

नैर्ऋत्युत्तरसामीप्ये
पुरी कृष्णावती स्मृता ॥१४४॥
निस्त्रिंशा नाम तत्रैव
वसन्ति राक्षसाः सदा ।

नैर्ऋत्या दिश उत्तरं यत्सामीप्यं समीपं, तत्र ॥

तस्या अप्युत्तरे भागे
पुरी हैमी सुखावती ॥१४५॥
मित्रो वसति तत्रैव
बहुभृत्यजनावृतः ।

सुखावतीति नाम्ना ॥

तस्या अप्युत्तरे हैमी
गान्धर्वी नाम विश्रुता ॥१४६॥
वसन्ति तत्र गन्धर्वा
दिव्यकन्यासमावृताः ।
दशकोटिसहस्त्राणि
तेषां संख्या प्रकीर्तिता ॥१४७॥

भूतानां सिद्धसेना तु
वरुणस्य तु दक्षिणे ।
हेमसंज्ञा वसूनां तु
वरुणस्यापि चोत्तरे ॥१४८॥

वरुणस्येति तत्पुर्याः ॥ १४८ ॥

तस्यास्तूत्तरतो देवि
नाम्ना सिद्धवती पुरी ।
सर्वविद्याधराणां तु
सा पुरी परिकीर्तिता ॥१४९॥

वायोर्दक्षिणतो देवि
सिद्धा नाम पुरी स्मृता ।
वसन्ति किन्नरास्तत्र
पुरैर्हेमार्कसप्रभैः ॥१५०॥

वायोः पूर्वेण गान्धर्वी
हैमी चित्ररथस्य तु ।
गन्धर्वराजमुख्यस्य
दिव्यगन्धर्वनादिता ॥१५१॥

आस्ते भगवती साक्षा-
त्सप्तस्वरविभूषिता ।
ग्रामत्रयपरीधाना
जातिमेखलमण्डिता ॥१५२॥
मूर्च्छनातानचित्राङ्गी
नानातालकलोदया ।
लक्षणव्यञ्जनोपेता
मध्यमेनावगुण्ठिता ॥१५३॥
गन्धर्वैर्गीयमाना सा
तत्र देवी सरस्वती ।
नारदाद्यैश्च ऋषिभि-
र्नागकिन्नरसेविता ॥ १५४ ॥

ग्रामाः षड्जमध्यमगान्धाराः । षाड्जीनन्दय-न्त्याद्या जातयोऽष्टादश, ता एव मेखलाः। स्वरा मूर्च्छन्ति गुम्फनया समुच्छ्रायं नीयन्ते याभिस्ता मूर्च्छनाः उत्तरमन्द्राद्याः

'क्रमयुक्ताः स्वराः सप्त मूर्च्छनेत्यभिशब्दिताः ।' (२८।३४)

इति भरतनाट्यशास्त्रे लक्षिता एकविंशतिः,

तास्तायन्ते विस्तार्यन्ते यैस्ते तानाः एकोन-पञ्चाशत् पञ्चत्रिंशच्च । यदुक्तं तत्रैव

'षट्पञ्चस्वरकास्ताना··············· ।' (२८।३४)

इत्युपक्रम्य

'तत्र मूर्च्छनाश्रयास्तानाश्चतुरशीतिरेकान्नपञ्चाशत्षट्-स्वराः, पञ्चत्रिंशत्पञ्चस्वराः'

इति। तालाश्च चत्पुटाद्या यत्यात्मकाः। कलास्तु तालाक्षररूपा गुरुलघुमात्राः । लक्षणानि

'भूषणाक्षरसंघातौ शोभोदाहरणे तथा ।'

इत्यादीनि षट्त्रिंशत् । व्यञ्जनेति व्यज्यन्ते येषु गीतकविशेषेषु तैरुपेता । मध्यमेनेति मध्यमा-ख्येन स्वरेण अव्यतातिशययोगादवगुण्ठिता । नायिकापक्षे रूपकाणां श्लेषच्छाया स्पष्टा ॥ १५४

तस्याः पूर्वेण चित्रा वै
तुम्बुरोर्नारदस्य च ।
सोमस्य पश्चात्प्रमदा
गुह्यकानां पुरी स्मृता ॥१५५॥

पूर्वेणैव तु सोमस्य
नाम्ना चित्रवती पुरी ।
सर्वधातुमयी चित्रा
कुबेरस्य महात्मनः ॥१५६॥

सहि तत्र

षड्विंशतिसहस्रैस्तु
कोटीनां परिवारितः ।
यक्षाणामुत्तमः श्रीमा-
नास्ते भोगैरनुत्तमैः ॥१५७॥

युक्तः ॥ १५७ ॥

तस्याः पूर्वे शुभा नाम्ना
जाम्बूनदमयी पुरी ।
तत्र वै कर्मदेवास्तु

ते च

देवत्वं कर्मणा गताः ॥१५८॥

वाजपेयादिना ॥ १५८ ॥

पश्चिमेनेशराजस्य
विष्णोर्वै श्रीमती पुरी ।

तत्रास्ते श्रीपतिः श्रीमा-
नतसीपुष्पसन्निभः ॥१५९॥
शङ्खचक्रगदापाणिः
पीतवासा जनार्दनः ।
ईशस्य दक्षिणे भागे
नाम्ना पद्मवती पुरी ॥१६०॥
महापद्मोपविष्टस्य
पद्ममालाधरस्य तु ।
पद्मपत्रायताक्षस्य
ब्रह्मणः पद्मजन्मनः ॥१६१॥

सत्यलोकनिवासिब्रह्मांशावतारस्य ॥ १६१ ॥

तस्या दक्षिणतो देवि
नाम्ना कामसुखावती ।
अश्विनौ तत्र देवेशि

देववैद्यौ ॥

तथा धन्वन्तरिः स्थितः ॥१६२॥

गोवैद्यः ॥ १६२ ॥

उत्तरे त्वमरावत्या
महामेघेति विश्रुता ।
विनायकानां सा दिव्या
वसतिस्तत्र कल्पिता ॥१६३॥

ते हि पूर्वं

दशकोटिसहस्राणि
वीर्यवन्तः शुभास्तथा ।
विनायका महादीप्ता
अग्निज्वलिततेजसः ॥१६४॥
असुराणां वधार्थाय
अङ्गुष्ठान्निर्मिता मया ।

अङ्गुष्ठात् कालाग्निस्थानान्निर्मितत्वाद्दीप्तत्वमेषाम् ॥

उपसंहरति

एवंविधैरधश्चोर्ध्वं
मेरुः पुरवरैर्वृतः ॥१६५॥

ऊर्ध्वं ब्रह्मसभाया ज्योतिष्कगतत्र्यम्बकपुरेण ॥ १६५ ॥

एताश्च

पुर्यश्च याः समाख्याता
मेरोश्चैव समन्ततः ।
पुरकोटिसहस्रैस्तु
सर्वास्ताः संभृताः प्रिये ॥१६६॥
सर्वैश्वर्यसुसंपूर्णाः
सर्वरत्नसमुज्ज्वलाः ।
दिव्यस्त्रीभिः समाकीर्णा
दिव्यपुंभिः समाकुलाः ॥१६७॥

तत्र

आनन्दः सततं देवि
देवानां च पुरे पुरे ।
विमाननगरारामै-
श्चतुरोद्यानमण्डपैः ॥ १६८ ॥
छत्रध्वजपताकाभि-
र्गजवाजिसमाकुलैः ।

दुन्दुभीनन्दिशब्दैश्च
शङ्खकाहलनिःस्वनैः ॥१६९॥
गीतनृत्तैस्तथाकीर्णं
देवानां मन्दिरं सदा ।

आकीर्णमाकुलम् ॥

अतश्च

इष्टापूर्तरता देवि
ये नरा पुण्यभारते ॥१७०॥
त्र्यम्बकं सकृदर्चन्ति
मेरुं गच्छन्ति ते नराः ।

पुण्यजनाश्रये वक्ष्यमाणे भारते वर्षे इष्टापूर्ते रता ये च त्र्यम्बकं महेश्वरं सकृदेकवारं हेलामात्रेण अर्चयन्ति ते मेरुं प्राप्नुवन्ति, गृहीतदीक्षास्तु सततं तदर्चापरा मुच्यन्त एव ॥

येऽपि

गङ्गातोयसुसंसिक्ताः

तेऽपि तत्र

क्रीडन्ति सुरसत्तमाः ॥१७१॥

प्राप्तप्रधानसुरभावा: ॥ १७१ ॥

एवं श्रुतगङ्गाप्रभावा तज्जिज्ञासार्थं श्रीदेव्युवाच

कथं गङ्गा समुत्पन्ना
सुरसिद्धनमस्कृता ।
कथयस्व प्रसादेन
समासात्सुरसत्तम ॥१७२॥

श्रीभैरव उवाच

गङ्गायाश्च समुत्पत्तिं
कथयिष्यामि सुव्रते ।
तां वक्तुमुपक्रमते
जगन्माता महादेवि
मम पत्नी पुरा हि सा ॥१७३॥

मम परया व्याप्त्या विश्वकारणस्य परयैव व्याप्त्या स्थिता पत्नी क्षयाख्या शक्तिरत एव पुरा जगन्माता आदिसर्गे विश्वप्रसरहेतुः ॥

स्वातन्त्र्याद्गृहीतरुद्रलोकाधिष्ठातृरुद्रमूर्तेस्तु

असौ

मम नेत्रोदकं चैव

आनन्दाश्रु इत्यर्थः ॥

यस्मादाकृतिमत्या प्रणयकेलिवशेन कदाचित्

करजैश्छादिते मम ।

पुनरुद्घाटिते नेत्रे

जगन्मातः पुरा त्वया ॥१७४॥

मन्नेत्रेभ्योऽस्रवत्तोयं

त्वदीयाङ्गुलिभिः प्रिये ।

एवं चाभिदधदुमापतिरूर्ध्वस्थरुद्रलोकवर्तिरुद्रभट्टारकाभेद आत्मनः, तत्रस्थदेव्यभेदश्चोमाभट्टारिकाया इत्यादिशति ॥

यच्च तत्तोयमङ्गुलिभिः स्रुतं, तदेव

दशधा निःसृता गङ्गा

तासां मध्यात्

कपालावरणे मम ॥१७५॥

सप्तैव संस्थितास्तत्र

कान् प्रजापतीन् पालयतीति कपालो रुद्र-स्तदावरणे तल्लोके ब्रह्माण्डोर्ध्वकपालोपलक्षि-तावरणे रुद्रलोके इत्यर्थः। यद्वक्ष्यति

'वरेण्या वरदा चैव वरिष्ठा वरवर्णिनी ।
वसिष्ठा च वराहा च वरारोहा च सप्तमी ॥
गङ्गा ह्येताः समाख्याता रुद्रलोकवहाः सदा ।'(१०।५४५)

इति ॥

तिसृणां मध्यात्तु

एका विष्णुपुरे स्थिता ।

द्वितीया ब्रह्मलोकोर्ध्वे

ब्रह्मलोकस्य सत्यलोकस्य यदूर्ध्वं

'कोटियोजनमानेन सत्यलोकोपरि प्रिये ।
ब्रह्मासनमिति ख्यातं जपासिन्दूरसप्रभम् ।'

इति यत् ब्रह्मणो निवासस्थानं, तत्र ॥

तृतीया सत्यलोकगा ॥१७६॥

तृतीयैव प्राकाम्यवशात्

स्वर्गे चैव

किंच

पुनः सा वै
संस्थिता सोममण्डले ।

सोमलोके ॥

एषैव तु

सोमाच्चैव विनिःसृत्य
पुराकाशे व्यवस्थिता ॥१७७॥

सोमात् सोमलोकात् ॥ १७७ ॥

ततोऽहं संस्तुतो देवि
ब्रह्मविष्णुपुरःसरैः ।

यथा

गङ्गा नदीं महापुण्यां
मर्त्यानां हितकाम्यया ॥१७८॥

अवतार्य महादेव
मर्त्यलोकं विसर्जय ।

आकाशादित्यर्थात् ॥

ततो मया सुरेशानि
प्रोक्ता सा त्वपराजिता ॥१७९॥

लोकानां तु हितार्थाय
आगच्छ सुरसुन्दरि ।

अथासौ

आगत्य मम मूर्धानं

ममेति ज्योतिष्कशिखरगतस्य ॥

मेरुमूर्ध्नि पुनर्गता ॥१८०॥
तस्मान्निर्गत्य देवेशि
चतुर्दिक्षूदधिं गता ।

सा च

पूर्वे सीता समुद्दिष्टा
सुवहा दक्षिणेन तु ॥१८१॥
सुनन्दा पश्चिमे भागे
भद्रसोमा तथोत्तरे ।

बहुपर्वतादिव्यवहितचतुर्दिग्गतोदधिप्राप्तिर्गङ्गायाः प्राकाम्यादिति मन्तव्यम् ॥

प्रसङ्गाद्गङ्गामाहात्म्यमुक्त्वा प्रकृतमाह

मन्दरस्तु महादेवि
गन्धमादनसंज्ञकः ॥१८२॥
विपुलश्च सुपार्श्वश्च
पूर्वाद्या उत्तरान्तकाः ।
विष्कम्भाश्च समाख्याताः

अवष्टम्भका इत्यर्थः । यदुक्तं श्रीतन्त्रालोके

'एतैर्भुवमवष्टभ्य मेरुस्तिष्ठति निश्चलः ।' (८।६०)

इति ॥

एषां पर्वतानां
वर्णांश्चैव निबोध मे ॥१८३॥
सितं चैव हरिद्राभं
नीलं दाडिमसप्रभम् ।

स्फटिकहेममहानीलपद्मरागसमा एते इत्यर्थः ॥

एषां च पृथङ्मानस्यानुक्तत्वात् भात्रिनवसहस्रेलावृताङ्गतैव मन्तव्या । तथाच श्रीकिरणायाम्

'..................इलावृतम् ।
मेर्वन्तं चतुरस्रं तु सहस्रनवसंयुतम् ॥'

इति तस्योक्तत्वात् अर्थात्तदेकदेशता पादपर्वता-
नाम् ॥

किंच

प्राग्विष्कम्भसमीपे तु
नाम्ना चित्ररथं वनम् ॥१८४॥
तत्रारुणोदकं नाम
तडागं पद्ममण्डितम् ।
गन्धमादनसामीप्ये
नन्दनं तु महावनम् ॥१८५॥
तस्य मध्येऽम्बुजच्छन्नं
मानसं तु सरोवरम् ।
विपुलस्य समीपे तु
वैभ्राजं तु महावनम् ॥१८६॥
सितोदं तस्य मध्ये तु
तडागं विमलोदकम् ।
वनं पितृवनं नाम
स्वपार्श्वस्य समीपतः ॥१८७॥

तस्यान्तस्तु महाभद्रं
तडागं च मनोरमम् ।
अत्रैव
कल्पद्रुमांश्च चतुरः
कथयामि निबोध तान् ॥१८८॥
मन्दरेऽथ कदम्बं स्या-
न्मस्तके तु व्यवस्थितम् ।
सहस्रयोजनायामं
शाखापञ्चशतोच्छ्रितम् ॥१८९॥
पुष्पैः कुम्भप्रमाणैश्च
भ्राजते तत्सुपुष्पितम् ।

कदम्बं वृक्षः । तच्च शाखाभिः सह सार्धसहस्रयोजनोच्छ्रायम् ॥

तत्प्रमाणा स्मृता जम्बू-
र्गन्धमादनमूर्धनि ॥१९०॥
तस्याः फलसमूहोत्थो
रसो ज्ञेयोऽमृतोपमः ।

तेन जम्बूनदी जाता
प्रिये वेगवती भृशम् ॥१९१॥

तेनेति रसेन ॥ १९१ ॥

सच

मेरुं प्रदक्षिणीकृत्य
जम्बूमूलं विशेत्स्वकम् ।
तत्संपर्कात्समुत्पन्नं
कनकं देवभूषणम् ॥ १९२ ॥
तेन जाम्बूनदं लोके
ज्ञायते भूषणोत्तमम् ।
तत्र वृक्षलतागुल्माः
पक्षिणः श्वापदादयः ॥१९३॥
जाम्बूनदमयाः सर्वे
ये चान्ये तत्रवासिनः ।

किंच

विपुलेऽपि तथाश्वत्थः
केतुमाल इति श्रुतः ॥१९४॥

तथेति तत्प्रमाणकः ॥ १९४ ॥

केतुमालसंज्ञां व्याचष्टे

तस्येन्द्रेणासुराञ्जित्वा
रत्नमाला प्रलम्बिता ।
तेनासौ केतुमालेति
ख्यातः सिद्धनिषेवितः ॥१९५॥

किंच

न्यग्रोधश्च सुपार्श्वे तु
तत्तुल्यः परिकीर्तितः ।

प्रमाणमहत्त्वाभ्याम् ॥

तदित्थम्

अनेकगुणसंपन्नो
मेरुः ख्यातः समासतः ॥१९६॥

अथ यथायं समासत उक्तः

तत्पार्श्वस्थान्प्रिये देशा-
न्कथयामि समासतः ।

तत्रादौ

मेरुमध्याच्चतुर्दिक्षु
लक्षार्धं तु समासतः ॥ १९७ ॥

लवणोदधिपर्यन्तं
जम्बुद्वीपं समन्ततः ।

मेरुमूलमध्यात् पञ्चाशत्सहस्राणि, तत्पार्श्वद्वयकलनया लक्षं भवति ॥

पर्वतान्तरितास्तत्र
नव भागा भवन्ति हि॥१९८॥

तत्रेति जम्बुद्वीपे । भागाः खण्डाः ॥

तथाहि

दक्षिणे चैव दिग्भागे
त्रयो ज्ञेया महीधराः ।
निषधो हेमकूटश्च
हिमवानिति ते त्रयः ॥१९९॥

'निषिद्धो यत्र वै तार्क्ष्यः शेषाहिं हन्तुमुद्यतः ।'

इति

'हेमकूटस्तथा सोऽद्रिर्यत्र दत्तः प्रजापतेः ।
सुवर्णस्य महाकूटो यागार्थं धनदेन तु ॥'

इति

'..............हिमवान्हिमकूटवान् ।
रत्नाढ्योऽपि हिमप्रायस्तेनासौ हिमवान्गिरिः ॥'

इति श्रीपरायां निरूपितम् ॥ १९९ ॥

किंच

उत्तरे चापि मेरोस्तु
नीलः श्वेतोऽथ शृङ्गवान् ।

'शनिस्तत्र सुनीलाभो जातो नीलस्त्वतो गिरिः ।
नीलवच्च गिरिः श्वेतो यत्र श्वेतो महामुनिः ॥
मृत्युना ग्रस्यमानोऽपि रक्षितश्चन्द्रमौलिना ।'

इति

'श्वेतवच्च त्रिशृङ्गोऽद्रिर्वज्रपातोपमर्दनः ।
त्र्यश्रितस्तेषु शृङ्गेषु किल देवास्त्रयः स्थिताः ॥'

इत्यपि तत्रैवोक्तम् ॥

एषां मानमाह

प्राक्पश्चिमायता ह्येते
षडेव तु महीधराः ॥ २०० ॥

पूर्वाऽब्धेः पश्चिमाऽब्धिं प्राप्ताः ॥ २०० ॥

तत्रापि

नीलश्च निषधश्चैव
लक्षायामौ प्रकीर्तितौ ।

मध्यासन्नत्वात् ॥

द्वीपवर्तुलतानुपाततस्तु

श्वेतश्च हेमकूटश्च
सहस्रनवतिः स्मृतौ ॥ २०१ ॥
हिमवान् शृङ्गवांश्चैव
सहस्राशीतिरेव तु ।

तदेते
लवणोदधिपर्यन्ताः
पार्श्वमानात्तु
सहस्रद्वयविस्तृताः ॥ २०२ ॥

किंच
कैलासयुक्तो हिमवां-
स्त्रिशृङ्गश्च सजारुधिः ।

हिमवतो मध्ये कैलासः शृङ्गरूपः । यदुक्तं देवीयामले

'तस्य मध्ये महाशृङ्गं शतयोजनविस्तृतम् ।'

इत्युपक्रम्य

'तत्रासावमरैः सार्धं शूली वसति सर्वदा ।'

इति । शृङ्गवतस्तु जारुधिः संलग्नः ॥

एषां प्रातिलोम्यतो वर्णं निरूपयति

शृङ्गवांश्चन्द्रकनिभः
सितः श्वेतो विराजते ॥२०३॥
नीलरत्नमयो नीलो
निषधः पद्मरागभः ।
सौवर्णो हेमकूटश्च
हिमाभो हिमवानिति ॥ २०४॥

मेरोः पूर्वपश्चिमयोः पर्वतावाह

पूर्वेण माल्यवान्मेरोः
पर्वतस्तु विराजते ।
चतुस्त्रिंशत्सहस्राणि
योजनानां सुरेश्वरि ॥ २०५ ॥
याम्योत्तरायतो भाति
सहस्रं तस्य विस्तृतिः ।
तथैवापरदिग्भागे
तत्तुल्यो गन्धमादनः ॥२०६॥

आयामविस्ताराभ्याम् । अयं च दक्षिणस्थाद्विष्कम्भकगन्धमादनादन्यः । एतौ च श्रीपरायां

'दृष्टा माल्यानि दिव्यानि ब्रह्मसेवार्थमागतैः ।
संभृतानि यतः सिद्धैर्माल्यवांस्तेन लप्यते ॥'

इति, तथाच

'मदमत्ता पुरा दृष्टा माल्या विद्याधरी किल ।
ऋषिणा नारदेनास्मिन्नाघ्राता मोदभाविता ॥
गन्धो मे मादनो विप्रेत्युक्तस्तद्गन्धमादनः ।'

इति निरुक्तौ ॥ २०६ ॥

एषां सर्वेषामुच्छ्रायमानमाह

नीलश्च निषधश्चैव
माल्यवान्गन्धमादनः ।
चत्वारिंशत्सहस्राणि
योजनानां समुच्छ्रिताः॥२०७॥

नीलादयो मेरोः प्रतिप्राकारस्थानीयत्वेन स्थिताः एवंप्रमाणकाः । दक्षिणोत्तरगतानां तु श्वेतशृङ्गवद्धेमकूटहिमवतां दशयोजनसहस्रोच्छ्रितत्वम् । यदुक्तं श्रीमृगेन्द्रोत्तरे

'सहस्रद्वयविष्कम्भा दशोत्सेधा नवान्तराः ।' (१३ पट०)

इति । एवं दक्षिणोत्तरस्थैस्त्रिभिस्त्रिभिः पूर्वपश्चात्स्थाने च एकैकेनेत्यष्टाभिः पर्वतैर्विभक्तं नवधा जम्बुद्वीपं जातम् ॥ २०७ ॥

किंच

चतुर्दिक्षु गतौ मेरो-
द्वौं द्वौ सीमान्तपर्वतौ ।

पूर्वादिदिगभिमुखौ समुद्रान्तं प्राप्तौ ॥

तत्र

जठरो हेमकूटस्तु
पूर्वभागे व्यवस्थितौ ॥२०८॥
कैलासो हिमवांश्चैव
दक्षभागे व्यवस्थितौ ।
निषधः पारियात्रश्च
अपरेण महीधरौ ॥ २०९ ॥
जारुधिः शृङ्गवांश्चैव
उत्तरेण व्यवस्थितौ ।

पूर्वोक्तहेमकूटादिसमनामानः अन्य एवामी हेमकूटाद्याः। एते चाष्टावलङ्घ्यत्वात् नवधा विभक्तस्य जम्बुद्वीपस्य नवभागान्तरहेतव इति ॥

पूर्वोक्तपर्वतैर्नवविभक्तेऽत्र नामभेदेन देश-विभागमाह

मेरोः समन्ततो रम्य-
मिलावृतमुदाहृतम् ॥ २१० ॥
अधस्ताच्चक्रवाटस्य
नवसाहस्रविस्तृतम् ।
योजनानां चतुर्दिक्षु
चतुरश्रं समन्ततः ॥ २११ ॥

तेन मध्यवर्तिनः षोडशसाहस्रिकस्य मेरोः पार्श्वद्वयं नव नव सहस्राणीत्याकलय्य दैर्घ्यदिशा चतुस्त्रिंशत्सहस्रमेतद्भवति। अत एव पूर्वपश्चात्स्थयोर्माल्यवद्गन्धमादनयोश्चतुस्त्रिंशत्सहस्राणि दैर्घ्यमिति युक्तमुक्तम् । अस्य च निर्वचनम्

'इला नामाप्सरा दिव्या रूपयौवनशालिनी ।
दृष्टा साम्रृतरूपेण विचरन्ती मनोहरा ॥
भुजाभ्यामावृता रागात्तेनेलावृतमुच्यते ।'

इति श्रीपरायामुक्तम् ॥ २११ ॥

अत्र च चक्रवाटावृतत्वात्

नातपो भानुजस्तत्र
नच सोमस्य रश्मयः ।

प्रभवन्ति हि लोकानां

किंत्वेतत्

मेरोर्भासा प्रभासितम् ॥२१२॥

अत एव

प्रत्यग्राम्बुजपत्राभा

जनाश्चातीव कोमलाः ।

जम्बूरसफलाहारा

जरामृत्युविवर्जिताः ॥ २१३ ॥

त्रयोदशाब्दसाहस्रं

तेषामायुः प्रकीर्तितम् ।

अतश्चाकालमृत्युविवर्जिता इत्युक्तं भवति॥

किंच

देवगन्धर्वसिद्धाश्च

ऋषयोऽथ विनायकाः ॥२१४॥

गणमातृभगिन्यश्च

वेताला राक्षसादयः ।

एवमाद्यैरसंख्यातै-

र्वृतं चैतदिलावृतम् ॥ २१५ ॥

अथ

गन्धमादनवारुण्यां
समुद्रस्य च पूर्वतः ।
केतुमालमिति ख्यातं
वर्षं सर्वगुणोत्तमम् ॥ २१६ ॥

मेरुपश्चात्स्थगन्धमादनस्य या वारुणी, सा पश्चिमाब्धेः पूर्वैव भवति । उक्तं च श्रीपरायां

'देवासुराणामारम्भे दारुणे समुपस्थिते ।
अकस्मात्तत्र केतूनां या माला सहसोत्थिता ॥
तां दृष्ट्वा विबुधा भीताः केतुमालमतो मतम् ।'

इति । वर्षं जनपदः ॥ २१६ ॥

नीलोत्पलदलश्यामा
जनास्तत्र सुशोभनाः ।
पनसस्य रसं पीत्वा
जीवन्त्ययुतमेव च ॥ २१७ ॥

दश सहस्राणि अयुतम् ॥

किंच

जयन्तो वर्धमानश्च
अशोको हरिपर्वतः ।

विशालः कम्बलः कृष्ण-
स्तत्र सप्त कुलाद्रयः ॥ २१८ ॥

मेरोरग्रे तु

माल्यवत्पूर्वभागेन
समुद्रस्यापरेण तु ।
वर्षं भद्राश्वसंज्ञं च
तत्रापि त्वयुतायुषः ॥ २१९ ॥
जनाश्चन्द्रप्रतीकाशाः
कालाम्रफलभोजनाः ।

उक्तं च श्रीपरायाम्

'उच्चैःश्रवास्तु भद्राश्वः क्षीरोदमथनोद्धतः ।
तस्मिंश्चरति येनाश्वो भद्राश्वं तेन तत्स्मृतम् ॥'

इति ॥

किंच

कौरञ्जः श्वेतपर्णश्च
नीलो मालाग्रकस्तथा ॥२२०॥
पद्मश्चैव समाख्याता-
स्तत्र पञ्च कुलाद्रयः ।

एते च केतुमालभद्राश्वे
द्वात्रिंशत्तु सहस्राणि
पूर्वपश्चायते स्मृते ॥ २२१ ॥
चतुस्त्रिंशत्सहस्राणि
दक्षिणोदक्समायते ।

एवं च केतुमालभद्राश्वे प्राक् पश्चात् द्वात्रिंशत् द्वात्रिंशत् सहस्राणि, गन्धमादनो माल्यवांश्चैकमेकं सहस्रम्, इलावृतमुभयपार्श्वगतमष्टादश, षोडश मेरुरित्येवं लक्षयोजनं जम्बुद्वीपं पूर्वापरतः । जठरादिसीमान्तपर्वतमानं जयन्तादिकुलपर्वतमानं च तत्रैव एकदेशीभूतत्वान्न पृथग्गणनीयम् ॥

एवं पूर्वपश्चिमयोर्वर्षस्थितिमुक्त्वा उत्तरेऽपि तामाह

वर्षे द्वे तु समाख्याते

समाख्यात इत्युपसंहारोपक्रमयोः काकाक्षिवद्योजनीयम् । पूर्वपश्चाद्गते केतुमालभद्राश्वे समाख्याते ॥

मेरोरुत्तरे तु ये वक्ष्यमाणविभागे कुरुहिरण्मये वर्षे, तयोर्मध्यात्

कुरुवर्षनिवासिनः ॥ २२२ ॥

कुरवो नाम लोकास्ते

यस्मात्

कुरुवृक्षफलाशिनः ।

अतश्च

त्रयोदशसहस्राणि

जीवन्ति स्थिरयौवनाः ॥२२३॥

युग्मं युग्मं प्रसूयन्ते

वियोगभयवर्जिताः ।

तुल्यकालं जायन्ते, तथैव म्रियन्ते इत्यर्थात्। अतश्च पतिमनुयातानां स्त्रीणामनुजन्म संभाव्यते ॥

किंचात्र

श्यामापुष्पनिभाः स्निग्धाः

सुरूपाः पुरुषाः स्त्रियः ॥२२४॥

स्त्रियश्चेत्यर्थ ॥ २२४ ॥

तथा

सर्वरत्नमयी भूमि-

र्हिमवालुकया चिता ।

एतच्च कुरुवर्षं पार्श्वमानात्
नवयोजनसाहस्रं
धन्वाकारं प्रकीर्तितम् ॥ २२५॥

धन्वाकारमित्यत्र सकारलोपश्छान्दसः । दैर्घ्यादेतच्छृङ्गवत्प्रमाणम् । अनुपातेन वलयाकृत्यवस्थितोत्तराब्धिसमीपगतत्वात् धनुराकारतैवास्य भवति ॥

सूर्यकान्तेन्दुकान्तौ च
द्वौ तत्र कुलपर्वतौ ।
कल्पवृक्षः कुरुर्नाम
तत्रैव कुसुमोज्ज्वलः ॥ २२६ ॥
तस्य नाम्ना तु तज्ज्ञेयं
कुरुवर्षं सुशोभनम् ।

श्रीमत्परायां

'रम्यवत् कुरुवर्षाख्यमुपमन्युर्हरेण सः ।
कुर्वेवं तु पिब क्षीरं यत्रोक्तस्तेन तत्कुरु ॥'

इति निरुक्तम् ॥ २२६ ॥

अथ

तस्य चोत्तरदिग्भागे
प्रविश्य लवणोदधिम् ॥२२७॥

पञ्चयोजनसाहस्रं
चन्द्रद्वीपं प्रकीर्तितम् ।
तथा वायव्यदिग्भागे
प्रविश्य लवणोदधिम् ॥ २२८॥
योजनानां सहस्राणि
चत्वार्यैव वरानने ।
दशयोजनसाहस्रं
द्वीपं भद्रं प्रकीर्तितम् ॥२२९॥
भद्राकारमिति ज्ञेयं
सर्वकामफलप्रदम् ।

चत्वार्यैवेत्येवकारात् पूर्वत्राप्यब्धिप्रवेशे एतत्संबध्यत एव ॥ २२९ ॥

किंच

अयुतायुषो जनास्तत्र
दिव्यामृतफलाशिनः ॥२३०॥

इत्थमेव

चन्द्राख्येऽप्ययुतं चायु-
र्जीवन्ति फलभोजिनः ।

एवं श्रृङ्गवदुत्तराभ्यन्तराले कुरुवर्षमुक्त्वा, हिरणमयं वर्षमाह

श्वेतश्रृङ्गवतोश्चैव
मध्ये ज्ञेयं हिरण्मयम् ॥२३१॥

हेममयत्वादिहैवमुक्तं, परायां तु

'यत्र गन्धर्वमुख्येन रमणा रमिता बलात् ।
रमणं तत्परं वर्षम्..................॥'

इति संज्ञान्तरेणोक्तम् । गन्धर्वमुख्येन चित्ररथेन, रमणाख्या अप्सराः ॥ २३१ ॥

लकुचस्य फलं प्राश्य
जनास्तत्रेन्दुसन्निभाः ।
जीवन्त्यब्दसहस्राणि
मानेनार्धत्रयोदश ॥२३२॥

अथ

नीलस्योत्तरदिग्भागे
तथा श्वेतस्य दक्षिणे ।
रम्यकं नाम वर्षं तु

एतदपि परायाम्

'उर्वशी याप्सरा भद्रा दृष्ट्वा चन्द्रमसा किल ।
प्रोक्ता रम्येति तद्वाक्यात्तेनेदं रम्यनामकम् ॥'

इति निरुक्तम् ॥

तत्र च

न्यग्रोधफलभोजनाः ॥२३३॥

नीलोत्पलदलश्यामा
जरारोगविवर्जिताः ।

अतश्च

द्वादशाब्दसहस्राणि
तेषामायुः प्रकीर्तितम् ॥२३४॥

एतच्च दैर्घ्यमानात्पूर्वमुक्तमपि, पार्श्वतः

नवसाहस्रविस्तारं
रम्यकं च हिरण्मयम् ।

रम्यकं च हिरण्मयं चेत्यर्थः ॥

मेरोरुत्तरे वर्षस्थितिमुक्त्वा दक्षिणे क्रमेणाह

हेमकूटस्य सौम्येन
दक्षिणे निषधस्य तु ॥२३५॥

हरिवर्षं समाख्यातं
रौप्याभास्तत्र जन्तवः ।
द्वादशैव सहस्राणि
जीवन्तीक्षुरसाशिनः ॥२३६॥
अतीव शोभनं तच्च
नवसाहस्रविस्तृतम् ।

एतच्च

'यत्र नागेन शेषेण हरिराराधितस्तथा ।'

इति श्रीपरायां निरुक्तम् ॥

अथ

हेमकूटस्य याम्येन
हिमवतस्त्वथोत्तरे ॥२३७॥
वर्षं किंपुरुषं नाम
तत्र हेमनिभा जनाः ।
नववर्षसहस्राणि
जीवन्ति प्लक्षभोजनाः ॥२३८॥
नवैव तु सहस्राणि
विस्तारस्तत्र कीर्तितः ।

किंपुरुषम् । एतदपि

'यत्र विद्याधरी रम्या विद्याधरकरच्युता ।
किं त्वया पुरुषस्त्यक्त इत्युक्ता·········॥'

इति परायां निरुक्तम् ॥

अथ

याम्ये हिमाचलेन्द्रस्य
उत्तरे लवणोदधेः ॥२३९॥
भारतं नाम वर्षं तु
तत्र चाल्पं सुखं स्मृतम् ।

यतः

जना रोगभयत्रस्ता
दुःखिता मन्दसंपदः ॥२४०॥
सुरूपा मन्दरूपाश्च
सुभगा दुर्भगाः परे ।
भोगिनो मन्दभोगाश्च
तथान्येऽत्यन्तदुःखिताः॥२४१॥
गौराः श्यामास्तथा कृष्णा
बभ्रवः श्वेतपिङ्गलाः ।

वर्णजातिप्रभेदेन
नानाकर्मानुरूपतः ॥२४२॥
चतुर्वर्णा अन्त्यजाश्च
जायन्ते भारताह्वये ।

वर्णो ब्राह्मणादिः। जातिः पुलस्त्यपुलहादिगोत्ररूपा । एतदपि वर्षं

'भरतेन भृतं दुःखं यत्र पुत्रैः कुमार्गगैः ।'

इति श्रीपरायां निरुक्तम् । एवमेतानि नव वर्षाणि श्रीपरायां निरुक्तानि, इह तु इलावृताद्याख्यस्वाम्यधिष्ठितत्वादिति वक्ष्यति ॥

अत्र च

स्वदेशभाषायुक्तानि
द्वीपद्वीपान्तराणि च ॥२४३॥
पण्डिताश्च तथा मूर्खाः
शिल्पविज्ञानिनस्तथा ।
योगिनो ज्ञानिनश्चैव
धार्मिष्ठाः पापिनोऽपरे ॥२४४॥

याचकाश्चापि जायन्ते
दातारश्चापरे जनाः ।
प्रेष्या दासाश्च बहवो
मानवाः सततं प्रिये ॥२४५॥

द्वीपेष्वन्तर्द्वीपानि द्वीपान्तराणि । प्रेष्या विनियोज्या अदासा अपि भवन्ति ॥२४५॥

तदित्थं दोषवत्यपि

गुणस्त्वेकः स्थितस्तत्र
शुभाशुभफलार्जनम् ।

द्वयमप्यत्र संभवति । सचेतसस्तु अशुभवर्जनेन शुभार्जनाय उद्यच्छन्ति । यदुक्तं श्रीमृगेन्द्रायां

'गुण एको यदुद्युक्तो नेष्टं किंचिन्न साधयेत् ।' (१।२३)
इति ॥

किंच भारतवर्जमन्यवर्षेषु

नाष्टासु विद्यते काचि-
द्युगत्रयमयी स्थितिः ॥२४६॥

कृतयुगव्यतिरेकेण त्रेतादिमयी ॥ २४६ ॥

तस्मात्

चतुर्युगवती ज्ञेया
भारताख्ये वरानने ।

एवं च

तत्रैव यत्कृतं कर्म
शुभं वा यदि वाशुभम् ॥२४७॥
वसन्ति तेन लोकाश्च
शिवाद्यवीचिमध्यगाः ।

अत्रैव भोगमोक्षसिद्धिसाधनस्वयंभूपुण्यतीर्थमहानदीसंपदस्तीत्याह

महाकालस्तथैकाम्र-
मेवमादि वरानने ॥२४८॥
तीर्थानां कोटिरुद्दिष्टा
महापुण्यफलोदया ।
गङ्गादीनां नदीनां च
तत्र पञ्च शतानि च ॥२४९॥

एवमादीत्यादिशब्दात् श्रीअमरेशादिपञ्चाष्टकानां वाराणस्यादिगतश्रीमहादेवाष्टषष्टेश्च

परिग्रहः । तीर्थानामिति प्रभासादीनाम् । यदुक्तं श्रीदेवीयामले

'प्रभासाद्या तु तीर्थानां कोटिरेका वरानने ।
पञ्चाष्टकं तु तत्रैव लोकानुग्राहकं सदा ॥'

इति ॥ २४९ ॥

कुरुवर्षं च

नवयोजनसाहस्रं
धन्वाकारं निबोध तम् ।

भारते च वर्षे

नव भेदाः स्मृतास्तत्र
सागरान्तरिताः प्रिये ॥२५०॥

हिमवद्दैर्घ्येण अवतारितैः सामुद्रैर्वारिभिः कृतव्यवधानाः । अत्र चाष्टमो वारिदेशो बिन्दुसरःसंज्ञः । यद्वक्ष्यति

'बिन्दुसरःप्रभृत्येव कुमार्याह्वं········ ।' (२५४)

इति ॥ २५० ॥

तदत्र योजनानाम्

एकैकस्य तु द्वीपस्य
सहस्रं परिकीर्तितम् ।

जलेन सह मानमेतदित्यर्थः ॥

यदाह

शतानि पञ्च विज्ञेयं
स्थलं पञ्च जलं तथा ॥२५१॥

एतत् पार्श्वमानम् । दैर्घ्यं तु हिमवद्यथानुपातमर्धं पञ्चशतिकजलव्यवहितत्वात् ॥२५१॥

एवं च

परस्परमगम्यास्ते

ते इति द्वीपविशेषाः ॥

तेषां नामानि मे शृणु ।
इन्द्रद्वीपं कशेरुं च
ताम्रवर्णं गभस्तिमत् ॥२५२॥
नागद्वीपं च सौम्यं च
गान्धर्वं वारुणं तथा ।
द्वीपं कुमारिकाख्यं च
नवमं परिकीर्तितम् ॥२५३॥

द्वीपाष्टकस्य सागराः सप्त व्यवधायका

उक्ताः । नवमस्य तु अवधिनिरूपणेन व्यवधायकमाह

बिन्दुसरःप्रभृत्येव

कुमार्याह्वं प्रकीर्तितम् ।

पूर्वेभ्योऽस्यायं विशेषः, यदयं

योजनानां सहस्रं तु

नेतरवत्पञ्चशातिकम् । केवलं साहस्रिकस्यास्य विभागो वारुणान्तस्थेन बिन्दुसरसा कृतः ॥

एतच्च

नानावर्णाश्रमान्वितम् ॥२५४॥

वर्णाः ब्राह्मणाद्याः ॥२५४ ॥

किंच

ये पूर्वोक्ता गुणा लोके

भारते वरवर्णिनि ।

ते तत्रैव स्थिता लोके

कुमारीसंज्ञके प्रिये ॥२५५॥

गुणाः शुभार्जनस्वयंभूतीर्थपुण्यनद्यधिष्ठा-

नादिरूपाः कुमारीद्वीप एव । यदुक्तं श्रीश्रीकण्ठ्यां

'तत्र मध्ये महद्द्वीपं कुमारीद्वीपसंज्ञकम् ।
तत्र रुद्रशतं पूर्णमवतीर्णं शुभङ्करम् ।
पशूनां हेतुभूतं च स्मरणात्पापनाशनम् ॥'

इति । इन्द्रद्वीपादिस्तु म्लेच्छादिप्रायाणां निवासो देवतातीर्थाद्यनधिष्ठितश्च । तदुक्तमन्यत्र

'वर्णाश्रमसमाचारः कुमार्याख्ये न संशयः ।
इतरे म्लेच्छसंज्ञेयाः शिष्टाचारबहिष्कृताः ॥'

इति ॥२५५॥

अन्यच्च

भूधराः सप्त विज्ञेया-
स्तत्रैव तु सुशोभनाः ।
महेन्द्रो मलयः सह्यः
शक्तिमानृक्षपर्वतः ॥२५६॥
विन्ध्यश्च पारियात्रश्च
भान्त्येते कुलपर्वताः ।

सुशोभनाः सिद्धिसाधनानुगुणाः । केतुमालस्यात्पारियात्रादयमन्यः । एवमन्यत्र ॥

अथ

दक्षसागरमध्यस्था-
न्युपद्वीपानि षट् प्रिये ॥२५७॥

तान्याह

अङ्गद्वीपं यवाख्यं च
मलयं शङ्खसंज्ञकम् ।
कुमुदं च वराहं च
इत्येवं परिकीर्तितम् ॥२५८॥

एषां मध्यात्

कथितो मलयद्वीपे
मलयो नाम पर्वतः ।
तस्य पादे त्रिकूटो वै
लङ्का तस्योपरिस्थिता ॥२५९॥

पादे पर्यन्ते ॥२५९॥

सा च

चामीकरमयी शुभ्रा
चत्वरोद्यानमण्डिता ।

चत्वरैः शिवाधिष्ठितैश्चतुष्पथैर्मुक्तिदैः, उद्यानैश्च भोगस्थानैर्भूषिता ॥

तथा

चित्रप्राकाररचिता
वज्रवैडूर्यमण्डिता ॥२६०॥
अनन्तविभवास्तत्र
राक्षसा देवकन्यकाः ।
रमन्ते कन्यकासक्ता
महाबलपराक्रमाः ॥२६१॥

पराक्रमः उत्साहः ॥२६१॥

अन्यच्च

अगस्त्यशिखरं तत्र
मलये भूधरोत्तमे ।
तत्राश्रमो महापुण्य
आगस्त्यः स्फटिकप्रभः ॥२६२॥
तत्रान्योन्यविरुद्धास्तु
सत्त्वाः क्रीडन्त्यशङ्किताः ।
न तत्र जायते मारी
नाकालः संप्रवर्तते ॥२६३॥

न जरा नच शोकश्च
नोपसर्गभयं क्वचित्।

मारी बहुमरणम्। अकालो वर्षातपवैपरीत्यम्। उपसर्गा व्याधयः॥

किंच

न वदत्यनृतं कश्चि-
द्रागद्वेषौ न कुत्रचित्॥२६४॥
अगस्त्यस्य प्रभावेण
त्वज्ञानं दूरतो गतम्।
तत्र वै ऋषयो वीरा
ज्ञानयोगकृताश्रमाः॥२६५॥
जपाध्ययनहोमादि-
पूजास्तुतिपरायणाः।
त्र्यम्बकस्य महादेवि
नित्यमाराधने रताः॥२६६॥
अगस्त्यसहिताः सर्वे
मोक्षाभ्युदयवादिनः।

तिष्ठन्ति भावितात्मानः
शापानुग्रहकारिणः ॥२६७॥

मोक्षमेवाभ्युदयं वदन्ति तच्छीलाः। भावितः शिवत्वं प्रापित आत्मा यैः ॥२६७॥

उपसंहरति

लक्षयोजनविस्तीर्णं
जम्बुद्वीपं समन्ततः।

पूर्वपश्चिमतः प्राग्दर्शितं दक्षिणोत्तरतस्तूच्यते। कुरुहिरण्मयरम्यकहरिकिंपुरुषभारतवर्षाणि षट् प्रत्येकं नवसहस्राणि,—इति चतुष्पञ्चाशत्, प्रत्येकं द्विसाहस्रिकाः शृङ्गवच्छ्वेतनीलहेमकूटनिषधहिमवन्तः,—इति द्वादश, मेरोः सव्यापसव्यगतमिलावृतमष्टादश, मेरोः षोडश सहस्राणि,—इत्येवं लक्षयोजनं जम्बुद्वीपं भवति ॥

अस्य च

लक्षयोजनविस्तीर्णं
लवणाम्भः स्थितं बहिः ॥२६८

लवणाम्भः क्षारसमुद्रः ॥ २६८ ॥

तच्च

त्रिगुणं परिणाहेन
स्थितं वै मण्डलाकृति ।

उक्तं च श्रीमलये

'सर्वत्र त्रिगुणो नाहः................ ।'

इति ॥

किंच

वृत्रारिभयसंत्रस्ताः
प्रविष्टास्तत्र पर्वताः ॥२६९॥
द्वादशैव महावीर्या-
स्तान्ब्रवीमि समासतः ।

वृत्रारिरिन्द्रः ॥

तानाह

वृषभो दुन्दुभिर्धूम्रः
प्रविष्टाः पूर्वभागतः ॥२७०॥
चन्द्रः कङ्कस्तथा द्रोणः
प्रविष्टा उत्तरेण तु ।
अशोकोऽथ वराहश्च
नन्दनश्च तृतीयकः ॥२७१॥

अपरेण नगास्तत्र

प्रविष्टा लवणोदधिम् ।

चक्रो मैनाकसंज्ञश्च

तृतीयस्तु बलाहकः ॥२७२॥

दक्षिणेन वरारोहे

प्रविष्टाश्चैव भूधराः ।

अत्र च

चक्रमैनाकयोर्मध्ये

तिष्ठेद्वै वडवामुखः ॥२७३॥

तदेवमब्धिपरिवृतं

जम्बुद्वीपं समाख्यातं

अथैषां वर्षाणामिलावृतादिनामकस्वाम्यधिष्ठानादेव ताः संज्ञा इति देवतासंज्ञानामुत्पत्तिहेतुरूपं प्रभवं दर्शयितुमुपक्रमते

प्रभवस्त्वधुनोच्यते ।

तत्राद्यो भूपतिः

स्वायंभुवो मनुर्नाम

अभूत् ॥

तस्य पुत्रः प्रियव्रतः ॥२७४॥

तस्याथ दश पुत्रा वै

जाता वीर्यबलोत्कटाः ।

अग्नीध्रश्चाग्निबाहुश्च

मेधा मेधातिथिर्वपुः ॥२७५॥

ज्योतिष्मान् द्युतिमान् हव्यः

सवनः सत्र एव च ।

एषां मध्यात्

मेधाः सत्रोऽग्निबाहुश्च

एते प्रव्रजितास्त्रयः ॥२७६॥

सप्तद्वीपेषु ये शेषा

अभिषिक्ता महाबलाः ।

तत्र

जम्बुद्वीपे तथाग्नीध्रः

तथेत्यभिषिक्तः ॥

तस्य पुत्रा नव स्मृताः ॥२७७॥

नाभिः किंपुरुषश्चैव
हरिश्चैव इलावृतः ।
भद्राश्वः केतुमालश्च
रम्यकश्च हिरण्मयः ॥२७८॥
नवमस्तु कुरुर्नाम

एते

नववर्षाधिपाः स्मृताः ।
अग्नीध्रतस्तु जाता वै
शूराश्चातिबलोत्कटाः ॥२७९॥
तेषां नामाङ्कितानीह
नववर्षाणि पार्वति ।

तत्र भारतं वर्षं प्रथमं नाभिनामाङ्कितमभूत् ॥

पश्चात् तु

नाभेः पुत्रो महावीर्यो
वृषभो धर्मतत्परः ॥२८०॥
तस्यापि हि सुतो ज्ञेयो
भरतस्तु प्रतापवान् ।

तन्नाम्नैव तु विज्ञेयं

भारतं वर्षमुत्तमम् ॥ २८१॥

अथ

तस्याप्यष्टौ पुनः पुत्रा

जाता कन्यापरा प्रिये ।

तेषां मध्यात्

भारते त्वष्टद्वीपेऽत्र

अष्टौ पुत्रा निवेशिताः ॥२८२॥

नवमस्तु कुमार्याह्वः

कुमार्याः प्रतिपादितः ।

कन्याप्रतिपादनादेव कुमार्याह्वः ॥

ततश्च

तेषां नाम्ना तु ते द्वीपा

भरतेन प्रकीर्तिताः ॥२८३॥

ये पूर्वम्

'इन्द्रश्चैव कशेरुश्च......................।'

इत्युक्ताः ॥ २८३ ॥

तदेवं सप्तदशधाविभक्तजम्बुद्वीपानुवाद-पूर्वं द्वीपान्तराण्याह

जम्बुद्वीपं च शाकं च
कुशं क्रौञ्चं च शाल्मलिम्।
गोमेदं पुष्करं चैव
सप्त द्वीपानि पार्वति ॥२८४॥

यैः समुद्रैर्वलयितानि द्वीपानि, तान्

अधुना संप्रवक्ष्यामि
समुद्रांस्तव सुव्रते।
क्षारः क्षीरं दधि घृतं
तथा इक्षुरसोऽपि च ॥२८५॥
मदिरोदश्च स्वादूदः
समुद्राः सप्त कीर्तिताः।

प्रोक्तद्वीपानुसारमेते यथोक्तक्रमेणैव स्थिताः सर्वेषु पारमेशेषु एवमेवोक्तत्वात्। तेनेक्षुरससुराघृतदधिक्षीरस्वादूदका इति पातञ्जले यः क्रमो दृश्यते, स लेखकदोषाद्विपर्यस्त इति मन्तव्यम्॥

अथोक्तजम्बुद्वीपप्रमाणानुवादेनैषां द्वीपसमुद्राणां प्रमाणमाह

जम्बुद्वीपं स्मृतं लक्षं
योजनानां प्रमाणतः ॥२८६॥
परिमण्डलतो ज्ञेयः
क्षारोदस्तत्समो बहिः ।

परिमण्डलत इति वैपुल्यात् ॥

एवं द्विगुणवृद्ध्यात्र
समुद्रा द्वीपसंस्थिताः ॥२८७॥

संस्थिता इति संशब्दः सहार्थे । तेन शाकादिभिः द्वीपैः सह क्षीरादिसमुद्राः क्रमात् द्विगुणवृद्ध्या स्थिताः । तद्यथा शाकद्वीपं द्वे लक्षे, तथा क्षीराब्धिः । कुशद्वीपं लक्षाणि चत्वारि, तथैव दध्यब्धिः । क्रौञ्चमष्टौ, तथैवच घृताब्धिः । शाल्मलिः षोडश, तद्वदिक्षुरसाब्धिः । गोमेदो द्वात्रिंशत्, तद्वत् मदिराब्धिः । पुष्करश्चतुष्षष्टिः, तथैव स्वादूदः । एतच्च द्वीपसमानत्वमब्धीनामुपसंहरिष्यति

'पुष्करद्वीपगुणितः स्वादूदोऽन्ते व्यवस्थितः ।' (१०।३२७)

इति । इत्थं च मेर्वर्धात् स्वादूदान्तं कोटिद्वय

त्रिपञ्चाशल्लक्षाणि पञ्चाशच्च सहस्राणि भवन्ति। यद्वक्ष्यति

'पञ्चाशच्च सहस्राणि त्रिपञ्चाशत्तथैवच ।
योजनानां तु लक्षाणि कोटिद्वितयमेवच ॥
मेर्वर्धाद्यावत्स्वादूदं प्रमाणं परिकीर्तितम् ।' (१०।३२८)

इति ॥ २८७ ॥

तथाच

अग्नीध्रश्च समाख्यातो
जम्बुद्वीपे वरानने ।

तथा

शाके मेधातिथिर्नाम
वपुष्मान् कुशसंज्ञके ॥ २८८ ॥
राजा क्रौञ्चेऽथ ज्योतिष्मान्
शाल्मलौ द्युतिमान्स्मृतः ।
गोमेदे हव्यनामा तु
सवनः पुष्करे तथा ॥ २८९ ॥

किंच

त्रेतायुगसमः कालः
शाकगोमेदवासिनाम् ।

तथा वर्णाश्रमाचारा
ज्ञेयास्तत्रनिवासिनाम् ॥२९०॥

तथेति त्रेतायुगानुगुणाः। अन्यत्र विशेषानभिधानात् चतुर्युगसमत्वं संभाव्यते ॥ २९० ॥

शाकादिद्वीपविभागान्तरमाह

मेधातिथेः सप्त पुत्राः
शाकद्वीपेऽभिषेचिताः।
शान्तोऽभयस्त्वशिशिरः
सुखदो नन्दकः शिवः ॥२९१॥
क्षेमकश्च ध्रुवश्चेति
वर्षनाम्ना तु तेऽङ्किताः।

प्रसिद्धवर्षनामानुसारीणि तेषां नामानीत्यर्थः ॥

वर्षाणि सप्त ख्यातानि
तत्प्रविभागहेतून्
पर्वतांश्च निबोध मे ॥ २९२ ॥
गोमेदश्चन्द्रसंज्ञश्च
नारदो दुन्दुभिस्तथा।

सोमक ऋषभश्चैव
वैभ्राजश्च कुलाद्रयः ॥ २९३ ॥

एते च शाकद्वीपस्य पार्श्वमानविभागेन स्थिताः सप्तधात्वं कुर्वन्ति । एवमन्यत्र ॥२९३॥

किंच

सुकृता चानसूया च
सुमुखी च तृतीयका ।
विपाशा त्रिदिवा कुम्भी
तथा चामृतनालिका ॥२९४॥
एता एव महानद्यो
गिरिष्वेतेषु निर्गताः ।

संस्थिताः सत्य एभ्यो निर्गता इत्यर्थः ॥

एताश्च

पूर्वादारभ्य निष्क्रान्ताः
प्रविष्टाः क्षीरसागरम् ॥२९५॥

अत्र च

शाकद्वीपे तु ये लोकाः
क्षीराहाराः फलाशिनः ।

अतश्च

चन्द्रकान्तसमाः सर्वे
सुरूपाः प्रियदर्शनाः ॥ २९६ ॥
क्रीडन्ति दिव्यनारीभिः
सर्वैश्वर्यसमन्विताः ।

तदेवं

कुशे वपुष्मता पूर्वं
सप्त पुत्रा निवेशिताः ॥ २९७ ॥
श्वेतलोहितजीमूता
हरितो वैद्युतस्तथा ।
मानसः सुव्रतश्चेति
वर्षनाम्नैव चाङ्किताः ॥ २९८ ॥

अत्र च विभागहेतवः

कुमुदश्चोन्नदश्चैव
वाराहो द्रोणकङ्कतौ ।
महिषः कुसुमश्चैव
सप्त सीमान्तपर्वताः ॥ २९९ ॥

अत्र च

श्वेततोया तथा कृष्णा
चन्द्रा शुक्ला च लोचनी ।
वीवृता च विवृन्दा च
सप्तैतास्तु सरिद्वराः ॥३००॥
दध्युदकं प्रविष्टास्ता
निम्नगाः पावनोदकाः ।
जनास्तु सुखिनस्तत्र
दध्नामृतफलाशिनः ॥ ३०१ ॥
दिव्यभोगरताः सर्वे
क्रीडन्त्येते सयोषितः ।

दध्ना सह अमृतमयानि फलानि चाश्नन्ति ।
एवमुत्तरत्र ॥

ज्योतिष्मता सप्त पुत्राः
क्रौञ्चद्वीपे निवेशिताः ॥ ३०२ ॥
उद्भिज्जश्च समाख्यातो
वेणुर्मण्डल एवच ।

रथकारश्च लवणो
धृतिमान्सुप्रभाकरः ॥ ३०३ ॥
कपिलश्चेति राजानो
वर्षनाम्ना च तेऽङ्किताः ।
अत्रापि विभागहेतवः
वैद्रुमो हेमनाभश्च
द्युतिमान् पुष्पदन्तकः ॥३०४॥
कुशलो हरिमर्दश्च
सप्तैते तु कुलाद्रयः ।
तेभ्यः
मही धाता शिवापापा
पवित्रा संततद्युतिः ॥३०५॥
दम्भा चेति समाख्याताः
सप्तैताः सरितः स्नुताः ।
घृतोदं प्रविशन्त्येताः
सर्वाः पापहराः प्रिये ॥ ३०६ ॥
जनास्तद्वासिनः सर्वे
सुरूपास्तेजसोत्कटाः ।

घृतामृतफलाहाराः
सुतृप्ताः स्मरपीडिताः ॥३०७॥
क्रीडन्ति वनितायुक्ताः
पद्मपत्रायतेक्षणाः।

स्मरपीडितत्वं संभोगैकनिष्ठत्वम् ॥

तथा

सप्त द्युतिमता पुत्राः
शाल्मलावभिषेचिताः ॥३०८॥
मनोनुगस्तथोष्णश्च
पावनो ह्यन्धकारकः।
मुनिर्दुन्दुभिनामा च
कुशलश्चेति ते स्मृताः ॥३०९॥
वर्षनामानि तेषां वै
सप्तानां सप्त तु क्रमात्।
क्रौञ्चोऽथ वामनश्चैवा-
प्यन्धकारो दिवाकृतिः ॥३१०॥
द्विबिन्दुः पुण्डरीकश्च
दुन्दुभिश्च कुलाद्रयः।

पौण्डरी कौशिकी गौरी
सिद्धा चैव कुमुद्वती ॥३११॥
सन्ध्या रात्री च विख्याता
समासात्परिकीर्तिताः ।
नद्यस्ताः शैलनिष्क्रान्ता
गच्छन्तीक्षुरसार्णवम् ॥३१२॥
पिवन्तीक्षुरसं तत्र
ये जनास्तन्निवासिनः ।
दिव्यकान्तियुताः शान्ताः
सुरूपाः प्रियवादिनः ॥३१३॥
नानानारीसमाकीर्णाः
सर्वकामसुखोदयाः ।

एवं

हव्यराजः सुतान्सप्त
गोमोदे चाभ्यषेचयत् ॥३१४॥
जलदश्च कुमारश्च
सुकुमारो मरीचकः ।

कुमुदश्चोन्नतश्चैव
महाभद्र इति स्मृताः ॥३१५॥
तेषां नाम्ना च वर्षाणि
अङ्कितानि स्वनामतः ।
उदयः केसरश्चैव
जठरोऽथ सुरैवतः ॥३१६॥
श्यामोऽम्बिकेयो मेरुश्च
शैलाः सीमान्तगास्त्विमे ।
गभस्ती सुकुमारी च
कुमारी नलिनी तथा ॥३१७॥
वेणुका चाप्यथेक्षू च
धेनुकेति सरिद्वराः ।
मदिरोदं वहन्त्येताः
पुण्याः पुण्यजलोद्वहाः ॥३१८॥
अमृतोपमानि स्वादूनि
फलान्यत्र वरानने ।
भक्षयन्ति च तल्लोकाः
पिबन्ति मदिरामृतम् ॥३१९॥

मदिरोमिदति 'कालभावगन्तव्याध्वानः कर्मसंज्ञाः' ॥ ३१९ ॥

ते च

सर्वकामसमृद्धाश्च
सुरूपा व्याधिवर्जिताः ।
नानायुवतिवृन्दैश्च
रूपयौवनगर्वितैः ॥३२०॥
मदालसैः पानमत्तै
रमन्ते सततं प्रिये ।
अतश्च पुष्कराख्ये च
सवनस्तत्र नायकः ॥ ३२१ ॥
द्वौ पुत्रौ तेन विख्यातौ
पुष्कराख्ये निवेशितौ ।

वक्ष्यमाणसंज्ञौ ॥

तत्र च

पर्वतो वलयाकारो
मानसोत्तरसंज्ञितः ॥३२२॥

पञ्चाशदुच्छ्रयस्तस्य
विस्तारः पञ्चविंशतिः ।
योजनानां वरारोहे

स च

सर्वरत्नसमन्वितः ॥ ३२३ ॥

तेन द्विधाकृते देशे सति

धातकी मध्यमे राजा
महवीतो बहिर्नृपः ।

मध्यम इति भूगोलापेक्षया ॥

अत्र च

ईर्ष्यया रागतृष्णाभि-
रीतिभिश्च विवर्जिताः ॥ ३२४ ॥

ईतय आधिदैविकदुःखहेतवः ॥ ३२४ ॥

अत एव

सर्वे ते सुखिनस्तत्र
तस्मिन्वर्षद्वये जनाः ।

स च पर्वतः

चक्राकारस्तु बोद्धव्यो
मानसस्तु वरानने ॥ ३२५ ॥

अथ

चतुर्णां लोकपालानां
पुरीस्त्वत्र ब्रवीमि ते ।

अत्रेति पर्वते ॥

तत्र पूर्वादिक्रमेण

हरेर्वस्वेकसाराख्या
याम्या संयमिनी पुरी ॥३२६॥
सुखाह्वा वारुणी चैव
सोमस्य तु विभावरी ।

पूर्वोद्दिष्टस्वरूपमानमेव स्वादोदस्येति स्मारयति ॥

पुष्करद्वीपगुणितः
स्वादूदोऽन्ते व्यवस्थितः ३२७

गुणित इति क्रमाद्द्विगुणवृद्ध्या चतुःषष्टिलक्षसंख्यो यथा विभक्तं प्राक् ॥

तदित्थं मेरुमध्यात् स्वादूदान्तमुक्तं प्रमाणं संकलयति

पञ्चाशत्तु सहस्राणि
त्रिपञ्चाशत्तथैव च ।
योजनानां तु लक्षाणि
कोटिद्वितयमेव च ॥ ३२८ ॥
मेर्वर्धाद्यावत्स्वादूदं
प्रमाणं परिकीर्तितम् ।

एतत्प्रागेव व्याख्यातम् ॥

ततो हेममयी भूमि-
र्दश कोट्यो वरानने ॥ ३२९ ॥
देवानां क्रीडनार्थाय
लोकालोकस्त्वतः परम् ।
पर्वतो[1] वलयाकारो
योजनायुतविस्तृतः ॥ ३३० ॥
लक्षमात्रसमुत्सेधो
योजनानां वरानने ।

अयुतं दशसहस्राणि ॥

---

१ 'सर्वतो' क पाठः ।

स च

सर्वरत्नसमोपेतो
हेमवर्णः प्रकीर्तितः ॥३३१॥

किंच

तस्यान्तर्भासयेद्भानु-
र्न बहिः सुरसुन्दरि ।

लोकोऽन्तःस्थितानां चतुर्दशभूतात्मनां लोकानामालोको यत्र । यद्वा लोकः प्रकाशोऽलोकश्च तमोऽन्तर्बहिश्च यस्य स लोकालोकः, आदित्यस्य लोकालोकसमानोच्छ्रायत्वात् मेरोस्तदन्तरालवर्तित्वाच्च न तद्बहिर्भासकत्वम् ॥

अन्यच्च

लोकपालाः स्थितास्तत्र
रुद्राश्चामोघशक्तयः ॥३३२॥

च एवार्थे । रुद्रा एव भगवन्तोऽन्तर्वर्तिसमग्रलोकपालास्तत्र स्थिताः न तु तावदध्वपालने इन्द्रादीनां सामर्थ्यमस्ति, अतो रुद्राणामेवात्र नियोगः । इन्द्रादयस्तु भगवच्छक्तिमयामोघ-

१ 'मेरुत' ख. पाठः ।

शक्त्या एतद्रुद्रांशाधिष्ठानादेव लोकपाला उच्यन्ते, अत एव भगवदावरणत्वेन पूज्यत्वमेषाम् ॥

एतान्नामत उद्दिशति

विरजो वसुधामा च
शंखपात् कर्दमस्तथा ।
हिरण्यरोमा पर्जन्यः
केतुमान् भाजनस्तथा ॥३३३॥

एते

जाम्बूनदमये शुभ्रे
सिद्धामरनिवेशने ।
पूर्वादारभ्य क्रमशो
यावदीशानगोचराः ॥ ३३४ ॥
लोकपालाः स्थितास्ते वै
पालयन्त इमाः प्रजाः ।

सिद्धानां योगिनाममराणां च निवेशनेऽर्धस्थितिधाम्नि । इमा इति, अन्तर्द्वीपवर्तिचतुर्दशविधभूतसर्गात्मनः ॥

१ 'राजसः' क.

तदाह

अस्य मध्ये वरारोहे
योनयस्तु चतुर्दश ॥ ३३५ ॥
चेष्टन्ते विविधाकाराः
स्वकर्मपरिरञ्जिताः ।

यदुक्तम्

'तस्यान्तर्भासयेद्भानु ………………॥'

इति तस्य लोकालोकसंनिकर्षविप्रकर्षोन्मिषितगतिवैचित्र्येण दक्षिणोत्तरायणस्थितिमादिशति

लोकालोकोपरिष्टात्तु
सवितुर्दक्षिणायनम् ॥ ३३६ ॥
तथोत्तरायणं तत्र
उत्तरेण प्रकीर्तितम् ।

इह मेरुलोकालोकयोरन्तर्वर्तिगगनपथमध्ये संचरन् भूपीठिकाप्रतिष्ठितलिङ्गमूर्तिमेरुं[2]मनवरतं परमेश्वरनियतिनियन्त्रितषष्टिघटिकात्मना

१ 'वरभू' क. २ 'मूर्ति मे' क.

बाह्यकालेन प्रदक्षिणयन् ध्रुवनाभिनिबद्धभचक्रसंचारिग्रहमध्यगो ग्रहग्रामणीः तत्तद्राशिसंचारानुसारितत्तद्वृत्तसहभावादाश्रिततीव्रमन्दमंन्दादिदीप्तिभेदो[1]ऽन्योन्यरूपो भूतसर्गवर्तनीं[2] विचित्रां वर्तयति। अतश्च स विभुः लोकालोकोपरिष्टादिति तन्नैकट्येन भ्रमणात्। तत्रेति, लोकालोकमेर्वन्तरालवर्तिनि विषये स्थित्वा क्रमात्क्रमं मेरुनिकटाद्बहिर्निःसरणेन भ्रमणात् कर्कटादिराशिषट्कसंचाररूपं दक्षिणायनं, लोकालोकसंनिकर्षान्मेरुनैकट्येन अन्तरन्तः प्रवेशात्मनोत्तरेण[3] भ्रमणान्मकरादिसंचाररूपं[4] तूत्तरायणं भवति। वक्ष्यति हि

'सर्वेषामुत्तरे मेरुर्लोकालोकस्तु दक्षिणे।'

इति। एवं संगतागमिकप्रक्रियैव एतद्व्याख्येयं नतु परस्परविसंवादिज्योतिःशास्त्रमतानुसरणसंगत्या॥

एवं दक्षिणोत्तरायणस्थितिमुक्त्वा उदयास्तमयभेदमाह

अर्धरात्रोऽमरावत्या-
मस्तमेति यमस्य च॥ ३३७॥

१ 'मन्दामन्दादिभेदः' क. २ 'वर्तिनीं' ख. ३ 'न्तरेण'. क. ४ 'रूपं' क.

मध्याह्नश्चैव वारुण्यां
सौम्ये सूर्योदयः स्मृतः ।
यदैव चामरावत्या-
मुदयस्तस्य दृश्यते ॥ ३३८ ॥
तदास्तमेति वारुण्या-
मित्यादित्यगतागतम् ।

निर्दिष्टनीत्या मेरुं प्रदक्षिणयतः सूर्यस्य यदा सौम्य इति मेरोरुत्तरे भागे उदयो वारुण्या आगच्छतो दर्शनं तदा मेरुतत्पार्श्वस्थप्रोक्तपर्वतच्छायावशात् यमस्य दिशि सूर्योऽस्तमेति, न दृश्यते तत्प्रकाश इत्यर्थः । तदैव च वारुण्यां दिशि मध्याह्नः, तत्पूर्वगस्यार्कस्योदयदेशात् दक्षिणदिशः पञ्चदशघटिकावधेर्गतेः संपन्नत्वात् तदैव त्वमरावत्यामर्धरात्रः, घटिकापञ्चदशकेन अत्र सूर्योदयस्य भविष्यत्त्वात् । इत्थं च यदैवामरावत्यामस्योदयः तदैव वारुणीवर्तिनां सौरस्य त्रिंशद्घटिकावाहस्य जातत्वात् वारुण्यां सूर्योऽस्तमेति दिनान्तो जा-

१ 'तद्वत्' ख. पाठः ।

यते, इत्यनेन प्रकारेणादित्यगतागतं विदिक्ष्वपि मन्तव्यं प्रतिपादितक्रमस्य उपलक्षणभूतत्वात्॥

अत्र च

सुवीथी उत्तरे तस्य
अजवीथी च दक्षिणे ॥३३९॥

एतद् व्याचष्टे

पितृदेवपथो ह्येष
कथितस्तु मया तव ।

शोभना वीथी मार्गो देवपथः । न जाता उत्पत्तिस्थाने संप्रति न किमपि प्राप्ता इत्यजाः पितरः तेषां वीथी पन्था इति यथासंभवं योज्यम् । उत्तरायणस्य दिव्यसिद्धिहेतुत्वात् देवमार्गता, दक्षिणायनस्य तु ऐहिकसिद्धिपूरकत्वात् पितृमार्गतेत्यर्थः । एतच्च कालाधिकारोक्तनीत्या अन्तरिव बहिरपि ज्ञेयम् । यदुक्तं गीतासु

'शुक्लकृष्णे गती ह्येते जगतः शाश्वते मते ।
अनयोर्यात्यनावृत्तिमेकयावर्ततेऽन्यया ॥'

---

१ 'देवमार्गः' ख. पाठः ।

इति । अन्तरपि हृत्पद्मकर्णिकैव मेरुः, तदुपरि चिज्ज्योतिर्मात्ररूपस्यात्मनो ध्रुवस्यानुलग्नः प्राणा-क्षित्यः काल[1]कारोक्तसकलभचक्रग्रहाद्यनुयातः कर्णिकोपकण्ठगतप्रधाननाडीमुखस्पर्शेन प्रदक्षिणमना[2]रतमावर्तमानस्तिष्ठन् तत्तन्मकरादिसंक्रान्तिक्रमेण उत्तरदक्षिणादिविभागं दर्शयतीत्युक्तप्रायम् । यतश्च मेरुं (मेरुलोकालोकान्तरालस्थव्योमपथमध्येन) प्रदक्षिणयति अनिशं दिनेशः तत एव तदुदयस्थानात्मकपूर्वदिगभिमुखानां इलावृतवर्जप्रतिपादितवर्षाष्टकद्वीपान्तरादिस्थानां जनानां सर्वेषामुत्तरे मेरुर्लोकालोकस्तु दक्षिणे । मेरुं प्रदक्षिणयन् हि भास्करः तत्पश्चात्केतुमालादिवासिनां मेरोर्दक्षिणत उदेति, तदुत्तरस्थकुरुवर्षादिवासिनां पश्चिमतः, तत्पूर्वभद्राश्वादिवासिनामुत्तरतः, तद्दक्षिणहरिवर्षादिनिष्ठानां पूर्वत इति स्थित्या सर्वेषां द्वीपान्तरगतानामपि मेरुलोकालोकौ उदग्दक्षिणस्थौ भवतः इलावृतवर्जं, तत्रापि वा

---

१ 'कालाधिका' ख. २ 'नागतं' क.

छायामात्रेण सूर्यप्रकाशानुसारिणी काचिदवस्थितिरस्तीति कल्पनीयम् ॥

एवं प्रसङ्गात् दक्षिणोत्तरायणे उदयास्तमयस्थितिं च प्रतिपाद्य प्रकृतमाह

अस्य बाह्ये तमो घोरं
दुःप्रेक्ष्यं जीववर्जितम् ॥३४०॥
पञ्चत्रिंशत्स्मृताः कोट्यो
लक्षाण्येकोनविंशतिः ।
चत्वारिंशत्सहस्राणि
योजनानां वरानने ॥३४१॥

लोकालोकविष्कम्भो दश सहस्राण्युक्तः तैः सह पञ्चाशत् मेर्वर्वाक्[1] जम्बुद्वीपः । पञ्चाशदित्यनेन लक्षेण प्राक्संकलनासंकलितेन कोटिद्वयेन हेमभूकोटिदशकेन च सह सप्तचत्वारिंशत्कोटयो भवन्ति ॥ ३४१ ॥

अथ

सप्तसागरमानं तु
गर्भोदस्तत्समः स्मृतः ।

1 'मेर्वधात्' ख.

गर्भेऽन्तः सप्तसागरसंबन्ध्युदकोपलक्षित-लोकालोकतमःपर्यन्तं विश्वं यस्य स गर्भोदः । तत्सम इति क्षाराब्धिरसतुल्यः[1] । यदुक्तं परातन्त्रे

'गदिता येऽब्धयः सप्त तेऽत्र गर्भे यतः स्थिताः ।
प्रथितस्तेन गर्भोदः समस्ताब्धिरसोद्वहः ॥'

इति । स च सप्तानां क्षारादिसागराणामेकलक्षात् प्रभृति द्विगुणवृद्ध्या यन्मानं कोटिरेका सप्तविंशतिर्लक्षाणि तत्तुल्यमानः । एवमियदवधि प्राक्तनेन मानेन सह एकोन[2]पञ्चाशत्कोटयो भवन्ति । ब्रह्माण्डकर्परिका च कोटिरिति पञ्चाशत्कोटयो मेरुमध्यात् कर्परिकान्तम् ॥

तदाह

ब्रह्मणोऽण्डकटाहेन
युक्ता वै मेरुमध्यतः ॥ ३४२ ॥
पञ्चाशत्कोटयो ज्ञेया
दशदिक्षु समन्ततः ।
उभयपार्श्वकलनया तु

---

१ 'क्षारादिसर्वाब्धि' ख. २ 'एकान्त' क.

एवमेतच्छतं ज्ञेयं

कोटीनां पार्थिवं महत् ॥३४३॥

पार्थिवमिति पृथ्वीगतं वैपुल्यम् ॥३४३॥

एवं पृथिव्या अधो मध्ये मानमुक्तं, अधुना तु

अत ऊर्ध्वं प्रवक्ष्यामि

प्रमाणं वरवर्णिनि ।

ऊर्ध्वमिति भुवर्लोकाधिगतम् ॥

आस्तां वैतत्, भूर्लोकगतभुवनशुद्धौ पूर्वोक्तसंस्कारक्रमं मा विस्मार्षीदुपदेश्य इत्याशयेन तमेव तावत् स्मारयितुमाह

अथ वात्र महादेवि

परिपाट्या समन्ततः ॥ ३४४ ॥

दीक्षाकाले तु संस्काराः

ये कर्तव्याः

क्रमं तेषां निबोध मे ।

कलादीक्षायां कलोपस्थापनपूर्वं ये संस्कारा उक्ताः ते एवेह भुवनोपस्थापनपूर्वं यद्यपि क्रियन्ते तथापि शिष्यहितत्वात् परमेश्वरस्तान् स्मारयति वक्तव्यशेषं च योजयति ॥

शक्तिं[1] तत्त्वं च भुवनं
योनिं चैव निवेशयेत् ॥३४५॥

संस्कृताग्नौ आदावध्वसंधितदवलोकनतदुपस्थापनतत्सांनिध्यानन्तरं शक्तिमाधाररूपां ततोऽपि भुवनाश्रयं तत्त्वं ततोऽपि भुवनेशसहितं भुवनं निवेशयेत् शोध्यत्वेनाभिसंदधीत। ततोऽपि हृदा वागीशीं सर्वयोनिव्यापिकां न्यसेत् ॥ ३४५ ॥

ततः

तेषां गन्धोपचारं तु[2]
कृत्वा चैव यथाक्रमम् ।

तेषामिति आधारशक्तितत्त्वभुवनादीनाम् ॥

अत्र च शोधनीयानि भुवनेशसहितानि भुवनानि क्रमेण दर्शयति

अनन्तं चैव कालाग्निं
नरकांश्च यथाक्रमम् ॥ ३४६ ॥
पातालानि ततश्चोर्ध्वे
शोधयेदनुपूर्वशः ।

---

१ 'शक्तितत्त्वं' क० । २ 'च' क० ।

नरकानिति, प्रोक्तप्रघट्टकमध्यादेकतमेन भेदेन शोधने चात्र कलादीक्षोक्तप्रक्रिया भुवनेशश्रावणान्ता सर्वानुसर्तव्या ॥

इयदन्तं संशोध्य

उपस्थानं ततः कुर्याद्-
भुवर्लोकस्य वरानने ॥ ३४७ ॥

'धामादिः प्रणवादिश्च.................. ।'

इत्यादिना मन्त्रेण पूर्वोक्तेन केवलं कलास्थाने भुवनानामप्रक्षेप्यता उपस्थानं च कलशाद्य-ग्न्यन्ताधिकरणषट्के न्यसनम् ॥ ३४७ ॥

एवं कृत्वा

ततो वागीश्वरी देवी
संपूज्या कुसुमादिभिः ।
ततः पशुस्तु संप्रोक्ष्य-
स्ताड्यो विश्लेष्य एव च ॥३४८॥

अथास्य

छेदनं च तथाकर्षो
ग्रहणं योजनं ततः ।

गर्भधारित्वजनने
अधिकारं तथैव च ॥ ३४९ ॥
योगं भोगं लयं चैव
ततो योनिविशोधनम् ।

कुर्यात् । सर्वमेतत्प्रागेव व्याख्यातम् ॥

यदुक्तं योनिविशोधनमिति तत्र ता योनीः

चतुर्दश समासेन
कथयाम्यनुपूर्वशः ॥ ३५० ॥
पैशाचं राक्षसं याक्षं
गान्धर्वं त्वैन्द्रमेव च ।
सौम्यं तथा च प्राजेशं
ब्राह्मं चैवाष्टमं विदुः ॥ ३५१ ॥

एतच्चोक्तमेव ॥ ३५१ ॥

संहारक्रमयोगेन
शोधनीयाः शिवाध्वरे ।

संहारक्रमयोगेन इत्यनेन चेदमाह—यत्

स्थावरादि पश्वन्तं तामसं पञ्चकं संशोध्य मानुष्यं शोधयेत् । ततः पैशाचादि ब्राह्मान्तं देवयोन्यष्टकमित्येष एव च क्रमोऽग्रे स्फुटीभविष्यति ॥

एवं योन्यष्टकमुद्धाट्य योनिषट्कमप्याह

पशुपक्षिमृगाश्चैव
तथान्ये च सरीसृपाः ॥ ३५२ ॥
स्थावरं पञ्चमं चैव
षष्ठं मानुषयोनिकम् ।

तदेतत्

देवयोनिसमायुक्तं
प्रोक्तं संसारमण्डलम् ॥ ३५३ ॥
चतुर्दशविधं चैव

एतच्च

भूर्लोके तु विशोधयेत् ।

---

१ पश्वन्तमित्यनन्तरमीदृशः पाठः क पुस्तके—
'तामसं पञ्चकं शोध्य मानुष्यं शोधयेत्ततः ।
पैशाचादि ब्राह्मान्तं देवयोन्यष्टकमिति ॥'

भूर्लोके कर्मानुसारेण एतदर्ज्यते, इत्यत्र विभागेनैतत्सर्वं शोधनीयम्, अन्यत्र तु सामान्येनापि इत्याशयः ॥

कस्माच्चैतत् संसारमण्डलमित्याह

आत्मा संसरति ह्यत्र
मायाद्यवनिगोचरे ॥ ३५४ ॥
संसारः प्रोच्यते तस्मा-
त्पर्यटेत्स यतस्ततः ।

संसारश्च

सुखं दुःखं तथा मोहं
भुङ्क्ते चैवाध्वमध्यगः ॥ ३५५ ॥
बन्धत्रयसमायुक्तो
वामा[1]शक्त्या त्वधिष्ठितः ।
ईश्वरेण निमित्तेन
सृष्टिसंहारवर्त्मनि ॥ ३५६ ॥

साक्षान्मन्त्रमहेशादिमुखेन वा ईश्वरेण संसारवमनारूपया स्वया वामां[2]शक्त्याधिष्ठितः

१,२ वामश० क पाठः ।

परतन्त्रीकृतः, तत एव चाणवादिबन्धत्रयेण समायुक्तः सम्यगाक्रान्तोऽभिभूतः सुखादित्रयं भुञ्जानः ॥ ३५६ ॥

पुनः पुनश्चाध्वमध्ये
युज्यते स शुभाशुभैः ।

अतश्च

अध्वमध्ये तु ये पाशा
ज्ञेयाश्चानन्तकोटयः ॥ ३५७ ॥
प्रधानगुणभेदेन
यावच्चानाश्रितं पदम् ।

तदुक्तम्

'समनान्तं वरारोहे पाशजालमनन्तकम् ।'

इति ॥

यतश्चैवम्

तस्मादेवं विजानीयात्

किंच

अध्वा बन्धस्य कारणम् ॥ ३५८ ॥

तादियति संसारमण्डले कर्मैव कारणमित्याह

चतुर्दशविधं यच्च
प्रोक्तं संसारमण्डलम् ।
तस्य भेदा ह्यनन्ताश्च
ये ते
भिद्यन्ते कर्मभेदतः ॥ ३५९ ॥

तदित्थं संसारमण्डलहेतुभूताः
कर्मवल्ल्यो ह्यनन्ताश्च
कर्मेशानादिकारकाः ।

अनादिमायाशक्तिमुषितमहिमा हि अणुः स्वोपभोगाय चेष्टमानोऽनन्ताभिः कर्मसंततिभिर्बद्धः ॥

नचैतदस्यान्यतः क्वचिदायातं, अपि त्वपूर्णमन्यतयैवेत्याह

आत्मना बध्यते ह्यात्मा
बद्धं च तमसामर्थ्यात्
मुञ्चेन्नात्मानमात्मना ॥ ३६० ॥

परमेश्वरानुग्रहं विनेत्यर्थात् । मुञ्चेदात्मानमिति पाठो न संगतः ॥ ३६० ॥

एतद्दृष्टान्तेन स्फुटयति

कोशकारो यथा कीट
आत्मानं वेष्टयेद्दृढम् ।
नचोद्वेष्टयितुं शक्त
आत्मानं स पुनर्यथा ॥३६१॥
तथा संसारिणः सर्वे
बद्धाः स्वैरेव बन्धनैः ।
न च मोचयितुं शक्ताः
पशवः पाशबन्धनाः ॥ ३६२ ॥
स्वयमेव स्वमात्मानं
यावद्वै नेक्षते शिवः ।

अनुग्रहशक्त्या ॥

यतः

शिवशक्तिनिपातात्तु
मुच्यन्ते पाशबन्धनात् ॥३६३॥
अन्यथा नैव जानन्ति
स्वरूपं यत्सुनिर्मलम् ।

यत्तत्स्वाभिजनं शुद्ध-
मनौपम्यमनामयम् ॥ ३६४ ॥

सुनिर्मलं परमशिवैकरूपम्, अत एव द्वितीयाभावात् अनौपम्यम्, तथा स्व आत्मैव अभिजनं कारणं यस्य तत् अनन्यकार्यं स्वतन्त्रमस्त्वित्यर्थः । यस्मात् शुद्धं चिदेकघनमतश्च अनामयं मायासंस्पर्शशून्यं, यत्तदिति लोकोत्तरम् ॥ ३६४ ॥

कस्मादेतत्स्वरूपं न जानन्तीत्याह

मोहिता मलमोहेन
बद्धाः कर्मकलादिना ।
निगूढास्तत्र तिष्ठन्ति
काष्ठे वह्निर्यथा तथा ॥ ३६५ ॥

'..................अभिलाषो मलोऽत्र तु ।'

इति यः पूर्वमपूर्णंमन्यतात्मा स्वरूपाख्यातिरूपो मल उक्तः स एव मोहोऽज्ञानं तेन मोहिता अज्ञीकृताः [1]अत एव स्वभोगार्जनाय चे-

---

१ 'अत एव' इति प्रभृति 'अस्वतन्त्रीकृताः' इत्यन्तं 'क' पुस्तके न दृश्यते ।

ष्टमानाः, कर्मणा तदुत्थेन च कलादिना क्षित्यन्तेन च देहाद्यात्मना मायीयेन च मलेन बद्धा अस्वतन्त्रीकृताः, अतश्च तत्रैव पाशबन्धे निगूढा निमग्नप्रोक्तस्वस्वरूपास्तिष्ठन्ति यथा काष्ठेऽन्तरग्निः ॥ ३६५ ॥

स चेत्काष्ठनिगूढः

उद्धृतस्तु यथा वह्नि-
र्मन्थकस्य वशात्स्फुटम् ।
स्वस्वरूपं प्रपश्येत
भास्वरं यत्सुनिर्मलम् ॥३६६॥
अन्येषामपि जन्तूनां
तिमिराक्रान्तचक्षुषाम् ।
प्रकाशयति वस्तूनि
हत्वा वै रश्मिभिस्तमः ॥३६७॥
तथात्मा तु विजानाति
यत्स्वरूपमनादिमत् ।
मन्थकस्य वशाद्देवि
नान्यथा तु कथंचन ॥ ३६८ ॥

मन्थकस्य वशादित्युक्तिं विभजति

मन्थकस्त्विह देवेशि
स्वयमेव सदाशिवः ।
आचार्यतनुमास्थाय
सदा चानुग्रहे स्थितः ॥ ३६९ ॥

च एवार्थे ॥ ३६९ ॥

मन्त्रा मन्थनवज्ज्ञेया
अध्वा चात्रारणिर्यथा ।
वागीशी योनिसंस्थाना
धूमो ज्ञेयो मलादिवत् ॥ ३७० ॥
आत्मा वै वह्निवज्ज्ञेयो
बोधकस्तु परः शिवः ।

मन्थानं मथनकारेणं वैशाखं तद्वन्मन्त्राः, समनान्तोऽध्वाऽरणिः यदावृत आत्मा वह्निः पूर्वनिर्णीतव्याप्तिदृशा वागीशीयोनौ धूमस्थानीयाख्यातिरूपतुच्छमलापासनं परमशिवेन प्रबोध्यते गुरुमूर्तिस्थसदाशिवभट्टारकप्रयुक्त्या ॥

---

१ 'करणं' कपाठः ।

अतश्च

उद्बोधितो यथा वह्नि-
निर्मलोऽतीव भास्वरः ॥३७१॥
न भूयः प्रविशेत्काष्ठं[1]
तथात्माध्वन उद्धृतः ।
मलकर्मकलाद्यैस्तु
निर्मुक्तो विगतक्लमः ॥ ३७२ ॥
तत्रस्थोऽपि न बध्येत
यतोऽतीव सुनिर्मलः ।

मलादिनिर्मोकादेवा संसारतया विगतक्लमः तत्रस्थोऽपि उपनत[2]भोगातिवाहनमात्रप्रयोजनतस्तन्मध्यवर्त्यपि न बध्येत तदहंभावाभिमानवान् न भवति अपितु सुष्ठु निर्मलचिद्धनात्माविष्ट एव सर्वदा ॥

किंच

रसवह्निसमायोगा-
त्ताम्रं कालिकया यथा ॥३७३॥

---

१ 'आवि' क० । २ 'उपरतोभोगः' क० ।

विश्लेषितं तु तत्त्वज्ञै-
हैमत्वं प्रतिपद्यते ।
न भूयस्ताम्रतां याति
तथात्मा न कदाचन ॥ ३७४ ॥

अख्यातिरूपया कालिकया गुरुणा वियोजित आत्मा न पुनर्युज्यत इत्यर्थः ॥ ३७४ ॥

अत्र च

रसवन्मन्त्रशक्तिस्तु
क्रिया ज्ञेया तु वह्निवत् ।
तज्ज्ञश्चैव शिवो ज्ञेय
आचार्यतनुविग्रहः ॥ ३७५ ॥
आत्मा वै हेमवज्ज्ञेयो
मलो ज्ञेयस्तु कालिका ।

क्रिया दीक्षा, तज्ज्ञो रसवह्नियोजनावज्ज्ञानयोगक्रियामयदीक्षासतत्त्ववित् ॥ ३७५ ॥

अतश्च

मन्त्रद्रव्यक्रियायोगा-
द्दह्नयाधारे तथा प्रिये ॥३७६॥

गुरुणा तन्त्रविदुषा
ह्यात्मा वै निर्मलीकृतः।
न भूयो मलतां याति
शिवत्वं याति निर्मलम् ॥३७७॥

तथेति, चतुर्थपटलोक्तप्रक्रियायोजनिकाक्रमेण। तन्त्रविदुषेति, तन्त्रज्ञानमत्र पर उपाय इति शिक्षयति। उक्तं हि

'नचावज्ञा क्रियाकाले संसारोद्धरणं प्रति।
मन्त्रदानव्रतादेशे शिष्यध्रुङ् नरकी भवेत्॥'

इति। मलतामिति, अपूर्णमन्यतारूपामख्यातिं, शिवत्वं परशिवैक्यम् ॥ ३७७ ॥

उपसंहरति

एवं ज्ञात्वा वरारोहे
दीक्षा कार्या यथा पुरा।

चतुर्थपटलोक्तक्रमेण। वक्ष्यति हि

'नास्ति दीक्षासमो मोक्षः·············।'

इति ॥

तत्र च दीक्षायाम्

शोधयेन्मुख्यपाशांश्च
ये प्रोक्तास्ते मया पुरा ॥३७८॥

'मलकर्म निमित्तं तु नैमित्तिकमतः परम् ।'

इति तन्त्रान्तरे ॥ ३७८ ॥

अतश्च

गुणभूतास्तु ये पाशा-
स्तेऽपि शुध्यन्ति तद्वशात् ।

गुणभूताः मद[1]मोहादयः, तद्वशादिति आ-
णवका[2]र्ममायीयशुद्धिवशात् ॥

किंतु गुणभूतमपीदम्

चतुर्दशविधं चैव
यदुक्तं तु मया पुरा ॥ ३७९ ॥

संसारमण्डलं देवि
शोध्यं तदवनीतले ।

शोध्यमिति पृथगेवेत्यर्थः ॥

---

१ 'महामो' क. । २ 'वमायीग' क.

अतश्च

तद्वक्ष्यामि क्रमात्सर्वं
यथा शोध्यं शिवाध्वरे ॥३८०॥

अदूर एव ॥ ३८० ॥

यच्च

ब्रह्मादिस्तम्भपर्यन्तं
प्राधान्येन विशोधयेत् ।

नत्वन्तर्भावेनेत्युक्तम् ॥

तत् क्रमेण तावदुद्दिशति

ब्राह्मं चैव तु प्राजेशं
सौम्यमैन्द्रं तथैव च ॥ ३८१ ॥
गान्धर्वं चापरं याक्षं
राक्षसं च तथापरम् ।
पैशाचं क्रमतः शोध्यं
स्थावरं मानुषं तथा ॥ ३८२ ॥

स्थावरं पञ्चविधं तिर्यग्योन्युपलक्षणम् । क्रमत इति संहारक्रमेण ॥ ३८२ ॥

---

१ 'तैर्यग्योनो' क.

यदुक्तं

'संहारक्रमयोगेन ते च शोध्याः…………।'

इति संहारक्रमेण शोधनं तत्तत्स्थावरादिजातीयमध्यगतप्रधानभूतैकैकक्रमेण प्रस्तावयति

सप्तच्छदं स्थावराणां
सर्पाणां वासुकिं तथा ।
पक्षिणां गरुडं चैव
मृगाणां सिंहमेव च ॥ ३८३ ॥
पशूनां चैव गोयोनिं

अत्र च देवदत्तात्मने प्राक्कर्मार्जितस्थावरादिजातिप्रधानभूतं सप्तच्छदं शोधयामि स्वाहा इत्याद्यूहः कार्यः ॥

एवं तैर्यग्योनं पञ्चप्रकारं प्रातिलोम्येन संशोध्य

मनुष्यांश्च विशोधयेत् ।

तानपि प्रातिलोम्येन ॥

अन्त्यजाञ्छूद्रविट्क्षत्र-
ब्राह्मणांश्च विशोधयेत् ॥ ३८४ ॥

तदेतासु सर्वासु जातिषु

पञ्चभिर्ब्रह्मभिर्देवि[1]

त्वधिकारान्विशोधयेत् ।

अधिकारान् प्राक्कर्मवशसंभाव्यमानतत्तज्जातिसंबन्धात् ॥

कथं

दशाहुतिप्रयोगेण

अन्त्यजान् ब्राह्मणावधि ॥३८५॥

'तिस्रः पञ्चदशैका वा.................. ।'

इति प्रागुक्तेरिहायमपवादः । तत्र स्थावरादिपश्वन्ते पञ्चके अन्त्यजादिब्राह्मणान्ते च पञ्चके प्रातिलोम्येन सद्योजातादय ईशानान्ताः प्रणवपूर्वका मन्त्रा मन्तव्याः[2] ॥ ३८५ ॥

ब्राह्मणस्य षट्कर्माधिकारित्वात् तत्तच्छुद्धौ विशेषमाह

ब्राह्मणस्याधिकाराष्टौ

चत्वारिंशतमेव च ।

विशोधयेदित्येव ॥

---

१ 'ब्रह्मभिर्वै' क. २ 'ज्ञातव्याः' क.

तान् क्रमेणाह

गर्भः पुंसवनं चैव
सीमन्तो जातकर्म च ॥३८६॥
नाम निष्क्रमणं चैव
अन्नप्राशनचूडकम् ।
अनेनैव वरारोहे
शोध्यास्त्वष्टौ प्रकीर्तिताः ३८७

सीमन्तोऽङ्गोपाङ्गविभागसंपत्तिः, निष्क्रमणमादित्यदर्शनं, चूडकं शिखाक्लृप्तिः । अनेनैवेति, प्रोक्तक्रमायातविनियोगेनेशानभट्टारककारणकेन दशाहुतिप्रयोगेण ॥ ३८७ ॥

अतश्च

एतैर्निवर्तितैर्देवि
ततोऽसौ जायते द्विजः ।

अविप्लुताभ्यां ब्राह्मणाभ्यामेकं वैदिकैर्मन्त्रैः संस्कारैश्च द्वितीयं जन्म द्विजस्य यत्सिद्धं तदुभयमपीहत्यैरेव मन्त्रैः कृतमिति ॥

एवमस्य द्विजस्य

नवमो व्रतबन्धस्तु

संस्कारः।

स चाङ्गी परिकीर्तितः ॥३८८॥

यतस्तेनास्य

अङ्गानि संप्रवक्ष्यामि

यथावदनुपूर्वशः।

तान्याह

मेखला दन्तकाष्ठं च

अजिनं त्र्यायुषं तथा ॥३८९॥

संध्यां वह्नेरुपासां च

भिक्षां वै सप्तमं विदुः।

त्र्यायुषं भस्मत्रिपुण्ड्रकम्। एतानि च मेखलाव्रतानि सप्त, एतानि ब्रह्मचारी समाचरेत्॥

नियन्तॄणि च दृष्टानि

दीक्षाकाले वरानने ॥ ३९० ॥

दीक्षाकाले मण्डलोपलक्षितभाविगोदानसमयेऽनिष्पन्नानि सन्त्येतानि नियन्तॄणि प्र-

थमाश्रमावस्थितेर्लोपो मा भूदित्यवश्यानुष्ठेयानि ॥ ३९० ॥

किंच

भौतेशं पाशुपत्यं च
गाणं गाणेश्वरं तथा ।
उन्मत्तकासिधारं च
वृतेशं सप्तमं विदुः ॥ ३९१ ॥
सप्तैतानि तु दृष्टानि
व्रतानि ब्रह्मचारिणाम् ।

दृष्टानीति पारमेश्वरे शास्त्रे, वेदे तु उच्छिन्नशाखापक्षे स्थितानि अद्यत्वेऽननुष्ठेयत्वात् ॥

एतानि च

चर्याव्रतानि बोध्यानि

व्रतसंधावसरे चरणीयानि ।

एतानि च

अङ्गत्वे कीर्तितानि तु ॥३९२॥

फलेन फलवतो व्रतबन्धाख्यस्य संस्कारस्यैतानि अङ्गभूतानि व्रतान्तराणि ॥ ३९२ ॥

---

१ 'तच्छिन्न' क. पाठः. २ 'फलतः' ख.

अतश्च

एभिस्तु सहितं ह्येकं
नवमं व्रतबन्धनम् ।
तस्यान्तर्भूतमेवैतत्
कथितं व्रतसप्तकम् ॥ ३९३ ॥

तदेवं मेखलादीनि सप्त, भौतेशादीनि च सप्तेति कृत्वा

चतुर्दश व्रतान्येवं
होतव्यानि वरानने ।

पृथक् पृथक् नतु व्रतबन्धान्तर्भावमात्रेणेत्याशयः ॥

अथ

वेदव्रतानि चत्वारि
होतव्यानि न संशयः ॥३९४॥

होमेन संपाद्यानि ॥ ३९४ ॥

तान्याह

ऐष्टिकं पार्विकं चैव
भौतिकं सौमिकं तथा ।

इष्टिपर्वभूतसोमयज्ञप्रतिपादकवैदिकग्रन्थपाठेन कालकार्याणि व्रतानि ऐष्टिकादिशब्दैः पारमेश्वरेषु ग्रन्थेषु उक्तानि । यज्ञसूत्रे तु

'त्रैविद्यं च चतुर्होत्रं गोदानं स्नानमित्यपि ।
वेदव्रतानि चत्वारि........................॥'

इत्येवमुक्तानि । इह तु गोदानं पृथगेव भविष्यति ॥

एते च वेदाध्ययनाधिकारदानेन व्रतान्तरापेक्षया प्राधान्यात्

व्रतेश्वरास्तु चत्वारो
ब्रह्मचारिनियामकाः ॥ ३९५ ॥

ब्रह्मचारिणां नियामकास्तथात्वसंपादकाः ॥ ३९५ ॥

तदेतावत्पर्यन्तमेतान् संस्कारान्

त्रयोदश विजानीयात्

एभिरनुष्ठितश्चायं वेदेष्वधिकृत इत्याह

ततो वै वेदभाजनम् ।

किंच

ततो भवति गोदानं
तच्चतुर्दशकं प्रिये ॥ ३९६ ॥

वेदाध्ययनान्ते उपाध्यायाय गोमिथुनदानेनोपलक्षितमात्मनः केशादिवपनं गोदानम् ॥ ३९६ ॥

अथ गुरुभिर्गार्हस्थ्यायानुज्ञातः

स्नात उद्वाहयेद्भार्यां
ज्ञानसिद्धः कुमारिकाम् ।

वेदाध्ययनेन लब्धशुद्धिः स्नात उच्यते । अध्ययनान्ते हि स्नानमनेनैवाशयेनाम्नातम्, अत एवायं वेदार्थाधिगमात्मना ज्ञानेन सिद्धः संपूर्णः ॥

अथ वा 'ब्रह्मचर्यादेव प्रव्रजेत्' इति चोदितत्वात् शीघ्रमेव प्राव्राज्यमिच्छन्

कृत्वा दर्भमयीं पत्नीं
तया सह यजेत्क्रतून् ॥३९७॥

गृहस्थाश्रमचोदितनित्यनैमित्तिकरूपमित्थमुद्वाहात्मकसंस्कारसंपादनरूपमेतत् कर्म

तज्ज्ञेयं पञ्चदशमं

अनेनैव च

'पितृदेवमनुष्याणां भूतानां तर्पणं तथा ।
ब्रह्मणोऽध्ययनं चेति महायज्ञास्तु पञ्च वै ॥'

इति यज्ञसूत्रप्रतिपादिता नित्ययज्ञाः संगृहीताः । तदुक्तम्

'पञ्च सूना गृहस्थस्य चुल्ली पेषण्युपस्करः ।
खण्डनी चोदकुम्भश्च बध्यते यस्तु वाहयन् ॥
तासां क्रमेण सर्वासां निष्कृत्यर्थं महात्मभिः ।
पञ्च क्लृप्ता महायज्ञाः प्रत्यहं गृहमेधिनाम् ॥
अध्यापनं ब्रह्मयज्ञः पितृयज्ञस्तु तर्पणम् ।
होमो दैवो बलिर्भौतो नृयज्ञोऽतिथिपूजनम् ॥'

इत्येवमुद्वाहेनैवैते नित्ययज्ञाः संगृहीता इत्याशयः ॥

नैमित्तिकानाह

ततः पाकमखाः क्रमात् ।
नैमित्तिकांश्च तानाहुः
प्रवक्ष्याम्यनुपूर्वशः ॥ ३९८ ॥
अष्टकाः पार्वणी श्राद्धं
श्रावण्याग्रायणी तथा ।
चैत्री चाश्वयुजी चेति
सप्त पाकमखाः क्रमात् ॥ ३९९ ॥

पौषादिकृष्णपक्षगताः शाकाद्या अष्टकाः ।

पार्वणी सितासितपक्षाद्यदिने, तत्रत्यो यागस्तथोक्तः। श्राद्धं पित्र्यादिदिनोक्तो विधिः। श्रावण्यां यागः श्रावणी। आग्रायणी नवान्नयागः। एवं चैत्र्यादिरपि बोद्धव्यः। अन्ये तु आग्रायणीद्वयमिति पठित्वा शरद्वसन्तयोर्नवान्नयागद्वयं व्याचक्षते, ते च पार्वणं श्राद्धमेकमेव वर्णयन्ति। एते च पाकयज्ञा वेदे तु पुरोडाशादिभिः कार्या उक्ताः, वक्ष्यमाणास्तु हविर्यज्ञाः सक्त्वादिभिः। इह तु विशेषानभिधानात् प्रस्तुतैस्तिलैरेव कार्या इति ज्ञेयम् ॥३९९॥

तदेवम्

एतैः सह विजानीया-
द्द्वाविंशत्परिसंख्यया।

एतैः सप्तभिः सह पूर्वोक्तान् पञ्चदश संस्कारान्।

अथ

आग्नेयं चाग्निहोत्रं च
दर्शं चैव ततः परम् ॥४००॥

---

१ 'पैत्र्यादि' क. पाठः।

पौर्णमासी तथा ज्ञेया
चातुर्मास्यं तथैव च ।
पशुबन्धः समुद्दिष्टः
सौत्रामणिरतः परम् ॥ ४०१॥

हविर्यज्ञाः समाख्याताः
सप्तैते पावनाः प्रिये ।

आग्नेयमरणिक्रमेण अग्न्यानयनम् । अग्निहोत्रं सायंप्रातश्च होमः । दर्शो विपरीतलक्षणयाऽदृश्यमानचन्द्र आमावस्यो यागः । चातुर्मास्यं फाल्गुनात् चैत्राद्वा प्रभृति मासचतुष्टयान्ते पौर्णमासीभवो विशिष्टो यागः। पौर्णमासीशब्देन तु सर्वपौर्णमासीगतः सामान्ययाग उक्तः । पशुबन्धो यागविशेषो यत्र पशोर्मांसवसादि हूयते । सौत्रामणिः सुत्रामदेवताकः सुरायागः ॥

एतानपि संकलयति

एभिः सह विजानीया-
त्संस्कारैकोनत्रिंशकम् ॥४०२॥

अथ

अग्निष्टोमात्यग्निष्टोमौ
उक्थ्यः षोडशिका तथा।
वाजपेयोऽतिरात्रस्तु
आप्तोर्यामस्तु[1] सप्तमः ॥४०३॥

त एते यागविशेषाः

सोमसंस्थाः समाख्याताः

ग्रह[2]करणकसोम[3]पानयुक्ता यज्ञरूपाः क्रियाः सोमसंस्थाः ॥

एतावदन्तानेतान् संस्कारान्
षट्त्रिंशत्परिसंख्यया।

प्रोक्तमन्त्राहुतिक्रमेण कुर्यादिति शेषः।

अथ

हिरण्यपादः प्रथम-
स्तथा गुह्यहिरण्यधृत् ॥४०४॥
हिरण्यमेढ्रो हिरण्यनाभि-
र्हिरण्यगर्भ एव च।

---

१ 'आप्तर्याम' क पाठः। २ 'ग्रहण' क०,। ३ 'महोम' क पाठः।

हिरण्यश्रोत्रो हिरण्यत्व-
ग्घिरण्याक्षस्तथैव च ॥४०५॥

हिरण्यजिह्वस्तच्छृङ्गो
दश यज्ञाः प्रकीर्तिताः ।

गर्भो हृदयम् । एते पक्ष्याद्याकारा अग्निचित्याविशेषा येषां पादादिस्थानेषु हिरण्यं दीयते ॥

येषां तत्तत्पक्ष्याद्याकृतिभेदात्

शतेन तु घृतं चात्र
एकैकं तु विजायते ॥४०६॥

एतत्संपत्त्यर्थं होमे विशेषमाह

एते सर्वे सहस्रेण
शुध्यन्ते

स एव सहस्रहोमसंपाद्यो हिरण्यपादादिश्चित्ययज्ञः ।

सप्तत्रिंशकः ।

किंच

अश्वमेधं ततः पश्चा-
ज्जुहुयात्तु यथाक्रमम् ॥४०७॥

१ 'विजानते' क. ।

ब्राह्मणस्यापि कर्मवशप्राप्तसार्वभौमभूपतित्वस्य अयमश्वमेधः कार्य एव ॥ ४०७ ॥

एवं विवाहात् प्रभृति एतावदन्तैः

एवं कृतैस्तु तैः सर्वै-
स्ततश्चैव गृही भवेत्।

द्वितीयाश्रमस्थः ॥

अष्टात्रिंशत्तमं तं तु

अश्वमेधाख्यं संस्कारं जानीयादित्यर्थः।

वानप्रस्थं ततो भवेत् ॥४०८॥

पारिव्राज्यं ततोऽन्तेष्टि-
मेवं ब्राह्मण्यमाप्नुयात्।

वानप्रस्थं पारिव्राज्यं चाश्रमद्वयरूपं संस्कारद्वयम्। अन्तेष्टिर्विहितानन्नुष्ठानसंभाव्यमानप्रायश्चित्तशुद्ध्यर्थं गार्हस्थ्यावस्थितस्य कार्या न तु वानप्रस्थस्याश्रितपारिव्राज्यस्य वा तेनासौ पृथङ् न गण्यते। एवमिति पारमेश्वरमन्त्रहोमक्रमेण, पाशवे तु विधौ सत्यपि बीजाहारादिदोषसद्भावात् न सम्यग्ब्राह्मण्यं भवति।

इदं तु पारिव्राज्यलक्षणं चत्वारिंशत्तमसंस्कारमेतैः सह विजानते, एतैः सह गणितमिति यावत् ॥

अत आत्मगुणानष्टौ
कथयामि समासतः ॥४०९॥
दया सर्वेषु भूतेषु
क्षान्तिश्चाप्यनसूयता ।
शौचं चैवमनायासो
मङ्गलं चाप्यतः परम् ॥४१०॥
अकार्पण्यं चास्पृहा चे-
त्यष्टावात्मगुणाः स्मृताः ।

दया परानुकम्पा, क्षान्तिरपकारिषु शक्तत्वेप्यप्रतिक्रिया, परगुणसहत्वमनसूयता, चित्तवाक्शरीरशुद्धिः शौचम्, अक्लेशावहकर्मकारित्वमनायासः, मङ्गल्यद्रव्याणां दर्शनस्पर्शनचिन्तनानि मङ्गलं, यथाशक्ति दातृत्वमकार्पण्यम्, अस्पृहा संतोषः, इत्येते आत्मन आत्मसंनिकृष्टस्यान्तःकरणवागादेर्गुणा न तु

आत्मनस्तस्य चिदेकरूपत्वात् । तत्र च दीक्ष्यात्मनो ब्राह्मण्याय गर्भाधानं करोमि स्वाहा, इत्यनेन सप्रणवेशानोच्चारपूर्वेण मन्त्रेणादौ पञ्चकृत्वो हुत्वा पुनर्गर्भाधानं संपन्नमस्तु, इत्यन्तेन पञ्चकृत्वो जुहुयात् । इत्थमेव चत्वारिंशदन्तान् संस्कारान् निधाय वक्ष्यमाणमन्त्रक्रमेण गुणाष्टकोत्थापनपूर्वं ब्राह्मण्यमस्यापाद्य ईशानेनैवाधिकारभोगादिपूर्वं ब्राह्मण्यमस्य शोध्यम् ॥

इत्थमेव

चत्वारिंशदथाष्टौ तु
संस्काराश्च समासतः ॥४११॥
एतैः शुद्धैस्तु शुद्ध्यन्ति
असंख्या येऽपि सुव्रते ।

चत्वारिंशद्देहविषयाः, अष्टौ तु पुर्यष्टकनिष्ठाः । असंख्या इति आचाराध्यायोक्तविविधाचाररूपाः ॥

यत एते आत्मगुणाश्चत्वारिंशद्देहसंस्कारानन्तरमुक्ताः

अतोऽन्तेष्टिं[1] तु हुत्वा वै
गुणानापादयेच्छिशोः ॥४१२॥

अत्रापि ब्राह्मण्यशुद्धौ सामान्योक्त्येशानमन्त्रस्य विनियोगे प्राप्ते विश्लेषमाह

पञ्च पञ्चाहुतीर्हुत्वा
ब्रह्मभिश्चाप्यनुक्रमात् ।

चशब्द एवार्थे, ब्रह्मभिरेव, अपिशब्दात्समुचितोहर्युक्तैः[1] । अनुक्रमशब्दस्यायमर्थः—प्रागुक्त[2]क्रमेण सद्यआदिचतुष्टयेन दयाक्षान्त्यनसूयाशौचाख्यं चतुष्टयं प्रोक्तयुक्त्या पञ्चधा पञ्चधा हुत्वा, ईशानेनानायासमङ्गलाकार्पण्यास्पृहाख्यं चतुष्टयं तथैवाहुतिभिः संपादयेदिति॥

आहुतिषु करणमाह

तिलैर्घृतेन वा तांश्च

दत्त्वेति संबन्धः । तिलाः स्नेहमयबीजात्मकाः, आज्यं भूर्तः[3] स्नेह इति । संस्कारबीजानां

१ 'न्त्येष्टिं' क० । २ 'प्राप्त' क पाठः । ३ 'मूर्तः' ख पाठः ।

संस्काराभिलाषस्नेहस्य चैतत्प्र[ति]कृतिरूपं वासनास्नेहदाहात्मके दीक्षाकर्मणि होतव्यम् ॥

एवं कृत्वा

ऊर्ध्वे तु विनियोजयेत् ॥४१३॥

किमूर्ध्वमित्याह

ऊर्ध्वशब्देन चाशुद्धं
यत्कर्म परिकीर्तितम् ।

मनुष्यजातिप्रदस्य कर्मणो भूर्लोके शोधितत्वात् तदुपरिवर्तिदेवयोनिप्रदं कर्म यत्तदूर्ध्वमुच्यते ॥

तच्छुद्धये च दीक्ष्यस्य

तस्मिन् संयोजनं कार्यं

न तु तं त्यक्त्वान्यत्रेत्याह

नचान्यत्र विधीयते ॥ ४१४ ॥

एतत्स्फुटयति

तस्मान्नोद्धरणं कार्यं
न चापि नयनं क्वचित् ।

यत्तत्र परिपाट्या तु
कर्म तत्र नियोजयेत् ॥४१५॥

उद्धरणमुल्लङ्घनं, नयनमस्य स्थानेऽन्यस्य शोधनं नियोजयेत् इति दीक्ष्यम् ॥ ४१५ ॥

एवं स्थावरादिक्रमेण मनुष्यजातिभेदान् संशोध्य देवयोनीः शोधयितुमाह

ततोऽणिमादिरापाद्यो
ब्रह्मभिश्चाप्यनुक्रमात् ।
पञ्चाहुतिप्रयोगेण
भोगार्थं चैवमात्मनः ॥४१६॥

प्राग्वत्संहारक्रमेण प्रणवसद्योजातोच्चारपूर्वं देवदत्तस्य पैशाचाणिमादिमापादयामि स्वाहेत्याहुतीः पञ्च हुत्वा तद्भोगप्राप्तिमस्य संचिन्त्य तेनैव मन्त्रेण पैशाचभोगमस्य शोधयामि स्वाहेति पञ्चाहुतीर्दद्यात् । अनेन क्रमेण वामदेवाघोरतत्पुरुषैः राक्षसयाक्षगान्धर्वान् संशोध्य ऐन्द्रादिब्रह्मान्तचतुष्टयं सत्त्वप्रधानमीशानभट्टारकेणैव शोधयेत् ॥ ४१६ ॥

नच मानुष्यादनन्तरं देवयोनीरूर्ध्वस्थाः 'शोध्याः' इति मत्वा बुद्धितत्त्ववर्तिनीस्ताः शोधयेत्, अपितु

ऊर्ध्वशब्देन तज्ज्ञेयं
यद्भूर्लोकं समाश्रितम्।
तस्मिन्युक्तस्य कर्तव्यं
नचान्यस्मिन्कदाचन॥ ४१७॥

भूर्लोकमाश्रितं भूर्लोके देवयोन्युपपत्तिदं यत्कर्म, तदत्रोर्ध्वं ज्ञातव्यम्। तत्र युक्तस्य भोगार्थं योजितस्य मन्त्रैः कर्तव्यं शोधनमित्यर्थात्, नतु बुद्धितत्त्वे तत्र सुनन्दकरालादिनामविशेषोच्चारणेन शोधनस्य वक्ष्यमाणत्वात्॥ ४१७॥

युक्तं चैतत्, अन्यथा क्रमप्राप्तात् शोध्यस्थानात् दीक्ष्यात्मनि

अनुद्धृते कथं योगः

नच ततस्तावदुद्धरणं युज्यते
यावत् कर्म न भुज्यते।

दीक्ष्येण दीक्षाप्रभावादिति शेषः॥

यतश्चायं कर्मफलमवश्यं भोजयितव्यः,

ततो योजनमस्य तत्तत्कर्मवासनैकतानताम्य-माचार्येण भावनया क्रियत इत्याह

तस्मात्तु योगशब्देन
तत्तत्कर्मैकचिन्तना[1] ॥४१८॥
निर्वर्त्यते[2] महादेवि

अथ

निष्कृतिं जुहुयात्ततः ।
शिवेनाष्टशताहुत्या

शिवेनेति निष्कलेन । एतच्चतुर्थपटल एव निर्णीतं तथा वक्ष्यमाणमपि ॥

यदाह

ततस्तु भुवनाधिपान् ॥४१९॥
भुवनान्तर्निवासांश्च
भुवनानां यथाक्रमम् ।
होमेनैव तु संशोध्य
विश्लेषं छेदनं तथा ॥ ४२० ॥
पूर्णां चैव समुद्धारं
तत्स्थत्वं चाप्यनुक्रमात् ।

कुर्यादिति शेषः । भुवनानां शोधने प्रस्तुते

१ चित्तता क. पाठः । २ निर्वर्त्यते क. पाठः ।

भुवनेशान् कालाग्न्यादीन् प्रधानभूतान् भुवनान्तर्वासिनश्च अन्यानपि तदङ्गभूतानाहूय आहुतिभिः स्मर्तव्यश्रावणादिपूर्वं विसर्जयेदिति । तेषां शोधनं कृत्वा भुक्तेभ्यो भोगेभ्यो दीक्ष्यस्य विश्लेषो वियोजनं, छेदनं तु सूत्रस्य भुवनात्मनः पाशस्य, समुद्धारं ततो भुवनात्, तत्स्थत्वं शिष्यहृन्निवेशमित्यादि पूर्वमेव निर्णीतम् । यथाक्रममिति वदन्नुद्धारादनन्तरमात्मस्थीकरणं, ततस्तत्स्थीकरणं, ततो भुवनेशाह्वानमिति प्रागुक्तमेव क्रमं स्मारयति भूर्लोकेशाधिपतिर्भगवान् शर्व इत्यग्रे भविष्यति ॥

किंच

प्रायश्चित्तं ततो हुत्वा
न्यूनाधिकनिमित्ततः ॥४२१॥

उत्तरं कर्म कार्यमिति शेषः ॥ ४२१ ॥

एतत्सर्वं भूर्लोकोक्तं भुवनान्तरशुद्धावप्यतिदिशति

एवमादिक्रमेणैव
धामान्तं च विशोधयेत् ।

धाम समनावधिकशिवतत्त्वरूपं तदन्तम् । यदुक्तं

'समनान्तं वरारोहे पाशजालमनन्तकम् ।' (स्व० ४।४१०)

इति । एवमादिक्रमेणेति, प्रोक्षणादिपूर्वं शिष्यात्मनस्तत्र प्रागुक्तसंस्कारान्तरोपस्कृतान् जन्माधिकारभोग[1]लयनिष्कृतिविश्लेषपाशच्छेदपूर्णाहुत्युच्चारात्मस्थतत्स्थत्वसंस्कारान् कृत्वा भुवनेशाह्वानतर्पण[2]श्रावणाविसर्जनादियुक्त्येत्यर्थः ॥

तदेतत् प्रासङ्गिकमुक्त्वा प्रकृतमनुबध्नाति

भूर्लोकस्तु समाख्यातो
भुवर्लोकं[3] निबोध मे ॥४२२॥
भूपृष्ठाद्यावदादित्यं
लक्षमेकं प्रमाणतः ।

तत्र च

दश वायुपथा मध्ये
त्वयुतायुतसंख्यया ॥ ४२३ ॥

अयुतं दश सहस्राणि, अयुतायुतमन्तर-

१ भोगाल० क पाठः । २ तर्पणाश्रव० क पाठः । ३ भुवर्लोकं क पाठः ।

मिति पाठे तेषामयुतायुतमन्तर्निवासस्थान-
मिति व्याख्येयम् ॥ ४२३ ॥

तत्र

आद्ये वायुपथे मेघा-
न्कथयामि यथास्थितान् ।

परमेश्वरेच्छानियमितवायुविततविहरणोपभोगभूमयो वायुपथाः ॥

तत्र

पञ्चाशद्योजनादूर्ध्व-
मूर्तार्द्धिर्नाम मारुतः ॥ ४२४ ॥
यो विवर्धयते पुष्टि-
मोषधीनां बलं तथा ।
बृंहयेच्च महीं सर्वा-
माप्याययति चाव्ययः ॥४२५॥

अव्यय इति सदा आप्यायादि कुर्वन्नपि न क्षीयते ॥ ४२५ ॥

किंच

दिवा हंसः स वै वायु-
र्मनुजानां सुखावहः ।

स एव

यतो गृध्रान्धारयति
तेन गृध्रधरः स्मृतः ॥ ४२६ ॥

एक एवायं नानासंज्ञो नानाव्यापारश्चेत्यर्थः ॥ ४२६ ॥

तदुपरि

प्राचेतसो नाम वायुः
प्रचेतोभिविनिर्मितः ।
स वै नाशयते वृक्षान्
कदाचित्संप्रवर्तयेत् ॥ ४२७ ॥

प्रचेतसा वरुणेनाभिविनिर्मितः उत्पादितः । नाशयते दहति । प्रवर्तयति उद्भिन्नाङ्कुरान् संपादयति ॥ ४२७ ॥

वायोः कथं दाहकत्वमित्याह

अग्निः प्राचेतसो नाम
तेनैव सह तिष्ठति ।

तत्साहित्यादसौ

यदा दहति वेश्मानि
तदासौ समुदाहृतः ॥ ४२८ ॥

एतन्नामैवेत्यर्थः ॥ ४२८ ॥

अयं चाग्निर्वडवात्मेत्याह

सुखी समुद्रे वसति

अयत्नोपनतनानानीरपानाशनः ॥

वसंश्चात्र

स जलान्नोपशाम्यति ।

प्रत्युत ज्वलति ॥

अथ

योजनानां शतादूर्ध्वं

सेनानीर्वायुरुच्यते ॥ ४२९ ॥

'नीचवायुरिति स्मृतः' इति केचित्पठन्ति । शतादूर्ध्वमित्यत्रायमाशयः—भूपृष्ठात्पञ्चाशद्योजनोर्ध्वं योजनपञ्चाशति ऋतर्द्धिः, प्रचेताश्च पञ्चाशंति ॥ ४२९ ॥

विद्युद्वन्तो मूकमेघा

वसन्त्यस्मिंश्च मारुते ।

चो ह्यर्थे ॥

---

१ त्सादिति क पाठः ।

ते भुवः क्रोशमात्रेण
तिष्ठन्तोऽपसृजन्त्यपः ॥ ४३० ॥
योजनानां शतादूर्ध्वं
मेघाः सत्त्ववहाः स्मृताः ।
मत्स्यमण्डूककूर्मांश्च
वर्षन्त्येते च दुर्दिने ॥ ४३१ ॥

यत ईदृशास्ततः सत्त्ववहा इत्यर्थः ॥ ४३१ ॥

एतस्मात् सत्त्ववहव्याघात्
योजनानां शतादूर्ध्वं
वायुरोघः प्रकीर्तितः ।
तस्मिंस्तु रोगदा मेघा
वर्षन्ति च विषोदकम् ॥ ४३२ ॥
तेनोपसर्गा जायन्ते

चो ह्यर्थे ॥

तैश्चोपसर्गैः पीडादिभिः
मारकाः सर्वदेहिनाम् ।

प्रवर्तन्ते ॥

---

१ 'पञ्चाशद्योजनादूर्ध्वं' पुस्तकान्तरे दृष्टः पाठः । २ रोगः ख पाठः ।

अथ

तस्मादूर्ध्वं तु तावद्भ्यो
देव्यमोघः स्थितो मरुत् ॥४३३॥
तस्मिंस्ते मारका मेघा
अमोघे[1] संप्रतिष्ठिताः ।

तावद्भ्यः पञ्चाशत इत्यर्थः। तावच्छब्दो व्यवहितपञ्चाशद्योजनामर्शकः ॥

अथ

वज्राङ्गो नाम वै वायुः
पञ्चाशद्योजनास्थितः ॥ ४३४ ॥
तस्मिंस्तूपलका नाम
मेघास्तूपलवर्षिणः ।

तदुपरि

तावद्भिर्योजनैरेव
ततो वै वैद्युतोऽनिलः ॥४३५॥
मेघाश्च वैद्युतास्तस्मि[2]-
न्निवसन्ति तु वैद्युते ।

---

१ अमेघे ख पाठः । २ अनलः क पाठः ।

तावद्भिः पञ्चाशता ॥

वैद्युतत्वमेतेषां विद्युत्कारणत्वेनेत्याह

अशनिर्वायुसंक्षोभा-
त्तेष्वसौ जायते महान् ॥४३६॥

अशनिर्विद्युत् । तेषु मेघेषु ॥ ४३६ ॥

तदूर्ध्वं योजनानां च
पञ्चाशद्रैवतः स्मृतः ।
तस्मिन्पुष्टिवहो नाम
पुष्टिं वर्षति देहिनाम् ॥४३७॥

रैवत इति तदाख्यः। पुष्टिवहाख्यो मेघः ४३७

तदुपरि स्थिते

संवर्ते रोगदा मेघा-
स्ते रोगोदकवर्षिणः ।
पञ्चाशद्योजने ते वै
तस्मिंस्तिष्ठन्ति तोयदाः ॥४३८॥

ततोऽपि

विषावर्तो नाम वायुः
पञ्चाशदुपरि स्थितः ।

तस्मिन्क्रोधोदका नाम
मेघा वै संप्रतिष्ठिताः ॥ ४३९॥
ते क्रोधरागबहुलं
संग्रामबहुलं तथा ।
राज्ञां क्षयकरं चैव
प्रजानां क्षयदं तथा ॥ ४४० ॥
वर्षं चैवात्र कुर्वन्ति
यदा वर्षन्ति ते घनाः ।

ते घनाः संवर्ताश्रयस्य पञ्चाशत उपरि पञ्चाशदुपरि । विषावर्तस्य तु मानमग्रे वक्ष्यति। क्रोधसहितो रागः क्रोधरागस्तेन बहुलं पूर्णं तत्संपादकमिति यावत् ॥

ओघादीन् सप्त वायून् धर्मसाम्येन विशिनष्टि

ओघोप्यमेघो[1] वज्राङ्गो
वैद्युतो रैवतस्तथा ॥ ४४१ ॥
संवर्तश्च विषावर्तो
वायवो घोरवेगिनः ।

---

१ मोघो क पाठः ।

घोरवेगिन इति, घोरो वेगो भूम्ना विद्यते येषाम् ॥

एतत्सप्तकं येषामास्पदं तान् क्रमेणाह

ओघे वसन्ति वै दिव्याः
पिशाचाः स्कन्ददेहजाः ॥४४२
त्रिंशत्कोटिसहस्राणि
स्कन्दस्यानुचराः स्मृताः ।
ते वै दिव्यैश्च कुसुमै-
रर्चयन्ति हरात्मजम् ॥४४३॥

तदूर्ध्वस्थे

अमोघे विनायका घोरा
महादेवसमुद्भवाः ।
त्रिंशत्कोटिसहस्राणि
तस्मिन् वायौ प्रतिष्ठिताः ४४४
ये हरन्ति कृतं कर्म
नराणामकृतात्मनाम् ।

अकृतात्मनामसंयमवताम् ॥

वज्राङ्केऽपि तथा वायौ
मातङ्गाः क्रूरकर्मिणः ॥४४५॥
भिन्नाञ्जननिभा घोरा-
स्तापना नाम विश्रुताः ।
तदारोहिणश्च
विद्याधराणामधमा
मनःपवनगामिनः ॥ ४४६ ॥

मनः पवनवन्मातङ्गारोहादेव गच्छन्ति तच्छीलाः, अत एवाधमाः । उत्तमास्तु विद्यादिप्रभावेणैव तत्तद्देशप्राप्तिमन्तः ॥ ४४६ ॥

किंच

ये विद्यापौरुषे ये च
वेतालादीञ्श्मशानतः ।
साधयित्वा ततः सिद्धा-
स्तेऽस्मिन् वायौ प्रतिष्ठिताः४४७

विद्यापौरुषे शास्त्रविद्यादिस्पर्धायां तथा वेतालादीन् साधयित्वा ये प्रसिद्धा मृता इत्यर्थः ॥ ४४७ ॥

वैद्युतेऽप्सरसस्तस्मिन्
वासवेन प्रयोजिताः ।
तिष्ठन्ति सर्वदा तत्र
पृथिवीपुरपालने ॥ ४४८ ॥

पृथिवीपुरपालनं चैतत् तासां यत् तन्निवासिसदाचारजनपदस्य विमानैः स्वभूमिप्रापणम् ॥ ४४८ ॥

तदाह

भृगौ वह्नौ जले वापि
संग्रामेष्वनिवर्तकाः[1] ।
गोग्रहे बन्दिमोक्षे वा
म्रियन्ते पुरुषोत्तमाः ॥ ४४९ ॥
ते व्रजन्ति ततस्तूर्ध्वं
विमानैर्मणिचिह्नितैः ।
पताकादीर्घिकाकीर्णै-
र्दिव्यघण्टानिनादितैः ॥४५०॥

न निवर्तन्त इत्यनिवर्तकाः, संमुखं ये म्रि-

---

१ मेष्व० क पाठः ।

यन्त इत्यर्थः। गवां ग्रहः सिंहादिभिराक्रमणम्। बन्द्यो बलाद्गृहीता हठाम्रियमाणाः परयोषितः। एते च संग्रामादौ मृताः सदाचारत्वात्[1] पुरुषोत्तमाः न तु पूर्वे

'असूर्या नाम ते लोका अन्धेन तमसावृताः।
तांस्ते प्रेत्याभिगच्छन्ति ये केचात्महनो नराः॥' (ईशा०३)

इति श्रुतौ तेषामनुत्तमत्वेनोक्तत्वात्। तत इति स्वभूमेः॥ ४५०॥

कथं व्रजन्तीत्याह

स्त्रीसहस्रपरीवारै-
र्विमानैस्तान्नयन्ति ताः।

यंत[2] इति शेषः। ता इत्यप्सरसः॥

रैवते तु महात्मानः
सिद्धा वै संप्रतिष्ठिताः॥४५१॥
गोरोचनाञ्जने भस्म-
पादुके अजिनादि च।
साधयित्वा महात्मानः
सिद्धास्ते कामरूपिणः॥४५२॥

---

१ तत्वात् क पाठः। २ यः क पाठः।

सिद्धाः संपन्नाः ॥ ४५२ ॥

ततश्चात्र

ते वसन्ति महात्मानो
दिव्यां सिद्धिमवस्थिताः ।

वज्राङ्कस्थत्वेन तद्रूपत्वात् विद्याधराधमा उक्ताः ॥

संवर्तेऽपि महावायौ
विद्याधरगणाः स्मृताः ॥४५३॥
दश त्रिंशच्च कोट्यस्ते
दिव्याभरणभूषिताः ।
दिव्यगन्धानुलिप्तास्ते
दिव्यस्रग्धामभूषिताः ॥४५४॥

दश ये गणाः संक्षेपतः त एव विस्तरस्त्रिंशत्कोटय इत्यत्रार्थः । एते च विद्याधरा देवयोनिभेदा एव न तु मनुष्याः सन्तः खड्गादिसिद्ध्या सिद्धाः ॥

अथैतदुपरि

आग्नेया धूमजा मेघाः
शीतदुर्दिनदाः स्मृताः ।

विषावर्तं नावमिव
ते वायुं यान्ति मिश्रिताः ॥४५५॥
तत्र गान्धर्वकुशला
गन्धर्वसहधर्मिणः।
वंशवीणाविधिज्ञाश्च
पक्षिणः कामरूपिणः ॥४५६॥

गन्धर्वसहधर्मिता गान्धर्वेण महेश्वराराधकत्वम् ॥ ४५६ ॥

ब्रह्मजा नाम वै मेघा
ब्रह्मनिःश्वाससंभवाः।
उपरिष्टाद्योजनशता-
द्दुर्जयस्योपरि स्थिताः ॥४५७॥

विषावार्ताख्यवायुव्याप्तयोजनशतोपरिष्टात् यो दुर्जयो नाम वायुः, तस्योपरि ब्रह्मजा मेघाः स्थिता इति संगतिः ॥ ४५७ ॥

किंच

तत्र वै दुर्जया नाम
इन्द्रस्य परिरक्षकाः।

---

१ संश्रिता इति पुस्तकान्तरपाठः ।

परावहाभिधं वायुं
ते समाश्रित्य संस्थिताः ॥४५८॥
महावीर्यबलोपेता
दश कोट्यः प्रकीर्तिताः ।

तत्रेति दुर्जयसमीपे परावहाभिधं वायुं समाश्रित्येति संगतिः ॥

अतोऽप्यूर्ध्वं
पुष्करावर्तका नाम
मेघा वै पद्मजोद्भवाः ॥ ४५९ ॥

तथा
शक्रेण पक्षा ये च्छिन्नाः
पर्वतानां महात्मनाम् ।
परावहस्तान्वहति
मनुजानिव वारणः ॥४६०॥

तानिति पुष्करावर्तकान् पर्वतपक्षांश्च परावहाख्यो वायुर्वहति ॥ ४६० ॥

किंच
तस्मिन्वायुगमा नाम
गन्धर्वा गगनालयाः ।

एकादश तु वै कोट्य-
स्तेषां तु समुदाहृताः ॥४६१॥

तथा

जीमूता नाम ये मेघा
देवेभ्यो जीवसंभवाः ।
द्वितीयमावहं वायुं
मेघास्ते च समाश्रिताः॥४६२॥
तस्मिञ्जीमूतका नाम
विद्याधरगणा दश ।

जीवसमुद्भवा इति जीवः श्वासः, तत उद्भवाः । द्वितीयमावहमिति पुष्कराववर्तकाश्रयं परावहमित्यर्थः, नतु प्रथमं दुर्जयानामाधारम् ॥

अथ

आवहस्तु[1] ततो वायु-
र्यत्र द्रोणाः समाश्रिताः॥४६३॥
तस्मिन्द्रोणाः समाख्याता
मेघानां परिरक्षकाः ।

---

१ महावहस्त इति पुस्तकान्तरपाठः ।

द्रोणा नाम मेघविशेषा अधोवर्तिमेघानाम-
यथाकारित्वं रक्षन्ते ॥

यतः

हितार्थं तु प्रजानां वै

निर्मितास्ते मया पुरा ॥४६४॥

मयेति कैलासस्थेन—इति तत्र प्रवक्तुरुक्तिः ।
हितमधोवर्तिमेघेभ्य उपद्रवपरिरक्षा ॥ ४६४ ॥

अथैषाम्

उपरिष्टात्कपालोत्थाः

संवर्ता नाम वै घनाः ।

महापरिवहो नाम

वायुस्तेषां समाश्रयः ॥४६५॥

कपालोत्था इति ममैवेत्यर्थात् ॥ ४६५ ॥

उपसंहरति

आद्ये वायुपथे ह्येवं

मेघा वै वायुभिः सह ।

सिद्धाश्च पतयश्चैव

कथिता मेघचारिणः ॥४६६॥

दशसहस्रोन्मानो योऽयमाद्यो वायुपथस्तस्य भुव ऊर्ध्वं शून्यं पञ्चाशद्योजनानि, तदूर्ध्वमृतर्द्धिः, प्राचेतसः, सेनानीः, सत्त्ववहः, ओघः, अमोघः, वज्राङ्गः, वैद्युतः, रैवतः, संवर्तः, विषावर्त इति । एत एकादश ये वायवस्तेषां मध्यात्सेनानीः सत्त्ववहश्च शते शते योजनानां स्थितः, शेषाः प्रत्येकं पञ्चाशद्योजनावस्थितय इति कलनया भूपृष्ठाद्विषावर्तान्ते योजनसप्तशती । तदुपरि सहस्रनवके शतत्रये च दुर्जयपरावहद्वयावहावहमहापरिवहाख्याः पञ्च वायवः स्थिता इति ॥ ४६६ ॥

आद्यं वायुपथं वितत्योक्त्वा, अन्यान् संक्षेपेण विभजते

द्वितीये वायुपथे ज्ञेया
अग्निकन्याश्च मातरः ।
ता वसन्ति गुणोपेता
रुद्रशक्त्या त्वधिष्ठिताः ॥४६७॥

मातरोऽपरेण रूपेण ब्राह्म्याद्याः । गुणेन सर्वज्ञत्वादिनोपेता यतो रुद्रशक्त्यधिष्ठिताः ॥४६७॥

अथ

तृतीये वायुपथे चैव
वसन्ते सिद्धचारणाः।
स्वकर्मभोगसंसिद्धाः
सर्वसिद्धैरधिष्ठिताः ॥४६८॥

स्वं प्राक्तनं शुभं कर्म, भोगस्तत्तत्पदोचितसुखात्मकः, तद्वशेन संसिद्धाः प्राप्ततत्पदाः। सर्वसिद्धैरप्यन्यैरपि तत्तत्पदोचितयोगसिद्धैरधिष्ठिता आसादिताः ॥ ४६८ ॥

तदुपरि

चतुर्थे पथि चैवात्र
वसन्त्यायुधदेवताः।
नाराचचक्रचापर्ष्टि-
शूलशक्तीषुमुद्गराः ॥४६९॥

ऋष्टिरायुधविशेषः। एते च खड्गखट्वाङ्गादीनपि उपलक्षयन्ति। आयुधानामेव च तद्देवतानाम ॥ ४६९ ॥

अथ

पञ्चमे पथि देवेशि
वसन्त्यैरावतादयः।

ऐरावतोऽञ्जनश्चैव
वामनश्च महागजः ॥४७०॥
सुप्रतीको गजेन्द्रश्च
पुष्पदन्तस्तथैव च ।
कुमुदः पुण्डरीकश्च
सार्वभौमोऽपि चाष्टमः ॥४७१॥

वामनस्य विशेषणं महागज इति । तथा सुप्रतीकस्य करीन्द्र इति ॥ ४७१ ॥

त एते

दिग्गजा इति विख्याताः
स्वासु दिक्षु व्यवस्थिताः ।

व्यवस्थिता इति पूर्वादिक्रमेण नभस्येव ॥

ततोऽपि

षष्ठे वायुपथे देवि
पक्षिराजो महाबलः ॥४७२॥
गरुत्मानिति विख्यातो
दुर्जयोऽतीव वीर्यवान् ।

सप्तमे व्योमगङ्गा तु
नानाजलचरानुगा ॥४७३॥
दिव्यामृतजला पुण्या
त्रिधा सा परिकीर्तिता ।

दिव्यममृततुल्यं जलं यस्याः सा । त्रिधेति सत्यलोकस्वर्लोकभुवर्लोकस्थित्या ॥

सा भ्रान्ता नभसो मध्ये
समन्तात्परिमण्डला ॥४७४॥
आकाशगङ्गा प्रथिता
देवानां सततोत्सवा ।
पुष्पमालेव सा भाति
नभसः शिरसि स्थिता ॥४७५॥
तत्र सिद्धैर्महाभागै-
र्विद्याधरगणैस्तथा ।
गन्धर्वैरप्सरोभिश्च
साध्यैर्विश्वैर्मरुद्गणैः ॥४७६॥
रुद्रैर्वसुभिरादित्यैः
पितृदेवमहर्षिभिः ।

रक्षोभिर्गुह्यकैश्चैव
दिव्यस्तुतिपरायणैः ॥४७७॥
स्तुवद्भिश्च जपद्भिश्च
गायद्भिश्च महात्मभिः ।
नृत्यद्भिर्वल्गमानैश्च
दिव्यदुन्दुभिनिःस्वनैः ॥४७८॥
भेरीमृदङ्गवाद्यैश्च
वल्लकीनां च निःस्वनैः ।
वंशवादित्रनादैश्च
मनोवायुसमीरितैः ॥४७९॥

तत्र सिद्धैरिति सिद्धादिभिरुपलक्षिता । रुद्रादीनां त्रयाणां विशेषणं पितृदेवैरिति । स्तुवद्भिश्चेत्यादिभिर्विशेषणैः पूर्वे यथायोगं विशेष्याः । दिव्यदुन्दुभिनिःस्वनैरित्याद्या नृत्तं वल्गनं च प्रति हेतुतृतीयाः। मनोधिष्ठितेन वायुनेति प्राणेन समीरितैः पूरितैरिति योज्यम् ४७९

किंच

वैडूर्यनालैः कमलै-
र्हैमपत्रैः सुगन्धिभिः ।

केसरैः पद्मरागैश्च
महाचक्रप्रमाणकैः ॥ ४८० ॥
नृत्यन्तीव सरिच्छ्रेष्ठा
विमानशतमण्डिता ।
मण्डिता च वनैर्दिव्यै-
र्धर्माधारा महानदी ॥४८१॥

केसरैः पद्मरागैरिति पद्मरागात्मककेसरयुक्तैः पद्मैरित्यर्थः । धर्म आ समन्ताद्धार्यते दर्शनस्पर्शनादिना संपाद्यते यया ॥ ४८१ ॥

युक्तं चैतत् यतः

मम नेत्राद्विनिष्क्रान्ता
क्रियाशक्तिः परा हि सा ।

एतत्पूर्वमेव निर्णीतम् ॥

सैषा

महामन्दाकिनी देवी
त्रिदशैः पर्युपासिता ॥४८२॥
महाविमानकोटीभि-
र्निरन्तरमवस्थितैः ।

शोभितासौ भगवती
नित्यमास्ते नभस्तले ॥४८३॥

महत्त्वं प्रभावातिशयादस्याः। अवस्थितैरिति त्रिदशाविशेषणम् ॥ ४८३ ॥

तत्रैषा मेरुशिरसि
मम वै मस्तकाच्च्युता ।
पपात धरणीपृष्ठे
लोकानां हितकाम्यया ॥४८४॥

एषा गङ्गा पूर्ववर्णितयुक्त्या देवैरभ्यर्थितेन मया मर्त्यलोकपावनाय समाहूय विसृष्टा सती मेरुशिरःस्थितस्य मम मस्तकं प्राप्य, ततश्च्युता मेरुशिरसि स्थिता, पश्चात् धरणीपृष्ठे पपातेति संगतिः। उक्तं च प्राक्

'आगत्य मम मूर्धानं मेरुमूर्ध्नि पुनर्गता ।
तस्मान्निर्गत्य देवेशि चतुर्दिक्षूदधिं गता ॥' (१०।१८१)

इति ॥ ४८४ ॥

किंच मदीयनियतिशक्तिनियन्त्रणतः

अक्षोभ्या साप्यसौ गङ्गा
तिष्ठत्यनिलधारिता ।

अन्यथा कथमनिलेन न क्षोभ्येत कथं वाह्येत ॥

योजनानां शतं पूर्णं
विस्तारोऽस्याः प्रकीर्तितः ४८५

परिणाहस्ततः कोट्यः

तत इति तस्मिन्नाकाशे । कोट्य इति बह्व्यः कोटय इत्यर्थः ॥

एषा चात्र

महावेगवती शुभा ।
सा भ्रमन्तीव संतिष्ठे-
त्समन्तात्परिमण्डला ॥ ४८६ ॥

परिमण्डलेति ब्रह्माण्डान्तराकाशस्य तथात्वात् ॥ ४८६ ॥

ध्रुवमापूर्य सा देवी
न्वत्यद्भुतमवस्थिता ।

ध्रुवमिति तन्नाभिनिबद्धभचक्रमित्यर्थः । देवी द्योतमाना । अत्यद्भुतं कृत्वावस्थिता ॥

किंच

दिव्यामृतवहा पुण्या
सर्वपापप्रणाशिनी ॥४८७॥

दिवि भवं दिव्यं लोकोत्तरममृतं जलं वहति ॥ ४८७ ॥

अथ

अष्टमे वृषराजस्तु
सपत्नीकः सनन्दनः ।
वसति त्वप्रतीघातः
प्रत्यक्षो धर्म एव सः ॥४८८॥

वृषराज इति महेश्वरस्य वाहनम् । अप्रतीघातः स्वेच्छाविहारी । धर्म इति

'वृषो धर्मः स देवस्य गुणो ज्ञानक्रियात्मकः ।
धत्ते स चिदचिद्यस्माद्धर्मस्तेनोच्यते बुधैः ॥'

इति श्रीमन्मथसंग्रहोक्तसतत्त्वः ॥ ४८८ ॥

नवमे पथि चात्रास्ते
दक्षो नाम प्रजापतिः ।

ब्रह्मैव साक्षाद्वसति
ब्रह्मशक्त्या त्वधिष्ठितः ॥४८९॥

ब्रह्मणः शक्तिर्निर्मातृरूपा ॥ ४८९ ॥

दशमे वायुपथे देवि
वसुरुद्रदिवाकराः ।

एते च पूर्वं गङ्गासेवार्थमितोऽवतीर्णा व-
र्णिताः ॥

तत्र प्राधान्यादादौ रुद्रान्नामतो दर्शयति

अत्र चाङ्गारकः सर्पि-
र्नैर्ऋतः सदसत्पतिः ॥४९०॥
बुधश्च धूमकेतुश्च
विख्यातश्च ज्वरस्तथा ।
अजश्च भुवनेशश्च
मृत्युः कापालिकस्तथा ४९१
एकादश स्मृता रुद्राः
सर्वकामफलोदयाः ।

सदसत्पतिरिति यः क्वचिदुक्तः । ज्वरो

विख्यातः त्रिजगत्प्रसिद्धः। सर्वेषां कामफला-
नामुद्‍यो येभ्य इति समासः॥

तदित्थं

धाता ध्रुवश्च सोमश्च
वरुणश्चानिलोऽनलः ॥४९२॥
प्रत्यूषश्च प्रदोषश्च
वसवोऽष्टौ प्रकीर्तिताः।

तदित्थं

वसवः कथिता ह्येते
आदित्यांश्च निबोध मे ॥४९३॥
अर्यमा इन्द्रवरुणौ
पूषा विष्णुर्गभस्तिमान्।
मित्रश्चैव समाख्यात-
स्त्वजघन्यो जघन्यकः ॥४९४॥
विवस्वांश्चैव पर्जन्यो
धाता वै द्वादशः स्मृतः।
काश्यपेयान्विदुस्त्वेतान्

कश्यपस्यामी काश्यपेयाः कश्यपापत्यानीत्यर्थः ॥

तेषां तेजोनिधेरथ ॥ ४९५ ॥

अमृतोद्भवो रथो दिव्यः
सर्वदेवसमन्वितः ।

तेषां वसुरुद्रादित्यानां मध्यात् तेजोनिधेरादित्यस्य क्षीरोदोद्भवो रथः तस्यैव तदारूढस्य जगत्प्रकाशाय नियुक्तत्वात् । तेजोनिधेश्चिदर्कस्य परशक्त्यमृतोत्थितः पूर्वोक्तदृशा सर्वदेवमयः प्राणरूपो रथ इत्यपि सूचितम् ॥

अनेन यदुक्तं सर्वदेवमय इति, तद्विभजते

यज्ञश्चक्रं रथे तस्मि-
न्सर्वज्ञानमयी च धूः ॥४९६॥
सप्ताश्वाश्च स्वराः सप्त
वेदहूंकारनिःस्वनाः ।
नागा योक्त्राणि तेषां वै
अरुणश्चैव सारथिः ॥४९७॥
सत्यं च मञ्चकं तस्य
वायुर्वेगो रथस्य तु ।

यज्ञः क्रियाशक्त्यात्मा देवता अस्य रथस्य चक्रं तद्वशादूर्ध्वाधरस्थसर्वलोकयात्रासंपत्तेः । यदुक्तं गीतासु

'तस्मात्सर्वगतं ब्रह्म नित्यं यज्ञे प्रतिष्ठितम् ।' (भ० गी०)

इति । विश्वान्यजतीत्याम्नातत्वात्[1] सर्वशास्त्रज्ञानमयी वागीश्वरी अस्य धूः, यत्र लग्ना अश्वा वहन्ति । ते च समस्तवाचकात्मकवेदप्रधानभूतहूंकाररूपहेषाशब्दव्यञ्जकाः षड्जाद्याः सप्त स्वराः । एवं च नदन्नादा[2]मर्शोत्थितत्[3]त्वं ज्ञानक्रियादेवताकाण्डरूपत्वात्परापरतदुभयसिद्धिमयत्वं च ऊर्ध्वाधरशक्तिसंबन्धेन वेदानां प्रतिमन्त्रमुद्रास्थानीयत्वेन दर्शयति । योक्त्राणि बन्धनरज्जवः । नागा अनन्ताद्याः । तेषां षड्जादीनाम् । न अगाः सततगतिशीलाः संकल्पा नियोक्तारः । अरुणोऽनूरुर्दीप्तोऽहंकारश्च । सत्यं च ऋतम् । मञ्चकमासनम् । प्रतिप्रकाशमाने विश्वत्र साध्वाधारतया स्थितं सत्त्वात्मकं बुद्धितत्त्वम् । रथस्य वेगो वाय्वाख्या देवता । प्राण-

१ यजेत्या० क पाठः । २ नर्मा० क पाठः । ३ 'स्थिततत्त्वं' क पाठः ।

नात्मन आन्तरस्य च रथस्य प्राणापानादिरूपो वाय्वात्मैव वेगः ॥

तदेवमीदृग्रथारूढस्य

नवयोजनसाहस्रो
विग्रहो भास्करस्य तु ॥४९८॥
त्रिगुणं मण्डलं तस्य
त्रैलोक्ये भाति भास्वरम् ।

जीवादित्यस्यापि नवतालो विग्रहः। मण्डलं च प्रकाशात्मकं त्रिभिः सत्त्वादिभिर्गुणैरुपेतम् ॥

स चायमसामान्य इत्याह

ज्ञानशक्तिः परा ह्येषा
तपत्यादित्यविग्रहा ॥ ४९९ ॥

सर्वशक्तेर्महेश्वरस्य विश्वप्रकाशिका ज्ञानशक्तिर्जीवादित्यबाह्यादित्यरूपतया स्थितेत्यर्थः॥

इत्थं पारमेशज्ञानशक्त्यात्मका द्वादशादित्याः

मासवारप्रयोगेण
संचरन्ति शिवेच्छया ।

मासेन वारः, स एव प्रयोगो नियोगः। जी-

वादित्यस्य मासादिविभागः प्रागेव निर्णीतः। द्वादशधात्वं चास्य बुद्धिभेदात्। शिवेच्छयेति नात्रान्यस्येच्छा प्रभवतीत्यर्थः॥

अतश्च

अहोरात्रं भ्रमन्त्येते
भुवर्लोकं[1] समन्ततः॥५००॥

एतच्च[2]

'उदयो योऽमरावत्या.....................।'

इति प्रोक्तानुसारेण योज्यम्। यत्तु—बृहट्टीकाकारराजानकभुल्लकेन यावदशेषभुवनप्रकाशव्याप्तिः सूर्यस्य नास्ति, तावत्सूर्यसंयमात् भुवनज्ञानं कथं पतञ्जलिनोक्तम्, अत आ पातालात् सत्यलोकान्तं सूर्यस्य प्रकाशकत्वमिति स्वरुच्या व्याख्यातं—तदसारत्वादुपेक्ष्यम्॥५००॥

अथ सूर्योपरि चन्द्रादीनां स्थितिविभागमाह

ततः सोमस्तु लक्षेण
आदित्योपरि संस्थितः।

---

१ 'भुवोलो०' क पाठः। २ 'अतश्च' क पाठः।

आप्याययञ्जगत्सर्वं
सुधाधाराप्रवर्षणैः ॥ ५०१ ॥

इत्थं च

चन्द्ररूपेण तपति
क्रियाशक्तिः शिवस्य तु ।
इन्दूर्ध्वे लक्षमात्रेण
स्थितं नक्षत्रमण्डलम् ॥५०२॥

नक्षत्रमण्डलं ताराचक्रम् ॥ ५०२ ॥

लक्षद्वयेन तस्योर्ध्वं
संस्थितो भूमिनन्दनः ।
लक्षद्वयेन तस्योर्ध्वे
संस्थितः सोमनन्दनः ॥५०३॥
सुराचार्योऽपि तस्योर्ध्वे
द्विलक्षेणैव संस्थितः ।
तस्योर्ध्वेऽपि द्विलक्षेण
तिष्ठते भृगुनन्दनः ॥५०४॥
तस्योपरि द्विलक्षेण
सौरिः सर्पति लीलया ।

सर्पति राशिषु संचरति । लीलयेति मन्द-मन्दं, यतोऽयं शनैश्चरः ॥

तस्योपरि

लक्षमात्रेण तु ऋषीन्
कथयामि समासतः ॥५०५॥

तान्यथावस्थिति क्रमेणाह

अत्रिश्चैव वसिष्ठश्च
पुलस्त्यः पुलहः क्रतुः ।
भृग्वङ्गिरा मरीचिश्च

भृग्वङ्गिरा गोत्रनामक्रमाभ्यामेक एव ॥

एते सप्त

ऋषयः संप्रकीर्तिताः ॥५०६॥

यमनियमतो ह्येते
शापानुग्रहकारकाः ।

अहिंसाद्या यमाः । शौचाद्या नियमाः ॥५०६॥

किंच

भीताश्च परपीडायाः

प्रत्यवायिनामपि निग्रहं न कुर्वन्ति दयापरतन्त्रत्वात् ॥

तथा

शूराः शास्त्रविचारणे ॥५०७॥

शूरास्तीक्ष्णधियः ॥ ५०७ ॥

अत एवानुग्राह्याणां

ज्ञानखड्गोद्यताः सर्वे
त्वज्ञानपटलापहाः ।

अज्ञानमेव चित्प्रकाशावरकत्वात् पटलस्तमपघ्नन्ति ॥

तदर्थमेव च

मन्त्रयोगक्रियाचर्या-
संनद्धा दुरतिक्रमाः ॥५०८॥
योगैश्वर्यगुणोपेताः
शिवाराधनतत्पराः ।

मननसारा मन्त्राः, योगो ध्यानधारणादिः, क्रिया नित्यनैमित्तिकानुष्ठानं, चर्या व्रतादिरूपा, एतैर्मन्त्रादिभिः संनद्धाः परिष्कृताः । अत एव

दुरतिक्रमाः अज्ञानेन न कदाचिदभिभूयन्ते । अतश्च योगैश्वर्यगुणैरणिमादिसिद्धिभिरुपेताः । तथापि शिवाराधनप्रधानकर्मणि तत्पराः नित्यासक्ताः ॥

अथ

तेभ्यो लक्षाद्ध्रुवो देवि
तारकाः स चतुर्दश ॥५०९॥

एक एव सन् ॥ ५०९ ॥

अतश्चतुर्दशभिस्तारकाभिः

शरीरं घटितं ताभि-
र्ध्रुवस्य वरवर्णिनि ।

तथाच

'उत्तानपान्मखहनुः शुचिधर्ममूर्धा
नारायणाश्विवरुणार्यमहृत्पदोरुः[1] ।
संवत्सरप्रजननो जघनस्थमित्रो
वह्नीन्द्रकश्यपमरीच्यभयाख्यपुच्छः ॥'

इति ज्योतिःशास्त्रे हनुशिरःप्रभृतिगात्रारम्भोऽस्य यज्ञधर्मादिदेवताभिरुक्तः ॥

---

१ 'पदोनः' क. पाठः ।

एष च

ब्रह्मैवापररूपेण
ब्रह्मस्थाने नियोजितः ॥५१०॥

सत्यलोकस्थो ब्रह्माण्डेनापररूपेण भुवर्लोकमध्ये नियुक्तः ॥ ५१० ॥

इत्थं मध्ये चक्रनाभिवदवस्थितस्य

तस्य ज्योतिर्गणो देवि
निबद्धो भ्रमते सदा ।
निश्चलः स तु विज्ञेयः
शिवशक्त्या त्वधिष्ठितः ॥५११॥

शिवशक्त्यैवेत्थं व्यवस्थापित इत्यर्थः । एष चान्तरस्थित्या अविचलश्चिदात्मैव समध्यवाहत्रयोदशेन्द्रियताराचक्रपरिवृतः कालाधिकारोक्तस्थित्याशेषग्रहर्क्षाद्याश्रयणप्राणापानसूर्यसोमसंचारप्रवर्तक इति बोद्धव्यम् । अत एवात्मप्रतिनिधिरूपध्रुवस्य

'यदह्ना कुरुते पापं दृष्ट्वा तन्निशि मुच्यते ।
अधिकं च भवत्यायुर्ध्रुवान्तानां समाः समाः ॥'

इत्यस्य ज्योतिःशास्त्रादौ श्रूयते । यत्तु तत्र

१ 'नीत्या' क पाठः ।

ध्रुवनाभिनिबद्धस्य ग्रहनक्षत्रचक्रस्य बहिर्भूगोलं यन्निवर्तनं, सूर्यादीनां भूम्यादेश्च अन्यथावस्थानपरिमाणादि श्रूयते, तत्

'यदुपचितमन्यजन्मनि शुभाशुभं तस्य कर्मणः पक्तिम् ।
व्यञ्जयति शास्त्रमेतत्तमसि द्रव्याणि दीप इव ॥'
(सू० जा० १।३)

इति तदुक्तप्रक्रिययैव पूर्वकर्मानुसारितेजोगोलकाधिष्ठातृसूर्यादिरूपदेवतापेक्षया कर्मार्जनस्थानस्थभूम्यपेक्षया च तथा, इदं तु तेजोगोलकाद्यधिष्ठातृसूर्यादिरूपदेवतापेक्षया । यथोक्तप्रक्रिययैव सूर्यादीनामवस्थानसंनिवेशभ्रमणादि पातालभूम्यादिपरिमाणादि वास्तवम् । सर्वसर्वज्ञमहेश्वरपरिदृष्टमेतदेवेति न तेन सह संवादविसंवादादिचर्चा कार्या । अत एव

'शास्त्रान्तरैर्न यद्दृष्टं तद्दृष्टं पारमेश्वरे ।
नियत्यादि शिवान्तं वा क्कान्यत्र परिदृश्यते ॥'

इतीयमेव प्रक्रिया साध्वी ॥ ५११ ॥

दश पञ्च च लक्षाणि
ध्रुवान्तं भूमिमण्डलात् ।

---

१ कास्मिमात्ररूप सूर्याद्य० क पाठः । २ क्कान्यत्र परिदर्शितम् क पाठः ।

भुवः सूर्येन्दुभचक्राणि प्रत्येकं लक्षान्तरितानि, प्रत्येकं लक्षद्वयेन भौमाद्याः पञ्च, लक्षेण सप्तर्षयः, लक्षेण ध्रुव इति पञ्चदशलक्षमेव ध्रुवान्तं भवति ॥

किंच

वायुस्कन्धान्स्थितांस्त्वत्र
कथयामि समासतः ॥५१२॥

अत्रेति पञ्चदशयोजनलक्षोन्मानभुवःस्वर्लोकद्वये । ईश्वरशक्तिनियमितवायुसंनिविष्टभुवनादिरूपान् वायुस्कन्धान् कथयामि ॥५१२॥

तेषां कक्ष्याभेदमाह

आ मेघाद्भास्करात्सोमा-
न्नक्षत्राद्ग्रहमण्डलात् ।
ऋषिसप्तकनिर्देशा-
दाध्रुवान्तं च सप्तमः ॥५१३॥

आ मेघादिति प्रोक्तवायुपथगतेभ्यो मेघेभ्यः प्रभृति ध्रुवान्तं सप्तसु कक्ष्यासु सप्त वायुस्कन्धाः स्थिताः । यदुक्तं पुराणेषु

'पृथिव्यां प्रथमः स्कन्ध आ मेघेभ्यो य आवहः।
द्वितीयश्चापि मेघेभ्य आ सूर्यात्प्रवहस्तु यः॥
सूर्यादूर्ध्वं तथा सोमादुद्वहो यस्तु वै स्मृतः।
सोमादूर्ध्वं तथर्क्षेभ्यश्चतुर्थः संवहस्तु यः॥
ऋक्षोर्ध्वं ग्रहपर्यन्तं पञ्चमो विवहस्तु यः।
ऊर्ध्वं ग्रहादृषिभ्यस्तु षष्ठो योऽसौ परावहः॥
सप्तर्षिभ्यस्तथैवोर्ध्वमा ध्रुवात्सप्तमः स्मृतः।
वातस्कन्धः परिवहः.........................॥'

इति। तत्रैव च प्रत्येकं शुक्रज्योतिःसत्यज्योतिश्चित्रज्योतिर्ज्योतिष्मानित्यादिसंज्ञाः सप्त सप्तावान्तरभेदा उक्ताः॥ ५१३॥

तदयम्

आदित्यादिध्रुवान्तश्च
स्वर्लोकः परिकीर्तितः।
अत्र राजा महेन्द्रो वै
तिष्ठते सुरपूजितः॥५१४॥
ऋषिदेवैः सगन्धर्वै-
र्वृतश्चाप्सरसां गणैः।

भूपृष्ठादादित्यान्तो भुवर्लोको[1] योजनानां लक्षमेकम्। ततो ध्रुवान्तः स्वर्गलोकश्चतुर्दश लक्षाणि

---

१ भुवोलोको ख पाठः।

ईदृशं चामुम्

अग्निहोत्रं क्रतून्वापि
कृत्वा ज्ञानविवर्जिताः ॥५१५॥
स्वर्लोकं तु नरा यान्ति
पुनरायान्ति मानुषम् ।

अग्निहोत्रं नित्याग्निनिष्ठो होमः, क्रतवस्तु ज्योतिष्टोमादयः । ज्ञानविवर्जितत्वात् देहान्ते स्वर्लोकं यान्ति । तत्र स्वकर्मोपचितफलं भुक्त्वा पुनर्मानुषादिकमायान्ति । ज्ञानिनस्तु यज्ञादि कुर्वन्तोऽपि निष्कामत्वात् मुच्यन्ते इत्याशयः ॥

इत्थमेवंविधस्य

स्वर्लोकस्योपरिष्टात्तु
द्वे कोटी योजनानि तु ॥५१६॥
पञ्चाशीतिश्च लक्षाणि
महर्लोको वरानने ।

एवमिहत्यप्रक्रियया सूर्यान्तो भुवर्लोकः । ध्रुवान्तः स्वर्लोकः, तदूर्ध्वं[2] सपञ्चाशीतिलक्षं

१ महोलोक ख पाठः २ र्ध्वं प० क पाठः ।

कोटिद्वयं महर्लोकः। श्रीपराभृगेन्द्रादौ तु ध्रुवान्तो भुवर्लोकः, तदूर्ध्वं

'पञ्चाशीतिमितैर्लक्षैः स्वर्लोकः स्वर्गसंश्रयः।
कोटिद्वयं महर्लोको महान्तो यत्र संस्थिताः ॥'

इति

'तिथिलक्षैर्भुवर्लोको ध्रुवप्रान्तो महीतलात्।
तदूनकोटिः स्वर्लोक......................................॥'

इति प्रक्रियाभेदो दृश्यते, स तद्ग्रन्थसंग्रहकर्तृभिस्तथानिबद्धत्वात्। इदं तु साक्षात्परमेश्वरेणोक्तं

'भूर्भुवःस्वर्ध्रुवान्तं स्याल्लक्षाणि............।
.... महान् कोटिद्वयं भवेत् ॥'

इति किरणादिग्रन्थेन भगवदुक्तेन च संवादमित्ययमेव क्रमो युक्तः ॥

अत्र महर्लोके

ऋषयश्चैव सिद्धाश्च
मार्कण्डाद्या वसन्ति वै ॥५१७॥

अथ

कोट्यष्टकं महादेवि
योजनानां वरानने।

---

१ क्षे क पाठः।

महर्लोकोपरिष्टात्तु
जनलोको[1] व्यवस्थितः ॥५१८॥

किंच

एकपादोऽथ जह्नुश्च
कपिलश्चासुरिस्तथा ।
भौतिको वाड्वलिश्चैव
जनलोकनिवासिनः[2] ॥ ५१९ ॥

अथ

द्वादशैव तथा कोट्यो
जनलोकोर्ध्वतः प्रिये ।
तपोलोकः समाख्यात
ऋषियोगेश्वराकुलः ॥ ५२० ॥

तानाह

सनकश्च सनन्दश्च
सनत्कुमारः सनन्दनः ।
शङ्कुश्चैव त्रिशङ्कुश्च
तपोलोकनिवासिनः ॥५२१॥

१,२ नोलो० ख पाठः ।

अथ प्रसङ्गाद्भूर्लोकात् सत्यलोकान्तं भुवनसंख्यामाह

पद्माः षट्पञ्चपञ्चाश-
त्कोट्यो लक्षाणि विंशतिः ।
भूर्लोकान्तं समारभ्य
यावत्सत्यं वरानने ॥५२२॥
इयं संख्या समाख्याता
भुवनानां वरानने ।

परमेश्वरेण बृहत्तन्त्र इति शेषः । पद्मसंख्या एकादशपटले वक्ष्यमाणा ॥

प्रकृतमाह

कोट्यः षोडश मानेन
तपोलोकोर्ध्वतः प्रिये ॥५२३॥
सत्यलोकः समाख्यातो
यत्र ब्रह्मा स्वयं[1] स्थितः ।
क्रीडते भगवान्देवो
वृत आत्मसमैर्द्विजैः ॥५२४॥

1 व्यव० क पाठः ।

यतस्ते तत्र

कर्मज्ञानेन संसिद्धा
अद्वैतपरिनिष्ठिताः ।
आनन्दपदसंप्राप्ता
आनन्दपदमागताः ॥५२५॥

कर्मणा नित्यनैमित्तिकानुष्ठानेन ज्ञानेन च वेदान्तोक्तेन समुच्चितेन सम्यक् सिद्धाः, अत एव 'विज्ञानमानन्दं ब्रह्म' इत्युक्ताद्वैतपदे परिनिष्ठिता रूढभावनाः, अतश्च सत्यलोकाख्यमिदमानन्दपदं महाभोगस्थानं संप्राप्ताः अधिरूढाः, अत्रापि चानन्दपदमागताः स्वात्मारामा एवेत्यर्थः ॥ ५२५ ॥

किंच

ऋग्वेदो मूर्तिमांस्तस्मि-
न्निन्द्रनीलसमद्युतिः ।
दिव्यगन्धविलिप्ताङ्गो
दिव्याभरणभूषितः ॥५२६॥

संस्थितः पूर्वतस्तस्य
दीप्यमानः स्वतेजसा ।
उत्तरेण यजुर्वेदः
शुद्धस्फटिकसंनिभः ॥ ५२७ ॥
दिव्यकुण्डलधारी च
महाकायो महाभुजः ।
स्थितः पश्चिमदिग्भागे
सामवेदः सनातनः ॥ ५२८ ॥
रक्ताम्बरधरः श्रीमान्
पद्मरागसमप्रभः ।
स्रग्दामधारकश्चित्र-
माला[1]भूषणभूषितः ॥ ५२९ ॥
अथर्वाञ्जनवच्छ्यामः
स्थितो दक्षिणतस्तथा ।
पिङ्गाक्षो लोहितग्रीवो
हरिकेशो महातनुः ॥ ५३० ॥

ऋचां कर्मदेवतास्तुतिमात्रपरायणानामनु-

1 लम्ब. क पाठः ।

ष्ठानास्फुटतया श्यामता । यजुषां तु तत्स्फुटतया सितत्वम् । साम्नां गीतिप्राधान्येन रञ्जकत्वाद्रक्तत्वम् । अथर्वण अभिचाराद्यैहिककर्मपरतया कृष्णत्वं शवलता च ॥ ५३० ॥

किंचात्र

षडङ्गानीतिहासाश्च
पुराणान्यखिलानि तु ।
वेदोपनिषदश्चैव
मीमांसारण्यकं तथा ॥ ५३१ ॥
स्वाहाकारवषट्कारौ
रहस्यानि तथैव च ।
गायत्री च स्थिता तत्र
यत्र देवश्चतुर्मुखः ॥ ५३२ ॥

अङ्गानीति वेदस्य शिक्षाकल्पव्याकरणनिरुक्तच्छन्दोज्योतिःशास्त्राणि । इतिहासा भारतादीनि । व्यासाद्युक्तानि शास्त्राणि पुराणानि । वेदोपनिषदो वेदान्ताः । वेदविचारशास्त्रं मीमांसा । आरण्यकं बृहदारण्यकं वेदान्तेऽपि पृथ-

गुक्तमरण्येऽनूद्यमानत्वात् । दीप्त्याप्यायविषयौ मन्त्रौ स्वाहाकारवषट्कारौ । रहस्यानि तैत्तिरीयादिवेदान्तविशेषा रहस्यत्वादेव पृथगुक्तानि । गायत्री वेदमाता । सर्वा एता आकृतिमत्यो देवताः ॥ ५३२ ॥

सोऽयं सत्यलोकः

भोगस्थानं ब्रह्मणः स्यात्

स तत्र निर्वर्तिताधिकारः

परं ब्रह्म ततो व्रजेत् ।

अनाकृति विज्ञानमानन्दं ब्रह्मेति यदुक्तं, तदित्यर्थः ॥

अथ

कोटियोजनमानेन

सत्यलोकोर्ध्वतः प्रिये ॥५३३॥

ब्रह्मासनमिति ख्यातं

जपासिन्दूरसप्रभम् ।

आस्यतेऽस्मिन्नित्यासनं भुवनं सत्यलोकस्योर्ध्वम् ॥

तत्रासौ

रक्तेन्दीवरमध्यस्थः
पद्मरागसमप्रभः ॥ ५३४ ॥
चतुर्मुखश्चतुर्वेद-
श्चतुर्युगवशानुगः ।
ब्रह्मविद्भिः समाकीर्णो
ब्रह्मा मुनिर्निषेवितः ॥ ५३५ ॥
ऐश्वर्याष्टकसंयुक्तः
षड्विधसृष्टिकारकः ।
धर्मादिफलसंबन्ध-
प्रदाता च युगे युगे ॥ ५३६ ॥
तिर्यङ्नारकिसत्त्वानां
दिव्यानां मनुजैः सह ।
स्रष्टा च सर्वभूतानां
सदेवासुरमानुषे ॥ ५३७ ॥

चत्वारो युगा वशा अनुगा यस्येति पूर्वनिपातव्यत्ययः । ऐश्वर्याष्टकमणिमादि । षड्विधे-

ति नारकिस्थावरसरीसृपादिपश्वन्ता त्रिविधा तामसी, रजस्तमोमयी मानुषी, रजःसत्त्वरूपा मौनी, सात्त्विकी दैवी चेत्येकादशे भविष्यति । युगे युग इति धर्मादिफलप्रदः । तिर्यगादीनां सर्वेषां भूतानां चतुर्दशसंख्यानां सदेवासुरमानुषे जगति स्रष्टा ॥ ५३७ ॥

अथ

कोटिद्वयं तदूर्ध्वे तु
योजनानां वरानने ।
नीलेन्दीवरसंकाशा
इन्द्रनीलसमप्रभा ॥ ५३८ ॥
ब्रह्मलोकात्परत्वेन
विष्णोश्चैव पुरी स्मृता ।
सर्वकामसमोपेता
सर्वरत्नसमुज्ज्वला ॥ ५३९ ॥
मरकतस्तम्भसोपाना
नीलध्वजसमाकुला ।

घण्टावितानविस्तीर्णा
चारुचामरशोभिता ॥ ५४० ॥
नीलोत्पलदलप्रख्यैः
कन्यावृन्दैः समावृता ।
कामकार्मुकनिर्घोष-
वित्रस्तमृगलोचनैः ॥ ५४१ ॥
नूपुरारावमुखरैः
स्खलद्भिर्मृदुविभ्रमैः ।
मनोभवशरायास-
निपातशतजर्जरैः ॥ ५४२ ॥
सुघूर्णितमदायास-
विलोलधवलेक्षणैः ।
संसेव्यते स भगवा-
न्विष्णुः कमललोचनः ॥ ५४३
इन्द्रनीलसमाकारो
नीलोत्पलदलप्रभः ।

चतुर्भुजो महाकायः
पीनवक्षा गदाधरः ॥ ५४४ ॥
किरीटी कुण्डली शङ्खी
प्रजापालनतत्परः ।
संसेव्यते स भगवा-
न्निकायैरात्मविक्रमैः ॥ ५४५ ॥

किरीटं मौलिः । गदाशङ्खौ चक्रशार्ङ्गे अप्युपलक्षयतः । आत्मविक्रमैरिति आत्मन इव विक्रमो येषां तैः, निकायैरनुचरसमूहैः संसेव्यते ॥ ५४५ ॥

किंच

विष्णुभक्ताश्च ये नित्यं
ध्यानपूजाजपे रताः ।
ते तु गच्छन्ति तत्स्थानं
विष्णोरमितविक्रमाः ॥ ५४६ ॥

विष्णुभक्ता इति तदाकारोपासापराः ॥ ५४६

अथ

सप्तकोट्यस्तदूर्ध्वं वै
रुद्रलोको व्यवस्थितः ।

शुद्धस्फटिकसंकाश-
श्चत्वरोद्यानमण्डितः ॥५४७॥
सहस्रभूमिकाभिश्च
हर्म्यमालाभिरूर्जितः ।
विमानैः पुष्पकैर्युक्तो
हंसकुन्देन्दुनिर्मलैः ॥ ५४८ ॥
वनोपवनषण्डैश्च
सर्वर्तुकुसुमोज्ज्वलैः ।

सोपानवदुपर्युपरिवर्तिचारुदारु···· भूमयो भूमिकाः । पुष्पकैरिति संकल्पमात्रसंचारिभिः । श्रीपरायां तु

'तद्ब्रह्मोर्ध्वं भवेद्विष्णुः स च कोटिचतुष्टयात् ।
षड्भिः स कोटिभिर्देवः शंकरः संस्थितो हरः ॥'

इति । किरणायां तु

'दशषट्कोटयः सत्य··················।'

इत्युक्त्वा

'तस्मादूर्ध्वं भवेद्ब्रह्मा कोटित्रयमितः खग ।
त्रिभिस्तु कोटिभिर्विष्णुश्चतुर्भिस्तु हरः स्थितः ॥'

इति प्रक्रियाभेदो न अवस्थितस्यास्य देवतात्रयस्य संकलय्य दशकोटिदेशत्वानपायाद्विरुद्धः ॥

अत्र च

मारुताः सुखसंस्पर्शा
वर्तिकर्पूरगन्धयः ॥ ५४९ ॥

एष च

नदीनदह्रदाकीर्णः
पद्मिनीषण्डमण्डितः ।

तथाच

वरेण्या वरदा चैव
वरिष्ठा वरवर्णिनी ॥ ५५० ॥
वसिष्ठा च वराहा च
वरारोहा च सप्तमी ।
गङ्गा ह्येताः समाख्याता
रुद्रलोकवहाः सदा ॥ ५५१ ॥

एताश्च

लक्षपत्रदलाढ्यैश्च
सितपद्मैर्विभूषिताः ।
इन्द्रनीलनिभैर्नालै-
र्योजनायतगन्धिभिः ॥ ५५२ ॥

दलानि प्रधानपत्राणि, प्रत्येकं लक्षपत्राणीत्यर्थः। उपलक्षितैरित्यर्थः ॥ ५५२ ॥

किंचात्र रुद्रलोके

स्त्रीसहस्रकदम्बाढ्याः
पुष्पप्रकरधूसराः ।
शरदिन्दुनिभा नार्यो
नवनीतसुकोमलाः ॥ ५५३ ॥
सुभ्रूललाटवदनाः
कृशोदर्यो मदालसाः ।
अलिपुञ्जनिभैः केशै-
र्मृगामोदसुगन्धिभिः ॥ ५५४ ॥
प्रलम्बश्रवणाधाराः
पद्मपत्रायतेक्षणाः ।
दाडिमीपुष्पसंकाशै-
रोष्ठैरुत्पलगन्धिभिः ॥ ५५५ ॥
रम्भानिभाभिर्जङ्घाभि-
र्बाहुभिर्बिसकोमलैः ।

अशोकपल्लवाकारैः
पादैः पद्मदलोपमैः ॥ ५५६ ॥
नखैश्च केतकीप्रख्यै-
र्दशनैर्मौक्तिकोज्ज्वलैः ।
स्वभावसुसुगन्धाढ्यैः
प्रस्रवद्भिरिवामृतम् ॥ ५५७ ॥
हारकेयूरकटकैः
सीमन्तमणिजालकैः ।
काञ्चीडोरैः सुरक्तैश्च
कुसुमैर्भूषिताः सदा ॥ ५५८ ॥

नार्यः स्त्रीसहस्रकदम्बकैः परिवाररूपेणाढ्याः। मृगामोदः कस्तूरिका । श्रवणाधारः कर्णपाली । अशोकपल्लवा लौहित्यस्य, पद्मदलानि तु सौकुमार्यस्य उपमानाय । केतक्यो लोहितराजयः स्वच्छाश्च ॥ ५५८ ॥

किंच

तारकुम्भनिभाकारै-
रुन्नतैश्च पयोधरैः ।

सुवृत्तैः पीनपार्श्वैश्च
पीनकण्ठसमाश्रितैः ॥ ५५९ ॥
गुरुश्रोणीभराक्रान्ता
मुक्तावलिविराजिताः ।
राजहंसगतिस्पर्धि-
मत्तमातङ्गविभ्रमाः ॥ ५६० ॥
नूपुरारावमुखर-
प्रस्खलन्मृदुविक्रमाः ।
हास्यलास्यविलासाढ्य-
भ्रूभङ्गतरलेक्षणाः ॥ ५६१ ॥
ह्लादयन्तीव गात्राणि
रुद्राणां तन्निवासिनाम् ।

तारं रजतम् । पीने कण्ठे समाश्रितं समाश्रयणं येषां पयोधराणां, तैः । लास्यं सुकुमारं नृत्तं, विलासा लीलाः, हास्यादिभिराढ्याः भ्रूभङ्गतरलेक्षणाश्चेति विशेषणसमासः ॥

किंच

कामग्रहग्रहाविष्टा
घूर्णन्त्यो मदविह्वलाः ॥५६२॥
परिष्वजनमात्रेण
मोदयन्त्यो गणेश्वरान् ।

कामे संभोगे ग्रहोऽभिनिवेश एव ग्रहो भूतमिति योज्यम् ॥

एवंविधरूपलावण्यशालिन्य एताः

यद्यप्येवंविधा नार्यः

तथापि

निजभर्तृभयातुराः ॥ ५६३ ॥

अस्वैरिण्य इत्यर्थः ॥ ५६३ ॥

अतश्च

वित्रस्तमृगनेत्रास्तु
भर्तुरुत्सङ्गमागताः ।

ईदृश्यश्च

अवगूह्य च सर्वाङ्गै-
रापीय वदनैर्मुखम् ॥ ५६४ ॥

क्रीडन्ति रुद्रभवने
रुद्रकन्याः सरुद्रकाः ।

किंचात्र

रुद्राश्चैवंविधाकारा
ज्ञानयोगबलोत्कटाः ॥ ५६५ ॥

कामनिष्ठा अपि ज्ञानयोगाभ्यां न परिहीयन्त इत्यर्थः ॥ ५६५ ॥

एते च

मुकुटैः कुण्डलैश्चित्रै-
र्महारत्नसमुज्ज्वलैः ।
केयूरकटकैर्हारैः
पुष्पवस्त्रविभूषणैः ॥ ५६६ ॥
मुक्ताफलावलीहारै-
र्ब्रह्मसूत्रोत्तरीयकैः ।

उपलक्षिताः सन्तः ॥

महाकाया महोरस्का-
स्त्रिनेत्राः शूलपाणयः ॥५६७॥

चन्द्रायुतप्रतीकाशाः
कर्पूरक्षोदधूसराः ।
सुरसिद्धनुताः सर्वे
सुप्रसन्ना वरप्रदाः ॥ ५६८ ॥
हरलब्धवरास्तृप्ता
दशबाह्विन्दुमौलयः ।

तेषां च

न तत्र मृत्युर्न जरा
न शोकोऽस्ति वियोगजः ॥५६९॥

अतश्चैते

क्रीडन्ति सार्धं कन्याभिः

न तद्भोगप्रदकर्मक्षये पुनः संसरन्तीत्याह

संसारभयवर्जिताः ।

केवलमेते

अधिकारक्षये रुद्रा
रुद्रकन्यासमावृताः ॥ ५७० ॥
श्रीकण्ठस्येच्छया सर्वे
शिवं यान्ति तनुक्षये ।

गत्वा भूयो न जायन्ते
कल्पकोटिशतैरपि ॥ ५७१ ॥

इच्छा अत्र अनुजिघृक्षा, तां विनोर्ध्वं सृज्यन्त एवेत्यर्थः ॥ ५७१ ॥

तदित्थम्

एवंविधैरसंख्यातै-
र्विमानरथगामिभिः ।
महावृषगजारूढैः
सिंहवाजिसुवाहनैः ॥ ५७२ ॥
लक्षायुतसहस्रैस्तु
रुद्रकोटिभिरावृतम् ।
तन्मध्ये सर्वतोभद्रं
सिंहद्वारैः सुतोरणैः ॥ ५७३ ॥
स्वच्छमौक्तिकसंकाश-
प्राकारशिखरावृतम् ।
नन्दीश्वरमहाकाल-
द्वारपालगणैर्वृतम् ॥ ५७४ ॥

किंकिणीजालमुखरैः
पताकाध्वजसंकुलैः ।
वितानच्छत्रषण्डैश्च
मुक्ताहारप्रलम्बितैः ॥ ५७५ ॥
घण्टाचामरशोभाढ्यं
दर्पणैश्चोपशोभितम् ।
कलशैर्द्वारन्यस्तैश्च
रत्नपल्लवसंयुतैः ॥ ५७६ ॥
रचितैश्चित्रशास्त्रज्ञै
रत्नचूर्णसमुज्ज्वलैः ।
स्वस्तिकैः पत्रवल्ल्याढ्यै-
श्चित्रितं भुवनाजिरम् ॥५७७॥
शतसिंहासनाकीर्णं
वेदिकारत्नभूषितम् ।
गोपुराट्टालरथकै-
र्वीथीभिश्च भ्रमान्तकैः ॥५७८॥
सर्वरत्नविचित्राढ्यै-
र्द्वारबद्धैः सुशोभनम् ।

निर्गमैः सुगवाक्षैश्च
विटङ्कैः स्फटिकप्रभैः ॥ ५७९॥
स्तम्भैः सोपानबद्धैश्च
वज्रवैडूर्यसप्रभैः ।
पूर्णचन्द्रनिभाकारै-
रण्डैः शिखरमण्डितैः ॥५८०॥
मुक्ताफलप्रभाभिश्च
भूमिभिश्च सहस्रशः ।
नाट्यशालैः सुशोभाढ्यै-
र्नृत्तगीतरवाकुलैः ॥ ५८१ ॥
मण्डपै रत्नचित्राढ्यैः
सभामण्डलनिर्भरैः ।
आसीनै रुद्रवृन्दैश्च
रुद्रकन्याकदम्बकैः ॥ ५८२ ॥
मत्तवारणकै रम्यै-
श्चन्द्रशालासुशोभनैः ।
धूपितं धूपवर्तीभिः
कुङ्कुमोदकसेचितम् ॥ ५८३ ॥

चित्रपट्टैस्तु संछन्नं
पुष्पप्रकरसंकुलम् ।
तूर्यशब्दजयध्वान-
काहलाकूजितेन च ॥ ५८४ ॥
वंशवीणामृदङ्गैश्च
गोमुखैर्मुखवादनैः ।
पणवैस्तालवाद्यैश्च
शङ्खभेरीरवेण च ॥ ५८५ ॥
दुन्दुभीनादशब्देन
मुरजस्फालनेन च ।
करस्फोटमहाशब्दैः
सिंहनादप्रगुञ्जितैः ॥ ५८६ ॥
गर्जद्भिर्गणवृन्दैश्च
मेघस्तनितनिःस्वनैः ।
वन्दिनां स्तोत्रशब्देन
सामवेदरवेण च ॥ ५८७ ॥
हुडुङ्काराट्टहासैश्च
गेयझांकारयोजितैः ।

वृषनन्दितशब्देन
गजवाजिरवेण च ॥ ५८८ ॥
काञ्चीनूपुरशब्देन
नदतीव महत्पुरम् ।

नन्दीश्वरमहाकालप्रधाना द्वारपालगणा इति समासः । किंकिणीजालमुखैरित्यादि वितानच्छत्रषण्डविशेषणम् । मुक्ताहारप्रलम्बितैरिति पूर्वनिपातव्यत्ययः । चित्रशास्त्रज्ञैः कर्तृभिः रत्नचूर्णेन रचिता ये पत्रवल्ल्याढ्याः पत्रलतालंकृताः स्वस्तिकास्तैर्विचित्रम् । तत्र रुद्रभुवने भुवनाजिरं भुवनाङ्गनमिति योज्यम् । वेदिकाभिश्चतुरस्रभूमिकाभिः रत्नैश्च प्राकारस्थैर्भूषितम् । गोपुराणि प्रधानद्वाराणि । अट्टालाः पुरप्राकाराः । रथ्का रचनाविशेषाः । वीथ्यो विमानसंचारभुवः । भ्रमात्रकैः जलप्रवाहप्रणालैः । सर्वरत्नविचित्रत्वाच्च आढ्यैः स्फीतैर्द्वारोपान्तगतैः शोभनम् । निर्गमाः मात्राः (?) । गवाक्षास्तदवलोकनजालकस्थानानि । विटङ्काः स्तम्भशीर्षकाः । अण्डा वर्तुलसंस्थानदेवगृहाः । रत्नरचनाप-

रिष्कृतं यच्चित्रं तेनाढ्याः । तथा सभास्थानेषु यानि रत्नचूर्णरचितानि मण्डलानि तैर्निर्भरा ये मण्डपास्तैर्युक्तम् । तूर्यं द्विखण्डं ताम्रादिमयं वाद्यम् । काहलास्तु त्रिखण्डाः । गोमुखा तट्टरी । पणवोऽन्तस्तन्त्रीवलयझांकारिणी ढक्का । तालवाद्यं वाद्यशब्दः । दुन्दुभिः कांस्यशब्दः । फनत्कारिणी ढक्का भेरी । गर्जनं सर्वप्राणबलोत्थो नादः । भक्तिवैवश्येनोच्चरन्नान्तरः शब्दो हुडुंकारः । वृषस्य परमेश्वरवाहनाभिमानप्रहर्षोत्थितो नादो नन्दितशब्दस्तेन । काञ्चीनूपुरशब्दो नृत्यद्रुद्रकन्यासंबन्धी । एवमीदृशैः शब्दैः पुरमेव साक्षान्नदतीति ज्ञायते ॥

तदित्थं

सर्वसंपत्करं श्रीम-
च्छङ्करस्य तु मन्दिरम् ॥५८९॥

तन्निवासिनामित्यर्थात् ॥ ५८९ ॥

अत्रासौ भगवान्रुद्रो
ब्रह्मविष्ण्वन्द्रपूजितः ।

गङ्गया स्नपितो नित्यं
दिव्यवस्त्राम्बरच्छदः ॥ ५९० ॥
पृथिव्या गन्धलिप्ताङ्गः
श्रिया पुष्पैः सुपूजितः ।
सप्तस्वरप्रमुख्यैश्च
सरस्वत्या च संस्तुतः ॥ ५९१ ॥

पृथिवी गन्धगुणा । श्रीः पुष्पाश्रिता । एवं च गङ्गादिदेवता अस्य ब्रह्माण्डस्योपरि वक्ष्यमाणभुवनेभ्यः प्राकाम्यादवतीर्णाः स्वोचितं स्नानादि कुर्वत्योऽन्तरङ्गपरिवाररूपाः ॥ ५९१ ॥

अपिच अस्य देवस्य

पूर्णेन्दुरातपत्रं च
स्वयमेव व्यवस्थितः ।

तस्मिंस्तु

गङ्गा तूत्तरिका च्छत्रे

गङ्गा तु उत्तरिकात्वं प्राकाम्येनाश्रित्य स्थिता ॥

किंचास्य

सर्वादित्याश्च दीपकाः ॥५९२॥

तथा

पुष्पदन्तगणेशाद्यै-
रासनं तस्य संवृतम्।

तस्मिंश्चासने

कपिलः कर्कटश्चैव
विमर्दः कङ्कटस्तथा ॥ ५९३ ॥
विक्रमश्च दृढश्चैव
निष्कम्पो निष्कलस्तथा।
अष्टौ ते हरयः प्रोक्ता-
स्त्रिनेत्रा भूरिविक्रमाः ॥५९४॥
सिंहरूपाः सुतेजस्काः
सटाविकटभास्वराः।

एतादृशैः

शक्तिरूपधरैर्मन्त्रै-
र्योगैश्वर्यसमन्वितैः ॥ ५९५ ॥

आसनं विवृतं तैस्तु
महोत्साहैर्बलोत्कटैः ।

अस्य भगवतो ब्रह्माण्डान्तरवस्थितस्यापि परमेव माहात्म्यमिति कृत्वा

'शिवशक्तिमया मन्त्रा न्यस्तव्या वीरवन्दिते ।' (२।६३)

इति पूर्वोक्तभैरवासनवच्छिवशक्तिपरमार्था एव सिंहाः ॥

तत्र भद्रासने रुद्रः
स्थितश्चन्द्रार्धशेखरः ॥ ५९६ ॥

सर्वलक्षणसंपूर्णः
सर्वाभरणभूषितः ।

त्र्यक्षो दशभुजो देवो
जटामुकुटमण्डितः ॥ ५९७ ॥

पीनवक्षःस्थलोरुश्च
पीनस्कन्धो महाभुजः ।

बद्धपद्मासनासीनः
कर्पूरक्षोदधूसरः ॥ ५९८ ॥

1 वर० क पाठः ।

वरदाभयपाणिश्च
सर्वायुधधरस्तथा ।

भद्रं प्रशस्तम् । वरदाभयौ पाणी मुख्यौ । सर्वायुधानि पूर्वोक्तानि खड्गखेटकादीनि ॥

किंच

शतपत्राङ्कितैश्चैव
हस्तपादैः सुकोमलैः ॥ ५९९ ॥
चन्द्रबिम्बनखाभाभि-
रङ्गुलीभिरलंकृतैः ।
सुश्लिष्टजानुगुल्फैश्च
पादैश्चैव समुन्नतैः ॥ ६०० ॥
पूजितैर्गणरुद्रैश्च
ब्रह्मविष्ण्वन्द्रवन्दितैः ।

शतपत्रपद्मचिह्नितहस्तपादत्वादिना दिव्यलक्षणत्वमुक्तम् । पादैरिति जातौ बहुवचनम्, प्राकाम्यतो वा 'यो विश्वतस्पात्' इति स्थित्या बहुचरणतोऽपि अस्य । इत्थंभूतलक्षण एतास्तृतीयाः ॥

किंच

चामरव्यजनोत्क्षेपै
रुद्रस्त्रीभिः समन्ततः ॥ ६०१ ॥
वीजितस्तु सदा श्रीमां-
श्चन्द्रकोटिसमप्रभः ।
ज्ञानामृतसुतृप्तात्मा
योगैश्वर्यप्रदायकः ॥ ६०२ ॥
ध्यातो वै योगिभिर्नित्यं
प्रसन्नवदनेक्षणः ।
प्रहसन्स इवाभाति
निर्मलज्ञानरश्मिभिः ॥ ६०३ ॥
अज्ञानतिमिरं हत्वा
दर्शयेत्परमं वपुः ।
सर्वसौख्यप्रदाता च
रुद्रमातृगणावृतः ॥ ६०४ ॥

ध्यातः सन् परस्वरूपानुप्रवेशात् ज्ञानरश्मिभिः प्रहसन्निवाभाति । अतश्चाज्ञानं हत्वा परं स्वरूपं दर्शयत्येव ॥ ६०४ ॥

किंच

तस्योत्सङ्गगता देवी
तप्तकाञ्चनसुप्रभा ।
पूजिता योगिनीवृन्दैः
साधकैः सुरकिन्नरैः ॥ ६०५ ॥
सर्वलक्षणसंपूर्णा
सर्वाभरणभूषिता ।
योगसिद्धिप्रदा नित्यं
मोक्षाभ्युदयदायिका ॥ ६०६ ॥
देवस्याभिमुखी नित्य-
मुमा तु ललितेक्षणा ।

परावेशशक्तितद्वन्तावेतदपरं रूपं श्रित्वा ब्रह्माण्डान्तःसृष्टिसंहारौ कुर्वात इत्याह

शक्तिश्चापररूपेण
शक्तिमांश्च हरस्तथा ॥ ६०७ ॥
ब्रह्माण्डे सृष्टिसंहारौ
करोति च शिवेच्छया ।

चकारावत्र तुल्ययोगे । तथेत्यपररूपेण ।

चकारः स्थितिविलयानुग्रहान् समुच्चिनोति । शिवोऽत्र परमः ॥

किंचेदं

दीक्षाज्ञानविहीना ये
लिङ्गाराधनतत्पराः ॥ ६०८ ॥
ते प्रयान्ति हरस्थानं
सर्वैश्वर्यसुखावहम् ।

अनेनापि क्रमेणास्यानुग्राहकत्वमित्यर्थः ॥

जरामरणनिर्मुक्ता
व्याधिशोकविवर्जिताः ॥६०९॥

ते च

नाधो यान्ति पुनर्देवि
संसारे दुःखसागरे ।

किंतु

शिवं यान्ति ततश्चोर्ध्वं
श्रीकण्ठेन समीक्षिताः ॥ ६१० ॥

तत इति हरस्थानात् । सम्यगीक्षिताः शक्तिपातेनानुगृहीताः । तदेवमस्य पुरस्य भगवदधि-

ष्ठानादयं महिमा—यत्तत्प्राप्ता नाधो यान्ति, अपितु श्रीकण्ठनाथेन सम्यगनुग्रहदृष्ट्येक्षिता मुच्यन्ते अन्यथा तु ऊर्ध्वोर्ध्वमेव क्रमेण भोगाय सृज्यन्ते ॥ ६१० ॥

इत्थं

रुद्रलोकः समाख्यात-
स्ततश्चोर्ध्वमुमे शृणु ।
उत्तरोत्तरवृद्ध्या च
भुवनं भुवनं स्थितम् ॥ ६११ ॥

वृद्धिः प्रमाणविभवाभ्याम् । सा चाग्रे वक्ष्यते ॥ ६११ ॥

संप्रति तु

ब्रह्माण्डस्याप्यधोभागे
रुद्रलोकस्य चोर्ध्वतः ।
दण्डपाणेः पुरं ज्ञेयं
नानारुद्रगणावृतम् ॥ ६१२ ॥

दण्डपाणिस्तु भगवा-
न्योगैश्वर्यबलान्वितः ।

दण्डः पाणितलेनैव
धृतो येन शिवेच्छया ॥ ६१३ ॥

रुद्रभट्टारक एवानेन वपुषा स्थितः ॥६१३॥

विवृणोति च ब्रह्माण्डे
मोक्षमार्गं सुदुर्भिदम् ।
विधिनाराधितश्चैव
अनुध्यानाच्छिवेच्छया ॥६१४॥

अनुध्यानमास्थाय विधिनार्चाजपादिरूपेणाराधितः सन् ब्रह्माण्डे मोक्षमार्गं सुदुर्भिदं योगिभिर्महता प्रयत्नेन भेत्तुं शक्यं विवृणोति विगतावरणं करोति ब्रह्माण्डकर्परिकाविभेदनयुक्त्या प्रगुणीकरोति, नतु रुणद्धि। अथच परचैतन्यस्फारात्मा भगवान् रुद्रः स्वशक्तिगतसुस्पष्टीकृतप्राणदण्डप्रयोगेण शरीरगतहृत्प्रदेशाश्रितस्वात्माख्यातिरूपहृद्ग्रन्थ्याख्ये ब्रह्माण्डे मोक्षमार्गं करोति

'हृदये यः स्थितो ग्रन्थिरधऊर्ध्वनियामकः ।'

इत्याम्नाताख्यातिग्रन्थिप्रशमनेन मध्यमार्गगतशक्तिभूमिं

'............शैवी मुखमिहोच्यते ।' (वि० भै० २०)

इत्याम्नायोक्तस्थित्या शिवताप्राप्तिहेतुं स्फुटयतीत्यान्तरोऽर्थः, नतु ब्रह्मबिलान्ता ब्रह्माण्डव्याप्तिरिति व्याख्यातव्यम् । एवं हि जलाद्यावरणव्याप्तिर्देहाश्रया न भवेत्

'नाड्याधारस्तु नादो वै भित्त्वा सर्वमिदं जगत् ।
अधःशक्त्या विनिर्गत्य यावद्ब्रह्माणमूर्ध्वतः ॥
नाड्या ब्रह्मबिले लीनस्त्वव्यक्तध्वनिरक्षरः ।
नदते सर्वभूतेषु शिवशक्त्या त्वधिष्ठितः ॥'

(स्व० १०।१२३३)

इत्यादिश्च भाविग्रन्थो भेदव्याप्तिहान्या निर्विषयः स्यात् । यत्तु

'सौषुप्तेऽध्वन्यस्तमितो हित्वा ब्रह्माण्डगोचरम् ।' (२।८)

इति श्रीस्पन्दे श्रीगुरुभिर्निबद्धं, तद्ब्रह्मबिलाधिष्ठातृवक्ष्यमाणपञ्चब्रह्मोपलक्षितो यः शक्त्यण्डपर्यन्तोऽध्वा, तदभिप्रायेण स्थितमित्येतद्भ्रान्त्यापि न मुण्डान्ता ब्रह्माण्डव्याप्तिर्व्याख्येयेति यथाव्याकृतमेव भद्रम् ॥ ६१४ ॥

एवं दण्डपाण्यन्ते रुद्रलोके मूर्तिद्वयेनावस्थितो विश्वाधिपतित्वात् मूर्तीशमध्ये पशुपतिर्यः, स रुद्राधिष्ठाता । ये तु अन्ये शर्वा-

दयः सप्त मूर्तीश्वरास्ते भूरादिसत्यान्तेषु सप्तसु लोकेष्वधिपतय इत्यादिशति

सप्तलोकेषु ये रुद्रा

अधिपतयः ॥

तान्

कथयामि समासतः ।

तानाह

शर्वो रुद्रस्तथा भीमो
भव उग्रस्तथैव च ॥ ६१५ ॥
महादेवस्तथेशानो
रुद्रलोकाधिपास्त्वमी ।

लोकानां भूरादीनां यथासंख्यमधिपाः । अनेनैवाशयेन

निवृत्त्यभ्यन्तरे पृथ्वी शतकोटिप्रविस्तरा ।
तस्यां च भुवनानां च शतमष्टोत्तरावधि ॥ (स्व०४।१०२)

इत्येतद्व्याख्याने कालाग्निः कूष्माण्डो हाटक इति ब्रह्माण्डान्तरधोभागे त्रयः, भूर्लोके शर्वः, सत्यलोकान्ते ब्रह्मा, विष्णुरुद्रौ स्वलोकयोरित्यन्तः सप्त, बही रुद्रशतं, तदुपरि सर्वाधिष्ठाता वीरभद्र इति व्याख्यातम् ॥

यदि भूर्लोकतः सत्यलोकान्तमेते रुद्राः

पृथग्भुवनदीक्षायां सप्त शोध्याः, तदूर्ध्वं का तर्हि स्थितिरित्याह

ब्रह्मलोके स्थितो ब्रह्मा
विष्णुर्वै वैष्णवे पुरे ॥ ६१६ ॥

ब्रह्मलोको यः प्राग्वत् ब्रह्मासनमित्युक्तः ॥

तथैतदुपरि

रुद्रलोके स्थितो रुद्रः
सर्वेषां नायकः स्मृतः ।

कालाग्न्यादित्रयस्य शर्वादिसप्तकस्य ब्रह्मविष्ण्वोश्चेत्यर्थः । अयं विश्वाधिपतित्वात् मूर्तीश्वरमध्ये पशुपतिरित्याख्ययोक्तः । एवं च

'अनन्तं चैव कालाग्निं नरकांश्च यथाक्रमम् ।
पातालानि ततश्चोर्ध्वं शोधयेदनुपूर्वशः ॥' (१०।३४७)

इत्युक्तक्रमेण संशोध्यभूरादिसत्यान्तलोकसप्तकशुद्धौ शर्वादीनीशानान्तान् सप्त क्रमेण संशोधयेत् । ततो ब्रह्मविष्णुभुवनशुद्धौ ब्रह्मविष्णू संशोध्याविति भुवनदीक्षायामस्यां भुवनेशशुद्धिविभागो ग्रन्थोपारूढ एव स्थितः। तेन यत् श्रीभुल्लकः अनन्तभुवनात्प्रभृति समस्त-

द्वीपसमुद्रभूर्लोकान्तं शर्वः, भूर्भुवःस्वर्महःसु रुद्रभीमभवाः, जनस्तपःसत्येषु त्रिपूग्रः, महादेवो विष्णुलोके, रुद्रलोकेऽधिपश्चेशानः शोध्य इति स्वकल्पनयाभिहितवान्, तदुपेक्ष्यमेव ॥

तदेतत्संकलयितुमाह

कालाग्नेर्दण्डपाण्यन्त-
मष्टानवतिकोटयः ॥ ६१७ ॥
योजनानां वरारोहे
त्वध्वायमुपवर्णितः ।
कटाहस्तु अधश्चोर्ध्वं
ब्रह्माण्डस्य वरानने ॥ ६१८ ॥
कोटियोजनमानेन
घनाकारेण संस्थितः ।
पञ्चाशत्कोटयश्चोर्ध्वं
भूपृष्ठात्तु वरानने ॥ ६१९ ॥
पञ्चाशच्च अधो ज्ञेया
योजनानां समन्ततः ।
एवं कोटिशतं ज्ञेयं
पार्थिवं तत्त्वमुच्यते ॥ ६२० ॥

अधःकटाहाद्यथा भूपृष्ठान्तं पञ्चाशत्, तथा दर्शितम्। भूपृष्ठात्तु ध्रुवान्तं पञ्चदश लक्षाणि, तदूर्ध्वं महर्लोकः पञ्चाशीतिर्लक्षाणि कोटिद्वयं च, जनोलोकः कोट्यष्टकं, तपोलोकः कोटयो द्वादश, सत्यलोकः षोडश, ब्रह्मभुवनं कोटिः, विष्णुलोकः कोटिद्वयं, रुद्रलोकः कोटयः सप्त, ऊर्ध्वकटाहः कोटिरित्यूर्ध्वमपि पञ्चाशत्कोटयः पार्थिवं तत्त्वमिति तत्र यः स्थूल आभोगः, नतु तत्त्वस्यैतावत्येव व्याप्तिरुद्घातदीक्षायां बिन्द्वन्तमपि सूक्ष्मदृशा तद्व्याप्तेर्दर्शितत्वात्। ज्ञेयमुच्यत इति दीक्षाधारणादौ ज्ञातव्यमाचार्यसाधकादिभिरित्यभिधीयते भगवतेत्यर्थः ॥ ६२० ॥

तदेतत्

शतरुद्रावधि ज्ञेयं
सौवर्णं परिवर्तुलम्।
वज्रसाराधिकं[1]सारं
दुर्भेद्यं त्रिदशैरपि ॥ ६२१ ॥

वज्रसारादधिकं सारं यस्य ॥ ६२१ ॥

---

१ ०कं सारं क पाठः ।

एतच्च मन्त्रनादास्त्रप्रयोगेण दीक्ष्यस्य भेद-नीयमित्याह

हुंफट्कारप्रयोगेण
भेदयेत्तु वरानने ।

एवं मान्त्रतेजःस्फारानुप्रवेशेनैव पादाङ्गु-ष्ठाग्रगतादनन्तभुवनादारभ्य हृदन्तमवस्थितं ब्रह्माण्डं चेद्विदीर्णं, तद्बाह्यमपि तदनुषक्तं दलि-तमेव भगवतोक्तं भवति ॥

शतरुद्रावधीति यदुक्तं, तद्विभक्तुमाह

शतरुद्रानतो वक्ष्ये
समासेन कृशोदरि ॥ ६२२॥

शतरुद्राभिधेत्थमेषामित्याह

दश दश क्रमेणैव
दशदिक्षु समन्ततः ।
पूर्वादिक्रमयोगेन

यतः स्थितास्तत एते शतरुद्रा उच्यन्त इति शेषः ॥

तांश्च

कथयाम्यनुपूर्वशः ॥ ६२३ ॥

कपालीशो ह्यजो ब्रघ्नो
वज्रदेहः प्रमर्दनः ।
विभूतिरव्ययः शास्ता
पिनाकी त्रिदशाधिपः ॥६२४॥

एते च

इन्द्रस्य बलमाक्रम्य
प्रभुशक्तिसमन्विताः ।
विचरन्ति महादेवा
इन्द्रेण च सुपूजिताः ॥६२५॥

आक्रम्येत्यधिष्ठाय, अत्र हेतुः प्रभोः परभैरवस्य शक्त्या स्वातन्त्र्यात्मनाधिष्ठिताः ईदृशीमुन्मीलितदृक्क्रियाशक्तिमधिकारभूमिं ग्राहिताः, विचरन्ति सृष्ट्यादि कुर्वन्तः क्रीडन्ति। अत एवेन्द्रेण सुष्ठु भक्तिप्रकर्षेण पूज्यन्ते। एवमुत्तरत्रापि योज्यम् ॥ ६२५ ॥

अग्निरुद्रो हुताशी च
पिङ्गलः खादको हरः ।
ज्वलनो दहनो बभ्रु-
र्भस्मान्तकक्षयान्तकौ ॥ ६२६॥
अग्नेर्बलं समाक्रम्य
प्रभुशक्तिसमन्विताः ।
विचरन्ति महादेवा
अग्निराजसुपूजिताः ॥६२७॥

अग्निराजः आग्नेयदिक्पतिः । एवमन्यत् ६२७

याम्यो मृत्युर्हरो धाता
विधाता कर्तृसंज्ञकः ।
संयोक्ता च वियोक्ता च
धर्मो धर्मपतिस्तथा ॥ ६२८ ॥
यमस्य बलमाक्रम्य
प्रभुशक्तिसमन्विताः ।
विचरन्ति महादेवा
यमराजसुपूजिताः ॥६२९॥

नैर्ऋतो मारुतो हन्ता
क्रूरदृष्टिर्भयानकः[1] ।
ऊर्ध्वकेशो विरूपाक्षो
धूमलोहितदंष्ट्रकौ ॥ ६३० ॥
नैर्ऋतं बलमाक्रम्य
प्रभुशक्तिसमन्विताः ।
विचरन्ति महादेवा
नैर्ऋतेन्द्रसुपूजिताः ॥६३१॥
बलो ह्यतिबलश्चैव
पाशहस्तो महाबलः ।
श्वेतोऽथ जयभद्रश्च
दीर्घबाहुर्जलान्तकः ॥६३२॥
मेघनादी सुनादी च
समासात्परिकीर्तिताः ।
वारुणं बलमाक्रम्य
प्रभुशक्तिसमन्विताः ॥ ६३३॥

---

१ भयान्तकः क पाठः ।

विचरन्ति महादेवा
वरुणेन्द्रसुपूजिताः ।
शीघ्रो लघुर्वायुवेगः
सूक्ष्मस्तीक्ष्णो भयानकः ॥६३४॥
पञ्चान्तकः पञ्चशिखः
कपर्दी मेघवाहनः ।
वायोस्तु बलमाक्रम्य[1]
प्रभुशक्तिसमन्विताः ॥६३५॥
विचरन्ति महादेवा
वायुराजसुपूजिताः ।
निधीशो रूपवान्धन्यः
सौम्यदेहो जटाधरः ॥६३६॥
लक्ष्मी रत्नधरः कामी
प्रसादश्च प्रभासकः ।
सोमस्य बलमाक्रम्य
प्रभुशक्तिसमन्विताः ॥६३७॥

---

१ श्रित्य क पाठः ।

विचरन्ति महादेवाः
सोमराजसुपूजिताः ।
विद्याधिपोऽथ सर्वज्ञो
ज्ञानदृग्वेदपारगः ॥ ६३८ ॥

शर्वः सुरेशो ज्येष्ठश्च
भूतपालो [1]बलिः प्रियः ।
ईशानानुमता देवा-
श्चेष्टन्ते सुरपूजिताः ॥६३९॥

विचरन्ति महादेवा
ईशशक्त्या त्वधिष्ठिताः ।
वृषो वृषधरोऽनन्तः
क्रोधनो मारुताह्वयः ॥६४०॥

ग्रसनो डम्बरेशौ च
फणीन्द्रो वज्रदंष्ट्रकः ।
विष्णोस्तु बलमाक्रम्य
प्रभुशक्तिसमन्विताः ॥६४१॥

---

१ लिप्रि० क पाठः ।

विचरन्ति महादेवा
अनन्तेन सुपूजिताः ।

ईशानो दिक्पतिरनुमतो दिक्पतित्वेनाभिमतो येषाम् । सुरैः सर्वैः पूजिताः सर्वसिद्धिप्रदत्वात् । विष्णोरित्यधोदिग्गतस्य । अनन्तेनेति सर्वाधोदिगधिष्ठात्रा ॥

ऊर्ध्वदिशि तु

शंभुर्विभुर्गणाध्यक्ष-
स्त्र्यक्षश्च त्रिदशेश्वरः ॥६४२॥
संवाहश्च विवाहश्च
नलो लिप्सुस्त्रिलोचनः ।
ब्रह्मणो बलमाक्रम्य
प्रभुशक्तिसमन्विताः ॥६४३॥
विचरन्ति महादेवा
ब्रह्मणैव सुपूजिताः ।

एषां सर्वेषां मध्यात्

एकैकस्य सहस्रं तु
परिवारोऽभिधीयते ॥ ६४४ ॥

बृहत्तन्त्रेषु ॥ ६४४ ॥

एते च

शतरुद्रा इति ख्याता
ब्रह्माण्डं व्याप्य संस्थिताः ।

व्याप्येति परिवृत्य ॥

एते च

असंख्याताः सहस्राणि
ये च ऊर्ध्वादिदिग्गताः ॥६४५॥
स्वच्छन्दा विश्वगा देवाः
कल्पमन्वन्तरेष्वपि ।

सहस्रसंख्ययापि संख्यातुमशक्याः । प्रोक्तप्रभुशक्तिसमन्वितत्वात् स्वच्छन्दा अनुग्रहादौ स्वतन्त्राः । नियतशरीरत्वेऽपि विश्वगा व्यापकाः कल्पादिष्वपि च देवा द्योतमानाः ॥

प्रतिदिशं चैते दशादिग्व्यवस्थायां संनिविष्टा इत्याह

पूर्वादिदशदिग्रुद्राः
स्थिता दश दशैव तु ॥६४६॥
दशानां दशानां
एकैकमधिपं चैव
कथयामि वरानने
स्थितो वै पूर्वतोऽण्डस्य
श्वेतो वै नाम नामतः ॥६४७॥
रुद्राणां तु शतैर्युक्तो
महावीर्यपराक्रमः ।
दीप्तिमद्भिर्महातीव्रै-
र्मयूखैरिव भास्करः ॥ ६४८ ॥
आग्नेय्यामग्निसंकाशो
वैद्युतो नाम विश्रुतः ।
सोऽपि विद्युत्प्रभै रुद्र-
शतैस्तु परिवारितः ॥ ६४९ ॥
याम्येऽण्डस्य महाकालो
युगान्तानलसंनिभः ।

शतरुद्रैर्वृतो देवि
तिष्ठत्यमितविक्रमैः ॥ ६५० ॥
नैर्ऋते विकटो नाम
शतेन परिवारितः ।
संतिष्ठते महातेजा
द्वितीय इव भास्करः ॥६५१॥

शतेनेति मुख्येन । एवमन्यत्र ॥ ६५१ ॥

पश्चिमेऽण्डस्य यो रुद्रो
महावीर्य इति श्रुतः ।
शतरुद्रैर्वृतः सोऽपि
तिष्ठत्यमितविक्रमः ॥६५२॥
वायव्यादिशि चाण्डस्य
वायुवेगो महाबलः ।
शतेन च वृतः श्रीमां-
स्तिष्ठत्यत्र महाबलः ॥ ६५३ ॥
सुभद्रनामोत्तरतः
शतेन परिवारितः ।

महावीर्यबलोपेत-
स्तिष्ठत्यत्र महाबलः ॥६५४॥
परिविष्टो मरीचिभि-
स्तत्र तिष्ठति वीर्यवान् ।
विद्याधरो नाम रुद्र
ऐशान्यां वै प्रतिष्ठितः ॥६५५॥
शतरुद्रैर्वृतः सोऽपि
परिविष्ट इवोडुराट् ।
महावीर्यबलोपेत-
स्तिष्ठतेऽनन्तविक्रमः ॥६५६॥

परिविष्टो मरीचिभिः परिवृतः ॥ ६५६ ॥

अधः कालाग्निरुद्रोऽन्यः
स्थितस्त्वत्र द्वितीयकः ।
समावृतो रुद्रशतैः
स्थितैस्त्वत्र वरानने ॥ ६५७ ॥

द्वितीयक इत्यन्तस्थात् कालाग्नेरन्यः ६५७

शतैः समावृतो रुद्रो
मयूखैरिव भास्करः ।

उपरिष्टात् रुद्र इत्येतदाख्ययाख्यातः ॥

तदित्थं

वीरभद्रो वृतो रुद्रै-
रुपर्यण्डस्य संस्थितः ॥ ६५८ ॥

एकादशो महाकायै
रुद्रक्रोधसमुद्भवैः ।

वृत इत्येतैः श्वेतादिभिरेव पूर्वादिदिग्गतशतरुद्राधिष्ठातृभिः । एवं मध्यवर्ती वीरभद्र एकादशः । एतैश्च समस्तरुग्द्रावणस्य भगवतो रुद्रस्य संसारवित्रासकारिणः क्रोधादुद्भूतैः । क्रोधसमुद्भव इति पाठो वीरभद्रैकविषयः । यतश्चैते श्वेतादयो वीरभद्रस्य परिवारभूतास्तत एव श्रीपूर्वशास्त्रे

'अनन्तः प्रथमस्तेषां कपालीशस्तथापरः ।
अग्निरुद्रो यमश्चैव नैर्ऋतो बल एव च ॥
शीघ्रो निधीश्वरश्चैव सर्वविद्याधिपोऽपरः ।
शंभुश्च····················॥' (मा० वि० ५।१४)

इति प्रतिदिग्गतरुद्रदशकमध्यगमेकैकं रुद्रमुक्त्वा वीरभद्रश्च विधूमज्वलनप्रभ एकादश उक्तः, श्वेतादयस्तु तत्परिवारत्वान्न प्राधान्येन गणिताः ॥

उपसंहरति

एवं तेऽत्र महात्मान
एकैकं तु शतेन च ॥ ६५९ ॥
दशैते वेष्टिता देवि
शतरुद्रैश्च सुव्रते ।

प्रत्येकं शतेन परिवारभूतेन प्रोक्तैश्च कपालीशादिभिरन्तरङ्गैर्दशभिर्वेष्टितः । एवमस्यां विततायां भुवनदीक्षायां सर्व एवैते पार्थिवाण्डगता यथोक्तभुवनेश्वराः शोध्याः नतु प्राक् संक्षिप्तदीक्षोक्तमष्टोत्तरमेव शतमिति न तदाशयेनेदं विपर्यासितव्यं प्रतिपदोक्तस्य विधेः श्रुतिप्रमाणोत्कर्षेण बलवत्त्वादिति । यत्तु श्रीभुल्लकेन अनन्तश्री······दिभिर्द्वीपादिभिः सह सप्तनवतिः बहिरेकादशेति कल्पितं, तदसदेव ॥

एते श्वेताद्यो दश शतरुद्रपरिवृता अपि एकैकं शतेन परिवृता इति यदुक्तं, तत्संक्षेपाशयेन, विस्तरतस्तु

एषामपरिसंख्येयः
परिवारो महात्मनाम् ॥६६०॥

अतश्चैते सर्वे

आवृत्याण्डं स्थिता ह्येते
मधु यद्वन्मधुव्रताः ।
कदम्बकुसुमं यद्व-
त्केसरैः परिवारितम् ॥६६१॥
परिवारितं तथा ह्यण्डं
रुद्रैरमितविक्रमैः ।

मधुव्रता मधुकराः ॥

तथा

गृहैः सतोरणाट्टालै-
र्नानारत्नविचित्रितैः ॥६६२॥
जाम्बूनदमयैश्चित्रैः
समन्तात्समलंकृतम् ।

दिव्यनारीभिराकीर्णं
सर्वकामसमन्वितम् ॥ ६६३ ॥
ब्रह्माण्डमेतदाख्यातं
पाशजालावतारितम् ।
जन्मव्याधिजरामृत्यु-
महोदधिपरिप्लुतम् ॥ ६६४ ॥
गुणत्रयमलच्छन्नं
नानाजातिसमाकुलम् ।
पशुज्ञानपरिक्रान्तं
गतित्रयसमाकुलम् ॥ ६६५ ॥

गृहा भुवनानि । आणवादिपाशजालेनावतारितमाच्छादितं जन्मादिपरिप्लुतं चेति तदाश्रयजनाभिप्रायेण । गुणत्रयं सत्त्वादि, तदेव मलम् । जातयश्चतुर्दशविधो भूतसर्गः । पशुज्ञानेन वेदसांख्यादिना परितः समन्तात् क्रान्तं तज्ज्ञानाश्वासबहुलमिति यावत् । गतित्रयं देवमनुष्यतिर्यग्रूपम् ॥ ६६५ ॥

अत्र च

अनित्या एव गतयः
सर्वेषामेव वादिनाम् ।

गतयो देवमनुष्यतिर्यक्प्रवृत्तयः

'एवं त्रयीधर्ममनुप्रपन्ना
गतागतं कामकामा लभन्ते ॥' (भ० गी० ९।२१)

इति नीत्या अनित्याः परिमितकालाः । वादिनामिति वेदसांख्यपुराणेतिहासन्यायवैशेषिकसौगतार्हतादिनिष्ठानाम् ॥

यत एते

परापरविभागं तु
नैव जानन्ति मोहिताः ॥६६६

भेदात्मकं पदमपरम्, अद्वैतं तु परमिति न जानन्ति मायया व्यामूढीकृतत्वात्, अतो भेदपद एव सुरनरतिर्यक्पदानि परापरतया प्राप्याणि मन्यन्ते ॥ ६६६ ॥

अतश्च

हेमाण्डं तु पुरा सृष्टं
क्षयात्म भुवनाकृति ।

ईशमायासमाविष्ट-
स्यात्मवर्गस्य भूतये ॥६६७॥

यद्यपि समनान्तं क्षययोगि, तथापि यदस्य क्षयात्मत्वमुक्तं तदतिपरिमितकालतया तुच्छताप्रतिपादनाशयेन । समाविष्टस्य क्रोडीकृतस्य । भूतये कर्मोपभोगसिद्ध्यर्थम् ॥६६७॥

गतमेतत्

अथोपरिष्टात्तत्त्वानि
उदकादिशिवान्तकम् ।

उच्यन्त इति शेषः ॥

तत्र मानकलनया एतानि

उत्तरोत्तरयोगेन
दशधा संस्थितानि तु ॥६६८॥

शतकोटिविस्तारात् ब्रह्माण्डात् दशधा गुणितं जलतत्त्वम् । ततो दशगुणं तेजः । ततोऽपि वायुः । ततोऽपि व्योम । ततोऽपि गर्भीकृततन्मात्रेन्द्रिय एव गुणः ॥ ६६८ ॥

---

१ कु० क पाठः ।

अहंकारः

एवंकलितपरिमाणादहंकारात्

तदूर्ध्वं तु

बुद्धिस्तु शतधा स्थिता ।

ततोऽपि

ऊर्ध्वं सहस्रधा ज्ञेयं

प्रधानं वरवर्णिनि ॥ ६६९ ॥

गुणतत्त्वेन सह प्रकृतितत्त्वस्य तत् परिमाणमित्यर्थः ॥ ६६९ ॥

तदुपरि

पौरुषं दशसाहस्रं

ततोऽपि

नियतिर्लक्षधा स्मृता ।

तदूर्ध्वं दश लक्षाणि

कला यावत्तु सुव्रते ॥६७०॥

तदेवंविधात् कलातत्त्वमानादपि

माया तु कोटिधा

सा च

व्याप्य

स्थिता सर्वं चराचरम् ।

सर्वमिति कलादिक्षित्यन्तम् । एतच्चोपलक्षणपरं सर्वतत्त्वेषु, तेन पृथिव्यादितत्त्वान्युत्तरोत्तरं जलादितत्त्वैः व्याप्तानि । अतश्च शतकोटिविस्तीर्णात् ब्रह्माण्डात् दशगुणं यदप्तत्त्वमुच्यते, तत्तदन्तर्वर्तिना ब्रह्माण्डेन सह । तेन मध्ये ब्रह्माण्डं कोटिशतम्, अधोजललेखिका चत्वारि सर्वाणि कोटिशतानि, जलावरणस्य मानं मध्यवर्तिना व्याख्यातेन ब्रह्माण्डेन सह तु कोटिशतान्येव, सर्वतः पारिवार्तुल्यमानब्रह्माण्डेन अन्तर्वर्तिना दशकोटिशतानि जलावरणमिति स्थित्या तेजस्तत्त्वादीन्यपि अन्तर्वर्तिजलादितत्त्वमानेन सह यथोत्तरं दशादिगुणितानि व्याख्यातव्यानि ॥

तदेवंविधान्मायापरिमाणात्

दशकोटिगुणा विद्या

सापि व्याख्यातदृष्ट्या ऊर्ध्वाधःकोटिनवकपरीमाणा मध्यस्थात्कलामानात्कोटिगुणितात् ॥

माया व्याप्य व्यवस्थिता ॥६७१॥

अथ ततोऽपि

शतकोटिगुणेनैव
व्याप्तासावीश्वरेण तु

ईश्वरेण ईश्वरतत्त्वेन ॥

ततोऽपि तद्व्याप्यैव स्थितं

सादाख्यं कोटिसाहस्रं
बिन्दुनादं तदूर्ध्वतः ॥६७२॥

सादाख्यं यत् तत्त्वं कोटिसहस्रपरिमाणं, तदेवोर्ध्वत इति तत्रैव अध्वनि ऊर्ध्वभागे परव्याप्त्या बिन्दुनादं वक्ष्यमाणबिन्दुनादात्मकावरणरूपतया स्थितं परं सादाख्यं रूपम् । बिन्दुना अर्धचन्द्रनिरोधिकावरणे, नादेन च नादान्तावरणमुपलक्षितम् । एतच्चाग्रे व्यक्तीभविष्यति ॥ ६७२ ॥

अतोऽप्यूर्ध्वे

योजनानां तु वृन्दं वै
शक्तिर्व्याप्य व्यवस्थिता ।

वृन्दं शतकोटिसहस्राणि । शक्तिरिति शक्तितत्त्वम् ॥

अत्रैव च शक्तिसंबन्धिन्यूर्ध्वभागे

व्यापिनी सर्वमध्वानं
व्याप्य देवि व्यवस्थिता ६७२

शक्तिरेव परया व्याप्त्या परशिवतत्त्वात्मा व्यापिनीरूपा; सर्वमिति शक्तिसदाशिवाद्यधस्तनं समनात्मकं चोर्ध्वमध्वानं व्याप्य स्थिता। एषां च सर्वेषां तत्त्वानां पूर्वमेव स्वरूपं व्याख्यातमिति मायान्तं तत्तत्पदोचितानां क्षेत्रज्ञानां विचित्राणां, विद्यादिव्यापिन्यन्तं तु मन्त्रमन्त्रेश्वरमन्त्रमहेश्वराद्यावर्तेन भेदभिन्नानां रुद्राणामवस्थितिरिति तदपेक्षया तत्र तत्र तथोचितमेव भुवनभोगादिकम् । तदेतदग्रे व्यक्तीकरिष्यति भगवान् ॥ ६७२ ॥

एवमपरशिवतत्त्वान्तमध्वपरिमाणमुक्त्वा विश्वव्यापिनि परमशिवतत्त्वे न परिमाणमस्तीत्याह

अप्रमेयं ततो ज्ञेयं
शिवतत्त्वं वरानने ।

ततो व्यापिनीसमनान्तादध्वन ऊर्ध्वं यत् श्रेयोरूपं तत्त्वं पारमार्थिकं स्वतन्त्रप्रकाशानन्दघनं परमशिवरूपं, तदप्रमेयं परप्रमात्रेकरूपमित्येवं ज्ञेयं निश्चेतव्यं, नतु इतरतत्त्ववदुत्तरोत्तरप्रमाणाधिक्यकलनया कलनीयम् । एवं चाभिदधदेवमादिशति—यत्समनान्तं विश्वं यथोक्तप्रक्रियया प्रमेयीकुर्वन्नेव परप्रमात्रात्मनि स्वप्रकाशचिदानन्दघने परमशिवपदे समाविशेदिति ॥

एवं प्रसङ्गादुक्त्वा जलतत्त्वादौ भुवनस्थितिं प्रकटयितुमाह

भुवनानि प्रवक्ष्यामि
अप्तत्त्वादावनुक्रमात् ॥६७४॥

तथा

आकारं विभवं चैव
भुवनानेकविस्तरम् ।

आकारः संस्थानम् । विभवो विभूतिः । भुवनानेकस्य तत्तत्प्रधानभुवनानुलग्नस्य भुवनसमूहस्य विस्तारो दशसंख्याकृतं वेतव्यम् ॥

एतच्च पारमेश्वरव्यतिरेकेण नान्यत्र दृष्टमित्याह

यन्न दृष्टं पशुज्ञानैः
कुपथभ्रान्तदृष्टिभिः ॥६७५॥

स्वतन्त्रचिद्घनानन्दात्मकपरभैरवस्वस्वभावाख्यातिपाशपाशितत्वात् संकुचितदृक्शक्तीनां ज्ञानानि ज्ञायतेऽभिलषितं पशुभिः यैस्तैः पशुशास्त्रैः यन्न ज्ञातं तथा कुपथेन परिमितक्लेशमात्रप्रशमकारिणा, नतु परिपूर्णपदप्राप्तिप्रदेन उपायप्रदर्शनेन भ्रान्ता लब्धातात्त्विकप्रकाशा दृष्टिर्ज्ञानं प्रतिपद्यमानं येषां तादृग्भिः ॥ ६७५ ॥

तान्येतानि पशुज्ञानानि लेशतो दर्शयितुमाह

यन्न सांख्यैर्न योगैर्वा
न चैव पाञ्चरात्रिकैः ।

प्रकृतिपुरुषयोरविवेकमात्रात् संसारो विवेकात्तु मुक्तिरितीदृग्ज्ञानैः सांख्यैः अत्रैव चित्तैकाग्र्यात्मयोगावेश[1]संप्राप्यद्रष्टृस्वरूपावस्थित्यात्ममुक्तिवादिभिर्योगशास्त्रस्थैः षड्विंशतितत्त्वरूपमहाविभूत्यात्मकवासुदेवाख्यपरप्रकृतिपरिणामात्मकप्रकृत्यादिजगद्वादिभिः पाञ्चरात्रिकैर्यन्न दृष्टमिति संबन्धः ॥

तथा

स्वभाववादिभिर्नापि
नच कर्मप्रवादिभिः ॥ ६७८ ॥
नापि संशयवादैश्च
नग्नक्षपणकादिभिः ।

पृथिव्यादयः स्वभावेन तनुकरणभुवनादि-

1 गवश क. पाठः ।

कार्यार्थं प्रवर्तन्ते न पुनरत्रेश्वरः प्रवर्तकोऽस्तीत्येवं वदद्भिः स्वभाववादिभिः, कर्मैव विश्वकारणं नान्यदित्याचक्षाणैः कर्मप्रवादिभिः, दैवं पुरुषकारो वा विश्वकारणमिति ब्रुवाणैः संशयवादिभिः

'जीवाजीवास्रवाश्चैव संवरो विवरस्तथा ।
बन्धो मोक्षश्च सप्तैते सप्तभङ्गीविचित्रिताः ॥'

इति वचनव्यक्त्या अनादिसिद्धो बन्धो मोक्षश्च । त्रिविधो जीवः; अजीवस्तु स्थावरं, पुद्गलो देहः, धर्मोऽधर्मौ भुवनाद्यधिकरणं लोकाकाशो मुक्तपुद्गलस्थानमलोकाकाशश्चेति षड्विधा शब्दादिविषया विकल्पवृत्तिः सुखदुःखादिसंभिन्ना विकल्पकप्रशमनरूपा; आ समन्तात् स्रवति प्रसरत्यजस्रमित्यास्रवः यमनियमादिनियमितेन्द्रियवृत्तिपूर्वममलपुद्गलरूपध्यानं; सम्यग्वृणीते जीवानिति संवरः केशोल्लुञ्चनतप्तशिलापतनमलधारणादिसमस्तदुःखानुभवः प्राक्संचिताशुभसंचयस्य निर्झर इव विध्वंसको विवरः; लोभमोहशोकादिलोहपञ्जर इवालाबु-

१ विवर क. पाठः ।

पात्राणां निमज्जकः पुद्गलानामावारको बन्धः; तदावरणव्यपगमे सुखसंविदात्मकपुद्गलोन्मज्जनमलोकाकाशो मोक्षश्चेति जीवाजीवादिपदार्थसप्तकवादिभिः १ स्यादस्ति, २ स्यान्नास्ति, ३ स्यादस्ति च स्यान्नास्ति च, ४ स्यादनिर्वाच्यं, ५ स्यादस्ति च निर्वाच्यं, ६ स्यान्नास्ति च निर्वाच्यं, ७ स्यादस्ति च नास्ति चानिर्वाच्यं चेति सप्तभिरेव भङ्गीभिरनिश्चितमेव सर्वं वदद्भिः नग्नक्षपणकादिभिर्यन्न दृष्टमिति संबन्धः ॥

तथा

न भूतवादिभिश्चैव

पृथिव्यप्तेजोवायुरिति भूतचतुष्टयमेव प्रत्यक्षदृष्टमस्तीति कथयद्भिश्चार्वाकैः ॥

नापि स्याल्लौकिकैरपि ॥६७७॥

वार्तादण्डनीतिमात्रनिष्ठैः ॥ ६७७ ॥

न चात्मचिन्तकैर्वापि

'पुरुष एवेदं सर्वं यद्भूतं यच्च भव्यम् ॥' (ऋ०१०।९०)

इत्यादि चिन्तयद्भिर्वैदिकैः

न च तर्कप्रवादिभिः ।

'अविज्ञाततत्त्वेऽर्थे कारणोपपत्तितस्तत्त्वज्ञानार्थमूहस्तर्कः ।'
(न्या० सू० १।४०)

इत्यूहरूपेण तर्केण व्यवस्थां कुर्वद्भिः ॥

नच वैशेषिकैर्वाऽपि
षट्पदार्थपरायणैः ॥६७८॥

द्रव्यगुणकर्मसामान्यविशेषसमवायाख्यपदार्थषट्कमेव तत्त्वमित्यभिदधद्भिः कणादशिष्यैः॥

नचापि न्यायवादैश्च

प्रमाणादिपदार्थषोडशकतत्त्वज्ञानान्निःश्रेयसाधिगमो भवतीति ब्रुवाणैर्नैयायिकैः ॥

हेतुदृष्टान्तवादिभिः ।

नच यद्दृष्टमिति स्थितमेव ।

'तद्भावहेतुभावो हि दृष्टान्ते[1] तदवेदिनः ।
ख्यातेऽर्थे विदुषो नान्यो हेतुरेव हि केवलः ॥'

इत्यारटद्भिः सौगतैः ॥

नाप्येकजन्मवादैश्च

वर्तमानमेवेदमेकं जन्म, नतु जन्मान्तरमभूत् भावि वेत्युदितवद्भिः ॥

---

१ न्तत० क पाठः ।

नचाप्येकत्ववादिभिः ॥६७९॥

पारमेशशास्त्रप्रतिपादितस्वप्रकाशस्वतन्त्रचिदद्वयवादव्यतिरेकेण सत्ताद्यद्वयवादिभिः ६७९

न धूर्तवादैर्लौकैर्वा
सुपरिज्ञातमैश्वरम् ।

धूर्तविरचितम्लेच्छादिशास्त्रनिष्ठैः । ईश्वरेण शिवभट्टारकेण प्रोक्तमतत्त्वादिभुवनानामाकारविभवविस्तारादिकं यत् सांख्यादिभिर्धूर्तलोकपर्यन्तैर्न कैश्चिदपि परिज्ञातं, तत्ते वक्ष्यामीति प्रोक्तेनैव संगतिः ॥

नचेयन्त एव वादिनः, अपितु

इत्येवंवादिनां तेषां
वादानां तु शतत्रयम् ॥६८०॥
त्रिषष्टिरधिकाश्चान्ये
वादिनां भ्रान्तचेतसाम् ।
अज्ञानतिमिरान्धाना-
मुन्मीलनकृदुत्तमम् ॥६८१॥
संसारपङ्कमग्नानां
नौरिवोत्तारणं परम् ।

महामोहतमोऽन्धानां
तमोनुदमिदं परम् ॥ ६८२ ॥
परमेशमुखोद्भूतं
यन्मया प्राप्तमद्भुतम् ।
ज्ञानामृतमिदं दिव्यं
नानाभुवनविस्तरम् ॥६८३॥
शृणुष्वैकमना देवि
विचित्राकारमद्भुतम् ।

इतिशब्दः प्रकारवाची । एवंप्रकारं वदतां वादिनां संबन्धिनो ये वादास्तेषां मध्ये जलादिशिवान्तगततत्तद्भुवनाद्यध्ववेद्यीकरणप्रतिपादनेन तावद्वेद्यवेदकपरभैरवात्मकमहाप्रमातृपदसमावेशप्रदमिदं ज्ञानामृतम् । अज्ञानतिमिरेण तत्त्वावेदनान्धकारेण अन्धा अनुन्मीलितदृक्शक्तयः तत एव भ्रान्तचेतसः तेषां शक्तिपाततः प्राप्तं सत् उन्मीलनकृत् स्वस्वभावोन्मेषकम् । तथा संसारकर्दमे मग्नानां नौरिवोत्ता-

रणं परं पारप्रापकम् । महामोहो विषयेषु अलंकारवस्त्रस्त्र्यादिषु आत्माभिमानः, तमः पुर्यष्टके आत्माभिमानः, आभ्यां मोहतामिस्रान्धतामिस्रा लक्ष्यन्ते । एवमेभिरन्धीकृतानां तमोनुदमित्यज्ञाननाशनम् । परमेशमुखोद्भूतमिति परभैरवादेव शक्तिसदाशिवादिक्रमेणायातं सत् मया कैलासवासिना प्राप्तमिति श्रीश्रीकण्ठात् लब्धदीक्षेण अधिगतम् । अद्भुतं निभाल्यमानं सद्विस्मयमुद्रानुप्रवेशनेन परभैरवस्वरूपाभिव्यञ्जकम्, अत एव दिव्यम् । नानाभुवनानां प्रतिपाद्यमानानां विस्तारो विभवादिप्रपञ्चो यत्र तत्तादृशम् । ज्ञानामृतप्रतिपादकमिदं शास्त्रमेव ज्ञानामृतम् । एकाग्रमनाः शृणिवत्यनेन परमोपादेयतां ध्वनति ॥

अद्भुतत्वं भुवनानां स्पष्टयति

अनन्तो भुवनव्रात-
स्त्वव्युच्छेदाद्व्यवस्थितः ॥६८४॥

मधुकोशजालकव-
त्तथा भूरिचयावृतिः ।

अव्युच्छेदान्नैरन्तर्येण । मधुकोशे मधुमक्षिकाणां गोलकाकृतावाश्रये यानि जालकानि उपर्युपरि वर्तुलाकृत्या स्थितानि । भूरिचयावृतिरिति विततया परस्परमावार्यावारकतयावस्थितः ॥

किंच

मीनशंखकुलायाभं
दाडिमीबीजवत्स्थितम् ॥६८५॥
कदम्बकेसरनिभं
पुराणां तु समूहकम् ।

कुलायमालयः । दाडिमीबीजवदिति अतिनिविडगर्भार्थस्थितम् ॥

किंच

महासेनावासकव-
द्वने तरुसमूहवत् ॥ ६८६ ॥
निरन्तरमनन्तानि
भुवनानि वरानने ।

नानाकाराणि चित्राणि
सर्वरत्नमयानि च ॥६८७॥

महती चासौ सेना च महासेना, तस्या आवासकः शिविरं, तद्वत् । आकारः संस्थानम् । विचित्राणि विविधशोभाभाञ्जि ॥ ६८७ ॥

यथा

परिमण्डलानि दीर्घा-
ण्यर्धचन्द्राकृतीनि च ।
पुरुषाकृतीनि चान्यानि
नन्द्यावर्ताकृतीनि च ॥६८८॥
पर्वताकृतिरूपाणि
गजयूथाकृतीनि च ।
शरावाकृतीनि चान्यानि
ज्वालरूपाकृतीनि च ॥६८९॥
महाविमानरूपाणि
त्रिशूलाकृतिमन्ति च ।
मुरजाकृतीनि चान्यानि
त्र्यश्राकृतिपुराणि च ॥६९०॥

महापुरुषरूपाणि
शतशृङ्गाकृतीनि च ।
सहस्रशृङ्गावर्तानि
तथान्यानि वरानने ॥६९१॥
कोटिशृङ्गाणि चान्यानि
असंख्यशिखराणि च ।
वृत्तानि चतुरश्राणि
त्रिकोणान्यपराणि च ॥६९२॥

परिमण्डलानि सन्ति दीर्घाणीति पश्चात्परिमण्डलानि अग्रे तु दीर्घाणि, अत एव वृत्तानीत्यनेन न पुनरुक्तता । नन्द्यावर्तः संनिवेशविशेषः । मुरजाकृतीन भुवनानां त्र्यश्राकृतीनि पुराणि गृहा येषामिति विशेषणं, तेन त्रिकोणानीत्यपुनरुक्तम् । महापुरुषः

'पृथुवक्षा दीर्घबाहूरुश्च ·················।'

इत्यादिरूपः । पुरुष्कृतीनीति तु सामान्योक्तिः ॥ ६९२ ॥

किंच

दिव्यचित्रपताकानि
दिव्यघण्टाध्वजानि च ।
भेरीनादस्वराढ्यानि
दिव्यगीतध्वनीनि च ॥६९३॥
दिव्यदुन्दुभिनादानि
महावेणुस्वनानि च ।
नानावादित्रघोषाणि
भुवनानि च सर्वदा ॥६९४॥

इत्थमेषां विभूतिमुक्त्वा वर्णमाह

शुक्लानि स्फटिकाभानि
पद्मरागाकृतीनि च ।
चन्द्रकान्तसवर्णानि
मुक्तादामनिभानि च ॥६९५॥
लाक्षारससवर्णानि
कानिचिद्दूरवर्णिनि ।
इन्द्रगोपकवर्णानि
इन्द्रनीलनिभानि च ॥६९६॥

नीलोत्पलसवर्णानि
विद्युत्पुञ्जनिभानि च।
बालादित्यसवर्णानि
पद्मगर्भनिभानि च ॥६९७॥
चन्द्रप्रभानि चान्यानि
चन्द्रकोटिनिभानि च।
मध्याह्नार्कसवर्णानि
सूर्यकोटिनिभानि च ॥६९८॥
अशोकस्तवकाभानि
हरितालनिभानि च।
शक्रचापसवर्णानि
गोक्षीरधवलानि च ॥६९९॥
सिन्दूरकुङ्कुमाभानि
गोरोचननिभानि च।
तप्तहेमसवर्णानि
निर्धूमाग्निनिभानि च ॥७००॥
शङ्खपाण्डुरवर्णानि
कानिचिद्भुवनानि च।

नानावर्णानि चान्यानि
नानारूपाकृतीनि च ॥ ७०१ ॥

इन्द्रगोपकः खद्योतकः। एतानि च जलतत्त्वादनाश्रितशिवतत्त्वान्तमीदृंशि उक्तानि ॥

यतः

एतेषां परतो देवि
व्यापकं परमं पदम्।
अप्रमेयमसंख्येय-
मगम्यं सर्ववादिनाम् ॥७०२॥

अप्रमेयमिदन्तया[1] परिच्छेत्तुमशक्यं यतः संख्ययापि निर्देष्टुमशक्यम्। अतश्च शैवशास्त्रज्ञव्यतिरेकेण प्रागुक्तानां सर्ववादिनामगम्यमप्राप्यम् ॥ ७०२ ॥

तदाह

विना प्रसादादीशस्य
ज्ञानमेतन्न लभ्यते।
नचापि भावो भवति
दीक्षामप्राप्य देहिनाम् ॥७०३

१ यत्तया क०।

शक्तिपाततो लब्धमाहेश्वरदीक्षाणामेतज्ज्ञानं लब्धं सत् प्ररोहति नान्यथेत्यर्थः ॥ ७०३ ॥

एतदेव स्पष्टयति

यदा तु कारणाच्छक्ति-
र्भवेन्निर्वाणकारिका ।
शिवेच्छया प्रपद्येत
दीक्षां ज्ञानमयीं शुभाम् ७०४
मन्त्रयोगात्मिकां दिव्यां

तदेति मध्ये व्याकार्यम् । कारणात्परमशिवात् निर्वाणकारिका शक्तिर्भवेत् अनुग्राह्यस्योन्मज्जति तदा सोऽनुग्राह्यो दीक्षां प्रपद्येत । दीक्षां ज्ञानमयीमित्यनेन प्रोक्तवक्ष्यमाणसमस्ताध्वमेयीकरणलब्धपरप्रमातृपदानुप्रवेशाभिव्यक्तिदां, शुभां जीवन्मुक्तिरूपां, ज्ञानमयीमित्यनेन क्रियादीक्षयापि ज्ञानसारतैवेत्यादिशति । मन्त्रेण मननत्राणधर्मिणा योगः ऐक्यं यस्यां, दीक्षायां हि मन्त्राराधनात् तत्तादात्म्यं भवति । दिव्यामिति वैष्णवादिदीक्षाभ्योऽभ्यधिकप्रभावाम् ॥

इत्थं ज्ञानमयीं दीक्षामासाद्य
ततो मोक्षं व्रजेत्पशुः।

जीवन्मुक्तिं लभते पशुरिति प्रागवस्थानुवादः॥

यदि तु इयद्विश्ववेद्यवेदनतः परां वेदकभुवं नारोहति, तदा न मुच्यत इत्याह

नान्यथा मोक्षमायाति
अपि ज्ञानशतैरपि॥ ७०५॥

पूर्वनिर्दिष्टरूपैः॥ ७०५॥

अतश्च

यस्य प्रकाशितं सर्वं
शिवेनानन्तरूपिणा।
स एव मोक्षं व्रजति

प्रकाशितमित्यनेन भुवनाध्वज्ञानेनाभिव्यक्तिं नीतम्। अनन्तरूपिणा अशेषशरीरेण।

का अस्य मोक्षप्राप्तिरित्याह

शिवः सर्वमहेश्वरः॥७०६॥

शिव इति प्राप्ताद्वयप्रकाशानन्दघनश्रेयो-

रूपः, तत एव ब्रह्माद्यनाश्रितान्ताधिष्ठातृत्वात् सर्वेषां महानीश्वरः ॥ ७०६ ॥

किंच

तेनेदं ज्ञानमुख्यं तु
पुरा प्रोक्तं मया तव।

तेनेति सर्वमहेश्वरात्मकपरस्वरूपेण मया कैलासवासिना देव्याः परशक्तिरूपायाः पुरा प्रोक्तमित्यनेन परस्वरूपप्रत्यभिज्ञापनया देवीमुन्मिषत्स्वस्थानां कुर्वन्नेतद्बृंहयन् प्रोक्तज्ञानदीक्षातो मुक्तः परमेश्वर उमापतिश्चैकं तत्त्वमिति। अतश्च तन्त्रावतारपटलोक्तपरसंबन्धसारतैव सर्वत्रेति दर्शितं भवति॥

एतच्च

संसारार्णवमग्नानां
नौरिवोत्तारणं परम् ॥७०७॥

यत एतत्

महामायाञ्जनातीतं

मायोपरि महामाया सदाशिवादीनामपि

समुचितसंकोचोत्थापिका शून्यातिशून्यरूपा शक्तिस्तत्कृतमञ्जनमावरणमप्यतीतम् ॥

अत एव

अज्ञातं पशुगोचरे ।

पशूनां मायाञ्जितत्वात् ॥

किंचेदम्

अनन्तं पारमक्षोभ्यं
सुबोधं परमेश्वरम् ॥ ७०८ ॥

अनन्तं देशकालाकारानवच्छिन्नम् । पारं च मायापर्यन्तात्मकम् । स्वतश्चिदेकघनाकारत्वान्न केनचित् क्षोभणीयमपितु उल्लासनविलापन-क्रमेण विश्वक्षोभकम् । सुबोधमिति

'दिदृक्षयेव सर्वार्थान्यदा व्याप्यावतिष्ठते ।
तदा किं बहुनोक्तेन स्वयमेवावभोत्स्यते ॥' (४।१३)

इति श्रीस्पन्दनिरूपितनीत्या विश्वप्रमेयीकर-णेन सुखोपायप्राप्यं स्वप्रकाशस्वरूपात्मक-त्वात् अथच इदं पारमेश्वरं ज्ञानं शास्त्रं शतको-

---

१ य० क पाठः ।

टिप्रविस्तीर्णत्वादनन्तपारं वाद्यन्तरैः क्षोभयि-
तुमशक्यम् ॥ ७०८ ॥

तदीदृशं

परमेशमुखोद्गीर्णं
यन्मया प्राप्तमद्भुतम् ।

तत्

वक्ष्ये ज्ञानामृतमिदं
श्रृणुष्वैकमनाः प्रिये ॥७०९॥

श्रृणुष्वेति पुनरपि सावधानत्वग्राहिकयोक्त्या देवीं प्ररोचनायाभिमुखीं कुर्वन्नस्य ज्ञानस्य परमोपादेयतामेव प्रथयति ॥ ७०९ ॥

तत्र

ऊर्ध्वं वै ब्रह्मणोऽण्डस्य
पुरैकादशकं स्थितम् ।
एकादशानां रुद्राणां
युगान्ताग्निसमत्विषाम् ॥७१०

ऊर्ध्वमिति शतरुद्रपुराणि अतिक्रम्य, एकादशानामपि प्रागुक्तानां श्वेतादीनां वीरभ-

द्रान्तानां युगान्ताग्निसमत्विषामेषामतिदीप्त-
त्वात् ॥ ७१० ॥

एवं शतरुद्राधिपतेर्वीरभद्रस्य सपरिवारस्य भुवनानि उक्त्वा, तदुपरि श्रीभद्रकालीपुरमाह

अथोर्ध्वे भुवनं देव्याः
कथयामि वरानने ।
इन्द्रनीलमयं दिव्यं
समन्तात्परिमण्डलम् ॥७११॥
तस्मिन्भगवती देवी
भद्रकाली व्यवस्थिता ।

सा च तत्र

वसतीन्दीवरश्यामा
स्निग्धकङ्कुष्टसप्रभा ॥७१२॥
सूर्यमण्डलरूपाभ्यां
कुण्डलाभ्यामलंकृता ।
पौर्णमास्यां यथा संध्या
चन्द्रार्काभ्यां विराजते ॥७१३॥

कङ्कुष्टं रञ्जनद्रव्यविशेषः ॥ ७१३ ॥

अस्याश्च

राजते च महाहारः
स्तनाभ्यामन्तरे स्थितः ।
असिताञ्जनशैलाभ्यां
मध्ये स्रोतोवहा यथा ॥७१४॥

स्तनाभ्यां शैलाभ्यां चेति सहार्थे तृतीये ॥ ७१४ ॥

किंच अस्याः

चतुर्भिश्च धृतं पीठं
सिंहैरमितविक्रमैः ।

पीठमासनम् ॥

तत्र च

सर्ववज्रमये दिव्ये
दिव्यरत्नविभूषिते ॥७१५॥
आसने सुप्रभे देवी
जात्यञ्जनसमप्रभा ।
शुद्धे हिमवतः शृङ्गे
नीलमेघ इव स्थिता ॥७१६॥

किंच

सर्वरत्नमयी दिव्या
रशनास्या विराजते ।

इयं च देवी

पीतमाल्यांशुकवती
शर्वरीवारुणोदये ॥ ७१७ ॥

शर्वरी रात्रिः कृष्णा अरुणोदयसमये संध्यारागरञ्जिता भवति ॥ ७१७ ॥

देव्या रुद्रशक्तित्वात्

तृतीयं नयनं तस्या
ललाटस्थं विराजते ।
उदयस्थ इवादित्यो
रश्मिजालविभूषितः ॥७१८॥

किंच

उच्छ्रितेनातपत्रेण
सा श्वेतेन विराजते ।
कृष्णमेघोपरिस्थेन
चन्द्रेणेव विभावरी ॥७१९॥

एषा च देवतारूपाणां
कोटिकोटिसहस्रेण
स्त्रीणां तु परिवारिता ।
आवृता चन्द्रलेखेव
नक्षत्रैस्तु नभस्तले ॥७२०॥
एताश्च
कुसुदोत्पलवर्णाश्च
हेमश्यामाश्च योषितः ।
प्रियङ्गुकलिकाश्यामा-
श्चन्द्रगौर्यः सयौवनाः ॥७२१॥
पद्मावदातरूपिण्यः
पीनश्रोणिपयोधराः ।
हावभावविधिज्ञास्तु
नृत्तगीतविशारदाः ॥७२२॥
वीणावेणुमृदङ्गाद्यै-
र्वंशवादित्रनिःस्वनैः ।
उपासीनास्तु तां देवीं
रमन्ते तत्र योषितः ॥७२३॥

हावश्चेष्टालाञ्छनः, भावस्तु तत्तच्चेष्टाद्युदितः सात्त्विको धर्मः ॥ ७२३ ॥

तदेतद्देव्याः संबन्धि

एवं विद्धि जयं नाम
भुवनं तु वरानने ।

एषा च सा देवी

या दुर्गेति स्मृता लोके
ब्रह्माण्डोदरवर्तिनी ॥७२४॥
विष्णुना तपसा पूर्व-
माराध्य परमेश्वरम् ।
अवतारिता वधार्थाय
महिषस्य महात्मनः ॥ ७२५ ॥

महात्मनः महाशरीरस्य ॥ ७२५ ॥

महिषस्य माहात्म्यं प्रकटयति

येन चैकेन श्रृङ्गेण
भगवान् हिमवान् गिरिः ।

---

१ विशेषः क पाठः ।

शुष्कपर्णमिव क्षिप्तः

भगवानिति देवतात्मा ॥

सोऽयमीदृशो महिषासुरः

भगवत्या विनाशितः ॥७२६॥

कथमित्याह

सा तं विनाशयेद्देवी

तमः सूर्य इवोत्थितः ।

किंच

सा देवी सर्वदेवीनां

नामरूपैश्च तिष्ठति ॥ ७२७ ॥

योगमायाप्रतिच्छन्ना

योगात्परतत्त्वैक्याद्दुत्थिता या माया स्वरूपगोपना, तया प्रतिच्छन्ना स्थगितपरस्वरूपा । सर्वदेवीनां संबन्धिना नामरूपप्रपञ्चेन स्थितेत्यर्थः ॥

किंचैषा ब्रह्माण्डमवतीर्णा सती

कुमारी लोकभाविनी ।

भगवच्छक्तिरेषा परानुपभोग्यत्वात् कुमारी-

त्वमाश्रित्य स्थिता । तादृशी च असौ लोका-
न्भावयति अभीष्टफलेन सफलान्संपादयति ॥

इत्थमाकृतियुक्ताप्येषा वस्तुचिन्तायां
अचिन्त्या चाप्रमेया च
अन्यत्र परिपठ्यते ॥ ७२८ ॥

अन्यत्रेति तात्त्विके तत्स्वरूपनिरूपणपरे तत्र तत्र शास्त्रे ॥ ७२८ ॥

किंचैषा

विष्णुना सहिता देवी
कल्पे कल्पे पुनः पुनः ।
भगिनीत्वेन चायाति
नामरूपाविपर्ययैः ॥ ७२९ ॥
मन्वन्तरे मन्वन्तरे
तथा चैव युगे युगे ।
रक्षणार्थं हि लोकानां
मातेव हितकारिणी ॥ ७३० ॥

कल्पादिस्वरूपमेकादशे व्यक्तीभविष्यति । नामरूपविपर्ययैरिति नानानामरूपभोगैः ७३०

उपसंहरति

इत्याख्यातं तु भुवनं
जयं नाम वरानने ।

अतश्च

तद्भक्तास्तत्र गच्छन्ति
तस्या मण्डलदीक्षिताः ॥७३१॥

मण्डलशब्देन तदधिकरणं भुवनं तत्प्राप्त्यर्थम् ॥ ७३१ ॥

तदित्थं दीक्षापूर्वभक्तिक्रमलभ्यमेतत्, नान्यथेत्याह

नचैतत्तपसा प्राप्यं
न यज्ञैर्भूरिदक्षिणैः ।
न दानैर्विविधैश्चापि
शक्यं प्राप्तुं वरानने ॥ ७३२ ॥

किन्तु

प्रसादाद्देवदेवस्य
शशाङ्काङ्कितमौलिनः ।

दीक्षां प्राप्य प्राप्नुवन्ति

जयमित्यनुवर्तते ॥

नचैतज्ज्ञानप्राप्तिमेव दीक्षिताः, अपितु

मण्डलं चक्रवर्तिनाम् ॥७३३॥

मन्त्रमन्त्रेश्वरादीनामपि मण्डलमेतद्दीक्षातः प्राप्नुवन्ति । मण्डले इति सप्तमीपाठे प्राप्तिर्भवतीति योजना कार्या ॥ ७३३ ॥

नच केवलं दीक्षितेभ्यो देवी स्वमण्डलप्राप्तिं विद्येशपदप्राप्तिं च ददाति, यावत्

निर्बीजदीक्षया मोक्षं

ददाति खलु देहिनाम् ।

निर्बीजदीक्षया मोक्षं ददाति, किमङ्ग सबीजया ॥

यतः

सा मुक्तिदीक्षा परमा

विधिवत्परिकीर्तिता ॥ ७३४ ॥

विधिवदिति समयपाशशुद्ध्यन्तेन विधिनेत्यर्थः ॥ ७३४ ॥

किंच

विद्येशावरणे दीक्षा
यावती क्रियते नृणाम् ।
तावतीं गतिमाप्नोति
भुवनेऽत्र वरानने ॥ ७३५ ॥

यावती यादृशभोगप्रापिका । आप्नोतीत्यर्थात् दीक्षितः । यावतीं कुरुते इति तु स्पष्टः पाठः । अत्रेति श्रीभद्रकालीभुवने ॥ ७३५ ॥

अथैतद्भद्रकालीभुवनादूर्ध्वं

भुवनानि तदीशांश्च
संस्थानानि यथाक्रमम् ।
कथयिष्यामि ते सर्वं
शृणुष्वैकमनाः प्रिये ॥७३६॥

संस्थानानि भुवनसंनिवेशाः ॥ ७३६ ॥

भद्रकाल्याः परो देवो
रुद्रक्रोधसमुद्भवः ।
कोटिमात्रेण देवेशि
युगान्ताग्निसमप्रभः ॥ ७३७ ॥

युगान्ताम्बुदवृन्दोत्थ-
गर्जितध्वनिनिःस्वनः ।
शतबाहुर्महातेजा
दिव्याभरणभूषितः ॥ ७३८ ॥
शिरसीन्दुधरः श्यामो
नीलाञ्जनसमद्युतिः ।
शिखिकण्ठनिभः किंचि-
त्किंचिदापाण्डुलोहितः ॥७३९
चाषजीमूतवर्णश्च
अतसीपुष्पसंनिभः ।
इन्द्रनीलनिभः किंचि-
त्किंचिद्भृङ्गनिभाकृतिः ॥७४०॥
जात्यञ्जननिभाकारो
रुद्रैकादशिकान्वितः ।

रुद्रैकादशिका

अत्र चाङ्गारकः सपिंनैर्ऋतः········· । (४९०)

इत्यादिना या पूर्वमुक्ता, सैवेह पररूपेण स्थिता ॥

किंच

युतं कोटिसहस्रेण
रुद्राणां च महात्मनाम् ॥७४१

भुवनं तस्य देवस्य
विजयं नाम विश्रुतम् ।
इन्द्रनीलनिभं दिव्यं
सर्ववज्रनिभं महत् ॥ ७४२ ॥

वज्रनिभत्वं सारप्रकर्षात् ॥ ७४२ ॥

अत्र च

दशकोटिसहस्राणि
रुद्राणां वरवर्णिनि ।

मुख्यानि स्थितानि ॥

एतच्च भुवनम्

अन्तर्भुवनसंघातै-
रन्यैश्च परिवारितम् ॥ ७४३ ॥
नीलोत्पलदलश्यामैः
शिखिकण्ठनिभैस्तथा ।

अन्यच्च

रुद्रैर्दिव्यैर्महावीर्यैः
समन्तात्परिवारितम् ॥७४४॥

प्रधानानामपि प्रधानभूतैरित्यर्थः ॥ ७४४ ॥

किंच

स्तुतिभिर्मङ्गलैर्गीतै-
र्नृत्तवादित्रवादितैः ।
पणवैर्वेणुवीणाभि-
र्भेरीझल्लरिगोमुखैः ॥ ७४५ ॥
पटहैः काहलैश्चैव
शङ्खदुन्दुभिपीलुकैः ।
मृद्दलैस्तद्दरीभिश्च
तालकैर्मुरजैस्तथा ॥ ७४६ ॥
मौन्दकाहलटङ्कैश्च
तमिलद्धघटादिभिः ।
वादित्रैर्वलिगतैस्तालै
रोटनैर्मुखमृद्दलैः ॥ ७४७ ॥

भूतैर्भूतगणै रुद्रै-
र्जल्पितैः पठितैस्तथा ।
ध्यायद्भिश्च जपद्भिश्च
धावद्भिश्चेष्टितैस्तथा ॥ ७४८ ॥
मयूरकोकिलारावा-
न्मुञ्चद्भिश्च तथापरैः ।
नानारुतविलासैश्च
विकुर्वद्भिर्महात्मभिः ॥ ७४९ ॥
आवृतस्तैर्महातेजा
मयूखैरिव भास्करः ।
गजवक्त्रैः सिंहवक्त्रै-
रश्ववक्त्रैः शुभाननैः ॥ ७५० ॥
गोकर्णैर्गोमुखैश्चान्यै-
र्द्वीपिऋक्षमुखैस्तथा ।
व्याघ्रवानरवक्त्रैश्च
भगवान्पर्युपास्यते ॥ ७५१ ॥
वीरभद्रो महातेजा
युगान्ताग्निसमप्रभः ।

पीलुकमृद्दलकद्रघटादयो वाद्यविशेषा इह प्रसिद्धाः। तृतीयाश्चैता यथायोगमित्थंभूतलक्षणे कर्तरि करणे हेतौ च योज्याः॥

किंच

आसनं तस्य देवस्य
सर्ववज्रमयं महत्॥ ७५२॥
दशयोजनविस्तीर्णं
चतुरस्रानलप्रभम्।
राजतेऽत्राष्टभिः सिंहै-
र्वृतं भीमपराक्रमैः॥ ७५३॥

चतुरस्रानलप्रभमिति कर्मधारयः। अत्रेति विजयाख्ये पुरे॥ ७५३॥

एतद्येषां यथोपपत्ति स्थानं, तान् दर्शयति

अत्र ते पुण्यकर्माणः

जायन्ते॥

के

ये स्मरन्ति महेश्वरम्।

जले मरुत्स्वथाग्नौ वा
शिरश्छेदेन वा मृताः ॥७५४॥
ते यान्ति चैश्वरं बोधं
वीरभद्रं महाद्युतिम् ।

मरुत्सु महावात्यासु । मरुष्विति पाठे महापथेषु महेश्वरं स्मरन्ति, मृताश्च ये तथा भगवत्पादपूजार्थं शिरश्छेदेन ये वा मृताः संग्रामे शिरश्छेदेन, महेश्वरं स्मरन्तो मृतास्त एतत्स्थानं लभन्ते। महेश्वरस्मरणं विना तु ये जलादौ मृतास्ते पूर्वोक्तं वैद्युतं वायुपथमिति विभागः ॥

अथ

भुवनस्यास्य देवेशि
ह्युपर्यावरणं महत् ॥ ७५५ ॥
अम्मयं तु घनं चापि
शक्रचापमिव स्थितम् ।
वितानमिव तद्ब्रह्म-
मन्तरे समवास्थितम् ॥ ७५६ ॥

घनमतीव आढ्यानम् । भद्रं रम्यम् । अन्तर इति जयविजयादिभुवनानां तेजस्तत्त्वस्य च ॥

तत्र चास्ते महात्मासा-
वङ्गुष्ठाग्रप्रमाणकः ।

भगवान् रुद्रो ध्यायिनां ध्यानाय सूक्ष्मरूपमाश्रित्य प्रभावातिशयशाली तत्र स्थितः ॥

यथा च ब्रह्माण्डस्योर्ध्वकर्परिका कोटियोजना, तथा आप्यावरणकर्परिकापीत्याह

तत्र योजनकोटिर्वै
विष्कम्भादूर्ध्वमुच्यते ॥७५७॥

तत्रेति आवरणकर्परिकाभागे । विष्कम्भाद्धनत्वादूर्ध्वमुच्यते इति आवरणकर्परिकेत्यर्थात् ॥

अतश्च

तिर्यक्त्रिगुणविस्तार-
माप्यमावरणं प्रिये ।

शतकोटिविस्तारात् ब्रह्माण्डाद्दशगुणं यदाप्यमावरणं सहस्रकोटयुन्मानमुक्तं 'तत्सर्वं त्रिगुणेनोह्य' इति नीत्या त्रिसहस्रकोटिपरिमाण-

मित्यर्थः, नतु कर्परिकाघनतानुसारेण त्रिगुण-विस्तारत्वं योज्यमासमञ्जस्यापत्तेः ॥

अतश्च

आवृतं तेन तत्सर्वं
महाम्भोधिविसारिणा ॥७५८॥

तेनेति आप्यावरणेन ॥ ७५८ ॥

किमावृतमित्याह

रुद्राण्ड इति विख्यातं
रुद्रलोक इति प्रिये ।

वीरभद्रादिवीराश्रयत्वात् रुद्राण्ड इति रुद्रलोक इति च आगमेषु ख्यातं पुरजातमाप्यावरणेनावृतमित्यर्थः ॥

एतदेव विभजति

वीरभद्रनिकेतश्च
भद्रकाल्यालयस्तथा ॥ ७५९ ॥

त्रयोदशभिरन्यैश्च
भुवनैरुपशोभितम् ।

वीरभद्रनिकेतो भद्रकाल्यालय इत्यादि-प्राग्युक्तरुद्रभुवनैकादशकेन सह त्रयोदशभिः, अन्यैश्च धरित्र्यादिभिर्भुवनैर्वक्ष्यमाणैर्भ्राजमानम् ॥

एतच्च

नानारुद्रगणैर्दिव्यै-
निरन्तरमलंकृतम् ॥ ७६० ॥
अण्डं वै वीरभद्रस्य
ब्रह्माण्डसदृशं प्रिये ।

वीरभद्रस्याण्डमिति प्राधान्यात् । ब्रह्माण्डसदृशं चतुर्दशविधभूतसर्गाश्रयनानाभुवनपरिष्कृतत्वात् ॥

यदुक्तमन्यैश्च भुवनैरिति, तत्स्फुटयति

अतः परं प्रवक्ष्यामि
धरित्र्या भुवनं महत् ॥७६१॥
धात्री यस्मिन्भगवती
धरालोके सनातनी ।

धत्ते सर्वमिति धात्री आकृतिमती भगवच्छक्तिः ॥

एषा हि

हैरण्यमतुलं प्राप्ता
आधारं यत्र संस्थिता ॥७६२॥

आधारमिति भुवनम् ॥ ७६२ ॥

कीदृशं

चक्रवर्तिविमानैश्च
बहुभिः परिवारितम् ।
आवृतं भूतसंघातै-
राचार्यैस्तत्परायणैः ॥ ७६३ ॥
दिव्यगीतनिनादाढ्यै-
र्वादित्रशतनिःस्वनैः ।
अन्तर्भुवनसंघातै
रुद्राणां परिवारितम् ॥ ७६४ ॥

चक्रवर्तिनोऽत्र महापुण्यभाजो गीर्वाणादयः। भूतसंघैरिति चतुर्दशभिः । आचार्यैस्तत्परायणैरिति पार्थिवधारणासिद्धैर्योगिरूपैरित्यर्थः । पारमेश्वरी मूर्तिरेषेति कृत्वा एतद्भुवनं रुद्रभुवनैः परिवृतम् ॥ ७६४ ॥

भुवनस्यास्य मध्ये तु
उदयादित्यसंनिभः।
रक्तोत्पलनिभो दिव्य
अशोकस्तबकच्छविः ॥ ७६५ ॥
पद्मरागमयो दिव्यः
प्रासादो बहुभूमिकः।

प्रासादो देवगृहम्। बहुभूमिक इति शिखरवर्तनागतनानाभूमिकायुक्तः ॥

तस्य मध्ये भगवती
धरित्री लोकधारिणी ॥ ७६६॥
मालया रक्तपुष्पस्य
लम्बया नित्यभूषिता।
चन्द्रार्कमण्डलाकार-
कपोलतलभूषिता ॥ ७६७ ॥
पीतहेमांशुकवती
महाहारविभूषिता।
शतयोजनविस्तीर्णे
कूर्मपृष्ठे व्यवस्थिता ॥ ७६८ ॥

चतुर्वक्त्रा चाष्टभुजा
दिव्याभरणभूषिता ।

पीतहेम्ना कृतमंशुकं प्रशस्तवस्त्रं यस्याः ॥

किंच

रूपयौवनसंपन्ना
नृत्तगीतविशारदाः ॥ ७६९ ॥
परिवार्योपासते तां
दिव्या वै मानसाः स्त्रियः ।

तस्यास्ता मनस उद्भूताः ॥

काः कियत्यश्चेत्याह

त्रिंशत्कोट्यस्तु तासां वै
दिव्याभरणभूषिताः ॥७७०॥
उत्पादितास्तु शर्वेण
तदर्थं हितमिच्छता ।

शर्वेण धरामूर्तीश्वरेण स्वस्या मूर्तेर्धरित्र्या हितार्थं विनोदायैता मनसा निर्मिता इत्यर्थः ॥

किंचैताः

तप्तजाम्बूनदनिभा
दिव्याभरणशोभिताः ॥७७१॥

उच्छ्रितेनातपत्रेण
ध्रियमाणेन शोभिताः ।

किंच

पुरःस्थितो महातेजा
योऽसौ मेरुर्महागिरिः ॥७७२॥
उपासीनस्तु तां देवीं
तत्रास्ते स नगाधिपः ।

शिरःपाण्याद्याकृतिमानित्यर्थः ॥

तथा

नीलोत्पलदलश्यामो
नीलजीमूतसंनिभः ॥ ७७३ ॥
नीलो नाम महाशैलः
पीतवासा महाद्युतिः ।
अतिकान्तेन रूपेण
कैटभारिरिवापरः ॥ ७७४ ॥
उपास्यमानो दिव्याभि-
र्नगरीभिर्नगाधिपः ।

तस्योत्तरे चन्द्रनिभो
नानालंकारभूषितः ॥ ७७५ ॥
श्वेतातपत्री तेजस्वी
श्वेतो नाम महागिरिः ।
तस्योत्तरेण सूर्याभो
मुकुटादिविभूषितः ॥ ७७६ ॥
पीताम्बरधरः श्रीमान्
शृङ्गवानिति विश्रुतः ।
अतिकान्तेन रूपेण
कुसुमास्त्र इवापरः ॥ ७७७ ॥

आद्यस्तस्योत्तर इति शब्दः काकाक्षिवत् मेरोरुत्तरे नीलः, तस्यापि उत्तरे श्वेत इति योज्यः ॥

किंच अस्य मेरोः

दक्षिणेनापि वक्ष्यामि
शृणुष्वावहिता प्रिये ।

आकृतिमतः पर्वतान् स्थितानिति शेषः ॥

तान् क्रमेणाह

चन्द्रावदातदीप्तौजा
दिव्याभरणभूषितः ॥ ७७८ ॥

शुक्लाम्बरधरः श्रीमान्
निषधो नाम विश्रुतः ।
तप्तहेमप्रतीकाशो
दिव्याभरणभूषितः ॥ ७७९ ॥
अतिशुभ्रेण देहेन
पितामह इवापरः ।
पीताम्बरधरः श्रीमान्
पीतमाल्यानुलेपनः ॥७८०॥
हेमकूटो महातेजा-
स्तेजसामिव संग्रहः ।
राजते भगवान् शैलः
संध्यावृत इवांशुमान् ॥७८१॥
पाण्डुराभ्रप्रतीकाशः
शङ्खगोक्षीरसंनिभः ।
शुक्लाम्बरधरः श्रीमा-
न्दिव्यकुण्डलभूषितः ॥७८२॥
आतपत्रेण महता
ध्रियमाणेन मूर्धनि ।

हिमवानिति विख्यातो
द्वितीय इव भास्करः ॥७८३॥

किंच

इन्द्रगोपकसंकाशः
पश्चिमे गन्धमादनः ।
रक्ताम्बरधरः श्रीमा-
नस्ताद्रिस्थ इवांशुमान् ॥७८४॥
शुद्धस्फटिकसंकाशः
शुक्लाम्बरधरः शुभः ।
किरीटी कुण्डली श्रीमा-
न्माल्यवान्नाम पर्वतः ॥७८५॥
इत्येवमादिभिश्चान्यैः
पर्वतैः परिवारिता ।
लोकालोकावसानैश्च
तथान्यैः कुलपर्वतैः ॥ ७८६ ॥
दिव्यरूपधरा देवी
तनुर्वै पारमेश्वरी ।

भूलोके ये मेर्वादयस्तदधिष्ठातृरूपा एवेत्यर्थः । पारमेश्वरीत्यनेन

'स्थूलसूक्ष्मप्रभेदेन तदेकं संव्यवस्थितम् । (४।२९५)

इति पूर्वोक्तं प्रमाणीकृतम् ॥

यत एवमतः

धारणां गन्धतन्मात्रे
प्राणांस्त्यक्त्वा तु योगिनः ७८७
ते यान्ति तादृशीं मूर्तिं
धरित्र्याः परमां तनुम् ।

गन्धतन्मात्रे धारणां कृत्वा योगिनः तामिमां धरित्र्याः परमां मूर्तिमाकृतिमतीं देवीं सायुज्यसामीप्यसालोक्यभेदेन प्राप्नुवन्ति, अतश्च आचार्यैरुपास्यमानामिति यत्पूर्वमुक्तं, तत् स्फुटीकृतम् ॥

अतः परतरं देवि
सामुद्रं भुवनं महत् ॥७८८॥
सर्ववज्रमयं दिव्यं
नानाश्चर्यशतान्वितम् ।

सामुद्रमिति समुद्राधिष्ठातृदेवताश्रयम् ॥

तच्च

नीलोत्पलसमच्छायं
सर्वतः परिमण्डलम् ॥७८९॥
मध्ये तु भुवनस्यास्य
मण्डलं चन्द्रसंनिभम् ।
शतयोजनसाहस्रं
समन्तात्परिमण्डलम् ॥७९०॥
तस्य मध्ये तु पुरुषो
रुक्मवर्णो महाद्युतिः ।
किरीटी कुण्डली स्रग्वी
दिव्याभरणभूषितः ॥ ७९१ ॥
अपां निधेर्भगवतो
वरुणस्य परा तनुः ।

पुरुष इति समुद्रदेवतात्मा ॥

तं तु देवं महात्मानं
परिवार्य समन्ततः ॥७९२॥
रूपयौवनसंपन्नाः
सततं पर्युपासते ।

देव्यः ॥

तासां मध्ये तु

शुक्लाम्बरधरा देवी
शुक्लगन्धानुलेपना ॥ ७९३ ॥
शुक्लयज्ञोपवीता च
शुक्लहारोपशोभिता ।
शुक्लेनैवातपत्रेण
ध्रियमाणेन मूर्धनि ॥ ७९४ ॥
गङ्गा ह्युत्तरतस्तस्य
स्थिता वै परमा तनुः ।
नीलाम्बरधरा देवी
नीलगन्धानुलेपना ॥ ७९५ ॥
नीलस्रग्दामकण्ठा च
यमुना तस्य दक्षिणे ।
एवमाद्या महानद्यः
परिवार्य महाद्युतिम् ॥ ७९६ ॥
समुद्राष्टकं च देवेशि
स्वनदीभिः समावृतम् ।

उपासते सदा भक्त्या
वारुणीं परमां तनुम् ॥७९७॥

परमां तनुमित्यधिष्ठातृदेवतारूपाम् ॥ ७९७

अत्र चाकृतिमन्त्येव

नानासरांसि तीर्थानि

तथा

तद्भक्ताश्चापि संस्थिताः ।

रसतन्मात्र अत्रैव
कृत्वा सम्यक्तु धारणाम् ७९८

अपां योनिं परां प्राप्ताः

इमामेव ॥

यस्मादेषां
वारुणी सा परा तनुः ।

अष्टमूर्तेर्महेशितुरियं द्वितीया मूर्तिर्जलाधिष्ठातृदेवतारूपा । धारणास्वरूपं प्राग्धारणादीक्षावसरे दर्शितम् ॥

अतः परं प्रवक्ष्यामि
भुवनं वरवर्णिनि ॥७९९॥

श्रीनिकेत इति ख्यातं
पद्मगर्भ इति श्रुतम् ।

एतन्नामभ्यां प्रतीतमागमेष्वित्यर्थः ॥

तच्च

विमानशतसंघातै-
र्निरन्तरमवस्थितैः ॥ ८०० ॥

शोभितं भुवनेशैश्च
रुद्रै रुद्रगणैस्तथा ।

सरोभिर्मानसैर्दिव्यै-
र्दीर्घिकाभिश्च शोभितम् ८०१

रथचक्रप्रमाणैश्च
मणिकाञ्चनमण्डितैः ।

वैदूर्यनालैः कमलै-
र्दिव्यगन्धसुगन्धिभिः ॥८०२॥

मृदुभिः कान्तिमद्भिश्च
चन्द्रमण्डलसंनिभैः ।

संशोभितं विचित्रैस्तै-
र्विकचैर्वज्रकेसरैः ॥ ८०३ ॥

उद्यानैर्विविधैश्चापि
नानाविहगकूजितैः ।
नानाकामप्रदैर्वृक्षैः
समन्तात्समलंकृतम् ॥ ८०४ ॥
नानामणिमयैर्दिव्यैः
क्रीडाशैलैश्च मानसैः ।
मानसीभिश्च नारीभि-
र्दिव्ययौवनकान्तिभिः ॥८०५॥
हावभावविलासाढ्य-
दिव्यस्त्रीभिरलंकृतम् ।
विचित्रैर्मणिपद्मैश्च
सितपत्रैश्च सुव्रते ॥ ८०६ ॥
विभूषितं गजेन्द्रस्थैः
स्तुतिमङ्गलवादिभिः ।
गायद्भिश्चाथ नृत्यद्भि-
र्दिव्यस्त्रैणैः समाकुलम् ॥८०७

मानसैरिति संकल्पमात्रसिद्धैः । स्वभावत

एव पद्मानां मणिकाञ्चनमण्डितत्वं वैदूर्यनाऌता च। चन्द्रमण्डलसंनिभैरित्यनेन पद्मानां श्वेतता उक्ता। वज्रं हेरकम्। नानाकामप्रदैर्वृक्षैः कल्पवृक्षैरित्यर्थः। मानसीभिर्मनोनुकूलाभिः। स्त्रीणां समूहः स्त्रैणम्॥ ८०७॥

तदीदृशे

तस्मिंस्तु भुवने दिव्ये
पद्मगर्भसमप्रभे।
शरदिन्दुनिभं दिव्यं
मण्डलं रश्मिसंकुलम्॥८०८॥

मण्डलं प्रधानभुवनम्॥ ८०८॥

तस्य मध्ये भगवती
श्रीः स्वयं लोकभाविनी।
चन्द्रकोटिसहस्राणां
या कान्तिमतिवर्तते॥ ८०९॥

लोकान् भावयति प्रोद्भूतविभूतिकान् संपादयति॥ ८०९॥

सा च

एकत्र युगपत्तेज-
स्तेजसां तु विराजते ।

सर्वतेजसां संबन्धि तेजः एकत्र राशीभूतमिव भवति ॥

एवमपि च सौम्याकृतित्वात्

निर्वाणमिव या शान्ता
सर्वानन्दमनोहरा ॥ ८१० ॥

रूपिणी

आकृतिमती ॥

वस्तुतस्तु

परमा देवी
मूर्तिरव्यभिचारिणी ।

परैव द्योतमाना पारमेश्वरी मूर्तिरियमित्थं गृहीताकृतिरित्यर्थः । अनयैव मोक्षश्रिया नित्यसंबद्धया परमेश्वरः श्रीकण्ठ उच्यते ॥

एषा च

शतयोजनविस्तीर्णे
उदितादित्यसप्रभे ॥ ८११ ॥

चन्द्रकान्तमये पद्मे
वज्रकेसरकर्णिके ।
कोटिपत्रे महादिव्ये
गन्धपुष्पगुणान्विते ॥ ८१२ ॥
पद्मासने भगवती
पद्मगर्भसमप्रभा ।
उपविष्टात्र सा नित्यं
विभूत्या परया युता ॥ ८१३ ॥
महारत्नैश्च स्रग्धाम
प्रलम्बमुरसा शुभम् ।
वहन्ती सा तु शुशुभे
ज्योत्स्नेव त्रिपथापथम् ॥८१४॥

त्रिपथापथमाकाशं गङ्गाप्रवाहात् ॥८१४॥

अपिच

स्फुरन्मयूखचलने
कपोलतलमण्डले ।
सूर्यमण्डलसंकाशे
धारयन्ती च कुण्डले ॥८१५॥

किंच

स्फुरन्मयूखसंघातां
रशनां सा तु बिभ्रती ।
हेमाभा पीतवसना
महाहारविभूषिता ॥ ८१६ ॥
चन्द्राभेनातपत्रेण
ध्रियमाणेन राजिता ।
उपगीता च गन्धर्वै-
र्मानसै रुद्रसंभवैः ॥ ८१७ ॥
परिवारिता भगवती
सा तनुः पारमेश्वरी ।

मानसै रुद्रसंभवैरिति रुद्रेणैव भगवता तदाराधनार्थमेव सृष्टैः ॥

किंच

या प्राप्ता तपसाराध्य
विष्णुना प्रभविष्णुना ॥८१८॥

आराधनादेवच अस्मै

दत्ता प्रीतेन रुद्रेण
विष्णोरुरसि वाहिनी ।

नच सार्वात्म्येन, अपितु

अर्धेन सा भगवती
विष्णोरङ्के प्रतिष्ठिता ॥८१९॥
पादेनेन्द्रस्य देवस्य
पादार्धेन दिवि स्थिता ।
तदर्धेन पुनर्देवि
पार्थिवेषु व्यवस्थिता ॥८२० ॥
तदर्धेन मनुष्येषु

दिवि तन्निवासिदेववर्गे इत्यर्थः । पार्थिवेष्विति सर्वेषु चक्रवर्तिषु अंशांशिकायोगात् । मनुष्येषु अमात्यादिषु, सर्वेषु इत्थं सा विष्णोरंशांशिकया श्रीः स्थिता, साकल्येन तु भगवति श्रीकण्ठ एवेत्युक्तं भवति ॥

इत्थमेषा सर्वमेव जगत्

या स्थिता व्याप्य मूर्तिभिः ।
स्वरूपा कामरूपा च
द्विधा सा परिकीर्तिता ॥८२१॥

मूर्तिभिर्निजैरंशांशिकावतारैः । स्वं पारमार्थिकं परिपूर्णं रूपं यस्याः। कामेन इच्छामात्रेण तत्तद्विष्णिवन्द्रादिमाहात्म्यप्रदं रूपं यस्याः सा कामरूपा ॥ ८२१ ॥

तत्र स्वरूपात्मा

अचला सा तनुः सूक्ष्मा
अक्षोभ्या तत्र तिष्ठति ।

सूक्ष्मा सर्वनिजावतारव्यापिका। अक्षोभ्या निरतिशया । तत्रेति प्रोक्ते स्वपुरे अचला तिष्ठति ॥

यथा एतच्छ्रीपुरमाप्स्यति, तथादिशति

रुद्रक्रीडावतारेषु
प्रयागादिषु सुव्रते ॥ ८२२ ॥
श्रीगिरौ च विशेषेण
मृतस्तद्भुवनं व्रजेत् ।

रुद्रस्य क्रीडया नतु अनुजिघृक्षया अवतारो येषु ते देवदारुवनप्रभृतयो रुद्रक्रीडावताराः ॥

अतश्च

सत्स्वन्येष्वपि भोगेषु
त्वियं सा गदिता गतिः॥८२३॥

बुभुक्षूणां प्राप्यत्वेनेति शेषः ॥ ८२३ ॥

यस्मात् बुभुक्षवः श्रीगिर्यादौ मरणादेतदाराधनाद्वा

प्राप्य तामीदृशीं देवी-
मैश्वर्यमणिमादिकम् ।

लभन्त इति शेषः, प्राप्य तामिति तद्भुवनमित्यर्थात् ॥

न केवलमेतत्, यावत्

भूत्वा तु साष्टधा दिव्या
देवेष्वपिच तिष्ठति ॥८२४॥

अष्टधेति अणिमादिरूपतया ॥ ८२४ ॥

तथा जन्मौषधिमन्त्रतपःसमाधिभिः

सिद्धेष्वपि च सा देवी
उत्तमा सिद्धिरुच्यते ।

अपिच

यदर्थं तारकाद्यैश्च
संग्रामस्त्रिदशेश्वरैः ॥ ८२५ ॥

सह

कृतो घोरस्त्वसंख्येयः

तथोक्तांशांशिकारूपां

तां श्रियं प्राप्तुमिच्छुभिः ।
असंख्येयाश्च संग्रामाः
कृता वै चक्रवर्तिभिः ॥८२६॥

तदित्थमुक्तैषा

सा बन्ध एवमुक्ताना-
मबुधानां परा स्मृता ।

एवमुक्तानां तारकादीनामबुधानां विनश्वरभोगाभिलाषेण संग्रामादि कुर्वतामेषा श्रीर्बन्ध एव, अथच मुक्तानां प्रत्यभिज्ञातस्वरूपाणां जीवन्मुक्तिभाजां सा बन्ध एव, न ते तदर्थं प्रयतन्ते, अपितु प्राप्तां तामर्थिभ्यो वितरन्ति । ये तु अबुधास्तेषामेव सा परा प्रा-

प्यत्वेनाभिलषितेति आवृत्त्या अकारप्रश्लेषेण व्याख्येयमेतत् ॥

तदेतत्

श्रीपुरं तु समाख्यातं
यथावच्च वरानने ॥ ८२७ ॥

अथ

अत ऊर्ध्वं प्रवक्ष्यामि
भुवनं च निबोध मे ।
सारस्वतमिति ख्यातं
गान्धर्वमिति च स्मृतम् ८२८

ऊर्ध्वमिति उपरिस्थितम् । सरस्वत्या इदं सारस्वतम् । सरस्वती च सर्वशास्त्रस्फाररूपा गान्धर्वविद्यारूपा चेति गान्धर्वमित्यस्य पुरस्य नाम ॥ ८२८ ॥

तदेतत्

पद्मगर्भपुरं चापि
कोटिमात्रेण सुव्रते ।

योजनानां समाख्यातं
प्रमाणेन समन्ततः ॥ ८२९ ॥

पद्मगर्भाकारं सुकुमारोज्ज्वलमित्यर्थः ॥

किंच

सर्वरत्नमयं दिव्यं
सर्वैश्वर्यसमन्वितम् ।
विमानैर्विविधाकारै-
र्नानारत्नमयैः शुभैः ॥ ८३० ॥
गान्धर्वैर्मानसैश्चापि
गायद्भिश्चाप्यनेकधा ।
नृत्यद्भिश्च तथान्यैश्च
गणैः पार्श्वगतैस्तथा ॥ ८३१ ॥
स्त्रीभिः सुरूपिणीभिश्च
गन्धर्वैश्च समाकुलम् ।

गन्धर्वाणाममी गान्धर्वा विमानास्तैः । मानसैः संकल्पमात्रसिद्धैः । गणैः परमेश्वरानुचरैः ॥

तदीदृशस्य

तस्य मध्ये तु देवेशि
शरच्चन्द्रनिभं शुभम् ॥ ८३२ ॥
रश्मिमालाकुलं दिव्यं
मण्डलं परिमण्डलम् ।
तस्य मध्ये भगवती
स्थिता साक्षात्सरस्वती ॥८३३॥
शरच्चन्द्रसहस्रस्य
या कान्तिमतिवर्तते ।
पीताम्बरधरा देवी
पद्मपत्रायतेक्षणा ॥ ८३४ ॥
नीलोत्पलदलश्यामा
दिव्याभरणभूषिता ।
हेमपट्टपरीधाना
दिव्यकुण्डलधारिणी ॥८३५॥
उरसा तु महाहार-
मुद्वहन्ती शशिप्रभम् ।

स्फुरन्मयूखसंघात-
कुण्डलद्वयमण्डिता ॥ ८३६ ॥

मण्डलं प्रधानभुवनम् । कान्तिर्दीप्तिः, श्यामत्वं तु वर्णः । अम्बरमान्तरं वस्त्रं, परीधानं तु बाह्यम् ॥ ८३६ ॥

समग्रगान्धर्वमयी अस्या मूर्तिरित्याह

ग्रामत्रयवलीमध्या
सप्तस्वरतनुः शुभा ।
तानमूर्धरुहा देवी
मूर्च्छनाङ्गरुहोद्वहा ॥ ८३७ ॥
पदासना तालपादा
गीतवर्णप्रभावती ।

षड्जमध्यमगान्धाराख्यं ग्रामत्रयमेव त्रिवलिलेखाशोभि मध्यं यस्याः सा । षड्जादिसप्तस्वरशरीरा, तथा तन्यन्ते विस्तार्यन्ते स्वरगुम्फनामभ्यो मूर्च्छना यैस्ते ताना मूर्धरुहाः केशा यस्याः । मूर्च्छना एव अङ्गरुहान् रोमाञ्चान् उद्वहति । पदानि छन्दोनिबद्धानि गीतकानि आसनं यस्याः । चञ्चुपुटादयस्ताला एव प्रसरणहेतुत्वात्

पादौ चरणौ यस्याः । द्वित्रिश्रुत्यात्मकस्वरगीयमानाः पदैकदेशा गीतवर्णास्तैः प्रभा दीप्तिर्यस्याः ॥

किंच अस्याः

अङ्गुल्यः सन्धयश्चैव
लक्षणानि वरानने ॥ ८३८ ॥

सन्धयो मर्माणि । लक्षणानि

'अलंकारगुणैश्चैव बहुभिः समलंकृतम् ।
भूषणैरिव चित्रार्थैस्तद्भूषणमिति स्मृतम् ॥'

इत्यादिलक्षणेन भरतमुनिना लक्षितानि भूषणाक्षरसंघातादीनि षट्त्रिंशत् । तदियमेवं भूत्वा स्वराद्याबद्धशरीरा सरस्वती इह पररूपेणाधिष्ठात्री देवतोक्ता, पूर्वं तु मेरुगतगान्धर्वपुर्यां

'आस्ते भगवती साक्षात्सप्तस्वरविभूषिता ।
ग्रामत्रयपरीधाना················ ॥' (१०।१५२)

इत्याद्युक्त्या स्वराद्यलंकृतवाण्यात्मिकापररूपेणैतद्देवताधिष्ठेयरूपेति विशेषः ॥ ८३८ ॥

तदेषात्र

आसने परमे दिव्ये
वृता भूतगणेश्वरैः ।

स्थिता स्थितिरिवाभाति

सर्वस्य जगतः शुभा ॥८३९॥

'वाच्यर्था निहिताः सर्वे वाङ्मूला वाङ्निबन्धनाः ।'

इति नीत्या जगद्व्यवस्थाहेतुरियमेव हि देवी ॥

किंच

मानसीभिश्च नारीभि-

र्गन्धर्वैर्मानसैर्वृता ।

तथाच

हाहा हूहूश्चित्ररथ-

स्तुम्बुरुर्नारदस्तथा ॥८४० ॥

विश्वावसुर्विश्वरथः

त एते

दिव्यगीतविचक्षणाः ।

संयोज्य मनसात्मानं

त्यक्त्वा कर्मफलस्पृहाम् ८४१

ते वै सारस्वतं स्थानं

प्राप्ता वै सुरपूजिते ।

स्वरवैखरीभूम्यवस्थितिक्रमेण मध्यमापश्य-

न्तीपदप्रतिष्ठैकाग्रमनस्का इमां एव देवीमुपासीना एते गन्धर्वमुख्या एतत्पुरं प्राप्ताः ॥

न केवलमेते पुरमिदं प्राप्ताः, यावत्

ये च वाग्धारणां ध्यात्वा
प्राणान्मुञ्चन्ति देहिनः ॥८४२
ते वै सारस्वतं लोकं
प्राप्नुवन्ति नरोत्तमाः ।

वाग्धारणा तत्त्वसिद्धिपटले द्वादशे वक्ष्यते ॥

युक्तं चैतत् यस्मात्

एषा सरस्वती देवी
मूर्तिर्वै पारमेश्वरी ॥ ८४३ ॥
या स्थितापरभावेन
ब्रह्माण्डोदरवर्तिनाम् ।

कथमित्याह

ब्रह्मलोके च सा देवी
पादेनैकेन तिष्ठति ॥ ८४४ ॥
शाक्रे चापि तदर्धेन

शक्रलोकेऽष्टमांशेन ॥

गन्धर्वेषु तदर्धतः ।

षोडशांशेन

सिद्धेषु च तदर्धेन

द्वात्रिंशांशेन ॥

किन्नरेषु तदर्धतः ॥ ८४५ ॥

चतुःषष्ठ्यंशेन ॥ ८४५ ॥

तदर्धेन च नागेषु

अष्टाविंशत्यधिकशततमेनांशेन ॥

यक्षेष्वर्धेन वै पुनः ।

षट्पञ्चाशदधिकद्विशततमांशेन ॥

पिशाचेषु तदर्धेन

द्वादशाधिकपञ्चशततमांशेन ॥

तदित्थं

सा वै तिष्ठति भागशः ॥ ८४६ ॥

किंच

पिशाचेभ्यः सहस्रांशा-

न्मानुषेषु च तिष्ठति ।

नचैवमंशांशिकया एषावतीर्णा देवी, अपितु

तैस्तु तप्त्वा तपो घोर-
माराध्य च पिनाकिनम् ॥८४७

अवतारिता तु सा देवी
रूपिणी स्वरभूषिता ।

रूपिणी आकृतिमती ॥

तदेवं तपसा समाराधितस्य पिनाकिनः त-दादेशादेव प्रथमं

स्वरांस्तु स्मरतस्तस्य
कल्पादौ ब्रह्मणः पुरा ॥८४८॥

स्वरेभ्यस्तु विनिष्क्रान्ता
तेन सा तु सरस्वती ।

स्वरप्रत्यवमर्शवशोन्मिषन्नादामर्शानुप्रवेशात् ब्रह्मणः स्वरेभ्य इव उद्धृता अभिव्यक्तिमागता यस्मात्, अत एषा अक्षरसारूप्यात् सरस्वतीत्युच्यते यदा तु 'ब्रह्मणोऽव्यक्तजन्मनः' इति पाठः, तदा अव्यक्तात् वक्ष्यमाणात् प्रकृतितत्त्वात् जन्म यस्य बुद्धितत्त्वगतस्य परस्य ब्रह्मणः पिनाकिप्रसादात् व्यक्तिं गतेति व्याख्येयम् ॥

तदित्थमवतीर्णैषा

सा स्थिता सर्वशास्त्रेषु
कवीनां काव्यमास्थिता ॥८४९

अधिष्ठाय स्थितेत्यर्थः ॥ ८४९ ॥

किंच

या वाल्मीकौ स्थिता देवी
व्यासे चैव निरन्तरम् ।
ऋषीणां चैव सर्वेषां
मेधाबुद्धिविवर्धिनी ॥ ८५० ॥

मेधा निर्विकल्पप्रतिभा, बुद्धिरध्यवसायिनी धीः ॥ ८५० ॥

एषा हि

सर्वज्ञानधरी सा तु
सर्वज्ञा देवपूजिता ।

ब्रह्माण्डान्तरवतीर्णायाश्च क्रमेण

मेरोर्वायव्यदिग्भागे
पुरं तस्याः प्रकीर्तितम् ॥८५१॥

अपरं

इदं तु परमं देव्या
मया ते परिकीर्तितम्।

एतदुपसंहरति

सारस्वतं तु भुवनं
कीर्तितं

यत्र सरस्वती भगवती देवी
परमा तनुः॥ ८५२॥

परमेश्वरसंबन्धिनी परमा मूर्तिः स्थितेत्यर्थः॥

अधुना

अत्रैव त्वाप्यतत्त्वे त्वं
शृणु वै भुवनोत्तमम्।

प्रोक्तेभ्योऽपि भुवनेभ्य उत्तमं वक्ष्यमाण-
दृशा भुवनाष्टकं शृणु॥

तच्च भुवनेशद्वारेण दर्शयति

अमरेशं प्रभासं च
पुष्करं नैमिषं तथा॥ ८५३॥

आषाढिं डिण्डिमुण्डिं च
भारभूतिं च लाकुलम्।

तदेतत्

गुह्याष्टकमिति ख्यातं
जलावरणगं प्रिये ॥ ८५४ ॥

गुह्यत्वमेषां शतरुद्रादिभ्योऽपि उत्कर्षणात्। एते च भुवनेश्वरा भुवनमपि एतन्नामकं नानादिग्गतस्वयंभूतीर्थादिरूपतया अनुग्रहार्थमवतीर्णाः प्रसिद्धाः। एवमन्येऽपि वक्ष्यमाणा ज्ञातव्याः ॥ ८५४ ॥

अथ

तेजस्तत्त्वमतश्चोर्ध्वं
कथयामि समासतः।
अग्नेस्तु भुवनं तत्र
कथयामि वरानने ॥ ८५५ ॥

तच्च

अशोकस्तवकानां च
सर्वतो दीप्तिमुद्वहत्।
उत्फुल्लकिंशुकच्छायं
जपाकुसुमसंनिभम् ॥ ८५६ ॥

अतिलोहितमित्यर्थः ॥ ८५६ ॥

भुवनस्यास्य मध्ये तु
उदितार्कसमप्रभम् ।
परिमण्डलमाग्नेयं
तेजोमण्डलमुच्यते ॥ ८५७ ॥

परितस्त्रिकोणाकारं मण्डलं परिमण्डलम् । तेजोमण्डलमिति तेजोमयं प्रधानभुवनम् ८५७

तस्य मध्ये तु भगवा-
ञ्छिवाग्निः कारणं परम् ।

शिव एव परमेश्वरो गृहीताग्निमूर्तिः शिवाग्निः । परं कारणमिति ब्रह्माण्डवर्तिसर्वाग्निभेदानाम् ॥

यदाह

योऽवतीर्याण्डमध्ये तु
स्थितो नित्यं त्रिधा त्रिधा ८५८

भौमान्तरिक्षजाठराग्निरूपतया ॥ ८५८ ॥

किंच

वक्रे तु दक्षिणे तस्य
रुद्रस्य परमात्मनः ।

स्थितो जिह्वास्वरूपेण
स्वयंभूर्नीललोहितः ॥ ८५९ ॥

तस्येति शिवाग्निरूपस्य रुद्रस्य । यो नीललोहितो ज्वालालिङ्गात्मा श्रीपर्वतादौ स्वयंभूः प्रसिद्धः, स दक्षिणे वक्त्रे जिह्वारूपस्तद्दक्षिणवक्त्रात् भुवनमनुग्रहायावतीर्ण इत्यर्थः ॥८५९॥

किंच

स एव तु महादेवि
कालाग्निः परमेश्वरः ।

यः कर्परिकापृष्ठे ब्रह्माण्डोर्ध्वे च प्रतिपादितः स एवेति नीललोहितः यस्य दक्षिणजिह्वामात्रात्मा कालाग्निः स निःसामान्यात्मेति यावत् ॥

एतस्य शिवाग्नेर्ध्यायिजनोपयोगि

तस्य रूपं प्रवक्ष्यामि
शृणुष्वावहिता प्रिये ॥८६०॥

रक्तपद्मदलच्छायः
पद्मरागसमद्युतिः ।

रक्ताम्बरधरः श्रीमा-
न्रक्तमाल्यानुलेपनः ॥ ८६१॥
अर्काभाभ्यां कुण्डलाभ्या-
मलंकृतशुभाननः ।
महाहारेण दीप्तेन
उरःस्थेन विराजते ॥ ८६२ ॥

पद्मरागमयेनेत्यर्थात् ॥ ८६२ ॥

किंच

किरीटी कुण्डली दीप्तो
देवानामास्यमुच्यते ।

अस्यन्त्यनेन शिवाग्निरूपेण विश्वभक्षकेण हविरित्यास्यम् ॥

अयं च अत्र भुवने

सर्ववज्रमये पीठे
उपविष्टः स्वयं प्रभुः ॥ ८६३ ॥
दावाग्निरिव शैलाग्रे
वेणुघर्षात्समुत्थितः ।

किंच

दशकोटिसहस्राणि
आग्नेयास्तु गणेश्वराः ॥८६४॥
दक्षिणास्याद्विनिष्क्रान्ताः
श्वसतोऽस्य स्वयंभुवः ।
हिताय सर्वलोकानां
रुद्रा वै सूर्यवर्चसः ॥ ८६५ ॥
तेन तेऽग्निं महात्मानो
नित्यशः पर्युपासते ।

गणानां स्वपरिवाराणामीश्वरा रुद्राः । हिताय सर्वभूतानामिति सूर्यमरीच्याद्यधिष्ठानद्वारेण संस्थितास्त्वधिष्ठानेन च भोगमोक्षरूपमनुग्रहं संपादयितुं, तथाच पुराणेषु

'चन्द्रार्कयोर्मध्यगता ये च चन्द्रार्करश्मिषु ।
रसातलगता ये च ये च तस्मात्परं गताः ॥
नमस्तेभ्यो नमस्तेभ्यो नमस्तेभ्योऽस्तु नित्यशः ।
येषां न विद्यते संख्या प्रमाणं रूपमेव वा ॥
असंख्येयगणा रुद्रा नमस्तेभ्योऽस्तु नित्यशः ।'

इति स्तुतिवाक्यमस्ति ॥

किंच

नार्यश्च विविधा दिव्या
दिव्यगीतविचक्षणाः ॥८६६॥
गणा रुद्रा भूतगणाः
किंकराश्च सहस्रशः ।

तं पर्युपासते इति संबन्धः ॥

किंच

स वै शिवाग्निः पठितः
सर्वहोमेश्वरः परः ॥ ८६७ ॥

पारमेश्वरेषु शास्त्रेषु दीक्षात्मनि शिवयज्ञे ॥

किंचासौ

अग्निकार्यविधानेषु
हूयते तद्विदैः सदा ।

तत्र विदा ज्ञानं येषां ते तद्विदास्तैः ॥

किंच

तमग्निमैश्वरं यान्ति
कृत्वाग्नेयीं तु धारणाम् ॥८६८

देहान्त इत्यर्थात् ॥ ८६८ ॥

अयं चास्य शिवाग्नेर्महिमा, यत्

स एकधा स बहुधा
व्याप्य सर्वं व्यवस्थितः ।

एकधेति शिवाग्नितया । बहुधेति वक्ष्यमाणपञ्चाशद्रूपतया ॥

किंच

स तेजस्तेजसां योनिः

यतः

तस्माज्जज्ञे दिवाकरः ॥८६९॥

जज्ञे जातः । उक्तं च

'ज्ञानशक्तिः परस्यैषा तपत्यादित्यविग्रहा ।'(स्व१०।४९९)

इति । शिवाग्नेरस्य इहोद्भवो यत उक्तः ॥८६९॥

किंच

बहुधा व्यज्यते चासौ
कल्पमन्वन्तरादिषु ।

वक्ष्यमाणेषु कल्पादिषु बहुधा व्यज्यते नानाप्रकारतया ब्रह्माण्डान्तरंशांशिकयावतरति ॥

किंचायं

भिन्नश्च जन्मभेदैश्च
पञ्चाशद्भिश्च भूतले ॥८७०॥

ते च वायुपुराणादौ विद्युदरणिसूर्यकान्तोद्भूतानां पावकपावमानशुचिसंज्ञानां भेदेन तत्पुत्रपौत्रादिभेदेन च भरतवैश्वानराथर्वभृद्दगादिनानानादनिर्दिष्टेन पञ्चाशन्नित्यनैमित्तिककाम्यकर्माधिकरणभूताः केचित् लौकिकाः केचिच्च वैदिका निर्दिष्टाः । मोचकस्तु एक एव शिवाग्निः परमेशमन्त्रसंस्कारसंस्कृतः साक्षादयमेवावतीर्णः स एकधेति योऽनन्तरं निर्दिष्टः ॥ ८७० ॥

उपसंहरति

तदेवं कीर्तितं सम्य-
गाग्नेयं भुवनं महत् ।

अत्रैव

भुवनाधिपांश्च भुवने
कथयामि त्वतः परम् ॥८७१॥

हरिश्चन्द्रं च श्रीशैलं
जल्पमाम्रातकेश्वरम् ।
महाकालं मध्यमं च
केदारं भैरवं तथा ॥ ८७२ ॥

तदभिधाने रुद्राष्टकं पूर्वोक्ताद्गुह्याष्टकात् सातिशयं

अतिगुह्यं समाख्यातं

अतिगुह्यं गुह्येभ्यः प्रकृष्टत्वात् । एवमुत्तरत्र ॥

कथमेतदत्र स्थितमित्याह

पूर्वेशान्तमनुक्रमात् ।

पूर्वदिश ईशानदिगन्तं स्थितं प्रधानभूतमेतद्रुद्राष्टकमित्यर्थः । एतच्चोक्तवक्ष्यमाणाष्टकान्तरेष्वपि एवमवस्थानं प्राधान्यं चोपलक्षयति ॥

अथोर्ध्वे वाय्वावरणं

तत्रस्थो वायुरव्ययः ॥ ८७३ ॥

प्राणस्य भुवनं तत्र

वायोस्तु वरवर्णिनि ।

शङ्खगोक्षीरधवलं

शरत्कुन्देन्दुसप्रभम् ॥ ८७४ ॥

प्राणाख्यस्य प्रधानस्य वायोः

तस्मिंस्तु भुवने दिव्ये

दिव्याश्चर्यशतैर्युते ।

मध्ये तु मण्डलं दिव्यं
शरच्चन्द्रसमप्रभम् ॥ ८७५ ॥
रश्मिमालाकुलं दिव्यं
द्योतयद्वै दिशो दश ।

मण्डलं प्रधानपुरम् ॥

तस्य मध्ये तु देवेशि
वायोस्तु परमा तनुः ॥८७६॥

वाय्वधिष्ठातृदेवः स्थित इत्यर्थः ॥ ८७६ ॥

सच

किरीटी कुण्डली दीप्तो
हारकेयूरभूषितः ।
नानाभरणचित्राङ्ग-
श्चित्रमाल्यानुलेपनः ॥ ८७७ ॥
चित्राम्बरधरः श्रीमा-
न्महाहारविभूषितः ।

तं च

मारुता नाम वै देवाः
शतकोट्यो महाबलाः ॥८७८॥

उपासते महात्मानं
वायुमूर्तिं महाद्युतिम्।

कं तमित्याह

यो व्यापयेच्छरीराणि
एकधा पञ्चधा विभुः ॥८७९॥

एकधा सामान्यप्राणात्मना। प्राणापानसमानोदानव्यानानां भेदेन तु पञ्चधा। व्यापयेदिति व्याप्नुवतः स्वप्रपञ्चव्याप्तिरूपान् वायून् प्रयुञ्जीत ॥ ८७९ ॥

न केवलं सर्वाणि शरीराणि स्वप्रपञ्चव्याप्तिरूपैः सूक्ष्मवायुभिः व्यापयेदिति, यावद्बहिरपि

सप्तधा सप्तधा चैव
तिर्यग्गो द्विगुणो विभुः।

'आ मेघाद्भास्करात्' (५१३) इत्याद्युक्तनीत्या ये सप्त, ते प्रत्येकं पौराणिकप्रसिद्ध्या सप्तधेत्येकोनपञ्चाशद्धा बहिस्तिर्यग्गो वायुः। द्विगुण इति शब्दस्पर्शाख्यगुणद्वययुक्तः ॥

एवंभेदभिन्नस्याधिष्ठातृदेवतात्मा
स्वमण्डलस्य सा दिव्यै-
र्विभात्येका परा तनुः ॥८८०॥

किंच

तमेतमेकं दशधा
प्राणात्मानं तु योगिनः।
ध्यात्वा त्यक्त्वा तु वै प्राणा-
न्कृत्वा तस्मिंस्तु धारणाम् ८८१
तं विशन्ति महात्मानो
वायुभूताः खमूर्तयः।

तमिति सामान्यप्राणरूपमेकम्। दशधेति प्राणादिभेदान्नागकूर्मादिभेदाच्च[1]। तं विशन्तीति वाय्वावरणगतत्वाद्वायुदेवतासायुज्यं[2] यान्ति॥

उपसंहरति

इति प्राणस्य भुवन-
माख्यातं तव सुव्रते ॥८८२॥

अथ

भुवनेशांस्तत्र रुद्रा-
न्कथयाम्यनुपूर्वशः।

---

१ भेदा क पाठः। २ युपुराणगतवा० क पाठः।

गयां चैव कुरुक्षेत्रं
नाकलं कनखलं तथा ॥८८३॥
विमलं चाट्टहासं च
माहेन्द्रं भीममष्टमम् ।
पूर्ववत् भुवनमध्यवतीर्णं
गुह्याद्गुह्यतरं ह्येत-
द्वेदितव्यं प्रयत्नतः ॥ ८८४ ॥

वेदितव्यमिति दीक्षायामुपस्थानादिपूर्वं शोध्यत्वेन ॥ ८८४ ॥

अथोपरि

आकाशे तु यथाकाशं
शुद्धस्फटिकनिर्मलम् ।

आकाश इति तदावरणे । यथाकाशमिति व्यापकम् । शुद्धेति स्वच्छम् । भुवनमित्यर्थात् ॥

तथा अत्र

सूक्ष्मरूपोऽव्ययो नित्यो
मध्यदेशो व्यवस्थितः ॥८८५॥

आकाशाख्य एव परमेश्वरमूर्तिरूपो भुवनेश इत्यर्थात् ॥ ८८५ ॥

किंच

आकाशधारणायुक्तो
योगी युज्येत तत्पदे ।

देहान्तर एव ॥

अथ

अत्राकाशे प्रवक्ष्यामि
ये रुद्राः संव्यवस्थिताः ॥८८६॥

तान् ॥ ८८६ ॥

वस्त्रापदं रुद्रकोटि-
मविमुक्तं महालयम् ।
गोकर्णं भद्रकर्णं च
स्वर्णाक्षं स्थाणुमष्टमम् ॥८८७॥
पवित्राष्टकमेतद्धि
समासेन प्रकीर्तितम् ।

पवित्रस्य निरावरणपदनिविष्टत्वेन पूर्वेभ्यो-ऽपि उत्कर्षात् ॥

अथ

अस्य बाह्ये अहंकारः

अस्य आकाशावरणस्य बाह्ये सर्वतो व्याप-

कत्वेनावस्थितोऽहंकार इत्यन्तर्गर्भीकृततन्मात्रेन्द्रियात्मकस्वविकारषोडशकमहंकारावरणमित्यर्थः ॥

अतश्च

तत्र रुद्रान्निबोध मे ॥ ८८८ ॥

छगलाण्डं दुरण्डं च
माकोटं मण्डलेश्वरम् ।
कालञ्जरं शङ्कुकर्णं
स्थूलेश्वरस्थलेश्वरौ ॥८८९॥
स्थाण्वष्टकं समाख्यातं

तिष्ठत्यस्मिन् तन्मात्रेन्द्रियाधिष्ठातृद्वारेण सर्वभोगसंपदिति स्थाणुशब्दाभिधेयमष्टकमेतत् ॥

पूर्ववदष्टकमेतत्

पूर्वादीशानगोचरम् ।

स्थितमित्यर्थात् ॥

एतदष्टकाधिष्ठानादेव च

मध्यदेशे स्थितो रुद्र-
स्त्वहंकारेश्वरः प्रभुः ॥८९०॥

अहंकाराधिष्ठातृदेवतात्मा एतत्तत्त्वाविभिन्नमूर्तिः । अत एव श्रीपूर्वादौ प्रधानभूतस्याष्टकस्य शोध्यत्वमुक्तं, नतु तदधिष्ठेयस्याहंकारेश्वरस्य ॥ ८९० ॥

इदानीं जलतत्त्वाधिपतेर्गुह्याद्यष्टकपञ्चकस्य दीक्षायां ध्यानोपयोगि रूपमादिशति क्रमेण

श्वेतं रक्तं तथा पीतं
कृष्णं स्फटिकसप्रभम् ।

तदित्थं

पञ्चाष्टकेषु ये वर्णाः
समासात्कथितास्तव ॥ ८९१ ॥

शतरुद्राणामपि पूर्वादिदिक्क्रमेणैव वर्णविभागं निरूपयति

सिता रक्तास्तथा कृष्णा
नीलाः श्यामा बलाहकाः ।
पीताः शुक्लाश्च विज्ञेयाः
ऊर्ध्वं तु कपिशाः
अधस्तु धूम्रवर्चसः ॥ ८९२ ॥

तत्तद्वर्णाः

शतरुद्राः समाख्याता-
 त्रिनेत्राः शूलपाणयः ।
चन्द्रार्धमौलयः सर्वे
 रुद्राणीभिः समन्विताः ॥८९३॥

सर्वे इति पञ्चाष्टकरुद्रा अपि त्रिनेत्रादि-रूपाः ॥ ८९३ ॥

एवं देवानां रूपमुक्त्वा तद्भुवनानामप्याह

पद्माकृतीनि ज्ञेयानि
 चित्ररत्नयुतानि च ।
शतरुद्रभुवनानि
 भोगैश्वर्ययुतानि च ॥ ८९४ ॥
पञ्चाष्टके पुराणि स्युः
 कूर्माकाराणि सर्वतः ।

एवमहंकारावरणे रुद्रानुक्त्वा तदन्तर्वर्ति-तन्मात्रादिषोडशकक्रमेण भुवनानि निरूपयि-तुमुपक्रमते

आकाशावरणादूर्ध्व-
महंकारादधः प्रिये ॥ ८९५ ॥
भुवनानि प्रवक्ष्यामि
शृणुष्वैकमनाः पुनः ।

तत्र

आदौ तु गन्धतन्मात्रं
विस्तीर्णं मण्डलं महत् ॥८९६॥
स्थितं वितानवद्देवि
योजनानेककोटयः ।

मण्डलं भुवनं शतकोटिमानात् ब्रह्माण्डात् क्रमेण दशगुणया वृद्ध्या कोटिगुणमहंकारावरणमिति तदन्तर्वर्तिनां तन्मात्राद्यावरणानामनन्तकोटितैव भवति ॥

तच्च

शुक्लरक्तसितापीत-
हरितं स्फटिकप्रभम् ॥८९७॥
वितानमिव देवेशि
सर्वतः परिमण्डलम् ।

यथा च भूलोके तथा भूतत्त्वकारणेऽपि ॥

शर्वो ह्यधिपतिस्तत्र
एक एव वरानने ॥ ८९८ ॥

युक्तं चैतद्यतः

तस्मात्तु जायते पृथ्वी
शर्वेशेन प्रचोदिता ।

अन्यथा जडस्य तन्मात्रस्य कथं कारणता स्यात् । एवमन्यत्रापि ज्ञातव्यम् ॥

अथ

तस्मात्तु मण्डलादूर्ध्वं
रसतन्मात्रमण्डलम् ॥ ८९९ ॥

हरितं मरकतश्यामं
चाषपक्षनिभं प्रिये ।
भवो ह्यधिपतिस्तत्र
एक एव वरानने ॥ ९०० ॥

तस्मादापो विनिष्क्रान्ता
भवेशेन प्रचोदिताः ।

अथ

तस्मात्तु मण्डलादूर्ध्वं
रूपतन्मात्रमण्डलम् ॥१०१॥
स्फुरत्सूर्यांशुदीप्ताभं
पद्मरागसमप्रभम्।
रुद्रः पशुपतिस्तत्र
एक एवावतिष्ठते ॥ १०२ ॥
तस्मात्तेजो विनिष्क्रान्तं
तद्दै पशुपतीच्छया।
तत्तेजः सर्वलोकानां
व्यापकं परमेश्वरि ॥ १०३ ॥

पशुपत्याख्यो रुद्रः। लोकानां व्यापकमित्यन्तर्बहिश्च जाठरभौमरूपाद्यग्निरूपतया स्थितमित्यर्थः ॥ १०३ ॥

अथ

तस्मात्तु मण्डलादूर्ध्वं
स्पर्शतन्मात्रमण्डलम्।

सन्ध्यारुणसमच्छायं
वायव्यं मण्डलं प्रिये ॥१०४॥

संध्यायामरुणो गुणः किंचित्तमसा कर्बुर-
धूसराभो भवति ॥ १०४ ॥

तच्चैतत्

वितानाकारसदृशं
समन्तात्परिमण्डलम् ।
तत्रैव मण्डले देवि
त्वीशानः संव्यवस्थितः ॥१०५

अधिपतिः ॥ १०५ ॥

अतश्च

तस्माद्वायुर्विनिष्क्रान्त
ईशेच्छाप्रेरितः प्रिये ।

यः पूर्वं वायुतत्त्वरूप उक्तः ॥

किंच

तस्मात्प्राणादयः पञ्च

तस्मादिति वायोः ॥

ततोऽसौ

वायोस्तद्व्यापकः परः ॥ १०६ ॥

सप्तधा सप्तधा सोऽपि

स एको बहुधा गतः ।

एतत्पूर्वमेव निर्णीतम् ॥

अथ

तस्मात्तु मण्डलादूर्ध्वं

शब्दतन्मात्रमण्डलम् ॥१०७॥

नीलोत्पलदलश्यामं

स्वच्छोदकसमप्रभम् ।

वितानसदृशाकारं

समन्तात्परिमण्डलम् ॥१०८॥

भीमस्तत्राधिपत्येन

एक एवावतिष्ठते ।

तस्मान्नभो विनिष्क्रान्तं

भीमेच्छाचोदितं महत् ॥१०९

व्यापकं सर्वलोकानां

परापरगतं प्रिये ।

परं जलादितत्त्वस्थानम्, अपरं तु ब्रह्मा-
ण्डान्तर्गतम् ॥

अथ

तस्मात्तु मण्डलादूर्ध्वं
सूर्यमण्डलमुच्यते ॥ ९१० ॥
सहस्रादित्यसंकाशं
दीप्यमानं समन्ततः ।
वितानवद्रश्मिदीप्तं
समन्तात्परिमण्डलम् ॥९११॥
रुद्रो ह्यधिपतिस्तत्र
त्वेक एवावतिष्ठते ।
सूर्यास्तस्माद्विनिष्क्रान्ताः
कल्पे कल्पे वरानने ॥९१२ ॥

ये ब्रह्माण्डान्तरधिकृताः । एवमुत्तरत्र ९१२

अथ

तस्मात्तु मण्डलादूर्ध्वं
सोममण्डलमुच्यते ।

चन्द्रकोटिसहस्राणां
तेजसा तुल्यमण्डलम् ॥११३॥

तुल्यं च मण्डलं परिमण्डलमित्यर्थः ॥११३॥

अत्र च

अधिपतिस्तु महादेव
एक एवावतिष्ठते ।
तस्माच्चन्द्रादिमे चन्द्रा
महादेवेन चोदिताः ॥११४॥
असंख्याताः सहस्राणि
कल्पे कल्पे विनिर्गताः ।

अथ

तस्मात्तु मण्डलादूर्ध्वं
वेदमण्डलमुच्यते ॥ ११५ ॥
चन्द्रकोटिसमच्छायं
समन्तात्परिमण्डलम् ।
वितानवत्स्थितं दिव्य-
मुग्रेशसमधिष्ठितम् ॥११६॥

संरुद्धं वामया तत्तु

उग्राख्यस्य रुद्रस्य संबन्धिन्या वामाख्यशक्त्या तद्वेदमण्डलं संरुद्धमाच्छादितं पराद्वयस्वरूपमनधिष्ठितमित्यर्थः ॥

अतश्च वेदान्तप्रतिपाद्याद्वयात्मनः स्वरूपस्य वामशक्त्यावृतत्वात् कर्मानुष्ठानप्रधानानि भेदमयान्येव

तस्माद्वै निर्गतानि तु ।
यजमानसहस्राणि
कल्पे कल्पे स्थितानि हि ११७
ब्रह्मणस्तपसोग्रेण
उग्रेशेन प्रचोदितात् ।

तस्माद्वेदमण्डलरूपात् ब्रह्मण उग्रेशेन प्रचोदितात्, नतु ईश्वरचोदनां विना, उग्रेण तपसा लक्षितानि तानि निर्यातानि ब्रह्माण्डं यज्ञानुष्ठानायावतीर्णानि ॥

तत्समकालमेव च

वेदयज्ञाश्च विविधा
ब्रह्मणोऽनन्तवर्त्मनः ॥११८॥

तस्मादेते प्रवर्तन्ते
यज्ञा यज्ञफलानि च ।
तपोदानादिभिः साधं
वामशक्त्या नियन्त्रिताः ॥११९

वेदयज्ञा ज्योतिष्टोमादयः । यज्ञा इति स्वाध्यायजपयज्ञादयः । एतच्च

'ब्रह्माण्डमेतदाख्यातं पाशजालावतारितम् ।'

इत्युक्तदृष्ट्या

'.......................वामाधः प्रेरयत्यणुम् ।'

इति स्थित्या वामाशक्त्यधिष्ठानक्रमेण उग्रदेवेनैव संपाद्यते । ब्रह्मणोऽपि हि तन्निर्मातृत्वाभिमानस्तेनैव दत्तः ॥ ११९ ॥

उपसंहरति

इत्यष्टौ तनवस्त्वेताः
परा वै संप्रकीर्तिताः ।

परमेश्वरस्येत्यर्थः ॥

यदपेक्षया परा एताः, ता अप्याह

अपरा ब्रह्मणोऽण्डं वै
व्याप्य सर्वं व्यवस्थिताः १२०

बहिरन्तश्च स्थावरभूतरूपा इत्यर्थः। एवं चाभिदधत्सर्वमिदं परमेश्वरात्मकमिति अद्वयदृष्टिमेव प्रस्तुतां निर्वाहयति। एवं भूततन्मात्रात्मकदशविधकार्यतत्त्वगतो भुवनविभाग उक्तः, तत्प्रसङ्गेन च मूर्त्यष्टकाधिष्ठायकमूर्तीश्वराष्टकमुक्तम्। उक्तमूर्त्यष्टकाधिष्ठायकमध्ये याजमानी मूर्तिः सर्वोपरि प्रधानभूता उक्ता, यस्याः मूर्तिपञ्चकं कार्यात्मकं भोग्यं सूर्यसोमात्मकं च मूर्तिद्वयं कारणतया वर्तते ॥ १२० ॥

एवं कार्यावरणमहंकारान्तर्गतं पञ्चविधमुक्त्वा करणावरणैकादशकं प्रकटयितुमाह

एभ्यः परतरं चापि
मण्डलं करणात्मकम्।

करणं शब्दोदीरणादिव्यापारतत्साधनकर्मेन्द्रियोदयस्थानम्। मण्डलं भुवनं वक्ष्यमाण-

तानि च

श्रोत्रं त्वक्चक्षुषी जिह्वा
नासिका च यथाक्रमम् ॥१२४

व्योमवाय्वादितत्त्वप्रसरणक्रमेणेत्यर्थः ॥

एषां च

विषयालोचनं वृत्तिः

यतः

तेजोमण्डलसंस्थिताः ।
स्वाक्याधिपतयो नित्यं
तेष्वेव प्रतिचोदकाः ॥१२५॥

भाविनीत्या दिग्वायुसूर्यवरुणाश्व्याख्यस्व-काधिष्ठातृदेवताप्रेरिता बुद्धिदेवाश्चोदनानुसारं रूपाद्यालोचनेषु प्रवर्तन्ते, तेनैषां विषयालो-चनं वृत्तिरित्यर्थः । एषां कर्मेन्द्रियाणां च प्रति-लोमक्रमेण भुवनसंशोधनं कार्यम् ॥१२५॥

अथ

एभ्यः परतरं चास्ति
चन्द्रमण्डलसन्निभम् ।

विस्तारात्परिणाहाच्च
सर्वतो रश्मिमण्डलम् ॥१२६॥
तस्माद्वै संप्रवर्तन्ते
पञ्चार्थाः सर्वदेहिनाम् ।
शब्दः स्पर्शस्तथा रूपं
रसो गन्धश्च पञ्चमः ॥१२७॥

भोग्यभूताः प्रतिपुरुषं विचित्रभोगसम्पादका रूपादयः सर्वे तस्मादुद्यन्ति । अत एव समस्ताप्यायचन्द्रोल्लासकत्वात्तस्य चन्द्रमण्डलसन्निभत्वं परिमाणतो रूपतश्चोक्तम् । यतश्चैतद्रश्मिमण्डलमत एवैतद्भूता विषया एतद्रश्मिरूपाः प्रकाशमानतया स्वप्रकाशस्वभावाः । यदुक्तं श्रीमदुच्छुष्मभैरवे

'यावन्न वेदका एते तावद्वेद्याः कथं प्रिये ।
वेद्यं वेदकमेकं तु तत्त्वं नास्त्यशुचिस्ततः ॥'

इति । यद्यपि पृथिव्यादयो रूपादिगुणा एवोत्पन्नास्तथाप्येते प्रतिपुरुषं विचित्रभोगसम्पादका अन्य एव रूपादयो निर्याताः ॥ १२७ ॥

किंच

एभ्यः परतरं चापि
सौम्यं सोमस्य मण्डलम् ।

एभ्य इति करणप्रकाशरश्मिमण्डलेभ्यः ॥

तस्मान्मनो विनिष्क्रान्तं
रश्मिभिर्दशपञ्चभिः ॥ १२८ ॥

बुद्धिकर्मेन्द्रियविषयाख्यस्य ग्रहणग्राह्यरूपस्य रश्मिपञ्चदशकस्यानुसन्धातृरूपमिति कृत्वा तैरेव तद्युक्तमुक्तम् ॥ १२८ ॥

तच्च

चित्तं चेतो मनश्चेति

इत्थमुच्यमानं सत्

शब्दाद्यक्षप्रवर्तकम् ।

यतश्चायं प्रवर्त्यमानैतद्रश्मिपञ्चदशककलापूरिततनुः स्वामृतकलया सह षोडशकलोऽत एव

तस्याधिपो महातेजा-
श्चन्द्रमाः सौम्यतेजसा ॥१२९॥

महातेजा नित्यमक्षीणकलाषोडशकादिपरि-

पूर्णमूर्तित्वात्, अतश्च चेतनस्य पुरुषस्य विकार-षोडशकादियुक्ततया स्वावसरनिर्णेष्यमाणस्यावरोहक्रमेण प्रतिनिधिकल्पत्वात्

'पुरुषे षोडशकले तामाहुरमृतां कलाम् ।'

इत्युद्घोष्यते ॥ ९२९ ॥

अथ

तस्मात्तु मण्डलादूर्ध्वं
परतो मण्डलं महत् ।
जपाकुसुमसंकाश-
मरुणादित्यसंनिभम् ॥९३०॥
पूर्ववच्च प्रमाणेन
समन्तात्परिमण्डलम् ।

पूर्ववदिति पूर्वोक्तचन्द्रमण्डलपरिमाणमित्यर्थः ॥

किंच

तस्मात्तु मण्डलाद्देवि
सन्ध्यारुणसमद्युतिः ॥९३१॥

सधूमोऽग्निरिवासौ वै
अहंकारः प्रवर्तते ।

सर्वप्रमातृगता अहंकारा उद्यन्तीत्यर्थः। अहंकार इति जातावेकवचनम् । मनःपर्यन्तसमस्तविषयेन्द्रियाधिष्ठातृत्वात्तत्कल्पनस्वभावत्वाच्च तैजसभूतादिरूपस्यास्य सधूमाग्नितुल्यत्वमुक्तम्। एवं च अहंकारमनोविषयबुद्धीन्द्रियकारणभूतानि सूर्यसोमरश्मिप्रकाशकरणमण्डलानि पञ्च, तथा तन्मात्रमण्डलानि पञ्च व्याप्य अहंकारतत्त्वं स्थितमिति मनःप्रभृति षोडशकमाहंकारिकमुच्यते । अत एव कारणस्कन्धदृष्ट्या बहिस्तत्त्वान्येकरूपाणि, करणस्कन्धदृष्ट्या तु प्रतिपुरुषं भिन्नभिन्नस्वभावानीति न करणस्कन्धरूपादहंकारात्षोडशकोत्पत्तिरपितु सूर्यसन्निभान्मण्डलात्कारणस्कन्धरूपात्करणस्कन्धरूपाणां प्रतिप्रमातृभिन्नानामहंकाराणामुत्पत्तिस्तथा मनःप्रभृतेः षोडशकस्येति मन्तव्यम् ॥

यश्चायं करणस्कन्धात्मा अहंकारः, सः

अन्तःकरणमात्मस्थं

आत्मनोऽन्तरङ्गमेतत्सकलवसुधादिप्रतीति-साधनं कारणमित्यर्थः ॥

किंच

येनेदं रंजितं जगत् ॥१३२॥

जगत् स्थावरजङ्गमात्मकं तत्तत्समुचिताभिमाननिवेशनेन येनोपरक्तं कृतमित्यर्थः १३२

अयं च

मत्तद्विप इवान्धस्तु

दावाग्निरुपसर्पति ।

यथा मत्तो द्विपो दावाग्निश्च तत्तत्तरुप्राण्यादिविनाशायोपसर्पति, तथा अयमन्धोऽविचारितयुक्तायुक्तस्तदभिमानादानक्रमेण सर्वजगन्नाशकः ॥

किमयमस्य परोपतापकारी स्वभावः स्वत एवोद्भूतः, नेत्याह

तस्याधिदेवो रुद्रो वै

येनायं प्रेर्यते सदा ॥ १३३ ॥

रुद्र इति यः पूर्वं

'मध्यदेशे स्थितो रुद्रस्त्वहंकारेश्वरः प्रभुः।' (८९०)

इत्युक्तः। प्रेर्यते संसाररक्षार्थमभिमानात्मनि स्वकार्ये प्रवर्त्यते ॥ १३३ ॥

एतं ये परिवृत्य स्थिताः, तेऽपि

छगलाण्डादयो देवि
पूर्वं ते कथिता मया।

गतमेतत् ॥

अहंकारादथोर्ध्वं तु
बुद्ध्यावरणमुच्यते ॥ १३४ ॥
सूर्यकोटिसहस्राणां
तेजसा तुल्यवर्चसम्।

वर्चो दीप्तिः ॥

किंच

अष्टानां देवयोनीना-
मत्रैव भुवनं शृणु ॥ १३५ ॥

प्राक् ब्रह्माण्डरूपेणोक्तानां पैशाचादिब्रह्म-पर्यन्तानामष्टानां देवयोनीनां सात्त्विकादिवृत्ति-

वैचित्र्येण स्थितानां पररूपेण अत्रैव बुद्धितत्त्वे धर्मादिगुणाष्टकयुक्ते भुवनाष्टकमस्तीति एव-कारारशयः ॥ १३५ ॥

तत्र

ककुभं नाम भुवनं
सन्ध्यारुणसमप्रभम् ।
मानसीभिस्तु तत्स्त्रीभि-
र्मुदिताभिः समाकुलम् ॥१३६

मानस्यो मनोनुकूलाः ॥ १३६ ॥

किंच

स्थितास्तत्र पिशाचास्तु
सन्ध्यारुणसमप्रभाः ।
दशकोटिसहस्राणि

किंच

तेषां तत्र निवासिनाम् ॥१३७

मध्ये

स्वनन्दो नाम विक्रान्तः

सच तेष्वेव

पिशाचेष्वीश्वरो महान् ।

सन्ध्यारुणसमच्छायो
बन्धूककुसुमाकृतिः ॥ १३८ ॥
कुण्डलाभरणोपेतो
हारकेयूरभूषितः ।
किरीटी चाङ्गदी मौली
हेमचीनाम्बरः शुभः ॥ १३९ ॥
परिवृतो भूतगणैः
प्रभूतैः पार्श्वगैस्तथा ।
नानारूपधरैर्दिव्यै-
र्दिव्याभरणभूषितैः ॥ १४० ॥
दिव्यमाल्यानुलेपैस्तु
दिव्यैश्वर्यसमन्वितैः ।

मौलिः शिखामणिः । दिव्यमैश्वर्यं पिशाचोचितमेव अणिमादि अष्टविधं, एवमुत्तरत्रापि स्वोचितमेव दिव्यत्वं मन्तव्यम् ॥

सच एतैः

परिवृतो महातेजा
गणैरिव महागणः ॥ १४१ ॥

महान्तो गणा यस्य स महागणो महादेवः ॥

अथ

अतः परं प्रवक्ष्यामि
राक्षसं भुवनं महत् ।
कोकिलाकण्ठसदृशं
नीलजीमूतसंनिभम् ॥१४२॥
तस्मिंस्तु भुवने दिव्ये
दिव्यैश्वर्यसमन्विते ।
करालो राक्षसेशो वै
जात्यञ्जननिभो महान् ॥ १४३
किरीटी कुण्डली दीप्तः
शोभते तु महाद्युतिः ।
जात्यञ्जननिभः श्रीमा-
न्दावाग्निरिव पर्वते ॥ १४४ ॥

श्रीर्दीप्तिर्विद्यते यस्य, अत एव धूमबहुलेन दावाग्निना उपमितः ॥ १४४ ॥

अस्य च परिवारः

दशकोटिसहस्राणि
मुदिता नाम राक्षसाः ।
भृङ्गजीमूतवर्णाभा
वसन्त्यत्र महाप्रभाः ॥ १४५ ॥

अथ

अतः परं प्रवक्ष्यामि
याक्षं वै भुवनं महत् ।
जाम्बूनदमयं सर्वं
दिव्यरत्नसमुज्ज्वलम् ॥१४६॥
भोगैश्वर्यसमुत्पन्नं
समन्तात्परिमण्डलम् ।
तस्मिंस्तु भुवने भद्रे
सुभद्रो नाम यक्षराट् ॥१४७॥
तप्तकाञ्चनवर्णाभो
मुकुटादिविभूषितः ।

शतकोटिसहस्रैस्तु
यक्षैरमितविक्रमैः ॥ ९४८ ॥
तैर्वृतो भ्राजते सर्वैः
शर्वः सर्वगणैरिव ।

अथ

अत ऊर्ध्वं प्रवक्ष्यामि
गान्धर्वं भुवनं महत् ॥ ९४९॥
पीतकौशीतकीप्रख्यं
चम्पकैस्तु समच्छवि ।

कौशीतकी पुष्पविशेषः ॥

तस्मिंस्तु भुवने दिव्ये
सुरूपो नाम वै प्रिये ॥९५०॥
गन्धर्वदेवाधिपति-
र्गन्धमादनसन्निभः ।

अप्रकम्प्यत्वात् ॥

तथा

तप्तजाम्बूनदनिभ-
स्तरुणादित्यसप्रभः ॥९५१ ॥

दिव्यगन्धानुलिप्ताङ्गो
दिव्याभरणभूषितः ।
दशकोटिसहस्रैस्तु
गन्धर्वैः परिवारितः ॥१५२॥
मनःशिलाभङ्गनिभै-
र्हरितालनिभैस्तथा ।
स्वकान्ता नाम गन्धर्वा-
श्चित्रमाल्यानुलेपनाः ॥१५३॥
चित्राम्बरधराः सर्वे
चित्राभरणभूषिताः ।

अथ

तस्मात्परतरं वक्ष्ये
स्थानमैन्द्रं च पार्वति ॥१५४॥
बृहद्भोगमिति ख्यातं
तदूर्ध्वं सर्वकामदम् ।
शङ्खगोक्षीरधवलं
शरत्कुन्देन्दुसन्निभम् ॥१५५॥

बृहद्योगमिति यथार्थनाम । ऊर्ध्वमित्युत्कृष्टम् ॥ ९५५॥

तस्मिंस्तु भुवने दिव्ये
दिव्याश्चर्यशतैर्युते ।
विभूतिर्नाम भगवा-
न्महेन्द्रो भुवनेश्वरः ॥९५६॥
चन्द्रमण्डलसङ्काशो
मुक्ताहारविभूषितः ।
शुक्लाम्बरधरः श्रीमा-
ञ्छुक्लमाल्यानुलेपनः ॥९५७॥
ज्वलत्किरीटो दीप्ताभ्यां
कुण्डलाभ्यामलंकृतः ।
हारकेयूरवाञ्छ्वेतः
श्वेतोष्णीषविभूषितः ॥९५८॥
भूतिजा नाम वै देवा
विभूत्या परया युताः ।
किरीटिनः कुण्डलिनो
दिव्यमाल्यविभूषिताः ॥९५९॥

दशकोटिसहस्राणि
देवाश्चेन्द्राः प्रकीर्तिताः ।
तैरावृतो महातेजा
नक्षत्रैरिव चन्द्रमाः ॥ ९६० ॥

भूत्या सह जातत्वाद्भूतिजा इत्युक्ताः ॥९६०

अतः परं तु

मनोजं नाम भुवनं
शरच्चन्द्रनिभं शुभम् ।
शुक्लाभ्रकनिभं दीप्तं
मुक्ताहारसुवर्चसम् ॥ ९६१ ॥
अमृतो नाम वै तत्र
चन्द्रमाः परमः स्थितः ।
शुद्धस्फटिकसंकाशः
श्रीमाञ्छुक्लाम्बरोद्वहः ॥९६२॥
कुण्डलैर्दीप्तिसंकाशै-
र्भूषितस्तु विराजते ।

दिव्यगन्धानुलिप्ताङ्गो
दिव्याभरणभूषितः ॥ ९६३ ॥
तत्र वै रश्मयो नाम्ना
रश्मिव्यूहसमप्रभाः ।

देवाः ॥

दिव्याः सौम्यास्तु ते ज्ञेयाः
सोमतेजःसमुद्भवाः ॥ ९६४ ॥
दशकोटिसहस्राणि
तेषां वै सौम्यतेजसाम् ।

अथ

अत ऊर्ध्वं तु देवेशि
प्राजेशं भुवनं महत् ॥ ९६५ ॥
तस्मिंस्तु भुवने दिव्ये
प्रजेशस्त्वमितद्युतिः ।
विश्वरूपो विश्ववर्णो
विश्वालंकारभूषितः ॥ ९६६ ॥

विश्वरूपपरैर्देवै-
　　र्विश्वात्मा परिवारितः ।

अमितद्युतिरिति एतन्नामा ॥

तेषां च

दशकोटिसहस्राणि
　　विश्वानां भूरितेजसाम् ॥१६७॥
परिवार्य महात्मानं
　　शोभने पर्युपासते ।

विश्वानामिति एतत्संज्ञानां, अत एव असर्वनामत्वात्सुडभावः । शोभन इति भुवनविशेषणम् ॥

अथ

ब्राह्मं चैवमतो ज्ञेयं
　　शङ्खगोक्षीरसन्निभम् ॥१६८॥
पितामहो यत्र देवः
　　शुक्लपद्मस्थसौम्यदृक् ।
शुक्लाम्बरधरः श्रीमा-
　　ञ्छुक्लमाल्यानुलेपनः ॥१६९॥

शुक्लयज्ञोपवीती च
महाहारविभूषितः ।
दशकोटिसहस्रैस्तु
चन्द्रबिम्बसमप्रभैः ॥ १७० ॥
ब्राह्मैर्देवैः परिवृतः
शारदाभ्रैरिवांशुमान् ।

तदित्थं

पैशाचं राक्षसं याक्षं
गान्धर्वं त्वैन्द्रमेव च ॥१७१॥
सौम्यं तथैव प्राजेशं
ब्राह्मं वै भुवनं प्रिये ।

साधिष्ठातृदैवतमुक्तमित्यर्थः ॥

एतानि सुरयोनीनां
स्थानान्येव पुराणि तु ॥१७२॥

एतानि पुराणि देवयोनीनां स्थानानि एव मुख्यान्येव अवस्थितिधामानि ॥ १७२ ॥

एभ्यश्च स्थानेभ्यः

अवतीर्यात्मजन्मानं
ध्यायन्तः संभवन्ति हि।
परमेशानियोगाच्च
चोद्यमानाश्च मायया ॥९७३॥
नियमिता नियत्या च
ब्रह्मणो व्यक्तजन्मनः।
व्यज्यन्ते ते च सर्गादौ
नामरूपैरनेकधा ॥ ९७४ ॥
अंशेनैव वरारोहे

व्यक्तं प्रभूतात्मदेहमयं स्थूलं जन्म यस्य ब्रह्मणो ब्रह्माण्डान्तसत्यलोकाधिपतेस्तस्य सम्बन्धिनि प्रत्यहं कार्ये सर्गादौ सृष्टिप्रारम्भे व्यज्यन्ते तत्पदोचिताकृतिभाज आत्मजन्मानं बुद्धितत्त्वगतं ब्रह्माणं ध्यायन्तः परमेश्वरनियोगान्मायादिमाहात्म्याद्ब्रह्माण्डान्तर्जायन्ते। ते च अंशमात्रेणैव व्यज्यन्ते ॥

सर्वात्मना पुनरेते

न त्यजन्ति निकेतनम् ।

निकेतनं बुद्धिगतं निजं स्थानम् ॥

एवं बुद्धितत्त्वगतं देवयोन्यष्टकमात्रमुक्त्वा प्रस्तुतभुवनदीक्षायां प्रकृतं मा विस्मार्षीदित्याशयेनाह

पुर्यष्टकेन्द्रियैः सार्ध-

मात्मा मन्त्रैर्विशोधयेत् ॥९७५

बुद्धिपर्यन्तगते भुवनजाते शोधिते सति तन्मात्रमनोहंकारबुद्धिरूपेण पुर्यष्टकेन इन्द्रियैश्च बाह्यैः करणैः सार्धं यः स्थित आत्मा, अर्थात्तमेव मन्त्रैरिति प्राग्विभक्तस्थित्या प्रतिष्ठायां यथाकर्मविभागं विनिर्मुक्तैर्मूलवामदेवादिभिः विशोधयेत्। विशोध्यत इति तु स्पष्टः पाठः ९७५

एतदुपसंहरन्नन्यदवतारयति

पञ्चाष्टकं मूर्तयोऽष्टौ

बुद्धितत्त्वमनुक्रमात् ।

विशोध्यैवं प्रयत्नेन
क्रोधाष्टकमतः परम् ॥९७६॥

विशोधयेदिति संबध्यते । अनुक्रमादित्युक्तेरयमाशयः—गुह्याद्यष्टकचतुष्टयं जलादिव्योमतत्त्वान्तगं शोधयित्वा तन्मात्रपञ्चकसोमसूर्यवेद्यमण्डलगताः शर्वादिमूर्तयोऽष्टौ विशोध्याः, ततः कर्मबुद्धीन्द्रियपराधिष्ठातृनग्न्यादिसोमान्तानेकादश शोधयित्वा अहंकारगतं पञ्चमं स्थाण्वष्टकं ततोऽपि बुद्धिगतं देवयोन्यष्टकं विशोधयेत् । प्रयत्नेनेति प्रागुक्तेन अध्वसन्धानादिना भुवनेश्वरवागीश्वरीविसर्जनपर्यन्तेन समस्तेन कर्मविस्तारादिना, नतु हेलामात्रेण । उक्तं च अन्यत्र

'न चावज्ञा क्रियाकाले संसारोद्धरणं प्रति ।'

इति ॥ ९७६ ॥

एवमियदन्तं शोधयित्वा बुद्धितत्त्वगतमेव क्रोधेश्वराष्टकं यच्छोध्यं, तदुद्दिशति

संवर्तस्त्वेकवीरश्च
कृतान्तो जननाशकः ।

मृत्युहन्ता च रक्ताक्षो
महाक्रोधश्च दुर्जयः ॥१७७॥

महाक्रोधनाम्ना क्रोधाधिष्ठायिना रुद्रेणोपलक्षितमेतत्क्रोधाष्टकमुच्यते। एते च रुरुसंग्रहे

'क्रोधेशश्चण्डसंवर्तौ ज्योतिःपिङ्गलसूरकौ।
पञ्चान्तकैकवीरौ च शिखी देशहितेश्वराः ॥'

इति नामान्तरेणापि पठिताः ॥ १७७ ॥

नीलोत्पलदलाभानि
तेषां वै भुवनानि तु।
एकैकस्य परीवारः
कोटिर्दशसहस्रकम् ॥१७८॥

अथ अत्रैव तत्त्वे

क्रोधेश्वराष्टकादूर्ध्वं
स्थितं तेजोष्टकं महत्।
बलाध्यक्षो गणाध्यक्ष-
स्त्रिदशस्त्रिपुरान्तकः ॥ १७९ ॥

सर्वरूपश्च शान्तश्च
निमेषोन्मेष एव च ।

निमेषसहित उन्मेष इत्यर्थः ॥

एषां च

सहस्रैः पञ्चदशभिः
परिवारोऽभिधीयते ॥ १८० ॥

तेजोष्टकसमाख्याया निमित्तमाह

अग्निरुद्राः स्मृता ह्येते
तेजसा कृष्णवर्णकाः ।

अग्निवद्दीप्तत्वादग्निरुद्राः । तेजसा ज्ञानदीप्तिमयेनोपलक्षिताः, अत एव बुद्धिगतदीप्तात्मकतेजोष्टकाधिष्ठातृत्वादप्येतत्तेजोष्टकमुच्यते ॥

कूर्माकाराणि चित्राणि
तेषां वै भुवनानि तु ॥१८१॥

अथ

अत ऊर्ध्वं समाख्यातं
योगाष्टकमनुत्तमम् ।

संप्रज्ञातासंप्रज्ञातयोगस्थितानां योगिनां अधिष्ठातृत्वाद्योगाष्टकं, अत एवाधस्तनाष्टकापेक्षयोत्कृष्टत्वादनुत्तमम् ॥

तच्च

अकृतं च कृतं चैव
रैभवं ब्राह्ममेव च ॥ ९८२ ॥
वैष्णवं त्वथ कौमार-
मौमं श्रैकण्ठमेव च ।

रिभूणां देवानामिदं रैभवं, एवं ब्राह्मं भुवनमित्यादि योज्यम् । तेन रा धनं तत्र भवमित्यादिव्याख्यानमसत् । एतच्च योगाष्टकं प्रधानतत्त्वाश्रयमिति श्रीमालिनीविजये, सगुणयोगनिष्ठानां च शुद्धसत्त्वगुणा धीः प्रधानं वा प्राप्तिपदमिति न वस्तुभेदः कश्चित् ॥

अतश्च

क्रीडन्ति योगिनस्तत्र
भुवनैः स्फटिकप्रभैः ॥ ९८३ ॥

तत्र नैष्कर्म्ययोगनिष्ठा अकृतपदे, कर्मयो-

गनिष्ठाः कृतपदे, निर्माणयोगगताः रिभुपदे, पुरुषाद्वययोगसेविनो ब्रह्मपदे, वैष्णवशास्त्रोक्तयोगसेविनो वैष्णवपदे, निष्पन्नब्रह्मचर्ययोगाः कुमारपदे स्फटिकप्रभैः स्वच्छैर्भुवनैरुपलक्षिताः क्रीडन्ति । तदूर्ध्वं त्वौमं श्रैकण्ठं च धाम शैवसिद्धान्तोपदिष्टशक्तिशक्तिमदाराधनपुरःसरचित्तवृत्तिनिरोधात्मकनिष्पन्नानां प्राप्तिपदम् ॥९८३

तत्र शिवयोगिन्या भगवत्या उमाया देव्या योगाष्टकस्योपरि परेण रूपेण स्थिताया भुवनमाह

ततः साक्षाद्भगवती
जगन्माता व्यवस्थिता ।
उमा त्वमेया विश्वस्य
विश्वयोनिः स्वयम्भवा ॥९८४॥

साक्षादित्युक्त्या योगाष्टकमध्ये भगवत्या अंशावतरणमित्याह, एवं वक्ष्यमाणश्रीकण्ठभट्टारकविषयेऽपि मन्तव्यम् । स्वयम्भवेति स्वातन्त्र्यात्परानुग्रहाय तत्र स्थिता, न अन्ययोगिवद्योगवशादेतत्पदं प्राप्ता ॥ ९८४ ॥

सा च

तप्तजाम्बूनदनिभा
ह्युद्यादित्यसप्रभा।
महापीठे मणिमये
सिंहाष्टकयुते शुभे ॥ ९८५ ॥
शतयोजनविस्तीर्णे
दिव्यस्रग्धामलालिते।

स्थितेति शेषः ॥

किंच

दिव्यकुण्डलिनी देवी
महाहारविभूषिता ॥ ९८६ ॥

किंच

विजयाग्रे महाभागा
श्रीरिवोत्तमरूपिणी।
जया च पद्मगर्भाभा
सर्वालंकारभूषिता ॥ ९८७ ॥
नन्दा च पद्मपत्राक्षी
हारकेयूरभूषिता।

सर्वाभरणचित्राङ्गी
सुनन्दा च मनोहरा ॥१८८॥
परिवार्य प्रतीहार्यः
सर्वतः समुपस्थिताः ।

श्रीरिवेति पूर्वोक्तश्रीरूपेत्यर्थः । सर्वत इति चतुर्दिक्कम् ॥

किंच

त्रिंशत्कोटिसहस्राणि
त्रिंशत्कोटिशतानि च ॥१८९॥
मानस्यो दिव्यनार्यस्ता-
स्तां सदा पर्युपासते ।

ता इति लोकोत्तराः । त्रिंशत्कोटीति पाठे वर्णव्यत्ययश्छान्दसः ॥

किंच

विमानकोटिरेका च
रुद्राणां भूरितेजसाम् ॥१९०॥

तत्रास्ति ॥ १९० ॥

ते च विमानस्था रुद्रास्तदाराधनपरा एवेति कृत्वा

औमा इति समाख्याताः

किंच

वैमाना इति तेऽन्यथा ।

विगतो मानः शरीरेन्द्रियादिविषयोऽभिमानो यस्याः सा विमाना भगवती, तस्या अमी वैमानाः ॥

एते हि

उपासते तु तां देवीं
मातरं तनया इव ॥ ९९१ ॥

नच तत्र असौ केवलमनुग्रहपरा स्थिता, यावत्

सावतीर्याण्डमध्ये तु
मया सार्धं वरानने ।
अनुग्रहार्थं लोकानां
प्रादुर्भूता सनातनी ॥ ९९२ ॥

सनातनी नित्यं पुंसामनुग्रहार्थं प्रपञ्चव्या-

ष्ट्या नानानामाकृतिरूपा प्रादुर्भूता व्यक्तिं गतेत्यर्थः । मया सार्धमिति वक्ष्यमाणश्रीकण्ठावतारेण कैलासवासिना मया सहेत्यर्थः ॥११२॥

प्रतिकल्पं नानानामभेदेन देव्यवतीर्णेत्याह

कल्पे पूर्वे जगन्माता
जगद्योनिर्द्वितीयके ।
तृतीये शाम्भवी नाम
चतुर्थे विश्वरूपिणी ॥ ११३ ॥
पञ्चमे नन्दिनी नाम
षष्ठे चैव गणाम्बिका ।
विभूतिः सप्तमे कल्पे
सुभूतिश्चाष्टमे तथा ॥ ११४ ॥
आनन्दा नवमे कल्पे
दशमे वामलोचना ।
एकादशे वरारोहा
द्वादशे च सुमङ्गला ॥ ११५ ॥
कल्पे त्रयोदशे देवि
महातनुरुदाहृता ।

कल्पे चतुर्दशे चैव
अनन्ता नाम कीर्तिता ॥९९६॥
भूतमाता पञ्चदशे
षोडशे चोत्तमा स्मृता ।
सहस्रधारा सप्तदशे
सती चाष्टादशे पुरा ॥९९७॥

कल्पो भाविमानेन चतुर्दशमन्वन्तरं ब्राह्मं दिनं यदन्ते कालाग्निर्जगद्दहति । तत्र प्रथमद्वितीयादिकल्पक्रमेण त्वेतन्नामरूपभेदेन लोकानुग्रहार्थमवतीर्णा ॥ ९९७ ॥

आस्तां वा निःसंख्यपुराकल्पगततत्तदवतारकीर्तनेनापरिसंख्येन, केवलमस्मिन्वर्तमाने

चाक्षुषस्य मनोः कल्पे
दक्षस्य दुहिता शुभा ।

ब्रह्मणा स्वचक्षुषा निर्मितत्वाच्चाक्षुषो यो मनुप्रजापतिस्तस्य कल्प इति तदीय एतत्कल्पसम्बन्धिनि प्रथमे मन्वन्तरात्मनि त्वं लोकानुग्रहार्थं दक्षप्रजापतिदुहितृरूपेणावतीर्णा अभव इत्यर्थः ॥

अवतीर्य च

अवमानाच्च दक्षस्य

स्वां तनुं त्वजहाः पुरा ॥९९८॥

एतत्पुराणेषु प्रसिद्धमेव ॥ ९९८ ॥

ततः सैव

अमां कलां तु चन्द्रस्य

पुनरापूर्य संस्थिता ।

महेश्वरानुरागात्तच्छिरःस्थाममाख्यां विश्वाप्यायिकां चन्द्रकलामापूर्येति । एवमपि जगदनुग्रहप्रयोजनैव देवी ॥

अथ परमेश्वरी अनुजिघृक्षाप्रेरितेन

पुनर्हिमवताराध्य

दुहिता त्वात्मनः कृता ॥९९९॥

त्वं देवि सा

तथारूपतां गृहीत्वा

अद्भुतं तप्त्वा

तपः परमदुश्चरम् ।

मां भर्तारं पुनः प्राप्य

जातास्यङ्गरुहा प्रिये ॥१०००॥

मामिति परमहेश्वरमेव स्वातन्त्र्याद्गृहीत-कैलासवासिमूर्तिम् । अङ्के रुहतीति अङ्करुहा वामार्धभागगता ॥ १००० ॥

तदित्थं

कैलासनिलयश्चाहं
त्वया सार्धं वरानने ।

भक्तदृशा च मम

त्वं तनुर्वामभागस्य

अतश्च तत्त्वदृष्टाविव आकृतिदशायामपि

मत्तो नैव वियुज्यसे ॥१००१॥

न केवलमस्मिन्नेव कल्पेऽद्यत्वे मच्छरीरार्धगतत्वेन स्थितासि, यावत्

दक्षाध्वरे पुनर्जाता
भद्रकालीति नामतः ।

पुनरिति अन्यस्मिन्दक्षयज्ञे दक्षप्रजापतिकृताराधनप्रकर्षात्तदनुग्रहाय भद्रकालीत्वेन अवतीर्णा त्वमभव इत्यर्थः ॥

तदित्थं पररूपैव त्वम्

एकानंशापरा मूर्तिः
सतीशानाद्विनिःसृता ॥१००२॥

एकानंशा अविभक्ता अद्वितीयरूपा सती इत्यपरा मूर्तिरीशानाद्विनिःसृतेत्युक्तप्रकारेना-नाविधापरामूर्तिरूपा त्वमीशानादिति परमेश्वरस्वातन्त्र्यादेव जगदनुजिघृक्षयेत्थमास्थिते-त्यर्थः, अथ च एकानंशाख्यदेवतात्वेनाप्यव-तीर्णेत्यर्थः ॥ १००२ ॥

किंच

इदं चतुर्युगं प्राप्य
द्वापरे विष्णुना सह ।
महिषस्य वधार्थाय
उत्पन्ना कृष्णपिङ्गला ॥१००३॥

वर्तमानचतुर्युगगते द्वापरे श्रीभद्रकाली-पुरनिरूपितनीत्या विष्णुना आराधिता सती तेनैव भ्रातृभूतेन सह महिषासुरवधाय अव-तीर्णा ॥ १००३ ॥

किंच

कात्यायनीति दुर्गेति
विविधैर्नामपर्ययैः ।
मनुष्याणां तु भक्तानां
वरदा भक्तवत्सला ॥ १००४ ॥
पूर्वमवावतीर्णासि
विन्ध्यपर्वतमूर्धनि ।

विविधैर्नामपर्ययैरिति विन्ध्यवासिनीभ्रमरवासिनीत्यादिनामभेदैः । कतस्य वृष्णिमध्यवर्तिनोऽपत्यं कात्यः, तस्य कृष्णावताराद्यपुरुषस्य अपत्यं विष्णोर्भगिनी कात्यायनी । दुःखेन गम्यते जपयज्ञदानतपोभिरपि मुनिभिरपि न प्राप्यते, किंतु भक्तिशालिभिरेव आसाद्यते इति दुर्गा । सा च विन्ध्यस्य मूर्धनि पूर्वमेवावतीर्णेति एतत्कल्पप्रारम्भ एव उक्तजम्बूद्वीपगतविन्ध्यपर्वतशिरसि भक्तानुग्रहार्थमवतीर्णा असि ॥

अथेदानीम्

अत ऊर्ध्वं प्रवक्ष्यामि
भुवनं वरवर्णिनि ॥ १००५ ॥

सुचार्विति तु विख्यातं
सहस्रादित्यकान्तिमत् ।
कैलासशिखराकारं
शुद्धस्फटिकसप्रभम् ॥१००६॥
महाविमानकोटीभि-
रावृतं चक्रवर्तिनाम् ।

चक्रवर्तिनो मन्त्रेश्वरा अनुग्रहार्थमेव आकृतिपरिग्रहेण अत्र अवतीर्णाः ॥

तस्मिंस्तु भुवने दिव्ये
सूर्यकोटिसमद्युतिः ॥१००७॥
सहस्रबाहुचरणः
सहस्रवदनेक्षणः ।
उमापतिर्जगन्नाथः
सर्वानुग्रहकृद्धरः ॥ १००८ ॥

तस्य च भगवतो विश्वभोक्तुः

भोगस्थानं समस्तं वै
तत्रस्थं वामभागतः ।

वामभागतो वामं देहार्धमाश्रित्य तत्रैव स्थितं समस्तं भोगस्थानमशेषभोग्योपभोगात्मतया वाममर्धं, दक्षिणं तु भोक्तृरूपमेव । एवं च भोक्तृभोगात्मकविश्वशरीरोऽयं भगवानत एव सहस्रबाहुचरणादिरूपः ॥

किंच अयं

शतयोजनविस्तीर्णे
नानारत्नविभूषिते ॥ १००९ ॥
दिव्यास्तरणसंछन्ने
आदित्यशतसन्निभे ।
आसने परमे दिव्ये
रत्नपद्मविचित्रिते ॥ १०१० ॥
उपविष्टो महातेजा
वृषभैरष्टभिर्वृतः ।
हेमचीनाम्बरधरो
हारकेयूरभूषितः ॥१०११॥
धारयन्सुप्रदीप्ते च
सूर्यमण्डलसन्निभे ।

स्फुरन्मयूखसंघाते
कुण्डले रश्मिसंकुले ॥१०१२॥

मयूखाः सूक्ष्माः प्रभाः, रश्मयस्तु स्थूलाः ॥

किंच

धारयन्मुकुटं मूर्ध्नि
दिव्यरत्नविचित्रितम् ।
देदीप्यमानमत्युग्रं
कैलासशिखरोपमम् ॥१०१३॥
प्रलम्बोऽस्य महाहारः
प्रभवद्रश्मिसंकुलः ।
गाङ्गो हिमवतः शृङ्गा-
त्पतितो निर्झरो यथा ॥१०१४

किंच

त्रिंशत्कोटिसहस्रैस्तु
त्रिंशत्कोटिशतैस्तथा ।
शूलिभिर्जटिभिस्त्र्यक्षै-
र्दिव्याभरणभूषितैः ॥१०१५॥

नानारूपधरै रुद्रै-
र्वृतो भूतगणैस्तथा ।
दिव्याभिर्मानसीभिश्च
नारीभिः परिवारितः ॥१०१६
विमानशतकोटीभि-
रावृतः सर्व एव तु ।

अन्यच्च

मातरः सप्त रूपिण्यो
नानालंकारभूषिताः ॥१०१७॥
परिवार्य महात्मानं
समन्तात्पर्यवस्थिताः ।

ता दिग्विभागेनाह

ब्राह्मी कमलपत्राभा
दिव्याभरणभूषिता ॥१०१८॥
आग्नेय्यां दिशि देवेशि
स्थिता वै श्रीरिवापरा ।

शङ्खगोक्षीरसंकाशा
त्वैशान्यां तु वरानने ॥१०१९॥
माहेश्वरी महातेजा-
स्तिष्ठते सुरपूजिता ।
कौमारी पद्मगर्भाभा
हारकेयूरभूषिता ॥ १०२० ॥
दिश्युत्तरस्यां देवेशि
कामिनीपर्युपासिता ।
स्निग्धनीलोत्पलनिभा
हारकुण्डलमण्डिता ॥१०२१॥
दक्षिणस्यां दिशि तु सा
उपास्ते परमेश्वरम् ।
वैष्णवीति च विख्याता
शिवेन परमात्मना ॥१०२२॥

शिवेनैवाधिष्ठिता सती इयं ख्याता, नतु विष्णुना । प्रत्युत एतस्य एतच्छक्त्यंशाधिष्ठितत्वादेव विष्णुत्वम् ॥ १०२२ ॥

नीलजीमूतसंकाशा
सर्वाभरणभूषिता ।
वारुण्यां दिशि देवेशि
वाराही पर्युपस्थिता ॥१०२३॥

शङ्खकुन्देन्दुधवला
हारकुण्डलमण्डिता ।
ऐन्द्र्यां दिशि च सा देवी
इन्द्राणी पर्युपस्थिता ॥१०२४॥

करालवदना दीप्ता
सर्वाभरणभूषिता ।
नैर्ऋत्यां दिशि चामुण्डा
उपास्ते परमेश्वरम् ॥१०२५॥

एताः सप्त परिवारभूताः, उमा तु देवी भगवतः शरीरार्धस्था अष्टमी । सैव योगेश्वरी यस्या एताः प्रपञ्चः । यद्वक्ष्यति

'उमैव सप्तधा भूत्वा ·····················।' (१०२९)

इति । अत एव पूर्वं

'मातृकाभैरवं देवमवर्गेण प्रपूजयेत् ।
भैरवी कादिना पूज्या मातृवर्गैः प्रपूजयेत् ॥' (११३४)

इति । एतद्व्याख्यानावसरे इहत्यदेवगृहानुसारेण योजना दर्शिता ॥ १०२५ ॥

एताश्च देव्यः

न त्यजन्ति हि ता देवं
सर्वभावसमन्वितम् ।

सर्वभावेन सर्वसार्विकयान्तर्बहिश्च समन्वितमभेदव्याप्त्या अधिष्ठातृभूतम् ॥

तदित्थं सततं परमेश्वरानुगता अप्येताः

अंशेन मानुषं लोकं
ब्रह्मणा चावतारिताः ॥१०२६

असुराणां वधार्थाय
मनुष्याणां हिताय च ।

हितमनुग्रहः । चशब्दस्तुशब्दार्थे ॥

कथमवतारिता इत्याह

तपस्तप्त्वा महाघोरं
ब्रह्मणा लोकधारिणा १०२७

प्रजाहितकारिणा ॥ १०२७ ॥

किंच

रुरोश्चैव वधार्थाय
मयापि त्ववतारिताः ।

मयापीति प्रभुणा सता, नतु ब्रह्मवत्तप-स्तप्त्वा इत्यपिशब्दार्थः ।'

नच एतदाकृतिमद्देवासां तात्त्विकं रूपम्, अपितु एताः

स्वच्छन्दास्तु पराश्चान्याः
परव्योम्नि व्यवस्थिताः ॥१०२८

स्वच्छन्दं पर्युपासीनाः
परापरविभागतः ।

नित्यं स्थिता इति शेषः। परं स्वच्छन्दं चि-द्भैरवं परेण तदविभिन्नेन रूपेण, अपरं त-दुमापतिरूपम् । अनेनैवमुक्तेन विभागेनैव च अयमुमापतिः परभैरवस्फारसार एवेति । अ-नेनैवाशयेनाप्याादिसूत्रे परभैरवपदमस्माभिर्यु-क्तमेव व्याकारि परभैरवसत्तासारत्वादुमापति-भैरव इत्युक्त इति ॥

एताश्च मातरः परशक्तिप्रपञ्चव्याप्तिरूपा इत्याह

उमैव सप्तधा भूत्वा
नामरूपविपर्ययैः ॥ १०२९ ॥
एवं स भगवान्देवो
मातृभिः परिवारितः ।
आस्ते परमया लक्ष्म्या
तत्रस्थो द्योतयञ्जगत् ॥१०३०

परा लक्ष्मीर्ज्ञानदीप्तिमयी उमा देवी तया सह । अतश्च उमैव सप्तधा स्थिता सती उमापतेर्देहाविभिन्नेत्यष्टशक्तिर्महेश्वरः ॥ १०३० ॥

अत एवैतद्व्याप्तिसारा एव

अस्योपरि तथा चाष्टौ
मूर्तयस्तस्य धीमतः ।

अस्य सुचारुणो भुवनस्योपरि तस्य धीमत इति एतदुमापत्यभिन्नस्य वक्ष्यमाणगुणतत्त्वनिष्ठस्य श्रीश्रीकण्ठस्य सम्बन्धिन्योऽष्टौ मूर्तयो

मूर्तीश्वराः । तथा चेति तेनैव श्रीकण्ठाभिन्नेन प्रकारेण स्थिताः ॥

ता आह

शर्वो भवश्च भगवा-
न्रुद्रः पशुपतिस्तथा ॥१०३१॥
ईशानश्चैव भीमश्च
महादेवोग्र एव च ।

वक्ष्यमाणदृष्ट्यनुसारं ईशानादनन्तरं रुद्रः पठनीयः । महादेवेन सहित उग्र इति समासः ॥

एवंनामनिर्दिष्टाभिः

एताभिः कुरुते शर्वो
मूर्तिभिः सृष्टिमुत्तमाम् १०३२

भगवानुमापतिरेताभिरष्टभिः, मूर्तिभिरित्यनेन मूर्तीश्वराष्टकेन परापरादिभेदेन सर्वमूर्ध्वाधरपदमधितिष्ठतो भगवतो निजशक्तिचक्रात्मना सृष्टिमिति स्थूलसूक्ष्मप्रभावभूततन्मात्रादिरूपवक्ष्यमाणकलादिरूपां सृष्टिम्, उत्तमामित्युक्तसूक्ष्मस्थूलसृष्टिमुद्गतामूर्ध्वे स्थितां भ-

गवानुमापतिरेव वक्ष्यमाणदृष्ट्या परापरभेदेन तत्र तत्र अवस्थितः करोति ॥ १०३२ ॥

का सा सृष्टिरित्याह

भूमिरापोऽनलो वायु-
राकाशं सूर्य एव च ।
सोमश्च यजमानश्चे-
त्यष्टौ सृष्टिरियं स्मृता ॥१०३३

एतदष्टकं स्थूलसूक्ष्मपरभेदेन तत्र तत्र अवस्थितं मन्तव्यम्। तेषां च मध्यादुद्घातदीक्षायां बिन्द्वादिपदैः पृथिव्यादिस्वरूपं पूर्वं दर्शितं, सूर्यसोमावपि करणशक्तिरूपौ, तदाश्रयत्वेन च यजमानः प्रमातेति सर्वाध्वनि स्थितमेवैतत् ॥

एवमेते मूर्तीश्वराः

सर्वात्मना तु ते तस्मि-
न्नन्यत्रैकांशतः स्थिताः ।

तस्मिन्निति बुद्धितत्त्वगते मूर्तीशावरणे। अन्यत्रेति तन्मात्रावरणे ब्रह्माण्डान्तरे च ॥

उपसंहारभंग्या भगवत उमापतेर्यावती प्रपञ्चव्याप्तिस्तां दर्शयति

एवमस्मिन्स्थितो देवो
ब्रह्मलोकोर्ध्वतस्तथा ॥१०३४॥
मेरोश्च मूर्धनीशानो
योगाष्टकमथेष्यते ।
श्रीकण्ठ इति नाम्ना च
कैलासनिलयस्तथा ॥१०३५॥
शर्वाद्याभिश्च तनुभि-
रष्टाभिर्व्याप्य तिष्ठति ।

अस्मिन्निति सुचारुभुवने, ब्रह्मलोकोर्ध्वत इति रुद्रलोके, मेरोर्मूर्ध्नि ज्योतिष्कशिखरे अथानन्तरमेष एव भगवान्योगाष्टकमिष्यते, न तु तदन्यत्किंचित् । तथा श्रीकण्ठ इति नाम्नायमेव कैलासनिलयश्चोमापतिरयमेव शर्वाद्याभिश्च मूर्तीश्वरमूर्तिभिस्तत्र तत्र तत्तत्स्थूलसूक्ष्मादि विश्वं व्याप्य तदैकात्म्येनावस्थिताभिरयमेव स्थित इति प्रपञ्चव्याप्तिरियं सर्वदैक-

स्यैव परमेश्वरस्येति यावत् । एतच्चैकादशे सुतरां स्फुटीभविष्यति ॥

एषामेतदुमापतिभुवनमुत्पत्तिस्थानमित्याह

ये तु माहेश्वरं योगं
सगुणं पर्युपासते ॥ १०३६ ॥
भक्त्या च ब्रह्मचर्येण
सत्येन च दमेन च ।
दृष्ट्वा देहस्थमात्मानं
तेऽत्र यान्ति मनीषिणः १०३७

ये तु माहेश्वरशास्त्रनिरूपितं सत्त्ववृत्तिनिष्ठत्वा-त्सगुणं नतु ज्ञानक्रियादिशक्तिस्फारसमावेश-रूपं परयोगं परितो दीर्घकालनैरन्तर्यसत्कारैरु-पासते सेवन्ते, ते देहस्थं नतु अनवच्छिन्नरूप-मात्मानं ज्ञात्वा कर्तृरूपं स्वं स्वभावं साक्षात्कृत्य अत्र यान्तीत्युमापतिपदं सायुज्यादिना प्राप्नु-वन्ति । अत्र च भक्तिर्मुख्यं कारणं सत्यब्रह्म-चर्यदमेषु प्रधानभूतम् । दम इन्द्रियजयः । इत्थं च अस्य योगस्य सगुणत्वमेव व्यक्ती-कृतम् ॥ १०३७ ॥

न च सगुणशाम्भवयोगप्राप्यमेतत्पदं, यावत्

दृष्ट्वा च मण्डलं तस्य
भक्त्या च परया भृशम् ।
मुक्तद्वैता यतात्मान-
स्तत्र यान्ति मनीषिणः १०३८

तस्येति उमापतेर्मण्डलमिति तदधिकरणं यागं दृष्ट्वा तद्दर्शनात्समयदीक्षां प्राप्य तद्भक्त्या च मुक्तद्वैता इत्युमापतिरेव एका पारमार्थिकी देवतेति निश्चित्य तत्सेवार्थं प्रयतचित्ताः पूर्ववत्सायुज्यादिना एतत्पदं प्राप्नुवन्ति मनीषिणः परमेश्वरशास्त्राश्वस्तबुद्धयः ॥ १०३८ ॥

अथ

तेषां चैवोपरिष्टात्तु
सुशिवा द्वादश स्थिताः ।

सुष्ठु शिवा आकृतिमत्त्वेऽपि शिवैक्यप्राप्त्या पूर्णसार्वज्ञ्यादिरूपाः ॥

ते च

वामो भीमस्तथेशश्च
शिवः शर्वस्तथैव च ॥१०३९

विद्यानामधिपश्चैव
एकवीरः प्रचण्डधृत्।
ईशानश्चाप्युमाभर्ता
अजेशोऽनन्त एव च ॥१०४०
तथा एकशिवश्चापि
सुशिवा द्वादश स्मृताः।

एषां ध्यानाय

सर्वे कुंकुमसंकाशाः
सूर्यकोटिसमप्रभाः ॥१०४१॥
भुवनेषु विचित्रेषु
शङ्खाकारेषु संस्थिताः।

मूर्तीश्वराणां तु अधिष्ठेयपृथिव्याद्युचितमेव रूपमिति कृत्वेह नोक्तम्॥

अथ

अत ऊर्ध्वं वीरभद्रो
मण्डलाधिपतिः प्रभुः ॥१०४२

वक्ष्यमाणस्य महादेवादिमण्डलेश्वराष्टकस्याधिपतिः। अस्यैव चासौ परा मूर्तिर्यः पूर्वं श्रे-

तादिमध्ये तदुपरि चोक्तः, अत एवायं प्रभु-
रिति ॥ १०४२ ॥

अथ एतद्ध्यानादिपरिनिष्ठितो यः, सः

तत्सायुज्यमनुप्राप्य
तेनैव सह मोदते ।

अथ

अत ऊर्ध्वं महादेवि
महादेवाष्टकं विदुः ॥१०४३॥
महादेवो महातेजा
वामदेवभवोद्भवौ ।
एकपिङ्गेक्षणेशानौ
भुवनेशपुरःसराः ॥ १०४४ ॥
अंगुष्ठमात्रसहिता
महादेवाष्टके शिवाः ।

एते च

मायाञ्जनविनिर्मुक्ताः
परमेशानसंमताः ॥ १०४५ ॥

परमेशानस्य संमता इति तन्त्रावतारपटल-

दर्शितनीत्या पारम्पर्येण अनन्तभट्टारकमूर्तिना परमेश्वरेण अनुगृहीताः, अतश्च प्राप्तप्रबोधप्रकर्षत्वान्मायागर्भाधिकारित्वेऽपि मायाञ्जनविनिर्मुक्ता इत्युक्तम् । एते च अपरेण रूपेणेहोक्ता मण्डलेश्वराः, परेण रूपेण तु कालतत्त्वे भविष्यन्ति । ते तु श्रीपूर्वशास्त्रे

'महातेजःप्रभृतयो मण्डलेशानसंज्ञकाः ।
मायातत्त्वे स्थिताः.................. ।।' (५।२८)

इत्युक्ता इति प्रक्रियाभेदः ॥१०४५॥

उपसंहरति

बुद्धितत्त्वे समासेन
भुवनेशा मयोदिताः ।

देवयोनिक्रोधतेजोयोगमूर्त्यष्टकानि पञ्चेति चत्वारिंशत्, योगाष्टकोपरि पुनरौमं श्रीकण्ठं च भुवनं, ततः सुशिवद्वादशकमहादेवाष्टकं चेति द्वाषष्टिरत्र भुवनान्युक्तानीति विततायामिह भुवनदीक्षायां सर्वाणि शोध्यानि । संक्षिप्तायां तु यः शोधनप्रकारः, स पञ्चमे पटले निर्णीतः ॥

अथोर्ध्वं गुणतत्त्वं तु

गुणसाम्यात्मनः प्रकृतितत्त्वात्सत्त्वगुणगुणोत्कर्षात्म अत्यन्तविलक्षणमत एव बुद्धिरितिविलक्षणव्यपदेश्यं बीजादिव अङ्कुररूपं कथं कार्यं जायते यावदुच्छूनताप्रायं किंचिद्वैषम्यात्म मध्ये गुणत्तत्त्वं प्रकृतितत्त्वादनतिभिन्नव्यपदेशं न जायते इत्याशयेनेह गुणतत्त्वं तत्त्वान्तरतया दर्शितम् । श्रीमालिनीविजयादौ तु किंचिद्वैषम्यावस्थायामित उच्छूतायामिव बीजाभिधानवद्गुणव्यपदेशस्यानिवृत्तेर्गुणतत्त्वं प्रकृतितत्त्वाभेदेनैवोक्तं संक्षिप्तभुवनदीक्षाप्रतिपादनाशयेन । इह तु विततया भौवनविधिप्रतिपादनस्य प्रस्तुतत्वात्प्रकृतितत्त्वाद्भेदेन गुणतत्त्वं दर्शितमिति नागमविसंवादः शङ्कनीयः ॥

यच्च एतद्गुणतत्त्वं

तस्मिंश्चैव व्यवस्थितम् ॥१०४६

गुरुपंक्तित्रयं दिव्यं

दिव्यमिति प्रभावातिशययोगात् ॥

तच्च

गुणैरन्तरितं स्थितम् ।

सत्त्वादिभूमिकामुपविष्टमित्यर्थः ॥

तत्र

प्रथमा तमसः पंक्ति-
रुपरिष्टाद्व्यवस्थिता ॥१०४७॥

तमोगुणोर्ध्वमधिरूढेत्यर्थः ॥ १०४७ ॥

तदत्र

तेषां नामानि कथ्यन्ते
यथावदनुपूर्वशः ।

तेषामिति पंक्तिनिष्ठानां गुरूणाम् ॥

शिवः प्रभुर्वामदेव-
श्चण्डश्चैव प्रतापवान् ॥१०४८॥
प्रह्लादश्चोत्तमो भीमः
करालः पिङ्गलस्तथा ।
महेन्द्रो दिनकृच्चैव
प्रतोदो दक्ष एव च ॥१०४९॥
कलेवरश्च विख्यात-
स्तथा चैव कटङ्कटः ।
अभ्युहर्ता च नारीशः
श्वेत ऋग्वेद एव च ॥१०५०॥

यजुर्वेदः सामवेद-
स्त्वथर्वा सुशिवस्तथा ।
विरूपाक्षस्तथा ज्येष्ठो
विप्रो नारायणस्तथा ॥१०५१॥
गण्डो नरो यमो माली
गहनेशश्च पीडनः ।
प्रथमा पंक्तिरुद्दिष्टा
रुद्रैर्द्वात्रिंशता स्मृता ॥१०५२॥

अथ

रजसश्चोपरिष्टात्तु
द्वितीया पंक्तिरुच्यते ।
शुक्लो दासः सुदासश्च
लोकाक्षः सूर्य एव च ॥१०५३॥
सुहोत्र एकपादश्च
गृद्ध्रश्चैव शिवेश्वरः ।
गौतमश्चैव योगीशो
दधिबाहुस्तथापरः ॥१०५४॥

ऋषभश्चैव गोकर्णौ
देवश्चैव महेश्वरः ।
गुह्येशानः शिखण्डी च
जटी माली तथोग्रकः ॥१०५५॥
भृगुः शिखी तथा शूली
सुगतिश्च सुपालनः ।
अट्टहासो दारुकश्च
लाङ्गलिश्चातिदण्डकः ॥१०५६॥
भवनश्च तथा भव्यो
लकुलेशस्तथैव च ।
त्रिंशद्रुद्राः समाख्याता
द्वितीया पंक्तिरुत्तमा ॥१०५७॥

अथ

सत्त्वस्य चोपरिष्टात्तु
तृतीया पंक्तिरुच्यते ।
देवोऽरुणो दीर्घबाहु-
रतिभूतिश्च स्थाणुकः ॥१०५८॥

सद्योजातस्तथा झिण्ठी
षण्मुखश्चतुराननः ।
चक्रपाणिश्च कूर्माख्य-
स्त्वर्धनारीश्वरस्तथा ॥१०५९॥
कपाली भूर्भुवश्चैव
वषट्कारस्तथैव च ।
वौषट्कारस्तथा स्वाहा
स्वधा च परिकीर्तितः ॥१०६०॥
संवर्तकश्च भस्मेशः
कामनाशन एव च ।
एकविंशतिरुद्रास्तु
पंक्तिरेषा तृतीयका ॥१०६१॥

एवमेते त्र्यशीतिर्गुरवो महेश्वरेण गुणतत्त्व-भोगप्राप्तिकामानां तदुचितज्ञानयोगप्रदाः परमेश्वरा ज्ञेयास्तथा कंचित्कालं नियोजितास्तत्र क्रीडन्ति । तदाह

ज्ञानयोगबलोपेताः
क्रीडन्ते दैशिकोत्तमाः ।

उत्तमपदेन गुणतत्त्वावस्थितत्वेऽपि नैषां तदुपरक्तत्वमित्याह । अत एव क्रीडन्ति, नतु इतरवद्गुणैर्बद्धाः ॥

यतः

संसारपाशनिर्मुक्ताः

आणव-कार्म-मायीयमलनिर्मुक्ता जीवन्मुक्ता इत्यर्थः ॥

किंच

महामोहविवर्जिताः ॥१०६२॥

महामोहः अत्र अख्यातिरूपा माया, तद्वियुक्ताः, अत एव शुद्धाः ॥ १०६२ ॥

शुद्धविद्योदयादेते

त्रिनेत्रा गुरवः सर्वे
शुद्धस्फटिकनिर्मलाः ।
सर्वज्ञाः सर्वगाश्चैव
लोकानुग्रहकारकाः ॥१०६३॥

सर्वज्ञत्वं सर्वज्ञानयोगसिद्धत्वमेषाम् । सत्त्वगुणतत्त्वास्पदभ्रमाद्यत्साङ्ख्यपातञ्जलदृष्ट्या एत-

त्कैश्चित् योजितं, तदसदेव । केवलमेषां ताव-द्भोगलिप्सुजनाशयेन तावत्पदप्रापकाणां पर-मेश्वरयोगात्तत्र अवस्थानम् ॥ १०६३ ॥

अतश्च एषां

गजाकाराणि दिव्यानि
सर्वेषां भुवनानि तु ।

पूर्वं

'वीरभद्रनिकेतश्च भद्रकाल्यालयस्तथा ।
त्रयोदशभिः························ ॥' (७५३)

इति ग्रन्थेन श्वेतादिभुवनान्येकादश भद्रकालीवीरभद्रभुवनाभ्यां सह त्रयोदश संकलितानि । यत्पुनः

'··········अन्यैश्च भुवनैरुपशोभितम् ।' (७५३)

इत्युक्तं, तत्र अन्यानि भुवनानि वीरभद्रभुवनोर्ध्वगतानि ॥

अथ अण्डवर्तिनोऽङ्गुष्ठमात्रप्रमाणरुद्रभुवनात्प्रभृति गुणतत्त्वान्तमसंकलितान्रुद्रान्संकलयितुमाह

बुद्धेः प्रकृतिपर्यन्ते
ये रुद्रास्तान्निबोध मे ॥१०६४॥

बुद्धेरिति बुद्धेः पूर्वं ये संकलयितुमवशिष्टास्तान्निबोध । किमवधीत्याह प्रकृतिपर्यन्ते प्रकृतिः पर्यन्ते यत्र स प्रकृतिपर्यन्तो गुणतत्त्वं, तत्र तदवधीत्यर्थः ॥ १०६४ ॥

तान्रुद्रान्भुवनसंकलनया संकलयति

शतद्वयं सप्तकं च
भुवनानां वरानने ।

तत्र जलावरणेशस्य अङ्गुष्ठमात्रस्य पृथ्व्याः अब्धेः श्रियः सरस्वत्या गुह्याष्टकस्येति त्रयोदश भुवनानि, ततः शिवाग्नेरतिगुह्याष्टकस्य वायवीशस्य गुह्यातिगुह्याष्टकस्य आकाशेशस्य पवित्राद्यष्टकस्य, ततः शर्वादिमूर्तीशाधिष्ठितानि तन्मात्रसूर्यसोमवेदमण्डलान्यष्टौ, ततोऽपि करणप्रकाशरश्मिसूर्यसोममण्डलानि पञ्च, ततोऽहंकारेशस्य, ततः स्थाण्वष्टकस्याष्टाविती यदन्तं द्वाषष्टिर्भुवनानि, बुद्धावपि पूर्वोक्तनीत्या द्वाषष्टिः, गुणतत्त्वे त्र्यशीतिरित्येतच्छतद्वयं सप्ताधिकं भवति ॥

किंच अत्रैव

अन्तर्भूताः स्थिताश्चान्ये
ये ते नोक्ता वरानने ॥१०६५॥

विपर्ययाशक्तितुष्टिसिद्ध्यादिभुवनेश्वरा ये बृहत्तन्त्रेषु रुद्रा उक्ताः, तेऽत्रैवान्तर्भूतत्वात्पृथगिह नोक्ताः ॥ १०६५ ॥

अथ

गुणानामुपरिष्टात्तु
प्रधानं परिकीर्तितम्।

प्रधीयते अत्र गुणान्तं विश्वमिति प्रधानम्॥

तत्र ये संस्थिता रुद्राः

तान्

कथयामि समासतः ॥१०६६॥

क्रोधेश्वरश्च संवर्तो
ज्योतिः पिंगलक्रूरदृक्।
पञ्चान्तकैकवीरौ च
शिखेदसहितेश्वराः ॥१०६७॥

शिखेदसहिता अष्टौ एते प्रधानतत्त्वगता ईश्वरा इत्यर्थः ॥ १०६७ ॥

त एते

तत्त्वे तु प्राकृते रुद्रा
महावीर्याः प्रकीर्तिताः ।

दुरतिक्रमा इत्यर्थः ॥

अस्य प्रधानतत्त्वस्य किं स्वरूपमित्याह

गुणानां या परा काष्ठा
तत्प्रधानमिहोच्यते ॥१०६८॥

परा काष्ठा अविभागावस्था ॥ १०६८ ॥

अथ

अतः पुरुषतत्त्वे तु
भुवनानि निबोध मे ।

अत इति प्रकृतेरूर्ध्वं, पारमेशस्वरूपगोपनावशाद्यत्संकुचितचिदाभासरूपं पुरुषतत्त्वं तत्र, संकोचांशाश्रयाणि भुवनानि तु चिन्मात्राश्रयाणि तस्य निर्विकारत्वात् ॥

तत्र तावत्

अम्बा च सलिला ओघा
वृष्टिः सार्धं च तारया ॥१०६९॥

सुतारा च सुनेत्रा च
कुमारी च ततः परम् ।
उत्तमाम्भसिका चैव
तुष्टयो नव कीर्तिताः ॥१०७०॥

तथा

तारा चैव सुतारा च
तारयन्ती प्रमोदिका ।
प्रमोदिता मोदमाना
रम्यका च ततः परम् ॥१०७१॥
सदाप्रमुदिका चैव
सिद्ध्यष्टकमुदाहृतम् ।

सांख्यशास्त्रे तुष्टिनवकं सिद्ध्यष्टकं च यत्प्रत्ययसेव्यं बुद्धिधर्मतया गणितं, तदिह संकुचितचित्स्वभावस्य कलादिकञ्चुकाविवेकिनः पुरुषस्य भोक्तुरावारकं, नतु पुंसि दृशिमात्रस्वभावे अभोक्तरि बुद्ध्यादिवशोत्थितस्य भोगस्य कथंचिदपि सम्भवः । नहि हिमान्यन्तर्देवदत्ते प्रतिबिम्बिते सति शीतानुभवलक्षणो भोगो

गौण्यापि वृत्त्या संभवति। अतः सर्वोऽयं भोग उक्तरूपपुंसि पारमार्थिके भोक्तरि सति घटत इति तत्रैव तुष्ट्यादिप्रत्ययसद्भावो युक्त इत्येव-मुक्तम्। तत्र

'आध्यात्मिकयश्चतस्रः प्रकृत्युपादानकालभाग्याख्याः।
पञ्च विषयोपरमतोऽर्जनरक्षासङ्गसंक्षयविघातैः॥' (५०)

इति, तथा

'ऊहः शब्दोऽध्ययनं दुःखविघातत्रयं सुहृत्प्राप्तिः।
दानं च सिद्धयोऽष्टौ.........................॥' (५१)

इति याः सांख्यैः,

'अतत्त्वे तत्त्वबुद्ध्या यः संतोषस्तुष्टिरत्र सा।
हेयेऽप्यादेयधीः सिद्धिः.........................॥'

इति गुरुभिर्लक्षितास्तुष्टयः सिद्धयश्चोक्ताः, तासामम्बादिकास्ताराद्याश्च अधिदेवताः एत-न्नामसु भुवनेषु स्थिता इह निरूपिताः॥

किंच पारमेशमतयोगक्रमसाध्यं यदणिमा-द्यष्टकरूपमैश्वर्यं, तदप्येतन्नामकदेवताष्टका-धिष्ठितमत्रैव पुंस्तत्त्वे प्रोक्तनीत्या आवारकतया स्थितमित्याह

अणिमा लघिमा चैव
महिमा प्राप्तिरेव च ॥१०७२॥

प्राकाम्यं च तथेशित्वं
वशित्वं यदुदाहृतम् ।
यत्रकामावसायित्व-
मणिमाद्यष्टकं स्मृतम् ॥१०७३॥

अणिमा शरीरस्य सूक्ष्मताकरणे सामर्थ्यं, लघिमा तूलवल्लाघवोत्पादनशक्तत्वं, महिमा महत्त्वोत्पादनशक्तता, प्राप्तिः संकल्पमात्रात्तत्तद्देशावाप्तिः, प्राकाम्यमेकस्यैव युगपन्नानाशरीरकरणे शक्तता, ईशित्वमैश्वर्यं, वशित्वं भूतवशीकारः, यत्रकामावसायित्वं संकल्पमात्राद्देशकालस्वभावव्यवहितवस्तुनिश्चयः । भोग्यसामान्यगुणत्रयभोक्तृत्वात्पुंसोऽपि तद्गुणत्रयच्छायायोगाद्गुणवत्त्वम् ॥ १०७३ ॥

अथोर्ध्वं गुरुशिष्याणां
पंक्तित्रयमतः शृणु ।

अत इति प्रोक्ताणिमाद्यष्टकादूर्ध्वम् ॥

तत्र

मस्करी पूरणः कृत्स्नः
कपिलः काश एव च ॥१०७४॥

सनत्कुमारगौतम-
वसिष्ठाद्यांशकास्तथा ।
कश्यपो नासिकेतुश्च
गालवो भौतिकस्तथा ॥१०७५॥
शाकल्यश्च समाख्यातो
दुर्वासाः परमस्त्वृषिः ।
वाल्मीकिश्च गुरुश्रेष्ठः
सपराशरगालवः ॥१०७६॥
पिप्पलादश्च सौमित्रि-
र्वायुपुत्रो भदन्तकः ।

गालवावत्र द्वावुक्तौ ॥

एते हि

मस्कर्यादिभदन्तान्ता
दृष्टादृष्टस्य वादिनः ॥१०७७॥
द्वाविंशतिर्गुरुवराः
प्रथमा पंक्तिरिष्यते ।

एते च पूर्ववदनुग्राह्याणामेव तत्पदप्राप्ति-हेतुत्वेनेश्वरेच्छयैतत्पदावस्थितिजुषः कृताः । यदुक्तं श्रीमालिनीविजये

'मयाप्येतत्पुरा प्रोक्तं कपिलाय महात्मने।'

इति। दृष्टमेतत्पदप्राप्त्युचितोपासादिकं, अदृष्टं चैतत्पदावाप्त्यात्मकं वदन्ति। एते च द्वाविंशतिर्गुरव एव॥

एतदूर्ध्वं तु रजःसंस्पर्शप्रधानायां पंक्तौ शिष्यरूपर्षीन्प्रतिपादयितुमाह

जहुश्च तृणबिन्दुश्च
मुनिस्ताक्ष्र्यस्तथैव च॥१०७८॥
ध्यानाश्रयोऽथ दीर्घश्च
होता जागर एव च।
अगस्त्यो वसुभौमश्च
उपाध्यायश्च कीर्तितः॥१०७९॥
शुक्रो भृग्वंगिरा रामो
जमदग्निसुतोऽध्वगः।
स्थूलशिरा बालखिल्यो
मनुश्चेति प्रकीर्तितः॥१०८०॥
वज्राग्नेयो विशुद्धश्च
शिवश्चाकरश्चानुगः।

वसुना सहितो भौम इत्येतौ द्वावेव, भृगुणा सहितोऽङ्गिरा इत्येतावपि द्वौ, रामो जमदग्निसुत एक एव, उपाध्याय इत्येतन्नामेति । एते उपाध्याया इति त्वसद्वक्ष्यमाणसंख्याविघातापत्तेः ॥

तदित्थं

जह्न्वादिचारुपर्यन्ता
द्वितीया पंक्तिरिष्यते ॥१०८१॥

अथ सत्त्वसंस्पर्शवत्यामपि भूमावाह

हरो झिण्ठी प्रतोदश्च
अमरेशश्चतुर्थकः ।
कृष्णपिङ्गेशरुद्रश्च
इन्द्रजिद्भूषकः शिवः ॥१०८२॥
यमः क्रूरश्च विख्यातो
गङ्गाधर उमापतिः ।
भूतेश्वरः कपालीशः
शङ्करश्च तथैव च ॥१०८३॥
अर्धनारीश्वरश्चैव
पिङ्गलश्च तथापरः ।

महाकालश्च संवर्तो
मण्डली त्वेकवीरकः ॥१०८४॥
तथा चान्यश्च विख्यातो
भारभूतेश्वरो ध्रुवः ।

कृष्णपिङ्गरुद्र एक एव । वृषकः शिवः श्रेयोरूप इत्यप्येक एव । यम इत्यस्य विशेषणं क्रूरो विख्यात इति क्रूरतया प्रसिद्ध इत्यर्थः । उमापतेर्विशेषणं गङ्गाधर इति । कपालीशस्य विशेषणं भूतेश्वर इति । अन्यो विख्यात इति विख्यातनामा अन्य इत्यर्थः ॥

तदित्थं
जह्वादिचारुपर्यन्ता
ऋषयः पञ्चविंशतिः ॥१०८५॥

तृतीयपंक्तिनिष्ठा इत्यर्थः । इह गुरुवाचोयुक्तिमकुर्वत ऋषयः शिष्या एव पुंस्तत्त्वोपासादिप्रकर्षादिमां भूमिमासा इत्यादिशति ॥ १०८५ ॥

प्रथमपंक्तिगता इव तृतीयपंक्तिगता अपि गुरव एव । यदाह

हरादयो ध्रुवान्ताश्च
गुरवो विंशतिः स्मृताः ।

एते च सर्वे अत्र स्थिता अपि अंशेन ब्रह्माण्डान्तरवतीर्य तत्र स्वोचितमधिकारमतिवाह्य तदेव पदमाविशन्तीति मन्तव्यम् ॥

उपसंहरति

पंक्तित्रयं समाख्यात-
मृषीणां गुरुशिष्ययोः ॥१०८६

प्रोक्तनीत्या गुरुशिष्यरूपमृषिपंक्तित्रयमेतदित्यर्थः ॥ १०८६ ॥

अथ

नाडीविद्याष्टकं देवि
कथयामि त्वतः परम् ।

पुर्यष्टकसम्बद्धा या वक्ष्यमाणनाड्यस्तासामष्टकं बन्धनविवर्धनं कथयामि ॥

ताश्च

इडा च चन्द्रिणी गौरी
शान्तिः शान्तिकरी तथा १०८७

माला च मालिनी चैव
स्वाहा चैव स्वधा तथा ।

अस्य नाड्यष्टकस्य

अथोपरिष्टाद्देवेशि
विग्रहाष्टकमुच्यते ॥ १०८८ ॥

विग्रहस्य सूक्ष्मशरीरस्य उत्थापकमष्टकं वक्ष्यमाणाभिमानदेवतारूपपुंस्तत्त्वावरणप्रयोजनम् ॥ १०८८ ॥

तत्र

कार्यं च करणं चैव
सुखदुःखकरं तथा ।
ज्ञानं साध्यं च विख्यातं
साधनं कारणं तथा ॥१०८९॥

कार्यं कार्यात्मसूक्ष्मदेहारम्भितन्मात्रोत्थापकम् । करणमिति सूक्ष्मदेहावस्थितानभिव्यक्तप्रायबाह्येन्द्रियदशकोत्थापकं, तन्नामैव देवतादशकम् । सुखदुःखकरमिति सुखदुःखोपभोगसम्पादकं देवताद्वयम् । ज्ञानं साध्यं चेति

अनभिव्यक्तेन बुद्धीन्द्रियपञ्चकेन कर्मेन्द्रियपञ्चकेन च सम्पाद्यं ज्ञानमात्रं व्यापारमात्रं च विख्यातं प्रतीतं यत्तदधिष्ठातृदेवतारूपमिहैवोक्तं, साधनमित्यन्तःकरणे व्यापकं देवतात्रयमित्यर्थः। कारणमिति कारणरूपस्य प्रधानतत्त्वस्य उत्थापकं देवतारूपमित्यर्थः। यद्यपि च प्राग्रश्मिकरणतेजोमण्डलाद्युक्तिप्रसंगे कार्यकरणादीनामुत्पत्तौ कारणमुक्तं, तथापि तदेवेह देवतारूपं पुंस्तत्त्वेऽपि सूक्ष्मरूपतया स्थितं तत्रैव बन्धनात्मनस्तत्प्रयोजनस्य पर्यवसानात्। मायायां तु एतत्सर्वमेव पाशजालं पररूपेणावस्थितमिति वक्ष्यति॥ १०८९॥

अथ

देहपाशानतो वक्ष्ये

स्थूलदेहारम्भकानधिष्ठातृदेवताविशेषरूपानित्यर्थः॥

तत्र

धर्मं च दशधोदितम्।

च एवार्थे । धर्ममेव मुख्यं बन्धनमादौ दशविधं वच्मि ॥

सच

अहिंसा सत्यमस्तेयं
ब्रह्मचर्यमकल्कता ॥ १०९० ॥
अक्रोधो गुरुशुश्रूषा
शौचं सन्तोष आर्जवम् ।
एवं दशविधो धर्मो
येनोक्तो धर्मकृन्नरः ॥ १०९१ ॥

अकल्कता

"स्वच्छता समता प्रीतिर्नापकारशतैरपि ।
कालुष्यमुत्सहेत्सोढुं सेयमुक्तेत्यकल्कता ॥" (वि०बु०)

इति श्रीमतङ्गपारमेश्वरे इत्थं लक्षिता ॥१०९१

एवं धर्माख्यं प्रधानं देहपाशमुक्त्वा गौणमाह

विकारान्षोडशाख्यास्ये
परभावेन संस्थितान् ।

प्रागुक्तस्थूलरूपापेक्षया परभावेन सूक्ष्मेण

रूपेण स्थितानित्यर्थः, पररूपतया तु मायायां भविष्यन्ति ॥

तानाह

रसो गन्धश्च रूपं च
स्पर्शः शब्दस्तथैव च ॥१०९२
तन्मात्रपञ्चकं ख्यात-
मिन्द्रियाणि निबोध मे ।
वाक्पाणिपादं पायुश्च
उपस्थः कर्मसंज्ञकम् ॥१०९३॥

इन्द्रियपञ्चकमित्यर्थः ॥ १०९३ ॥

श्रोत्रं त्वक्चक्षुषी जिह्वा
नासिका पञ्चमी स्मृता ।

एतानि

बुद्धीन्द्रियाणि देवेशि

तथा

मनः षोडशकं स्मृतम् ॥१०९४

त एते

देहपाशाः समाख्याताः

किंच

अतो बुद्धिगुणान्विदुः ।

पुंसि सूक्ष्मरूपतया पाशकत्वेनावस्थितान् विदुरित्यविच्छिन्नेन पारम्पर्येण तत्त्वविदो जनाः॥

ते च

धर्मो ज्ञानं च वैराग्य-
मैश्वर्यं च ततः परम् ॥१०९५
अधर्मश्च तथाज्ञान-
मवैराग्यमनीशिता ।

प्रागुक्तादहिंसादेर्धर्मादयमन्यो धर्म इष्टापूर्तलक्षणः ॥

किंच

अहंकारं च त्रिविधं
प्रवक्ष्याम्यनुपूर्वशः ॥१०९६॥
वैकारिकं तैजसं च
भूतादिं च यथाक्रमम् ।

राजसं सात्त्विकं तामसं चेत्यर्थः ॥

एवमेतानि तन्मात्रबहिष्करणान्तःकरणानि सूक्ष्मरूपतया पुंस्तत्त्वावस्थितानि बन्धकानि

इह यान्युक्तानि, एतान्येव अत्र भूचरी-दिक्करी-गोचरी-चक्राण्यान्तराणि प्रतिपादितानि। तद्नुसारेणैव चेह पररूपाणीत्युपक्रम एवोक्तिः कृता, खेचरीचक्रं त्वान्तरं कंचुकदेवतारूपं भविष्यति ॥

प्रातिलोम्यक्रमेण दीक्षाविधिमुपक्रान्तमेव स्मारयति

दीक्षाकाले यथा शुद्धि-
स्तथा चैषां निबोध मे ॥१०९७

एषां पुंस्तत्त्वगतानां तैजसाद्यहंकारपाशानामित्यर्थः। यथा येन क्रमेणेत्यर्थः ॥१०९७॥

तमेव क्रममाह

तमो रजस्तथा सत्त्वं
शोधयेदनुपूर्वशः।

एतच्चोपलक्षणपरं, सर्वान्पाशान्प्रातिलोम्येन शोधयेदित्यर्थः ॥

किंच

शब्दः स्पर्शस्तथा रूपं
रसो गन्धश्च पञ्चमः ॥१०९८॥

विषयाश्च समाख्याताः
शोधनीयाः प्रयत्नतः ।

विशेषेण सिन्वन्ति इति विषया भोक्तरि पुंसि सूक्ष्मरूपतया भोग्यात्मानः स्थिताः, नतु पूर्वोक्ततन्मात्रात्मान इत्यर्थः । प्रयत्नतः शोधनीया इत्युक्तेरयमाशयः न संक्षिप्तभुवनादिदीक्षावत्

'............सूक्ष्मानन्तर्वि भावयेत् ।' (४।१५८)

इत्युक्तनीत्या अन्तर्भाव एषां चिन्तनीयः, अपितु पृथक् पृथगेते सर्व एवात्र विततायां भुवनदीक्षायां शोध्याः । एवमन्यत्र ॥

किंच

काम: क्रोधश्च लोभश्च
मोहः पैशुन्यमेव च ॥ १०९९
जन्ममृत्युजराव्याधि-
क्षुत्तृट्तृष्णास्तथैव च ।
विषादश्च भयं चैव
मदो हर्षणमेव च ॥ ११०० ॥

रागो द्वेषश्च वैचित्त्यं
कुपितानृतद्रोहिता।
माया मात्सर्यधर्मश्च
अधर्मश्चास्वतन्त्रता ॥११०१॥

तृष्णा स्पृहा, कुपितानृतद्रोहिणां भावः कुपितानृतद्रोहिता, क्रोधः पूर्वापरविमर्शशून्यः सप्रकर्षः कोपः, मदो दर्पः, मात्सर्यधर्मः परगुणासहिष्णुतात्मा स्वभावः। एते च श्रीमतङ्गपारमेश्वरे वितत्य व्याख्याताः ॥ ११०१ ॥

त इमे सप्तविंशतिसंख्याः पाशाः

आगन्तुकाश्च बोद्धव्याः

प्रागुक्तेभ्यः सहजेभ्यः अन्ये आगच्छन्ति तच्छीला देहप्राप्त्युत्तरकालमत एव प्रस्तुतत्वात्पुंसामभिव्यक्तिमायान्तीत्यागन्तुका अत एव सहजाश्च वैराग्यादयः। अन्यः स्थूल आगन्तुको रागः शोधनीयः प्रयत्नत इत्यनुषङ्गः। एवमुत्तरत्र ॥

किञ्च

गणपाशान्निबोध मे।

ते च

देवी नन्दिमहाकालौ
गणेशो वृषभस्तथा ॥ ११०२॥
भृङ्गी चण्डीश्वरश्चैव
कार्तिकेयोऽष्टमः स्मृतः ।

एते पराद्वयात्मकपारमेश्वरस्वरूपमात्मानमावृण्वानाः पाशा उच्यन्ते । यदुक्तमस्मत्प्रभुणा तन्त्रालोके

'यत्किञ्चित्परमाद्वैतसंवित्स्वातन्त्र्यसुन्दरात् ।
पराच्छिवादुक्तरूपादन्यत्तत्पाश उच्यते ॥
तदेवं पुंस्त्वमापन्ने पूर्णेऽपि परमेश्वरे ।
तत्स्वरूपापरिज्ञानचित्रा हि पुरुषाः स्थिताः ॥'(८।२९३)

इति ॥

किञ्च

अनन्तस्त्रितनुः सूक्ष्मः
श्रीकण्ठश्च शिवोत्तमः ॥११०३
शिखण्डी चैकनेत्रश्च
एकरुद्रस्तथापरः ।
विद्येश्वरात्मकान्पाशा-
न्दीक्षाकाले विशोधयेत् ११०४

'शुद्धेऽध्वनि शिवः कर्ता प्रोक्तोऽनन्तोऽसिते प्रभुः ।'

इत्याम्नायान्तरोक्तनीत्या अशुद्धाध्वकारणं त्रितत्त्वादिपरिवृतो योऽनन्तभट्टारकस्तस्य पुंस्तत्त्वावारकत्वे सति अशुद्धाध्वस्रष्टृत्वं फलतीति तत्र सूक्ष्मरूपेणावस्थित इति भविष्यति । तदेवं तुष्टिनवकं, सिद्ध्यष्टकं, अणिमाद्यष्टकं, पङ्क्तित्रयनिविष्टा द्वाविंशतिः पञ्चविंशतिर्विंशतिश्चेति सप्तषष्टिर्गुरुशिष्याः, नाड्यष्टकं, विग्रहाष्टकमहिंसादयो दश, षोडश विकाराः, अष्टौ बुद्धिधर्मास्त्रिविधोऽहङ्कारः, शब्दादिविषयपञ्चकमित्यहिंसादिविषयपञ्चकान्ता द्वाचत्वारिंशत्सहजा देहपाशाः कामादयः, अस्वतन्त्रतन्त्राः सप्तविंशतिरागन्तुकाः पाशाः, अष्टौ च गणेशाः अष्टौ विद्येशाः पाशा इति त्रिनवत्यधिकं शतं पाशभुवनानां पुंस्तत्त्वे शोधनीयमुक्तम् ॥११०४॥

किंच

उक्तानुक्ताश्च ये चात्र

अन्यतन्त्रोक्तलक्षणाः ।

पौरुषेये तु शोध्यास्ते
ततो मुच्येत पुद्गलः ॥११०५

ये त्रिनवत्यधिकशतसङ्ख्या इह पाशा उक्ताः, ये चान्ये रतिहासशोकोत्साहादयो निर्वेद-ग्लान्यादयश्च इहानुक्ता अन्यतन्त्रे भरतादि-सूक्तस्वरूपास्ते सर्वे पौरुषे तत्त्वे शोधनीयाः । एवं सति ततः पाशेभ्यः पुद्गलो मुच्यते पुथा अन्तःशङ्कातङ्कसंस्कारोत्थापनात्मना हिंसया गिलनं भोग्यलक्षणं यस्य स पुद्गलो माया-प्रमाता ॥ ११०५ ॥

गतमेतत्

अथोर्ध्वे नियतिर्ज्ञेया
तस्यां रुद्रान्निबोध मे ।

तानाह

वामदेवस्तथा शर्व-
स्तथा चैव भवोद्भवौ ॥११०६॥
वज्रदेहः प्रभुश्चैव
धाता च क्रमविक्रमौ ।

सुप्रभेदश्च दशमो
नियत्यां शङ्कराः स्मृताः ११०७

दशादिक्क्रमवस्थिता इत्यर्थः ॥ ११०७ ॥

एतन्नियतितत्त्वनियमितः पुरुषो बुद्धिप्रमातृभूमिकां गृहीत्वा अहङ्कारमयः शरीरे हृत्पद्मे अवस्थित इति प्रतिपादयितुमाह

यत्तद्धृदि स्थितं पद्म-
मात्मा तत्र व्यवस्थितः ।

'साक्षं कृत्स्नमिमं देहं यद्यपि व्याप्य तिष्ठति ।
तथाप्यस्य परं स्थानं हृत्पङ्कजसमुद्गकम् ॥'

इति स्थित्या हृत्पद्ममात्मनो विश्रान्तिपदम्, अत एव अत्रस्थोऽयं पद्मासनस्वभावतयोक्तक्रमेण तत्तद्विषयावभासनादिसृष्टिं करोति ॥

तच्च पद्मं

नियतिदलमहङ्कार-
केसरं बुद्धिकर्णिकम् ॥११०८॥

नियतिवशोद्भूतानि मनोबुद्धिकर्माक्षविषयरूपाणि दलानि सञ्चारपदानि यस्येति व्याख्येयं, नतु नियतिरेव दलानि यस्येति निय-

तेरहङ्कारकेसराधोऽयाप्यभावात् । अहङ्कार एव रञ्जकत्वात्केसररूपो यत्र, बुद्धिस्तु अध्यवसाय-पर्यन्तविषयभोगसाधकत्वादुपरिवर्तिकर्णिका-रूपा । अत्र च अस्य आत्मनः

'प्रधानाशयमापन्नं गुणत्रयविसर्पितम् ।' (२।४१)

इति पूर्वोक्तस्वरूपं स्मर्तव्यमन्यथा बुद्धिप्रमातृत्वायोगात् ॥ ११०८ ॥

एतच्च नियतिनियमितत्वं कालकलितस्यैव घटते, नतु कालोत्तरस्वभावस्य । अतो यदेतत्कलनाकारणम्, तत्र

कालतत्त्वे शिवा ज्ञेया

शोध्यत्वेनेति शेषः ॥

तांश्च

कथयामि समासतः ।

शुद्धो बुद्धः प्रबुद्धश्च

प्रशान्तः परमाक्षरः ॥ ११०९

शिवश्च सुशिवश्चैव

ध्रुवश्चाक्षरशम्भुराट् ।

दशैते तु शिवा ज्ञेयाः
कालतत्त्वे वरानने ॥ १११० ॥

अक्षरराट् शम्भुरादिति द्वौ ॥ १११० ॥

तत्र

हेमाभाः शङ्कराः प्रोक्ताः
शिवाः स्फटिकसन्निभाः ।

शङ्करा नियतिस्थाः, शिवास्तु कालस्थाः ॥

किंच

एकैकस्य विनिर्दिष्टा
परिवारो यशस्विनि ॥ ११११ ॥
कोटिरेका तथान्यानि
सहस्राणि तु षोडश ।

तेषां च

कूर्माकाराणि सर्वेषां
प्रोक्तानि भुवनानि तु ॥ १११२

अथ

अत ऊर्ध्वं हरिहरौ
रागतत्त्वे निबोध मे ।

काल्यकलनं वेद्यसम्बन्धं विना न युज्यते बोधरूपस्य पुंस इति किञ्चिन्मे स्यादिति वेद्यसामान्याभिलाषात्मना अत एव स्त्र्यादिविषय-बुद्धिधर्मस्थूलरागविलक्षणेन रागतत्त्वेनावश्यमयमुपरक्तः । अतः पुंरञ्जके रागतत्त्वे हरिहरौ मुख्यौ भुवनेशौ ॥

अन्यानप्याह

सुहृष्टः सुप्रहृष्टश्च
सुरूपो रूपवर्धनः ॥ १११३ ॥
मनोन्मनो महाधीरः
एते पूर्वाभ्यां सह अष्टौ
वीरेशाः परिकीर्तिताः ।

यथा नियतिकालगता रुद्राः शङ्कराः शिवाश्चोक्ताः, तथा एते वीरेशा उच्यन्ते दुष्परिहरत्वाच्चैवमुक्ताः ॥

किंच अन्यानपि

रागतत्त्वे प्रवक्ष्यामि
येऽन्ये रुद्रा व्यवस्थिताः १११४

तानिति शेषः ॥ १११४ ॥

कल्याणः पिङ्गलो बभ्रु-
वीरश्च प्रभवस्तथा ।
मेधातिथिश्छन्दकश्च
दाहकः शास्त्रकारिणः ॥१११५

शास्त्रकारिण इति शास्त्रकारिनाम्न एकस्यैव गुरुत्वाद्बहुवचनं कृतमत्र पञ्च गुरव इति प्रदर्शनाय ॥ १११५ ॥

यदाह

पञ्च शिष्यास्तथाचार्या
दशैते संव्यवस्थिताः ।

आद्याः शिष्याः, अन्त्या आचार्याः ॥

सामान्यवेद्याभिष्वङ्गात्मकं रागतत्त्वं वेद्यप्रकाशेनोपपद्यते । तत्प्रकाशनाय किञ्चिज्ज्ञत्वप्रदं विद्यातत्त्वमस्य सम्बद्धमित्याह

विद्यातत्त्वमतश्चोर्ध्वं
तस्मिन्वै भुवनं शृणु ॥१११६॥

भुवनमिति भुवनानीत्यर्थः ॥ १११६ ॥

तानि तदीशद्वारेण प्रतिपादयति

वामो ज्येष्ठश्च रौद्रश्च
कलो विकरणस्तथा ।
बलविकरणश्चैव
बलप्रमथनस्तथा ॥ ११९७॥
सर्वभूतदमनश्च
तथा चैव मनोन्मनः ।

कलो विकरण इति कलविकरणः । क्वचिदेते वामादयः स्त्रीलिङ्गपाठेन दृश्यन्ते ॥

किञ्चिज्ज्ञत्वरूपविद्यासम्बन्धोऽपि न अकर्तुरुपपद्यते इति मायानिगूहितपूर्णज्ञानक्रियास्फारस्य अस्य किञ्चित्कर्तृत्वोन्मीलनात्कलातत्त्वमस्ति । ततस्तत्र

कलातत्त्वे महादेवि
महादेवत्रयं स्थितम् ॥११९८॥
महादेवो महातेजा
महाज्योतिः प्रतापवान् ।

महच्छब्दोपलक्षितं देवत्रयं महादेवत्रयम्। प्रतापवानिति अतिदीप्तः॥

तदित्थं

कलातत्त्वं समाख्यातं
समासेन वरानने ॥१११९॥

समासेनेत्युक्तेरयमाशयो यदन्येऽप्यत्र वामदेवभवोद्भवैकपिङ्गेक्षणभुवनेशाङ्गुष्ठमात्राख्याः सन्ति। एते ह्यष्टौ मङ्गलेश्वराः पूर्वं बुद्धितत्त्वेऽपररूपेणोक्ताः, इह तु पररूपेण। तत्र च त्रय एव प्राधान्यादुक्तास्तदेवं नियतिकालरागविद्याकलाख्यं यदेतत्तत्त्वपञ्चकमुक्तं, तत्प्रोक्तभोवनसन्निवेशाश्रयतया बहिः साधारणमेव। ततस्तु प्रतिपुरुषमेतन्नामकमेव तत्त्वपञ्चकं कञ्चुकशब्दवाच्यं भिन्नभिन्नमेवाद्भुतमन्तःकरणादिवत्। एतच्च तण्डुलस्य कम्बुकमिव पुंसः परमावरणं, प्रकृत्यादितन्मात्रान्तं तु सूक्ष्मशरीरारम्भकं तुषवत्सूक्ष्मं, भूतपञ्चकं तु स्थूलशरीरारम्भकं किंशारुकवत्स्थूलमेवेति सर्वमेतत्प्रातिलोम्येन प्रोक्तभुवनविभागेन शोधनीयम्॥ १११९॥

प्रोक्तनामानः सर्व एव

एते रुद्रा महादेवि
त्रिनेत्राश्चन्द्रशेखराः ।

असामान्येन महेश्वराभिज्ञानेन अलङ्कृताः ॥

येषां च प्राक् परिवारो न सङ्ख्यातः, तेऽपि

रुद्रकोटिसहस्रैस्तु
समन्तात्परिवारिताः ॥११२०॥

शुद्धस्फटिकसङ्काशाः

सर्व एव तु

योगैश्वर्यबलान्विताः ।

विशेषमेषामाह

रागे रक्तास्तु विज्ञेया
ज्ञानयोगबलोत्कटाः ॥११२१॥

छत्राकारास्तु तेषां वै
गृहा रत्नविचित्रिताः ।

अन्येषां तु कूर्माकारा उक्ताः ॥

गतमेतत् । अथैषाम्

उपरिष्टाद्भवेन्माया

तां च ते

कथयामि समासतः ॥११२२॥

व्याप्य या वै त्वधोध्वानं

वैश्वरूप्येण संस्थिता ।

व्याप्य अतिमात्रमाप्य आकलादिक्षित्यन्तं सर्वमिति व्युत्पत्त्या नच भेदेन अत्र व्याप्यव्यापकभावः, अपितु अभेदेनेत्याशयेन व्याप्य विश्वं स्थितेत्युक्तम् । समासत इति सङ्क्षिप्तभुवनेशप्रतिपादनाशयेन ॥

तदाह

तत्र रुद्रा महाभागा

द्वादशैव महाबलाः ॥११२३॥

प्रधानभूताः स्थिताः । महाबला इति परमेशज्ञानं विना दुष्परिहराः ॥ ११२३ ॥

तानेतान्पुटविभागेन दर्शयति

गहनश्च असाध्यश्च

तथा हरिहरः प्रभुः ।

दशेशानश्च देवेशि
त्रिगलो गोपतिस्तथा ॥११२४

अधःपुटे तु विज्ञेया
मायातत्त्वे वरानने ।

एते षडित्यर्थः ॥

क्षेमेशो ब्रह्मणः स्वामी
विद्येशानस्तथैव च ॥११२५॥

विद्येशश्च शिवश्चैव
अनन्तः षष्ठ उच्यते ।

ऊर्ध्वमायापुटस्थास्तु
रुद्रा एते प्रकीर्तिताः ॥११२६

एषां मध्ये तु भगवा-
ननन्तेशो जगत्पतिः ।

श्रीमतङ्गशास्त्रे पुनर्मध्यपुटेऽपि

'यत्रासौ विग्रहेशानः स्थितः परमदुर्जयः ।'

इत्युपक्रम्य

'यत्र शर्वो भवश्चैव उग्रो भीमश्च वीर्यवान् ।
भस्मान्तको दुन्दुभिश्च श्रीवत्सश्च महाबलः ॥'

इति ग्रन्थेनाष्टकमुक्तम् । श्रीपूर्वशास्त्रे तु महादेवाद्यङ्गुष्ठमात्रमण्डलेश्वराष्टकमेव मायायामुक्तमिति तन्त्रप्रक्रियाभेदः ॥

एष च अनन्तनाथः

उद्भवं भावयित्वा तु
स्वेच्छया कुरुते प्रभुः ११२७

यस्य स्वकर्मपरिपाकाद्यादृगुद्भवः स्थावराद्यात्मक उचितस्तं तस्य भावयित्वा विचार्य स्वेच्छया परमेशेच्छाचेष्टितस्वेच्छामात्रेण, नतु कुम्भकारवत्सहकार्याद्यपेक्ष्य कुरुते यतोऽसौ प्रभुरियत्यध्वनि प्रभवनशीलः ॥ ११२७ ॥

किंच अयं

सर्वज्ञः सर्वकर्ता च
निग्रहानुग्रहे रतः ।

कलादिक्षित्यन्तं सर्वं जानाति करोति च, तत्रैव आयातशक्तिपातानामितरेषां च अनुग्रहं निग्रहं च करोति ॥

तदित्थं

प्रथमेन तु भेदेन
रुद्रा द्वादश कीर्तिताः ॥११२८॥

इह

'अतः परं भवेन्माया सर्वजन्तुविमोहिनी' (११३८)

इति वक्ष्यमाणदृष्ट्या पारमेश्वरी शक्तिर्माया। सा तत्त्वरूपतया ग्रन्थिरूपतया च द्विधा स्फुरिता। तत्र तत्त्वरूपया

'माया तु कोटिधा व्याप्य स्थिता सर्वं चराचरम्' (६७१)

इति। तथा

'व्याप्य या वै त्वधोध्वानं वैश्वरूप्येण संस्थिता' (११२३)

इति या उक्ता, तस्यामूर्ध्वाधरपुटात्मककाण्डरूपत्वमस्ति । तत्र पुटद्वये मायायाः प्रथमेन तत्त्वात्मना भेदेन द्वादश रुद्राः प्रकीर्तिता विभागेन अवस्थिता उक्ताः ॥ ११२८ ॥

यस्त्वस्या निःसंख्यावान्तरभेदभिन्नकलादिक्षित्यन्ततत्त्वसन्ततिस्रोतोभेदप्रसूतिहेतुः शक्तेः किञ्चिदुच्छूनतेवाम्नातो ग्रन्थ्यात्मा स्थूलस्वभावः, असौ सुसूक्ष्मतमसत्त्वरजस्तमोरूपतया ऊर्ध्वमध्याधरग्रन्थिभेदेन तालुग्रन्थिसमानरूपेण त्रिधा अवस्थितः। यथोक्तं प्राक्

'अधश्छादनमूर्ध्वं च सितरक्तं विनिर्दिशेत् ।
मध्ये तमो विजानीयाद्गुणास्त्वेते व्यवस्थिताः ॥' (२।६६)

इति । तत्र त्रिभेदे ग्रन्थ्यात्मनि रूपे रुद्राणां विभागेन स्थितिमाह

अस्मिंस्तु ये यथा रुद्रा
मायातत्त्वे व्यवस्थिताः ।
तथाहं कथयिष्यामि
भेदत्रयविभागशः ॥११२९॥

अस्मिन्निति प्रोक्तकलादितत्त्वस्रोतःसन्तानप्रसूतिहेतौ ग्रन्थ्यात्मनि मायीये रूपे ये गोपत्याद्या अनन्ताद्या यथा येन क्रमेण स्थिताः, तथा भेदत्रयविभागश इति सत्त्वादिग्रन्थिरूपेण भेदेन वर्णयिष्यामि ॥ ११२९ ॥

तत्र

गोपतिश्च ततो देवि
अधोग्रन्थौ व्यवस्थितः ।

तत इति कलातत्त्वप्रतिपादितमहादेवादिरुद्रभुवनोर्ध्वं यो मायीयोऽधोग्रन्थिस्तत्र प्रागुक्त एव गोपतिः पररूपेण स्थितः ॥

तथा

ग्रन्थ्यूर्ध्वे संस्थितो विश्व-
स्त्रिकलः क्षेम एव च ॥११३०॥

ब्रह्मणोऽधिपतिश्चैव
शिवश्चेति स पञ्चमः ।

ग्रन्थ्यूर्ध्वे इति ऊर्ध्वग्रन्थावित्यर्थः । स इति प्रागुक्त एव । अपररूपेण इह अयं विश्वाभिधो रुद्रः स्थितः, नत्वन्य इत्यर्थः ॥

किंच

अध ऊर्ध्वमनन्तस्तु

अध इति अधोग्रन्थेरूर्ध्वं यो ग्रन्थिस्तत्र अनन्तः स्थित इत्यर्थः । एतच्च ग्रन्थितत्त्वात्मतया द्वित्वं मायायाः श्रीशिवतनौ

'मायाबिलमिदमुक्तं परतस्तु गुहा जगद्योनिः ।
उत्पत्त्या तेष्वस्याः पतिशक्तिक्षोभमनुविधीयमानेषु ॥
योनिविवरेषु नानाकामसमृद्धेषु भगसंज्ञा ।'

इत्यादिग्रन्थेन गुरुभिर्दर्शितमिति । एतं व्याख्याक्रमं त्यक्त्वा यत्तु श्रीभुल्लकेन व्याख्यातं यथा परमेश्वरो लकुलेशाय ज्ञानं भेदेन प्रकाशितवानिति श्रीलकुलस्वच्छन्दप्रदर्शितस्थित्या द्विस्कन्धं पारमेश्वरज्ञानमिति द्विधा मायायां भुवनेशविभाग इह दर्शित इति, तद्युक्तमयुक्तं वेति सचेतसो जानन्ति ॥

यश्च अयमनन्तभट्टारकाश्रयो मध्यमो ग्रन्थिरुक्तः

पाशाश्चैवात्र संस्थिताः ॥११३१॥

ते च

पूर्वं वै कथिता देवि

वैशब्द एवार्थे । पूर्वमेव पुरुषतत्त्वनिरूपणावसरे

'अम्बा च सलिला ओघा………… ।' (१०६९)

इत्यादिना तुष्टिसिद्ध्याद्या विद्येशपाशान्ता ये पाशा उक्ताः, ते इह पररूपेण अवस्थिता इत्यर्थः । माया हि सर्वेषां पाशानामुत्पत्तिभूः । तैस्त्वनन्तप्रयुक्तैर्विशिष्टदेवतात्मभिः सूक्ष्मरूपैर्वामशक्त्याधिष्ठिता अणवो बध्यन्ते । बुद्धितत्त्वे तु तुष्टिसिद्ध्यादयः केचित्पाशाः स्थूलरूपाः स्थिताः, तदेषां विभवस्थानमित्युक्तप्रायम् ॥

किंच

अतो ऋषिकुलं भवेत् ।

यत्पूर्वं पाशमध्ये गुरुशिष्यात्मकपङ्क्तित्रयेण ऋषिकुलमुक्तं, तदिह पाशानामुपरि स्थितम् ॥

किंच अत्र

योनिर्वागीश्वरी चैव
यस्यां जातो न जायते ॥११३२

'.........वागेव विश्वा भुवनानि जज्ञे ।'

इति स्थित्या योनिर्विश्वकारणं वागीश्वरी अत्र सूक्ष्मेण रूपेण स्थिता परेण शुद्धविद्यायां प्रतिपादयिष्यमाणत्वादपरेण सारस्वतभुवने प्रोक्तत्वात्। सर्वं हि स्थूलसूक्ष्मपररूपतया त्रिर्विभक्तं परमेश्वरशक्त्यात्मकं तत्र तत्र तथा तथावस्थितमेकादशे वक्ष्यति । कीदृशी वागीश्वरीत्याह यत्र यस्यां प्राङ्निर्णीतस्थित्या स्थूलसूक्ष्मपररूपायां जातो मन्त्रसंस्कृतिसम्पादितगर्भाधानादिसंस्कारेणोत्पन्नस्तत्र तत्र तत्त्वे प्रागर्जिततत्तत्कर्मफलोपभोगाय नानायोनिभेदेन सृष्टो न जायत इति पाशशुद्धेर्योजनिकायाश्च संपन्नत्वात्परशिवैक्यप्राप्त्या मुच्यत इत्यर्थः ॥ ११३२ ॥

किंच अत्र मायायां

ओङ्कारसाध्यधातारो
दमनेशस्ततः परम् ।
ध्यानं भस्मेशमेवाहुः

ओङ्काराभिधान्साध्यादीन्पञ्च रुद्रानाहुः, अन्ये तु ऋषिकुलं यदनन्तरमुक्तं, तदेवोङ्कारसाध्यादिनामषट्केन विभक्तमिति व्याख्यातवन्तः ॥

किंच

प्रमाणानि तदूर्ध्वतः ॥११३३॥

हेयोपादेयाशेषप्रमासाधकत्वात्प्रमाणशब्दाभिधेया अष्टौ रुद्राः प्रणवाख्यरुद्रपञ्चकावरणस्योपरि स्थिताः ॥ ११३३ ॥

तानि प्रमाणान्युद्दिशति

पञ्चार्थं गुह्यमेवाह्
रुद्राङ्कुशमतः परम् ।
हृदयं लक्षणं चैव
व्यूहमाकर्षमेव च ॥११३४॥
आदर्शं च तथैवेह
अष्टमं परिकीर्तितम् ।

एते रुद्रा एतन्नामकपाशुपतशास्त्रावतारकाः । तत्र च हृदयाख्यं यत्प्रमाणमुक्तं, तस्यान्तर्भूतानि यानि पुरकल्पकनकशालानिरुत्तरविश्वप्रपञ्चाख्यानि षट् क्रियाप्रधानानि प्रमाणानि

प्रोक्तज्ञानप्रधानप्रमाणाष्टकविलक्षणानि हृद-याख्यात्प्रमाणाल्लकुलेशशिष्येण मुसुलेन्द्रेणोद्धृत्य आरुरुक्षूणां प्रथमं प्रदर्शितानि, न तानि इह पृथग्गणितानि । एवं

'लाकुलं मौसुलं चैव द्विधा तन्त्रं प्रकीर्तितम् ।' (११पट०)

पाशुपतं यत्, तदत्र मायान्तरपरतया स्थितं, परं पदं त्वेषामीश्वरतत्त्वमिति वक्ष्यति । अत एव

'सर्वाध्वनो विनिर्मुक्तं शैवानां तु परं पदम् ।' (११ पट०)

इति वक्ष्यमाणस्थित्यैव पाशुपतेभ्यः शैवानां महदन्तरमित्युक्तम् ॥

ये प्रणवप्रमाणाभिधा रुद्रा उक्ताः

एते परिवृता देवि
रुद्रकोटिसहस्रकैः ॥११३५॥
नानावर्णविचित्राश्च
नानाभरणभूषिताः ।
नानानारीसहस्रैस्तु
रमन्ते पत्युरिच्छया ॥११३६॥

पत्युरनन्तस्य । अतश्च स एव लकुलेशादीनां गुरुः ॥ ११३६ ॥

किंच

त्रिनेत्राः शूलिनः सर्वे
जटाचन्द्रकिरीटिनः ।
अलुप्तशक्तिविभवा
मायातत्त्वाधिकारिणः ॥११३७॥
भुवनेषु विचित्रेषु
योन्याकारेषु संस्थिताः ।

एवं चैतदाराधका एतत्पदप्राप्तिभाज एषामधिकारसमाप्तौ सह मुच्यन्त इत्यर्थलभ्यम् ॥

एवं मायायास्तत्त्वरूपतां ग्रन्थिरूपतां च निर्णीय शक्तिरूपतामपि आख्यातुमाह

अतः परं भवेन्माया
सर्वजन्तुविमोहिनी ॥११३८॥

सर्वान् जन्तून् जायमानान्सृज्यमानान्मोहयति स्वस्वरूपाख्यातिसतत्त्वाणवमलभाजः करोति । एवं चाभिदधन्मलस्यावास्तवतेत्याह, तच्चास्माभिः पूर्वमेव निर्णीतम् ॥ ११३८ ॥

किंच अन्यत्

निर्वैरपरिपन्थिन्या

तया भ्रमितबुद्धयः ।

इदं तत्त्वमिदं नेति

विवदन्तीह वादिनः ॥११३९॥

विवदन्ते परस्परविरुद्धं जल्पन्ति, अत एव वादिनो वादमात्रे पर्यवसिताः, नतु तत्त्वज्ञाने । विमतावात्मनेपदिनो वदेः परस्मैपदं व्यत्ययात् ॥

अतश्च एतानसौ

सत्पथं तु परित्यज्य

नयति द्रुतमुत्पथम् ।

सत्पथः पारमेश्वरशास्त्राणि, इतरदसत्पथः ॥

एतदेव व्यनक्ति

गुरुदेवाग्निशास्त्रस्य

ये न भक्ता नराधमाः ॥११४०॥

असद्युक्तिविचारज्ञाः

शुष्कतर्कावलंबिनः ।

भ्रमयत्येव तान्माया

ह्यमोक्षे मोक्षलिप्सया ॥११४१॥

असद्युक्तिः पारमेशपराद्वयागमबाह्यस्तर्कः। अमोक्षः परमाद्वैतचिदानन्दघनपरमेश्वरैक्यव्याप्तेरन्यत्सर्वमेव ॥ ११४१ ॥

कथमियं परिहार्या स्यादित्याह

शिवदीक्षासिना च्छिन्ना
न प्ररोहेत्तु सा पुनः ।

शिवेन स्वच्छस्वतन्त्रचिदानन्दघनेन शङ्करेण प्रोक्ता या ज्ञानयोगक्रियाप्रधाना नानाप्रकारा दीक्षा

'दीयते ज्ञानसद्भावः............... ।'

इति प्राङ्निरूपितरूपा, सैव पाशच्छेदकत्वादसिरिव तेन, यस्य च्छिन्नेति स्वातन्त्र्यशक्त्यात्मपरस्वरूपप्रत्यभिज्ञानेन उन्मूलिता, तं प्रति न कदाचित्प्ररोहतीत्यर्थः ॥

एवं मायायास्तत्त्वग्रन्थिशक्त्यात्मकं त्रिविधं रूपमुक्तम् । तत्र तत्त्वात्मकमशेषविश्वव्यापकाण्डरूपसन्निभं, ग्रन्थ्यात्मकं त्रिविधं, शाक्तं तु स्वातन्त्र्यशक्तिसारमेव । तथात्वेन अपरिज्ञायमानत्वान्मोहितान्प्रति मायेत्युच्यते । तदेवमियमीश्वरप्रयुक्ता निगूहितस्वस्वरूपान्पुंसः

ज्ञातृकर्तृरूपान्स्वैः कलादिनियत्यन्तैस्तत्त्वैः किञ्चित्कर्तृत्वकिञ्चिज्ज्ञातृत्वाभिलाषकलननियमनैर्मितभोग्योपभोगभाजः प्रोक्तपाशशतपाशितान्विधाय किञ्चिदंशात्मभोग्यसामान्यरूपे प्रधानाशये तथा निक्षिपति, येन तत्कार्यगुणादिक्षित्यन्तस्थूलपाशपाशिता योनेर्योन्यन्तरमेव एते अनुसरन्ति । अतः पारमेशदीक्षायां समुच्छेद्यैव । इयं च इयद्विश्वव्यापिकापि माया अख्यातिरूपापि पारमेश्वरप्रकाशभित्तावेव प्रकाशते इति । एतन्मुखेन या विश्वप्रकाशिका पारमेश्वरप्रकाशभित्तिः, सा शुद्धविद्योच्यते । ततस्तां निरूपयति

अथोपरि महाविद्या
सर्वविद्याभवोद्भवा ॥ ११४२ ॥
जगतः प्रलयोत्पत्ति-
विभूतिनिधिरव्यया ।

'दशकोटिगुणा विद्या मायां व्याप्य व्यवस्थिता' (६७१) इत्युक्तत्वादशुद्धविद्यावैलक्षण्यतो महती अशेषवेदनरूपत्वाद्विद्या सर्वासां विद्याराज्ञीप्रभृतीनां दिव्यानां भवानां च प्रणवोपलक्षितानां

सर्वमन्त्राणामुद्भव उल्लासो यस्याः सा तथा । अत एव मन्त्रात्मकाशेषाधिष्ठातृनिर्माणादिद्वारेण तदधिष्ठेयं मायादितत्त्वतत्त्वप्रमातृभुवनादिरूपस्य जगतः प्रलयोत्पत्त्योर्विभूतौ च

'विद्यामण्डलराजानां मण्डलानां विभूतयः ।
न शक्याः परिसङ्ख्यातुं मन्त्राणां च तथात्मनाम् ॥'

इति स्थित्या आत्मभोगसम्पत्तौ निधिराश्रयः विश्वसर्गस्थितिसंहारकारिणीत्यर्थः, स्वयं तु प्रकाशरूपतया अन्यथा । यत्त्वेकादशे अत्रापि संहारादि वक्ष्यते, तत्संकोचापेक्षया ॥

किंच

सा एव परमा देवी
वागीशीति निगद्यते ॥ ११४३

परमेति मायाया उक्ताया भेदप्रथोत्थापिकाया इयमन्या अभेदप्रथोन्मीलनप्रथमसोपानकल्पा वागीशस्य परपरामर्शात्मनो महेश्वरस्य इयं वागीशीति निरुच्यते ॥ ११४३ ॥

अत एव

अष्टवर्गविभिन्ना च
विद्या सा मातृकैव तु ।

अ-क-च-ट-त-प-य-शैरष्टाभिर्वर्गैर्भिन्ना न त्वभिन्ना अनाहतपरामर्शमयत्वेन भिन्नाशेषविश्वावभासभाजो मन्त्रानुन्मीलयेत्, अत एव च इयं मातृका वाच्यवाचकाशेषविश्वहेतुत्वेऽपि पशुभिस्तथात्वेन अपरिज्ञाता माता ॥

अथ अत्र

भुवनानि प्रवक्ष्यामि
यथावदनुपूर्वशः ॥११४४॥

तत्र

वामा ज्येष्ठा तथा रौद्री
काली विकरणी तथा ।
बलविकरणी चैव
बलप्रमथनी तथा ॥११४५॥
दमनी सर्वभूतानां
तथा चैव मनोन्मनी ।

एताश्च श्रीमदानन्दभैरवे

'वामया विसृजेत्सर्वं ज्येष्ठया पालयेत्पुनः ।
रौद्र्या लोकोपसंहारं कुरुते स्वेच्छया प्रभुः ॥
काल्या कलति भूतानि विकरण्या किरेत्कलाः ।
बलमप्यन्यया सर्वं बलं मथ्नाति चान्यया ॥

दमन्या दमयित्वा तु मनः सङ्कल्परूपकम् ।
नयते परमं स्थानमुन्मन्या तु महेश्वरः ॥'

इति निरुक्ताः । विकरण्येति कलविकरण्या कलाः शक्तीर्विकिरेत् सर्वं स्वशक्त्यधिष्ठितं करोति । अन्यया बलविकरण्या सर्वत्र बलं स्वव्यापारकरणसामर्थ्यं विकिरेत् । अन्यया बलप्रमथन्या सर्वेषां रुद्रक्षेत्रज्ञानां बलं प्रमथ्नाति । दमयित्वेति समनान्तां भूमिमाविश्येत्येवमत्र सङ्गतिः । ये तु पूर्वमशुद्धविद्याया वामादयो नव देवाः स्त्रीलिङ्गपाठाद्वामाद्या वा नव शक्तय उक्ताः, ते एतदंशावताररूपाः स्थूला बोद्धव्याः ॥

एताश्च

तप्तचामीकराकाराः
पञ्चवक्त्रास्त्रिलोचनाः ॥११४६॥
अमोघवीर्याः सर्वज्ञाः
सर्वतः सर्वदा स्थिताः ।
सर्वज्ञानुगताः सर्वाः
सर्वाभरणभूषिताः ॥ ११४७ ॥

सर्वलक्षणसम्पन्नाः
सर्वैश्वर्यसमन्विताः ।

तप्तचामीकराकारा अतिदीप्ताः । लक्षणानि विज्ञानयोगरूपाणि । सर्वतः सर्वत्र सर्वकालं स्थिता एतदनधिष्ठितं न किमप्यस्तीत्यर्थः । ईदृश्योऽपि सर्वज्ञं महेश्वरमनुगतास्तेन शक्तिमता अधिष्ठिताः । सर्वमेवाभरणं तेन भूषिताः ॥

प्रधानाः सप्त कोट्यस्तु
मन्त्राणां या व्यवस्थिताः ११४८

तासां मध्यात्

एकैकस्य परीवारो
लक्षायुतसहस्रशः ।

एकैकस्येति मन्त्रस्य ॥

किंच

पद्माकारेषु दिव्येषु
क्रीडन्ति भुवनेषु ते ॥११४९॥

त इत्येकशेषाद्धामाद्याः शक्तयो मन्त्राश्च ॥

अत्रैव

त्रिगुणी ब्रह्मवेताली
स्थाणुमत्यम्बिका परा।
रूपिणी मर्दिनी ज्वाला
सप्तसङ्ख्यास्तदीश्वराः ॥११५०॥
विद्याराज्ञ्यः समाख्याताः

तेषां मन्त्राणां विद्यानां च ईश्वराः प्रभवः, अत एव विद्यानां मन्त्राणां राज्ञ्य इत्युक्ताः ॥

अत एव एताः

दीक्षाकाले विशोधयेत्।

एतच्छुद्धावेतदधिष्ठितसप्तकोटिसङ्ख्याकमन्त्रशुद्धिसम्पत्तेः ॥

एवं मायान्ताशेषविश्वभेदसर्वज्ञमन्त्राश्रयभूता या उक्ता शुद्धविद्या, सापि स्वाङ्कल्पतया अहमिदं सर्वमिति स्फुटेदन्ताहन्तासामानाधिकरण्याभासात्मनि ईश्वरतत्त्वे भित्तिभूते सति भाति, नहि भेदाभेदप्रकाशं भित्तिभेदं विना भेदसर्वज्ञतापि घटते। तत ईश्वरतत्त्वं दर्शयितुमाह

बाह्ये तस्यैश्वरं तत्त्वं

तस्येति विद्यातत्त्वस्य । बाह्य इति तदेव व्याप्त्या परिवृत्य स्थितमित्यर्थः ॥

अतश्च

भुवनान्यत्र मे शृणु ॥११५१॥

तत्र मुख्यभुवनावस्थितस्य ईश्वरस्य तावत्स्वरूपमाह

अष्टविद्येश्वरैर्युक्तो
वीतमायो निरञ्जनः ।
स्थितिसंहारकर्ता वै
मोक्षैश्वर्यप्रदायकः ॥ ११५२ ॥

युक्तो वक्ष्यमाणक्रमेण परिवृतः । वीता माया यस्मात्, यतोऽयं भिन्नवेद्यप्रथात्मनः अञ्जनात् मायाख्यान्मलान्निष्क्रान्तः । नहि मन्त्रवदसम्भेदेन सर्वं जानाति अपितु भेदाभेदरूपतया । अत एव भेदांशस्पर्शाद्विद्येश्वरपरिवृतत्वं भुवनादिव्यवस्था च अस्योच्यमाना न अयुक्ता । एवं शिवतत्त्वपर्यन्ते सूक्ष्मतया आसूत्रितकल्पस्य भेदस्य भावात् भुवनादिव्यवस्थापि

शोध्यतया वक्ष्यमाणोपपन्नैव । स्थितिसंहारा- भ्यां सृष्टिरप्युपलक्षिता । तच्च एतत्सृष्ट्या- दित्रयं

'शुद्धेऽध्वनि शिवः कर्ता............।'

इति नीत्या मन्त्रमण्डलादिशुद्धाध्वविषयमेव अस्येति मन्तव्यम् । तथा च श्रीमालिनीविजये

'स सिसृक्षुर्जगत्सृष्टेरादावेव निजेच्छया ।
विज्ञानकेवलानष्टौ बोधयामास पुद्गलान् ॥' (१।१९)

तथा

'मन्त्राणामसृजत्तद्वत्सप्त कोटीः समण्डलाः ।' (१।२१)

इति मोक्षमैश्वर्यं च लोकोत्तरभोगरूपं न केवलं मन्त्रेभ्यो ददाति, यावन्मन्त्रादिप्रयुक्त्या आयातशक्तिपातेभ्यो मायागर्भगतेभ्योऽपि । एतदप्युपलक्षणपरं, तेन दम्भेन देवगुर्वादिसेविमायीयजनेभ्यो विलयमपि ददाति । एवं हि पञ्चविधकृत्यकारित्वमस्य उक्तं भवति ॥ ११५२ ॥

अस्य आसनवर्णनं ध्यानोपयोगि उपदिशति

तस्यासनं तु विस्तीर्णं
सहस्रदलसम्मितम् ।

असङ्ख्यातदलमित्यर्थः ॥

यतोऽत्र

तिस्रः कोट्योऽर्धकोटिश्च
मन्त्रास्तस्यासने स्थिताः ॥११५३॥

यद्यपि सप्त कोटयो मन्त्राणां, तथापि

'ब्रह्मादिस्तम्बपर्यन्ते जातमात्रे जगत्यपि ।
मन्त्राणां कोटयस्तिस्रः सार्धाः शिवनियोजिताः ॥
अनुगृह्याणुसङ्घातं याताः पदमनामयम् ।' (१।४१)

इति श्रीमालिनीविजयोक्तनीत्या सार्धास्तिस्रः कोट्योऽनुग्रहाधिकारायावस्थिता इत्येवमुक्तम् ॥

तदित्थमयं विनियोज्यमन्त्रपद्मासनाधिरूढः

तत्रस्थ ईश्वरो देवो
वरदः सर्वतोमुखः ।

देवो द्योतनादिपरमार्थः। सर्वतो मुखं प्रधानरूपं यस्य ॥

आकारतोऽपि

पञ्चवक्त्रः सुतेजस्को
दशबाहुस्त्रिलोचनः ॥११५४॥
गोक्षीरधवलः सौम्यो
नागयज्ञोपवीतवान् ।

दिव्याम्बरधरो देवो
दिव्यगन्धानुलेपनः ॥११५५॥
सर्वलक्षणसंपूर्णः
सर्वाभरणभूषितः।
त्रिशूलपाणीन्दुमौलि-
र्जटामुकुटमण्डितः ॥११५६॥
प्रसन्नवदनः कान्तो
योगैश्वर्यप्रदायकः।
वरदाभयहस्तश्च
ध्येयोऽसावीशयोगिभिः ११५७

पञ्चवक्त्राद्याकृतौ प्रागुक्तं सतत्त्वं मन्तव्यम्। वरदाभयपाणिश्चेति चकारात् खड्गखेटकादेः परिग्रहः। सौम्य इति पारमेश्वरक्रियाशक्तिप्राधान्येन सृष्टिप्राधान्यात्, अत एव द्वादशपटलवक्ष्यमाणस्थित्या ध्यातः सन् योगैश्वर्यप्रदायक ईश्वरयोगिनाम् ॥ ११५७ ॥

यथा च परमेश्वरो रुद्रक्षेत्रज्ञानां ध्यानार्चना-

दिना अनुग्रहीतुं गृहीतेश्वराकारः, तथा तत्सम-
वायिनी शक्तिरपि तथैव आश्रिताकृतिरित्याह

तस्योत्सङ्गगता विद्या
सर्वविद्यासमाश्रिता ।
दिव्यवस्त्रपरीधाना
दिव्यमाल्यानुलेपना ॥११५८॥
दिव्यस्रग्दाममालाभि-
र्मुक्ताहारैर्विभूषिता ।
मुक्ताफलप्रतीकाशा
पञ्चवक्त्रा त्रिलोचना ॥११५९॥

विद्येति मायीयवर्णभट्टारकरूपा मातृका, एवमपि प्रागुक्तयुक्त्या अंशेन भेदस्या निवृत्तेरुत्सङ्गगतेत्युक्तम्, एवमुत्तरत्र । सर्वाभिर्विद्याभिः सर्वैर्मन्त्रविद्यागणैरुत्पत्तिक्षेत्रत्वात्सम्यगभेदेनाश्रिता अवष्टब्धा । मुक्ताफलप्रतीकाशेति अनुग्रहप्रवणत्वात् सौम्येत्यर्थः ॥ ११५९ ॥

एषा च

आराधिता विधानेन
वेदयेज्ज्ञानिनः सदा ।

विधानेन अन्तरभेदप्रत्यवमर्शबलेन आराधिता प्रसादं प्रापिता सती ज्ञानशालिनो वेदयेत् प्रकाशितस्वस्वरूपान् संपादयेत् ॥

किंच

प्रहसन्तीव सा भाति
महेशवदनेक्षणात् ॥ ११६० ॥

वदनमाकृत्यपेक्षया वक्त्रं स्वरूपापेक्षया तु परा शक्तिः। ईक्षणं दृष्टिर्ज्ञानं च ॥ ११६० ॥

अतो भगवतः परिवाररूपान्

विद्येश्वरानतो वक्ष्ये
पूर्वादीशान्तगान्क्रमात्।

ते च विद्यातत्त्वगता अपि अत्र परेण रूपेण स्थिताः ॥

अनन्तश्चैव सूक्ष्मश्च
तथा चैव शिवोत्तमः ॥११६१॥
एकनेत्रैकरुद्रौ च
त्रिनेत्रश्च प्रकीर्तितः।

श्रीकण्ठश्च शिखण्डी च
ज्ञेया विद्येश्वराः क्रमात् ११६२

एते च अनन्ताद्या गुरुभिः शिवतनावित्थमुक्ताः

'भगबिलशतकलितगुहामूर्धासनगोऽष्टशक्तियुग्देवः ।
गहनाद्यं निरयान्तं सृजति च रुद्रांश्च विनियुङ्क्ते ॥
उद्धरति मनोन्मन्या पुंसस्तेष्वेव भवति मध्यस्थः ।
ते तेनोद्धृतचित्ताः परतत्त्वालोचनेऽभिनिविशन्ते ॥
स पुनरधःपथवर्तिष्वधिकृत एवाणुषु शिवेन ।
अवसितपतिविनियोगः सार्धमनेकात्ममन्त्रकोटीभिः ॥
निर्वात्यनन्तनाथस्तद्धामाविशति सूक्ष्मरुद्रस्तु ।
अनुगृह्याणुमपूर्वं स्थापयति पतिः शिखण्डिनः स्थाने ॥
इत्यष्टौ परिपाट्या यावद्धामानि यान्ति गुरुरेकः ।
तावदसङ्ख्याकानां जन्तूनां निर्वृतिं कुरुते ॥
तेऽष्टावपि शक्त्यष्टकयोगामलजलरुहासीनाः ।
आलोचयन्ति देवं हृदयस्थं कारणं परमम् ॥
ते भगवन्तमनन्तं ध्यायन्तः स्वहृदि कारणं शान्तम् ।
सप्तानुध्यायन्त्यपि मन्त्राणां कोटयः शुद्धाः ॥'

इति । गुहा माया, तस्या मूर्धा शुद्धविद्या, तदेवासनम् । शक्त्यष्टकेन वामादिना योगो

यत्र तादृशे अमलजलरुहे आसीनाः । परममनन्तमिति प्राप्तेश्वररूपम् ॥ ११६२ ॥

अत्रैव च ईश्वरतत्त्वे भुवनान्तराण्याह

अतो रूपमवस्थानं

विद्येशावरणोर्ध्वं रूपावरणं नाम भुवनमित्यर्थः । एवमुत्तरत्र ॥

तत्र रुद्रान्निबोध मे ।
धर्मो ज्ञानं च वैराग्य-
मैश्वर्यं च चतुर्थकम् ॥११६३॥

यद्वशाद्विद्येश्वराणामधस्तनाध्वाधारवत्त्वमशेषज्ञत्वं, पूर्णतया नैराकाङ्क्ष्यं, महाविभवप्रदत्वम् । त एते धर्माद्या रुद्रा ईश्वरस्य परिवाराः ॥११६३॥

अत्रैव च ईश्वरतत्त्वे

सूक्ष्मावरणमूर्ध्वेऽतः

अतो रूपावरणादूर्ध्वे ॥

तत्र शक्तित्रयं विदुः ।

ताश्च

वामा ज्येष्ठा च रौद्री च
शक्तयः समुदाहृताः ॥११६४॥

प्रधानभूताः ॥ ११६४ ॥

आसामेव हि काल्यादयः प्रागुक्ताः प्रपञ्चः ॥

अत एवाह

परिवारस्तु तासां वै
कोट्योऽनेकास्तु सङ्ख्यया ।

आसामेवाशेषशक्तिप्रपञ्चात्मकत्वात् ॥

ये च आसां परिवारत्वेन स्थिताः, ते

सर्वे सर्वगता मन्त्राः
सर्वज्ञाः सर्वकामदाः ॥११६५॥
शुद्धस्फटिकसङ्काशा-
स्त्रिनेत्राः शूलपाणयः ।
सर्वलक्षणसंपन्नाः
सर्वाभरणभूषिताः ॥ ११६६ ॥
सर्वैश्वर्यसुसम्पूर्णा-
श्चारुचन्द्रार्धशेखराः ।

किंच

शतपत्राब्जभाकारैः
शुद्धहारेन्दुरश्मिभिः ॥११६७॥

नानारत्नोज्ज्वलैश्चित्रैः
प्राकारैस्तोरणाकुलैः ।
ईश्वरानुगताः सर्वे
तिष्ठन्ति भुवनेषु ते ॥११६८॥

शतपत्राब्जानां भा दीप्तिरिवाकारो येषां तादृशैः, तथा अन्यैर्हारैः सुदीप्तिभिः प्राकारैरुपलक्षितेषु भुवनेषु ईश्वरभट्टारकमन्त्रानुगताः क्रीडन्तीति संबन्धः ॥ ११६८ ॥

अत एव आराधकैरेते

तमाराधयितुं देवं
पूज्यन्ते सर्वकर्मसु ।

'यत्करोषि यदश्नासि यज्जुहोषि ददासि यत् ।
यत्तपस्यसि कौन्तेय तत्कुरुष्व मदर्पणम् ॥'
(भ० गी० ९।२७)

इति न्यायेन कर्मविषये तमीश्वरमाराधयितुमेते परिवाररूपा मन्त्राः पूज्यन्ते, एतत्पूजकानामेवंव्याप्तिविदामेतन्मुखेन ईश्वरावाप्तिर्भवतीत्यर्थः ॥

किंच

व्रतं पाशुपतं दिव्यं
ये चरन्ति जितेन्द्रियाः ॥११६९

भस्मनिष्ठा जपध्याना-
स्ते व्रजन्त्यैश्वरं पदम् ।

भस्मनिष्ठा स्नानमयक्लृप्तिरूपा येषाम् ॥

प्रासङ्गिकमुक्त्वा प्रकृतमाह

तत्रेश्वरस्तु भगवा-
न्देवदेवो निरञ्जनः ॥११७०॥

अधिकारं प्रकुरुते
शिवेच्छाविधिचोदितः ।

तत्र ईश्वरतत्त्वे देवानामनन्तादीनां देवः । अधिकारं तेषामेव अनुग्रहादौ विनियोजनम् । शिवेच्छैव विधत्ते सर्वमिति विधिः, तत्प्रचोदितः। परमशिव एव हि इच्छाज्ञानक्रियाप्रधानः शिवसदाशिवेश्वरभूमिका भासयति । यदुक्तं श्रीमतङ्गपारमेश्वरे

'लयाधिकारभोगाह्वत्रितत्त्वोक्तिविमर्शनात् ।
पदार्थः पतिनामासौ प्रथमः परिकीर्तितः ॥'

इति ॥

अत्र च उक्तवक्ष्यमाणरूपाणि

दश पञ्च च शोध्यानि
भुवनानीश्वरे क्रमात् ॥११७१

तत्रेश्वरभुवनं (१) विद्येशाष्टकावरणभुवनं (२) धर्मादिचतुष्टयाश्रयरूपावरणभुवनं (३) वामादिशक्तित्रयाश्रयसूक्ष्मावरणभुवनमिति चत्वारि तावदुक्तानि, वक्ष्यमाणानि तु शुद्धावरण-विद्यावरण-प्रमाणावरण-नामावरण-शुद्धशिवावरण-मोक्षावरणाख्यानि सप्त आवरणानि, ततो ध्रुवभुवनं, ततो वामादिशक्तित्रयाश्रयेच्छाशक्तिभुवनं, ततः प्रबुद्धावरणं, ततः समयावरणमित्येकादश चतुर्भिः सह पञ्चदश भवन्ति ॥११७१॥

एतानि पञ्चदशापि भुवनानि आन्तरेण क्रमेण

तालुकोर्ध्वे विजानीया-
द्दीक्षाकाले वरानने ।

मायातत्त्वात्मकतालुग्रन्थ्यूर्ध्वस्थशुद्धविद्यापद्मकर्णिकोर्ध्वे यदीश्वरतत्त्वं तालुकोर्ध्वगतं, तत्र

जानीयात् तद्विश्रान्तिपुरःसरं पूर्वोक्तमन्त्रक्रमेण शोधयेदित्यर्थः। एतच्चोपलक्षणं, तेन ब्रह्माण्डगतानि भुवनानि हृद्विश्रान्त्या, जलादिप्रकृत्यन्तगतानि कण्ठविश्रान्त्या, प्रकृत्यादिमायान्तगतानि तालुविश्रान्त्या, तदूर्ध्वपदविश्रान्त्या शुद्धविद्यातत्त्वगतानि भुवनानि शोधनीयानि। एवं ललाट-ब्रह्मरन्ध्र-व्यापिनीपदविश्रान्त्या सदाशिवशक्तिशिवतत्त्वगतानि वक्ष्यमाणानि भुवनानि शोधनीयानि ॥

अथ शुद्धावरणादिभुवनैकादशकं क्रमेण दर्शयति

शुद्धावरणमूर्ध्वं तु
तस्मिञ्छक्तिद्वयं स्मृतम्॥११७२॥
ज्ञानं क्रिया च विख्यातं

ज्ञानक्रियाशक्तिभुवनद्वितयरूपेण तद्भुवनमित्यर्थः, एवमुत्तरत्र ॥

अथ

द्वे विद्ये चाप्यतः परम् ।

भावसंज्ञाप्यभावाख्या
तस्मिञ्छक्तिद्वये स्मृते ॥११७३

तस्मिञ्ज्ञानक्रियाख्ये प्रोक्ते शक्तिद्वये विषयतया द्वे भावाभावाख्ये वेदनपरमार्थत्वाद्विद्ये स्थिते। तत्र पूर्वोक्तयुक्त्या स्फुटेदन्तात्मकभाववेदनशक्तिरेका, इदन्तोत्थानभित्तिभूताख्यात्यात्माभाववेदनशक्तिर्द्वितीयेत्येतद्भुवनद्वितयरूपं विद्यावरणमेतदित्यर्थः ॥ ११७३ ॥

अतश्च

तेजेशश्च ध्रुवेशश्च
प्रमाणानां परं पदम्।
प्रमाणावरणे चोर्ध्वे

पूर्वोक्तानां मायातत्त्वाश्रितानां पञ्चार्थादिप्रमाणानां परमिदं पदं प्राप्तिस्थानं तेजेशश्च ध्रुवेशश्च विद्यावरणादूर्ध्वे प्रमाणावरणे स्थिते इत्येतत्प्रमाणावरणमपि भुवनद्वितययोगि ॥

अथ

कथयामि च मानतः ॥११७४॥

मानतः माने प्रमाणावरणोर्ध्वगते मान-
नाम्न्यावरणे रुद्रान् कथयामि ॥ ११७४ ॥

ते च

ब्रह्मा रुद्रः प्रतोदश्च
अनन्तश्च चतुर्थकः ।

तेन एतद्रुद्रभुवनचतुष्टयभुवनपरिष्कृतमे-
तन्मायावरणभुवनमित्यर्थः ॥

अथ

सुशुद्धावरणं चोर्ध्वे
तत्र रुद्रत्रयं विदुः ॥११७५॥
एकाक्षः पिङ्गलो हंसः
कथितं तु समासतः ।

परिवार एषामसङ्ख्य इति वक्ष्यति ॥

अथ

शिवावरणमूर्ध्वं तु
तत्रैको ध्रुवसंज्ञकः ॥११७६॥

संस्थितो रुद्रराजस्य

अथ

मोक्षावरणमूर्ध्वतः ।

तत्र च

एकादशैव रुद्रांश्च

कथयामि समासतः ॥११७७॥

तानाह

ब्रह्मदन्त्रिदण्डिमुण्डाः

सौरभश्च तथैवच ।

जन्ममृत्युहरश्चैव

प्रणीतः सुखदुःखदः ॥११७८॥

विजृम्भितः

जन्महरो मृत्युहरः । सुखं द्यति खण्डय-
तीति सुखदः, एवं दुःखदः ॥

त एते एकादश

समाख्याता-

स्तालूर्ध्वे तु व्यवस्थिताः ।

तालूर्ध्वे इति प्रागुक्तमेव ऐश्वरं तत्त्वमेषा-
माश्रय इति स्मारयति ॥

अथ

पुनरूर्ध्वे ध्रुवं ज्ञेयं

निरञ्जनपदं शुभम् ॥११७९॥

प्रमाणावरणे शिवावरणे ध्रुवावरणे च एक एव स्थूलसूक्ष्मपरभेदेन ध्रुवाख्यो रुद्रस्त्रिरत्रोक्त इति पुनःशब्दार्थः ॥ ११७९ ॥

अथ अस्य ध्रुवावरणस्य

ईशशक्तित्रयं मूर्ध्नि

स्थितम् ॥

तच्च

कथितं चानुपूर्वशः ।

वामा ज्येष्ठा रौद्री चेति यत्सूक्ष्मावरणे प्राक् शक्तित्रयमुक्तं, तदेवेह पररूपेण स्थितमित्यर्थः ॥

किंच अत्रैव प्रधानभूताया

इच्छाशक्त्यभिधानायाः

शक्तेः पुरम् ॥

ताश्च वामाद्या एतस्याः

अन्तर्भूताः प्रकीर्तिताः ॥११८०

तेन वामादिभुवनत्रयपरिवृतमेतदिच्छाभुवनमत्रेत्यर्थः ॥ ११८० ॥

अथ

प्रबुद्धावरणं चोर्ध्वे

तत्र च रुद्रान्

कथयामि समासतः ।

प्रीतः प्रमुदितश्चैव

प्रमोदश्च प्रलम्बकः ॥११८१॥

विष्णुर्मदन एवाथ

गहनः प्रथितस्तथा ।

तदेतदत्र

रुद्राष्टकं समाख्यातं

विज्ञेयं प्राग्दिशः क्रमात् ११८२

ततोऽपि

समयावरणं चोर्ध्वे

अत्र रुद्रान्

कथयामि समासतः ।

प्रभवः समयः क्षुद्रो

विमलश्च शिवस्तथा ॥११८३॥

ततो घनः समाख्यातो

निरञ्जनस्ततः परम् ।

रुद्रोङ्कारस्तु पञ्चैते

प्रभवाख्यस्य समयस्य विशेषणं क्षुद्र इति । विमलः शिव इति विमलशिवाख्यः ॥

एतांश्च

तालूर्ध्वे तु विजानत ॥११८४॥

विजानतेति बहुवचनमुपदेश्यशिष्यप्रशिष्यादिभेदेन, एवमन्यत्र । तालूर्ध्व इति एतावदन्तमीश्वरतत्त्वाश्रयमिति स्मरणाय ॥११८४॥

तदत्र भुवनपञ्चदशकान्तर्वर्तिभुवनान्तरसङ्ख्यापूर्वमेतदुपसंहरति

एकोनषष्टिर्भुवनं

ज्ञानशक्त्यादितः क्रमात् ।

रुद्रोङ्कारान्तमित्येत-

द्दीक्षाकाले विशोधयेत् ॥११८५॥

ज्ञानशक्तेरादीनि ईश्वरविद्येश्वररूपसूक्ष्मावरणगतानि यानि भुवनानि, ततः प्रभृति रुद्रोङ्कारान्तमेकोनषष्टिरीश्वरतत्त्वेऽवान्तरभुवनानि। तत्र ईश्वरस्यैकं, विद्येशानामष्टौ, रूपावरणे

चत्वारि, सूक्ष्मावृतौ त्रीणि, शुद्धावृतौ द्वे, विद्यावृतौ द्वे, प्रमाणावृतौ द्वे, नामावृतौ चत्वारि, सुशुद्धावृतौ त्रीणि, शिवावृतावेकं, मोक्षावृतावेकादश, ध्रुवावृतावेकं, इच्छाशक्तिभुवनं वामादिशक्तित्रयेण सह चत्वारि, प्रबुद्धावृतावष्टौ, समयावृतौ पञ्चेत्येवमेकोनषष्ठ्या अवान्तरभुवनैर्युक्तमेतदीश्वरतत्त्वं सङ्क्षेपेण नतु विस्तरतः शोधयेत् ॥११८५॥

अस्य च

एकैकस्य परीवारः
कोट्योऽनेकाः सहस्रशः ।

ते च

त्रिनेत्रा वरदाः सर्वे
शुद्धसामर्थ्यविग्रहाः ॥११८६॥
शुद्धस्फटिकसङ्काशा
दशबाह्विन्दुशेखराः ।
त्रिशूलपाणयः सर्वे
जटामुकुटमण्डिताः ॥११८७॥

सर्वे सर्वगुणोपेताः
सर्वज्ञाः सर्वदेश्वराः ।
सर्वलक्षणसंपूर्णाः
सर्वाभरणभूषिताः ॥११८८॥
रुद्रकन्यासमाकीर्णा
दिव्यैरूपैर्मनोहरैः ।
संक्रीडन्ते पुरवरैः
शिवेच्छाविधिचोदिताः ११८९

शुद्धं मायामलेन अकलुषं यत्सामर्थ्यं ज्ञानक्रियाविषयं, तदेव विग्रहः स्वरूपं येषाम् । यद्यपि सर्वेऽहमिदं सर्वमिति स्वाङ्गकल्पाशेषविश्वप्रकाशात्मानः, तथापीश्वरेच्छातो नानारूपा अपि । एवमुत्तरत्रापि ॥११८९॥

अथ

ईश्वरस्य तथोर्ध्वे तु
अधश्चैव सदाशिवात् ।
सुशिवावरणं चोर्ध्वे
तस्मिञ्ज्ञेयः सदाशिवः ११९०

यदेतत्सर्वविषयस्फुटेदन्ताहन्तासामानाधिकरण्यावभासादेकमीश्वरतत्त्वमुक्तं, तदन्तरा स्फुटेदन्ताच्छादकाहन्तावभासात्मकसदाशिवतत्त्वं विना नोपपद्यते। नहि आन्तराभासं विना बाह्याभासस्योदयो भवतीत्येतदीश्वरतत्त्वभित्तिभूतेन सदाशिवतत्त्वेन भवितव्यमित्याशयेन ईश्वरस्योपरि सदाशिवतत्त्ववर्तिवक्ष्यमाणप्रधानसदाशिवभुवनस्य अधः सदाशिवतत्त्वाश्रितसुशिवावरणमस्तीत्युक्तम्। सुशिवश्चेह सदाशिवभट्टारक एव। यदाह 'तस्मिञ्ज्ञेयः सदाशिवः' वक्ष्यमाणपररूपात् सदाशिवादन्योऽयमपररूप इत्यर्थः ॥११९०॥

सच

त्रिपञ्चनयनो देव-
श्चन्द्रार्धकृतशेखरः ।
वक्त्रपञ्चकसंयुक्तो
दशबाहुर्महाबलः ॥११९१॥
शुद्धस्फटिकसङ्काशः
स्फुरन्वै दीप्ततेजसा ।

सिंहासनोपविष्टस्तु

तदुपरि च

श्वेतपद्मासनस्थितः ॥११९२॥

पञ्चब्रह्माङ्गसहितः

सकलाद्यैः समन्वितः ।

दशभिश्च शिवैर्युक्तो

रुद्राष्टादशकान्वितः ॥११९३॥

पञ्च ब्रह्माणि सद्योजातादीनि । अङ्गानि हृदयादीनि ॥११९३॥

सकलादीन्विभजति

सकलो निष्कलः शून्यः

कलाढ्यः खमलङ्कृतः ।

क्षपणश्च क्षयान्तस्थः

कण्ठ्यौष्ठ्यश्चाष्टमः स्मृतः ११९४

अस्य आन्तरक्रमेण स्थानमाह

भ्रुवोर्मध्ये तु विज्ञेयो

देवदेवः सदाशिवः ।

सकलाद्यैर्वृतो देवः

देव इति द्योतमानः ॥

किंच

ओंकारेशादिभिः क्रमात् ११९५

वृत इति वर्तते ॥ ११९५ ॥

ओंकारेशादीन्दश शिवानाह

ओंकारेशः शिवो दीप्तः
कारणेशो दशेशकः ।
सुशिवश्चैव कालेशः
सूक्ष्मरूपः सुतेजसः ॥११९६॥
शर्वश्च दशमः प्रोक्तः

त एते प्राग्दिश आरभ्य

ऊर्ध्वान्तं संव्यवस्थिताः ।

सदाशिवस्य ब्रह्मावरणसकलाद्यावरणाभ्यां बहिः ॥

एषामपि

रुद्राश्चाष्टादश बहिः

संव्यवस्थिता इत्येव ॥

तेषां नामानि वै शृणु ॥११९७

विजयस्त्वथ निःश्वासः
स्वयम्भूश्चाग्निवीरराट् ।
रौरवो मुकुटो विसर-
श्चन्द्रो बिम्बः प्रगीतवान् ११९८
ललितः सिद्धरुद्रश्च
सन्तानः शर्व एव च ।
परश्च किरणश्चैव
पारमेश्वर एव च ॥११९९॥

अग्निसहितो वीरराडिति द्वौ । एते च एतन्नामकस्य मुक्त्यवतारा: शास्त्रावतारैर्विश्वमनुगृह्णानाः स्थिताः, अत एव दशाष्टादशभेदेन चैतदुच्यते ॥११९९॥

तदेवं ब्रह्माङ्गसकलादिशिवरुद्रावरणैश्चतुर्भिः परिवृतः

सादाख्यस्तु समाख्यातः
सकलो मन्त्रविग्रहः ।
सर्वकारणमध्यक्षः
सृष्टिसंहारकारकः ॥१२००॥

भुक्तिमुक्तिप्रदाता च
साधकानां क्रियावताम् ।

भवनामतः प्रभृति सदिति व्यपदेशप्रवृत्तेः सदाख्ये सदाशिवतत्त्वे भवो देवः सादाख्यः । सच सकलो मन्त्रमूर्तिरिति । वक्ष्यमाणनिष्कलमूर्त्यपेक्षया अध्यक्षः सर्वेषामधिष्ठाता सर्वदर्शी च । सर्वकारणत्वं सुस्पष्टयति स्रष्टीति । स्रष्टिसंहारौ स्थितिविलयावप्युपलक्षयतः । साधकानामिति आराधकानां मुमुक्षूणां मुक्तिं सिषाधयिषूणां मुक्तिं, भुक्तिपूर्वां मुक्तिं तु क्रियावतामनुष्ठानपराणां संपादयति ॥

किंच

कोटयः सप्त मन्त्राणा-
मासने तस्य संस्थिताः ॥१२०१॥

निवृत्ताधिकाराश्च अर्धचतस्रः प्रवृत्ताधिकाराश्च अर्धचतस्र इति याः सप्त मन्त्रकोटयः, ताः सर्वा अनेनाधिष्ठिता इत्यर्थः । ईश्वरभट्टारकेण त्वधिकारे प्रवृत्ता अर्धचतस्र एव अधिष्ठितास्तस्य

स्थूलभोगत्वादिति शेषः । अत एव प्रागीश्वरस्य आसनपद्मं सहस्रदलमुक्तम् ॥ १२०१ ॥

अस्य आसनं तु ततोऽपि विशिष्टमित्याह

आसनं लक्षपत्राढ्यं
चन्द्रकोट्ययुतप्रभम् ।

ईश्वरपद्मादप्यधिकदलमित्यर्थः ॥

तच्च पद्मं

वामाद्यैर्विभुपूर्वैश्च
पञ्चवक्त्रैस्त्रिलोचनैः ॥१२०२॥
ताराद्यैः शक्तिभेदैश्च
प्राग्दिशः परिवारितम् ।

वामाद्याः प्रागुक्ता एव इह परेण रूपेण स्थिताः, विभुपूर्वोक्तास्तु

'विभुर्ज्ञानी क्रिया चेच्छा वागीशी ज्वालिनी तथा ।
वामा ज्येष्ठा च रौद्री च सर्वाः कालानलप्रभाः ॥'(८।६६)

इति श्रीपूर्वे निर्दिष्टाः । ताराद्यास्तु शक्तयः प्रागुक्ताष्टात्रिंशत्कलारूपाः । तत्र वामाद्याः प्रागादिदिक्क्रमेण दलेषु मध्यान्ताः । विद्याद्यास्तु

तत्प्रातिलोम्येन मध्यादिप्राग्दलान्ताः। तदुक्तं श्रीपूर्वे

'वामा ज्येष्ठा ....।' (८।६३)

इत्युपक्रम्य

'.......................भानुमार्गेण विन्यसेत्।
विभ्वादिनवकं चान्यद्विलोमात्परिकल्पयेत्॥' (८।६५)

इति। ताराद्यास्तु प्रागादिक्रमेणैव न्यस्ता भावनीयाः॥

अस्य च देवस्य

ज्ञानशक्तिः क्रियाशक्ति-
र्वामे दक्षिणतः स्थिते॥१२०३॥

पाठक्रमादर्थक्रमो बलीयानिति न्यायात् ज्ञानशक्तिर्दक्षिणे क्रियाशक्तिर्वामे इति ज्ञेयम्॥

किंच

इच्छाशक्तिः परा देवि
यया सर्वमधिष्ठितम्।
उत्पत्तिस्थितिसंहारां-
स्तिरोभावमनुग्रहम्॥१२०४॥
यया करोति देवेशः
सर्वदा सर्वमध्वनि।

तस्योत्सङ्गगता सा तु
नित्यं चैवात्मवर्तिनी ॥१२०५॥

परेति ज्ञानक्रियापेक्षया । अधिष्ठितं व्याप्तम् । सर्वमिति सृष्ट्यादिपञ्चकविशेषणम् । सर्वदेति

'तदेवं व्यवहारेऽपि प्रभुर्देहादिमाविशन् ।
भान्तमेवान्तरर्थौघमिच्छया भासयेद्बहिः ॥' (१।६।७)

इति प्रत्यभिज्ञोक्तनीत्या देहाद्याविष्टश्चिदात्मा महेश्वरस्तदर्थावभास-तत्स्थिति-तच्चर्वण-तत्संस्कारावस्थापन-तत्प्रकाशमयत्वापादनैर्हि प्रतिक्षणं जगतः पञ्च कृत्यानि करोति । उत्सङ्गगतेति आकृतिमत्त्वे आत्मशिवस्य ॥ १२०५ ॥

तत्कथं सदाशिवस्योक्तमिति तत्संख्यामाह

सा चेच्छा देवदेवस्य
शिवस्य परमात्मनः ।
स एवापररूपेण
पञ्चमन्त्रमहातनुः ॥१२०६॥
इच्छारूपधरः श्रीमान्
देवदेवः सदाशिवः ।

यतः शिव एव अपररूपेण सदाशिवः, अत इच्छा अस्य शक्तिरुक्तेत्यर्थः। पञ्चभिरीशानादिब्रह्मभिर्मन्त्रैर्महती विश्वव्यापिका महामाहात्म्या च तनुर्यस्य। शिवस्य अनुग्रहार्थमेतदपररूपग्रहणं स्वस्वातन्त्र्यादित्याह इच्छारूपधर इति। अत एव अयं सदेत्याकृतिपरिग्रहापरिग्रहयोः शिव इवेति कृत्वा सदाशिव उच्यते। श्रीमान् ज्ञानदीप्त्यतिशययुक्तः ॥

अत्र च

शक्तयस्तस्य याः प्रोक्ताः

वामाद्याः ॥

तथा वै मन्त्रनायकाः ॥१२०७॥

आवरणचतुष्टयस्थाः ॥ १२०७ ॥

एते सर्वे

एकैकं परितो देवि
पद्मैरर्बुदकोटिभिः ।
तथा खर्वनिखर्वैश्च
प्रतिरूपैर्महाबलैः ॥१२०८॥

विद्यारूपैः स्वरूपाढ्यै-
रप्रमेयगुणान्वितैः ।
सर्वलक्षणसंपन्नैः
सर्वाभरणभूषितैः ॥ १२०९ ॥
हास्यलास्यविलासाढ्यै-
र्भ्रूक्षेपोन्मदविभ्रमैः ।
चन्द्रकोटिशतप्रख्यैः
प्रस्रवद्भिरिवामृतम् ॥१२१०॥

परिवृता इत्यर्थः । एकैकमिति क्रियाविशेषणम् । पद्मार्बुदादयो वक्ष्यमाणसङ्ख्याविशेषरूपाः । प्रतिरूपैरिति मुख्यसदृशैः । बलं ज्ञानक्रियासामर्थ्यम् । रूपमाकृतिसौन्दर्यं स्वरूपं च । गुणाः सर्वज्ञत्वादयः । लक्षणानि ज्ञानयोगैश्वर्याणि । सर्वेण आभरणेन भूषितैः । अशेषविश्वात्मभिः परानुग्रहप्रवणतया नित्यप्रमुदितत्वेन हास्यलास्यादियुक्तत्वम् । अत एव हेलामात्रेण परानुग्रहसंपत्तेर्भ्रूक्षेपेणोद्धतो मदो येषु तादृशा विभ्रमा विलासा येषां तैर्विद्यावृन्दैः परिवृता इति सङ्गतिः ॥ १२१० ॥

अतश्च अत्र

ताभिः सार्धं सदा रुद्राः
प्रक्रीडन्तीच्छया प्रभोः ।
पुरवरैः सर्वतोभद्रै-
श्चन्द्रकोटिसमप्रभैः ॥१२११॥

ताभिर्विद्याभिः क्रीडन्ति परानुग्रहायैव विहरन्ति पुरवरैरुपलक्षिताः ॥ १२११ ॥

त एते सर्वे

मायाधर्मविनिर्मुक्ता
निर्मला विगतज्वराः ।
अधिकारं प्रकुर्वन्ति
सर्वज्ञामोघशक्तयः ॥१२१२॥

मायाया धर्मश्चित्स्वरूपावरणं, तेन विनिर्मुक्ताः। यद्यपि परमशिवापेक्षया एषां सङ्कुचितत्वं महामायाकार्यं पाशोनास्ति, तथापि मायाप्रमातृवत्सङ्कोचमया न भवन्ति । अत एव च निर्मला मायानावृताः । सङ्कोच एव हि पुंसामाणवमलमित्युक्तप्रायम् । अत एवैते विगतज्वराः सर्वस-

न्तापरहिताः । एवमपिच अनुग्राह्यानुग्रहाय शिवेन नियतिकालाधिकारवशानुबद्धाः स्थापिताः । सर्वज्ञाश्च ते, अमोघशक्तयश्च त इति समासः ॥

किंच

अधिकारक्षये शान्ता
जायन्ते सर्वगाः शिवाः ।

शान्ता निवृत्तमहामायाकृततावन्मन्त्राख्याः, तथा व्यापकशिवैकीरूपा भवन्तीत्यर्थः ॥

इत्थं च

परप्रेर्याः पुनर्भूयो
न भवन्ति कदाचन ॥१२१३॥

महासंसारतः सदाशिवान्ते विश्वत्र शून्यातिशून्यपदमासे ये अविदिततत्त्वास्ते महासृष्टौ भूयः सृज्यन्ते यथैकादशे दर्शयिष्यते । एते तु भगवन्तो मुच्यन्त एवेति पुनःशब्दस्यार्थः ॥

उपसंहरति

सुशिवावरणं ख्यातं
मन्त्रगर्भं वरानने ।

मन्त्रा आसनगता आवरणगताश्च गर्भे यस्य तदेतत्सुशिवस्य सदाशिवभट्टारकस्य संबन्धि आवरणं भुवनमित्यर्थः । अथच परिपूर्णज्ञानशालिव्यतिरेकेण अन्येषां परपदावारकत्वादेव तानि आवरणानीत्युच्यन्ते ॥

अथ

बिन्द्वावरणमूर्ध्वेऽत-
श्चन्द्रकोटिसमप्रभम् ॥१२१४॥

बिन्दुतत्त्वस्थानव्याप्तिरूपमावरणं बिन्द्वावरणम् ॥ १२१४ ॥

तत्र पद्मं महादीप्तं
दशकोटिसमन्वितम् ।
तत्र पद्मे स्थितो देवः
शान्त्यतीतो महाद्युतिः ॥१२१५
पञ्चवक्त्रो विशालाक्षो
दशबाहुस्त्रिलोचनः ।
तडित्सहस्रपुञ्जाभः
स्फुरन्माणिक्यमण्डितः ॥१२१६

अशेषं यद्विश्वं, तदिह प्राप्तमहाविकासदी-
प्तियोगोत्कृष्टत्वान्माणिक्यम् ॥ १२१६ ॥

किंच

निवृत्तिश्च प्रतिष्ठा च
विद्या शान्तिस्तथैवच ।
परिवारः स्मृतस्तस्य
शान्त्यतीतस्य सुव्रते ॥१२१७॥

प्रागुक्तं कलाचतुष्टयमेव अशेषविश्वाध्वगर्भं परशक्तिरूपतया स्थितमस्य देवस्य परिवारः ॥

किंच

तस्य वामे तु दिग्भागे
शान्त्यतीता व्यवस्थिता ।

एताश्च

पञ्चवक्त्राः स्मृताः सर्वा
दशबाह्विन्दुशेखराः ॥१२१८॥

तदेवं

बिन्दुतत्त्वं समाख्यातं
पुरकोट्यर्बुदैर्वृतम् ।

मन्त्रमन्त्रेशतदीशपरिवारसंबन्धिभिः । एष च शान्त्यतीत ईश्वरभट्टारकपरव्याप्तिरूपः । यद्वक्ष्यति

'आभिः कलाभिः संयुक्तो ध्यातव्यो बिन्दुरीश्वरः ।'
(१२।१५४)

इति । योजनिकाग्रन्थेऽप्युक्तं

'..................बिन्दुश्चैवेश्वरः स्वयम् ।' (४।२६४)

इति । अस्मिन्हि अध्वनि स्थूलसूक्ष्मादिभेदेन मन्त्रदेवतादीनां स्थितिरित्युक्तप्रायम् ॥

एतद्बिन्द्वावरणमुक्त्वा, अर्धचन्द्राद्यावरणमप्याह

अर्धचन्द्रस्तदूर्ध्वे तु
तदूर्ध्वे तु निरोधिका ॥१२१९॥

अत्र भुवनान्याह

एते द्वे तु महास्थाने
पञ्चपञ्चकलान्विते ।

कला देवताः ॥

तत्र

ज्योत्स्ना ज्योत्स्नावती कान्तिः
सुप्रभा विमला शिवा ॥१२२०

अर्धचन्द्रे स्थिता ह्येता
निरोधिन्यां शृणु प्रिये ।
रुन्धनी रोधनी रौद्री
ज्ञानबोधा तमोपहा ॥१२२१॥

विमलाया विशेषणं शिवेति । अर्धचन्द्रपदस्य प्रकाशाह्लादप्रकर्षात्तच्छक्तीनां तथोचितनामानि । निरोधिनीपदस्यापि निरोधहेतुत्वाद्रुन्धनी रोधनी रौद्रीति तिस्रः शक्तयः । प्रबुद्धानां तु निरोधनिवृत्तौ ज्ञानबोधा तमोपहेति शक्तिद्वयमूर्ध्वप्रवेशदातृत्वादेवमभिधानम् ॥१२२१॥

अत्र पूर्वोक्तं मात्राविभागं स्मारयति

अर्धमात्रः स्मृतो बिन्दुः
स्वरूपश्च चतुष्कलः ।
तस्याप्यर्धमर्धचन्द्र-
स्त्वष्टांशश्च निरोधिका ॥१२२॥

'ह्रस्वं दीर्घं प्लुतं सूक्ष्ममतिसूक्ष्मं ...... ।' (६।५)

इत्येतद्ग्रन्थनिर्णयावसर एवैतन्निर्णीतं यथा यावद्यावन्मन्त्रोच्चार ऊर्ध्वोर्ध्वं पदमाश्रयति, ता-

वत्तावद्वाच्यवाचकगता स्थूलरूपता निवर्तते, सूक्ष्मसूक्ष्मतरादिरूपता च अभिव्यज्यमाना विश्रान्तिप्रकर्षं ददाति यावदुन्मनापरतत्त्वात्मनि पर्यन्ते सर्वोपाधिप्रशान्त्या चिदानन्दघनस्वच्छन्दभैरवरूपावेशो भवतीति। तदेवेह परमेश्वरेण स्मारितं यथा भुवनशुद्ध्यवसरे सूक्ष्मतरसूक्ष्मतमादिरूपा मात्री व्याप्तिरनुसरणीया गुरुभिः। एवमुत्तरत्रापि स्वयमनुसर्तव्यम् ॥

निरोधिन्याः स्वरूपं निर्वक्ति

निरोधयति देवान्सा
ब्रह्माद्यांस्तु वरानने ।

का तु कथा सामान्यजन्तूनाम् ॥

यत एवं, तेनैषा

निरोधिनीति विख्याता

अतश्च पूर्वोक्तकरणबन्धव्याप्त्यनुसरणपुरःसरमश्चोच्चारयुक्त्या

तां भित्त्वा तु वरानने ॥१२२३॥

सादाख्यपरभावेन
पञ्चमन्त्रमहातनुः ।

लभ्यत इति शेषः। सादाख्यदेव इत्यर्थः। परभावेनेति प्रागुक्तो यः, स एव अनेन सूक्ष्मेण रूपेणेत्यर्थः ॥

तस्य स्थानं रूपं च निरूपयति

तस्योर्ध्वे तु स्मृतो नादः
स किञ्जल्करजःप्रभः ॥१२२४॥
महद्भिः पुरुषैर्व्याप्तः
सूर्यकोट्ययुतप्रभैः ।

तस्येति निरोधिकावरणस्य । नाद इति समस्तवाचकाभेदमयपरामर्शसतत्त्वः श्रीसदाशिव एव पररूपः। किंजल्करजःप्रभ इति दीप्त्यतिशययुक्तः। महद्भिः पुरुषैरिति मन्त्रमहेश्वरभूमेः प्रभृति उत्तरोत्तरं तारतम्येन स्थितैः ॥

किंच अत्र

तेषां वै नायिका वक्ष्ये
भुवने पञ्चसङ्ख्यया ॥१२२५॥

तेषां महतां पुरुषाणां मध्ये नायिकाः प्रधानभूता देवताः। भुवन इति अस्मिन् नादावरणं गते भुवनपञ्चक इत्यर्थः ॥ १२२५ ॥

ता आह

इन्धिका दीपिका चैव
रोचिका मोचिका तथा।
ऊर्ध्वगा तु समाख्याता
कला त्वेषा तु पञ्चमी ॥१२२६॥

दीप्त्यतिशयादासामीदृंशि नामानि। पञ्चमीति एतासां मध्ये प्रधानभूता ॥ १२२६ ॥

किंच

तस्मिन्पद्मं सुविस्तीर्णं

तस्मिन्निति ऊर्ध्वगशक्तिधाम्नि। सुविस्तीर्णमिति प्रकृतापेक्षया ॥

तत्र च

ऊर्ध्वगेशः स्थितः प्रभुः।

ऊर्ध्वगाख्याया नादान्तात्मनः शक्तेरीशोऽधिष्ठाता ॥

सच

चन्द्रार्बुदप्रतीकाशः
पञ्चवक्त्रस्त्रिलोचनः ॥१२२७॥
चन्द्रार्धशेखरः शान्तो
दशबाहुर्महातनुः ।
इन्धिकादिवृतो देवः
शूलपाणिर्जटाधरः ॥१२२८॥

शान्त इति नादपर्यन्तविश्वोपशमात् । जटाधरत्वादिकं प्राग्वत् ॥ १२२८ ॥

किंच

ऊर्ध्वगा तु कला तस्य
नित्यमुत्सङ्गगामिनी ।

इयदन्ता सदाशिवतत्त्वस्य व्याप्तिः । एवमत्र सादाशिवे तत्त्वे सुशिवबिन्द्वर्धचन्द्रनिरोधिकानादनादान्तरूपाणि पञ्च आवरणानि । तत्र सुशिवावरणे सदाशिवः, वक्त्राङ्गैकादशिका, सकलाद्यष्टकं, ओङ्करादिशिवदशकं, विजयादिरुद्राष्टादशकमिति श्रीसदाशिवेन सह आवरण-

देवता अष्टचत्वारिंशत् । आसनपद्मगतास्तु वामाद्या नव, विश्वाद्या नव, ताराद्या अष्टात्रिंशदिति षट्पञ्चाशत् ज्ञानक्रिये पार्श्वगते इच्छा उत्सङ्गस्थेति सप्तोत्तरशतमत्र देवतानाम् । बिन्द्वावरणे शान्त्यतीतेशः, शान्त्यतीता, निवृत्त्याद्याश्चतस्र इति षट् देवताः । अर्धचन्द्रावरणे तु ज्योत्स्नादिशक्तिपञ्चकम् । निरोधिन्यां रुन्धन्यादिशक्तिपञ्चकम् । ततो नादभट्टारकः । ततो नादान्तपदे इन्धिकाद्याश्चतस्र ऊर्ध्वगेश्वर ऊर्ध्वगा चेति षट् । एवमत्र सदाशिवतत्त्वे सत्रिंशच्छतं देवतानाम् ॥

अथ शक्तितत्त्वे भुवनेशानादिशति

ततः सुषुम्णाभुवनं
सुषुम्णा तत्र संस्थिता ॥१२२९॥

सुषुम्णाख्या देवता, यदधिष्ठानान्मध्यनाडी सुषुम्णेत्युच्यते ॥ १२२९ ॥

नच असावेव स्थिता, अपितु तत्प्रभुः

सुषुम्णेशः स्थितस्तत्र
चन्द्रकोट्ययुतप्रभः ।

दशबाहुस्त्रिनेत्रश्च
श्वेतपद्मोपरिस्थितः ॥१२३०॥
शशाङ्कशेखरः श्रीमा-
न्पञ्चवक्त्रो महातनुः ।

किंच

इडा च पिङ्गला चैव
वामदक्षिणतः स्थिते ॥१२३१॥
सुषुम्णा तु वरारोहे
तुषारकणधूसरा ।
श्वेतपद्मकरा देवी
पद्ममालाविभूषिता ॥१२३२॥
पञ्चवक्त्रा सुशोभाढ्या
त्रिनेत्रा शूलधारिणी ।
तस्योत्सङ्गगता देवी
ध्यातव्या साधकादिभिः ॥१२३३॥

तुषारधूसरा त्विति तुशब्दात् इडापिङ्गले श्यामलोहिते इति तन्त्रान्तराज्ज्ञातव्यम् १२३३

एषा सुषुम्णा विश्वव्यापिनीत्याह

ग्रथितस्तु तया सर्व-
स्त्वध्वायमधऊर्ध्वगः ।

ग्रथित उम्भितो व्याप्तः अधः अनन्तान्तः, ऊर्ध्वे शिवतत्त्वान्तः । सर्वोऽध्वेति शारीरो बाह्यश्च ॥

अतश्च विश्वव्यापकसुषुम्णादिशक्तिभित्तिमाश्रितो नादस्तदधःप्रसरणमार्गेण अधस्तनं सर्वमध्वानमधिष्ठितं मूलभूत ऊर्ध्वप्रसरणेन विभिद्य, नादान्तभूमिमारुह्य, ब्रह्मबिलात्मनि शक्तितत्त्वे लीयते इत्याह

नाड्याधारस्तु नादो वै
भित्त्वा सर्वमिदं जगत् ॥१२३४॥
अधःशक्त्या विनिर्गत्य
यावद्ब्रह्माणमूर्ध्वतः ।
नाड्या ब्रह्मबिले लीन-
स्त्वव्यक्तध्वनिरक्षरः ॥१२३५॥
नदते सर्वभूतेषु
शिवशक्त्या त्वधिष्ठितः ।

नाडिः सुषुम्णा आधारो यस्य । भित्त्वेत्यत्र करणमध इत्युदयस्थानादुत्थिता क्रमेणारोहन्ती शक्तिः । ऊर्ध्वेत इत्यूर्ध्वशक्त्या पूर्वोक्तप्रयोगतः स्पष्टीभूतया, ब्रह्मबिलान्तं निर्गत्य तत्रैव तया नाड्या सह लीनः श्लिष्टो भवति । सापि हि नाडी तदन्तेति तत्रैव श्लिष्टा शक्तिद्वययोगाच्च नादस्थानचक्रस्य द्विकुब्जरूपत्वात् । स च नादो

'नादाख्यं यत्परं बीजं सर्वभूतेष्ववस्थितम् ।'

इत्याम्नायान्तरोक्तनीत्या सर्वभूतेष्वव्यक्तध्वनिरूपः, अत एव अक्षरः अविचलत्स्वरूपो नदन् वक्ष्यमाणघोषादिपरामर्शमयत्वेन स्थितः । यद्यपि ब्रह्मबिललीन इत्युक्तस्तथापि लयोऽस्य सूक्ष्मतररूपेण शक्तिस्फुरत्तात्मना अवस्थानमत एव शिवशक्त्या त्वधिष्ठित इत्युक्तं, नत्वत्यन्तं नाश इत्यक्षर इत्युचितैवोक्तिः ॥

यत एवंविधा नादस्य व्याप्तिरतः

एवं ज्ञात्वा वरारोहे
शोधयेत्तं शिवाध्वरे ॥१२३६॥

ततो ब्रह्मबिलं ज्ञेयं
रुद्रकोट्यर्बुदान्वितम् ।
तत्र ब्रह्मा परो ज्ञेयः
शशाङ्कशतसप्रभः ॥१२३७॥
दशबाहुस्त्रिनेत्रश्च
पञ्चवक्त्रेन्दुशेखरः ।
त्रिशूलपाणिर्भगवा-
ञ्जटामुकुटमण्डितः ॥१२३८॥

ब्रह्मबिलं नाम आवरणमन्तरिव बहिर्भुवनाश्रयत्वेनापि स्थितम्। यद्यपि सार्धास्तिस्रः कोट्यो मन्त्राणामुक्तास्तथापि तत्परिवारस्य असङ्ख्यत्वादत्रापिच तेषां सूक्ष्मतमेन रूपेण अवस्थितत्वाद्रुद्रकोट्यर्बुदान्वितमित्युक्तम् । पर इति प्रागुक्ताद्ब्रह्माण्डगतात्स्थूलाद्बुद्धितत्त्वगताच्च सूक्ष्मादुत्कृष्टः, अत एव शाक्तत्वादयं सितो दशबाह्वादिरूपश्च ॥ १२३८ ॥

किंच

ब्रह्माणी तु परा शक्ति-
र्या सा मोक्षपथे स्थिता ।

द्वारं या मोक्षमार्गस्य
रोधयित्वा व्यवस्थिता ॥१२३९॥
मोक्षमार्गप्रदात्री च
ब्रह्मोत्सङ्गे च संस्थिता ।

परेत्यर्थात् । मोक्षपथे

'..............शैवी मुखमिहोच्यते ।' (वि० भै० २०)

इति स्थित्या ऊर्ध्वोन्मुखशक्तिमार्गे । अतश्च अज्ञानिनः प्रति तदेव शक्तिपथात्मकं मोक्षद्वारमीश्वरेच्छया रुन्धाना स्थिता, ज्ञानिनः प्रति मोक्षमार्गं प्रददाति तच्छीला ॥

यतो ब्रह्माणी एवंविधा, अतः प्रोक्तमन्त्रोच्चारक्रमेण

तां भित्त्वात्र वरारोहे
गन्तव्यमूर्ध्वतः प्रिये ॥१२४०॥

अत्रेति शक्तितत्त्वे यदूर्ध्वं शक्तिव्यापिनीसमनाधाम, तत्रेत्यर्थः ॥ १२४० ॥

अथ

अत ऊर्ध्वं स्थिता शक्तिः
प्रसुप्तभुजगाकृतिः ।

आधारो भुवनानां सा
तां प्रवक्ष्यामि सुव्रते ॥१२४१॥

शक्तिरिति शक्तितत्त्वगतशक्त्यावरणम् । सा च प्रसुप्तभुजगस्य इव आकृतिर्यस्या इत्यनेन ब्रह्मबिलान्तमशेषमान्तरमुन्मिषितरूपत्वाद्विषमूर्छितमिव कृत्वा निःस्पन्दरूपकुण्डलाकारतया स्थिता । सा च आन्तरेण क्रमेण ब्रह्मरन्ध्रोपरि त्वग्भूमिकां निविष्टा । आधार इयमेव अध ऊर्ध्वं च व्याप्य विश्वं धारयन्ती आधारशक्तिरित्यर्थः । तां प्रवक्ष्यामीति तत्रस्थानि भुवनानि अधिष्ठातृदेवताद्वारेण वच्मीत्यर्थः ॥ १२४१ ॥

तत्र

सूक्ष्मा चैव सुसूक्ष्मा च
तथा चान्यामृतामिता ।

शक्तिभूमेः सूक्ष्मत्वाह्लादकत्वापरिच्छिन्नत्वयोगात्तद्देवतानां तादृश्येव नामानि ॥

एतासां च

व्यापिनी मध्यतो ज्ञेया

एता एव तु

शेषाः पूर्वादितः क्रमात् ॥१२४२॥

सर्वाश्च एताः

पञ्चवक्त्रास्त्रिनेत्राश्च

सुतेजस्का महाबलाः ।

तदित्थं

शक्तितत्त्वं समाख्यातं

अत्र च सौषुम्णावरणे सुषुम्णा, तदीश्वरः, इडापिङ्गले चतस्रो देवताः, ब्रह्मबिलावरणे ब्रह्मा ब्रह्माणीति द्वे, शक्त्यावरणे सूक्ष्मादिदेवतापञ्चकमित्येकादश शक्तितत्त्वे देवताः ॥

यच्च प्रागस्फुटेदन्ताहन्तासामानाधिकरण्याभासात्सदाशिवतत्त्वं ज्ञानशक्तिप्रधानमुक्तं, तत् तदासूत्रकेच्छाशक्तिप्रधानं शक्तितत्त्वं विना न घटते। नहि किञ्चिदुच्छूनतारूपान्तरासूत्रणां विना कस्याप्युदय इति सदाशिवतत्त्वस्य भित्तिभूतं शक्तितत्त्वमुक्तम् । तदपि शक्तिरूपत्वात्स्वाश्रयमपेक्षते इति इयतः शक्तितत्त्वान्तस्य विश्वस्य यदाश्रयस्तच्छिवतत्त्वमु-

क्तम् । तच्च शक्त्यन्ताध्वोत्तीर्णं, तदारोहक्रमेणैव प्राप्यमित्थं च उपलभ्यतां नातिक्रामतीति तत्रापि अतिसुसूक्ष्मतया भुवनस्थितिं वक्तुमाह

शिवतत्त्वं शृणु प्रिये ॥१२४३॥
पुरश्रेष्ठैरनेकैस्तु
समन्तात्परिवारितम् ।
हेमप्राकाररचितं
रत्नमाणिक्यमण्डितम् ॥१२४४॥
अशेषभोगसम्पन्नं
सर्वकामगुणोदयम् ।

धाराधिरूढे अत्रापि शिवतत्त्वे हेमप्राकारादिव्यवस्थेत्यहो वत अख्यातेर्महिमा। एवं च अभिदधदियत्पर्यन्तातिसुसूक्ष्मस्थित्या पृथिव्यादीनां व्याप्तिरिति चिदानन्देच्छाज्ञानक्रियाख्यमेव शक्तिपञ्चकं गुणप्रधानताद्याभासनवैचित्र्येण सप्तपञ्चकतत्त्वाभासरूपतया यथोच्चरमाश्यानीभावप्रकर्षाद्भूतपञ्चकान्तेन रूपेण

स्फुरति । भूतपञ्चकमपि यथोर्ध्वं सूक्ष्मसूक्ष्मतराद्याभासवैचित्र्येण प्रोक्तशक्तिपञ्चकात्मकेन गलिताद्वयानीभावात्मना पूर्णेन रूपेण विकसतीति पञ्चशक्तिसामरस्यमयं परमशिवतत्त्वमेव इत्थं

'स्थूलसूक्ष्मस्वरूपेण तदेकं संव्यवस्थितम् ।' (४।२९५)

इत्युक्तयुक्त्या विश्वात्मना अवस्थितम् । अतस्तत्र तत्र पदे शिवरूपतया विश्वावभासवत्त्वेऽपि तथानवभासात्मकाज्ञानबन्धविनिवर्तनं दीक्षाज्ञानक्रमेण क्रियत इति शिक्षयति परमेश्वरः । सर्वकामगुणोदयमिति सर्वेषामत्युत्तमभोगरूपाणां कामानां गुणानां च सर्वज्ञत्वादीनामुदयो यत्र यतश्चेति योज्यम् ॥

किंच

भुवनानि प्रवक्ष्यामि
तत्रैव संस्थितानि तु ॥१२४५॥

तानि च अधिष्ठातृमुखेन आह

व्यापकं व्योमरूपं च
अनन्तानाथनाश्रितम् ।

कारणानां पञ्चकं च
शिवतत्त्वे व्यवस्थितम् ॥१२४६॥

अनन्तेति त्रयस्य समाहारः ॥१२४६॥

किंच

तत्र पद्मं सुविस्तीर्ण-
मनन्तानन्तसम्भवम् ।

सुविस्तीर्णं प्रोक्तसर्वपद्मापेक्षया। समनन्तरप्रोक्तानन्तादित्येतदावरणात्प्रभृति अनन्तस्य अशेषविश्वस्य अनन्तमध्यानन्तान्तस्य सम्भवो यतः। अत एव प्रागनन्तासनमित्यनन्ताद्यनन्तमध्यानन्तान्तमासनमनन्तासनमित्यस्माभिर्व्याकारीति युक्तमुत्पश्यामः ॥

तस्य पद्मस्य मध्यस्थो
देवश्चायमनाश्रितः ॥१२४७॥

देवो द्योतनादिरूपः, न किञ्चिद्भुवनाध्ववर्ति समाश्रितोऽपितु सर्वैर्भुवनेशैराश्रितः ॥

स च

पञ्चवक्त्रधरः शान्तः
सर्वज्ञः परमेश्वरः ।

दशबाहुर्महादीप्तः
सृष्टिसंहारकारकः ॥१२४८॥
सर्वानुग्रहकर्ता च
प्रणतार्तिविनाशनः ।
भुक्तिमुक्तिप्रदाता च
सूर्यकोट्यर्बुदप्रभः ॥१२४९॥
स्फुरन्मुकुटमाणिक्यः
समन्तादुपशोभितः ।
दिव्याम्बरधरो देवो
दिव्यगन्धानुलेपनः ॥१२५०॥
पद्मासनोन्नतोरस्कः
शशाङ्ककृतशेखरः ।
आबद्धमणिपर्यङ्क-
श्चामरोत्क्षेपवीजितः ॥१२५१॥
रुद्रकोट्यर्बुदानीकैः
समन्तादुपशोभितः ।

शान्त इति शक्त्यावरणपर्यन्तगतस्य भेद-

संस्कारस्यापि प्रशमात् । पञ्चवक्त्रादित्वं प्राग्वत् । सृष्टिसंहारौ स्थितिविलयावप्युपलक्षयतः । स-र्वेति यस्य यस्य अनुग्रह आयाति, तत एव प्रण-तार्तिविनाशन इति । एतत्प्राग्वत्साधकाभिप्रा-येण । एतदेव भुक्तिमुक्तीत्युक्त्या व्यक्तीकृतम् । उन्नतोरस्को महोत्साहः ॥

किंच अत्र

व्यापिनी व्योमरूपा चा-
नन्तानाथा त्वनाश्रिता ॥१२५२॥
पञ्चवक्त्रा महावीर्या
दशबाह्विन्दुशेखराः ।
त्रिनेत्राः शूलहस्ताश्च
कारणैश्च समन्विताः ॥१२५३॥
पूर्वाद्युत्तरपर्यन्ता
एताश्चैव व्यवस्थिताः ।

कारणैरिति एतैरेव व्यापिनीप्रभृतिभिः स-म्यगन्विताास्तदभिन्ना इत्यर्थः । एता इत्यनाथा-न्ताश्चतस्रः ॥

पञ्चम्याः स्थितिमाह

अनाश्रितो मध्यगस्तु
संस्थितः प्रभुरव्ययः ॥१२५४॥
अनाश्रितकला देवी
तस्योत्सङ्गे च संस्थिता ।

एवमाचक्षाणस्य अयमाशयः—यच्छक्तिसम्बन्धादेव सर्वे शक्तिमन्तस्तत्तत्स्वकार्यं संपादयन्ति, अतश्च परमशिवपदमपि प्रस्फुरच्छक्तिस्फाररसमेव इह उपेयं, नतु शान्ताशेषशक्तिकम् । यस्तु शान्तव्यपदेशोऽत्र, स भेदप्रशमादिति ॥

उपसंहरति

एवं वै शिवतत्त्वं तु
कथितं तव सुन्दरि ॥१२५५॥

तदेतत्

शोधयित्वा ततश्चोर्ध्वं
शक्तिश्चैव परा स्मृता ।

समना नाम सा ज्ञेया

ततः शिवतत्त्वादूर्ध्वं स्वकशेषस्य व्यापिनीपदावस्थितानाश्रितभट्टारकापेक्षया तत्पदविश्रान्त्या ज्ञातव्या। एषा च सह मनसा सुसूक्ष्मतमेन संवेदनेन वर्तते नतु संविदि त्रिभूमिकामाशेति कृत्वा समना। यदुक्तं प्राक्

'समनं क्रमविज्ञान........................।'

इति॥

अत ऊर्ध्वं मननव्यापारो नास्तीत्याह

मनश्चोर्ध्वं न जायते ॥१२५६॥

एषा च समना

परिपाट्या स्थितानां तु
पृथिव्यादिशिवावधौ।
सर्वेषां कारणानां च
कर्तृभूता व्यवस्थिता ॥१२५७॥

सर्वेषामित्यनन्ताद्यनाश्रितान्तानाम्॥१२५७॥

अतश्च इयं

बिभर्त्यण्डान्यनेकानि
शिवेन समधिष्ठिता।

'पृथग्द्वयमसङ्ख्यातमेकमेकं पृथग्द्वयम् ।' (२।५०)

इति श्रीमालिनीविजयोक्तनीत्या ब्रह्माण्डप्रकृत्यण्डात्मकमण्डद्वयमसङ्ख्यातं मायाण्डशक्त्यण्डद्वयं तु एकैकरूपमिति कृत्वा एषा शक्तिरनेकानि अण्डानि अन्तःकृत्वा स्थितेति तच्छास्त्रप्रक्रियापि अत्र उररीकृतैव ॥

शक्तित्वादेव चैषा शिवेन सम्यगभेदव्याप्त्या अधिष्ठितेति यदुक्तं, तत्स्फुटयति भाविपटलार्थैकीकारयुक्त्या

तत्रारूढस्तु कुरुते
शिवः परमकारणम् ॥१२५८॥
सृष्टिस्थितिसमाहारं
तिरोभावमनुग्रहम् ।

आरूढ इत्यशेषविश्वभावासूत्रणेन भित्तिकल्पमननमात्रात्मकैतच्छक्तिभूमिकां स्वामुल्लास्येत्यर्थः । परमकारणमिति परमशिवः ॥

स हि

हेतुकर्ता महेशानः
सर्वकारणकारणम् ॥१२५९॥

सर्वेषां ब्रह्माद्यनाश्रितान्तानां पृथिव्यादि-बीजान्तानामपि तेनैव तत्तद्भूमिकाग्रहणात् तथावभासितानां कारणानां कारणं स्वातन्त्र्या-त्स्वभित्तावुल्लासक इत्यर्थः। तथा महानीश्वरस्ते-षां तत्तदुचितविभवप्रदत्वेन सर्वातिशायी। क-र्तेति स्वतन्त्रः। हेतुरिति तेषामेव स्वे स्वे कर्मणि योजनप्रवर्तकं निमित्तम् ॥ १२५९ ॥

किंच

समना नाम या शक्तिः
सा तस्य करणं स्मृतम्।

स्वशक्त्यैव विश्वमाभासयतीत्यर्थः ॥

यतः

तयाधितिष्ठेद्देवेशो
ह्यधःकारणपञ्चकम् ॥१२६०॥

तथा स्वमननशक्त्या अनाश्रितादिव्याप्यन्तं सदाशिवाद्यशेषकारणत्वात्कारणपञ्चकमधिति-ष्ठेत् तदनुप्राणनतया स्वकार्यसामर्थ्ययुक्तं कु-र्यात्। तथाच शिव एव पररूपोऽनाश्रितादि-रूपतांगृह्णाति। तथा तदीया परा शक्तिरप्यना-श्रितादिशक्तिरूपतया स्फुरति ॥ १२६० ॥

तत्र तत्कारणपञ्चकमध्यात्प्रधानभूतस्य

अनाश्रितस्य देवस्य
कारणं सेयमाश्रिता ।

परमेश्वरेण स्वशक्त्या आभास्यमानः अनाश्रितभट्टारकादिः परिग्रहवर्तिस्वस्वशक्तिसहित एव आभास्यते । अतस्ता एव देव्यः अनाश्रितादीनां स्वकार्यकारणतां भजन्ते ॥

तच्च एतच्छक्तियुक्तः

स वै प्रेरयते भूय-
स्त्वनाथं तु जगत्पतिम् ॥१२६१॥

भूय इत्यस्येदमाकूतं—यत्परमशिव एव गृहीतानाश्रितभूमिको द्वितीयामिमां प्रेरणां करोति ॥ १२६१ ॥

इत्थमेव च

अनाथश्चाप्यनन्तेश-
मनन्तो व्योमरूपिणम् ।
व्योमव्यापी महादेवो
व्यापिनं बोधयेत्प्रभुम् ॥१२६२॥

एते च प्रोक्तस्वशक्तिसहिता एव प्रेरकाः प्रेर्याश्च ॥ १२६२ ॥

किंच

व्यापिनी करणं तस्य
कर्ता वै व्याप्यसौ प्रभुः ।

कर्तृत्वमेतदीयं कर्मप्रदर्शनेन अभिव्यनक्ति

कर्मरूपा स्थिता माया
यदधः शक्तिकुण्डली॥१२६३॥

पूर्वोक्तकुण्डलाकारतया अशेषविश्वगर्भा शक्तिः शक्तिकुण्डलिनी, मायेत्यशेषासूत्रणादेतदन्तोत्थापनभित्तिभूतत्वान्महामायारूपा, कुण्डलीति च्छान्दसत्वात्, यत् यस्मात् एतदीयक्रियाशक्तिव्यापकत्वात् कर्मरूपा स्थिता तेषां भगवानेतदाभासकत्वेन कर्ता सन् कर्मीभूतः । यथोक्तं प्रत्यभिज्ञायां

'आत्मानमत एवायं ज्ञेयीकुर्यात्पृथक्स्थिति ।
ज्ञेयं नतु तदौन्मुख्यात्खण्ड्येतास्य स्वतन्त्रता ॥'१।(५।१५)

इति । तथा

'कर्तृकर्मत्वतत्त्वैव कार्यकारणता ततः ।' (२।४।२)

इति । स्पन्देऽपि

'अवस्थायुगलं चात्र कार्यकर्तृत्वशब्दितम्।' (१।१४)
इति ॥ १२६३ ॥

न केवलमसौ महामायात्मा शक्तिस्तस्य कर्मतया स्थिता, यावत् तदन्तर्गतं तदुल्लास्यं च

नादबिन्द्वात्मकं कार्यम्

एतच्चानन्तरपटले क्रमेण व्यक्तीकरिष्यति ॥

अतश्च अस्मात् व्यापिभट्टारकात्परमशिवाधिष्ठितात्

इत्यादिजगदुद्भवः ।

महामायादिभूम्यन्तपरसूक्ष्मस्थूलवाच्यवाचकात्मकाशेषविश्वोद्भवः । एष एव भगवांस्तदाभासात्मना स्फुरतीत्यर्थः ॥

यत एवं समनाभूमिमाश्रित्य परमेश्वरः परसूक्ष्मस्थूलरूपं विश्वमाभासयति, अत एव आभास्यमानं

यत्सदाशिवपर्यन्तं
पार्थिवाद्यं च सुव्रते ॥१२६४॥
तत्सर्वं प्राकृतं ज्ञेयं
विनाशोत्पत्तिसंयुतम् ।

सदाशिवः अत्र पररूपः अनाश्रितभट्टारकः। सूक्ष्मदृष्ट्या प्रकृतेर्विश्वकारणात्समनात आयातं प्राकृतं, स्थूलदृष्ट्या तु सदाशिवतत्त्वात्प्रभृति क्षित्यन्ता चतुस्त्रिंशत्सङ्ख्या तत्त्वप्रसूतिः। प्रकृतेः शक्तितत्त्वात् शिवतत्त्वाभेदभाज आयातीति अत्र द्विविधो व्याख्याक्रमः प्रसिद्धः। तत्र आद्य एव ज्यायान्भाविपटले अनाश्रितस्यापि सृष्टिसंहाराघ्रातत्वाभिधानात्। एतच्च विनाशोत्पत्तिमज्ज्ञेयं न पुनरत्र आधारपदे विश्रमितव्यं, अथच ज्ञेयं ज्ञेयमानतयैव ज्ञानोपारोहपरज्ञानैकात्म्यापत्तियुक्त्या विलाप्यमित्यर्थः। उत्पत्तिविनाशेति वक्तव्ये विपर्ययपाठः सृष्टिसंहारपरम्पराया अनादित्वप्रतिपादनपरः॥

एवं समनान्तमध्वानमुक्त्वा पूर्वोपक्रान्तं दीक्षाविधिमेव स्मारयति

या सा शक्तिः पुरा प्रोक्ता
समना त्वध्वमूर्धनि ॥१२६५॥
स्फुरत्सूर्यसहस्राभ-
किरणानन्तभास्वरा।

ध्यात्वा चैतां समावाह्य

स्थापयेत्तु विधानवित् ॥१२६६॥

उपचारं ततः कृत्वा

वागीश्यावाहनं तथा ।

स्थापनं पूजनं चैव

पशोर्यागं तथैवच ॥१२६७॥

गर्भधारित्वजनने

अधिकारं तथैव च ।

योगं भोगं लयं चैव

निष्कृतिं तदनन्तरम् ॥१२६८॥

भुवनाधिपहोमं च

भुवनाधिपवासिनाम् ।

भुवनानां यथायोगं

होमं कृत्वा वरानने ॥१२६९॥

त्रितत्त्वं शोधयेच्चातो-

ऽवयवांश्च यथाक्रमम् ।

स्फुरदित्यादिना एतदाह—यथा विश्वमत्र

आसूत्रितकल्पं प्रभामात्ररूपमव्यतिरिक्तशक्त्यात्मकमिति । या सेत्यत्र मायेति केचित् पठन्ति । एतामिति शिवतत्त्वाधिष्ठातृशिवभट्टारकात्मिकाम् । आवाहनादिः पूर्वोक्तक्रमात् । उपचारः पूजा । वागीश्या आवाहनमत्र परस्वरूपायाः । वागीशीस्थापनपूजनानन्तरं शिष्यप्रोक्षण-ताडन-तद्धृत्प्रवेश-तच्चैतन्याकर्ष-तद्ग्रहणादिपूर्वं वागीशीगर्भे तच्चैतन्यस्य योगः । गर्भधारित्वमेतत्पदोचितमहामन्त्रमयतौचित्येन । भुवनानां, ये भुवनाधिपाः प्रधानभूतास्तेषां होमं कृत्वा, ये अन्ये तत्प्रधानभुवनापेक्षया भुवनान्तरवासिनस्तत्तत्त्वगतावान्तरभुवननिष्ठा रुद्रास्तेषामपि । यथायोगमिति संक्षिप्तदीक्षायामन्तर्भावभावनयुक्त्या, अन्यत्र तु पृथक् होमं कृत्वा श्रावणादि कार्यम् । यद्यपि समनान्तर्गतव्यापिनीपदे व्याप्यादिपञ्चकातिरिक्तानि भुवनेशान्तराणि न सन्ति, तथापि अस्य विधेः सर्वशेषत्वादेवमुक्तम् । पश्चादात्मविद्याशिवाख्यं तत्त्वत्रयं शोधयेदिति शारीरवाचिकमानसशुद्ध्यर्थं पूर्वोक्तहोमक्रमेण शुद्धं सम्पा-

दयेत् । एवंहि आचार्यः अस्मिञ्छिवयागे शरीरादिव्यापाराविष्टशुद्धतत्त्वमय एव भवतीति दर्शयति । अवयवांश्चेति एतत्तत्त्वत्रयान्तर्वर्तित्वात् मायान्तसदाशिवान्तानि तत्त्वान्येव अवयवानेतदन्तर्भावयुक्त्यैव होमकर्मणा शोधयेत् । यथोक्तं पुरस्तात्

'आत्मतत्त्वविभागेन धाम्ना वै जुहुयाच्छतम् ।
सशब्दोच्चारयोगेन आत्मतत्त्वे तु होमयेत् ॥
मायातत्त्वावधि ज्ञेयं दैशिकेन शिवाध्वरे ।
विधिवैकल्यकर्मार्थं प्रायश्चित्तविशुद्धये ॥' (४।२१२)

इत्यादि ॥

अत्र च मध्ये निष्कृत्यनन्तरं

विश्लेषपाशच्छेदौ च
कृत्वा पूर्णां तु पातयेत् ॥१२७०॥

तदुक्तं प्राक्

'विश्लेषो निष्कृतेर्भोगात् .... ।'(४।१२६)

इत्यादि । अत्रच पाशच्छेदानन्तरं तद्धोमचैतन्यैकभावनापूर्वं शिवेन पूर्णाहुतिः ॥१२७०॥

ततस्तच्चैतन्यस्य उद्धारात्मस्थीकार-तत्स्थीकारान् कृत्वा व्याप्त्यादिभुवनेश्वराह्वान-तत्पूजन-पुर्यष्टकांशार्पण-श्रावणा-विसर्जनादि कृत्वा प्रायश्चित्तहोमस्त्रितत्त्वयुक्त्या कर्तव्य इति । ईदृशं क्रमं लेशतः स्मारयति

प्रायश्चित्तं ततो हुत्वा

ततः किं कर्तव्यमित्याह

कर्तरीमभिमन्त्रयेत् ।

तया च

शिखां छित्त्वा

पूर्वोक्तभावनामन्त्रादिक्रमेण

समर्प्यैतां

कस्यचिद्धस्ते

शिशुं संस्नापयेद्गुरुः ॥१२७१॥

स्नानाय आदिशेत् । एवमिहापि शिखाच्छेदविधेर्विशेषाचोदनात् यत् टीकाकारैर्निर्बीजदीक्षाविषयत्वं प्राग्व्याख्यातं, तदसदेव मन्तव्यम् ॥ १२७१ ॥

अथ

आचार्यः प्रयतो भूत्वा
सकलीकरणादिकम् ।

कृत्वा ॥

स्रुचोऽग्रे तु शिखां कृत्वा
हुत्वा स्नायादनन्तरम् ॥१२७२॥

ततोऽपि

सकलीकरणं कृत्वा
आचार्यस्तु वरानने ।
शिशोरपि विधिं कृत्वा

प्राग्वन्मन्त्रन्यासादिरूपम् ॥

शिवकुम्भं समर्चयेत् ॥१२७३॥

तथा

भैरवं मध्यदेशस्थं

यागस्येत्यर्थात् ॥

किंच

भैरवाग्निं समर्चयेत् ।

आचार्यः पूजयेत् ॥

ततो भगवन्तं विज्ञप्य, पूर्वोक्तयुक्त्या योजनिकार्थं

पूर्णां सम्पूर्य विधिव-
द्धाममन्त्रमनुस्मरन् ॥१२७४॥
पूर्वोक्तलक्षणेनैव
प्रोच्चरेत्तं प्रयत्नतः।

पूर्वोक्तं लक्षणं योजनिकोक्तसमस्तप्रमेयानुसन्धिपूर्वपूर्णाहुतिप्रयोगरूपम्। तं मन्त्रम्॥

तदत्र मन्त्रोच्चारावसरे

हेयाध्वानमधः कुर्व-
न्रेचयेत्तं वरानने ॥१२७५॥
यावत्सा समना शक्तिः

समनान्तस्य पाशत्वाद्धेयाध्वत्वम्। रेचयेदिति ऊर्ध्वेन इत्यर्थात्॥

अथ उपादेयाध्वप्रवेशप्रमुखं परतत्त्वविश्रान्तिरूपां योजनिकामाह

तदूर्ध्वे चोन्मना स्मृता।

मनो मननमात्ररूपमपि तत्र न क्रमते न

सम्भवति, अपितु मन्त्ररूपैव इयं दशेत्यर्थः । अत एव अत्र प्राक्

'व्यापारं मानसं त्यक्त्वा बोधरूपेण योजयेत् ।
तदा शिवत्वमायाति पशुर्मुक्तो भवार्णवात् ॥'(४।४३७)

इत्युक्तम् ॥

यतश्च अत्र मननं न क्रमते, अत एव

नात्र कालः कलाश्चारो
न तत्त्वं नच देवताः ॥१२७६॥

कालः क्षणादिपरार्धान्तः । कला निवृत्त्यादिशान्त्यतीतान्ताः । चारः प्राणवाहः । तत्त्वं तस्य भाव इति व्युत्पत्त्या तत्तद्भुवनावभासप्रमात्राद्यनुगततत्तत्सामान्याभासरूपम् । देवता ब्रह्माद्यनाश्रितान्ताः ॥ १२७६ ॥

किं तर्हि इदं

सुनिर्वाणं परं शुद्धं
गुरुवक्त्रं तदुच्यते ।

गुरोः परमशिवस्य वक्त्रं प्राप्त्युपायः । यदुक्तं त्रिशिरोभैरवे

'गुरोर्गुरुतरा शक्तिः················।'

इति ॥

अतश्च

तदतीतं वरारोहे
परं तत्त्वमनामयम् ॥१२७७॥

तामपि अतीतं तदीयपार्यन्तिकविश्रान्तिरूपं, न पुनरसौ समनावदतिक्रमणीया भवति सुनिर्वाणमित्यभिधानात् । वरारोहे इति प्राग्वत् । परं विश्वोत्तीर्णं विश्वमयत्वात्पूर्णं च । तस्य क्षित्यादेरुन्मनान्तस्य सर्वस्य भावश्चित्प्रकाशमयः स्वभाव इति व्युत्पत्त्या तत्त्वं पारमार्थिकं स्वरूपं नतु पृथ्वीतत्त्वादिवत्काठिन्यादिवेद्याभासरूपम् । अनामयमिति न विद्यते आमयः अख्यातिर्यत्र तत् । उक्तं च त्रिकसारे

'बिन्दुनादात्मकैर्देहैः शान्तैश्च शिवसम्भवैः ।
अतीतस्तु भवेद्देवो निरञ्जनः परः शिवः ॥'

इति ॥ १२७७ ॥

यत एवमतः

गुरुवक्त्रप्रयोगेण
तस्मिन्योज्येत शाश्वते ।

निष्कम्पे कारणातीते
विरजे निर्मले शुभे ॥१२७८॥
सर्वज्ञे परमे तत्त्वे
व्योमातीते ह्यतीन्द्रिये ।

गुरुवक्त्रे उन्मनायां यः प्रकृष्टयोगः ऐकात्म्यं, तेन

'व्यापारं मानसं त्यक्त्वा बोधरूपेण योजयेत् ।' (४।४३७)

इत्युक्तरूपेण तदनुप्रवेशतदवष्टम्भात्मना । योज्येतेति स्वात्मना सह शिष्यात्मा तत्सामरस्यमाप्येत । यथोक्तं

'तस्मिन्युक्तः परे तत्त्वे सार्वज्ञ्यादिगुणान्वितः ।
शिव एको भवेन्नित्यमविभागेन सर्वशः ॥' (४।४०२)

इति । शाश्वते नित्योदिते, अत एव निष्कम्पे सर्वदा व्यवहारदशास्वपि विमलचिद्धनैकरूपे । कारणानि ब्रह्माद्यनाश्रितान्तानि अतीते तदनुभवविलक्षणे अशेषविश्वाभासमये इत्यर्थः । अशेषविश्वप्रकाशमपिच एतत् न तेन विश्वेन मनागपि उपहितं तस्य विश्वस्य तत्प्रकाशैकरूपत्वादित्यतो विरजस्कत्वात् निर्मले । अतश्च शुभे परश्रेयःस्वभावे । सर्वं च तत् ज्ञं च तदिति

सर्वज्ञं तस्मिन् विश्वाद्वयप्रकाशरूपे परमे तत्त्वे। व्योम्नः शून्यातिशून्यपदस्यापि अतीतमत्ययः प्रशमो यत्र तस्मिन्। अतीन्द्रिय इति सदा सर्वस्य सर्वत्र च स्वप्रकाशैकपरमार्थे॥

उपसंहरति

इत्यध्वा चैष वै प्रोक्तः
समासेन मयानघे॥ १२७९ ॥

चकारात् तच्छुद्धिपरिकर्मापि । एष इति अध्वान्तरव्यासो भुवनाध्वा ॥ १२७९ ॥

नच अयं दीक्षायां शोधनार्थमेव इत्थमुक्तः, अपितु एतावत्समस्तप्रमेयकरणे परप्रमात्रावेशमपि ज्ञानशालिनामुन्मीलयतीत्याह

ज्ञात्वा चैवं महादेवि
प्रयाति परमं पदम्।

एवमुक्तरूपमिमध्वानं यः कश्चित्प्रमेयतया परिच्छिनत्ति, स परां प्रमातृतामाविशति॥

आचार्यः पुनः

देहे देवे च शिष्ये च
कलशे ह्यग्निमध्यतः ॥१२८०॥

एवं ज्ञात्वा वरारोहे
मुच्यते मोचयत्यपि ।

'साक्षात्स्वदेहसंस्थोऽहं कर्तानुग्रहकर्मणाम् ।'

इत्युक्तत्वात् आदौ देहे वास्तवीं सर्वाध्वमयतां जानीयात्, येन तावदशेषाध्वशरीरः परभैरवाविष्टो भवति । ततो देवादावधिकरणचतुष्टये स्वाहम्भावाभेदप्रथां तथैव जानन्मुच्यते सर्वात्मकपरभैरवतामेति । तथाविधस्वात्माभेदेन च अनुग्राह्यानपि पश्यन्मोचयति

'मत्समत्वं गतो जन्तुर्मुक्त इत्यभिधीयते ।'

इति स्थित्या परभैरवरूपानेव संपादयतीति शिवम् ॥ १२८० ॥

ग्रन्थग्रन्थिविभेदनं प्रतिपदं पूर्वापरालोचनं
तात्त्वी युक्तिरभङ्गुरान्तरबहिस्तत्त्वैक्यसन्दर्शनम् ।
सम्यक्सङ्कलनाः पुरेशविषयाः पूर्णाद्वयामर्शनं
स्वाच्छन्दे भुवनाध्वनीह तदियत्किञ्चिन्मया द्योतितम् ॥

इति श्रीस्वच्छन्दोद्योते भुवनाध्वदीक्षाविधिर्नाम

दशमः पटलः ॥ १० ॥